**SCHÄFFER**
**POESCHEL**

Wilhelm Schmeisser / Michael Bretz /
Jürgen Keßler / Dieter Krimphove (Hrsg.)

# Handbuch Krisen- und Insolvenzmanagement

Wie mittelständische Unternehmen
die Wende schaffen

2004
Schäffer-Poeschel Verlag Stuttgart

Bibliografische Information Der Deutschen Bibliothek
Die Deutsche Bibliothek verzeichnet diese Publikation
in der Deutschen Nationalbibliografie; detaillierte bibliografische Daten
sind im Internet über <http://dnb.ddb.de> abrufbar.

Gedruckt auf säure- und chlorfreiem, alterungsbeständigem Papier.

ISBN 3-7910-2264-4

Dieses Werk einschließlich aller seiner Teile ist urheberrechtlich geschützt. Jede Verwertung außerhalb der engen Grenzen des Urheberrechtsgesetzes ist ohne Zustimmung des Verlages unzulässig und strafbar. Das gilt insbesondere für Vervielfältigungen, Übersetzungen, Mikroverfilmungen und die Einspeicherung und Verarbeitung in elektronischen Systemen.

© 2004 Schäffer-Poeschel Verlag für Wirtschaft · Steuern · Recht GmbH & Co. KG
www.schaeffer-poeschel.de
info@schaeffer-poeschel.de
Einbandgestaltung: Willy Löffelhardt
Druck und Bindung: Ebner&Spiegel, Ulm
Printed in Germany
Oktober / 2004

Schäffer-Poeschel Verlag Stuttgart
Ein Tochterunternehmen der Verlagsgruppe Handelsblatt

# Vorwort des Präsidenten des Verbands der Vereine Creditreform

Es ist viel von der Krise des Mittelstandes die Rede – und dies aus gutem Grund. Die Zahl der Unternehmensinsolvenzen in Deutschland ist im letzten Jahr auf rund 40.000 Fälle gestiegen. In Europa waren es 2003 fast 200.000 Betriebe, die den Weg zum Insolvenzgericht antreten mussten. Diese Zahl betrifft vor allem kleine und mittlere Unternehmen. Große Unternehmen mit mehr als 500 Mitarbeitern oder einem Umsatz von über 50 Mio. € sind nur im Promillebereich am gesamten Insolvenzgeschehen beteiligt.

Die Insolvenz bildet aber nur die Spitze des Eisberges. Eine Vielzahl von Liquidationen – in Deutschland alleine rund 600.000 – werden nicht freiwillig durchgeführt. Realität ist, dass die Inhaber keine Möglichkeit mehr sehen, über die selbstständige unternehmerische Tätigkeit ihr Auskommen zu finden.

Auf der anderen Seite stehen Betriebsberater für kleine Unternehmen zur Verfügung. So haben die Institutionen der großen Verbände – nur ein Beispiel: die Betriebsberater der Handwerkskammern – kompetente Fachleute, die für ein angemessenes Honorar auch kleinen Betrieben Hilfestellung leisten. Das Insolvenzrecht selbst – in seiner reformierten Fassung – ist Ausdruck des Bemühens, den Mittelstand in seiner wichtigen Rolle für die Volkswirtschaft zu erhalten. Es geht darum, in einem geordneten Insolvenzverfahren den Betrieb zu sanieren, um damit Arbeitsplätze zu erhalten und wertvolle Ressourcen neu zu strukturieren.

Es gilt, die Krise nicht als den Anfang vom Ende, sondern als ein schwieriges Durchgangsstadium auf dem Weg zur Gesundung zu verstehen. Erforderlich ist allerdings die frühe Kenntnisnahme der Krisenanzeichen. Hinzu kommt dann der Einsatz der richtigen Mittel, um gegenzusteuern und das unternehmerische Schiff wieder ins richtige Fahrwasser zu bringen. Die unternehmerische Krise zu meistern, dazu gehören mehr als erfahrene Berater und verbesserte rechtliche Rahmenbedingungen. Der mittelständische Unternehmer wird sich selbst mit den Möglichkeiten und Auswegen aus der Krise auch theoretisch auseinander zu setzen haben. Das vorliegende Buch will einen Beitrag dazu leisten, Verständnis zu wecken für ein richtiges Krisen- und Insolvenzmanagement bei kleinen und mittleren Unternehmen, damit diese die Krise als Chance erkennen und gestalten.

Thomas Glatzel

# Einführung in das Krisen- und Insolvenzmanagement

Nicht nur eine finanziell-rechtliche, sondern auch eine strategisch-innovative oder technologische Herausforderung

Europa wird ge- und ausgebaut: Die europäische Wirtschaft wird getragen von großen Hoffnungen, aber auch enormen Risiken für Unternehmen. Doch erfüllen werden sich die Hoffnungen und Möglichkeiten nur, wenn die Unternehmen bereit sind, sich dem intensiveren Wettbewerb Europa- und weltweit zu stellen.

Doch rund 40.000 Insolvenzfälle in Deutschland jedes Jahr und fast 200.000 Unternehmensinsolvenzfälle in Europa zeigen, dass insbesondere der Mittelstand mit den Chancen und Risiken des europäischen Marktes nicht zurechtkommt. Selbst die Fusionstendenzen können als Indiz gewertet werden, dass die Unternehmen den Wettbewerb fürchten und ihm nun mit anderen Mitteln ausweichen möchten.

Im Buch werden deshalb unter anderem buchhalterische, finanzielle, umwandlungsrechtliche, steuerrechtliche und insolvenzrechtliche Aspekte behandelt, aber auch kreditwirtschaftliche Sichtweisen und deren instrumentelle Bearbeitung beschrieben und analysiert. Gestaltungshilfen bzw. Techniken werden vorgestellt und unterbreitet, um Unternehmen aus der Krise, schlechtestenfalls aus der Insolvenz in einen positiven Sanierungs- oder Umwandlungsfall zu führen.

Doch können Probleme wie zu geringe Eigenmittel, Personalkostensteigerungen, Mängel im Management, rückläufige Exporte, rückläufige Inlandsnachfrage, Verteuerung der Bankzinsen und des Ratings/Basel II, Verknappung des Geldes durch die Banken, verschlechterte Zahlungsmoral der Kunden, Auswirkungen der Insolvenzen anderer Unternehmungen, Mängel im Rechnungswesen, in der Finanzplanung und -kontrolle, der Kostenrechnung, Fehlplanung bei Investitionen sowie die falsche Verwendung kurzfristiger Kredite für langfristige Zwecke nicht durch ein noch so professionell agierendes Krisen- und Insolvenzmanagement behoben werden. Ein Krisen- und Insolvenzmanagement schafft nur den Ausgangspunkt für den Neu- bzw. Wiederanfang des Unternehmens.

Strukturelle und damit strategische Aspekte werden hier nicht thematisiert, jedoch als Prämisse vorausgesetzt, aber nicht behandelt.

Wie im Gründungsmanagement en vogue, wird ein Business Plan, d.h. ein Strategieplan, auch bei jedem Finanzanlass verlangt. Daher muss auch mit jedem anderen Finanzanlass wie Umwandlung, Sanierung und Insolvenz ein strategischer Plan, ein Innovationsmanagement oder ein Technologiemanagement einhergehen, sollen über die Zeit nicht nur Alternativen des Marktaustritts oder der Unternehmensverlagerung ins Ausland, wegen beispielsweise geringerer Personalkosten, als Optionen verbleiben.

Nach gegenwärtigen Vorstellungen ist Technologiemanagement respektive Innovationsmanagement auf die Ausschöpfung des gesamten natur- und ingenieurwissenschaftlichen Wissens ausgerichtet, das einem (Industrie-) Unternehmen zugänglich ist. Den Schwerpunkt bilden dabei die Aktivitäten von Forschung und Entwicklung, Produktion und Logistik. Diese Zielrichtung ist an sich nicht neu. Als neue Anforderung ergibt sich in diesem Zusammenhang jedoch, die Entwicklung und Nutzung von Technologien aus ganzheitlicher Sicht eines Unternehmens zu entscheiden. Das erfordert von Seiten der Unternehmensführung, alle Unternehmensbereiche in die Überlegungen zu den Erfordernissen und Konsequenzen der Entwicklung und des Einsatzes neuer Technologien einzubeziehen. Damit geht das vorliegende Buch weit über den engeren Sanierungsansatz hinaus.

Als primäres Ziel eines strategischen Managementansatzes muss die Optimierung des Arbeits- und Technologieansatzes gelten, um Europa- und weltweit wettbewerbsfähig zu sein und um die Wettbewerbsfähigkeit aufrecht zu erhalten. Der Einbezug von Technologiemarketing und finanzwirtschaftlichen Erfordernissen führen damit ein Krisen- und Insolvenzmanagement zum tatsächlichen sowie langfristigen Erfolg.

Die Herausgeber wollen nicht versäumen, allen Autoren, die an dem Buch mitgewirkt haben, zu danken, denn ohne deren Mitwirkung wäre die Fertigstellung eines solchen Buches in dieser Breite zum Krisen- und Insolvenzmanagement nicht vorstellbar gewesen wäre. Ein besonderer Dank gehört natürlich auch unserem Sponsor, der Creditreform, die unser Buch personell, inhaltlich und finanziell begleitet hat und natürlich dem Schäffer-Poeschel-Verlag, personifiziert durch Herrn Katzenmayer, dessen Wohlwollen wir zu jeder Zeit verspürt haben.

Berlin, Neuss, Nürnberg, Paderborn

Die Herausgeber

# Inhaltsverzeichnis

Vorwort des Präsidenten des Verbands der Vereine Creditreform ............................................. V
Einführung in das Krisen- und Insolvenzmanagement ..................................................... VII
Inhaltsverzeichnis ........................................................................................................... IX
Autorenverzeichnis ....................................................................................................... XXI

**Finanzielle Herausforderungen und Krisen bewältigen** ............................................... 1

**Krisenfrüherkennung und Krisenbewältigung im mittelständischen Firmenkundengeschäft aus der Sicht von Kreditinstituten** ............................................. 3
Anja Bennewitz, Axel Kasterich

    1    Einleitung ............................................................................................................. 3
    2    Ziele der Risikofrüherkennung .......................................................................... 3
    3    Mittel der Risikofrüherkennung aus Bankensicht ............................................ 4
        3.1    Analyse der wirtschaftlichen Zahlen ......................................................... 5
            3.1.1    Jahresabschlussanalyse ................................................................. 5
            3.1.2    Betriebswirtschaftliche Auswertungen ....................................... 5
            3.1.3    Kapitalflussrechnung ..................................................................... 9
            3.1.4    Finanzplan als Prognoserechnung .............................................. 13
        3.2    Analyse der Kontodaten ........................................................................... 15
        3.3    Wirtschaftsauskünfte ................................................................................ 16
        3.4    Branchenberichte ...................................................................................... 17
        3.5    Aktuelle Informationen ............................................................................ 17
            3.5.1    Kundengespräche .......................................................................... 17
            3.5.2    Offenlegungspflichten .................................................................. 18
    4    Rating ................................................................................................................... 20
    5    Schlussbemerkungen ......................................................................................... 21

**Eine verhängnisvolle Affäre: Die mittelständischen Unternehmen als Gegenstand staatlicher Förderung** ............................................................................ 23
Thomas Schmidt-Schönbein

    1    Einführung .......................................................................................................... 23
    2    Die wechselnden Rahmenbedingungen der mittelständischen Unternehmen ....... 25
    3    Sektorale Wirkungen der Mittelstandspolitik ................................................. 29
    4    Die Privatisierung des Kapitalmarktes zur Förderung des Mittelstandes ...... 35
    5    Zusammenfassung ............................................................................................. 39

**Das interne Rating – Von den Risiken der Risikoanalyse. Eine kritische Annäherung an aktuelle rechtliche Aspekte** ............ 43

Gudula Deipenbrock

    1    Ausgangslage ............................................................................................... 43
    2    Das interne Rating ...................................................................................... 44
    3    Bankenaufsichtsrechtliche Rahmenbedingungen des internen Rating ......... 45
        3.1    § 18 KWG ......................................................................................... 45
        3.2    § 10 Abs. 1 S. 1 KWG ..................................................................... 46
        3.3    Mindestanforderungen an das Kreditgeschäft der Kreditinstitute ..... 47
    4    Ausgewählte rechtliche Aspekte des internen Rating ................................. 48
        4.1    Einführung ........................................................................................ 48
        4.2    Das interne Rating – eine vertragsrechtliche Einordnung ................ 49
        4.3    Ausgewählte vertragsrechtliche Fragen ........................................... 51
            4.3.1    Vertragsrechtliche Pflichten und haftungsrechtliche Risiken des Kredit suchenden Unternehmens ................................ 52
            4.3.2    Vertragsrechtliche Pflichten und haftungsrechtliche Risiken des Kreditinstituts .............................................................. 52
    5    Schlussbemerkung ..................................................................................... 53

**Externes Wachstum mittels Umwandlung bzw. Mergers & Acquisitions – eine Herausforderung** ............................................................................... 55

**Umwandlung und Verschmelzung: Eine Einführung** ............................... 57

Karin Schmeisser, Wilhelm Schmeiser

    1    Rechtliche Grundlagen der Umwandlung ................................................... 57
    2    Gründe für eine Umwandlung .................................................................... 59
    3    Beispiele zur Umwandlung ........................................................................ 60
        3.1    Verschmelzung einer GmbH auf eine bestehende OHG ................... 60
        3.2    Umwandlung einer OHG in eine GmbH ......................................... 61
        3.3    Fusion zweier Aktiengesellschaften ................................................. 62

**Die Umwandlung von Unternehmen als Instrument der Sanierung in Krise und Insolvenz** ................................................................................. 71

Matthias Bormann

    1    Einleitung ................................................................................................... 71
    2    Umwandlung und Sanierung ..................................................................... 72
        2.1    Verbesserung Eigenkapitalposition ................................................... 73
            2.1.1    Umwandlungsarten ............................................................. 73

|     |     | 2.1.2 | Umwandlungssteuerrecht............................................................................74 |
|---|---|---|---|
|     |     | 2.1.3 | Bilanzierungswahlrechte in der Handels- und Steuerbilanz .........75 |
|     | 2.2 | \multicolumn{2}{l}{Nutzung steuerlicher Verlustvorträge................................................................78} |
|     |     | 2.2.1 | Verlustabzug nach § 8 Abs. 4 KStG ..........................................................79 |
|     |     | 2.2.2 | Verlustabzug nach § 12 Abs. 3 UmwStG ................................................83 |
|     | 2.3 | \multicolumn{2}{l}{Grenzüberschreitende Umwandlungen................................................................84} |
| 3   | \multicolumn{3}{l}{Zusammenfassung....................................................................................................85} |

## Umwandlungssteuerliche Aspekte bei Unternehmensfusionen und Umstrukturierungen anhand ausgewählter Fallgruppen ....................................................... 87

Michael Munkert, Klaus Küspert

| 1 | Umwandlungsteuerrecht und Umwandlungsrecht .............................................................87 |
|---|---|
| 2 | Umwandlungen als Umstrukturierungsmaßnahme ...........................................................88 |
| 3 | Rechtsformbestimmte Umwandlungen ...............................................................................88 |

|  |  | |
|---|---|---|
|  | 3.1 | Aufnahme strategischer Partner...........................................................89 |
|  | 3.2 | Unternehmensnachfolge .......................................................................89 |
|  | 3.3 | Exitstrategie............................................................................................89 |
| 4 | \multicolumn{2}{l}{Beispiele für Umwandlungsszenarien ...........................................................90} |
|  | 4.1 | Verschmelzung einer Tochtergesellschaft auf die Muttergesellschaft und umgekehrt ..............................................................................................90 |
|  | 4.2 | Vom Einzelunternehmen / Personengesellschaft in die Kapitalgesellschaft ...............92 |
|  | 4.3 | Von der Kapitalgesellschaft in ein Einzelunternehmen / Personengesellschaft ..........95 |
|  | 4.4 | Umwandlung und Verschmelzung von Personengesellschaften .......................98 |
|  | 4.5 | Spaltung und Realteilung.....................................................................101 |
|  | 4.6 | Sanierungsfälle .....................................................................................102 |
| 5 | \multicolumn{2}{l}{Zusammenfassung....................................................................................................104} |

## Finanzierungsstrategien mittelständischer Unternehmen – Gestaltungsalternativen und Krisenprävention ............................................................... 107

Volker Brühl, Wolfgang Singer

| 1 | Ausgangssituation ....................................................................................................107 |
|---|---|
| 2 | Implikationen von Basel II .....................................................................................108 |
| 3 | Kapitalstrukturplanung in der Praxis...................................................................110 |

|  | 3.1 | Konzeptioneller Rahmen ....................................................................110 |
|---|---|---|
|  | 3.2 | Abschätzung des Verschuldungspotenzials.......................................111 |
| 4 | \multicolumn{2}{l}{Eigenkapitalinstrumente .........................................................................................114} |
|  | 4.1 | Börsengang (IPO)/Kapitalerhöhung ..................................................114 |
|  | 4.2 | Private-Equity/Venture-Capital .........................................................116 |

|  |  |  |
|---|---|---|
|  | 4.3 | Mezzanine-Finanzierung ...117 |
|  | 4.4 | Besonderheiten in Krisensituationen ...118 |
| 5 | Fremdfinanzierungsinstrumente ...118 | |
|  | 5.1 | Factoring ...119 |
|  | 5.2 | Asset-Backed-Securities (ABS) ...120 |
|  | 5.3 | Projektfinanzierung ...122 |
|  | 5.4 | Schuldscheindarlehen ...124 |
|  | 5.5 | Besonderheiten in Krisensituationen ...124 |
| 6 | Fazit ...125 | |

# Sanierungsmanagement: Krisen bewältigen ... 127

## Einführung in das Sanierungsmanagement ... 129

Karin Schmeisser, Wilhelm Schmeiser, Marko Dittmann

| | | |
|---|---|---|
| 1 | Unternehmenskrisen und Sanierungspläne ...129 | |
|  | 1.1 | Betriebswirtschaftliche Sanierungskonzepte ...130 |
|  | 1.2 | Typen von Sanierungsplänen ...131 |
| 2 | Finanzwirtschaftliche Sanierung ...132 | |
|  | 2.1 | Maßnahmen zur Beseitigung der Zahlungsunfähigkeit ...132 |
|  | 2.2 | Maßnahmen zur Beseitigung der Überschuldung ...133 |
|  | 2.3 | Maßnahmen zur Anpassung des Eigenkapitals ...133 |

## Sanierungsmanagement mit Hilfe der Hausbank – Praxisbeispiel ... 141

André Goldstein, Andreas Hahne

| | | |
|---|---|---|
| 1 | Einführung ...141 | |
|  | 1.1 | Die Hausbank als Sanierungspartner ...141 |
|  | 1.2 | Insolvenzursachen ...143 |
|  | 1.3 | Wie Banken die Krise erkennen ...144 |
| 2 | Aus der Praxis lernen – „lessons to be learnt" ...147 | |
|  | 2.1 | Praxisfall – die zweite Chance ...147 |
|  | 2.2 | Die Krise nimmt ihren Lauf ...148 |
|  | 2.3 | Die Kommunikationsfalle ...149 |

| | | | |
|---|---|---|---|
| 3 | | Die Rolle der Hausbanken als Sanierungspartner | 150 |
| | 3.1 | Auf das Sanierungskonzept kommt es an | 150 |
| | 3.2 | Sanierungsbeiträge der Banken im weiteren Sinne | 159 |
| | 3.3 | Sanierungsbeiträge der Banken im engeren Sinne | 164 |
| | 3.4 | Umsetzungscontrolling – Monitoring der Banken | 167 |
| 4 | | Sanierungsleitsätze der Banken | 168 |

## Das Recht der Unternehmensfinanzierung ........................................................... 171

Dieter Krimphove, Sören Welp

| | | | |
|---|---|---|---|
| 1 | | Einführung | 171 |
| 2 | | Bestandsaufnahme (bestehende Finanzierungsmittel aus rechtlicher Sicht) | 171 |
| | 2.1 | Die Vereinbarung eines Zahlungsziels | 171 |
| | 2.2 | Darlehen | 172 |
| | 2.3 | Leasing | 172 |
| | 2.4 | Factoring | 173 |
| | 2.5 | Finanzierung mittels Wechsel | 174 |
| | 2.6 | Asset Backed Securisation | 174 |
| 3 | | Abgrenzung der Beteiligungsfinanzierung | 176 |
| 4 | | Möglichkeiten der Beteiligungsfinanzierung je nach Rechtsform | 178 |
| | 4.1 | Nicht-emissionsfähige Unternehmen | 178 |
| | | 4.1.1 Einzelunternehmung | 179 |
| | | 4.1.2 Stille Gesellschaft | 179 |
| | | 4.1.3 Offene Handelsgesellschaft (OHG) | 180 |
| | | 4.1.4 Kommanditgesellschaft (KG) bzw. GmbH & Co. KG | 181 |
| | | 4.1.5 Die Haftung der Gesellschafter einer OHG oder KG in deren Insolvenz | 182 |
| | | 4.1.6 Gesellschaft mit beschränkter Haftung (GmbH) | 182 |
| | | 4.1.7 Genossenschaft (eG) | 182 |
| | 4.2 | Emissionsfähige Unternehmen | 183 |
| | | 4.2.1 Aktiengesellschaft (AG) | 183 |
| | | 4.2.2 Kommanditgesellschaft auf Aktien (KGaA) | 184 |
| | 4.3 | GmbH, AG und KGaA in der Insolvenz | 185 |
| | 4.4 | Zwischenfazit | 185 |

| | | | |
|---|---|---|---|
| 5 | | Gesetzlich geregelte Beteiligungsformen | 185 |
| | 5.1 | Unternehmensbeteiligungsgesellschaften nach dem UBGG | 186 |
| | | 5.1.1 Ziele des Gesetzes über Unternehmensbeteiligungsgesellschaften (UBGG) | 186 |
| | | 5.1.2 Rechtliche Rahmenbedingungen zur Gründung einer Unternehmensbeteiligungsgesellschaft | 187 |
| | 5.2 | Kapitalanlagegesellschaften (KAGG) | 189 |
| 6 | | Fazit: Grundsätzliches zu Finanzierungshilfen in Krisenzeiten | 190 |

# Von der Insolvenz zum Sanierungsmanagement ... 193

## Insolvenzverfahren: Eine Einführung ... 195

Karin Schmeisser, Wilhelm Schmeiser

| | | | |
|---|---|---|---|
| 1 | | Rechtliche Rahmenbedingungen | 195 |
| | 1.1 | Grundsätze des Insolvenzrechts | 195 |
| | 1.2 | Beteiligte am Insolvenzverfahren | 196 |
| | 1.3 | Organisation der Gläubiger und Mehrheitsbildung | 199 |
| 2 | | Insolvenzgründe und Eröffnung des Insolvenzverfahrens | 200 |
| | 2.1 | Zahlungsunfähigkeit | 200 |
| | 2.2 | Drohende Zahlungsunfähigkeit (§ 18 InsO) | 201 |
| | 2.3 | Überschuldung | 202 |
| 3 | | Insolvenzpläne | 202 |
| | 3.1 | Gesetzliche Bestimmungen zum Insolvenzplan | 202 |
| | 3.2 | Ziele und Arten von Insolvenzplänen | 204 |
| | 3.3 | Betriebswirtschaftliche Anforderungen des Planverfahrens | 207 |

## Steuerrechtliche Folgen der Insolvenz für Unternehmer und Anteilseigner ... 213

Valentin Schmid

| | | | |
|---|---|---|---|
| 1 | | Einführung und Abgrenzung | 213 |
| 2 | | Das Verhältnis von Insolvenzrecht und Steuerrecht | 214 |
| 3 | | Modifikation des abgabenrechtlichen Formalsystems durch steuerrechtliche Besonderheiten | 215 |
| | 3.1 | Einteilung von Steuerforderungen in Insolvenzforderungen und Masseverbindlichkeiten | 215 |
| | 3.2 | Insolvenzrechtliches Anmelde- und Prüfverfahren statt abgabenrechtlichem Festsetzungs- und Erhebungsverfahren | 218 |
| | | 3.2.1 Unterbrechung des Besteuerungsverfahrens | 218 |
| | | 3.2.2 Anmeldung und Prüfung im Insolvenzverfahren | 219 |

|       |       |                                                                                      |
|-------|-------|--------------------------------------------------------------------------------------|
| 3.3   |       | Verfahrensbeteiligte ................................................................ 220 |
|       | 3.3.1 | Steuerliche Stellung des Insolvenzschuldners ........................ 220 |
|       | 3.3.2 | Steuerrechtliche Stellung des Insolvenzverwalters .................. 221 |
|       | 3.3.3 | Steuerrechtliche Stellung des vorläufigen Insolvenzverwalters ... 221 |
| 4     | Ertragsteuerliche Folgen der Insolvenz ............................................................ 222 |  |
|       | 4.1   | Besondere materiell-rechtliche Probleme der Einkommensteuer in der Insolvenz .... 222 |
|       |       | 4.1.1 Steuersubjekt der Einkommensteuer ........................................ 223 |
|       |       | 4.1.2 Zusammenveranlagung bei Insolvenz eines Ehegatten ............... 223 |
|       |       | 4.1.3 Trennung von Insolvenzforderungen und Masseschulden .......... 224 |
|       |       | 4.1.4 Stille Reserven ........................................................................ 226 |
|       |       | 4.1.5 Einkommensteuer-Vorauszahlungen und Abschlusszahlungen ... 227 |
|       | 4.2   | Verwertungsstrategien von Einzelunternehmen und Personenhandelsgesellschaften ........................................................ 228 |
|       |       | 4.2.1 Fortführung des Betriebes durch den Verwalter ........................ 229 |
|       |       | 4.2.2 Einstellung und Zerschlagung des Betriebes durch den Verwalter ...... 232 |
|       |       | 4.2.3 Verkauf des Betriebes durch den Insolvenzverwalter ................ 234 |
|       |       | 4.2.4 Sanierung des schuldnerischen Unternehmens im Insolvenzverfahren ....... 234 |
|       | 4.3   | Ertragsteuerliche Probleme in der Insolvenz der Kapitalgesellschaft ........ 241 |
|       |       | 4.3.1 Grundzüge der Ertragsbesteuerung der Kapitalgesellschaft und ihrer Gesellschafter .......................................................... 241 |
|       |       | 4.3.2 Materielles Insolvenzsteuerrecht bei Kapitalgesellschaften ......... 241 |
|       |       | 4.3.3 Insolvenz der Kapitalgesellschaft auf der Ebene des Anteilseigners ........... 244 |

## Insolvenz und Sanierung am Beispiel des Herlitz-Konzerns ............................... 249

Rolf Rattunde

| 1 | Einleitung ................................................................................................ 249 |
|---|--------------------------------------------------------------------------------------|
| 2 | Insolvenzverfahren nach der Insolvenzrechtsreform ........................................ 249 |
| 3 | Sanierung durch Insolvenz ............................................................................... 250 |
|   | 3.1 Sanierungskonzepte ............................................................................ 250 |
|   | 3.2 Sanierungsinstrumente ........................................................................ 252 |
|   | 3.3 Voraussetzungen eines Sanierungskonzepts ....................................... 253 |
| 4 | Der Fall Herlitz ....................................................................................... 254 |
|   | 4.1 Unternehmensprofil und Verfahrensverlauf ....................................... 254 |
|   | 4.2 Die Herlitz-Insolvenzpläne ................................................................. 254 |
|   | 4.3 Umsetzung der Insolvenzpläne ........................................................... 255 |
|   | 4.4 Verteilung ............................................................................................. 256 |
| 5 | Fazit ........................................................................................................ 256 |

**Besonderheiten der Genossenschaftsinsolvenz** .................................................................. 259

Jürgen Keßler, Anja Herzberg

    Abkürzungsverzeichnis .................................................................................................260

    1    Entwicklung der Genossenschaftsidee und heutige Bedeutung ............................261

    2    Begriff der Genossenschaft im Sinne des GenG ....................................................261

    3    Vermögensordnung der Genossenschaft ................................................................262

        3.1    Geschäftsanteil, Geschäftsguthaben und Haftsumme..............................263

        3.2    Gesetzliche Rücklage und die Haftung für Gesellschaftsverbindlichkeiten................263

    4    Eröffnungsvoraussetzungen des Insolvenzverfahrens............................................264

        4.1    Insolvenzfähigkeit ........................................................................................264

        4.2    Eröffnungsantrag ..........................................................................................265

        4.3    Eröffnungsgründe für das Insolvenzverfahren ..........................................265

    5    Nachschüsse als Teil der Insolvenzmasse ..............................................................266

        5.1    Voraussetzungen der Entstehung................................................................267

        5.2    Nachschusspflichtige Genossen...................................................................268

        5.3    Umfang der Nachschusspflicht....................................................................269

        5.4    Verteilungsmaßstab ......................................................................................270

        5.5    Vorschussberechnung und Vorschusseinziehung......................................270

        5.6    Nachschussberechnung................................................................................271

        5.7    Erstattungsansprüche ...................................................................................272

    6    Nichterfüllung der Massegläubigeransprüche .......................................................272

        6.1    Nachschusspflicht bei Abweisung des Insolvenzantrages mangels Masse ................273

        6.2    Nachschusspflicht bei Masseunzulänglichkeit ..........................................273

        6.3    Nachschusspflicht bei Einstellung des Insolvenzverfahrens wegen Masselosigkeit ..........................................................................................273

    7    Prüfungsverbandmitgliedschaft und Pflichtprüfung der insolvenzbedingt aufgelösten Genossenschaft........................................................................................274

        7.1    Die insolvenzrechtliche Behandlung der Pflichtmitgliedschaft................274

        7.2    Sinn und Zweck der Prüfungspflicht in der Genossenschaftsinsolvenz ....................275

            7.2.1    Zweck der Prüfungspflicht..............................................................275

            7.2.2    Sinn der Prüfungspflicht insolvenzbedingt aufgelöster Genossenschaften..........................................................................276

    8    Besonderheiten im Insolvenzplanverfahren ...........................................................277

## Aspekte und Probleme bei Sanierungs-/Insolvenzbilanzen ............... 281
Horst Zündorf, Heike Kulhavy

1 Ziele der neuen Insolvenzordnung ............................................................ 281
2 Finanzwirtschaftliche Sanierungsmaßnahmen ........................................... 282
3 Duales Rechnungslegungssystem .............................................................. 283
    3.1 Interne Rechnungslegung ................................................................ 283
    3.2 Externe Rechnungslegung ............................................................... 284
4 Rechnungslegung nach der Insolvenzordnung ........................................... 285
    4.1 Rechnungslegung bei Verfahrenseröffnung .................................... 285
        4.1.1 Verzeichnis der Massegegenstände (§ 151 InsO) ............... 285
        4.1.2 Gläubigerverzeichnis (§ 152 InsO) ..................................... 286
        4.1.3 Vermögensübersicht (§ 153 InsO) ...................................... 287
    4.2 Zwischenrechnungslegung .............................................................. 287
    4.3 Schlussrechnung .............................................................................. 288
5 Rechnungslegung nach handelsrechtlichen Vorschriften ........................... 289
    5.1 Schlussbilanz der werbenden Gesellschaft ...................................... 289
    5.2 Eröffnungsbilanz ............................................................................. 289
    5.3 Bilanzansatz .................................................................................... 290
        5.3.1 Aktiva .................................................................................. 291
        5.3.2 Passiva ................................................................................. 292
    5.4 Bilanzbewertung ............................................................................. 293
        5.4.1 Allgemeine Bewertungsgrundsätze ..................................... 293
        5.4.2 Bewertung einzelner Aktiva ................................................ 294
        5.4.3 Bewertung einzelner Passiva ............................................... 295
    5.5 Erläuterungsbericht der Eröffnungsbilanz ....................................... 295
    5.6 Zwischenbilanz ............................................................................... 296
    5.7 Rechenwerk zum Abschluss des Insolvenzverfahrens .................... 297

## Ausgewählte finanzielle Techniken und Instrumente zur Analyse und Bewältigung von Krisen ............................................................................ 299

## Krisen- und Insolvenzmanagement bei kleinen und mittleren Unternehmen ............... 301
Michael Bretz

1 Einleitung .................................................................................................. 301
2 Die Wirtschaftsauskunft ............................................................................ 302
3 Bonitätsindex als Frühwarnindikator ......................................................... 304

| | | | |
|---|---|---|---|
| 4 | | Das Kreditmanagement | 305 |
| | 4.1 | Die Kreditwürdigkeitsprüfung | 305 |
| | 4.2 | Die Kreditentscheidung | 305 |
| | 4.3 | Die Kreditsicherung | 305 |
| | 4.4 | Die Kreditüberwachung | 305 |
| | 4.5 | Die Zahlung | 304 |
| 5 | | Organisations- und Fragerichtlinien | 306 |
| 6 | | Fazit | 306 |

## Finanzielle Herausforderungen und Krisen bewältigen ........................................................ 307
Anne Sahm

## Asset Securitisation als Finanzierungsinstrument für (größere) mittelständische Unternehmen – aber auch in Krisenphasen? ........................................................ 311
Uwe Christians, Stefan Kopf

| | | | |
|---|---|---|---|
| 1 | | Einleitung | 311 |
| 2 | | Grundlegende Konstruktion von ABS-Transaktionen | 312 |
| | 2.1 | Begriffliches | 312 |
| | 2.2 | Kriterien der Verbriefung von Vermögensgegenständen | 313 |
| | 2.3 | Abbildung des Grundmodells | 315 |
| | 2.4 | Anteilszertifikats- vs. Anleihestruktur | 316 |
| | 2.5 | Sicherungs- und Treuhandkonstruktionen | 317 |
| | 2.6 | Single-Seller- und Multi-Seller-Conduits | 320 |
| | 2.7 | Empirische Entwicklung von ABS | 321 |
| 3 | | Verbriefung von Forderungen aus Lieferungen und Leistungen | 322 |
| | 3.1 | Charakterisierung von Forderungen aus Lieferungen und Leistungen (Handelsforderungen) | 322 |
| | 3.2 | Konstruktion von ABCP-Programmen | 323 |
| | 3.3 | Beispiele für ABCP-Programme | 324 |
| 4 | | Vorteile der Verbriefung | 326 |
| 5 | | Anforderungen, Kosten und mögliche Probleme von ABS-Transaktionen | 328 |
| 6 | | Die geplante deutsche Verbriefungsgesellschaft | 330 |
| 7 | | Beteilung der ABS-Transaktionen für mittelständische Unternehmen | 331 |

## Factoring: Eine Finanzierungsalternative ........................................................ 337
Markus Thiermeier, Daniel Greulich, Wilhelm Schmeisser

| | | |
|---|---|---|
| 1 | Aktuelle Finanzierungsprobleme kleiner und mittlerer Unternehmen | 337 |
| 2 | Factoring – Grundlagen, Funktionsweise und Auswirkungen | 340 |

2.1 Grundlagen .................................................................................................. 340
    2.1.1 Begriffsbestimmung .................................................................... 340
    2.1.2 Rechtliche Einordnung ................................................................ 341
    2.1.3 Grundzüge des Vertrages ............................................................ 341
2.2 Funktionsweise des Factorings .................................................................. 344
    2.2.1 Der Ablauf des Factoringverfahrens ........................................... 344
    2.2.2 Die verschiedenen Vertragsarten ................................................ 345
    2.2.3 Internationales Factoring ............................................................ 347
2.3 Auswirkungen des Factorings ................................................................... 348
    2.3.1 Auswirkung der Finanzierungsfunktion ..................................... 348
    2.3.2 Auswirkungen der Dienstleistungsfunktion ............................... 350
    2.3.3 Auswirkungen der Delkrederefunktion ...................................... 352
    2.3.4 Kosten des Factorings ................................................................. 352
    2.3.5 Bilanzielle Auswirkungen ........................................................... 355
    2.3.6 Steuerliche Auswirkungen .......................................................... 356

3 Beteilung der Finanzierungsalternative Factoring aus der Sicht der kleinen und mittleren Unternehmen ................................................................. 358
   3.1 Lösbarkeit der aktuellen Finanzierungsprobleme ..................................... 358
   3.2 Factoringfähigkeit kleiner und mittlerer Unternehmen ............................ 359
       3.2.1 Anforderungen an die Forderungen ............................................ 360
       3.2.2 Abtretbarkeit der Forderungen ................................................... 361
       3.2.3 Anforderungen an das Produkt ................................................... 362
       3.2.4 Anforderungen an das Unternehmen .......................................... 363
   3.3 Analyse der Vorteilhaftigkeit von Factoring ............................................ 366
       3.3.1 Aufbau einer allgemeingültigen Kosten-Nutzen-Analyse ......... 366
       3.3.2 Praktische Anwendung der allgemeingültigen Kosten-Nutzen-Analyse ..... 373

4 Abschließende Wertung ....................................................................................... 380

# Unterjährige Finanzplanung ............................................................................... 389
Wilhelm Schmeisser, Stephan Heyne

1 Ziele der unterjährigen Finanzplanung ................................................................ 389
   1.1 Generelle Ziele .......................................................................................... 389
       1.1.1 Finanzdispositionsziel ................................................................. 389
       1.1.2 Außenfinanzierungsziel .............................................................. 390
       1.1.3 Integrationsziel ........................................................................... 390
       1.1.4 Budgetziel ................................................................................... 390

| | | | |
|---|---|---|---|
| | 1.2 | Spezielle Ziele aus Sicht der Muttergesellschaft | 391 |
| | | 1.2.1 Instrumentalziel | 391 |
| | | 1.2.2 Input-Ziel | 391 |
| | | 1.2.3 Steuerungsziel | 391 |
| 2 | Zeitliche Einordnung der unterjährigen Finanzplanung | | 392 |
| 3 | Methoden der Finanzplanung | | 392 |
| | 3.1 | Bewegungsbilanzplanung | 393 |
| | | 3.1.1 Überblick | 393 |
| | | 3.1.2 Erstellung | 393 |
| | 3.2 | Einnahmen-/Ausgabenplanung | 395 |
| | | 3.2.1 Überblick | 395 |
| | | 3.2.2 Erstellung | 396 |
| 4 | Die Einnahmen-/Ausgabenplanung im Detail | | 398 |
| | 4.1 | Probleme der Erfassung und Gliederung der Einnahmen und Ausgaben | 398 |
| | | 4.1.1 Kriterien der Untergliederung | 398 |
| | | 4.1.2 Detaillierungsgrad | 399 |
| | | 4.1.3 Brutto-/Nettoausweis | 399 |
| | 4.2 | Einnahmenplanung | 400 |
| | | 4.2.1 Gliederung der Einnahmen | 400 |
| | | 4.2.2 Informationsquellen für die Einnahmenplanung | 402 |
| | | 4.2.3 Betragsmäßiger Ansatz bei der Einnahmenplanung | 403 |
| | 4.3 | Ausgabenplanung | 404 |
| | | 4.3.1 Gliederung der Ausgaben | 404 |
| | | 4.3.2 Erläuterung ausgewählter Ausgabenpositionen | 405 |
| | 4.4 | Gegenüberstellung von Einnahmen und Ausgaben | 407 |

**Stichwortverzeichnis** ........................................................................................ **409**

# Autorenverzeichnis

*Bennewitz, Anja,* Dipl.-Kffr., geb. 1977, Ausbildung Bankkauffrau Landesbank Berlin, Studium der Betriebswirtschaftslehre an der FHTW Berlin, seit 2000 Firmenkundenbetreuerin in der Zentralen Direktion Firmenkunden der Landesbank Berlin.

*Borrmann, Matthias, Dr.,* geb. 1961, Studium der Rechtswissenschaften (1983-1987) und Betriebswirtschaftslehre (1989 – 1992) in Göttingen und Lüneburg; Referendariat (1988-1990) in Celle, Lüneburg, Hamburg; Wissenschaftlicher Mitarbeiter (1992-1994) am Lehrstuhl Prof. Dr. Dr. Ebenroth sowie am Zentrum für internationale Wirtschaft und Mitarbeit im Sonderforschungsbereich Internationalisierung der Wirtschaft der Universität Konstanz; Promotion (1994) zum Dr. jur. in Konstanz über „rechtliche Schutzmechanismen für transnationale Investitionen in die Russische Förderation"; Seminartätigkeit und schriftstellerische Arbeiten, u.a. Mitautor des Steuerformularhandbuchs im C. F. Müller Verlag, 7. Auflage, 2002; seit 1996 Partner und Geschäftsführer von Steuerberatungs- und Rechtsanwaltsgesellschaften in Konstanz, seit 1998 in der Kanzlei Schmitt, Hörtnagl & Partner.

*Bretz, Michael,* Dipl.-Volkswirt, Leiter Wirtschafts- und Konjunkturforschung, Pressesprecher, Verband Creditreform Neuss.

*Brühl, Volker, Dr.,* ist Managing Director bei Dresdner Kleinwort Wasserstein, Frankfurt, und zuständig für das Corporate Finance-Geschäft für Konzern- und Großkunden im deutschsprachigen Raum. Zuvor war er mehrere Jahre bei einer internationalen Unternehmensberatungsgesellschaft tätig, wo er zahlreiche Unternehmen bei Umstrukturierungen, strategischen Fragestellungen und M&A-Projekten begleitet hat. Zuvor war er im Investment Banking einer deutschen Bank tätig.

*Christians, Uwe, Prof. Dr. rer. oec.,* 1986 Promotion zum Thema „Entwicklung und empirische Überprüfung eines konjunkturgerechten Erfolgsprognosemodells zur Unterstützung der Kreditwürdigkeitsprüfung" an der TU Berlin, 1987-1997 beschäftigt als Referent, Abteilungsleiter in der Strategischen Planung und der Konzernplanung der Berliner Bank AG und der Bankgesellschaft Berlin AG. Seit Oktober 1997 Professor für Betriebswirtschaftslehre, insbesondere Banken und Finanzdienstleistungen an der FH Lausitz (Senftenberg) mit den Schwerpunkten Rechnungswesen und Controlling sowie Bank- und Finanzmanagement. Gründungsmitglied des Instituts für Manangement, Wissenschaft und Bildung (IMWB) e.V. in 1999. Die Forschungsschwerpunkte liegen auf dem Gebiet des Controllings und des strategischen Managements von Kreditinstituten. Seit 2001 ist er Professor für Betriebswirtschaft mit dem Schwerpunkt Banken und Controlling an der FHTW Berlin.

*Deipenbrock, Gudula, Dr. iur.,* ist seit 1998 Professorin für Wirtschaftsrecht an der Fachhochschule für Technik und Wirtschaft Berlin mit den Schwerpunkten Zivilrecht, Handelsrecht und Internationales Privatrecht. Ihr wissenschaftliches Interesse gilt insbesondere dem internationalen und ausländischen Wirtschaftsrecht sowie dem Europarecht. In ihrer zuvor ausgeübten beruflichen Tätigkeit versah Frau Prof. Dr. iur. Gudula Deipenbrock neben der strategischen Planung und Leitung strategischer Projekte vornehmlich Aufgaben als Justiziarin mit den

Schwerpunkten internationale Kooperationen, internationale Mergers & Acquisitions sowie Wirtschafts- und Unternehmensrecht in verschiedenen Unternehmungen.

*Dittmann, Marko,* Dipl.-Kfm., wissenschaftlicher Mitarbeiter an der FHTW Berlin. Forschungsschwerpunkte: Finanzierung und Investition, Controlling, Personalmanagement, insbesondere Finanz- und Personalcontrolling sowie Technologie- und F&E-Controlling.

*Goldstein, André,* Diplomökonom, ist seit 1991 bei der Deutsche Bank AG im Unternehmensbreich Corporate & Invenstmentbanking beschäftigt. Seit 1995 begleitet er schwergängige Kreditengagements im Bereich des Spezielkredimanagements für die Region Neue Bundesländer. Seit 1998 ist er Leiter des Bereiches Spezialkreditmanagement der Region.

*Greulich, Daniel,* Dipl.-Kfm., Mitarbeiter im Bereich Gründungsmanagement und Mittlere Unternehmen mit Schwerpunkt Finanzierung an der FHTW/ Berlin.

*Hahne, Andreas,* Diplom Kaufmann, ist seit 1990 bei der Deutsche Bank AG für den Unternehmensbereich Corporate & Investmentbank tätig und hat seit 1998 in entsprechender Funktion im Bereich des Spezialkreditmanagements Work-out für die Region Neue Bundesländer schwergängige Kreditengagements der Bank in der Sanierungs- oder Insolvenzphase begleitet. Daneben ist Herr Hahne Dozent und Autor der Bankakademie e.V.

*Heyne, Stephan,* Dresdner Bank AG, Filiale Brandenburg , Finanzberatung.

*Herberg, Anja,* wissenschaftliche Mitarbeiterin von Prof. Kessler.

*Kasterich, Axel,* geb. 1973, Ausbildung Bankkaufmann Mittelbrandenburgische Sparkasse, Studium der Betriebswirtschaftslehre an FHTW Berlin, Risikobetreuer für KMU der Bankgesellschaft Berlin AG, seit 2002 Mitarbeiter der Task Force im Bereich Kredit Consult der Deutschen Kreditbank AG Berlin.

*Keßler, Jürgen, Prof. Dr.,* ist Professor für Deutsches und europäisches Handels-, Gesellschafts-, Arbeits- und Wirtschaftsrecht an der FHTW Berlin; Lehrbeauftragter an der TU Berlin sowie Visiting Professor an der University af the West of England, Bristol/UK. Gastdozenturen an der Technischen Universität Instanbul (ITÜ), an der Kuban University, Krasnodar, Russia und an der Reichsuniversität Antwerpen (RUCA).

*Kopf, Stefan,* Dipl.-Kfm. (FH), wissenschaftlicher Mitarbeiter von Prof. Christians.

*Krimphove, Dieter, Prof. Dr. jur.,* Visiting Professor der Donau-Universität Krems; Universitätsprofessor an der Universität Paderborn, Lehrstuhl: Wirtschaftsrecht mit dem Schwerpunkt europäisches Wirtschaftsrecht; Direktor: Institut für Rechtsangleichung, Wirtschaftsrecht und Finanzierung. Nach beiden juristischen Staatsexamina Assistent der Personalleitung (UNILEVER – Langnese-Iglo), Leiter des Fachbereichs Wirtschafts- und Arbeitsrecht an der Akademie Deutscher Genossenschaften Schloss Montabaur, Professor an der FHTW-Berlin. Dort Einrichtung und Leitung des Studiengangs „Wirtschaftsjurist".

*Küspert, Klaus,* Dipl.-Kfm., StB, WP, Jahrgang 1952. Tätigkeit für Big-Four-Firmen und Industrie. Seit 1988 Leiter der Rechts- und Steuerabteilung einer mittelständischen Steuerberaterpraxis in Nürnberg. Umfassende Beratungspraxis mit Schwerpunkten in der steuerlichen Gestaltungsberatung, Umwandlung und Umstrukturierung, Betriebsprüfung und finanzgerichtliche Auseinandersetzung. Vortragsreferent für Steuerthemen und mehrjährige Veröffentlichungspraxis im Steuerrecht.

*Kulhavy, Heike*, Dipl.-Wirtschaftsing., Dipl.-Kffr, Assistentin des Finanzvorstands der CineMedia Film AG; vorher Assistentin des Finanzvorstands der Kinowelt Medien AG; Junior-Geschäftsführerin bei der Firma Kulhavy GmbH.

*Munkert, Michael, Dr.*, Dipl.-Kfm., StB, WP, Jahrgang 1943. Neben wissenschaftlicher Tätigkeit Aufbau einer mittelständig orientierten, großen Steuerberatungspraxis in Nürnberg. Vizepräsident der Steuerberaterkammer Nürnberg und Lehrbeauftragter an der Universität der Bundeswehr München. Langjährige Erfahrung und Beratungspraxis für den Mittelstand, insbesondere in den Bereichen Unternehmensbewertung, Unternehmensan- und Unternehmensverkauf, Unternehmensnachfolge und Umstrukturierung von Unternehmen. Vielfältige Buch- und Zeitschriftenveröffentlichungen.

*Rattunde, Rolf,* Rechtsanwalt, Notar, Fachanwalt für Steuer- und Insolvenzrecht, Insolvenzverwalter und Mitglied der Leonhardt & Partner GbR, Berlin. Mitautor der Kommentare zur Gesamtvollstreckungsordnung und zur Insolvenzordnung (Hrsg. Prof. Dr. Smid), Co-Autor des Kohlhammer-Handbuchs über das Insolvenzplanverfahren, Autor von Aufsätzen und Urteilsanmerkungen, Dozent bei diversen öffentlichen und privaten Institutionen, Lehrbeauftragter an der Fachhochschule für Technik und Wirtschaft in Berlin.

*Sahm, Anne* ,Verband Creditrefom, Neuss.

*Schmeisser, Karin,* Dipl.-Ök., Wirtschaftsprüferin, Steuerberaterin und nebenamtlich Dozentin für Buchführung, Rechnungswesen, Steuerrecht und betriebswirtschaftliche Steuerlehre an der Handelsakademie Nürnberg.

*Schmeisser, Wilhelm, Dr. rer. oec., Dr. habil.*, Dipl.-Kfm., Professor an der FHTW Berlin und tätig an der Universität Duisburg-Essen. Forschungsschwerpunkte: Finanzierung und Investition, Unternehmensführung, insbesondere Innovationsmanagement und Internationales Management, Personalmanagement und Organisation.

*Schmid, Valentin,* Wirtschaftsprüfer, Steuerberater, Dipl.-Kaufmann, Jahrgang 1963, 1987 – 1991 Tätigkeit bei einer großen Wirtschaftsprüfungsgesellschaft, 1990/1991 Selbstständiger Steuerberater, seit 1992 Gesellschafter-Geschäftsführer einer mittelgroßen Wirtschaftsprüfungs- und Steuerberatungsgesellschaft in Berlin; Tätigkeits- und Forschungsschwerpunkte: Beratung mittelständischer Unternehmensgruppen bei Um- und Restrukturierung, Steuerliche Bearbeitung und Rechnungslegung von Unternehmen in der Insolvenz, Referententätigkeit auf dem Gebiet des Insolvenzsteuerrechts; Mitwirkung an einem Kommentar zur Insolvenzordnung.

*Schmid-Schönbein, Thomas, Prof. Dr. pol.*, Fachbereich Wirtschaftswissenschaft der Fachhochschule Lausitz, Allgemeine Betriebswirtschaftslehre, insbes. Industrieökonomik und Unternehmenspolitik.

*Schmitt, Joachim,* Mitarbeiter und Assistent von Herrn Borrmann.

*Singer, Wolfgang, Dr.*, ist Professor für Finance/International Finance an der Fachhochschule für Technik und Wirtschaft in Berlin. Wissenschaftlich liegen seine Forschungsschwerpunkte derzeit im Bereich Risikomanagement, Unternehmensbewertung sowie Financial Restructuring. Bevor Prof. Singer dem Ruf an der FHTW Berlin folgte, war er zuständig im Corporate Finance der Deutschen Bank in Frankfurt für die Betreuung inländischer `Corporates` bei Finanzierungsfragen mit Blick auf Fremd- bzw. Eigenmittelaufnahme über den organisierten Kapitalmarkt. Prof. Singer studierte Wirtschaftswissenschaften in Freiburg i.Br., an der Universität von Wisconsin in Madison/USA sowie im Rahmen eines Executive Training Programms an der Leonard Stern School of Business der New York Universität/USA.

*Thiermeier, Markus, Dr.*, Dipl.-Kfm., Professor für Betriebswirtschaft mit dem Schwerpunkt KMU; Forschungsschwerpunkte Mittelstandsforschung, Handwerksforschung, Gründungsmanagement und Finanzierung

*Welp, Sören,* Dipl.-Kfm., 1. Staatsexamen für das Lehramt für die Sekundarstufe II, 1994-97 Ausbildung zum Bankkaufmann, 1997-2002 Studium der BWL an der Universität Paderborn, seit 2002 wiss. Mitarbeiter bei Prof. Dr. jur. Dieter Krimphove (Lehrstuhl für Wirtschaftsrecht, inbesondere europäisches Wirtschaftsrecht; Universität Paderborn). Berufliche Kurzaufenthalte während des Studiums bei: DG Securities Tokio (2000), DZ BANK Hongkong (2001).

*Zündorf, Horst, Dr. rer. oec., Univ.-Prof.*, Dipl.-Ök., geb. 1955, Hochschule für Wirtschaft und Politik Hamburg, Lehrstuhl für betriebswirtschaftliche Steuerlehre und externes Rechnungswesen. Forschungsschwerpunkte: Betriebswirtschaftliche Steuerlehre, Wirtschaftsprüfung, Controlling und Finanzierung.

# Finanzielle Herausforderungen und Krisen bewältigen

# Krisenfrüherkennung und Krisenbewältigung im mittelständischen Firmenkundengeschäft aus der Sicht von Kreditinstituten

Anja Bennewitz, Axel Kasterich

## 1 Einleitung

Das Thema Risikofrüherkennung hat in den letzten Jahren – auch mit Blick auf die zahlreichen Unternehmensinsolvenzen – immer mehr an Aktualität gewonnen. Nicht nur die Wirtschaft, sondern auch die Gesetzgebung hat die Brisanz erkannt und nicht zuletzt mit dem Gesetz zur Kontrolle und Transparenz im Unternehmensbereich (KonTraG) die Risikofrüherkennung weiter thematisiert. Doch wo fängt Risikofrüherkennung an, welche Möglichkeiten haben Kreditinstitute und wie können dabei Kreditinstitute und ihre Kunden zusammenarbeiten? Im Folgenden stehen ausgewählte Risikofrüherkennungswerkzeuge im Mittelpunkt, die sich aus Sicht der Praxis bewährt haben und die es den Banken und Sparkassen ermöglichen, Unternehmenskrisen frühzeitig zu erkennen.

## 2 Ziele der Risikofrüherkennung

Ziele der Risikofrüherkennung sind, mögliche Fehlentwicklungen im Unternehmen frühzeitig zu erkennen, wirksame Gegensteuerungsmaßnahmen zusammen mit dem Unternehmer zu entwickeln und umzusetzen sowie in letzter Konsequenz den Turnaround zu erreichen. Dabei gilt grundsätzlich: Je früher die Unternehmenskrise erkannt wird, desto handlungsfähiger ist das Unternehmen und umso wirksamer kann gegengesteuert werden. Risikofrüherkennung gestaltet sich jedoch für Kreditinstitute z.T. sehr schwierig. Zwar erhält die Bank oder Sparkasse Einblick in die Zahlen des Unternehmens und idealerweise auch sehr zeitnah, allerdings ist das in Bezug auf den Krisenverlauf immer noch relativ spät. Üblicherweise wird die Krise für die Bank oder Sparkasse erst ersichtlich, wenn diese bereits nachhaltige Auswirkungen auf Umsatz und Ergebnis hat. Das ist zwar immer noch wesentlich früher, als das üblicherweise Geschäftspartner des Unternehmens erkennen würden, allerdings sind zu diesem Zeitpunkt schon wesentliche Fehler im Unternehmen gemacht worden. Wie die Krise idealtypisch verläuft, wie sich dabei der Handlungsspielraum verändert und zu welchem Zeitpunkt das Kreditinstitut normalerweise auf die Krise aufmerksam wird, soll die nachfolgende Abbildung 1 zeigen:

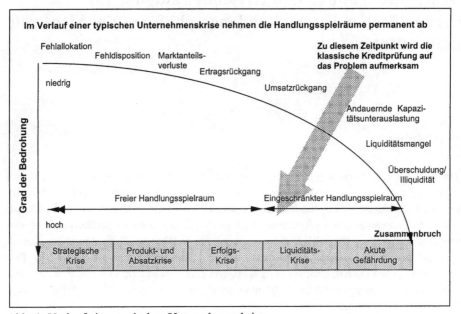

Abb. 1: Verlauf einer typischen Unternehmenskrise
Quelle: In Anlehnung an: Grunwald, E./Grunwald, S., Bonitätsanalyse, 1999, S. 56.

Vor Eintreten der Insolvenz durchläuft das Unternehmen, wie aufgezeigt, verschiedene Krisenstadien, wobei die Beeinflussbarkeit sukzessive abnimmt.

Nach Schätzungen sollen allein 60 % der Insolvenzen durch strategische Krisen (darunter fallen auch Managementfehler) ausgelöst werden. Ca. 30 % der Insolvenzen werden durch Erfolgskrisen und nur ca. 10 % der Insolvenzen durch Liquiditätskrisen verursacht.[1]

Mit Blick auf die relativ späte Information der Bank oder Sparkasse ist es umso mehr ein „Muss", Risikofrüherkennungsmethoden bei Kreditinstituten einzusetzen. Dazu können verschiedene Analyseverfahren genutzt werden. Dennoch ist und bleibt der regelmäßige Kontakt zum Unternehmen (Informationsaustausch) aber von höchster Wichtigkeit.

## 3  Mittel der Risikofrüherkennung aus Bankensicht

Zur Risikofrüherkennung stehen den Kreditinstituten verschiedene Mittel zur Verfügung. Nachfolgend werden zunächst die verschiedenen Methoden zur Analyse der wirtschaftlichen und finanziellen Zahlen des Unternehmens vorgestellt, bevor im Anschluss weitere aus der

---

[1] Vgl. Grunwald, E./Grunwald, S., Bonitätsanalyse, 1999, S. 59-63.

täglichen Zusammenarbeit von Unternehmen und Kreditinstituten resultierende Hilfsmittel dargestellt werden.

## 3.1 Analyse der wirtschaftlichen Zahlen

### 3.1.1 Jahresabschlussanalyse

Die Jahresabschlussanalyse ist ein klassisches und wesentliches Instrument zur Bonitätsbeteilung des Unternehmens bei Banken und Sparkassen. Anhand der eingereichten Jahresabschlussunterlagen werden die wirtschaftlichen Zahlen des Unternehmens ausgewertet und entsprechende Kennzahlen gebildet. Auf der Basis dieser Ergebnisse werden kritische Aussagen über die Entwicklung des Unternehmens im Zeit- und Branchenvergleich getroffen. Ziel ist es, einen möglichst umfassenden Einblick in die Vermögens-, Finanz- und Ertragslage des betreffenden Unternehmens zu erhalten, um damit letztlich die Lage und Entwicklung des Unternehmens beteilen zu können.

Der Aussagegehalt von Jahresabschlüssen wird nicht zuletzt auch durch bilanzpolitische Maßnahmen beeinflusst. Zum Thema der Bilanzanalyse sind bereits zahlreiche Fachbücher veröffentlicht, auf die an dieser Stelle verwiesen wird.

Obwohl die Jahresabschlussanalyse bei den Kreditinstituten einen hohen Stellenwert besitzt, ist sie – aufgrund ihres ausschließlich vergangenheitsorientierten Charakters – im Rahmen der Risikofrüherkennung nur bedingt einsetzbar. Nicht selten vergehen mehrere Monate bis der Bank oder Sparkasse die Jahresabschlussunterlagen vom Kunden vorgelegt werden. Auch wenn bei der Analyse Risiken durchaus erkennbar sind, können diese durch die aktuelle Entwicklung in der Zwischenzeit wesentlich dramatischer sein, als dies nur allein aus der Jahresabschlussanalyse erkennbar wäre. Eine Bank oder Sparkasse kann sich daher bei der Risikofrüherkennung nicht auf überholte vergangenheitsorientierte Zahlen verlassen, sondern muss stattdessen auf der Basis möglichst aktueller Zahlen eine Aussage über die zukünftige Entwicklung treffen können.

### 3.1.2 Betriebswirtschaftliche Auswertungen

Um einen möglichst zeitnahen Einblick in die wirtschaftlichen Verhältnisse zu erhalten und Fehlentwicklungen frühzeitig zu erkennen, kann auf betriebswirtschaftliche Auswertungen zurückgegriffen werden. Diese sollten vom Unternehmen grundsätzlich spätestens sechs Wochen nach dem jeweiligen Monatsende vorgelegt werden.[2]

---

[2] Vgl. Kapitel 3.4.3 Offenlegungspflichten.

### 3.1.2.1 Aufbau

Bei den betriebswirtschaftlichen Auswertungen (BWA) handelt es sich um unterjährige Zahlen aus der Finanzbuchhaltung, die mit Hilfe entsprechender EDV-Systeme aufgestellt und zusammengefasst werden. Am häufigsten wird in der Praxis die Datev-BWA nach dem EDV-System der Datev eG, einer Datenverarbeitungsorganisation der steuerberatenden Berufe, erstellt. Aufgrund ihrer weiten Verbreitung soll die Datev-BWA auch nachfolgend exemplarisch beschrieben werden.

Die betriebswirtschaftliche Auswertung sollte grundsätzlich aus den folgenden fünf Teilbereichen bestehen: kurzfristige Erfolgsrechnung (früher: Kostenstatistik I), Vergleichs-BWA (früher: Kostenstatistik II), Bewegungsbilanz (früher: Kapitalverwendungsrechnung), Statische Liquidität sowie Summen- und Saldenliste.

Die *kurzfristige Erfolgsrechnung* ist eine unterjährige Gewinn- und Verlustrechnung mit dem Ziel, ein vorläufiges Ergebnis zu ermitteln. Es werden sowohl die Werte des jeweiligen letzten Buchungsmonats als auch die kumulierten Jahreswerte (einschließlich des letzten Buchungsmonats) ausgewiesen. Zur besseren Analyse werden die Zahlen auch in Prozentsätzen angegeben.[3]

Die *Vergleichs-BWA* baut auf der kurzfristigen Erfolgsrechnung auf und vergleicht die ermittelten Zahlen zusätzlich noch mit den Vorjahreswerten. Damit können erste Aussagen über die Unternehmensentwicklung im Zeitvergleich gemacht und mögliche Fehlentwicklungen erkannt werden. Idealerweise kann noch eine zweite Vergleichs-BWA erstellt werden, welche die Zahlen der kurzfristigen Erfolgsrechnung mit den Planzahlen für diesen Zeitraum vergleicht, sodass ein Soll-Ist-Abgleich möglich wird.

Wie sich dagegen die einzelnen Bilanzpositionen im Kapital- und Vermögensbereich des Unternehmens unterjährig verändern, zeigt die *Bewegungsbilanz*. Dabei werden keine Anfangs- bzw. Endbestände, sondern lediglich die unterjährigen Betragsveränderungen angegeben. Es wird zwischen Mittelherkunft und Mittelverwendung unterschieden. Die Mittelherkunft zeigt auf, ob die Mittel durch eine Reduzierung der Aktiva (z.B. Verkauf Wertpapiere) oder Erhöhung der Passiva (z.B. Aufnahme von Krediten = Erhöhung Verbindlichkeiten gegenüber Kreditinstituten) freigesetzt worden sind. Anhand der Mittelverwendung ist dann ersichtlich, ob die freigesetzten Mittel zur Erhöhung der Aktiva (z.B. Kauf eines Grundstückes) oder zur Reduzierung der Passiva (z.B. Reduzierung der Verbindlichkeiten aus Lieferung und Leistung) genutzt worden sind. Mit Hilfe der Bewegungsbilanz lässt sich auch erkennen, wie Gewinne verwandt bzw. Verluste finanziert worden sind.[4]

Die *Statische Liquidität* informiert über die Liquidität und damit die Zahlungsfähigkeit des Unternehmens. Zur besseren Analyse werden die Liquiditätsgrade ermittelt. Auch hier lassen sich erste Warnsignale erkennen.[5]

---

[3] Vgl. DATEV eG, Datev, 2001, S. 5.
[4] Vgl. DATEV eG, Datev, 2001, S. 8.
[5] Vgl. DATEV eG, Datev, 2001, S. 10 und 11.

Die *Summen- und Saldenliste* ist vergleichbar mit dem Kontennachweis des Jahresabschlusses. Es werden sämtliche Bewegungen und Bestände auf den Konten des Unternehmens (Bestands- und Erfolgskonten) dargestellt.[6] Anhand dieser Aufstellung kann die richtige Zuordnung (aus Bankensicht) der Aufwendungen bzw. Erträge überprüft werden und eventuelle Korrekturen im Rahmen der BWA-Auswertung von der Bank vorgenommen werden.

Obwohl jeder eben beschriebene Teil der BWA einen besonderen Zweck erfüllt und grundsätzlich immer alle diese Bestandteile beim Kreditinstitut eingereicht werden sollten, sind für die BWA-Analyse bei den Kreditinstituten die Vergleichs-BWA, die Summen- und Saldenliste sowie die Kapitalverwendungsrechnung von herausragender Bedeutung.

### 3.1.2.2 Notwendige Korrekturen aus Sicht von Kreditinstituten

Die Zahlen der BWA sind nur in den seltensten Fällen ohne Korrekturen verwendbar. Oftmals müssen Mängel in der Zuordnung einzelner Positionen bzw. in der Vollständigkeit (z.B. Fehlen von Abgrenzungsbuchungen) im Rahmen der BWA-Analyse durch die Kreditinstitute korrigiert werden. Die typischsten Korrekturen (ohne Anspruch auf Vollständigkeit) werden nachfolgend aufgezeigt:

a) Bestandsveränderungen

Bestandsveränderungen sind Erhöhungen oder Verminderungen des Bestandes an fertigen und unfertigen Erzeugnissen und werden nur bei Produktionsbetrieben ausgewiesen. Handels- und Dienstleistungsunternehmen weisen Veränderungen ihres Warenbestandes unter dem Posten Materialaufwand bzw. als Abschreibung aus.

Produktionsunternehmen berücksichtigen i.d.R. unterjährig keine Bestandsveränderungen. Da jedoch nur in Ausnahmefällen Absatzleistung und Produktionsleistung übereinstimmen, bedarf es bei der BWA-Analyse einer Korrektur. Ob Bestandsveränderungen anfallen, ist üblicherweise beim Unternehmen bzw. seinem Steuerberater zu erfragen. Im Zweifel können auch die letzten Jahresabschlüsse eine Tendenz vorgeben.

b) Materialaufwand

Oftmals ist der Materialaufwand nicht korrekt ausgewiesen. Statt des Wareneinsatzes wird nur der Wareneinkauf angegeben. Da sich jedoch ähnlich wie beim Umsatz auch beim Wareneinkauf saisonale Schwankungen ergeben können, kann dies u.U. stark vom tatsächlichen Materialaufwand abweichen. Um den Materialaufwand korrekt angeben zu können, müsste das Unternehmen eine permanente Inventur durchführen. Alternativ und in der Praxis weit verbreitet, wird als Materialaufwand ein Betrag angegeben, der sich an der Materialaufwandsquote des letzten Jahresabschlusses orientiert.[7]

---

[6] Vgl. Taplick, Ulrich, DATEV-Auswertung, 1996, S. 12.
[7] Vgl. Taplick, Ulrich, DATEV-Auswertung, 1996, S. 2.

c) Personalaufwand

Es ist zu prüfen, ob in der vorliegenden BWA bereits die Lohnsteuer und die Sozialversicherungsbeiträge gebucht worden sind, da diese oftmals erst am 10. des Folgemonats zahlungswirksam werden. Ferner werden Sonderzahlungen, wie z.B. Weihnachtsgeld, nicht unterjährig gebucht und sind daher bei der Ergebnishochrechnung zu berücksichtigen.

d) Abschreibungen

In der Praxis werden die Abschreibungen selten unterjährig, sondern nur einmal am Ende des Geschäftsjahres gebucht. Um jedoch ein möglichst realistisches BWA-Ergebnis zu erhalten, ist es sinnvoll, die Abschreibungen monatlich auszuweisen. Korrigiert die Bank nunmehr diese Position, orientiert sie sich an der Höhe der Abschreibungen des Vorjahres. Zusätzlich wird anhand der BWA geprüft, ob im laufenden Jahr Zugänge oder Abgänge des Anlagevermögens die Höhe der Abschreibungen beeinflussen.

e) Zinsaufwendungen

Zinsaufwendungen werden überwiegend erst bei Vorlage der Bankabrechnung (z.B. quartalsweise bei Kontokorrentkrediten) berücksichtigt und können daher fehlen bzw. nicht ausreichend berücksichtigt sein. Anhand des letzten Jahresabschlusses, den eigenen Unterlagen der Bank und den Informationen aus den Gesprächen mit dem Kunden kann die Bank eine möglichst realistische Korrektur des Zinsaufwandes vornehmen.

f) Steuern, Beiträge, Versicherungen

Steuern, Beiträge und Versicherungen werden i.d.R. nur einmalig bei Rechnungsvorlage bzw. bei erfolgter Zahlung gebucht. Eine zeitgerechte Abgrenzung erfolgt selten, sodass diese Posten einer Korrektur bedürfen.

Allein durch diese Korrekturen relativiert sich das oftmals positive BWA-Ergebnis. Ohne diese Korrekturen würde das Kreditinstitut weiterhin von einer deutlich positiveren Entwicklung des Unternehmens ausgehen. Notwendige „Krisengespräche" würden mit dem Unternehmen wohl eher nicht geführt werden. Dies mag sicherlich für den einen oder anderen Unternehmer durchaus verlockend sein, ist aber keinesfalls empfehlenswert. Spätestens bei Vorlage des endgültigen Jahresabschlusses sind dann die Fragen des Kreditinstitutes umso unangenehmer. Um gemeinsam eine Lösung für mögliche Fehlentwicklung zu finden, sollte jedes Unternehmen frühzeitig das Gespräch mit dem Kreditinstitut suchen.

### 3.1.2.3 Aktuelle Entwicklungen

Seit Februar 2003 bietet die Datev eine neue BWA, die „Datev-Rating-BWA", an. Diese neue BWA soll insbesondere den Anforderungen von Basel II und dessen Auswirkungen auf die Unternehmen Rechnung tragen. Mit Hilfe der Datev-Rating-BWA kann die Transparenz für Ratingzwecke nachhaltig erhöht werden.

Der Aufbau der neuen Datev-Rating-BWA orientiert sich an der Standard-BWA der Datev. Ziel ist, die von den Kreditinstituten vorgenommenen Korrekturen bereits vorwegzunehmen und damit von vornherein ein detaillierteres und realistischeres Bild des Unternehmens geben zu können. Dazu wurden insbesondere die folgenden Faktoren berücksichtigt:

- Unterteilung des Gesamtumsatzes in geografische Segmente,
- Ausweis der aktivierten Eigenleistungen, der Bestandsveränderungen (fertige Erzeugnisse/unfertige Erzeugnisse) und der Fremdleistungen,
- Ermittlung des Materialaufwandes anhand der Materialaufwandsquote des Vorjahres bzw. anhand von Fortschreibungsmethoden,
- Ausweis kalkulatorischer variabler Kosten durch Schätzung zu Beginn des Wirtschaftsjahres anhand der Vorjahreswerte,
- detaillierterer Ergebnisausweis:
  - Ausweis betrieblicher Rohertrag 1 (ohne Fremdleistungen),
  - Ausweis betrieblicher Rohertrag 2 (inkl. Fremdleistungen),
  - operatives Ergebnis I und operatives Ergebnis II nach Berücksichtigung von Abschreibungen auf derivative Firmenwerte,
  - Leistungsergebnis,
  - Betriebsergebnis mit Zinsaufwendungen u. –erträgen,
  - Ergebnis vor Steuern,
  - vorläufiges Ergebnis,
- Bereitstellung von vier auf den Ergebnissen der GuV basierenden Kennzahlen:
  - Cash-Flow-Analyse,
  - EBIT-Analyse,
  - Wertschöpfungsanalyse,
  - Break-Even-Analyse mit und ohne Berücksichtigung Zinsaufwand,
- Unterjährige Abgrenzungsbuchungen.

Trotz dieser neuen Faktoren bleibt den Banken und Sparkassen die Aufgabe, die BWA nochmals kritisch zu würdigen.

### 3.1.3 Kapitalflussrechnung

Die Kapitalflussrechnung ist eine Hilfsrechnung der dynamischen Finanzanalyse, mit der zukünftige Zahlungsströme aus vergangenen Zahlungsströmen prognostiziert werden. Es wird sich an der Hypothese, dass sich die Entwicklung der Liquidität in der Vergangenheit auch in der Zukunft fortsetzt, orientiert. Um dieses Ziel zu erreichen, werden die im Jahresabschluss ausgewiesenen Aufwands- und Ertragsströme um zahlungsunwirksame Bestandteile bereinigt. Neben der Bilanz wird die Gewinn- und Verlustrechnung als Analysegrundlage herangezogen.

Hauptaufgabe der Kapitalflussrechnung ist die Offenlegung von Informationen über Zahlungsströme. Zusammen mit den aus der Bilanz und der Erfolgsrechnung verfügbaren Informationen sollen damit den Investoren, Gläubigern und der Öffentlichkeit Aussagen über die nachfolgenden Punkte ermöglicht werden:

- Die Fähigkeit des Unternehmens, Zahlungsüberschüsse zu erwirtschaften, seinen Zahlungsverpflichtungen vollständig nachzukommen sowie kreditwürdig zu bleiben,
- Die möglichen Divergenzen zwischen dem Jahresergebnis und den dazugehörigen Zahlungsvorgängen,
- Die Auswirkungen zahlungswirksamer sowie zahlungsunwirksamer Investitions- und Finanzierungsvorgänge.[8]

Zu diesem Zweck wird die Kapitalflussrechnung in drei Teilbereiche gegliedert: Mittelzufluss (-abfluss) aus laufender Geschäftstätigkeit, Mittelzufluss (-abfluss) aus Investitionstätigkeit und Mittelzufluss (-abfluss) aus Finanzierungstätigkeit.

Der Mittelzufluss (-abfluss) aus laufender Geschäftstätigkeit (Abbildung 2) zeigt der Bank, in welchem Maße das Unternehmen im operativen Bereich Geld verdient oder verloren hat. Auf die Ermittlung des in Deutschland üblichen erfolgswirtschaftlichen Cash-Flows könnte verzichtet werden. Einerseits reicht dieser nicht aus, um die tatsächliche Liquiditätssituation des Unternehmens abzubilden und andererseits ist dieser durch bilanzpolitische Maßnahmen (vorwiegend im Vorratsbereich) manipulierbar. Letztlich kann erst dann eine Aussage darüber getroffen werden, ob genügend Liquidität für Investitionen, Schuldentilgung und Ausschüttungen zur Verfügung steht, wenn der erfolgswirtschaftliche Cash-Flow um die Veränderungen des Working-Capital[9] korrigiert wurde.[10]

---

[8] Vgl. Göllert, K., Analyse, 1999, S. 123.

[9] Unter Working-Capital-Positionen werden sämtliche Aktiva und Passiva verstanden, die in einem unmittelbaren Zusammenhang mit der laufenden Geschäftstätigkeit stehen (insbesondere Vorräte, Forderungen und Verbindlichkeiten) und nicht zu den Finanzmittelfonds gehören. (Vgl. Stahn, F., Kapitalflussrechnung, 1998, S. 433 m. w. N.).

[10] Vgl. Göllert, K., Analyse, 1999, S. 123 f.

| I. Geschäftstätigkeit (Operating-Activities) |
|---|
| Jahresüberschuss/Jahresfehlbetrag |
| + Abschreibungen/ ./. Zuschreibungen auf Gegenstände des Anlagevermögens |
| + Verluste/ ./. Gewinne aus dem Abgang von Gegenständen des Anlagevermögens |
| + Zunahme/ ./. Abnahme von Rückstellungen |
| + Einstellung/ ./. Auflösung Wertberichtigungen auf Forderungen/ + Forderungsverluste |
| ./. zahlungsunwirsame Erträge/ + zahlungsunwirksame Aufwendungen |
| = **erfolgswirtschaftlicher Cash-Flow** |
| ./. Zunahme/ + Abnahme der Forderungen aus Lieferung und Leistung |
| ./. Zunahme/ + Abnahme der Vorräte |
| ./. Zunahme/ + Abnahme anderer Aktiva |
| + Zunahme/ ./. Abnahme der Verbindlichkeiten aus Lieferung und Leistung |
| + Zunahme/ ./. Abnahme sonstiger Passiva |
| = **Veränderungen im Working-Capital** |
| = **Mittelzufluss (-abfluss) aus laufender Geschäftstätigkeit** |

Abb. 2: Mittelzufluss (-abfluss) aus laufender Geschäftstätigkeit
Quelle: In Anlehnung an Göllert, K., Analyse, 1999, S. 123.

Die zweite Stufe, der Mittelzufluss (-abfluss) aus Investitionstätigkeit, gibt an, in welcher Höhe dem Unternehmen Mittel aus Desinvestitionen zugeflossen sind bzw. für Investitionen notwendig waren. Darüber hinaus lässt sich erkennen, ob genügend Mittel zur Verfügung standen, um Substanzerhaltungsmaßnahmen/Wachstum aus eigener Kraft zu finanzieren bzw. in welcher Höhe liquide Mittel von Dritten notwendig waren. Der Mittelzufluss (-abfluss) aus Investitionstätigkeit umfasst auch Zahlungsströme aus Wertpapieren. Folgend ist der Mittelzufluss (-abfluss) aus Investitionstätigkeit (Abbildung 3) abgebildet:

| II. Investitionstätigkeit (Investing-Activities) |
|---|
| = **Mittelzufluss (-abfluss) aus laufender Geschäftstätigkeit** |
| ./. Auszahlungen für Investitionen in Sachanlagen u. immat. Anlagen/ + Einzahlungen aus Abgängen |
| ./. Investitionen in sonstige Finanzanlagen/ + Auflösung sonstiger Finanzanlagen |
| ./. Erwerb von Wertpapieren/ + Veräußerung von Wertpapieren |
| ./. Beteiligungen, Ausleihungen an verbundene Unternehmen/ + Reduzierung Beteiligung, Ausleihung |
| = **Mittelzufluss (-abfluss) aus Investitionstätigkeit** |

Abb. 3: Mittelzufluss (-abfluss) aus Investitionstätigkeit
Quelle: In Anlehnung an Göllert, K., Analyse, 1999, S. 123.

Die dritte Stufe zeigt den Mittelzufluss (-abfluss) aus Finanzierungstätigkeit (Abbildung 4). Dieser informiert über die Höhe der Ausschüttungen an die Unternehmenseigentümer und über die Aufnahme oder Tilgung von Krediten.

| III. Finanzierungstätigkeit (Financing-Activities) | |
|---|---|
| = | **Mittelzufluss (-abfluss) aus Investitionstätigkeit** |
| + | Erhöhung der kurzfr. Kreditverbindlichkeiten |
| ./. | Verminderung der kurzfr. Kreditverbindlichkeiten |
| + | Aufnahme von mittel- und langfristiger Kreditverbindlichkeiten |
| ./. | Tilgung von mittel- und langfristiger Kreditverbindlichkeiten |
| + | Zunahme/ ./. Abnahme von Wechselverbindlichkeiten |
| + | Einzahlungen aus Kapitalerhöhungen/Zuschüssen/Darlehen der Gesellschafter |
| ./. | Auszahlungen aus Dividende/Kapitalrückzahlungen/Darlehen an Gesellschafter |
| = | **Mittelzufluss (-abfluss) aus Finanzierungstätigkeit** |

Abb. 4: Mittelzufluss (-abfluss) aus Finanzierungstätigkeit
Quelle: In Anlehnung an Göllert, K., Analyse, 1999, S. 123.

Am Ende der Kapitalflussrechnung (Abbildung 5) werden die Teilergebnisse Mittelzufluss (-abfluss) aus laufender Geschäftstätigkeit, Investitionstätigkeit und Finanzierungstätigkeit im Punkt Veränderung der Flüssigen Mittel zusammengefasst und die Veränderung des Bestands an liquiden Mitteln in der jeweiligen Periode ermittelt. Mit dieser Zusammenführung wird gleichzeitig kontrolliert, ob die Kapitalflussrechnung die Liquiditätsflüsse richtig wiedergibt.[11]

| | |
|---|---|
| = | **Veränderung der Flüssigen Mittel** |
| | Einfluss von Währungskursänderungen auf liquide Mittel |
| + | Finanzmittelbestand am Anfang der Periode |
| = | **Liquiditätsmittelbestand am Ende der Periode** |

Abb. 5: Liquiditätsmittelbestand am Ende der Periode
Quelle: In Anlehnung an Göllert, K., Analyse, 1999, S. 123.

Die Kapitalflussrechnung eignet sich gut zur Früherkennung von Unternehmenskrisen, da mit ihrer Hilfe relativ viele Krisensymptome identifiziert werden können. Im Einzelnen lassen sich Finanzierungs- und Liquiditätsprobleme, Probleme aufgrund falscher Investitionsentscheidungen und Probleme im Management des Umlaufvermögens erkennen. Darüber hinaus zeigen

---

[11] Vgl. Göllert, K., Analyse, 1999, S. 123 f.

Veränderungen des Mittelzuflusses (-abflusses) aus laufender Geschäftstätigkeit eine Verringerung der Selbstfinanzierungskraft des Unternehmens frühzeitig an.[12]

### 3.1.4 Finanzplan als Prognoserechnung

Der Finanzplan ist das wichtigste Instrument zur Abbildung der zukünftigen Liquidität. Er bildet sämtliche gewollten und erwarteten Ein- und Auszahlungen des Unternehmens für einen bestimmten Zeitraum ab. Der Finanzplan dient dem Unternehmen und der Bank als Instrument der Liquiditätskontrolle. Die Erarbeitung und Analyse von Finanzplänen zwingt die Unternehmer und die Bank, sich intensiv mit der aktuellen und zukünftigen Entwicklung des Unternehmens auseinander zu setzen. Ziel ist das frühzeitige Erkennen von Liquiditätsengpässen, sodass Gegensteuerungsmaßnahmen rechtzeitig eingeleitet werden können.[13]

In Abbildung 6 ist ein Finanzplan abgebildet, wie er vom Bundesministerium für Wirtschaft und Arbeit empfohlen wird.

In der abgebildeten Finanzplanung ergeben sich aus den liquiden Mitteln und den Einnahmen (z.B. Einnahmen aus Umsatzerlösen) die verfügbaren Mittel. Anschließend werden von den verfügbaren Mitteln sämtliche Ausgaben subtrahiert. Sofern die verfügbaren Mittel des Unternehmens größer sind als deren Ausgaben, ergibt sich eine Überdeckung. Andernfalls ist eine Unterdeckung zu konstatieren. Diese kann z.B. durch einen vorhandenen Kontokorrentkredit kompensiert werden.

Die recht einfach strukturierte Finanzplanung in Abbildung 6 lässt sich je nach Bedürfnis erweitern. Sofern in einem Finanzplan das Zahlungsverhalten der Kunden, die Dauer des Produktionsprozesses, notwendige Investitionen in das Working-Capital und die Zahlungsbedingungen des Einkaufs berücksichtigt werden, unterstützt dieses Instrument die Geschäftsleitung des Unternehmens und die Bank bei:

- der Früherkennung von Liquiditätsengpässen,
- der Planung von Investitionsmaßnahmen,
- der Analyse der Finanzierungspolitik,
- der Analyse von Umschuldungsmöglichkeiten,
- der Wahl der zukünftigen Unternehmensstrategie und
- der Durchführung eines Plan-Ist-Vergleiches.[14]

---

[12] Vgl. Grunwald, E./Grunwald, S., Bonitätsanalyse, 1999, S. 85.
[13] Vgl. Horst, K., Engpass, 2000, S. 91 f.
[14] Vgl. Grunwald, E./Grunwald, S., Bonitätsanalyse, 1999, S. 111 u. 114.

|  | 1. Monat | | 2. Monat | | 3. Monat | | ... | | Gesamtjahr | |
|---|---|---|---|---|---|---|---|---|---|---|
|  | Soll | Ist | Soll | Ist | Soll | Ist | Soll | Ist | Soll | Ist |
| A. Liquide Mittel<br>Kassenbestand<br>Bank- und Barmittel<br>Bankguthaben | | | | | | | | | | |
| **Summe Liquide Mittel** | | | | | | | | | | |
| B. Einnahmen<br>Umsatzerlöse<br>Darlehen<br>Privateinzahlungen<br>sonstige Einnahmen | | | | | | | | | | |
| **Summe Einnahmen** | | | | | | | | | | |
| **Verfügbare Mittel A + B** | | | | | | | | | | |
| C. Ausgaben<br>Gehälter/Löhne<br>Sozialabgaben<br>Waren<br>Mieten<br>Verwaltung<br>Vertrieb<br>Steuern<br>Versicherungen<br>Zinsen<br>Tilgung<br>sonstige Ausgaben<br>Investitionen<br>Privatentnahmen | | | | | | | | | | |
| **Summe Ausgaben** | | | | | | | | | | |
| (+) Überdeckung<br>(-) Unterdeckung<br>Ausgleich durch Kreditlinie | | | | | | | | | | |
| **Liquidität** | | | | | | | | | | |

Abb. 6: Finanzplanung
Quelle: In Anlehnung an BMWi, Gründerzeiten, 2000, S. 5.

In der betrieblichen Praxis werden kurz-, mittel- und langfristige Finanzpläne unterschieden. Je nach Zielsetzung des Finanzplanes können kurzfristige Finanzpläne auf Wochenbasis bzw. Monatsbasis erstellt werden. Fest steht, dass die Ungenauigkeit der Finanzpläne mit Zunahme des Zeithorizontes zunimmt. Langfristige Finanzpläne, d.h. solche, die einen Zeithorizont von mehr als 12 Monate berücksichtigen, sind gerade in Klein- und Mittelbetrieben wenig werthaltig und aussagekräftig. Dennoch sollte auf eine längerfristige Finanzplanung nicht verzichtet werden.[15] Als zweckmäßig stellt sich eine rollierende zeitliche Gliederung der Finanzplanung dar. Es empfiehlt sich, das erste Quartal monatsgenau darzustellen, das restliche Jahr quartalsgenau und die folgenden Jahre nur noch jahresgenau aufzubereiten. Die Planung wird anschließend monatlich rollierend detailliert und aktualisiert. Durch diese Abbildung wird eine

---

[15] Vgl. Schiller, B./Tytko, D., Risikomanagement, 2000, S. 117.

Verbindung der eigentlich separaten langfristigen Finanzierungs- und Investitionsplanung mit der kurzfristigen, operativen Liquiditätsplanung möglich.

Die Soll-/Planwerte der Finanzplanung sollten regelmäßig mit den Ist-Werten verglichen werden. Dieser Soll-/Istvergleich mit einer dazugehörigen Abweichungs- und Ursachenanalyse ermöglicht dem Unternehmer und der Bank, frühzeitig Abweichungen zu erkennen und Gegenmaßnahmen einzuleiten. Kreditinstitute sollten deshalb gerade bei Unternehmen in der Krise auf die regelmäßige Erstellung eines Finanzplanes bestehen. Liquiditätspläne zeigen den Kreditinstituten den monatlichen Spitzenbedarf an liquiden Mitteln auf und geben dem Kreditinstitut die Möglichkeit, frühzeitig liquide Engpässe ihrer Kunden zu erkennen.[16]

## 3.2 Analyse der Kontodaten

Eine der wichtigsten Informationsquellen für ein Kreditinstitut ist die Kontoverbindung mit dem Kunden. Aus dieser Kontoverbindung können viele Krisensymptome bereits zu einem sehr frühen Zeitpunkt erkannt werden. Es besteht beispielsweise ein starker Zusammenhang zwischen der wirtschaftlichen Entwicklung eines Unternehmens und dessen Kontoführung.

Kontodaten solventer Unternehmen unterscheiden sich erheblich von den Kontodaten insolventer Unternehmen. Solvente Kunden schöpfen ihren Kreditrahmen nur etwa zu zwei Dritteln aus. Krisenbehaftete Kunden hingegen schöpfen ihr Kreditlimit bereits mehrere Jahre vor ihrem Insolvenzantrag zu 80 Prozent aus. Um den Zeitpunkt des Insolvenzantrages war die Kreditlinie oftmals deutlich überzogen. Veränderte Kontobewegungen sind vor diesem Hintergrund durch das Kreditinstitut näher zu analysieren.

Mit Hilfe der Kontodatenanalyse können folgende kritische Symptome erkannt werden:

- kontinuierliche Erhöhung der Kreditinanspruchnahme bei konstanter Betriebsleistung,
- vermehrte Kontoüberziehungen oder Kreditüberschreitungen,
- Rückstände bei der Erbringung des Zins- und Tilgungsdienstes,
- normabweichende Zahlungsbewegungen,
- Zahlungsverpflichtungen des Kunden werden verspätet erbracht,
- Anzahlungen bzw. Zahlung per Vorkasse steigen an,
- akuter Rückgang der Habenumsätze,
- vermehrte Bezahlung per Wechsel,
- Überziehungen werden nicht wie vereinbart ausgeglichen,
- ungewöhnliche Bareinzahlungen von Familienangehörigen,
- vordatierte Schecks,
- Pfändungen und Wechselproteste.

Die durchschnittliche Kreditinanspruchnahme ist ein deutliches Signal für die Liquiditätssituation des Kunden. Starke Ausnutzungen der Kreditlinie oder genehmigte Überziehungen weisen auf erhebliche Liquiditätsengpässe hin. Kreditüberschreitungen sind ein deutliches Krisensignal bzw. ein Signal für eine mangelhafte Disposition beim Kunden. Weitere Indikatoren für

---

[16] Vgl. Grunwald, E./Grunwald, S., Bonitätsanalyse, 1999, S. 114.

Liquiditätsprobleme sind Veränderungen der Zahlungsverkehrsgewohnheiten (Scheck, Lastschrift, Wechsel).[17]

In der Praxis kommen verschiedene Instrumente zur Liquiditätsbeteilung vor. So genannte Überziehungslisten werden dem zuständigen Kontodisponenten der Bank zur Verfügung gestellt, wenn dessen Kunde die vereinbarte Kreditlinie überzogen hat. Der Bankmitarbeiter hat zu entscheiden, ob das aus der Kontoüberziehung resultierende Risiko vertretbar ist oder geeignete Maßnahmen (bspw. Rückgabe von Schecks und Lastschriften) zu veranlassen sind. Ein weiteres Instrument sind Kunden- und Kontoinformationssysteme. Diese aggregieren die täglichen Kontobewegungen des Kunden zu „Monats- bzw. Quartalskonten", die dem Firmenkundenbetreuer über einen längeren Zeitraum zur Analyse der Kontenentwicklung zur Verfügung stehen. Die Kontoinformationssysteme ermöglichen beispielsweise:

- einen Vergleich der durchschnittlichen Soll- und Habensalden,
- die Abbildung zurückgegebener Schecks und Lastschriften und
- die Abbildung einer Posten- und Habenumsatzstatistik.[18]

Zusammenfassend kann man die Kontodatenanalyse als ein ergänzendes Krisenfrüherkennungsinstrument bezeichnen. Damit können Daten sehr aktuell und kostengünstig beschafft werden, welche durch den Kunden kaum manipulierbar sind. Die Anwendung der Kontendatenanalyse setzt voraus, dass das Unternehmen zur Abwicklung des Zahlungsverkehrs im Idealfall nur eine Bankverbindung hat bzw. es sich um die Hauptbankverbindung handelt.[19]

### 3.3 Wirtschaftsauskünfte

Kreditinstitute können mit Hilfe von Wirtschaftsauskünften eigene Informationen oder Analysen über den Unternehmer und dessen Betrieb vervollkommnen. Erstellt werden diese Auskünfte von so genannten Auskunfteien, die entsprechende Unternehmensdaten sammeln, sortieren und speichern und in Form von Wirtschaftsauskünften zum Verkauf anbieten. Die bekanntesten deutschen Auskunfteien sind: Bürgel GmbH, D & B Schimmelpfeng GmbH und Creditreform e. V.

Das Leistungsangebot der Auskunfteien umfasst eine Reihe von Varianten. Die Auskunftei Bürgel bietet Wirtschaftsauskünfte über Firmen und Privatpersonen im In- und Ausland an. Für die Überwachung von Firmenkunden verwenden Kreditinstitute überwiegend Vollauskünfte, welche einen umfassenden Überblick über die rechtlichen, wirtschaftlichen und finanziellen Verhältnisse des Unternehmens aus Sicht der Auskunftei liefern. Als besonders geeignet zur Beteilung von Krisenentwicklungen scheint die Beobachtung der Auskünfte im Zeitablauf, insbesondere die Beobachtung des Bonitätsindizes.[20] Beispielsweise basiert der Bürgel-Bonitätsindex auf einem Beteilungssystem, dass das Unternehmen nach dem Schulnotenprinzip 1,0 (sehr gut) bis 6,0 (ungenügend) bewertet. Der Bürgel-Bonitätsindex stützt sich auf die

---

[17] Vgl. Grunwald, E./Grunwald, S., Bonitätsanalyse, 1999, S. 121.
[18] Vgl. Riske, J., Kontodatenanalyse, 2000, S. 22 f.
[19] Vgl. Riske, J., Kontodatenanalyse, 2000, S. 107; Grunwald, E./Grunwald, S., Bonitätsanalyse, 1999, S. 121.
[20] Vgl. Schmoll, A., Praxis, 1991, S. 72 und 77.

wichtigen Auskunftsmerkmale wie Haftungskapital/Rechtsform, Unternehmensalter, Grundbesitz, Zahlungserfahrungen, Gesamtumsatz sowie Mitarbeiterzahl, wobei die einzelnen Kriterien unterschiedlich gewichtet sind.[21]

Trotz der Tatsache, dass Auskünfte nicht immer ein vollständiges und repräsentatives Bild wiedergeben, können die Daten der Auskunfteien eine bedeutende Rolle innerhalb der Kreditüberwachung spielen. Negativmerkmale, Verschlechterungen der Zahlungsweise oder Bonität sowie gesellschaftsrechtliche Veränderungen können der Bank auf Anfrage durch die Auskunftei zur Verfügung gestellt werden.

### 3.4 Branchenberichte

Im Rahmen des aktiven Risikomanagements sollten regelmäßig die Zukunftsaussichten der wichtigsten Branchen analysiert werden. Durch die Beobachtung der relevanten Branchen können frühzeitig Warnsignale aufgenommen werden. Da die Veränderungen innerhalb einer Branche nicht nur für einen Kunden, sondern für eine gesamte Kundengruppe bedeutsam ist, sollte der Branchenanalyse ein besonderes Augenmerk zuteil werden. Die meisten Branchenberichte treffen Aussagen zu Strukturen und Trends der Branche, zur aktuellen Lage und zu den kurz- und mittelfristigen Aussichten.

Branchenberichte werden überwiegend von den volkswirtschaftlichen Abteilungen größerer Kreditinstitute erarbeitet. Sparkassen und Volksbanken beziehen die Auswertungen überwiegend von ihren Dachorganisationen. Vereinzelt bieten Kreditinstitute die Branchenberichte anderen Banken oder Sparkassen bzw. ihren Kunden gegen eine Schutzgebühr zum käuflichen Erwerb an. Branchenberichte können jedoch nicht nur von Kreditinstituten bezogen werden, sondern beispielsweise auch von Industrie- und Handelskammern, Handwerkskammern, Berufs- und Branchenfachverbänden, der Bundesanstalt für Außenhandelsinformation und der im Internet abrufbaren Datenbank Genios.[22]

### 3.5 Aktuelle Informationen

#### 3.5.1 Kundengespräche

Kundengespräche sind eine der wichtigsten Informationsquellen für den Firmenkundenbetreuer. Das Gespräch mit dem Kunden dient der Vertrauensbildung. Ferner eignet es sich in besonderer Weise zur Beteilung des Persönlichkeitsprofils des Unternehmers. Durch gezielte Fragen in einem Kundengespräch kann ein Firmenkundenbetreuer wichtige Informationen über die Risiko- und Innovationsbereitschaft des Kunden bekommen.

Voraussetzung für die Beteilung der Unternehmerpersönlichkeit ist ein regelmäßiger Kundenkontakt. Dieser ist nicht nur bei Kunden mit einem erheblichen Ertragspotenzial notwendig,

---

[21] Vgl. o.V., Bonitätsindex, 2003.
[22] www.genios.de.

sondern insbesondere bei Kunden in wirtschaftlichen Schwierigkeiten. Sofern der Kontakt zum Kunden nicht nur anlassbezogen stattfindet, beispielsweise zur Besprechung des Jahresabschlusses, besteht die Chance zum Aufbau einer wirklichen Vertrauensbasis. Mit dieser wird die freiwillige Informationsbereitschaft des Kunden erheblich steigen.[23] In der Bankpraxis ist festzustellen, dass die Informationsbereitschaft bei Kunden mit wirtschaftlichen Schwierigkeiten stark abnimmt. Kunden verschweigen absichtlich wichtige Informationen bzw. teilen diese erst nach mehrmaligem Nachfragen mit. Dies ist auch bei den Kunden festzustellen, mit denen in der Vergangenheit eine vertrauensvolle Zusammenarbeit bestand. Da früher oder später das Kreditinstitut erkennt, dass sich der Kunde in wirtschaftlichen Schwierigkeiten befindet, stellt das Verschweigen von Informationen eine unnötige Belastung des Vertrauensverhältnisses dar. Darüber hinaus wird wertvolle Zeit vertan, die im Krisenprozess von erheblicher Bedeutung ist.

### 3.5.2 Offenlegungspflichten

Die Basis jeglicher Risikofrüherkennung bildet die rechtzeitige Einreichung von Unterlagen seitens des Unternehmens. Da dies jedoch nur in den seltensten Fällen erfolgt, ergeben sich aus der täglichen Zusammenarbeit zwischen Unternehmen und Bank sowie aus den Vertragsklauseln bestimmte Einreichungsfristen, die nicht zuletzt auch durch den Gesetzgeber beeinflusst werden.

Der § 18 Kreditwesengesetz (KWG) verpflichtet alle Kreditinstitute, sich grundsätzlich bei einem Kreditvolumen von mehr als T€ 250 die wirtschaftlichen Verhältnisse ihrer Kreditnehmer anhand geeigneter Unterlagen, insbesondere anhand der Jahresabschlüsse, regelmäßig offen legen zu lassen.[24] Nichtsdestotrotz ist das Kreditinstitut als ordentlicher Kaufmann auch bei einem Kreditvolumen von T€ 250 oder weniger berechtigt, die Offenlegung der Unterlagen zu verlangen. Mit der gesetzlichen Offenlegungspflicht nach § 18 KWG soll sichergestellt werden, dass Kreditinstitute die Bonität ihrer Kreditnehmer ab einem bestimmten Volumina in ausreichendem Maße überprüfen. Welche Unterlagen sich die Bank oder Sparkasse im einzelnen offen legen lassen muss, richtet sich nach dem jeweiligen Kreditnehmer. Bei bilanzierenden Einzelkaufleuten sind neben den Jahresabschlüssen noch Vermögensaufstellungen und Einkommensteuererklärung/-bescheid einzureichen. Gleiches gilt für Mehrheitsgesellschafter einer Kapitalgesellschaft bzw. persönlich haftende Gesellschafter einer GbR. Die nachfolgende Abbildung 7 soll dabei einen Überblick geben.

Durch entsprechende Rundschreiben hat das Bundesaufsichtsamt für Kreditwesen BaKred (nunmehr: Bundesanstalt für Finanzdienstleistungsaufsicht – BaFin) u.a. die Vorlagefristen geregelt. Hinsichtlich der Vorlagefristen hat sich das BaKred dabei an den gesetzlichen Aufstellungs- (§§ 243, 264 HGB; § 5 PublG) und Offenlegungsfristen (§§ 325-327 HGB; § 9 PublG) orientiert. Danach müssen spätestens 12 Monate nach dem jeweiligen Bilanzstichtag bzw. Veranlagungszeitraum die erforderlichen Unterlagen einreicht werden. Diese gesetzliche

---

[23] Vgl. Schiller, B./Tytko, D., Risikomanagement, 2000, S. 75.
[24] Zu Ausnahmen siehe § 18 KWG.

Vorlagefrist wird in der Praxis jedoch relativiert. Beispielsweise regeln Kreditverträge wesentlich kürzere Einreichungsfristen, da das Kreditinstitut gewillt und verpflichtet ist, sich ein zeitnahes Bild über die Bonität ihres Kreditnehmers zu machen. Darüber hinaus sind die eingereichten Unterlagen innerhalb der Fristen noch auszuwerten. Insbesondere mit Blick auf die zeitnahe Beteilung der Jahresabschlussunterlagen sieht der Gesetzgeber auch die Pflicht der Kreditinstitute zur Anforderung weiterer zeitnaherer Unterlagen vor.[25]

| Kreditnehmer | | bilanzierend | | | | | nicht bilanzierend | | | | | |
|---|---|---|---|---|---|---|---|---|---|---|---|---|
| B = Benötigte Unterlagen<br>W = Weitere Unterlagen<br>G = Gegebenenfalls<br>A = Alternativ<br><br>Unterlagen | Einzelkaufleute | Personenhandelsgesellschaften | Kapitalgesellschaften kleine | mittlere | große | Objektgesellschaften | Gewerbetreibende/Freiberufler | Lohn- und Gehaltsempfänger | Rentner / Pensionäre | Privatiers | GbR | Existenzgründer |
| Jahresabschluss — Bilanz | B | B | B | B | B | G | | | | | G | |
| Jahresabschluss — GuV-Rechnung | B | B | B | B | B | G | | | | | G | |
| Jahresabschluss — Anhang | | | B | B | B | G | | | | | G | |
| Lagebericht | | | B | B | B | G | | | | | G | |
| Betriebswirtschaftliche Auswertungen + Summen- u. Saldenbilanz | W | W | W | W | W | | | | | | W | |
| Zwischenabschlüsse | W | W | W | W | W | | | | | | | |
| Vorläufige Jahresabschlüsse | W | W | W | W | W | | | | | | | |
| Eröffnungsbilanz | | | | | | | | | | | | B |
| vorläufige Daten zur Geschäftsentwicklung | W | W | W | W | W | | | | | | | |
| Investitions-, Erfolgs- und Liquiditätspläne (Planungsrechnungen) | W | W | W | W | W | W | | | | | W | B |
| Aufstellungen über Umsatzzahlen | W | W | W | W | W | W | | | | | W | |
| Aufstellungen/Nachweise über Auftragsbestände | W | W | W | W | W | W | | | | | W | B |
| Umsatzsteuervoranmeldungen | W | W | W | W | W | W | | | | | W | |
| Prüfungsbericht der wesentlichen Positionen des Jahresabschlusses | W | W | W | W | W | | | | | | | |
| Abschlussprüfer mit den Bilanz- u. Bewertungsmethoden | W | W | W | W | W | | | | | | | |
| Infos zu den Fristigkeiten von Ford. und Verbindlichkeiten | W | W | W | W | W | | | | | | | |
| Unterlagen über die Initiatoren des Vorhabens | | | | | | B | | | | | | |
| Mietverträge | | | | | | B | | | | B | | |
| Grundbuchauszüge | | | | | | W | | | | W | | |
| Kreditauskünfte | | | | | | B | | | | | | |
| Erfahrungsberichte | | | | | | B | | | | | | |
| Referenzobjekte | | | | | | B | | | | | | |
| Unterlagen zu Vermietbarkeit des Objektes u. Mieterschaft (insgesamt) | | | | | | B | | | | | | |
| Einnahmen- Ausgabenrechnung (Überschussrechnung) | | | | | | | B | | | | | |
| Lohn-/Gehaltsbescheinigung | | | | | | | | B | | | | |
| Rentenbescheid/Pensionszusage | | | | | | | | | B | | | |
| EDV-Ausdruck d. Girokontos | | | | | | | | A | A | | | |
| Konto- und Depotauszüge | W | W | W | W | W | W | W | W | W | B | W | |
| Feststellungserklärung/-bescheid | | | | | | | | | | | | B |
| Einkommensteuererklärung und -bescheid | | | | | | | B | W | W | W | | |
| Vermögensaufstellung (Selbstauskunft) | | | | | | | B | B | B | B | B | B |
| Nachweise über Vermögenswerte u. Verschuldungsumfang | | | | | | | B | B | B | B | B | |
| Unternehmenskonzept / Businessplan | | | | | | | | | | | | B |

Abb. 7: Unterlagen zur Erfüllung § 18 KWG
Quelle: Vgl. Meißner, Jan E., § 18 KWG, 2001, S. 25.

---

[25] Vgl. Meißner, Jan E., § 18 KWG, 2001, S. 25.

Werden die Unterlagen nicht innerhalb der gesetzlichen Fristen eingereicht, regeln die Rundschreiben des BaKred die weitere Behandlung des Kreditnehmers durch das Kreditinstitut. Die Prolongation oder gar Erhöhung bestehender Kreditlinien ist dann generell untersagt. Im worst case hat das Kreditinstitut die Kundenbeziehung sogar zu kündigen, wobei den Kreditinstituten noch ein gewisser Einschätzungs- und Erklärungsspielraum bleibt.[26]

Unabhängig von den gesetzlichen Vorschriften sollten Unternehmen ihre Zahlen stets zeitnah einreichen. Dies gilt auch für betriebswirtschaftliche Auswertungen.

Jedes Unternehmen hat spätestens am 10. des Folgemonats für den Vormonat die Umsatzsteuervoranmeldung abzugeben. Die Fristverlängerung für diese Abgabe beträgt max. einen Monat. Spätestens bis zum 15. des Folgemonats muss jedes Unternehmen die Sozialabgaben inkl. Lohnsteuer für die Beschäftigten (Arbeitnehmer- u. Arbeitgeberanteil) abgeführt haben. Mit Blick auf diese Fristen müsste somit eine betriebswirtschaftliche Auswertung am 16. des Folgemonats für den Vormonat, spätestens jedoch am 16. des übernächsten Monats, vorliegen.

Insbesondere Unternehmen mit einer negativen Entwicklung verzögern gern die Einreichung von Unterlagen. Zeitliche Verzögerungen bei der Einreichung von Unterlagen ohne plausible Erklärung wecken bei der Bank oder Sparkasse erste Zweifel über die wirtschaftliche und finanzielle Situation des Unternehmens. Das Unternehmen ist daher angehalten, die Unterlagen schnellstmöglich einzureichen bzw. bei bereits absehbaren Einreichungsproblemen die Bank rechtzeitig über Verzögerungen zu informieren.

## 4 Rating

Banken und Sparkassen greifen zur Bonitätsbeteilung ihrer Geschäfts- und Firmenkunden üblicherweise auf interne Ratingverfahren zurück. Diese befinden sich derzeit insbesondere mit Blick auf die neue Baseler Eigenkapitalvereinbarung (für Banken), kurz Basel II genannt, im Umbruch.

Mit Basel II sind die Kreditinstitute zukünftig verpflichtet, ihre Kreditrisiken individuell (z.B. mit internen Ratingverfahren) zu messen. Je nach der Bonität des einzelnen Kreditnehmers müssen die Kreditinstitute damit zukünftig unterschiedlich viel Eigenkapital zur Absicherung ihrer Kredite einsetzen. Gleichzeitig entscheidet die Bonität des einzelnen Kreditnehmers zukünftig auch über die Höhe der Kreditzinsen. Grundsätzlich gilt dabei, je besser die Bonität des Unternehmens ist, umso weniger Eigenkapitel müssen die Banken und Sparkassen hinterlegen und umso günstiger sind die Kreditkonditionen. Obwohl Basel II erst ab 2007 umgesetzt werden soll, wurden und werden die Ratingverfahren bereits heute den neuen Anforderungen angepasst.

Nunmehr wird jedem Unternehmen auf der Basis mathematisch-statistischer Verfahren als Ergebnis des Ratingprozesses eine Ratingnote bzw. Ratingklasse zugeordnet. Die Anzahl der Ratingnoten ist von Kreditinstitut zu Kreditinstitut verschieden. Hinter jeder Ratingnote ver-

---

[26] Vgl. Meißner, Jan E., § 18 KWG, 2001; S. 24.

birgt sich gleichzeitig eine prozentuale Ausfallwahrscheinlichkeit. Diese Ausfallwahrscheinlichkeit drückt die Fähigkeit des Unternehmens aus, seinen Zahlungsverpflichtungen innerhalb der nächsten 12 Monate vollständig und fristgerecht nachkommen zu können.

In den Ratingprozess fließen eine Vielzahl verschiedener Informationen ein. Neben Ergebnissen aus der Analyse der wirtschaftlichen Zahlen des Unternehmens (z.B. auf der Basis von Jahresabschlüssen, Planzahlen etc.) werden auch qualitative Informationen über das Unternehmen (z.B. Produkt, Management) berücksichtigt. Grundsätzlich können die Ratingprozesse von Kreditinstitut zu Kreditinstitut variieren. Je nach der Ausgestaltung des Ratingverfahrens werden die Informationen aus der Risikofrüherkennung (siehe Kapitel 3) direkt im Ratingprozess berücksichtigt bzw. sind darüber hinaus noch zu berücksichtigen. Gleiches gilt für Sicherheiten bzw. Laufzeitstrukturen.

Das Ratingverfahren wird bei Kreditneuvergabe, Krediterhöhungen bzw. Kreditprolongationen (mind. einmal alle 12 Monate) durchgeführt.

## 5 Schlussbemerkungen

Mit Hilfe der aufgezeigten Methoden sollen Kreditinstitute Fehlentwicklungen bei ihren Kunden bereits dann erkennen, wenn diese sich ihrer aktuellen Situation noch nicht bewusst sind, noch versuchen, die Situation herunterzuspielen bzw. diese nur als „vorübergehend" bezeichnen. Ziel dieser Risikofrüherkennungsmaßnahmen ist, Fehlentwicklungen möglichst frühzeitig entgegenzusteuern, um das Unternehmen nicht der Gefahr einer Insolvenz auszusetzen. Effiziente Gegensteuerungsmaßnahmen können jedoch nur entwickelt werden, wenn Kreditinstitute und ihre Kunden zusammenarbeiten und auch in der Krise noch eine Vertrauensbasis besteht. Risikogespräche mit den Banken und Sparkassen sollten daher immer auch als Chance verstanden werden.

## Literatur

Biegert, Wolfgang E. [ DATEV Rating-BWA, 2003]: Die „DATEV Rating-BWA" – Ein Instrument zur Analyse der unterjährigen wirtschaftlichen Entwicklungen mittelständischer Unternehmen. In: Bankinformation und Genossenschaftsforum – Das Magazin der Volksbanken Raiffeisenbanken, 06/2003, S. 69-75.

BMWi [Gründerzeiten, 2000]: Gründerzeiten – Nachrichten für Existenzgründung und -sicherung Nr. 23. Berlin: Bundesministerium für Wirtschaft und Technologie, 2000.

DATEV eG [Datev, 2001]: Wie liest man die DATEV-BWA? SKR 03/04 – Erläuterungen zu den Betriebswirtschaftlichen Auswertungen. In: Broschüre der DATEV eG, Nr. 10880, 04/2001.

Göllert, Kurt [Analyse, 1999]: Analyse des Cash-Flow Statements nach internationalen Standards (IAS/GAAP). In: Die Bank, 02/1999, S. 122-125.

Grunwald, Egon/Grunwald, Stephan [Bonitätsanalyse, 1999]: Bonitätsanalyse im Firmenkundenkreditgeschäft – ein Handbuch für Mitarbeiter von Banken im Kreditgeschäft und Führungskräfte mittelständischer Unternehmen. Stuttgart: Schäffer-Poeschel, 1999.

Horst, Klaus [Engpass, 2000]: Engpass Finanzwirtschaft. In: Birker, Klaus/Pepels, Werner (Hrsg.): Handbuch Krisenbewusstes Management, Krisenvorbeugung und Unternehmenssanierung. 1. Aufl., Berlin: Cornelsen, 2000, S. 86-127.

Meißner, Jan E. [§ 18 KWG, 2001]: KWG 18 – Kreditnehmer im Fokus – Offenlegung der wirtschaftlichen Verhältnisse nach § 18 KWG. In: Kredit & Rating Praxis, 05/2001, S. 22-28.

o.V. [Bonitätsindex, 2001]: Bonitätsindex. Online im Internet: URL: http://www.buergel.de/aktuell/pdf/buergel_boni.pdf, Download: 11.10.2003.

Riske, Jörg [Kontodatenanalyse, 2000]: Kontodatenanalyse – Bestandteil der Risiko- und Bonitätsanalyse. 1. Aufl., Frankfurt: Libri Books on Demand, 2000.

Schiller, Bettina/Tytko, Dagmar [Risikomanagement, 2001]: Risikomanagement in Kreditinstituten: Grundlagen, neue Entwicklungen und Anwendungsbeispiele. Stuttgart: Schäffer-Poeschel, 2001.

Schmoll, Anton [Praxis, 1991]: Praxis der Kreditüberwachung – Ertragssteigerung durch effiziente Risikoreduzierung. Wiesbaden: Gabler, 1991.

Stahn, Frank [Kapitalflussrechnung, 1998]: Kapitalflussrechnung – Konzeptionelle Beteilung und Stellungnahme HFA 1/1995 bezüglich der indirekten Cash-Flow-Methode. In: Der Betrieb, 51. Jg. 09/1998, S. 432-434.

Taplick, Ulrich [DATEV-Auswertung, 1996]: DATEV-Auswerung – Grundlage für Kreditentscheidungen und Hilfsmittel der Kreditüberwachung und Kreditberatung. In: Geldprofi, 04/1996, S. 17-28.

# Eine verhängnisvolle Affäre: Die mittelständischen Unternehmen als Gegenstand staatlicher Förderung

Thomas Schmidt-Schönbein

## 1 Einführung

Im letzten Viertel des vergangenen Jahrhunderts gewann in Deutschland die Förderung der mittelständischen Unternehmen stetig an Gewicht und öffentlicher Anerkennung. Wer immer irgendein Anliegen befördern wollte, verband es entweder mit dem Argument der Schaffung von Arbeitsplätzen oder mit dem Wohlergehen deutscher Mittelständler. Wenn es gar gelang, beide Ziele in Linie zu bringen und mit einem Schuss möglicherweise zwei Treffer zu landen, war ein neues Förderprogramm geboren. Inzwischen gibt es so viele Programme, dass man Programme benötigt, mit denen die Geförderten ihren Förderstatus erfahren können und wie man sie dazu überreden könnte, die Förderung auch dann in Anspruch zu nehmen, wenn sie ihre kaufmännische Klugheit von den Fördertöpfen Abstand halten lässt.

Ob der Fördereinsatz sich tatsächlich gelohnt hat, ist schwer zu beantworten. Beim jetzigen Stand des Wissens über mittelständische Unternehmen ist es nicht möglich, einen alternativen förderfreien Entwicklungspfad des Mittelstands zu entwerfen und zu berechnen. Daher fehlt eine wissenschaftlich zweifelsfreie Messlatte, an der wir die Wirkung staatlicher Förderung ablesen könnten. Allerdings gibt es eine Reihe von Beobachtungen und Indizien, von denen einige, hoffentlich die wichtigsten, in diesem Essay vorgestellt und überprüft werden sollen:

1. Die Bedeutung deutscher mittelständischer Unternehmen wurde zu einer Zeit im internationalen Vergleich bestätigt, als eine explizite Mittelstandspolitik fast unbekannt war. Offenbar war die Stärke des Mittelstands eine mehr oder weniger unbedachte Folge von Politiken, die auf etwas anderes zielten oder die seinem Wohlergehen zumindest nicht mehr als nötig abträglich waren.

2. Die Arbeitsmarktpolitik wurde mit einem kleinen Vorlauf zur selben Zeit populär wie die Mittelstandspolitik. Von der Arbeitsmarktpolitik wissen wir aber, dass sie gescheitert ist, und wir wissen auch warum. Eine völlig überzogene Lohnpolitik sorgte dafür, dass der Reallohn in Deutschland in den letzten dreißig Jahren um etwa 75 % stieg, die Beschäftigung aber nur mäßig zunahm; in anderen Ländern (z.B. den USA) war es umgekehrt: Der Reallohn blieb fast gleich und die Beschäftigung nahm um 70 % zu (siehe Burda/Wyplosz, 2003, Abb. 4.1.6). Es war eben doch der Reallohn der 30 Jahre steigende Arbeitslosigkeit bescherte. Keine Arbeitsmarktpolitik der Welt und noch so viel Umverteilung konnte an der Arbeitslosigkeit (vor allem gegen deren grausamste Form der Langzeit-Arbeitslosigkeit) etwas ausrichten, solange die Tarifpartner unter tätiger Mithilfe des Staates den Preis für Arbeit so setzten, dass das Arbeitsangebot nicht absorbiert werden konnte (oder die Arbeit sich nicht anbieten wollte).

3. Die Gleichzeitigkeit des Aufkommens von Mittelstands- und Arbeitsmarktpolitik lässt vermuten, dass beide unterschiedliche Folgen des gleichen Leidens kurieren sollten. Die wachstumsfeindliche Lohn- und Gesellschaftspolitik ab 1970, die mit dem Ziel der sozialen Gerechtigkeit die Einkommensunterschiede einebnete, Mindesteinkommen fixierte und gleichzeitig die Demokratie durch massenhafte Regelungen betrieblicher und unternehmerischer Entscheidungen wagen wollte, begeisterte nicht gerade, seine Sache in die eigene Hand zu nehmen. Es lag nahe, der Begeisterung nachzuhelfen, um die Folgen der eigenen Politik zu kompensieren.

4. Die Lohn- und Gesellschaftspolitik hatte jedoch keine gleichmäßige Wirkung auf die mittelständischen Unternehmen. Sie trieben vielmehr – je länger, desto deutlicher – einen Keil zwischen die export- und die binnenmarktorientierten Unternehmen. Die exportierenden Unternehmen (gleichgültig ob mittelständisch oder nicht) konnten dem Lohndruck durch steigende Kapitalintensität, der Qualität der Produkte oder der Verlagerung von Teilen der Produktion ins Ausland entgehen. Die binnenmarktorientierten Unternehmen konnten aufgrund ihrer Standortgebundenheit, der Art ihres Produkts und der Einebnung der Einkommen im heimischen Markt nicht folgen. Damit war ein wesentlicher Mechanismus endogenen Wachstums zerstört: Die Exporterfolge erfassten den Binnenmarkt nicht mehr ausreichend, um das heimische Wachstum selbsttragend zu machen. Die Situation wurde durch die verstärkte europäische Integration noch verschärft.

5. Die Förderung des Mittelstandes geschah hauptsächlich durch die Bereitstellung von Krediten und niedrigeren Zinsen für die ausgereichten Kredite. Diese Kompensation war in zweifacher Hinsicht unglücklich. Zum einen wird nur das Unternehmen gefördert, für das es sich rechnet, einen Kredit zu nehmen – also im Zweifel eher das exportierende. Zum anderen verschärfte diese Politik die schon ausgeprägte Dominanz des staatlichen Sektors im Kapitalmarkt. Nicht nur, dass die Umlagefinanzierung der Rentenversicherung (implizit und in Teilen auch der staatlichen Krankenversicherung) dem Kapitalmarkt Mittel entzieht, sondern der deutsche Bankenmarkt ist zu etwa 50 % in staatlicher Hand. Zusammen erzeugte dies einen Wettbewerbsdruck unter den Banken, der über schrumpfende Margen den Einsatz von Fremdkapital massiv subventionierte.

6. Mit dem Nachlassen des weltwirtschaftlichen Wachstums bedrohten faule Kredite die Existenz der Banken. Sie bedienten folglich ihre schwächeren, nämlich die mittelständischen Kunden zuletzt oder gar nicht. Die Kreditrationierung verwies die Unternehmen endgültig auf den Einsatz der eigenen Mittel, die im glücklichen Fall ausreichten, den Rückbau zu finanzieren. Die beklagte geringe Ausstattung mit Eigenkapital ist das Ergebnis einer Politik, die zur Förderung des Mittelstands den Kapitalmarkt zu ruinieren bereit war. Dank der Intervention Dritter gelang mittels Basel II und der Abschaffung der Gewährsträgerhaftung für die Sparkassen ein erster Schritt, die Banken dem staatlichen Zugriff zu entziehen. Zur Rettung des Mittelstandes sind weitere Schritte nötig: die Privatisierung der Staatsbanken und die Abschaffung der Umlagefinanzierung. Ein blühender Kapitalmarkt wird das Eigen- und Fremdkapital bereitstellen, um das sich der Staat vergeblich bemüht hat.

Sollten die hier tabellierten Beobachtungen und Argumente richtig sein, ist zu fordern, die verhängnisvolle Affäre zu beenden und die mittelständischen Unternehmen sich selbst zu überlassen. Dem Mittelstand hilft es am meisten, wenn Deutschland sich auf die Ordnungspolitik besinnt, die es beginnend mit dem Jahre 1957 (Einführung der Umlagefinanzierung der Rentenversicherung) immer weiter hinter sich gelassen hat. Damit werden Wachstumskräfte entfesseln, die eine staatliche Prämie, Unternehmer zu werden und zu bleiben, überflüssig machen. Der Wunsch nach Selbstständigkeit und die Chance, in Freiheit zu agieren, reichen aus, um die Wohlfahrt aller, auch und gerade in einem vereinten Europa, zu fördern.

Als erstes soll im Folgenden versucht werden, die einstmals unzweifelhafte Stärke des Mittelstandes nachzuvollziehen und zu zeigen, was die Wendung von der Ordnungspolitik hin zu einer Politik der sozialen Gerechtigkeit für die makroökonomischen Bedingungen, unter den die Mittelständler agierten, bewirkte. Im zweiten Kapitel werden die Charakteristika der mittelständischen Unternehmen erläutert, die sie in export- und binnenmarktorientierte teilt, und die Verteilung über die Wirtschaftszweige grob geschätzt. Daran anschließend werden Indizien für die stärker werdende Kluft zwischen den beiden Teilen des Mittelstandes vorgestellt. Das dritte Kapitel befasst sich mit der Finanzierung des Mittelstandes. Nur eine ausreichende Innenfinanzierung ist mit den Lebensbedingungen des Mittelstandes vereinbar. Ist diese dank ausreichendem Wachstum der Gesamtwirtschaft gesichert, gibt es auf Firmenebene weder an einer Fremdfinanzierung noch an einer Eigenkapitalfinanzierung Mangel, sondern es gibt nur gute Projekte, die finanziert, und schlechte Projekte, die es nicht werden. Die komparativen Vorteile des Mittelstandes sichern jene Verzinsung des eingesetzten Kapitals, die jedem Kapitalgeber seine Opportunitätskosten ersetzt. Die darüber hinaus noch denkbaren Ineffizienzen werden sicherlich nicht dadurch zu bekämpfen sein, die Kapitalnehmer zu subventionieren – schon gar nicht zu Lasten der Kapitalgeber. Das letzte Kapitel fasst die Argumente noch einmal zusammen und plädiert für eine Ordnungspolitik auch in Hinblick auf den Mittelstand.

## 2 Die wechselnden Rahmenbedingungen der mittelständischen Unternehmen

Die junge Bundesrepublik setzte auf die Leistungsfreude und -fähigkeit ihrer Bürger. Von milden Kapitalmarktkontrollen und einer Unterbewertung der Währung abgesehen, war man sich sicher, dass eine gute und gesicherte Ordnung des Verkehrs der Bürger untereinander und mit dem Staat ausreicht, das Tun aller in eine steigende Wohlfahrt für alle verwandeln zu können. Dank der trotz 15-jähriger Autarkie Deutschlands ungebrochenen Exportfähigkeit der großen Unternehmen und des gewerblichen Mittelstandes und eines fast 50%igen Zuwachses der Bevölkerung auf dem Gebiet der Bundesrepublik Deutschland konnte ein außen- wie binnenwirtschaftlich getriebenes Wirtschaftswachstum von durchschnittlich 6 % p.a. in den Jahren 1949 bis 1970 realisiert werden.

Ein wesentliches Element dieses anhaltenden Aufschwungs war ein über alle Strukturbrüche (z.B. Textilindustrie) hinweg lebendiger Mittelstand. Nachdem viele alles außer ihrem Leben verloren hatten, war angesichts auch bescheidener erwarteter Erfolge der Mut, Unternehmer zu werden, groß. Die föderale Struktur der Bundesrepublik ließ nicht nur die alten Agglomerationskerne wieder erstarken, sie ließ neue (z.B. München) wachsen und sorgte für das Überleben und die Gründung von Unternehmen auch in den abgelegensten Gebieten. Es waren der bei gesicherter bundesstaatlicher Ordnung erlaubte und geförderte regionale Egoismus, die damit verbundenen geringen Transaktionskosten und die ab den 50er Jahren sinkenden Transportkosten, die die relativ gleichmäßige Verteilung unternehmerischer Aktivitäten im verdichteten Raum der Bundesrepublik Deutschland begünstigten.

Ein genauerer Blick auf die Facharbeiter- und die Hochschulausbildung soll diese Zusammenhänge erläutern.

Ein wesentliches Element der zünftischen Struktur deutscher Unternehmen ist mit dem Recht verbunden, Jugendliche auszubilden. In Zusammenarbeit von Unternehmen, den Verbänden, in denen diese zwangsweise Mitglieder sind, den Gewerkschaften und dem Staat wird ein Ausbildungsangebot organisiert, das fast 70 % der Bevölkerung mit einer berufsnahen, praktischen und umfassenden Ausbildung qualifiziert. Abgesehen davon, dass damit der von den ausbildenden Unternehmen gewünschte Nachwuchs an Facharbeitern gesichert wird, wird damit ein generell marktfähiges, nicht (unternehmens-) spezifisches Angebot an Humankapital bereitgestellt. Dies zeigt sich beispielhaft an der scheinbaren Fehlallokation eines Angebots an gelernten Bäckern, Friseusen etc., die auf dem Bau oder im Einzelhandel, auf jeden Fall aber nicht in ihrem erlernten Beruf tätig sind. Sie haben jene extra-fachlichen Merkmale erworben, die nicht nur aber auch als dokumentierte Signale auf dem externen Arbeitsmarkt brauchbar sind und diesen in Funktion hielten. Die dokumentierte fachliche Ausbildung war und ist kein Privileg der Mitarbeiter großer Unternehmen. Der Wert des mit der Erst-, Fort- und Weiterbildung oder am Arbeitsplatz erworbenen Human-Kapitals ist in geringerem Ausmaß an den Fortbestand des Unternehmens gebunden, als es ohne duale Ausbildung der Fall wäre.

Ähnliches galt für die Erwerber tertiärer Bildung. Seit jeher produzierten Deutschlands Universitäten ein Überangebot an akademischer Bildung – nicht nur der Menge, sondern vor allem der Qualität nach. Auch hier sorgte die zünftische Organisation der deutschen Hochschulen, die mit der Professur die Stelle eines staatsfinanzierten Unternehmers der Wissenschaft geschaffen hatte, für ein Interesse vor allem an einer fachwissenschaftlichen Ausbildung der Studenten. Die Unternehmer in Sachen Wissenschaft wollten und konnten die Bildung ihrer Studenten zur Produktion von Wissenschaft einsetzen. Das jedoch setzte einen hinreichend langen Eleven-Status der Studenten voraus. Daher dominieren in der deutschen tertiären Ausbildung bis heute die Diplom- und (faktischen) Promotionsabschlüsse (z.B. in der Chemie). Die berufsbildenden, kurzen Abschlüsse (Bachelor) und die zu diesen komplementären Masterabschlüsse sind bis zum Beginn des 21. Jahrhunderts unbekannt (auch die ab 1970 existierenden Fachhochschulabschlüsse sind nur etwas kurz geratene universitäre Diplomstudiengänge).

Gemessen an den aktuellen Bedürfnissen des Arbeitsmarktes waren und sind sowohl die Facharbeiter- als auch die wissenschaftlichen Ausbildungen fehlspezifiziert. Die massive Intervention des Staates erzeugte deutliche Qualifikations-Überschüsse. Die Überschüsse hatten jedoch den Vorteil, die zukünftigen Arbeitskräfte mit einer Flexibilität auszustatten, die es ihnen erlaubte, sich neuen Umständen ohne allzu hohe Verluste an Humankapital anzupassen. Damit waren sie als Arbeitskräfte begehrter und zugleich von Strukturbrüchen weniger bedroht, da sie Branche und Region eher wechseln und sich neue Beschäftigungen suchen konnten.

Die geringere Versunkenheit ihres Humankapitals veranlasste die Arbeitnehmer, den Strukturwandel leidlich zu akzeptieren. Die dank deutschem Tarifrecht einheitliche Lohnfindung mit der vergleichsweise geringen regionalen und sektoralen Spreizung trieb die Unternehmen at the margin in den Konkurs und sorgte dafür, dass die Märkte nicht zu sehr segmentiert wurden. Da die Tariflöhne der Produktivitätsentwicklung in der Regel nach- und nicht vorausliefen, wurden die Erwartungen der Kapitaleigner im Durchschnitt getroffen oder sogar übertroffen. Daher blieben die Investitionsanreize langfristig intakt, und der technische Fortschritt wurde ohne große Verschiebungen des Verhältnisses zwischen dem Einsatz der Faktoren Kapital und Arbeit in den Kapitalstock kontinuierlich eingebaut. Die Verteilung der Unternehmen nach Größenklassen blieb von daher unverändert. Da auch die technologische Entwicklung selbst keinen erkennbaren Anstoß für durchgehend größere oder kleinere Unternehmenseinheiten gab, blieben die sektoralen Umbrüche für die mittelständischen Unternehmen insgesamt folgenlos. Die Textilbetriebe wurden durch Automobilzulieferer, die Einzelhändler durch Dienstleister ersetzt.

Nur in stiller Übereinkunft konnte es zu ‚Bündnissen für Arbeit' kommen, mit denen unselbstständig Beschäftigte (z.B. Frauen) in abgelegenen Gebieten (in der Provinz des Saarlandes) in nicht mehr wettbewerbsfähigen Branchen (der Damenoberbekleidung) meist kleinen und mittleren Unternehmen durch Hungerlöhne zum Überleben halfen. Ansonsten wurden mit Hilfe der Landesregierungen, der Sparkassen und Kreditgenossenschaften und der Kommunen die Voraussetzungen geschaffen, fallierende mittelständische Unternehmen durch neue zu ersetzen. Der regionale Egoismus wirkte segensreich, weil bei gegebener Einheitlichkeit der Lebensverhältnisse die Faktorwanderung nicht behindert, sondern begünstigt wurde. Damit war die faktische Wanderung begrenzt. Anders als in Frankreich oder Großbritannien verloren die nichtzentralen Räume nicht immer mehr Unternehmen, sondern gewannen – zumindest bis zum Ende der 80er Jahre – neue hinzu oder hielten zumindest den Bestand.

Mit Beginn der 70er Jahre wurden diese komplementären Strategien unterschiedlicher Akteue auf ihre Bruchfestigkeit getestet. Nach einer Großen Koalition, die die erste Rezession der Republik zu meistern half, wurde die bundesstaatliche Wirtschaftspolitik erstmals von einer sozial-liberalen Koalition exekutiert. Seitdem ergoss sich bis zum Ende des Jahrhunderts ein Füllhorn sozialer Wohltaten über die Beschäftigten und ihre Vertreter. Vom Kündigungsschutz angefangen über das Betriebsverfassungsgesetz und Mieter- und Verbraucherschutzgesetze bis hin zur Verlängerung des Bezugs des Arbeitslosengeldes auf drei Jahre und die Pflegeversicherung wurde um die Arbeitskräfte, und hier in Sonderheit um die unter- und durchschnittlich verdienenden, ein Schutzwall zu errichten versucht. Zu dieser steigenden Verteuerung der Arbeitskosten kamen zu Beginn der 70er Jahre gewaltige Lohnsteigerungen. Der Gewerkschaft des Öffentlichen Dienstes gelang mit einer 10%igen Lohnsteigerung fast so etwas wie ein Staatsstreich. Mit Ausnahme einiger Jahre nach 1984 waren es keine Jahre der lohnpolitischen und arbeitsmarktpolitischen Bescheidenheit.

Die Verteuerung des Faktors Arbeit begünstigte anfänglich die Binnennachfrage, da das Kapital sein in den Unternehmen gebundenes Vermögen nicht ohne Verlust liquidieren konnte. Die Beschäftigung fiel wegen des kurzfristig fixierten Kapital-Arbeits-Verhältnisses nur schwach und wegen der steigenden Binnennachfrage überhaupt nicht. Die aggressive Lohnpolitik und eine soziale Politik konnten Erfolge melden: Bei steigendem Anteil des Einkommens der Unselbstständigen am Bruttoinlandsprodukt blieben negative Effekte auf die Beschäftigung aus und der Schutzwall war zu Kosten von Null errichtet worden.

In Wahrheit wurde die Rechnung nur nicht gleich, sondern verschoben präsentiert. Das Kapital hatte seine ex-ante Renditeerwartung nicht realisieren können und war aufgrund der Versunkenheit des Kapitals gefangen. Um in einer neuen Runde nicht erneut um die im globalen Wettbewerb erforderliche Rendite gebracht zu werden, musste die Rendite ex-ante steigen. Die nun einsetzende Unterbeschäftigung schwächte die Verhandlungsposition der Beschäftigten, deren Schattenpreis in der sich ausbreitenden Arbeitslosigkeit nicht mehr der Marktlohn, sondern das Arbeitslosengeld und die Sozialhilfe waren. Die politisch motivierte Erhöhung dieses Schattenpreises verlängerte den Zwang, eine höhere Rendite zu erzielen und gleichzeitig die Nachfrage nach Arbeit relativ zu senken. Entweder wurde in neue Techniken investiert, die mit weniger Arbeitskraft auskamen, Arbeit durch Kapital ersetzten und die Kapitalintensität des Produktionsapparates langsam aber sicher ansteigen ließen. Oder die alten Techniken wurden nicht ersetzt und länger betrieben als eigentlich vorgesehen. In jedem Fall stiegen die Löhne nur mäßig, waren aber gemessen an den Renditeerwartungen und der Furcht des Kapitals, ex-post enteignet zu werden, immer noch zu hoch. Bei stetig sinkender Beschäftigung sank die Lohnquote von ihrem Allzeit-Hoch von 70 % Ende der 70er auf jene 60 % in den 90er Jahren, von denen sie vor 1970 gestartet war (siehe Berthold/Fehn/Thode, 1998, S. 737).

Der hohe Anteil der unselbstständig Beschäftigten am Volkseinkommen über 10 Jahre war teuer erkauft. Die Arbeitslosenrate kletterte bis 1985 von etwa 1 % auf 7,5 %, der Anteil der Langzeitarbeitslosen und die der Minder-Qualifizierten an den Erwerbslosen stieg unaufhörlich. Die danach anhaltend deutlich weniger aggressive Lohnpolitik brachte erste Erfolge. Die Arbeitslosenquote sank in der Bundesrepublik 89/90 auf etwa 5 %.

Dies war auch die Zeit, in der die Politik begann, die kleinen und mittleren Unternehmen zu entdecken. In den USA wie in Europa glaubte man feststellen zu können, dass die großen Unternehmen Beschäftigte freisetzten, die kleinen und mittleren Unternehmen jedoch ihr Beschäftigungsniveau beibehielten oder sogar steigerten. Die frohe Botschaft der KMU als Job-Motoren der Wirtschaft war geboren. So behauptete Birch (1987, S. 16), nach Studium der Zahlen der Auskunftei Dun & Bradstreet dass zwischen 1981-1985 in den USA die kleinsten Unternehmen 88 % neuer Nettoarbeitsplätze geschaffen hätte. Eine Fülle ähnlicher – ebenfalls aus den Daten der Auskunftei gewonnener – Aussagen veranlassten das Unternehmen selbst einmal der Frage nachzugehen, wer hier Arbeitsplätze schaffte. Ein Ergebnis lautete: Von den in den USA 1985 durch 245.000 Unternehmensneugründungen neu geschaffenen Arbeitsplätzen wurden 75 % von Unternehmen geschaffen, die mit 100 und mehr Mitarbeitern starteten. Die Teilmenge der Unternehmen, die 75 % aller Arbeitsplätze schufen, war 800 Unternehmen stark, machte also 3 ‰ aller neu gegründeten Unternehmen aus. Damit stand völlig außer Frage, dass diese Neugründungen Tochterunternehmen von größeren Unternehmen waren.

Diese und andere Ergebnisse (Harrison, 1994, S. 84) zeigen, dass sich die großen Unternehmen anderer Organisationsformen bedienen: Sie organisieren sich in kleineren Betriebs- und Unternehmenseinheiten und bei wachsender Größe schlanker. In Anbetracht der betriebswirtschaftlichen Diskussion der letzten Jahre über Kernaktivitäten, Lean production, Outsourcing usw. ist dieses Ergebnis keine Überraschung. Allein die Wunder, die der Mittelstand vollbringen soll, verlieren damit ihre fragwürdige Evidenz.

Dennoch hatte die Entdeckung der kleineren und mittleren Unternehmen zumindest für Mittel-Europa eine positive Wirkung: Es wurde langsam deutlicher, dass die korporatistische Verfassung der deutschen Wirtschaft zur Bändigung vermuteter Klassenkonflikte und des Konflikts zwischen Arbeit und Kapital den sozialen Verhältnissen nicht länger angemessen war, sondern nur noch dem Bewusstsein ihrer alten und neu heranwachsenden Funktionäre. Die verfassungsrechtlich garantierte Kartellierung der Lohnfindung, die Politik der konzertierten Aktion und der runden Tische hatte den Verhandlungen der Großen (Spitzen der Großunternehmen und den Verbänden der Unternehmen, der Gewerkschaften und der Exekutive) untereinander eine Präpotenz gegeben, die Anpassungsmechanismen und bürokratische Ungeheuer gezeitigt hatte, die bestenfalls von den Großen und den großen Mittelständlern noch zu tragen war, nicht aber von den mittelständischen kleinen und mittleren Unternehmen. Da um 1985 noch keiner wagte, an eine Änderung des Tarifrechts, des Kündigungsschutzes etc. oder an die Abschaffung der Mitbestimmung o.ä. auch nur zu denken, war es hilfreich, den Opfern der sozialen Befriedung zwischen Kapital und Arbeit unter die Arme zu greifen. Mittelstandspolitik als Kompensation für eine hypertrophe Arbeits- und Sozialpolitik war geboren.

Bei diesem schmerzstillenden Mittel musste es vorläufig bleiben, da die Kräfte zur Reform der Republik durch die Wiedervereinigung völlig absorbiert wurden. Es musste ein weiteres Dutzend von Jahren vergehen, bevor die Reformen angepackt werden konnten. Die Wiedervereinigung hatte die Dämme zudem endgültig brechen lassen. Die Wirtschaftspolitik war durch eine kaum noch vorstellbare Steigerung des Wahns, die Welt über die Arbeitsmarkt und Sozialpolitik gerecht zu machen, geprägt. Die Grenzbelastung des Faktors Arbeit (und die durchschnittliche Belastung der überdurchschnittlichen Einkommen) kletterte 2001 auf unglaubliche 65 % der Wertschöpfung (fast doppelt so hoch wie in den USA) und machte damit nicht nur den Zustand einer Arbeitslosenquote von etwa 10,5 % zu einem stabilen Gleichgewicht (Sinn, 2002, S. 27 ff.).

Wer beschäftigt war, klammerte sich an seine Stelle, wer nicht beschäftigt war, hatte keinen Anreiz, die Arbeit wieder aufzunehmen, und niemand wollte jemand mit dieser Grenzbelastung einstellen. Darüber hinaus stellt sich die Frage, ob es mit der Freiheit der Bürger vereinbar ist, ihm die Verfügung über 65 % seines Beitrags zur Wertschöpfung zu entziehen. Daher konnte sich das wieder vereinigte Deutschland in den Jahren nach 2003 darauf einigen, seinen Arbeitsmarkt und seine Sozialgesetzgebung zu reformieren. Den Erfolg der Reformen vorausgesetzt, stellt sich dann die Frage, was aus der kompensatorischen Mittelstandspolitik werden soll. Da die Ursache der größten Übel in weiteren 4-5 Jahren beseitigt sein könnte, können die schmerzstillenden Mittel langsam abgesetzt werden und die Wirtschaftspolitik sich darauf besinnen, dass es wenig Sinn macht, einen 99,75%igen Teil der Unternehmen zum Gegenstand ihrer Fürsorge zu machen.

## 3  Sektorale Wirkungen der Mittelstandspolitik

Die Hilfen, die direkt oder indirekt dem Mittelstand zugedacht sind, sind naturgemäß nicht für alle Unternehmen gleichermaßen hilfreich. Besonders problematisch ist jedoch die Wirkung, die aus der starken Binnenorientierung der allermeisten Mittelständler herrührt. Weil die Kompensationen im Wesentlichen an die außenorientierten Mittelständler gingen, haben die Verkrustungen auf dem Arbeitsmarkt und in den Systemen der sozialen Sicherung letztlich den auf den Binnenmarkt orientierten Mittelstand stärker getroffen. Es wurden die besonders gefördert, die dieser Hilfe vergleichsweise wenig bedurften. Da aber die exportorientierten Mittelständler zugleich die sind, die eine exit-option haben, lässt sich folgern, dass die Mittelstandspolitik vordringlich dazu diente, den wanderfähigen Mittelstand vom Wandern abzuhalten.

Ob ein Mittelständler zu der binnen- oder zur exportorientierten Gruppe des Mittelstands gehört, hängt in hohem Maße von seiner Branchenzugehörigkeit ab und damit dem in der Branche dominanten Geschäftsmodell. Die Trennung ist aber keineswegs eindeutig. Es gibt kleinste Unternehmen, die in exportfernen Branchen erheblich exportieren und es gibt in exportlastigen Branchen auch große Unternehmen, die deutlich weniger exportieren, als Mittelständler. Dennoch gibt es wegen der Häufung von kleinen und mittleren Unternehmen in binnenorientierten Branchen keinen Zweifel, dass die Dominanz der wenigen großen Unternehmen nach dem Anteil am Exportumsatz noch höher ist als am Gesamtumsatz. Mittelstand und Binnenorientierung sind hoch korreliert. Die etwa 10 % Mittelständler, die im Export tätig sind, verteilen sich auf wenige Branchen.

Das wesentliche Merkmal eines mittelständischen Unternehmens ist ohne Frage die in einer Person gefasste Einheit von Finanzierung und Führung des Unternehmens. Diese Einheit bedeutet, dass dem mittelständischen Unternehmen bestimmte Märkte und Geschäftsmodelle verschlossen bleiben. Einerseits muss das mittelständische Unternehmen auf eine ausgedehnte Arbeitsteilung verzichten, andererseits gewinnt die personalisierte Führung durch die Dichte, Schnelligkeit und Unmittelbarkeit der Steuerung einen Effizienzgewinn, der in den meisten Märkten und unter vielen Produktionsbedingungen offenbar so hoch ist, dass die Folgen der beschränkten Arbeitsteilung mehr als kompensiert werden. Die Beschränkung der Arbeitsteilung meint die Beschränkung bei der Einwerbung von Eigen- und Fremdkapital und die Beschränkung entweder im Hinblick auf die Zahl der zu bedienenden Märkte (Breite der Unternehmung) und dem Umfang der Wertschöpfungskette (Tiefe der Unternehmung).

Ein Blick in die Liste der größten Unternehmen Deutschlands im Jahr 2002 (FAZ, 2003, Nr. 155, S. U2) hilft, die Bedeutung dieser Beschränkungen sichtbar zu machen:

- Unter den nach Bilanzsumme bzw. Prämieneinnahmen 25 größten Kreditinstituten und 25 größten Versicherungsunternehmen sind bei den Banken keine und bei den Versicherungen maximal fünf kleinere Mittelständler zu finden. Offenbar ist gerade für die Intermediäre auf dem Kapitalmarkt die Diversifikation zur Minderung des Vermittlungsrisikos so unerlässlich, dass sie entweder selbst kapitalmarktgesteuert sein oder einen fast unbeschränkt haftenden Eigentümer wie den Staat oder die Versicherungsnehmer selbst (HDI, Versicherung a.G.) haben müssen. Ohne Risikoteilung sind die Risikoaufschläge für die Verzinsung des Eigenkapitals zu hoch.

- Der Groß- und insbesondere der Einzelhandel sind eine Domäne der mittelständischen Unternehmen. Von den 50 nach dem in Deutschland konsolidierten Umsatz größten Unternehmen (entspricht dem Konzernumsatz für deutsche und dem in Deutschland erzielten Umsatz für ausländische Konzerne) sind 33 Mittelständler und maximal 17 Nicht-

Mittelständler. Die Mittelständler generieren (weltweit) einen Umsatz von 231 Mrd. € mit 763 tausend Beschäftigten, die Nicht-Mittelständler einen von 191 Mrd. € mit 690 tausend Beschäftigten. Bei dieser Rechnung sind Grenzfälle wie das Unternehmen Metro und die aus Einkaufsgenossenschaften erstandenen Unternehmen den Nicht-(mehr) Mittelständlern zugeordnet. Trotz der hohen Beschäftigtenzahlen bleibt die Führungsaufgabe wie das Finanzierungsproblem im Einzelhandel überschaubar. Die beschäftigungsintensive Verkaufstätigkeit kann mit geringer Qualifikation ausgeübt und mit geringem Managementeinsatz gesteuert werden. Dank des hohen Warenumschlags und eines gut prognostizierbaren Cash-Flows bleibt der zu stemmende Finanzbedarf gemessen an der Finanzkraft einer Person oder Familie überschaubar.

- Die 40 größten Dienstleister (nach dem in Deutschland konsolidierten Umsatz) bieten ein breites Spektrum. Unter den 12 Mittelständlern sind 6 Medienunternehmen. Sie haben am Umsatz einen Anteil von gut 15,5 %, an den Beschäftigten von 14 %. Unter den 28 Nicht-Mittelständlern sind 22 Betreiber von materiellen und nicht-materiellen Netzen. Die hohe Beschäftigtenzahl der Betreiber materieller Netze (Schiene, Pipeline, Draht etc.) mit differenzierten, verantwortungsvollen und schwer steuerbaren Aufgaben erzwingt eine komplexe Organisation und die Erstellung und der Unterhalt des Netzes große Investitionen. Nicht zufällig stand der frühe Netzbetreiber Bahn Pate bei der Bildung und Organisation von kapitalmarktgesteuerten großen Unternehmen.

- Von den 50 größten Unternehmen des Verarbeitenden Gewerbes (gemessen an dem in Deutschland konsolidierten Umsatz) sind 16 als Mittelständler anzusehen. Ihr Umsatzanteil beträgt 13 % und ihr Anteil an den Beschäftigten 16 %. Hier bestätigt sich Chandler's Einsicht (Chandler, 1990), dass Größe sich dort besonders bezahlt macht, wo in komplexen Prozessen wissenschaftsbasierte Produkte weltweit angeboten werden – seien es Gebrauchs- oder Investitionsgüter. Die größten Mittelständler unter den 50 größten Unternehmen dieses Wirtschaftsbereichs sind sozusagen eher etwas zu groß geratene Mittlere. Viele der Mittelständler sind börsennotiert, und es ist nicht leicht zu entscheiden, ob und in welchem Umfang der/die Eigentümer das Unternehmen noch führen.

Wie diese kleine Übersicht zeigt, sind selbst bei den größten Unternehmen Deutschlands (hier ohne das Baugewerbe, den Bergbau, die Energiegewinnung und die Ölfirmen) viele Mittelständler. Es ist alles andere als überraschend, dass der Anteil mittelständischer Unternehmen unterhalb eines Umsatzes von etwa 2 Mrd € sehr schnell auf 100 % steigt. Wahrscheinlich liegt der Anteil nicht-mittelständischer Unternehmen je nach Zählweise zwischen 1 ‰ und 3 ‰. Selbst eine Zählung, die sich nur auf Umsatzgrößen und Zahl der Beschäftigten stützt und folglich auch alle inkorporierten Betriebsteile großer Unternehmen einschließt, kommt zu dem Ergebnis, dass 99,7 % aller 3,3 Millionen Unternehmen mittelständisch sind – nämlich weniger als 500 Beschäftigte haben und weniger als 50 € Umsatz/Jahr (Institut für Mittelstandsforschung, 2002, S. 10). Für die überwältigende Zahl von Unternehmen stehen die Vorteile der Einheit von Eigentum und Führung völlig außer Zweifel. Das Geschäftsmodell einer solchen Einheit ist fast immer lohnend. Der Übergang zu einer kapitalmarktgesteuerten Führung wird nur in Ausnahmefällen und nur in langen Zeiträumen sinnvoll sein.[1)]

Die meisten Unternehmen sind spezialisiert und suchen im Rahmen der Arbeitsteilung komparative Vorteile zu gewinnen. In den allermeisten Fällen besteht das wesentliche Merkmalsbündel der Unternehmen aus der Zugehörigkeit zu einer Branche und zu einer Region. Nur grob geschätzte 200.000 Unternehmen folgen einem nicht an einen Standort gebundenen Geschäftsmodell. Die meisten freien Berufe, die meisten Handwerker, die meisten Einzelhändler, die meisten Dienstleister, die meisten Unternehmen des Baugewerbes und naturgemäß die meisten Landwirte haben entweder ihre Kunden oder ihre Produktionsmittel an einem bestimmten Punkt auf der Landkarte konzentriert. Diese Unternehmen sind und bleiben klein, weil das gewählte Merkmalsbündel ihrer Größe enge Grenzen setzt. Erst bei Aufgabe der regionalen Bindung stellt sich ernsthaft die Frage nach der dem Geschäftsmodell angemessenen Größe.

Zu den nicht regional gebundenen Unternehmen gehören die Zulieferer von Teilen, aus denen die Produkte der weltweit operierenden großen Unternehmen bestehen, die Hersteller von Investitionsgütern und die Lieferanten unternehmensnaher Dienste, deren Hauptabnehmer ebenfalls die weltweit operierenden Unternehmen sind. Ihre Größe wird in hohem Maße von der Aufnahmekapazität des Marktes für ihr hoch spezialisiertes und meist auch technisch anspruchsvolles Produkt bestimmt. Neben diesen eher auf die ‚Großen' ausgerichteten Nischenanbieter gibt es auch Hersteller von Nahrungs- und Genussmitteln und anderen Verbrauchs- und Gebrauchsgütern, die ausnahmsweise nicht regional gebunden sind. Dazu muss es diesen überregionalen Anbieter aber gelingen, ihr Produkt so weit zu qualifizieren, dass ein überregionaler Absatz die Kosten der höheren Qualität und/oder die Kosten der Überzeugungsarbeit trägt (Beispiel: Haribo macht Kinder froh). Schließlich gehören zu diesen nicht regional gebunden Unternehmen jene Einzelhändler, die viele Standorte haben und die – einmal die Standortgebundenheit aufgegeben – schier grenzenloses Wachstum zeigen.

Um einen ungefähren Eindruck von dem Anteil des Mittelstandes am Export zu bekommen, wird in Ermangelung besserer Daten auf die vom Institut für Mittelstandsforschung (Günterberg/Wolter, 2002, S. 23 ff. und 242 ff.) nach Unternehmensgrößenklassen ausgewiesene Zahl der Unternehmen und auf deren Umsätze und Exportumsätze aus dem Jahre 1999 zurückgegriffen. Deklariert man alle Unternehmen zu den „Großen", die einen größeren Umsatz als 100 Mio. DM haben, ergibt sich folgendes Bild über die Exportanstrengungen des Mittelstandes (alle Unternehmen kleiner 100 Mio. DM Umsatz):

- Der Exportumsatz der Großen an ihrem Gesamtumsatz beträgt 20,7 % und ist damit nach Anteilen fast dreimal so groß wie der der Mittelständler, die nur 7,3 % ihres Umsatzes im Export machen. Im Inland dagegen haben die kleinen und mittleren Unternehmen einen fast hälftigen Anteil am Umsatz, im Export etwas mehr als ein Viertel. Die Zahl der exportierenden Unternehmen beträgt ungefähr 10 % aller Unternehmen (Selbstständigen). Von den 7059 großen Unternehmen exportieren 5579 (erstaunlich, dass es große Unternehmen geben soll, die nach der Umsatzsteuerstatistik nichts, aber auch gar nichts exportieren).

- Wie zu erwarten, gibt es Branchen, in denen mehr exportiert wird als in anderen. Zu ihnen zählen die Wirtschaftszweige Verarbeitende Industrie (780 Mrd. DM Export), Handelsvermittlung und Großhandel (150 Mrd.), Verkehr (70 Mrd.) und unternehmensnahe Dienstleistungen (42 Mrd.). Die Zweige Handelsvermittlung und Großhandel, Verkehr sowie die unternehmensnahen Dienste dienen offenbar der Vermarktung der Verarbeitenden Industrie. Sie erstellen zusammen mit 95 % des Exportumsatzes fast alle über nationale Grenzen hinweg handelbaren Güter und Dienste. Im Einzelhandel, Baugewerbe, Gastgewerbe, in der Landwirtschaft und in allen anderen Dienstleistungen wird fast ausschließlich für den Binnenmarkt produziert.

- Die kleinen und mittleren Unternehmen sind vor allem in den Wirtschaftszweigen Handelsvermittlung, Großhandel und Verkehr gleichmäßig vertreten. Den Anteil am Umsatz, den sie im Verkehr exportieren, beträgt mit 16 % fast genauso viel wie die 20 % der Großen. In der Handelsvermittlung und dem Großhandel liegen die Anteile mit 10 % bzw. 12,2 % ebenfalls nahe beieinander. In der Verarbeitenden Industrie sind die kleinen und mittleren Unternehmen mit einem Exportumsatz von 123 Mrd. DM zwar stark vertreten, aber längst nicht so stark wie die Großen, die dort mit 657 Mrd. DM Export ¾ ihres gesamten Exports erzielen. Der Anteil des Exports der Großen an ihrem Gesamtumsatz macht 34,3 %, der der kleinen und mittleren nur 15 % aus. Bei den Unternehmensnahen Diensten beträgt der Anteil des Exports am Gesamtumsatz der Kleinen und Mittleren nur 3,3 %, der Anteil der Großen fast 17 %.

- In der Verarbeitenden Industrie selbst sind die Unterschiede ebenfalls stark ausgeprägt. Während die Chemische Industrie und der Fahrzeugbau (Kraftfahrzeuge und sonstige) im Inlandsabsatz wie im Export fast völlig von den Großen (i.d.R. auch Nicht-Mittelständler) dominiert werden, sind die Zuliefererbranchen sowie die Herstellung von Metallerzeugnissen und von Gummi- und Kunststoffwaren eine Domäne der Kleinen, die dort bis zu 46 % bzw. 35 % ihres Umsatzes im Export erzielen. Die Herstellung von Maschinen, Medizin-, Mess-, Steuer- und Regelungstechnik, Textilien, Bekleidung, Möbeln etc. und das Holzgewerbe wird bis zu 70 % von kleinen und mittleren Unternehmen betrieben, und sie erzielen bis zu 50 % ihres Umsatzes außerhalb Deutschlands. Hier sind die Branchen versammelt, die den industriellen Mittelstand (ca. 70.000 Unternehmen) bilden. Die Daten nach Umsatzgrößen geben diesen Sachverhalt zwar tendenziell korrekt wieder. Unter den Unternehmen mit mehr als 100 Mio DM Umsatz werden die meisten fraglos Mittelständler sein und einen weit größeren Umsatzanteil für sich in Anspruch nehmen können als hier ausgewiesen[2].

Auf Basis dieser Zahlen lässt sich feststellen, dass der industrielle Mittelstand und die ihm direkt dienenden Gewerke genauso exportorientiert sind wie die kapitalmarktgesteuerten großen Unternehmen. Insoweit mussten den binnenorientierten Mittelstand die Wachstumsschwäche der beiden letzten Jahrzehnte und die rigide Arbeitsmarkt- und Sozialpolitik am stärksten treffen.

Dem exportorientierten Mittelstand standen zwei Wege offen, dem Druck auszuweichen. Er konnte langfristig den Kapitaleinsatz pro Arbeitskraft erhöhen und so seine Arbeitsnachfrage, insbesondere für nicht ganz so hoch qualifizierte Arbeitskräfte, im Inland senken oder diese durch Direktinvestitionen im Ausland nachfragen. Mit zunehmender Globalisierung, und d.h. für Deutschland mit dem Fall des Eisernen Vorhangs, der EU-Erweiterung und der Einführung des Euro wurden die Chancen immer besser, dem Druck durch eine Verlagerung der Produktion ins Ausland auszuweichen und im Inland bestenfalls die Steuerung des Unternehmens und, abhängig vom Gewerk, bedeutsame Produktions- und Vertriebslinien zu belassen. Es ist deshalb nicht verwunderlich, dass die Bundesbank (2003, S. 42) den großen Unternehmen bescheinigen kann, dass der Wert der Beteiligungen von 1994 bis 2001 um 88½ % stieg und der Anteil der Beteiligungen an den Aktiva damit auf 19½ % stieg. Dem auf den Binnenmarkt ausgerichteten Mittelstand stand die Erhöhung der Kapitalintensität nur beschränkt und schon gar nicht im klassischen Mittelstand der freien Berufe und des Handwerks zur Verfügung (bei kleinen und mittleren Unternehmen machen Beteiligungen nach derselben Statistik 2001 3 % aus).

Ab dem Jahr 2000 wurde die Wachstumsschwäche Deutschlands endemisch und die Schere zwischen Binnenmarkt und Export auch mit bloßem Auge sichtbar. Die um die Inflation bereinigte Binnennachfrage sank von 2000 bis Mitte 2003 um 1,75 %, während die reale Ausfuhr um 8 % stieg. Nach Angaben der Bundesbank (Oktober 2003) helfen diese Zahlen auch zu erklären, dass das aggregierte Jahresergebnis vor Steuern der kleinen und mittleren Unternehmen 2001 um 3 % unter dem Niveau von 1994 lag. Im gleichen Zeitraum haben die großen Firmen dagegen ihre Bruttogewinne um jahresdurchschnittlich 7,5 % gesteigert! Auch wenn die Bundesbank ihre Aussagen nicht an einer inhaltlichen Mittelstandsdefinition festmacht, ist wegen der hohen Korrelation von kleinen und mittleren Unternehmen mit dem binnenorientierten Mittelstand kein Zweifel, dass sich dieser Teil des Mittelstands in weiten Teilen am Rande des Abgrunds bewegt[3]. Nach Auskunft vieler kleiner Mittelständler liegen die Tariflöhne inzwischen über dem tatsächlichen Lohn. Es gibt eine negative Lohndrift. Die Schattenwirtschaft, die Entlassung in die Arbeitslosigkeit oder die Frühverrentung sind momentan die Auswege, den eigenen Beschäftigten ein einigermaßen ausreichendes Einkommen zu verschaffen.

Von daher stellt sich die Frage, was all die Fördermittel für den Mittelstand erbracht haben. Offenbar standen allenfalls die Eigenmittelhilfen und Existenzgründungsprogramme der Ausgleichsbank allen Mittelständler oder solchen, die es werden wollten, offen. Die anderen Förderungsinstrumente zielten entweder von Vornherein auf die (Auslands-)Messeförderung, Kontaktvermittlung und Unterstützung bei der Markteinführung seitens Auslandkammern u.ä. Einrichtungen sowie auf Bürgschaften für Exporte, oder sie boten sich – wie die meisten KfW-Kredite – vor allem den exportorientierten Mittelständlern an. Die KfW-Kredite dienten der Stützung der Bankkunden, die so oder so einen Kredit bekommen hätten. Die Ausreichung über die Hausbanken nach den üblichen Bonitätsregeln wäre anders gar nicht zustande gekommen. Die Unternehmen zahlten aber weniger Zinsen, als sie ohne die Existenz der KfW gezahlt hätten. Die Konkurrenz der privaten und staatlichen Banken wurde durch die unterschiedslose Bereitstellung und den nicht risikoadäquaten Zinssätzen der KfW noch angeheizt.

Wenn allerdings vorgeschlagen wird, neue Förderprogramme aufzulegen, die auch den binnenmarktorientierten Mittelständler zugute kommen sollen (Cichy, 2003), muss dem entschieden widersprochen werden. Es kann zwar gar keinen Zweifel geben, dass die Eigenkapitalausstattung dieser Mittelständler schlecht ist (siehe unten) und auch nicht besser wird, wenn man die im Privatvermögen zu vermutenden Reserven irgendwie dazurechnet. Dennoch ist es kontraproduktiv, Formen staatlicher Beteiligungsfinanzierung auszubauen oder die Riesterrente für Mitarbeiterbeteiligungen zu öffnen. So wie es im Falle der Faktors Arbeit darum geht, das Recht zur Bestimmung wesentlicher Merkmale eines Arbeitsvertrages den Tarifparteien wegzunehmen und die Freiheit über das Arbeitsentgelt und die Arbeitszeit den vertragsschließenden Parteien zurückzugeben, so geht es beim Faktor Kapital darum, den Einfluss des Staates auf den Kapitalmarkt zurückzudrängen und die staatliche Preis- und Mengensteuerung auf der Mikroebene aufzugeben. Die Subventionierung des Fremdkapitals darf nicht länger zur Kompensation einer verfehlten Arbeitsmarktpolitik eingesetzt werden. Ansonsten würde über einen ineffizienten Arbeitsmarkt und eine überbordende Sozialpolitik der Kapitalmarkt endgültig ruiniert.

## 4 Die Privatisierung des Kapitalmarktes zur Förderung des Mittelstandes

Der Mittelstand, insbesondere die kleinen Unternehmen unter ihnen, klagen zuletzt verstärkt darüber, von den Kreditbanken überhaupt keine Kredite mehr oder die Kreditlinien gekürzt zu bekommen. Es besteht auch kein Zweifel, dass die Kreditneuzusagen der Kreditbanken tatsächlich gekürzt wurden. Dazu trug nicht nur die Wachstumsschwäche seit Mitte 2000 bei, sondern auch das gestiegene Risikobewusstsein nach den immensen Ausfällen der Kreditbanken in 2002 (siehe Detken/Laubach, 2002). Dennoch liegen die Ursachen dieser Mängel tiefer. Abgesehen davon, dass die oben beschriebene Schwäche der Binnennachfrage fast keinen Spielraum lässt, aus dem Cash-Flow die Eigenmittel zu stärken und daher die Kreditnachfrage zu senken, gibt es Eigenheiten des deutschen Kreditmarktes, die den Mangel an Eigenkapital wie den aktuellen Mangel an Fremdkapital erklären können.

Die eine Eigenheit muss hier nur erwähnt, aber nicht weiter erläutert werden: Das Umlageverfahren der Rentenversicherung. Diese Art der Finanzierung lenkt die Mittel der Alterssicherung am Kapitalmarkt vorbei und senkt damit das Angebot an jenen langfristig verfügbaren Mitteln, die letztlich als Eigenkapital zur Verfügung gestellt werden können oder doch Mittel mit eigenkapitalähnlichen Eigenschaften sind. Dem Kapitalmarkt werden aber auch wesentliche Teile der Krankenkassenbeiträge entzogen. Da der alte Mensch öfter krank ist als der junge und höhere Kosten pro Krankheitsfall auslöst und da das Altern ein sicheres Ereignis ist, gibt es keinen Grund, die damit verbunden Kosten zu versichern. Es reicht, jedermann zu zwingen, entsprechend der Alterskosten Mittel zurückzulegen. Nur dort, wo die individuelle Streuung eines Krankheitsereignisses um einen gesellschaftlichen Durchschnitt hoch ist (z.B. bei Krebserkrankungen bis zum Alter von 65), macht eine Versicherung Sinn. Schätzungsweise die Hälfte der Prämien für die Ersatzkassen könnten so dem Kapitalmarkt zur Verfügung gestellt und den Händen der Politiker bzw. der Kassenfunktionäre entzogen werden.

Zu der anderen Eigenheit des Kapitalmarktes gehört die Trennung der Banken in staatliche und private, genauer die Trennung in einen Sektor der Sparkassen, Landesbanken und Banken mit Sonderaufgaben und in einen Sektor mit den Kreditbanken (einschließlich der (vier) Großbanken) und den Genossenschaftsbanken. Diese Trennung ist über 200 Jahre alt und hat zuletzt zu einer Verdrängung der Privatbanken geführt, und die einstmals führende deutsche Bankindustrie zum Sorgenkind Europas gemacht hat. Hier wird die Geschichte der Bankenindustrie kurz rekapituliert, um zu prüfen, ob die Trennung, die einstmals den kleinen Anlegern und den kleinen Kreditnehmern diente, immer noch sinnvoll ist.

Seit Ende des 18. Jahrhunderts gab es in Deutschland (und im übrigen Europa) Sparkassen. Um auch den Armen Zinsen für ihr bescheidenes Vermögen zukommen zu lassen, wurden Sparkassen von Wohlfahrtsorganisationen, Städten und Kreisen gegründet und die Einlagen von diesen Eigentümern versichert. Anders wären die Armen nicht bereit gewesen, Einlagen zu tätigen. Außerdem konnten sich die nach den Freiheitskriegen hoch verschuldeten deutschen Staaten auf diese Weise billig finanzieren. Neben der Finanzierung der öffentlichen Hand, wurden die Einlagen hauptsächlich als Hypothekenkredite ausgereicht. Bis zum Ende des 19. Jahrhunderts ergänzten sich die Sparkassen (und Kreditgenossenschaften) einerseits und die Privatbanken (bzw. Kreditbanken) andererseits hervorragend. Die Privatbanken nahmen große Risiken, da sie im Wesentlichen das Geld ihrer Eigentümer verliehen,[4] und die Sparkassen sammelten kleine und kleinste Beträge und konnten so Finanzmittel für die sichereren Ausleihungen sammeln. Die Kreditgenossenschaften bewegten sich dazwischen. Ihre der Größe nach bescheiden Einlagen dienten den Kreditbedürfnissen derselben, eher mittelständischen Klientel.

Dieses friedliche Nebeneinander wurde zuerst von der Deutschen Bank gestört, die ab 1871 anfing, um Spareinlagen ab 100 RM zu werben. Mit dem Aufstieg der als Aktiengesellschaft korporierten Banken zu Deutschlands dem Marktwert nach größten Unternehmen wurden den Sparkassen immer mehr Rechte zur Führung von Bankgeschäfte eingeräumt. Kurz nach dem 1. Weltkrieg gab es in Deutschland schließlich drei Bankengruppen, Kreditbanken, Sparkassen und Genossenschaften, die allesamt als Universalbanken agierten. Die Umwandlung der Sparkassen zu Universalbanken war offenbar ein Reflex auf die Größe und Macht der Kreditbanken.[5] Man sah die Gefahr, dass die privaten Großbanken, die alle am beherrschenden Berliner Kapitalmarkt domizilierten, in den schwächeren Länder und Regionen Einlagen sammelten, die als Kredite nicht mehr in der Provinz ausgereicht würden. Über Sparkassen (und Kreditgenossenschaften) glaubte man, einen lokalen Kreditbedarf durch ein Angebot zwangsweise regionalisierter Banken decken zu können – ein Angebot, das man den mächtigen Großbanken nicht zutraute. Damit verfolgte man dasselbe Ziel, das in den USA durch das Verbot von Universalbanken und das Verbot staatsübergreifender Banken zu erreichen versucht wurde.

Die Anteile der Gruppen an der Bilanzsumme aller Banken betrugen nach Tilly (1992, Tab. 5.1) im Jahr 1913:

| | |
|---|---|
| Kreditbanken und Privatbanken | 28,6 % |
| Sparkassen und Landesbanken | 24,8 % |
| Genossenschaften | 6,8 % |
| Realkreditinstitute | 22,8 % |
| Sonstige (einschl. Reichsbank u. Versicherungen) | 17,0 % |

Mit der Ausgestaltung fast aller Banken als Universalbanken wurde ein starker Wettbewerb in der deutschen Bankenindustrie angelegt, der aber dank der wertevernichtenden Geschichte Deutschlands bis gegen Ende des 20. Jahrhunderts folgenlos blieb. Die Institute waren durch immer wiederkehrenden Verlust ihrer Aktiva, die mal stärker die Sparkassen, mal stärker die Privatbanken traf, so geschwächt, und die Nachfrage nach Kredit war in Anbetracht der Not und dem Willen zum Wiederaufbau so hoch, dass jede Gruppe ihr Auskommen hatte. Dies änderte sich erst mit dem Erlahmen der Wachstumskräfte am Ende der 70er Jahre und führte schließlich bis zum Juli 2003 zu dem Ergebnis, dass die Anteile der Gruppen an der

Bilanzsumme aller 2285 Banken gemessen wie folgt verteilt werden (berechnet nach Bundesbank, Bankenstatistik Oktober 2003):

| | |
|---|---|
| Kreditbanken | 31,7% |
| davon die 4 Großbanken | 21,0% |
| Sparkassen und Landesbanken | 36,2% |
| Banken mit Sonderaufgaben | 7,5% |
| Genossenschaften | 10,3% |
| Realkreditinstitute | 12.0% |
| Sonstige | 2,3% |

Damit haben die staatlichen Institute (Sparkassen und Banken mit Sonderaufgaben – einschließlich der frisch unter staatliche Kontrolle geratenen Industriekreditbank) einen Anteil an den Aktiva der Banken von 43,7 % (die Bankgesellschaft Berlin u.a. gehören nach der Bankenstatistik zu den Privaten). Diese Anteile sind auch bei der Position Kredite an inländische Unternehmen zu finden. Insoweit dürften sie die Marktanteile der Gruppen ganz gut widerspiegeln.

Aus dem Vergleich der beiden Jahre ist zu entnehmen, dass die Position der Sparkassen und der sonstigen staatlichen Banken in den vergangenen 90 Jahren nicht schwächer, sonder eher stärker geworden ist. Darüber hinaus zeigt ein Vergleich der Ertragslage der Bankengruppen in den letzten 10 Jahren, dass die Aktivitäten der Institute wieder auseinander gingen. Während die Sparkassen und die Kreditgenossenschaften im Inland immer stärker wurden, wurden die Kreditbanken schwächer. Dies ist einmal am geringen Zinsüberschuss (Zinsergebnis gemessen an der Bilanzsumme) der Großbanken zu erkennen, der 2001 auf unter 1 % rutschte, während der Zinsüberschuss der Sparkassen und Genossenschaften zwar zwischen 1993 und 2001 ebenfalls sank, aber eben nur von 3 % auf etwa 2,5 %. Der Abstand betrug über die ganze Zeit etwa einem Prozentpunkt. Der Erlösüberschuss der Großbanken kam hauptsächlich aus dem Provisionsgeschäft, das von 1 % der Bilanzsumme auf 0,6 % sank und damit ab 99 in etwa dem der Sparkassen und Genossenschaften entsprach. Der Verwaltungsaufwand der Großbanken sank zwischen 1993 und 2001 von 2,2 % auf 1,5 % und sorgte dafür, dass nach Abschreibung auf Forderungen (etwa 0,15 bis 0,2 %) noch etwas für das Betriebsergebnis übrig blieb. Der Personalaufwand der Großbanken nahm stark ab, gemessen an allen Aufwendungen sank er in diesen Jahren von 66 % auf 52 % (alle Daten nach Gischer, 2003).

Diese Zahlen aus der Gewinn- und Verlustrechnung der Banken bedeuten, dass die Sparkassen die Großbanken aus der Fläche vertrieben haben. Die Großbanken mussten sich stärker der internationalen Konkurrenz stellen und konnten dort nur einen Zinsüberschuss von 1 % erringen, hatten bei Wahrnehmung von Größenvorteilen aber weniger Aufwendungen. Das Binnengeschäft wurde damit eine Domäne der Sparkassen und der sonstigen staatlichen Banken, die auf ihren lokalen Märkten höhere Zinsüberschüsse erwirtschafteten, aber für diese auch einen höheren Aufwand betreiben mussten.[6] Das Jahr 2002 brachte dann zu Tage, dass die Ertragskraft insbesondere der Großbanken so gering ist, dass drei der vier nur durch radikale Sanierungen gerettet werden konnten. Es blieb ihnen gar nichts anderes übrig, als mit Kreditneuzusagen zurückhaltend zu sein. Der Anteil der Kreditbanken an den ‚wirklichen' Kreditneuzusagen (nicht zu verwechseln mit den Veränderungen der Kreditbestände) ist schon 2001 nach den

Berechnungen von Detken/Laubach (2002, S. 622) auf 29 % zurückgegangen und das der Sparkassen und Landesbanken auf 41 % gestiegen. Es darf vermutet werden, dass sich die Marktanteile in 2002 und 2003 weiter zugunsten der staatlichen Banken verschoben haben.

Staatliche Banken und der Mittelstand sind sich zuletzt also immer näher gekommen. Deshalb war der Schrecken groß, als der Politik bewusst wurde, dass ausländische Mächte diese Einheit mit Maßnahmen zu bedrohen schienen, die ein Mehr an Wettbewerb zum Ziel haben.

So wird nun auf Druck der Wettbewerbsbehörde in Brüssel die Subventionierung der staatlichen Banken Deutschlands zurückgefahren. Die Gewährträgerhaftung der Träger der Sparkassen wird abgeschafft und die Anstaltslast in eine normale Eigentümerbeziehung verwandelt. Für die KfW konnte von der Bundesregierung die Bundesgarantie dadurch gerettet werden, dass der KfW Geschäfte in einer eigenständigen Einheit zusammenfassen muss, die staatlich zu betreiben gar keinen Sinn machen. In jedem Fall wird das Verhalten der Sparkassen wettbewerblicher, da sie nunmehr wie jede Bank das Vermittlungsrisiko kalkulieren müssen und diese Kosten in höheren Zinsen/Provisionen weitergeben werden.

Auf Druck der in der Bank für Internationalen Zahlungsverkehr zusammengeschlossenen Länder sind neue Regeln für das Verhalten von Banken vereinbart worden (Eigenkapitalhinterlegung in Abhängigkeit der Risiken der Kredite), die zur Folge haben, dass die Banken die Risiken genauer kalkulieren müssen und ihre Soll-Zinssätze sich stärker an den Risiken orientieren werden. Damit wird erreicht, dass die Preisdiskriminierung, bei der die guten Risiken die schlechten subventionieren, eingeschränkt wird und für unterschiedliche Güter auch unterschiedliche Preise bezahlt werden. Die neue Regelung begünstigt die guten Risiken und verteuert die schlechten. Sie senkt unter ‚normalen' Bedingungen die Aggressivität der Kalkulation und dämpft den Wettbewerb um den marginalen, also den schlechteren Kreditnehmer.

Für den deutschen Mittelstand haben beide Vorhaben einschneidende Folgen – positive Folgen. Der Wettbewerb zwischen den Sparkassen, den Kreditbanken und den Genossenschaftsbanken wird fairer, sodass die Vorteile der vielfältigen Formen, das Bankgeschäft zu betreiben, wirklich getestet werden und die implizite Subventionierung des lokalen Gewerbes zurückgedrängt wird. Zusammen mit den Regelungen über die Eigenkapitalerfordernisse der Banken wird Fremdkapital, insbesondere für schlechtere Risiken, teuer. Da Unternehmen mit geringen Eigenmitteln schlechtere Risiken sind, wird Eigenkapital billiger. Die Eigenmittel werden langfristig erhöht. Da außerdem neue Bilanzvorschriften eher den Eigenkapitalgeber als den Fremdkapitalgeber schützen, wird auch von daher ein Anreiz geschaffen, das Eigenkapital zu erhöhen. Die Anreize, die Eigenmittel zu erhöhen, führen zu einer größeren Selbstständigkeit und Freiheit des mittelständischen Unternehmens.

Damit bleibt zu fragen, woher die Eigenmittel kommen sollen. Die Antwort kann nur lauten, aus dem Cash-Flow – von morgen. Wächst die Wirtschaft einigermaßen kräftig und geht es der Branche gut, steigt die Wahrscheinlichkeit morgiger Einzahlungsüberschüsse.

Realisierte Einzahlungsüberschüsse geben dem klugen Eigentümer die Chance, auch das Übermorgen heute schon ins Kalkül zu ziehen, seine Eigenmittel tatsächlich zu stärken und gleichzeitig die Ernsthaftigkeit seiner Aktivitäten zu signalisieren. Das wiederum erleichtert das Managementproblem möglicher Finanziers ungemein. Sie sind dann trotz der bekannten Unvollständigkeit des Kreditvertrages und der Schwierigkeit, die Merkmale des guten Kreditnehmers zu erkennen und das Wohlverhalten auch nach Abschluss des Kreditvertrages zu sichern, zur Kreditvergabe bereit. Das Finanzierungsproblem ist gelöst, wenn auch nicht kostenlos. Entweder muss sich der Eigentümer selbst entsprechend organisieren und/oder die Finanziers müssen zur Steuerung ihres Kreditgeschäftes Mittel einsetzen (siehe Neus, 1994, oder Schäfer, 2003, als Beispiele für die Beschreibung der Probleme und ihrer Lösung). In jedem Fall müssen die Kosten des Managements der Kreditvergabe vom Kreditnehmer getragen werden. Es darf gerade für Kreditnehmer keinen free lunch geben. Trägt das Geschäft diese Kosten nicht, unterbleibt es eben. Wenn die Metapher vom Mittelstand als dem Rückgrat der Wirtschaft überhaupt einen Sinn macht, dann sollte es wohl möglich sein, dass ein so wichtiger Teil der Wirtschaft die Kosten seiner Finanzierung trägt.

Wird der mittelständische Kreditnehmer von diesen Kosten durch staatliche Intervention freigestellt, mangelt es an Kredit. Nur in seltenen Fällen wird die unterschiedslose Bedienung der Kreditnehmer das Managementproblem lösen. Daher ist nur allzu oft zu beobachten, dass der Staat glaubt, die Vergabe der Kredite erzwingen zu müssen. Es gibt aber keine Pflicht zur Kreditvergabe, und sie sollte auch nicht zu den Menschenrechten gezählt werden. Fast alle diesbezüglichen Aktivitäten des Staates sind in einem gut entwickelten Kapitalmarkt völlig überflüssig oder schädlich. Sie sorgen dafür, dass kreative und effiziente Lösungen des Managementproblems der Kreditgeber nicht belohnt und deshalb nicht realisiert werden.

Der beklagte Mangel an Eigenkapital ist die Folge der Versuche des Staates, ihn zu beheben. Wenn schwerwiegende Gründe für die Staatsintervention sprechen, dann sind die Kosten der Fehlanreize für das Management der Kreditvergabe mit zu berücksichtigen. Ansonsten bleibt der behauptete Wohlfahrtsgewinn einer über den Kapitalmarkt betriebenen Mittelstandspolitik eine Luftnummer.

## 5 Zusammenfassung

Die obigen Ausführungen lassen sich in vier Punkten zusammenfassen:

1. Deutschland hat dank seiner föderalen Tradition gute Voraussetzungen, öffentliche Güter dort bereitzustellen, wo sie gebraucht werden. Der akzeptierte regionale Egoismus liefert die Infrastruktur, die es erübrigt, groß zu sein, um sich die Infrastruktur aus eigener Kraft leisten zu können. Die staatlich bereitgestellte Infrastruktur senkt die Transaktionskosten von Marktbeziehungen und begünstigt insoweit die Existenz auch kleinerer Unternehmen. Föderalismus ist Politik für den Mittelstand.

2. Auch und gerade für den Faktor Arbeit gilt es, die Transaktionskosten zu senken. Eine wesentliche Voraussetzung zur Mobilität der Arbeit ist die Vergleichbarkeit ihrer Merkmale. Daher macht es Sinn, dass der Staat und die Kooperation von Unternehmen dafür sorgen, dass Standards der allgemeinen und beruflichen Bildung gesetzt und attestiert werden. Wer sie produziert, ist im Zweifelsfall unwichtig. Die private Produktion des Humankapitals ist in jedem Fall vorzuziehen.

3. Die tarifvertraglichen Regelungen und die Sozialpolitik sind darauf zu prüfen, ob sie die Transaktionskosten senken oder nicht, die Mobilität also begünstigen oder hindern. Die

Mehrzahl gut gemeinter Schutzvorschriften und die Mehrzahl der institutionellen Regelungen der Sozialpolitik halten dieser Prüfung – wie inzwischen jedermann weiß – nicht stand. Die mittelständischen Unternehmen müssen ein besonderes Interesse an diesen Reformen haben. Die Behauptung, die Unternehmen schafften es nicht, mit ihren Mitarbeitern über Löhne und Arbeitszeit zu verhandeln und wären deshalb über entsprechende staatlich geschützte Regelungen dankbar, spricht dem Willen aller zur Selbstständigkeit und Eigenständigkeit Hohn. Das noch geltende Tarif- und Sozialrecht ist eine Aufforderung, verantwortungslos zu handeln. Es zerstört oder behindert die beiden wichtigsten Faktormärkte des mittelständischen Unternehmens, den für Arbeit und den für Kapital.

4. Die mittelständischen Unternehmen sollten sich einer Entstaatlichung des Kapitalmarktes nicht entgegenstellen. ‚Stralsund' ist ein wirklich hoffnungsvolles Zeichen. Endlich kommt aus Deutschland selbst die Botschaft. Die Möglichkeit der Privatisierung einer Sparkasse ist anders als die Abschaffung der Gewährleistungshaftung und die Erzwingung risikoadäquater Zinssätze nicht von außen erzwungen. Die unmittelbare Begünstigung des Mittelstandes durch die Subventionierung der Finanzierung mit Fremdkapital sollte die mittelständischen Unternehmen die Ineffizienz dieser Finanzierung nicht vergessen lassen. Langfristig gewinnen sie von einem funktionierenden Kapitalmarkt viel mehr als von einer kurzfristigen, immer wieder prolongierten Subventionierung. Sie gewinnen vor allem ihre Selbstständigkeit zurück und nicht nur die Behauptung derselben.

## Anmerkungen

1 Es muss daran erinnert werden, dass auch große, kapitalmarktgesteuerte Unternehmen sehr lange gebraucht haben, bis sie den Charakter des Mittelständlers verloren, als Kapitalgesellschaft an der Börse gelistet waren und der frei gehandelte Teil der Aktien die 50 % überschritt. Die Untersuchung von Jovanovic/Rousseau (2001) zeigt, wie groß der Zeitraum war, der zwischen Gründung und Börsennotierung eines Unternehmens lag: im Schnitt zwei Generationen oder 60 Jahre.

2 Backes-Gellner (2002) schätzt den Bestand an industriellen Mittelständlern (einschl. produzierendem Gewerbe und Bau) auf 104.000 Unternehmen. Ein wesentlicher Teil davon dürften die etwa 70.000 exportierenden Unternehmen unter 100 Mio. DM Umsatz der Verarbeitenden Industrie sein.

3 Die Kreditvergabe der Industriekreditbank spricht diesbezüglich eine eindeutige Sprache: Kredite bekommen Mittelständler, die über genügend Eigenmittel verfügen. Die Kreditnehmer der IKB haben eine geschätzte durchschnittliche Eigenkapitalquote von 30 % und liegt damit weit über dem Durchschnitt aller Mittelständler, die lt. Bundesbank auf 7½ % kommen und damit weniger als ein Drittel der großen Unternehmen haben. Die nicht-inkorporierten Kleinen und Mittleren Unternehmen weisen inzwischen ein negatives Eigenkapital in Höhe eines halben Prozents der Bilanzsumme aus (Bundesbank, S. 40 f.).

4 So schreibt Guinnane (2002, S. 97 f.) in seiner Untersuchung zum deutschen Bankensystem: At first German banks mostly lent their own capital, and throughout the nineteenth century a bank's capital remained a large fraction of its liabilities.

5 Um eine Erklärung der weltweit einmaligen Größe und Macht der deutschen Kreditbanken am Vorabend des 1. Weltkrieges wird gerungen (siehe hierzu Guinnane, 2002, S. 103 ff.).

6 Gischer (2003, S. 323) interpretiert den hohen Personalaufwand als Ineffizienz, die der Staatlichkeit geschuldet ist. Wenn jedoch ein Angebot in der Fläche erwünscht ist, werden höhere Personalaufwendungen unvermeidlich sein.

## Literatur

Backes-Gellner, Uschi (2002), Der industrielle Mittelstand – ein Erfolgsmodell, mimeo.

Berthold, Norbert, Fehn, Reiner und Eric Thode (1998), Fallende Lohnquote und steigende Arbeitslosigkeit: Ist das ‚Ende der Bescheidenheit' die Lösung?, in Wirtschaftsdienst, 1998 XII, S. 736-742

Berthold, Norbert, Fehn, Reiner und Thode, Eric (2002), Falling Labor Share and Rising Unemployment: Long-Run Consequences of Institutional Shocks?, in German Economic Review, Vol. 3, No. 4, S. 431-460.

Birch, David L. (1987), Job Creation in America: How Our Smallest Companies Put the Most People to Work, New York.

Bundesbank (2003), Monatsbericht Oktober, S. 29-55.

Burda, Michael und Wyplosz, Charles (2003), Makroökonomie in europäischer Perspektive, München.

Chandler, Alfred jr. (1990), Scale and Scope, Cambrigde Mass.

Cichy, Ulrich (2003), Mittelstandspolitik im Zeichen der Globalisierung, in Wirtschaftsdienst Jg. 83, Nr. 1, S. 45-50.

Detken, Annette und Ott-Laubach, Petra (2002), Die Entwicklung der Kreditneuzusagen, in Wirtschaftsdienst Nr.10, S. 618-625.

Egeln, Jürgen (2003), Gründungen in Deutschland: Der Abwärtstrend schwächt sich ab, in Gründungsreport des Zentrums für europäische Wirtschaftsforschung, Nr. 2.

Fendel, Ralf and Frenkel, Michael (1998), Do Small and Medium-Sized Enterprises Stabilize Employment, in ZWS, Vol. 118, No. 2, S. 163-184.

Gischer, Horst (2003), Strukturwandel im Bankensektor – eine Bestandsaufnahme, in Wirtschaftsdienst Nr. 5, S. 318-324.

Günterberg, Brigitte und Wolter, Hans-Jürgen (2002), Kap. 2 und 11 in Institut für Mittelstandsforschung (2002), Unternehmensgrößenstatistik 2001/2002, Bonn.

Harrison, Bennett (1994), The Small Firms Myth, in California Management Review, Vol. 36, No. 3.

Jovanovic, Boyan and L. Raousseau, Peter, Why Wait? A Century of Life Before IPO, in AER P&P 2001, Vol. 91, No. 2, S. 336-341.

Kotthoff, Hermann und Reindl, Josef (1990), Die soziale Welt kleiner Betriebe, Göttingen.

Neus, Werner (1994), Zur Theorie der Finanzierung kleiner Unternehmungen, Wiesbaden.

Sinn, Hans-Werner (2002), Die rote Laterne, Die Gründe für Deutschlands Wachstumsschwäche und die notwendigen Reformen, in: ifo Schnelldienst, Sonderausgabe, 55. Jg.

Schäfer, Dorothea (2003), Hausbankbeziehung und optimale Finanzkontrakte, Heidelberg.

# Das interne Rating – Von den Risiken der Risikoanalyse. Eine kritische Annäherung an aktuelle rechtliche Aspekte

Gudula Deipenbrock

## 1 Ausgangslage

Der Anstieg der Insolvenzen deutscher Unternehmen ist anhaltend dramatisch. Aus der Sicht deutscher mittelständischer Unternehmen wird sich in 2004 die Krise der Fremdfinanzierung durch erschwerten Zugang zu Bankkrediten[1] zuspitzen[2]. Parallel dazu häufen sich die Krisenfälle bei Kreditinstituten in Deutschland, wobei in dem Zeitraum 2000-2002 aus 240 Problemfällen mehr als 100 Schieflagen und Insolvenzfälle von Kreditinstituten erwuchsen[3]. Die Kreditgewährung ist die wichtigste makro- und mikroökonomische Aufgabe des Kreditgewerbes. Das Kreditgeschäft zählt nach § 1 Abs. 1 S. 2 Nr. 2 KWG zur gesetzlichen Aufgabenstellung der Banken. In diesem von Zielkonflikten beherrschten Spannungsfeld gewinnt das Rating[4] einer Kredit suchenden Unternehmung als Kernelement seiner Corporate Governance[5] an Bedeutung. Ratingverfahren haben insbesondere durch die „Mindestanforderungen an das Kreditgeschäft der Kreditinstitute"[6] („MaK") und die anhaltenden Diskussionen zu Basel II[7] auch das Interesse der Rechtswissenschaft geweckt. Ausgewählte, aktuelle Rechtsaspekte des internen Rating bei Ausreichung von Krediten an Unternehmen sollen nachfolgend erörtert werden.

---

[1] Der Begriff Kredit ist kein einheitlicher Rechtsbegriff. Der Gesetzgeber verwendet seit der Schuldrechtsmodernisierung in den Grundvorschriften des Kreditrechts nach §§ 488, 491 BGB für den aus dem Verbraucherkreditgesetz bekannten Begriff „Kredit" den Begriff „Darlehensvertrag" (vgl. dazu Wittig/Wittig, Das neue Darlehensrecht im Überblick, WM 2002, 145 ff., 145 f.; Claussen, Bank- und Börsenrecht, 3. Auflage 2003, S. 273 f.).

[2] Vgl. FAZ v. 19. November 2003, S. 15.

[3] Vgl. Anschreiben zum zweiten Entwurf eines Rundschreibens über „Mindestanforderungen an das Kreditgeschäft der Kreditinstitute" vom 2. Oktober 2002 („Anschreiben zweiter Entwurf Rundschreiben"), S. 1.

[4] Im anglo-amerikanischen Sprachkreis allgemein ein Begriff für Einschätzung, Bewertung, Einstufung, im US-amerikanischen Sprachgebrauch speziell Krediteinschätzung, Bonitätsbewertung (Dietl/Lorenz, Wörterbuch für Recht, Wirtschaft und Politik, Teil I, 6. Auflage 2000, S. 679). Vgl. dazu auch Deipenbrock, Externes Rating – „Heilsversprechen für internationale Finanzmärkte?" Eine kritische Analyse ausgewählter Rechtsfragen, BB 2003, 1849 ff., 1849.

[5] Vgl. Grossfeld, Globales Rating, ZVglRWiss 2002, 387 ff., 387. Zur Corporate Governance vgl. Deipenbrock, Corporate Governance in der €päischen Economie Sociale – Unternehmenskontrolle und -steuerung in dem Vorschlag über ein Statut der €päischen Genossenschaft EWS 2002, 410 ff.; Deipenbrock, Corporate Governance in der „Toten Hand" – Dargestellt am Beispiel der Beteiligungsträgerstiftung als Modell der Unternehmensnachfolge, in: Schmeisser/Krimphove/Nathusius, Handbuch der Unternehmensnachfolge, 2003, S. 187 ff.

[6] Rundschreiben der Bafin 34/2002 (BA), Mindestanforderungen an das Kreditgeschäft der Kreditinstitute vom 20. Dezember 2002, in Kraft seit seiner Veröffentlichung mit Umsetzungsfristen bis zum 31. Juni 2004 (erste Stufe) bzw. zum 31. Dezember 2005 (zweite Stufe für notwendige Anpassungen im IT-Bereich).

[7] Basel Committee on Banking Supervision, Consultative Document, The New Basel Capital Accord, April 2003.

## 2 Das interne Rating

Eine allgemein verbindliche Definition von Rating insbesondere in Form einer Legaldefinition fehlt derzeit. Verschiedene Ratingarten und -methoden werden von Banken und Ratingagenturen beschrieben[8]. Dabei bildet die Einschätzung der Bonität eines Unternehmens und damit seines Insolvenzrisikos den Kern des Ratingbegriffs[9]. Das interne Rating ist vom externen Rating zu unterscheiden.

Externe Ratingverfahren werden derzeit regelmäßig durch Ratingagenturen auf Antrag des Emittenten oder ohne Auftrag durchgeführt[10]. Es findet sich hier das Rating von Emittenten von Wertpapieren, insbesondere Schuldverschreibungen („corporate credit rating") und das Rating dieser Wertpapiere („credit rating to specific issues")[11]. Das Ratingurteil verdichtet in einer einzigen Kennzahl, dem Ratingsymbol, die aus den für die Bonitätsanalyse notwendigen Informationen gewonnenen Erkenntnisse und erlaubt somit eine Ableitung des Ausfallrisikos[12]. Beim Credit Rating wird nach finanzwissenschaftlicher Auffassung regelmäßig das relative Ausfallrisiko von Fremdkapital beteilt und weder die erwartbare Performance einer Anleihe reflektiert noch eine Garantie vor Verlust oder eine Verkaufs- oder Kaufempfehlung gegeben[13].

Das interne Rating erfolgt derzeit durch Banken vor der Kreditvergabe als Bonitätsprüfung des Kredit suchenden Kunden[14]. Es trifft Aussagen darüber, mit welcher Wahrscheinlichkeit ein Unternehmen in der Lage sein wird, die vertraglich vereinbarte Leistung vollständig und fristgerecht zu erfüllen[15]. Damit schließt die Kreditwürdigkeitsprüfung mit einem Wahrscheinlichkeitsurteil[16], das über ob und wie der Kreditgewährung entscheidet. Zukünftig könnte jedoch bei der Bewertung von Kreditrisiken durch Banken das externe Rating einsetzbar sein. In dem derzeit aktuellen Entwurf der Empfehlungen zu Basel II[17] ist für die Mindestkapitalanforderungen in der so genannten ersten Säule insbesondere für die Bestimmung der gewichteten Risikoaktiva und damit für die Methoden der Risikobeteilung durch die Banken eine Änderung vorgesehen[18]. Danach sollen die Banken zur Bestimmung der Mindestkapitalanforderungen in Bezug auf die Kreditrisiken im so genannten Standardansatz nach ihrer Wahl zwei Verfahrensarten einsetzen können: Ein standardisiertes Verfahren, unterstützt durch externes

---

[8] Vgl. Deipenbrock (Fn. 4), 1849.
[9] Vgl. Grossfeld (Fn. 5), 387; vgl. Deipenbrock (Fn. 4), 1849.
[10] Vgl. Grossfeld (Fn. 5), 391.
[11] Standard & Poor's, Corporate Ratings Criteria 2002, S. 61. Dazu Deipenbrock (Fn. 4), 1850.
[12] Vgl. dazu Wambach/Kirchmer, Unternehmensrating: Weit reichende Konsequenzen für mittelständische Unternehmen und für Wirtschaftsprüfer, BB 2002, 400 ff., 402. Dazu Deipenbrock (Fn. 4), 1850.
[13] Achleitner, Handbuch Investment Banking, 3. Auflage 2002, S. 555 f. Dazu Deipenbrock (Fn. 4), 1850.
[14] Vgl. Deipenbrock (Fn. 4), 1849.
[15] Vgl. Jungmichel, Basel II und die möglichen Folgen, WM 2003, 1201 ff., 1204.
[16] Eingehend zu Wahrscheinlichkeitsurteilen Luttermann/Vahlenkamp, Wahrscheinlichkeitsurteile im Insolvenzrecht und internationale Bewertungsstandards (Ratingagenturen), ZIP 2003, 1629 ff.
[17] Näher zu dem Verhältnis von Basel I zu Basel II vgl. Deipenbrock (Fn. 4), 1850.
[18] Vgl. Basel Committee on Banking Supervision, Consultative Document, Overview of the New Basel Capital Accord, April 2003, S. 3.

Rating, und alternativ, unter bestimmten Voraussetzungen, interne Ratingsysteme[19]. Entsprechend dem Verfahren zu Basel I sollen die Basel II-Empfehlungen für ihre Rechtsverbindlichkeit zunächst in europäisches Gemeinschaftsrecht und danach in nationales Recht umgesetzt werden[20]. Ein Arbeitsdokument der europäischen Kommission[21] („Richtlinienarbeitsdokument") existiert hierzu[22]. Eine Einigung des Baseler Ausschusses über die Änderungsvorschläge zum aktuellen Entwurf der Basel II-Empfehlungen ist für 2004 in Aussicht gestellt[23].

## 3 Bankenaufsichtsrechtliche Rahmenbedingungen des internen Rating

Unternehmen sind derzeit weder als Emittenten noch als Kredit suchende nach deutschem Recht gesetzlich verpflichtet, ein Rating durchführen zu lassen. Jedoch verpflichtet das KWG Kreditinstitute in bestimmten Fällen zur Durchführung von Bonitätsanalysen.

### 3.1 § 18 KWG

§ 18 S. 1 KWG verpflichtet die Banken, sich von einem Kreditnehmer[24] grundsätzlich bei Gewährung von Krediten mit einem Volumen von insgesamt mehr als 250 000 € die wirtschaftlichen Verhältnisse insbesondere durch Vorlage der Jahresabschlüsse offen legen zu lassen. Nach § 18 S. 2 KWG kann das Kreditinstitut hiervon absehen, wenn das Offenlegungsverlangen im Hinblick auf die gestellten Sicherheiten oder auf die Mitverpflichteten offensichtlich unbegründet wäre. § 18 S. 1 KWG soll Kreditinstitute daran hindern, aus Wettbewerbsgründen auf die Bilanzeinsicht zu verzichten und damit unvertretbare Kreditrisiken einzugehen[25]. Dabei lässt die Regelung offen, wie das Kreditinstitut bei der Vorlage eines nicht als Kreditunterlage geeigneten Jahresabschlusses reagieren soll[26]. Der Begrenzung des Kreditrisikos der Institute, Institutsgruppen und Finanzholdings dienen ferner die Vorschriften über Großkredite nach §§ 13, 13 b, 19 KWG, über Millionenkredite nach § 14 KWG und Organkredite gemäß § 15 KWG[27].

---

[19] Zu internen Ratingverfahren Elsas/Krahnen, Grundsätze ordnungsgemäßen Ratings: Anmerkungen zu Basel II, Die Bank 2001, 298 ff., 299 ff.
[20] Vgl. Ziegler/Rieder, Basel II – Aktueller Handlungsbedarf für die Rechtsberatung mittelständischer Unternehmen, ZIP 2002, 2289 ff., 2290.
[21] Review of capital requirements for banks and investment firms, Commission Services Third Consultation Paper, July 2003, ergänzt durch „The treatment of expected and unexpected losses – consultation note" im Nachgang zur Sitzung des Baseler Ausschusses vom 10./11. Oktober 2003.
[22] Dazu auch Luttermann/Vahlenkamp (Fn. 16), 1637.
[23] Presseerklärung des Baseler Ausschusses vom 11. Oktober 2003 zur Sitzung vom 10./11. Oktober 2003, http://www.bis.org/press/p031011.htm.
[24] Ist der Kreditnehmer eine ausländische öffentliche Stelle i.S.d. § 20 Abs. 2 Nr. 1 Buchst. b-d KWG, ist eine Offenlegung nach § 18 S. 4 KWG nicht erforderlich.
[25] Jährig/Schuck, Handbuch des Kreditgeschäfts, 5. Auflage 1990, S. 342.
[26] Jährig/Schuck (Fn. 25), S. 343.
[27] Vgl. dazu Häuser, Einführung zur dtv-Textausgabe Bankrecht, 31. Auflage, 2003, S. XVIII.

## 3.2 § 10 Abs. 1 S. 1 KWG

Eine sorgfältige Bonitätsprüfung bei der Kreditvergabe unterhalb des in § 18 KWG festgesetzten Kreditvolumens erfordert im Übrigen § 10 Abs. 1 S. 1 KWG. Nach § 10 Abs. 1 S. 1 KWG müssen die Institute im Interesse der Erfüllung ihrer Verpflichtungen gegenüber ihren Gläubigern, insbesondere zur Sicherheit der ihnen anvertrauten Vermögenswerte, angemessene Eigenmittel haben. Neben dieser Garantiefunktion erfüllt das Eigenkapital der Kreditinstitute eine Haftungsfunktion insoweit, als die Haftung von Kreditinstituten in der Rechtsform der AG und GmbH auf das Eigenkapital begrenzt ist[28]. Ferner dient das haftende Eigenkapital für den Umfang bestimmter Geschäfte als Grenze[29]. Dieses gilt insbesondere hinsichtlich der Summe bestimmter Kredite i.S.d. § 13 Abs. 3 KWG, die an einzelne Kreditnehmer zu vergeben sind (Großkrediteinzelobergrenze), sowie für die Summe aller vergebenen Großkredite (Großkreditgesamtobergrenze) und für die Kreditvergabe an nicht gruppenangehörige, jedoch verbundene Unternehmen[30]. In den §§ 10 und 10 a KWG findet sich eine detaillierte Festlegung dessen, was Eigenkapital ist[31]. Die Bundesanstalt für Finanzdienstleistungsaufsicht („Bafin") überwacht die Einhaltung dieser Vorschrift derzeit nach den Grundsätzen über die Eigenmittel und die Liquidität der Kreditinstitute[32] („Grundsatz I" und „Grundsatz II"). § 2 Abs. 1 von Grundsatz I legt das Verhältnis zwischen dem haftenden Eigenkapital eines Instituts und seinen gewichteten Risikoaktiva fest. Dieses Verhältnis sollte täglich 8 % nicht unterschreiten[33]. Inhaltlich folgt diese Regelung einer entsprechenden Empfehlung des Baseler Ausschusses[34] zur Kapitalausstattung der Banken, dem Baseler Akkord („Basel I"). Die in Basel I nur grob erfolgte Einteilung der Aktiva in Risikoklassen hatte insbesondere zur Folge, dass Kreditgeber bei Schuldnern innerhalb einer Risikoklasse den „schlechteren" Schuldner bevorzugten, da dieser zur Zahlung höherer Zinsen bereit war[35]. Die als Basel II diskutierten Empfehlungen sehen Änderungen von Basel I insbesondere zur Vermeidung des vorgenannten Effekts[36] vor. So soll eine Risikogewichtung der Aktiva aufgrund einer individuellen Beteiligung, also durch ein Rating der Schuldner, erfolgen und damit die Bonität des Kreditkunden den Umfang der Eigenkapitalbindung bestimmen[37]. Wie oben bereits ausgeführt[38], sollen den Banken zur Bestimmung der Mindestkapitalanforderungen in Bezug auf die Kreditrisiken im so genannten Standardansatz zwei Verfahrensarten zur Wahl stehen: Ein standardisiertes Verfahren, unterstützt durch externes Rating, und alternativ, unter bestimmten Voraussetzungen, interne

---

[28] Claussen (Fn. 1), S. 58.
[29] Ausführlich dazu Claussen (Fn. 1), S. 58.
[30] Claussen (Fn. 1), S. 58.
[31] Ausführlich dazu Claussen (Fn. 1), S. 58.
[32] Vom 20. Januar 1969, BAnz. Nr. 17, zuletzt geändert durch Bek. über die Änderung der Eigenmittel- und Liquiditätsgrundsätze v. 20. Juli 2000 (BAnz. Nr. 160).
[33] Vgl. dazu Häuser (Fn. 27), S. XVIII.
[34] Dazu Ziegler/Rieder (Fn. 20), 2290.
[35] Claussen (Fn. 1), S. 61.
[36] Vgl. Claussen (Fn. 1), S. 61.
[37] Vgl. Claussen (Fn. 1), S. 61.
[38] Siehe Punkt 2.

Ratingsysteme. Das Richtlinien-Arbeitsdokument der europäischen Kommission[39] übernimmt bisher zeitnah den jeweils aktuellen Stand der Basel II-Empfehlungen. Die rechtlichen Auswirkungen von Basel II auf das interne Rating werden weiter unten erörtert[40].

### 3.3 Mindestanforderungen an das Kreditgeschäft der Kreditinstitute

Aus Sicht der Bafin[41] führten insbesondere Mängel im Kreditgeschäft zu den zahlreichen jüngeren Schieflagen und Insolvenzen von Kreditinstituten, durch welche die Einlagen gefährdet und andere Institute mit hohen Zusatzkosten in Form von Sanierungsleistungen belastet wurden[42]. Ferner können die Insolvenzen – abhängig von Anzahl und Größe der betroffenen Kreditinstitute – das deutsche Finanzsystem und das Vertrauen in den Finanzplatz nachhaltig stören[43]. Die Bafin reagierte hierauf mit dem Rundschreiben über „Mindestanforderungen an das Kreditgeschäft der Kreditinstitute" („MaK")[44]. Die Kreditinstitute haben die MaK in einer ersten Stufe bis zum 31. Juni 2004 umzusetzen und notwendige Anpassungen im IT-Bereich in einer zweiten Stufe zum 31. Dezember 2005 durchzuführen. Die MaK setzen die Reihe der bereits für die Handelsgeschäfte[45] und die Innenrevision[46] bestehenden Standards für den Bereich des Kreditgeschäfts fort. Sie zielen auf die Risikobegrenzung im Kreditgeschäft durch Vorgabe banküblicher Standards für die Prozesse des Kreditgeschäfts von der Kreditbearbeitung bis zu Risikokontrollverfahren[47]. Als Grundlage für die MaK soll insbesondere § 25 a Abs. 1 KWG dienen, wonach jedes Kreditinstitut über eine ordnungsgemäße Geschäftsorganisation, angemessene interne Kontrollverfahren und geeignete Regelungen zur Steuerung, Überwachung und Kontrolle der Risiken verfügen muss[48]. Zu beachten sind die MaK insbesondere von Kreditinstituten i.S.d. § 1 Abs. 1 bzw. § 53 Abs. 1 KWG[49]. Grundsätzlich werden sämtliche Kreditgeschäfte i.S.d. § 19 Abs. 1 KWG sowie mit Länderrisiken behaftete Geschäfte erfasst[50]. Zwar überschneiden sich die MaK und die Basel II-Empfehlungen inhaltlich[51]. Jedoch zielen nach Ansicht der Bafin die MaK als Rahmenbedingungen in ihrer Allgemeinheit nicht auf eine Vorwegnahme von Basel II[52]. Insbesondere seien die MaK auf die Qualität der

---

[39] Siehe Fn. 21.
[40] Siehe Punkt 4.
[41] Zu Aufbau und Stellung der Bafin vgl. Hagemeister, Die neue Bundesanstalt für Finanzdienstleistungsaufsicht, WM 2002, 1773 ff.
[42] Anschreiben zweiter Entwurf Rundschreiben (Fn. 3), S. 1 ff.
[43] Anschreiben zweiter Entwurf Rundschreiben (Fn. 3), S. 2.
[44] Rundschreiben 34/2002 (Fn. 6).
[45] Mindestanforderungen an das Betreiben von Handelsgeschäften („MaH").
[46] Mindestanforderungen an die Ausgestaltung der Internen Revision („MaIR").
[47] Tz. 1 MaK.
[48] Tz. 4 MaK.
[49] Tz. 5 MaK.
[50] Tz. 6 MaK.
[51] Suyter, Aufsichtliche Normen im Bankgeschäft und ihre Erweiterung um Mindestanforderungen an das Kreditgeschäft (MaK), WM 2002, 991 ff., 992.
[52] Anschreiben zweiter Entwurf Rundschreiben (Fn. 3), S. 2.

bankinternen Prozesse und Systeme, Basel II dagegen vornehmlich auf quantitative Aspekte, insbesondere die Ermittlung der vorzuhaltenden Eigenmittel gerichtet[53]. Die möglichen Auswirkungen der MaK auf das interne Rating aus rechtlicher Sicht werden nachfolgend untersucht.

## 4 Ausgewählte rechtliche Aspekte des internen Rating

### 4.1 Einführung

Das bankinterne Rating zielt nach derzeitiger Praxis auf die Prüfung der persönlichen und sachlichen Kreditwürdigkeit einer Kredit suchenden Unternehmung. Die persönliche Kreditwürdigkeit umfasst Charaktereigenschaften wie Ehrlichkeit, Zuverlässigkeit und Vertrauenswürdigkeit derjenigen Personen, die das Kredit suchende Unternehmen vertreten[54]. Bei der so genannten sachlichen Kreditwürdigkeit vor der Gewährung von Unternehmenskrediten werden neben dem Kreditzweck die Marktstellung, Managementqualität und finanzwirtschaftliche Situation der Kredit suchenden Unternehmung untersucht. Dieses erfolgt derzeit vornehmlich durch eine Bilanz- bzw. Abschlussanalyse, wobei jedoch zunehmend die Prüfung der gegenwärtigen und zukünftigen Geschäftslage, Managementqualität und Brancheneinschätzung beim Kreditnehmer in Betracht gezogen wird[55]. Weitere Kriterien sind das Verhältnis des Kreditsuchenden zu Lieferanten und Abnehmern, seine Haftungsverhältnisse und die zu stellenden Sicherheiten[56]. Rechtlich bedeutsam sind hier neben allgemeinen, dem Krediteröffnungsvertrag vorgelagerten Rechtsfragen wie der Kreditfähigkeit[57] insbesondere die Rechtsbeständigkeit der Kreditsicherheiten[58].

Fraglich ist, welche rechtlichen Folgen die MaK und zukünftig die Basel II-Empfehlungen nach rechtsverbindlicher Umsetzung für das bankinterne Rating zeitigen werden. Vor einer endgültigen Beschlussfassung im Basel II-Prozess sind zwar insoweit keine verbindlichen Aussagen möglich. Ausgehend von dem derzeitigen Status der Basel II-Empfehlungen[59] scheint jedoch die Annahme gerechtfertigt, dass durch diese zukünftig ebenso wie durch die MaK die Anforderungen an Umfang, Dichte und Qualität der Unternehmensinformationen steigen werden, die für ein bankinternes Rating vorzulegen sind[60]. So ist zu erwarten, dass die Kreditinstitute neben der bisher vorrangigen Prüfung von quantitativen Informationen wie Jahresab-

---

[53] Anschreiben zweiter Entwurf Rundschreiben (Fn. 3), S. 2.
[54] Dazu Jährig/Schuck (Fn. 25), S. 336.
[55] Vgl. Claussen (Fn. 1), S. 247 f.; vgl. auch Jährig/Schuck (Fn. 25), S. 337 f.
[56] Jährig/Schuck (Fn. 25), S. 338.
[57] Dazu Jährig/Schuck (Fn. 25), S. 335.
[58] Vgl. Claussen (Fn. 1), S. 248.
[59] Nach Jungmann (ders., Auswirkungen der neuen Basler Eigenkapitalvereinbarung („Basel II") auf die Vertragsgestaltung festverzinslicher Kredite, WM 2001, 1401 ff., 1402) werden die Bestimmungen zur Ermittlung des Kreditrisikos durch Basel II „sehr viel ausgefeilter".
[60] Vgl. dazu auch Wambach/Kirchmer (Fn. 12), 402.

schlüssen zukünftig verstärkt solche qualitativer Natur berücksichtigen werden[61]. Hierzu zählen insbesondere die Qualität des Managements, des Produktangebots, der Vertriebsstärke und die Abhängigkeiten von Lieferanten- und Abnehmerseite[62]. Ferner ist erwartbar, dass die Kredit suchende Unternehmung zukünftig nicht nur retrospektiv ausgerichtete, sondern zunehmend auch zukunftsgerichtete Daten offen zu legen hat. In Betracht kommen hier insbesondere unternehmensinterne Planungen von Investitionen, Umsätzen, Kosten und Erträgen sowie die Einschätzung der Markt- und Branchenentwicklung. Nahe liegend ist auch die Annahme, dass die Anforderungen an die offen zu legenden Informationen[63] hinsichtlich ihrer Nachvollziehbarkeit, Zuverlässigkeit, Genauigkeit, Aktualität, Transparenz und zeitnahen Vorlage steigen werden. Damit würde sich die Informationsgrundlage von internen Ratingverfahren nach Art und Umfang zunehmend derjenigen von klassischen, im Rahmen von Unternehmenskäufen durchgeführten Due-Diligence-Verfahren annähern[64]. Wesentlicher Bestandteil einer soliden Due-Diligence-Prüfung ist neben anderem die Untersuchung rechtlicher Unternehmensrisiken anhand einschlägiger Rechtsdokumente. Mit dem erwartbaren Bedeutungsgewinn von qualitativen und zukunftsgerichteten Kriterien bei dem internen Rating werden die entsprechenden Vertragsdokumente auch hier zu vorrangigen Informationsquellen avancieren[65]. Die vorgenannten, erwartbar steigenden Qualitätsstandards hinsichtlich der offen zu legenden Informationen werden auch für die einschlägigen Rechtsdokumente gelten. Zwar sollte eine solide Vertragsgestaltung neben der Beachtung und interessengerechten Ausfüllung rechtlicher Rahmenbedingungen stets auch an den Geboten der Risikominimierung und Transparenz ausgerichtet sein. Erfahrungsgemäß bestehen hier jedoch in formaler und inhaltlicher Hinsicht Optimierungsmöglichkeiten im Sinne einer „Best Practice"[66]. So sollten die offen zu legenden Rechtsdokumente ordnungsgemäß dokumentiert, inhaltlich klar und genau sein und die vertragsrechtliche Stellung der Kredit suchenden Unternehmung nach den jeweiligen Verhandlungsumständen im Rahmen des rechtlich Möglichen optimal gestaltet sein[67]. Die Rechtsberater der Kredit suchenden Unternehmung wird zukünftig hier erwartungsgemäß eine besondere Verantwortung treffen[68].

## 4.2 Das interne Rating – eine vertragsrechtliche Einordnung

Das interne Rating bzw. die Kreditwürdigkeitsprüfung erfolgt regelmäßig auf Initiative der (Haus-) Bank zum einen in den oben genannten[69] speziell geregelten Fällen aufgrund gesetzlicher Vorgaben zum Schutz von Anlegern und Bankensystem. Zum anderen veranlassen die

---

[61] Dazu Füser/Rödel, Basel II-Internes Rating mittels (quantitativer und) qualitativer Kriterien, DStR 2002, 275 ff., 277 ff.
[62] Vgl. dazu auch Ziegler/Rieder (Fn. 20), 2291.
[63] Vgl. hierzu auch Fischer, Basel II – Das unbekannte Wesen, DZWIR 2002, 237 ff., 239.
[64] Vgl. dazu Ziegler/Rieder (Fn. 20), 2291.
[65] Vgl. auch Ziegler/Rieder (Fn. 20), 2291.
[66] Vgl. auch Ziegler/Rieder (Fn. 20), 2292.
[67] Vgl. dazu auch Ziegler/Rieder (Fn. 20), 2292 ff.
[68] Vgl. auch Ziegler/Rieder (Fn. 20), 2291.
[69] Vgl. z.B. § 18 KWG, dazu Punkt 3.

Banken eine Bonitätsprüfung zur Vermeidung zukünftiger Kreditausfälle. Nach Tz. 45 der MaK umfasst der Prozess der Kreditgewährung alle bis zur Bereitstellung des Kredits, zur Vertragserfüllung oder Einrichtung einer Linie erforderlichen Arbeitsabläufe. Dabei sind nach Tz. 45 der MaK alle für die Risikobeteilung wichtigen Faktoren bei der Kreditgewährung unter besonderer Berücksichtigung der Kapitaldienstfähigkeit des Kreditnehmers bzw. des Objekts/Projekts zu analysieren und zu beteilen, wobei die Intensität der Beteilung vom Risikogehalt des Engagements abhängt (z.B. Kreditwürdigkeitsprüfung, Risikoeinstufung im Risikoklassifizierungsverfahren[70] oder eine Beteilung auf der Grundlage eines vereinfachten Verfahrens)[71].

Fraglich ist, wie diese Kreditwürdigkeitsprüfung vertragsrechtlich einzuordnen ist. Die Bonitätsanalyse ist regelmäßig dem etwaigen Abschluss eines Kreditvertrages zeitlich vorgelagert. Die Begründung eines gesonderten Vertragsverhältnisses zwischen Bank und Kredit suchendem Kunden ist hier zu verneinen. Insoweit wird der Kunde regelmäßig nicht direkt mit den Prüfungskosten belastet[72]. Auch erhält er das detaillierte Prüfergebnis nicht ausgehändigt[73]. Die Bonitätsanalyse wird derzeit regelmäßig für den bankinternen Gebrauch ohne unmittelbare Außenwirkung durchgeführt. Sollten die Banken aufgrund entsprechender vertraglicher Regelungen bzw. geänderter AGB den Kunden zukünftig direkt mit den Kosten der Kreditwürdigkeitsprüfung belasten, könnte hierin die Begründung eines gesonderten Auskunftsvertrages gesehen werden, der eine Rechtspflicht zur Auskunft und damit zur Information über das Ergebnis der Bonitätsanalyse einschließlich einer ausführlichen Begründung enthält.

Die Kreditwürdigkeitsprüfung könnte jedoch im Rahmen des Rechtsverhältnisses zwischen Kredit suchendem Kunden und regelmäßig (Haus-)Bank erfolgt sein, das von Kunde und Bank bei der Kontoeröffnung begründet wird. Dieses Rechtsverhältnis der Bankverbindung, das über den Erhalt einer Kontonummer und einer anfänglichen Einzahlung als einzelnes Verwahrgeschäft hinaus auf die Durchführung verschiedenartiger Bankgeschäfte in der Zukunft ausgerichtet ist, kann als allgemeiner Bankvertrag angesehen werden. Die Ansichten, welche die Geschäftsverbindung für rechtlich unverbindlich halten[74] bzw. als gesetzliches Schuldverhältnis begreifen[75], sind abzulehnen. Bereits die Vereinbarung zwischen Bank und Kunde bei der Kontoeröffnung über die Geltung der jeweiligen AGB ist eine vertragliche Übereinkunft, nach der das Kreditinstitut seine risikoneutralen Dienste zukünftig dem Kunden zur Verfügung zu

---

[70] Nach Tz. 67 MaK sind in jedem Kreditinstitut aussagekräftige Risikoklassifizierungsverfahren für eine erstmalige bzw. turnusmäßige oder anlassbezogene Beteilung des Adressenausfallrisikos sowie gegebenenfalls des Objekt-/Projektrisikos einzurichten.

[71] Das so genannte Adressenausfallrisiko ist nach Tz. 51 MaK jährlich zu beteilen.

[72] Indirekt finden diese Kosten regelmäßig Eingang in die Zinsen und Allgemeinkosten, die dem Kunden im letzteren Fall anteilig auferlegt werden.

[73] Ebenroth/Koos, Juristische Aspekte des Rating, in: Büschgen/Everling, Handbuch Rating, 1996, S. 483 ff., 487. In einschlägigen Ratingbroschüren deutscher Kreditinstitute finden sich zwar Hinweise auf eine „Kundenpräsentation" oder ein „Feedback". Es bleibt jedoch unklar, in welcher Form und Tiefe dieses erfolgt.

[74] Vgl. z.B. Westermann, in: Münchener Kommentar zum Bürgerlichen Gesetzbuch, 3. Auflage 1997, Vor § 607 BGB Rz. 14 ff.; Horn, in: Heymann, Handelsgesetzbuch, Kommentar, 1990, Anh. § 372 Rz. 6; vgl. auch BGH, WM 2002, 2281 ff., 2282.

[75] So Canaris, Bankvertragsrecht, 1. Teil, 3. Auflage 1988, Rz. 2 ff., Rz. 5.

stellen hat[76]. Weder die jederzeit einseitig aufhebbare rechtliche Bindung der Parteien noch die erst zukünftig durchzuführenden einzelnen Bankgeschäfte stehen der Annahme eines allgemeinen Bankvertrages entgegen. Vielmehr hat der allgemeine Bankvertrag als Dienstvertrag mit Geschäftsbesorgungscharakter nach §§ 675, 611 BGB[77] bei Vertragsschluss zunächst lediglich die Kontoeröffnung, zukünftig jedoch die Besorgung allgemeiner Bankgeschäfte als gesonderte Einzelgeschäfte auf der Grundlage der regelmäßig nach § 305 Abs. 2 einbezogenen AGB zum Gegenstand[78]. Als Grund- oder Rahmenvertrag existiert der Bankvertrag unabhängig von den folgenden Einzelgeschäften[79], insbesondere etwaigen später abzuschließenden Krediteröffnungsverträgen. Damit kann nach derzeitigem Sachstand die Kreditwürdigkeitsprüfung bzw. das interne Rating als Verfahren angesehen werden, dass im Rahmen des allgemeinen Bankvertrages durchgeführt wird. Es begründet somit weder ein gesondertes Vertragsverhältnis noch ist es vertraglicher Teil des später abzuschließenden Krediteröffnungsvertrages.

## 4.3 Ausgewählte vertragsrechtliche Fragen

Fraglich ist, welche Rechtsfolgen eine Pflichtverletzung des Kreditinstituts bzw. des Kredit suchenden Unternehmens bei der Kreditwürdigkeitsprüfung bzw. des internen Rating im Vorfeld des Krediteröffnungsvertrages zeitigt. Da nach derzeitiger Praxis durch das interne Rating kein eigenständiger Auskunftsvertrag begründet wird, kommt auch keine Verletzung entsprechend vertraglich begründeter Pflichten in Betracht. Gleiches gilt für den erst später abzuschließenden Krediteröffnungsvertrag. Pflichten der am Ratingverfahren Beteiligten können sich jedoch zum einen aus dem als Grund- und Rahmenvertrag abgeschlossenen Bankvertrag sowie zum anderen aus dem vorvertraglichen Verhältnis ergeben, das dem Krediteröffnungsvertrag vorgelagert ist. Der Bankvertrag als Rahmenvertrag erfasst mit den in Bezug genommenen AGB insbesondere die später im Einzelnen abzuschließenden weiteren Bankgeschäfte. Detaillierte Angaben zu Art, Umfang und Durchführung der Kreditwürdigkeitsprüfung einschließlich der hieraus resultierenden Pflichten der Beteiligten sind dabei von den Allgemeinen Geschäftsbedingungen der Banken und Sparkassen[80] nicht erfasst. Vielmehr ist das bankinterne Rating unmittelbar dem Abschluss des Krediteröffnungsvertrages vorgelagert und bestimmt maßgeblich dessen Inhalt. Es erscheint daher gerechtfertigt, hierin die Begründung eines gesonderten vorvertraglichen Vertrauensverhältnisses zu sehen. Nach § 311 Abs. 2 entsteht ein Schuldverhältnis mit Pflichten nach § 241 Abs. 2 insbesondere durch die Aufnahme von Vertragsverhandlungen. Für die Bestimmung dieser Pflichten nach § 241 Abs. 2 sind die Umstände im Einzelfall maßgebend[81] und damit vorliegend die Besonderheiten des bankinternen Rating.

---

[76] Vgl. Claussen (Fn. 1), S. 88 f.
[77] Die nachfolgend ohne Gesetzesangabe zitierten Paragraphen sind solche des BGB.
[78] Vgl. Claussen (Fn. 1), S. 89 f.
[79] Vgl. auch Claussen (Fn. 1), S. 87.
[80] Jeweils in der Fassung April 2002.
[81] Brox, Allgemeines Schuldrecht, 28. Auflage 2002, § 25 Rz. 11.

### 4.3.1 Vertragsrechtliche Pflichten und haftungsrechtliche Risiken des Kredit suchenden Unternehmens

Im Rahmen des Ratingverfahrens ist die Kredit suchende Unternehmung verpflichtet, dem Kreditinstitut sämtliche, für die sachliche Kreditwürdigkeitsprüfung notwendigen Informationen in angemessener Form und Zeit zur Verfügung zu stellen. Mit der erwartbaren Steigerung der Offenlegungspflichten wird sich das Risiko ihrer Verletzung durch die Kredit suchende Unternehmung erhöhen.

Fraglich ist, welche Folgen eine solche Pflichtverletzung aus vertragsrechtlicher Sicht zeitigen wird. Legt die Kredit suchende Unternehmung zwar die geforderten ratingrelevanten Unternehmensinformationen vor, entsprechen diese jedoch nicht den zukünftig zu erwartenden höheren Qualitätsstandards, so wird dieses unmittelbar das Ratingergebnis und eine etwaige Einordnung in eine Risikoklasse negativ beeinflussen[82]. Das Kreditinstitut wird hier entweder eine Kreditgewährung ablehnen oder die Kreditkonditionen insbesondere hinsichtlich des Zinssatzes und der zu stellenden Sicherheiten verschärfen. Legt die Kredit suchende Unternehmung unrichtige oder unvollständige Informationen vor und führt dieses zu einem besseren Ratingergebnis oder einer günstigeren Risikoklassifizierung als bei Vorlage richtiger oder vollständiger Unternehmensinformationen, so gilt folgendes. Liegt eine arglistige Täuschung der Kredit suchenden Unternehmung vor, so kann das Kreditinstitut den später abgeschlossenen Krediteröffnungsvertrag nach § 123 anfechten[83]. Ferner kann ein außerordentliches Kündigungsrecht des Kreditinstituts nach Maßgabe des § 19 Abs. 3 AGB Banken gegeben sein[84]. Liegt keine arglistige Täuschung vor, kommt im Einzelfall möglicherweise ein Anfechtungsrecht des Kreditinstituts aus § 119 Abs. 2 wegen Irrtums über die Kreditwürdigkeit des Kunden in Betracht[85]. Ein vertraglicher Schadensersatzanspruch des Kreditinstituts kann nach Abschluss des Krediteröffnungsvertrages aus §§ 280 Abs. 1, 241 Abs. 2 gerechtfertigt sein. Voraussetzung hierfür ist insbesondere eine schuldhafte Schutzpflichtverletzung der Kredit suchenden Unternehmung gem. §§ 280 Abs. 1 S. 2, 276. Wurde ein Krediteröffnungsvertrag nicht abgeschlossen, sind jedoch dem Kreditinstitut durch die schuldhafte Schutzpflichtverletzung der Kredit suchenden Unternehmung im vorvertraglichen Bereich Schäden entstanden, ist möglicherweise ein Anspruch aus culpa in contrahendo („c.i.c.") nach § 280 i.V.m. §§ 311 Abs. 2, 241 Abs. 2 gegeben.

### 4.3.2 Vertragsrechtliche Pflichten und haftungsrechtliche Risiken des Kreditinstituts

Bei der Durchführung des bankinternen Rating trifft auch das Kreditinstitut Schutzpflichten gegenüber der Kredit suchenden Unternehmung. Dabei ist das Kreditinstitut grundsätzlich in der Entscheidung über die Kreditgewährung frei, ein Anspruch auf Vertragsabschluss besteht

---

[82] Vgl. dazu auch Ziegler/Rieder (Fn. 20), 2291.
[83] Claussen (Fn. 1), S. 254.
[84] Claussen (Fn. 1), S. 254.
[85] Claussen (Fn. 1), S. 254.

auch nach längeren Verhandlungen nicht[86]. Lehnt das Kreditinstitut nach ordnungsgemäßer Durchführung des internen Rating die Kreditgewährung aufgrund des zu schlechten Ergebnisses ab, so stehen dem Kredit suchenden Unternehmen weder ein Anspruch auf Vertragsabschluss noch weitergehende Ansprüche auf Schadensersatz zu. Gleiches gilt grundsätzlich auch für einen Abschluss des Krediteröffnungsvertrages unter dem Vorbehalt der Zustimmung von Aufsichtsgremien des Kreditinstituts[87] oder dessen Kreditpartner[88], wenn diese Zustimmung später verweigert wird[89]. Ein Schadensersatzanspruch des Kredit suchenden Unternehmens aus c.i.c. nach § 280 i.V.m. §§ 311 Abs. 2, 241 Abs. 2 kommt jedoch in solchen Fällen in Betracht, in denen das Kreditinstitut die ihm aus dem vorvertraglichen Verhältnis ergebenden besonderen Rücksichtnahmepflichten hinsichtlich der Rechte, Rechtsgüter und Interessen des Kunden verletzt hat[90]. Dieses kann im Einzelfall dann zu bejahen sein, wenn das Kreditinstitut nach Abschluss des ordnungsgemäßen Ratingverfahrens die Verhandlungen unter Angabe sachfremder Gründe abbricht, obwohl eine Kreditgewährung nach dem Ratingergebnis vertretbar gewesen wäre[91]. Das Kreditinstitut kann ferner dann zum Schadensersatz aus c.i.c. verpflichtet sein, wenn es gegenüber der Kredit suchenden Unternehmung eine Kreditzusage als sicher darstellt, anschließend jedoch die Verhandlungen abbricht oder den Kunden nicht unverzüglich über eine Kreditabsage informiert, nachdem es in den Verhandlungen zunächst den Eindruck erweckt hat, einen Kredit gewähren zu wollen[92].

## 5 Schlussbemerkung

Das interne Rating wird bei der Kreditvergabe an Unternehmen nach derzeitigen Einschätzungen zukünftig an Bedeutung gewinnen. Dabei erschöpft sich eine Untersuchung der wesentlichen rechtlichen Aspekte des internen Rating bzw. der Kreditwürdigkeitsprüfung nicht in der Abbildung bankenaufsichtsrechtlicher Rahmenbedingungen. Auch die kritische Analyse der Rechtsstellung und Haftungsrisiken der Rating-Beteiligten aus vertragsrechtlicher Sicht ist von praktischem Interesse. Daneben wird sich für die Rechtsberatung von Unternehmen zusätzlicher Handlungsbedarf ergeben, sofern zukünftig im Rahmen des internen Rating zunehmend auch die zur Bonitätsanalyse notwendigen Rechtsdokumente offen zu legen sind. Die erwartbar steigenden Anforderungen an die Qualität der offen zu legenden Informationen werden einen entsprechenden Optimierungsdruck auch im Bereich der Vertragsgestaltung auslösen. Wird dieser Druck als Chance zu einer stetigen Verbesserung der Rechtsdokumente in formaler und inhaltlicher Hinsicht im Sinne einer „Best Practice" genutzt, so kann dieses wesentlich zu einem interessengerecht verlaufenden internen Rating beitragen.

---

[86] Claussen (Fn. 1), S. 249.
[87] Der so genannte „Gremienvorbehalt".
[88] Der so genannte „Konsortialvorbehalt".
[89] Claussen (Fn. 1), S. 249 f.
[90] Zum Umfang des Schadensersatzes vgl. Claussen (Fn. 1), S. 250.
[91] Vgl. dazu Claussen (Fn. 1), S. 250.
[92] Vgl. dazu Claussen (Fn. 1), S. 250.

# Externes Wachstum mittels Umwandlung bzw. Mergers & Acquisitions – eine Herausforderung

# Umwandlung und Verschmelzung: Eine Einführung

Karin Schmeisser, Wilhelm Schmeisser

Wenn in der Presse von Unternehmenszusammenschlüssen berichtet wird, ist der Anlass häufig eine "Elefantenhochzeit", d.h. das Zusammengehen von zwei großen Unternehmen wie Daimler mit Chrysler oder Dresdner Bank mit der Allianz Versicherung. Die Gründe sind sehr vielfältig und reichen von der Verbesserung der Wettbewerbsposition im globalen Wettbewerb über die gemeinsame Erzielung von Synergieeffekten bis zur strategischen Neuausrichtung. Oft stellt die Fusion eines kleinen bis mittelgroßen Unternehmens mit einem anderen Unternehmen eine hervorragende Möglichkeit dar, extern zu wachsen, auf neue Märkte vorzustoßen oder Know-how hinzuzuerwerben. Die unterschiedlichen Gründe, das oft spektakuläre Vorgehen bei Fusionen, etwa bei einer sog. feindlichen Übernahme, die mit Fusionen verbundenen Ängste aufgrund der Abhängigkeit von Kunden und Lieferanten oder aufgrund der Gefährdung von Arbeitsplätzen bringen Fusionen in der Wirtschaftspresse hohe Aufmerksamkeit breiter Kreise der Bevölkerung. Die Vorbereitung und die Durchführung von Fusionen erfordert ein hohes Maß an Managementfähigkeiten.

Weitere Finanzierungsanlässe und -maßnahmen, die aus der Neuorientierung des fusionierten Unternehmens resultieren, sind in der Praxis äußerst relevant.

Die Beispiele betreffen zunächst die Umwandlung von einer Personen- in eine Kapitalgesellschaft und umgekehrt sowie die Fusion zweier Kapitalgesellschaften mit dem Schwerpunkt der Bestimmung des Umtauschverhältnisses von Aktien.

## 1 Rechtliche Grundlagen der Umwandlung

Das UmwG regelt abschließend die *vier möglichen Umwandlungsarten* (§ 1 Abs. 1 UmwG):

1. Verschmelzung,
2. Formwechsel,
3. Spaltung (Aufspaltung, Abspaltung, Ausgliederung),
4. Vermögensübertragung.

Die Umwandlungsmöglichkeiten sind auf Rechtsträger mit Sitz im Inland beschränkt. Die steuerlichen Vorschriften befinden sich im Umwandlungssteuergesetz (UmwStG) und spielen in der Praxis eine große Rolle.

*Verschmelzung*: Es handelt sich um die Übertragung des gesamten Vermögens eines Rechtsträgers (Unternehmen) auf einen anderen, schon bestehenden Rechtsträger (= Verschmelzung durch Aufnahme) oder zweier oder mehrerer Rechtsträger auf einen neu gegründeten Rechtsträger (= Verschmelzung durch Neugründung) auf dem Wege der Gesamtrechtsnachfolge unter Auflösung ohne Abwicklung. Den Anteilinhabern des übertragenden Rechtsträgers wird dabei auf dem Wege des Anteiltausches eine Beteiligung an dem übernehmenden oder neuen Rechtsträger gewährt.

An der Verschmelzung können als übertragender, übernehmender oder neuer Rechtsträger folgende Gesellschaften beteiligt sein (§ 3 UmwG):

1. Personenhandelsgesellschaften (OHG oder KG),
2. Kapitalgesellschaften (GmbH, AG oder KGaA),
3. Eingetragene Genossenschaften,
4. Eingetragene Vereine,
5. Genossenschaftliche Prüfungsverbände,
6. Versicherungsvereine auf Gegenseitigkeit.

Die Verschmelzungsmöglichkeiten von 5. und 6. sind beschränkt, sie können nur mit gleichen Rechtsträgern fusionieren.

Darüber hinaus können an der Verschmelzung wirtschaftliche Vereine als übertragender Rechtsträger und natürliche Personen beteiligt sein, die als Alleingesellschafter einer Kapitalgesellschaft deren Vermögen übernehmen.

Grundlage für die Verschmelzung ist ein *Verschmelzungsvertrag*, der notariell zu bekunden ist (§§ 5 f UmwG). Hierin sind bereits das Umtauschverhältnis der Anteile sowie etwaige Zuzahlungen der Gesellschafter festzulegen.

*Formwechsel*: Der Formwechsel beschränkt sich auf die Änderung der Rechtsform eines Rechtsträgers (= Unternehmens) unter Wahrung seiner rechtlichen Identität und grundsätzlich auch unter Beibehaltung des Kreises der Anteilinhaber.

Der Formwechsel ist für folgende Rechtsformen zulässig:

Von einer Personenhandelsgesellschaft, GmbH, AG oder KGaA auf Gesellschaft bürgerlichen Rechts (GbR), Personenhandelsgesellschaft, GmbH, AG, KGaA, eingetragene Genossenschaft (eG). Für die eG, den eingetragenen Verein (e.V.) und den wirtschaftlichen Verein besteht die Möglichkeit der Umwandlung in eine Kapitalgesellschaft oder eG.

*Spaltung*: Sie ist in den drei Formen der Aufspaltung, Abspaltung und Ausgliederung möglich. Bei der *Aufspaltung* teilt ein Rechtsträger (= Unternehmen) sein Vermögen unter Auflösung ohne Abwicklung auf und überträgt Teile jeweils als Gesamtheit auf dem Wege der Sonderrechtsnachfolge (oder Gesamtrechtsnachfolge) auf mindestens zwei andere schon bestehende (= Aufspaltung durch Aufnahme) oder neu gegründete (= Aufspaltung durch Neugründung) Rechtsträger. Die Anteile an den übernehmenden oder neu gegründeten Rechtsträgern fallen den Anteilinhabern des sich aufspaltenden Rechtsträgers zu.

Bei der *Abspaltung* bleibt der übertragende, sich spaltende Rechtsträger als Rumpfunternehmen bestehen. Er überträgt auf dem Wege der Sonderrechtsnachfolge einen oder mehrere Teile seines Vermögens als Gesamtheit auf den anderen Rechtsträger. Die Anteilinhaber des abspaltenden Rechtsträgers erhalten Anteile an dem übernehmenden oder neuen Rechtsträger.

Die *Ausgliederung* entspricht im Wesentlichen der Abspaltung, jedoch fallen die Anteile an den übernehmenden oder neuen Rechtsträgern in das Vermögen des ausgliedernden Rechtsträgers (nicht in das der Anteilinhaber).

Das UmwG lässt die Spaltung von Personenhandelsgesellschaft, GmbH, AG, KGaA, e.V./wirtschaftl. Verein auf Personenhandelsgesellschaft, GmbH, AG, KGaA und eG zu. Für

Einzelkaufleute, Stiftungen und Gebietskörperschaften ist nur die Ausgliederung auf Personenhandelsgesellschaften, GmbH, AG, KGaA und eG zulässig.

*Vermögensübertragung*: Sie ist als Vollübertragung oder als Teilübertragung möglich. Bei der *Vollübertragung* entspricht sie der Verschmelzung, bei der *Teilübertragung* der Spaltung. Der Unterschied besteht darin, dass die Gegenleistung für das übertragene Vermögen nicht in Anteilen an den übernehmenden oder neuen Rechtsträgern besteht, sondern dass eine Gegenleistung in anderer Form erfolgt, insbesondere als Barzahlung.

## 2 Gründe für eine Umwandlung

Jede Umwandlung bedeutet eine Änderung in der Unternehmensform des Betriebs. Sie ist stets mit einer Umfinanzierung im Bereich des Eigenkapitals verbunden. Die Gründe für eine Umwandlung sind äußerst vielfältig:

Durch eine *Fusion* werden mehrere, zuvor rechtlich selbstständige Unternehmen zu einer rechtlichen und wirtschaftlichen Einheit verschmolzen. Das Hauptziel der Fusion liegt in der Erzielung von Synergieeffekten. Dabei spielen marktgerichtete, produktionsgerichtete und kapitalgerichtete Überlegungen eine Rolle:

a) *Marktgerichtete Überlegungen* zielen darauf ab, den Beschaffungsmarkt durch Verschmelzung mit Lieferanten in das Unternehmen einzugliedern (vertikale, retrograde Fusion) oder den Absatzmarkt durch Verschmelzung mit Abnehmerbetrieben (vertikale progressive Fusion). Auch eine horizontale Fusion (Zusammenschluss von Betrieben gleicher Stufe) ist möglich, z.B. um größere Marktanteile zu erreichen oder neue Märkte zu erschließen.

b) *Produktionsgerichtete Überlegungen* richten sich bei einer vertikalen Fusion auf Vorteile bei der Qualität, bei Forschung und Entwicklung, bei einer Verbundproduktion. Bei einer horizontalen Fusion können Synergieeffekte durch Spezialisierung/Arbeitsteilung, Vergrößerung von Kapazitäten, Erwerb von Know-how und Senkung von Produktionskosten entstehen.

c) *Kapitalgerichtete Überlegungen* beziehen sich auf Kosteneinsparungen/Erhöhung der Renditen, Schließung neuer Allianzen auf dem Markt, Absicherung gegenüber der Konkurrenz, Sicherung von Auslandsbeziehungen usw.

Die Gründe für die anderen Formen der Umwandlung (Formwechsel, Spaltung, Vermögensübertragung) können im Einzelnen genauso vielfältig sein, in der Praxis spielen insbesondere steuerliche, wirtschaftliche und/oder rechtliche Gründe eine Rolle.

a) *Steuerliche Gründe* spielen bei der Umwandlung von einer Personengesellschaft in eine Kapitalgesellschaft und umgekehrt eine wesentliche Rolle, wobei versucht wird, eine steueroptimale Lösung zu finden.

b) *Rechtliche und teils wirtschaftliche Gründe* liegen z.B. in den unterschiedlichen Haftungsverhältnissen, der Möglichkeit einer Selbst- oder Fremdorganschaft, etwa bei Nachfolgeregelungen, unterschiedlichen Publizitätspflichten, besseren Möglichkeiten der Kapitalbeschaffung usw.

## 3 Beispiele zur Umwandlung

### 3.1 Verschmelzung einer GmbH auf eine bestehende OHG

Die Gesellschafter A und B sind zu je 50 % an der OHG beteiligt. Die OHG hält eine 100%ige Beteiligung an der X-GmbH. Die Beteiligung ist in der Bilanz der OHG zu Anschaffungskosten bilanziert. Im Juni 2002 beschließen A und B, die GmbH auf die OHG rückwirkend zum 31. 12. 2001 zu verschmelzen.

**Schlussbilanz der X-GmbH zum 31. 12. 2001 (in T€)**

| Aktiva | | | Passiva | |
|---|---|---|---|---|
| Anlagevermögen | 200 | (500) | Stammkapital | 100 |
| Sonst. Aktiva | 300 | (300) | Rücklagen | 100 |
| Originärer | | | Bilanzgewinn | 100 |
| Firmenwert | 0 | (200) | Sonst. Verbindl. | 200 |
| | 500 | (1.000) | | 500 |

Bei den Aktiva geben die Werte in Klammern die Teilwerte der Vermögensgegenstände wieder.

**Bilanz der OHG zum 31. 12. 2001 (in T€)**

| Aktiva | | Passiva | |
|---|---|---|---|
| Anteile X-GmbH | 100 | Kapital A | 100 |
| Sonstige Aktiva | 400 | Kapital B | 100 |
| | | Sonst. Passiva | 300 |
| | 500 | | 500 |

Die Verschmelzung nach § 2 UmwG ist rückwirkend möglich, wenn die zugrunde gelegte Bilanz der übertragenden Gesellschaft einen Stichtag aufweist, der höchstens 8 Monate vor der Anmeldung zur Eintragung ins Handelsregister liegt (§ 17 Abs. 2 UmwG).

Die X-GmbH als übertragende Gesellschaft kann bei der Verschmelzung ihre Aktiva zum Buchwert, zum Teilwert (maximale Anschaffungs- oder Herstellkosten) oder zu einem Zwischenwert ansetzen. Die übernehmende Gesellschaft ist an diese Wertansätze gebunden. Allerdings dürfen bei einem Ansatz über dem Buchwert keine selbst geschaffenen immateriellen Wirtschaftsgüter bilanziert werden (d.h. kein originärer Firmenwert). Die bei einem höheren Bilanzansatz als dem Buchwert aufgedeckten stillen Reserven sind proportional den einzelnen Wirtschaftsgütern zuzuordnen (= Step-up).

Die OHG als übernehmende Gesellschaft hat den Übernahmeverlust oder Übernahmegewinn zu ermitteln. Er hängt von dem bei der GmbH als übertragender Gesellschaft gewählten Bilanzansatz ab. In unserem Beispiel werden die Buchwerte fortgeführt.

Umwandlung und Verschmelzung: Eine Einführung

Das Übernahmeergebnis errechnet sich aus

    Übernommenes Nettovermögen (= Aktiva-Verbindlichkeiten)
− Buchwert der Anteile an der übertragenden Gesellschaft
= Übernahmegewinn / Übernahmeverlust

| | |
|---|---|
| Aktiva − sonst. Passiva (zu Buchwerten) der X-GmbH | 300 |
| − Buchwert der Anteile an der GmbH | − 100 |
| = Übernahmegewinn | 200 |

Der Übernahmegewinn entspricht den Rücklagen und dem Bilanzgewinn bei der GmbH. Der Übernahmegewinn ist bei A und B steuerpflichtig.

Nach der Verschmelzung ergibt sich folgende Übernahmebilanz bei der OHG (= Eröffnungsbilanz):

| Aktiva | | Passiva | |
|---|---|---|---|
| Übernommenes | | Kapital A | 100 |
| Anlagevermögen | 200 | Kapital B | 100 |
| | | Übernahmegewinn | 200 |
| Übernommene | | Übernommene | |
| Sonst. Aktiva | 300 | Passiva | 200 |
| Sonst. Aktiva | 400 | Sonst. Passiva | 300 |
| | 900 | | 900 |

## 3.2 Umwandlung einer OHG in eine GmbH

A und E sind Gesellschafter einer OHG. Sie beschließen, rückwirkend zum 31. 12. 2001 die OHG in eine GmbH umzuwandeln.

Die A und E OHG weist folgende Bilanz auf zum 31. 12. 2001 (in T€):

| Aktiva | | Passiva | |
|---|---|---|---|
| Anlagevermögen | 700 | Kapital A | 180 |
| Umlaufvermögen | 300 | Kapital E | 120 |
| | | Passiva | 700 |
| | 1.000 | | 1.000 |

Es ist geplant, bei der Umwandlung die Buchwerte fortzuführen. Die künftige AE-Maschinen GmbH soll ein Stammkapital von T€ 100 haben. Für das in der OHG ausgewiesene höhere Kapital für A und E sollen Darlehensansprüche eingeräumt werden.

Die Umwandlung kann durch *Formwechsel* (§§ 190 ff. UmwG) erfolgen. Hierbei wird die Identität des Rechtsträgers gewahrt, lediglich die Rechtsform wird gewechselt, so dass zivilrechtlich keine Vermögensübertragung erfolgt.

Der Formwechsel erfolgt in folgenden Schritten:

a) Entwurf eines Umwandlungsbeschlusses durch das Vertretungsorgan,
b) Zuleitung des Entwurfs an den Betriebsrat (spätestens 1 Monat vor Beschlussfassung),
c) Erstellung eines Umwandlungsberichtes und einer Vermögensaufstellung. Er ist nicht erforderlich, wenn alle Anteilsinhaber auf eine Berichterstellung verzichten,
d) Erstellung eines Sachgründungsberichtes (§ 220 Abs. 1 UmwG),

e) Unterrichtung der Gesellschafter über den Formwechsel (§ 216 UmwG),
f) Gesellschafterbeschluss über den Formwechsel,
g) Anmeldung und Eintragung des neuen Rechtsträgers beim Handelsregister.

Steuerlich handelt es sich um eine *Einbringung* (§§ 20-23 UmwStG), wobei die GmbH die übernommenen Vermögensgegenstände zu Buchwerten, Teilwerten oder einem Zwischenwert ansetzen kann. Je nachdem kommt es zur Aufdeckung der stillen Reserven oder nicht.

Im vorliegenden Beispiel sollen die Buchwerte angesetzt werden, sodass sich folgende GmbH-Eröffnungsbilanz (in T€) ergibt:

| Aktiva | | Passiva | |
|---|---|---|---|
| Anlagevermögen | 700 | Stammkapital | 100 |
| Umlaufvermögen | 300 | Darlehen A | 120 |
| | | Darlehen E | 80 |
| | | Passiva | 700 |
| | 1.000 | | 1.000 |

Die Darlehen entsprechen dem anteiligen Kapital von A und E in der OHG (Anteil A = 60 %, Anteil E = 40 %). Am Stammkapital sind A und E jeweils mit 60 % bzw. 40 % beteiligt. Der das Eigenkapital in der Schlussbilanz der OHG übersteigende Teil wird bei der GmbH als Darlehensverbindlichkeit zugunsten der Gesellschafter bilanziert.

### 3.3 Fusion zweier Aktiengesellschaften

Das wesentliche Problem bei der Fusion von Aktiengesellschaften besteht in der Ermittlung des *Umtauschverhältnisses*, d.h. die Ermittlung der Anzahl von Aktien, die die übernehmende Gesellschaft den Aktionären der übertragenden Gesellschaft gewährt, wenn diese ihre Aktien in Anteile der übernehmenden Gesellschaft umtauschen.

Grundsätzlich kann das Umtauschverhältnis nach drei Wertansätzen ermittelt werden:

- nach Börsenkursen,
- nach Bilanzkursen,
- nach Ertragswerten (Unternehmensbewertung im Ganzen).

*Börsenkurse* können durch Bilanzmanipulationen und Spekulationen verzerrt sein. Stattdessen kann ein Durchschnittskurs der letzten Jahre genommen werden. Bei nicht glattem Umtauschverhältnis kommen Kursregulierungen oder bare Zuzahlungen infrage. Liegt kein (für die Fusion passender) Börsenkurs vor, so kann der *Bilanzkurs* genommen werden. Er ergibt sich aus Nettovermögen (Aktiva - Schulden) : Gezeichnetes Kapital. Zur Erzielung eines glatten Umtauschverhältnisses ist in der Praxis eine Kursregulierung erforderlich. Nach dem *Ertragswertverfahren* wird das Unternehmen als Ganzes bewertet. Der Ertragswert ergibt sich als Summe der künftigen abdiskontierten Einzahlungsüberschüsse. Dieses Verfahren wird generell zur Unternehmensbewertung angewandt und ist auch bei nicht börsennotierten Gesellschaften praktikabel.

# Umwandlung und Verschmelzung: Eine Einführung

In der Praxis geben alle errechneten Werte nur die Verhandlungsgrundlage für die an der Fusion beteiligten Parteien ab. Das tatsächliche Umtauschverhältnis wird durch die Gesamtsituation (Taktik, Macht, Prestige etc.) beeinflusst.

Sind die Wertansätze ermittelt, so ergibt sich das Umtauschverhältnis als reziproker Wert. Hat beispielsweise die übernehmende Gesellschaft einen niedrigeren Kurswert als die übertragende, muss sie mehr eigene Anteile gegen die Anteile der übertragenden Gesellschaft umtauschen und umgekehrt. Hat z.B. die übernehmende Gesellschaft einen Kurswert von 200 und die übertragende einen von 400, ergibt sich ein Umtauschverhältnis von 2 : 1. Hat die übertragende dagegen einen Kurswert von 100, ergibt sich ein Umtauschverhältnis von 1 : 2.

Fallbeispiel: Fusion zweier Aktiengesellschaften mit gegenseitiger Beteiligung.

Die A-AG und die B-AG wollen fusionieren. Die Berechnung der Bilanzkurse erfolgt im Hinblick darauf, dass die B-AG in die A-AG aufgeht (Fusion durch Aufnahme). Sie haben folgende Ausgangsbilanzen:

### Bilanz A-AG

| | | | |
|---|---|---|---|
| Vermögen | 5.350 | Gez. Kapital | 2.000 |
| Beteiligung | 400 | Rücklagen | 2.150 |
| Eigene Anteile | 200 | Gewinn | 350 |
| | | Verbindlichkeiten | 1.450 |
| | 5.950 | | 5.950 |

### Bilanz B-AG

| | | | |
|---|---|---|---|
| Vermögen | 3.740 | Gez. Kapital | 1.600 |
| Beteiligungen | 130 | Verlust | 400 |
| Eigene Anteile | 30 | Verbindlichkeiten | 2.700 |
| | 3.900 | | 3.900 |

Die A-AG hat einen Bilanzkurs von 225 %, die B-AG von 75 %. Beide Gesellschaften sind gegenseitig beteiligt und halten jeweils eigene Aktien.

a) Korrektur beider Bilanzen um die eigenen Aktien

Die eigenen Aktien werden gegen das Eigenkapital verrechnet.
Gesellschaft A: Nennwert der eigenen Aktien = 160
Gesellschaft B: Nennwert der eigenen Aktien = 45

Die A-AG bilanziert die eigenen Aktien mit 40 über dem Nennwert, was bei Ausbuchen zu einem Umbewertungsverlust von 40 führt. Bei der B-AG ergibt sich ein Gewinn von 15, der den Verlust von 400 mindert. Die Ausbuchung der eigenen Aktien erfolgt zum Nennwert, Differenzen zum Bilanzansatz schlagen sich als Gewinn- bzw. Verlust nieder.

Bilanzen der beiden Gesellschaften nach Ausbuchen der eigenen Anteile:

### A-AG

| | | | |
|---|---|---|---|
| Vermögen | 5.350 | Gez. Kapital | 1.840 |
| Beteiligung | 400 | Rücklagen | 2.150 |
| | | Gewinn | 310 |
| | | Verbindlichkeiten | 1.450 |
| | 5.750 | | 5.750 |

|  | B-AG |  |  |
|---|---|---|---|
| Vermögen | 3.740 | Gez. Kapital | 1.555 |
| Beteiligung | 130 | Verlust | 385 |
|  |  | Verbindlichkeiten | 2.700 |
|  | 3.870 |  | 3.870 |

Es ergibt sich jetzt ein Bilanzkurs bei der A-AG von 233,7 % und bei der B-AG von 75,3 %.

b) Berechnung des Bilanzkurses der beiden Gesellschaften unter Berücksichtigung der gegenseitigen Beteiligungsverhältnisse

> Im Falle der gegenseitigen Beteiligung besteht ein funktionales Verhältnis zwischen den Bilanzkursen der fusionierenden Betriebe, die bei der Bestimmung der Bilanzkurse als Grundlage der Umtauschrelation zu berücksichtigen sind. Das Eigenkapital beider Gesellschaften ist um die Differenz zwischen dem jeweiligen Bilanzansatz der Beteiligung und dem Ansatz der Beteiligung zu Kurswerten (= Bewertung zum Bilanzkurs) zu korrigieren.

Korrigiertes Eigenkapital (= EK2) = Bilanzielles Eigenkapital (EK) + effektiver Wert der Beteiligung - bilanzmäßiger Wert der Beteiligung.

Der effektive Wert der Beteiligung ergibt sich durch die Formel:

$$\textit{Effektiver Wert der Beteiligung} = \frac{\textit{Nennwert der Beteiligung} \times \textit{Bilanzkurs}}{100}$$

Hieraus ergibt sich die Korrektur des Eigenkapitals (EK2 = korrigiertes Eigenkapital, EK = bilanzielles Eigenkapital):

$$EK2 = EK + \frac{Nennwert \times Bilanzkurs}{100} - \textit{Bilanzwert der Beteiligung}$$

$$EK2 = EK + \frac{n \times BK}{100} - x$$

Auf der Grundlage dieses korrigierten Eigenkapitals (EK2) werden nun mit zwei Gleichungen die Bilanzkurse der A-AG und der B-AG berechnet, wobei der Nennwert der Beteiligung von A an B mit dem Bilanzkurs von B (= b) und der Nennwert der Beteiligung von B an A mit dem Bilanzkurs von A (= a) bewertet wird.

Der richtige Bilanzkurs a für A ist dann:

$$(1) \quad a = \frac{EK + \frac{n \times b}{100} - x}{\textit{Grundkapital A} - \textit{Eigene Aktien}} \times 100$$

Der richtige Bilanzkurs b für B ist dann:

$$(2) \quad b = \frac{EK + \frac{n \times a}{100} - x}{\textit{Grundkapital B} - \textit{Eigene Aktien}} \times 100$$

Durch Einsetzen einer Gleichung in die andere lassen sich die beiden Unbekannten a und b berechnen. Das Grundkapital ist bereits um die eigenen Aktien gemindert worden (siehe Abschnitt a).

Die Beteiligungen haben folgenden Wert: Die A-AG bilanziert ihre Beteiligung, die ausschließlich aus B-Aktien besteht, mit 80 % des Nennwertes von 100. Die B-AG bilanziert ihre Beteiligung im Nennwert von 60 an der A-AG mit 110 %.

Es ergeben sich folgende Gleichungen:

(1) $\quad a = \dfrac{4.300 + \dfrac{100 \times b}{100} - 80}{1.840} \times 100$

(2) $\quad b = \dfrac{1.170 + \dfrac{60 \times a}{100} - 66}{1.555} \times 100$

Durch Einsetzen von (2) in (1) ergibt sich:

$$a = \dfrac{100 \dfrac{1.170 + \dfrac{60 \times a}{100} - 66}{1.555}}{4.300 + \dfrac{1.555}{100} - 80} \times 100$$

$$a = \dfrac{4.200 + \dfrac{(1.104 + 0{,}6a) \times 100}{1.555}}{1.840} \times 100 = 233{,}6964$$

Durch Einsetzen von a in Gleichung (2) ergibt sich der endgültige Bilanzkurs:

$$b = \dfrac{1.170 + \dfrac{60 \times 233{,}6964}{100} - 66}{1.555} \times 100 = 80{,}0140\,\%$$

Der Bilanzkurs von A bleibt nach Einsetzen der effektiven Beteiligungswerte an B unverändert, da der Ansatz mit 80 % in der Bilanz von A dem effektiven Wert der Beteiligung entspricht.

Die Beteiligungen und die eigenen Aktien, die in einem ersten Schritt zum Nennwert gegen den bilanzmäßigen Ansatz ausgebucht wurden (siehe a), werden jetzt endgültig mit den Bilanzkursen a und b bewertet.

Beteiligung von A an B: Der Nennwert der Beteiligung entspricht bereits dem Bilanzkurs von B mit 80 %. Da der bisher bilanzierte Wertansatz bereits 80 % betrug, ändert sich am Wert der Beteiligung nichts (also 400 wie in der ursprünglichen Bilanz).

Eigene Aktien von A: Der Nennwert der eigenen Aktien von 160 wird mit dem Bilanzkurs von A = 233,7 % bewertet. Es ergibt sich ein Neubewertungsansatz von 374.

Beteiligung von B an A: Die Beteiligung zum Nennwert von 60 wird mit dem Bilanzkurs von A bewertet. 60 - 233,7 % = 140. Die übrigen Beteiligungen (130 - 60 A-Anteile) haben einen Nennwert von 64 (= 70 : 110 x 100), was insgesamt einen Bilanzansatz der Beteiligungen von 204 ergibt.

Eigene Aktien von B: Der Nennwert von 45 wird mit dem Bilanzkurs von 80,01 % bewertet = 36.

Nach dieser Neubewertung ergeben sich folgende Bilanzen:

Neubewertungsbilanz A-AG

| | | | |
|---|---:|---|---:|
| Vermögen | 5.350 | Gez. Kapital | 2.000 |
| Beteiligung | 400 | Rücklagen | 2.150 |
| Eigene Anteile | 374 | Gewinn | 524 |
| | | Verbindlichkeiten | 1.450 |
| | 6.124 | | 6.124 |

Neubewertungsbilanz B-AG

| | | | |
|---|---:|---|---:|
| Vermögen | 3.740 | Gez. Kapital | 1.600 |
| Beteiligungen | 204 | Verlust | 320 |
| Eigene Anteile | 36 | Verbindlichkeiten | 2.700 |
| | 3.980 | | 3.980 |

Die Bilanzkurse aus den Neubewertungsbilanzen entsprechen den errechneten Bilanzkursen:

$$A - AG : a = \frac{4.674 \times 100}{2.000} = 233,7\%$$

$$B - AG : b = \frac{1.280 \times 100}{1.600} = 80\%$$

c) Möglichkeiten der Änderung ungünstiger Umtauschrelationen

Auf der Grundlage der errechneten Bilanzkurse nach Neubewertung ergibt sich ein ungünstiges Umtauschverhältnis von A : B = 80 : 233,7. Geeigneter wäre eine glatte Umtauschrelation von 80 : 240 = 1 : 3.

Um eine solche glatte Umtauschrelation herbeizuführen, stehen verschiedene Möglichkeiten zur Verfügung:

- *Barausgleich* durch die übernehmende Gesellschaft, zulässig jedoch nur bis zu einem Zehntel der begebenen Aktien,

- Direkte Einflussnahme auf den Bilanzkurs durch kurssenkende oder kurssteigernde Maßnahmen:

- Kurserhöhung bei einer Gesellschaft durch Herabsetzung des Nennwertes der Aktien, freiwillige Zuzahlungen der Aktionäre gegen Ausgabe von Genussscheinen oder Umwandlung von Stammaktien in Vorzugsaktien, Ausgabe neuer Aktien (wenn Börsenkurs höher als Bilanzkurs),

- Kurssenkung bei einer Gesellschaft durch Ausgabe von Gratisaktien, Heraufsetzung des Nennwerts der Aktien, Ausschüttung von Gewinnen und Auflösung von Rücklagen, Ausgabe neuer Aktien (wenn Emissionskurs niedriger als Bilanzkurs),
- Kombinationen.

Im Beispiel soll der Bilanzkurs der A-AG (= a) durch Ausgabe von Genussscheinen gegen Zuzahlung der Aktionäre von 233,7 % auf 240 % angehoben werden. Der Zuzahlungsbetrag muss so bemessen sein, dass sich das Eigenkapital gerade um den Betrag x erhöht, dass der Bilanzkurs auf 240 % steigt. Dieser Betrag wird nach folgender Formel berechnet:

$$a = \frac{(4.674 + x) \times 100}{2.000} = 240$$

x = 126

Wegen der gegenseitigen Beteiligung würde nun die Beteiligung an A bei B mit dem Kurs von 240 % neu bewertet, was den Bilanzkurs von B auf über 80 % steigern würde. Es müssten weitere Maßnahmen zur Kurssenkung von B vorgenommen werden. Hieraus wird deutlich, dass es in der Praxis aufwendig und schwierig ist, die Bilanzkurse der gewünschten Umtauschrelation sehr weit anzunähern. Im Beispiel wird davon ausgegangen, dass die A-AG die Aktionäre der B-AG durch bare Zuzahlungen sowie Vorzugsdividenden in den Folgejahren für die Differenz zwischen Bilanzkurs von 233,7 % und Umtauschkurs von 240 % entschädigt.

d) Berechnung der Grundkapitalerhöhung bei der aufnehmenden Gesellschaft

Verfügt die aufnehmende A-AG nicht über genügend eigene Aktien oder über ausreichend Aktien an der übertragenden Gesellschaft, ist eine Kapitalerhöhung erforderlich.

| Bei der Berechnung des Ausmaßes der Kapitalerhöhung werden die Nennwerte zu Grunde gelegt, die Effektivwerte spiegeln sich im Bilanzkurs und damit im Umtauschverhältnis wider. |
|---|

Kurs A = 240 %,

Kurs B = 80 %                    --> 3 : 1

Das Umtauschverhältnis ist der reziproke Wert = 1 : 3

| | |
|---|---:|
| Grundkapital B | 1.600 |
| – B-Aktien bei A zum Nennwert | 100 |
| – B-Aktien bei B zum Nennwert (= eigene Aktien) | 45 |
| = abzulösende B-Aktien zum Nennwert | 1.455 |
| Zu begebende A-Aktien, Nennwert 1.455 : 3 | 485 |
| – schon vorhandene A-Aktien zum Nennwert bei A | 160 |
| – schon vorhandene A-Aktien zum Nennwert bei B | 60 |
| Bei A zur Fusion erforderliche Kapitalerhöhung | 265 |

e) Fusionsgewinn und Fusionsbilanz

Bei der Fusion durch Aufnahme werden die Bilanzwerte der übertragenden B-Gesellschaft von der A-AG als aufnehmender Gesellschaft übernommen.

> Es entsteht ein *Verschmelzungsmehrwert*, wenn der Wert des Reinvermögens der übertragenden Gesellschaft (B-AG) unter dem Wert der von der übernehmenden Gesellschaft gewährten Aktien liegt. Der Verschmelzungsmehrwert repräsentiert dann stille Reserven und einen Firmenwert oder Good will. Er wird in der Bilanz der übernehmenden Gesellschaft aktiviert.
>
> Übersteigt der Wert des Reinvermögens der übertragenden Gesellschaft den Wert der gewährten Aktien, so ist dieser Fusionsgewinn als Agio aufzufassen, das in die Kapitalrücklage einzustellen ist (§ 272 Abs. 2 Nr. 1 HGB).

Der Fusionsgewinn errechnet sich auf der Basis von Buchwerten (Bilanzwerten):

| | |
|---|---:|
| Abzulösendes Grundkapital bei B zum Nennwert | 1.600 |
| − B-Aktien bei A (Buchwert nach Neubewertung) | 80 |
| − B-Aktien bei B (Buchwert nach Neubewertung) | 36 |
| − A-Aktien bei A (Buchwert nach Neubewertung) | 374 |
| − A-Aktien bei B (Buchwerte nach Neubewertung) | 140 |
| − Kapitalerhöhung (Nennwert) | 265 |
| = Fusionsgewinn | 705 |

Der Fusionsgewinn hängt also von Umtauschverhältnis und damit von der Relation der Bilanzkurse ab. Bei einem Umtauschverhältnis von 1 : 1 entsteht kein Fusionsgewinn.

Der Fusionsgewinn wird dazu verwendet, den Verlust der B-AG zu tilgen (320), der Rest wird in die Rücklagen eingestellt (385).

Auf der Grundlage der Einzelbilanzen nach Neubewertung ergibt sich folgende Fusionsbilanz:

**Fusionsbilanzen**

| Aktiva | A | B | A+B | Passiva | A | B | A+B |
|---|---:|---:|---:|---|---:|---:|---:|
| Vermögen | 5.350 | 3.740 | 9.090 | Gez. Kapital | 2.000 | 1.600 | 2.265 |
| Beteiligungen | 400 | 204 | 384* | Rücklagen | 2.150 | - | 2.535** |
| Eigene Anteile | 374 | 36 | - | Gewinn/Verl. | 524 | -320 | 524 |
| | | | | Verbindl. | 1.450 | 2.700 | 4.150 |
| | 6.124 | 3.980 | 9.474 | | 6.124 | 3.980 | 9.474 |

\* Der Bilanzansatz der Beteiligungen ergibt sich nach Ausbuchen der eigenen Anteile zu Effektivwerten von den Buchwerten der übrigen Beteiligungen: 400 + 204 − 80 − 140 = 384.

\*\* Rücklagen A-AG + Einstellung in die Rücklage aus Fusionsgewinn von 385.

# Umwandlung und Verschmelzung: Eine Einführung

Werden statt der Neubewertungsbilanzen die Ausgangsbilanzen von A und B zugrunde gelegt, errechnet sich folgender Fusionsgewinn:

| | |
|---|---:|
| Abzulösendes Grundkapital bei B | 1.600 |
| - B-Aktien bei A (Buchwert) | 80 |
| - B-Aktien bei B (Buchwert) | 30 |
| - A-Aktien bei A (Buchwert) | 200 |
| - A-Aktien bei B (Buchwert) | 66 |
| - Kapitalerhöhung bei A | 265 |
| = Fusionsgewinn | 959 |

Es ergibt sich folgende Fusionsbilanz, wobei der Gewinn der A-AG unverändert gezeigt wird, während der Fusionsgewinn zum Ausgleich des Verlustes bei B verwandt wird (- 400) und der Rest in die Rücklage eingestellt wird (559).

**Fusionsbilanzen**

| Aktiva | A | B | A+B | Passiva | A | B | A+B |
|---|---:|---:|---:|---|---:|---:|---:|
| Vermögen | 5.350 | 3.740 | 9.090 | Gez. Kapital | 2.000 | 1.600 | 2.265 |
| Beteiligungen | 400 | 130 | 384* | Rücklagen | 2.150 | - | 2.709 |
| Eigene | 200 | 30 | - | Gewinn/Verl. | 350 | -400 | 350 |
| Anteile | | | | Verbindl. | 1.450 | 2.700 | 4.150 |
| | 5.950 | 3.900 | 9.474 | | 5.950 | 3.900 | 9.474 |

* Der Wert der Beteiligung bei der fusionierten Gesellschaft A+B ergibt sich aus 400 + 204 - 80 - 140 = 384.

Der Bilanzkurs der A+B Gesellschaft beträgt $\frac{5.324 \times 100}{2.265} = 235{,}27\%$

Für die A-Aktionäre ist auf der Basis von Bilanzkursen der Wert ihrer Aktien von 233,7 % auf 235,27 % (= + 1,67 %) gestiegen. Für die B-Aktionäre ergibt sich ein entsprechender Verlust, der durch Barzahlungen an die B-Aktionäre auszugleichen wäre:

Berechnung der Barabfindung:

| | |
|---|---:|
| Erhaltene A-Aktien zum Nennwert | = 485 |
| Innerer Wert auf Basis der Umtauschrelation (A zu 240 %) | = 1.164 |
| Innerer Wert auf effektiver Kursbasis (A zu 233,7 %) | = 1.133 |
| = Differenz wegen Überbewertung der A-Aktien in der Umtauschrelation (240 % statt 233,7 %) | = 31 |

Wird die Barabfindung aus dem Vermögen der A-Gesellschaft gezahlt, so verringert sich deren Eigenkapital um 31 von 5.324 auf 5.293. Es ergibt sich dann folgender Bilanzkurs aus der Fusionsbilanz:

$$\frac{\textit{Eigenkapital nach Ausgleich}}{\textit{Grundkapital}} = \frac{8.293 \times 100}{2.265} = 233{,}7\%$$

# Die Umwandlung von Unternehmen als Instrument der Sanierung in Krise und Insolvenz

Matthias Bormann

## 1 Einleitung

Die Umstrukturierung von Unternehmen nach dem Umwandlungsgesetz durch Verschmelzung, Spaltung oder Formwechsel erfolgt in erster Linie zur Anpassung der Rechtsform „gesunder" Unternehmen an ihre wirtschaftliche Entwicklung und strategischen Ausrichtung, insbesondere auch zur Verbesserung der wirtschaftlichen Leistungsprozesse. So war die Fusionswelle von Unternehmen in den 80-iger Jahren von der Idee getragen, durch Größen- und Synergievorteile das wirtschaftliche Ergebnis zu optimieren. In den 90-iger Jahren wurden Umstrukturierungen vorgenommen, um moderne Organisationsformen, wie „Management-Holding" oder auch „Lean-Production" mit kleinen, rechtlich verselbstständigten Einheiten zu schaffen. Umstrukturierungen dienen somit der Schaffung nationaler oder internationaler Holdingstrukturen zur Koordination der Unternehmenseinheiten und Ausnutzung von Finanzierungs- und steuerlichen Vorteilen. Unternehmensumstrukturierungen können aber auch als Instrument in der Krise der Unternehmung eingesetzt werden. Hierbei sind Umstrukturierungen im Stadium vor der Insolvenzeröffnung und nach Insolvenzeröffnung zu unterscheiden[1].

Die Insolvenzordnung verfolgt das Ziel der Förderung der Unternehmenssanierung[2], insbesondere durch die erfolgte Beseitigung der Haftung des Vermögensübernehmers nach § 419 BGB, die Einführung der einfachen Kapitalherabsetzung bei der GmbH durch die §§ 58a ff. GmbHG und die vom Gesetzgeber als gleichrangig erachtete Durchführung der Insolvenz durch Liquidation, (Eigen-) Sanierung und übertragende Sanierung[3]. Die Insolvenzordnung schließt damit nicht das Recht der Sanierung im Vorfeld des Insolvenzverfahrens aus. Die Sanierung vor Eröffnung des Insolvenzverfahrens hat auch unter Geltung der neuen Insolvenzordnung erhebliche praktische Bedeutung, da hier den Gesellschaftern und Geschäftsführern des Krisenunternehmens noch weit reichende Entscheidungsfreiheiten verbleiben. Allerdings stehen den Entscheidungsfreiheiten der Gesellschafter und Geschäftsführer auch Risiken in Form der Haftung und gegebenenfalls Anfechtung ihrer Rechtshandlungen gegenüber.

Weder die Insolvenzordnung noch das Umwandlungsgesetz enthalten spezifische Vorschriften für Umwandlungen vor und in der Insolvenz. Umstrukturierungen bei Krisenunternehmen sind daher unter Berücksichtigung der allgemeinen gesetzlichen Regelungskomplexe vorzunehmen. Hierbei stellen Umwandlungen nach dem Umwandlungsgesetz durch Verschmelzung,

---

[1] Limmer, Unternehmensumstrukturierungen vor und in der Insolvenz unter Einsatz des Umwandlungsrechts, Kölner Schrift zur Insolvenzordnung, 2. Aufl. 2000, S. 1219 ff.
[2] Vgl. Begründung zum Regierungsentwurf, BT-Drs. 12/2443, S. 75 ff.
[3] Vgl. Borg, Einführung in das neue Insolvenzrecht, 1995, S. 2 ff. m. w. N.

Spaltung oder Formwechsel nur einen Teilbereich der möglichen Umstrukturierungen dar, nämlich Formen der Gesamt- bzw. Sonderrechtsnachfolge, während durch verschiedene Formen der Einzelrechtsübertragung identische Zielstrukturen außerhalb des Umwandlungsgesetzes erreicht werden können. Davon zu trennen sind betriebswirtschaftliche Strukturänderungen im Unternehmen, etwa Betriebsführungsverträge, Unternehmensverträge, Änderungen der Binnenorganisation oder Austausch des Managements, die hier nicht behandelt werden. Im Rahmen von Unternehmensumstrukturierungen spielen regelmäßig auch steuerrechtliche Fragen eine bedeutende Rolle, sodass diese im Zusammenhang mit Umstrukturierungen nach dem Umwandlungsgesetz und durch Einzelrechtsübertragung außerhalb des Umwandlungsgesetzes dargestellt werden.

## 2 Umwandlung und Sanierung

Bei den verschiedenen Formen der Unternehmensrestrukturierungen im Rahmen des Umwandlungsrechts ist zu beachten, dass das Umwandlungsgesetz wesentlich dem Gläubigerschutz[4] dient, sodass es nicht zulässig ist, Altverbindlichkeiten auf Kosten der Gläubiger „loszuwerden". Die im Umwandlungsrecht vorgesehenen Umstrukturierungen sind daher vornehmlich als Insolvenzprophylaxe für die künftige Wirtschaftstätigkeit eines Unternehmens oder von Unternehmensteilen zu sehen[5].

Als Hauptinstrument der Sanierung von Unternehmen und Unternehmensteilen dient insbesondere die übertragende Sanierung[6], die auch unter Einsatz des Umwandlungsrechts durchgeführt werden kann. Regelmäßig bezweckt allerdings die übertragende Sanierung die Herauslösung von rentablen Unternehmensteilen aus dem Unternehmen unter Zurücklassung der Schulden. Die Kritik an dem Instrument der übertragenden Sanierung außerhalb des Insolvenzverfahrens ist bis heute nicht verstummt[7]. In der Sache geht es um die Legitimation der übertragenden Sanierung gegenüber denen, die Sanierungsopfer erbringen. Das sind bei der übertragenden Sanierung außerhalb des Insolvenzverfahrens die Gläubiger, weil ihnen der Zerschlagungswert des Unternehmens als Teilungsmasse angeboten wird, während der Ertragswert, losgelöst von den Schulden, in der Auffanggesellschaft realisiert wird. Ob eine solche Loslösung von den Schulden ohne Mitwirkung der Gläubiger zulässig ist, ist fraglich. Da die übertragende Sanierung durch die Ausgliederung rentabler Unternehmensbereiche gekennzeichnet ist, die dazugehörigen Schulden jedoch nicht übernommen werden sollen, eignen sich insoweit die Instrumente des Umwandlungsgesetzes, insbesondere die Spaltung von Unternehmen in der Form der Ausgliederung (§§ 123 ff. UmwG), nur bedingt. Nach § 133 UmwG haften für die Verbindlichkeiten des übertragenden Rechtsträgers, die vor dem Wirksamwerden der Spaltung begründet worden sind, die an der Spaltung beteiligten Rechtsträger als Gesamtschuldner.

---

[4] Vgl. Karsten Schmidt, Gläubigerschutz bei Umstrukturierungen, ZGR 1993, 366 ff.; Ihrig, GmbHR 1995, 623
[5] Vgl. Karsten Schmidt, Die GmbH in Krise, Sanierung und Insolvenz 1999, Rn. 252 f.
[6] Vgl. jüngst Müller-Feldhammer, Die übertragende Sanierung, ZIP 2003, 2186 ff.
[7] Vgl. insbesondere Karsten Schmidt, a. a. O. Rn. 255 m. w. N.

Zudem werden die §§ 25 ff. HGB durch die Regelung nicht berührt, sodass gegebenenfalls auch eine Haftung wegen Fortführung der Firma begründet sein kann.

Auch die Verschmelzung (§§ 2 ff. UmwG), insbesondere in Form der Aufnahme seitens einer „gesunden" Gesellschaft, kann als Sanierungsinstrument eingesetzt werden. Allerdings gilt auch hier ein weit reichender Gläubigerschutz nach § 22 UmwG, der sich nicht selten als ein faktisches Verschmelzungshindernis darstellen wird. Gläubiger der an der Verschmelzung beteiligten Rechtsträger haben nach § 22 Abs. 1 UmwG einen Anspruch auf Sicherheitsleistung, wenn sie binnen sechs Monaten nach dem Tag der Eintragung der Verschmelzung ihren Anspruch nach Grund und Höhe schriftlich anmelden. Dieses gilt, soweit sie für ihre Ansprüche nicht Befriedigung verlangen und sie glaubhaft machen können, dass durch die Verschmelzung die Erfüllung ihrer Forderungen gefährdet wird. Der durch Gesamtrechtsnachfolge bedingte Gläubigerschutz kann nicht umgangen werden. Ungeachtet der hierbei bestehenden Probleme können Umwandlungen in der Krise zur zielgerichteten Verbesserung der Eigenkapitalquote genutzt und hierdurch sowohl das Kreditrating für Banken als auch die Position gegenüber potenziellen Investoren und Gläubigern verbessert werden.

## 2.1 Verbesserung Eigenkapitalposition

Ein wesentliches Kriterium für das Rating von Unternehmen bei Kreditinstituten und für mögliche Investoren ist die Bilanzstruktur des Unternehmens, insbesondere die bilanzielle Eigenkapitalquote. Die Bilanzpolitik von Unternehmen ist häufig dadurch geprägt, ein geringes Ergebnis auszuweisen, um die Steuerbelastung zu minimieren. Die steuerliche Ergebnisermittlung basiert nach dem Maßgeblichkeitsgrundsatz auf der Handelsbilanz. Umwandlungen können hierbei als Gestaltungsinstrument genutzt werden, stille Reserven der bilanziellen Vermögensgegenstände in der Handelsbilanz aufzudecken, ohne dass diese auch in der Steuerbilanz zu übernehmen sind. Hierdurch kann eine verbesserte Handelsbilanz als Grundlage für ein günstigeres Rating von Banken und für erfolgreiche Sanierungsbemühungen ausgewiesen werden. Zivilrechtlich ist zwischen den verschiedenen Umwandlungsmöglichkeiten zu unterscheiden.

### 2.1.1 Umwandlungsarten

Bei der *Verschmelzung* übertragen ein oder mehrere Rechtsträger ihr Vermögen in einem Akt auf einen bereits bestehenden oder durch die Verschmelzung neu gegründeten Rechtsträger. Die übertragenden Rechtsträger erlöschen durch die Verschmelzung. Die an den übertragenden Rechtsträgern bestehenden Gesellschaftsverhältnisse werden bei dem aufnehmenden Rechtsträger fortgesetzt.

Die *Spaltung* ist dadurch gekennzeichnet, dass es zu einer Aufteilung des Vermögens des übertragenden Rechtsträgers kommt. Zu unterscheiden ist hierbei die *Auf-* bzw. *Abspaltung* einerseits und die *Ausgliederung* andererseits. Bei der Auf- bzw. Abspaltung werden Teile des Vermögens des übertragenden Rechtsträgers auf einen bereits bestehenden oder neuen Rechtsträger gegen Gewährung von Gesellschaftsrechten an die Anteilsinhaber des übertragenden

Rechtsträgers durch Sonderrechtsnachfolge übertragen. Bei der Abspaltung bleibt der übertragende Rechtsträger bestehen. Bei der Aufspaltung kommt es zur vollständigen Aufteilung des Vermögens auf mindestens zwei Rechtsträger und zur Auflösung des übertragenden Rechtsträgers. Bei der Ausgliederung werden demgegenüber Teile des Vermögens des übertragenden Rechtsträgers auf einen bestehenden oder neuen Rechtsträger gegen Gewährung von Anteilen am übernehmenden Rechtsträger übertragen. Hierdurch kommt es zur Schaffung eines Mutter-Tochter-Verhältnisses. Die Unterscheidung zwischen Auf- und Abspaltung einerseits und Ausgliederung andererseits ist auch für die steuerliche Beteilung wesentlich.

Der *Formwechsel* ist dadurch gekennzeichnet, dass es zu einer Umwandlung ohne Vermögensübertragung kommt. Die Identität des Rechtsträgers bleibt erhalten, es ändert sich lediglich das „Rechtskleid", mithin die Rechtsform des Rechtsträgers. Die Zuordnung der Vermögensgegenstände und die Beteiligung der Gesellschafter bleibt demgegenüber erhalten. Dieser zivilrechtlichen Identität beim Formwechsel folgt das Steuerrecht nur eingeschränkt. Soweit ein Formwechsel von einer Personengesellschaftsform (OHG, KG, teilweise GbR) in eine Kapitalgesellschaftsrechtsform (GmbH, AG, KG auf Aktien) oder umgekehrt erfolgt (sog. kreuzender Formwechsel), wird steuerrechtlich ein Vermögensübergang fingiert.

Neben den verschiedenen Formen der Unternehmensumstrukturierung nach dem Umwandlungsgesetz spielen in der Praxis auch Umwandlungen im Wege der Einzelrechtsnachfolge, mithin außerhalb des Umwandlungsgesetzes, eine wesentliche Rolle. Es handelt sich hierbei insbesondere um Einbringungsvorgänge, bei denen einzelne Wirtschaftsgüter durch Sacheinlage auf einen übernehmenden Rechtsträger in Form von Sachkapitalerhöhungen übertragen werden. Hierbei kann es sich um einzelne Vermögensgegenstände, aber auch um Sachgesamtheiten wie Betriebe oder Betriebsteile oder Gesellschaftsbeteiligungen an Kapital- oder Personengesellschaften handeln.

### 2.1.2 Umwandlungssteuerrecht

Steuerneutrale Umstrukturierungen nach dem Umwandlungssteuergesetz sind sowohl für die Fälle der Unternehmensumwandlungen nach dem Umwandlungsgesetz als auch im Rahmen von Einbringungen durch Einzelrechtsnachfolge möglich. Das Umwandlungssteuergesetz ist ein Spezialgesetz neben den allgemeinen ertragsteuerlichen Gesetzen, wie Einkommensteuer-, Körperschaftsteuer- und Gewerbesteuergesetz. Die Grunderwerbsteuer und Umsatzsteuer werden vom Umwandlungssteuerrecht nicht erfasst.

Die Steuerneutralität bedeutet, dass die im Rahmen der Umwandlung vorzunehmenden Vermögensübertragungen nicht zu einer Besteuerung der stillen Reserven führen. Eine solche Steuerneutralität nach dem Umwandlungssteuergesetz ist möglich, sofern qualifizierte Vermögenseinheiten, wie Betriebe, Teilbetriebe oder Mitunternehmeranteile sowie 100 %ige Beteiligungen, an Kapitalgesellschaften übertragen werden. Die Steuerneutralität wird durch Bewertungswahlrechte für die Steuerbilanzen des übertragenden bzw. übernehmenden Rechtsträgers erreicht. Durch die Wahl der Buchwertfortführung bzw. Buchwertverknüpfung können die bisherigen steuerbilanziellen Werte des übertragenden Rechtsträgers übernommen werden. Die steuerbilanziellen Wahlrechte nach dem Umwandlungssteuergesetz korrespondieren nicht mit den handelsbilanziellen Bilanzierungsgrundsätzen der unterschiedlichen Umwandlungsformen, sodass eine unterschiedliche Bilanzierungs- bzw. Wahlrechtsausübung in der Steuer- und Handelsbilanz zulässig ist.

### 2.1.3 Bilanzierungswahlrechte in der Handels- und Steuerbilanz

Nachfolgend sollen anhand einzelner Beispiele Möglichkeiten der Verbesserung der Eigenkapitalstruktur von Unternehmen durch Umwandlungen dargestellt werden:

*Beispiel 1: Aufstockung bei Kapitalgesellschaft*

Das Stammkapital einer GmbH beträgt € 100.000,00. Da stille Reserven in Höhe von € 200.000,00 vorhanden sind, haben die Anteile insgesamt einen Wert von € 300.000,00. Einziger Anteilsinhaber ist A. In diese GmbH bringt B sein Einzelunternehmen durch Einzelrechtsübertragung ein. Die eingebrachten Wirtschaftsgüter weisen einen Buchwert in Höhe von € 100.000,00. Die Summe der Teilwerte beträgt € 300.000,00. B erhält als Gegenleistung für die Einbringung seines Einzelunternehmens einen neuen Geschäftsanteil an der GmbH, der durch Kapitalerhöhung geschaffen wird.

Zur Vermeidung von Vermögensverschiebungen muss B eine Beteiligung in der Höhe gewährt werden, die dem Verhältnis seines eingebrachten Vermögen zum Gesamtwert der GmbH nach Einbringung entspricht. Dieser beträgt nach Einbringung € 600.000,00, sodass das Stammkapital von € 100.000,00, welches den Gesamtwert vor Einbringung in Höhe von € 300.000,00 repräsentierte, auf € 200.000,00 erhöht werden muss. Dieser Betrag repräsentiert das gesamte Vermögen der GmbH nach Einbringung in Höhe von € 600.000,00. In der Handelsbilanz ist das eingebrachte Betriebsvermögen ebenfalls mit € 100.000,00 zu bewerten, da der Betrag der Nominalkapitalerhöhung handelsbilanziell die Untergrenze für den Ansatz darstellt. Da vorliegend eine Umwandlungsform außerhalb des Umwandlungsgesetzes angenommen wurde, besteht die Möglichkeit der Buchwertfortführung nach § 24 UmwG nicht.

In der Steuerbilanz kann die GmbH das eingebrachte Betriebsvermögen mit € 100.000,00 bewerten. In Höhe der Differenz zur Handelsbilanz (€ 300.000,00 abzüglich € 100.000,00) ist in der Steuerbilanz der GmbH ein Ausgleichsposten auszuweisen. Dieser dient nur als Rechnungsposten zum Ausgleich der Kapitalerhöhung auf der Passivseite in Höhe von € 100.000,00. Der Ausgleichsposten ist kein Wirtschaftsgut. Er wird unverändert fortgeführt und erst bei Liquidation aufgelöst. Da die GmbH das von B eingebrachte Vermögen steuerlich mit € 100.000,00 und damit mit den bisherigen Buchwerten ansetzen konnte, entsteht bei B steuerlich kein Gewinn. Der Ansatz bei der GmbH gilt für B als Veräußerungspreis (€ 100.000,00 abzüglich Buchwert (€ 100.000,00) gleich Veräußerungsgewinn (€ 0,00)). Durch die entsprechende Wahl der Kapitalrelation kann damit B sein Vermögen in der Handelsbilanz steuerneutral aufstocken. Würde das Vermögen des B hingegen in der Handelsbilanz mit einem über € 100.000,00 liegenden Wert angesetzt, würde dies zur Besteuerung der aufgedeckten stillen Reserven führen. Eine Anpassung des Ausgleichspostens wäre nicht möglich.

*Beispiel 2: Aufstockungsmöglichkeit unter Beteiligung von Personengesellschaften*

Eine GmbH & Co. KG soll in eine Kapitalgesellschaft umgewandelt werden, und zwar vor dem Hintergrund, die stillen Reserven in der Handelsbilanz jedenfalls teilweise aufzustocken, wobei diese Aufstockung in der Steuerbilanz nicht nachvollzogen werden soll.

Das vorbeschriebene Ziel kann erreicht werden, wenn die Kommanditgesellschaft in einem ersten Schritt auf eine Schwesterpersonengesellschaft verschmolzen und im Anschluss daran die neue Schwesterpersonengesellschaft formwechselnd in eine Kapitalgesellschaft umgewandelt wird.

Bei der Verschmelzung hat die übertragende Gesellschaft eine handelsrechtliche Sonderbilanz aufzustellen. Für diese Sonderbilanz nach § 17 Abs. 2 UmwG gelten die allgemeinen Grundsätze der Jahresbilanz entsprechend. Das bedeutet, dass in der Schlussbilanz die auf den Stichtag vorgeschriebenen Buchwerte anzusetzen sind. Eine Aufstockung in der Bilanz der übertragenden Gesellschaft ist danach nicht möglich.

Der übernehmende Rechtsträger hat in der Übernahmebilanz alle auf ihn übergegangenen Vermögensgegenstände und Schulden anzusetzen. Hierzu gehören auch vom übertragenden Rechtsträger selbst hergestellte immaterielle Vermögensgegenstände des Anlagevermögens. Aus der Sicht des übernehmenden Rechtsträgers handelt es sich nämlich um einen entgeltlichen Erwerb von Vermögensgegenständen. Zur Bewertung bestimmt § 24 UmwG, dass als Anschaffungskosten „auch" die Werte der Schlussbilanz übernommen werden können.

Aus steuerlicher Sicht stellt die Verschmelzung einer Personengesellschaft auf eine andere Personengesellschaft einen Einbringungsvorgang im Sinne des § 24 UmwStG dar. Danach darf die Personengesellschaft das eingebrachte Betriebsvermögen in ihrer Bilanz einschließlich der Ergänzungsbilanzen für die Gesellschafter mit dem Buchwert im Zeitpunkt der Einbringung oder mit einem höheren Wert, höchstens jedoch mit dem Teilwert ansetzen. Der Wert, mit dem das eingebrachte Betriebsvermögen in der Bilanz der Personengesellschaft angesetzt wird, gilt nach § 24 Abs. 3 UmwStG für den Einbringenden als Veräußerungspreis. Bei Fortführung der Buchwerte entsteht beim Einbringenden mithin kein Veräußerungsgewinn. Im Regelungsbereich des § 24 UmwStG gilt nach herrschender Auffassung der Grundsatz der Maßgeblichkeit der Handelsbilanz für die Steuerbilanz generell nicht. § 24 UmwStG ist allerdings nach Auffassung der Finanzverwaltung nur anwendbar, soweit der Einbringende als Gegenleistung für die Einbringung Gesellschaftsrechte erwirbt. Eine Verbuchung des eingebrachten Vermögens auf einem Darlehenskonto reicht dazu nicht aus.

Danach können bei der Verschmelzung von Personengesellschaften untereinander die übergehenden Vermögensgegenstände in der Handelsbilanz aufgestockt und in der Steuerbilanz die Buchwerte fortgeführt werden. Nachdem die Personengesellschaft auf eine personenidentische andere Personengesellschaft verschmolzen worden ist und in der Handelsbilanz die stillen Reserven aufgedeckt wurden, kann nunmehr die neue Personengesellschaft formwechselnd in eine Kapitalgesellschaft umgewandelt werden. Da der Formwechsel keine Vermögensübertragung bewirkt und die Identität des Rechtsträgers bestehen bleibt, sind beim Formwechsel keine handelsrechtlichen Bilanzen aufzustellen. In der Handelsbilanz werden daher die durch die Verschmelzung aufgestockten Buchwerte auch fortgeführt. Steuerlich wird demgegenüber beim Formwechsel einer Personengesellschaft in eine Kapitalgesellschaft eine Vermögensübertragung fingiert und von einem Einbringungsvorgang im Sinne des § 20 UmwStG ausgegangen. Dieser kann steuerneutral durchgeführt werden. Ein steuerpflichtiger Gewinn würde damit im Rahmen der anschließenden formwechselnden Umwandlung der KG in die Kapitalgesellschaft nicht entstehen.

Bei der Aufstockung in der Handelsbilanz in Abweichung zur Steuerbilanz muss allerdings berücksichtigt werden, dass die ausschüttbaren handelsrechtlichen Gewinne gegebenenfalls erheblich niedriger sind als die steuerpflichtigen Ergebnisse. Der ausschüttbare handelsrechtliche Gewinn wird neben der Abschreibung auf die aufgestockten Wirtschaftsgüter auch dadurch reduziert, dass aus steuerlicher Sicht Gewinne anfallen und die sich daraus ergebende Steuerlast die Handelsbilanz zusätzlich belastet. Hierbei ist insbesondere auch darauf hinzuweisen, dass sich der Unternehmenswert bezogen auf die Anteilseigner der Gesellschaft erheblich reduzieren würde, da für die Bewertung regelmäßig auf das nachhaltige, ausschüttbare Ergebnis abgestellt wird.

Um diese Nachteile zu vermeiden, sollte gegebenenfalls ein Einzelunternehmen oder eine Personengesellschaft in einem ersten Schritt in eine Kapitalgesellschaft und die Anteile sodann steuerneutral nach § 20 UmwStG in die Zielgesellschaft eingebracht werden. Die ausschüttbaren Gewinne werden in diesem Fall durch erhöhte Abschreibungen nicht reduziert, da GmbH-Anteile nicht abzuschreiben sind. Folglich geht es in der Gestaltungspraxis vor dem soeben dargestellten Hintergrund darum, stille Reserven bei nichtabschreibbaren Wirtschaftsgütern aufzustocken.

*Beispiel 3: Aufstockung im Gesellschaftskonzern*

Auch bei reinen Kapitalgesellschaftskonzernen kann die Eigenkapitalposition verbessert werden, ohne dass es steuerlich zu eine Aufdeckung von stillen Reserven und damit zu einem steuerpflichtigen Gewinn kommt. Bei derartigen Gestaltungen ist allerdings zu berücksichtigen, dass bei konzerninternen Verschmelzungen die Auswirkungen auf den Einzelabschluss des aufnehmenden Rechtsträgers (z.B. Untergang der Beteiligung, Aufdeckung stiller Reserven und Lasten, Ansatz originärer immaterieller Vermögensgegenstände) nach der Einheitstheorie im Zuge der Aufstellung des Konzernabschlusses eliminiert werden, da anders als im Einzelabschluss des aufnehmenden Rechtsträgers die konzerninterne Verschmelzung aus Konzernsicht keinen Anschaffungsvorgang darstellt. Damit würde die Aufstockung im Konzernabschluss nicht sichtbar werden. Um diese Auswirkungen zu vermeiden, bietet es sich an, eine Konzerngesellschaft mit einer Gesellschaft des Konzerninhabers zu verschmelzen, die bisher nicht in den Konzernabschluss einbezogen worden war. Im übrigen gelten die vorstehend beschriebenen Grundsätze.

Die verschiedenen Gestaltungsansätze haben nur beispielhafte Funktion. In der Praxis muss eine individuelle Lösung erarbeitet werden, die den Umständen des Einzelfalls Rechnung trägt. Soweit allerdings stille Reserven vorhanden sind, lassen sich meist geeignete Umwandlungsvarianten finden, mit denen sich oftmals neben der Verbesserung der Eigenkapitalposition des Unternehmens auch ergänzende Gestaltungsziele erreichen lassen.

## 2.2 Nutzung steuerlicher Verlustvorträge

Unternehmen, die in die Krise geraten sind und deren Insolvenz droht, werden oftmals nicht über Vermögensgegenstände verfügen, die erhebliche stille Reserven aufweisen. Demgegenüber wird häufig die Eigenkapitaldecke durch Verluste aufgezehrt sein. Dieses ist insbesondere bei zahlreichen Unternehmen im „Neuen Markt" so, die über Venture-Capital-Firmen und Börsengänge ein hohes Eigenkapital generieren konnten, die vorgesehenen ehrgeizigen, aber oftmals auch unrealistischen Projekte nicht verwirklichen konnten und im Zuge der Verwerfungen am „Neuen Markt" hohe Verluste erzielten. Für potentielle Investoren ist neben etwaigen Vermögensgegenständen eine mögliche Verwertung bestehender Verlustvorträge interessant. Bei börsennotierten Gesellschaften kann zudem für den potenziellen Investor der Aufwand für den eigenen Börsengang vermieden werden. Ob und wie eine Nutzung von Verlustvorträgen einer Gesellschaft erfolgen kann, soll anhand eines Beispiels erläutert werden:

*Beispiel: Verlustnutzung*

Die A-AG ist eine börsennotierte Aktiengesellschaft im Internetbereich mit Sitz in Deutschland. Im Rahmen des Börsengangs und später durchgeführter Kapitalerhöhungen wurde bei einem Grundkapital von € 5,0 Mio. ein Eigenkapital von € 15,0 Mio. generiert. Aufgrund aufgelaufener Verluste wurde das Grundkapital auf € 1,5 Mio. herabgesetzt. Die Verlustvorträge der Gesellschaft belaufen sich auf € 10,0 Mio. Eine erfolgreiche Internetfirma, die B-AG, ist an einer Verschmelzung mit der A-AG interessiert, wobei eine Verschmelzung auf die A-AG wegen deren Börsennotierung angestrebt wird. Im Rahmen der Verschmelzung der B-AG auf die A-AG soll das Grundkapital der A-AG von € 1,5 Mio. auf € 5,0 Mio. erhöht werden. Im Rahmen der vorgesehenen Sachkapitalerhöhung bei der A-AG sollen die Aktionäre der B-AG für die Verschmelzung Aktien in Höhe von € 3,5 Mio. erhalten. Die Aktionäre der B-AG waren bisher an der A-AG nicht beteiligt. Das Aktivvermögen der A-AG beträgt zu Teilwerten ermittelt € 4,0 Mio. Fraglich ist, ob die Verlustvorträge der A-AG im Rahmen der Verschmelzung mit der B-AG erhalten bleiben.

Bei der Verschmelzung einer Körperschaft auf eine andere Körperschaft ist zum einen die Regelung in § 8 Abs. 4 KStG zu beachten. Für den Erhalt des Verlustabzugs der Verlustgesellschaft ist Voraussetzung, dass die Gesellschaft, die den Verlust geltend machen will, rechtlich und wirtschaftlich mit der Körperschaft identisch ist, die den Verlust erlitten hat. Demgegenüber regelt § 12 Abs. 3 S. 2 UmwStG den Fall, dass die Verlustgesellschaft auf eine andere Körperschaft verschmolzen wird und die übernehmende Körperschaft in den Verlustabzug des übertragenden Rechtsträgers eintreten will. Dieses gilt nur unter der Voraussetzung, dass der Betrieb oder Betriebsteil, der den Verlust verursacht hat, über den Verschmelzungsstichtag hinaus in einem nach dem Gesamtbild der wirtschaftlichen Verhältnisse vergleichbaren Umfang in den folgenden fünf Jahren fortgeführt wird. Da im Beispielfall eine Verschmelzung der Gewinngesellschaft auf die Verlustgesellschaft vorgesehen ist, beteilt sich die Frage des Erhalts des Verlustabzugs bei der Verlustgesellschaft ausschließlich nach § 8 Abs. 4 KStG.

## 2.2.1 Verlustabzug nach § 8 Abs. 4 KStG

Nach § 8 Abs. 4 KStG ist für den Verlustabzug Voraussetzung, dass die den Verlustabzug in Anspruch nehmende Körperschaft rechtlich und wirtschaftlich mit der Körperschaft, die den Verlust erlitten hat, identisch ist. Wirtschaftliche Identität liegt gemäß § 8 Abs. 4 S. 2 KStG nicht vor, wenn mehr als die Hälfte der Anteile an der Kapitalgesellschaft übertragen wird und die Gesellschaft ihren Geschäftsbetrieb mit überwiegend neuem Betriebsvermögen wieder aufnimmt oder fortführt. Die Zuführung von überwiegend neuem Betriebsvermögen ist gemäß § 8 Abs. 4 S. 3 KStG ausnahmsweise dann unschädlich, wenn sie allein der Sanierung des Geschäftsbetriebs dient, der den verbleibenden Verlustabzug im Sinne des § 10 d Abs. 3 S. 2 EStG verursacht hat und die Körperschaft diesen Geschäftsbetrieb in einem nach dem Gesamtbild der wirtschaftlichen Verhältnisse vergleichbaren Umfang in den folgenden 5 Jahren fortführt.

### 2.2.1.1 Übertragung von mehr als 50 % der Anteile

Auf die B-AG werden nicht mehr als 50 % der Anteile an der A-AG übertragen. Im Rahmen der Sachkapitalerhöhung bei der A-AG erhalten die Aktionäre der B-AG allerdings sämtliche Aktien im Wert von € 3,5 Mio., sodass diese nach Sachkapitalerhöhung am Grundkapital von dann € 5,0 Mio. in Höhe von 70 % beteiligt sind. Die Aktionäre der B-AG sind bisher an der A-AG nicht beteiligt, sodass deren Beteiligung im Rahmen der Kapitalerhöhung dem Gesellschafterwechsel durch Übertragung von mehr als 50 % der Anteile gleichstehen könnte. Dieses wird von der Finanzverwaltung angenommen[8]. Danach ist die Übernahme neuer Anteile durch Kapitalerhöhung einer Anteilsübertragung gleichzustellen. Zu dieser Auffassung neigt auch der BFH in seinem Beschluss vom 04.09.2002[9]. Diese Auffassung entspricht auch der herrschenden Meinung im Schrifttum[10]. Danach geht der Verlustvortrag der aufnehmenden Gesellschaft verloren, wenn im Rahmen der Verschmelzung die Gesellschafter der übertragenden Gesellschaft zu mehr als 50 % Gesellschafter der aufnehmenden Gesellschaft werden und durch die Verschmelzung neues Betriebsvermögen in schädlichem Umfang dem aufnehmenden Rechtsträger zugeführt wird[11].

Der Auffassung der Rechtsprechung, der Finanzverwaltung und der herrschenden Meinung im Schrifttum ist zu folgen. Verschmelzung und Kapitalerhöhung sind gleichwertige Gestaltungen zur Übertragung von mehr als 50 % der Anteile an Kapitalgesellschaften. Dem Wortlaut des § 8 Abs. 4 KStG ist nicht zu entnehmen, dass sich der Anwendungsbereich der Vorschrift nicht auf Sachverhalte erstreckt, die der Übertragung von mehr als 50 % der Anteile gleichgestellt sind. Sinn und Zweck der Regelung sprechen vielmehr für eine Einbeziehung gleichwertiger Sachverhalte, da anderenfalls die Vorschrift weitestgehend leerlaufen würde.

---

[8] Vgl. BMF-Schreiben vom 16.04.1999, BStBl. I 99, 455 Rn. 11, 26 f.
[9] GmbHR 2003, 306 f.
[10] Vgl. Schmitt/Hörtnagl/Stratz, § 12 UmwStG Rn. 115 m.w.N.
[11] Schmitt a. a. O., Düll/Fuhrmann, DStR 2000, 1166, FG BaWü, EFG 2002, 863.

## 2.2.1.2 Zuführung von überwiegend neuem Betriebsvermögen

Die Zuführung von überwiegend neuem Betriebsvermögen ist weitere Voraussetzung für den Verlust der wirtschaftlichen Identität. Neues Betriebsvermögen überwiegt, wenn das über Einlagen und Fremdmittel zugeführte bzw. finanzierte Aktivvermögen das im Zeitpunkt der Anteilsübertragung vorhandene Aktivvermögen übersteigt. Bewertungsmaßstab sind die Teilwerte des vorhandenen und des zugeführten Vermögens, etwaige immaterielle Wirtschaftsgüter sind zu berücksichtigen, auch wenn sie bei der steuerlichen Gewinnermittlung nicht angesetzt werden dürfen[12]. Der BFH hatte den Begriff des Betriebsvermögens zunächst als das Aktivvermögen der Kapitalgesellschaft im Zeitpunkt des Anteilseignerwechsels definiert[13]. Darunter konnte das Aktivvermögen in seiner konkreten gegenständigen Zusammensetzung oder in seiner betragsmäßigen Höhe verstanden werden. In seinem Urteil vom 08.08.2001 hat sich der BFH für die zuerst genannte Auslegungsvariante in Form der konkreten gegenständigen Zusammensetzung entschieden[14]. Eine rein wirtschaftliche Betrachtung, die allein auf die betragsmäßige Höhe des Aktivvermögens abstellt, hat der BFH abgelehnt. Ob der BFH allerdings daran festhalten wird, ist zweifelhaft, da er in seinem Beschluss vom 19.12.2001[15] der Kritik an seinem Urteil vom 08.08.2001[16] grundsätzliche Bedeutung zumisst. Sofern ausschließlich auf die konkrete gegenständliche Zusammensetzung des Aktivvermögens abgestellt wird, kann bereits der bloße Aktivtausch von Wirtschaftsgütern den Begriff der Zuführung überwiegend neuem Betriebsvermögens erfüllen. Die betragsmäßige Höhe des Aktivvermögens müsste danach nicht verändert werden. Für unseren Fall kommt es auf diese Unterscheidung nicht an.

Der BFH hat in seinem Beschluss vom 19.12.2001 beiläufig ausgeführt, dass nicht jegliches aktives Betriebsvermögen in die Vergleichsbetrachtung einzubeziehen ist, sondern nur solches des Anlagevermögens, Umlaufvermögen soll hingegen im Allgemeinen außer Betracht bleiben[17]. Dass der A-AG im Rahmen der Sachkapitalerhöhung Vermögensgegenstände und liquide Mittel zufließen, die auch dem Umlaufvermögen zuzurechnen wären, sollte nicht zu dem Schluss führen, dass insoweit die Zuführung überwiegend neuen Betriebsvermögens ausscheidet. Dieses ergibt sich zum einen aus der nur beiläufigen Erwähnung im Beschluss des BFH, dass nur das Anlagevermögen zu berücksichtigen ist (Anmerkung in einem Klammerzusatz), als auch daraus, dass der BFH die Übernahme von Bürgschaften und die Bestellung von Sicherheiten als Sachverhalte ansieht, die der Zuführung überwiegend neuen Betriebsvermögens gleichzustellen sind. Der BFH hat hierbei ausdrücklich darauf abgestellt, dass es der Gesellschaft über die Sicherheitenbestellung möglich gewesen ist, sich dadurch die erforderlichen liquiden Mittel zu verschaffen und es diesbezüglich unerheblich sei, ob die hierdurch ermöglichten Kapitalzuführungen im Ergebnis der Finanzierung von Wareneinkäufen und damit von Umlaufvermögen dienten. Die unmittelbare Zuführung liquider Mittel, die Umlaufvermögen der Gesellschaft darstellt, kann nicht weniger die Zuführung überwiegend neuen Betriebsver-

---

[12] Vgl. Streck, KStG § 8 Rn. 152 m.w.N.
[13] BFH BStBl. II 1997, 829.
[14] BFH BStBl. II 2002, 392.
[15] BStBl. II 2002, 395.
[16] A. a. O.
[17] Vgl. auch Herzberg, DStR 2001, 553, 556 f.; Gröner, DStR 1998, 1495, 1498.

mögens darstellen, als die Gestellung von Sicherheiten[18]. Die Finanzverwaltung hat mit BMF-Schreiben vom 17.06.2002[19] die Nichtanwendung des Urteils des BFH vom 08.08.2001 hinsichtlich der Frage verfügt, unter welchen Voraussetzungen überwiegend neues Betriebsvermögen im Sinne des § 8 Abs. 4 S. 2 KStG als zugeführt gelten kann. Dem Verfahren, das Gegenstand des Beschlusses vom 19.12.2001 gewesen ist, ist der BMF beigetreten.

Zutreffend dürfte wie folgt zu unterscheiden sein: Die Zuführung neuen Betriebsvermögens bedeutet, dass der Kapitalgesellschaft von außerhalb der Kapitalgesellschaft Wirtschaftsgüter des Betriebsvermögens übertragen werden[20]. Diese Wirtschaftsgüter müssen für die Kapitalgesellschaft „neu" sein, dürfen vorher also im Vermögen der Kapitalgesellschaft noch nicht vorhanden gewesen sein. Wirtschaftliche Identität ist daher solange gegeben, wie für den Geschäftsbetrieb überwiegend solches Betriebsvermögen verwendet wird, das schon vor dem Wechsel der Anteilseigner vorhanden war. Als Rechtsgrundlage für die Zuführung kommen alle denkbaren Formen in Betracht, neben offener und verdeckter Einlage auch Verschmelzung, Spaltung und Einbringung[21]. Der Begriff „Betriebsvermögen" kann im Sinne des § 4 Abs. 1 EStG verstanden werden, also als Differenz zwischen Aktiv- und Passivvermögen (d.h. als Kapital), aber auch nur als Aktivvermögen. Die herrschende Meinung[22] versteht „Betriebsvermögen" im Sinne von Aktivvermögen. Eine etwaige Beschränkung auf das Anlagevermögen ist weder dem Begriff „Betriebsvermögen" noch dem Sinn und Zweck des § 8 Abs. 4 KStG zu entnehmen. Die Beschränkung auf das Anlagevermögen würde dazu führen, dass Gesellschaften, die lediglich Umlaufvermögen haben, vom Anwendungsbereich des § 8 Abs. 4 KStG ausgeschlossen wären. Für eine solche Ungleichbehandlung im Sinne einer Schlechterstellung der Unternehmen mit Anlagevermögen gibt § 8 Abs. 4 KStG nichts her; es müsste wohl auch ein Verstoß gegen den Gleichbehandlungsgrundsatz nach Art. 3 GG angenommen werden. Betriebsvermögen im Sinne des § 8 Abs. 4 KStG ist daher als das gesamte Aktivvermögen zu verstehen, allerdings ohne aktivistischen Verlustausweis und ohne Bilanzierungshilfen. Die Zuführung von Vermögensgegenständen im Rahmen der Sachkapitalerhöhung bedeutet damit Zuführung neuen Betriebsvermögens. Ob damit überwiegend neues Betriebsvermögen vorliegt, ist anhand des bisher vorhandenen Aktivvermögens zu Teilwerten zu beteilen. In dem gewählten Beispiel ist dies nicht der Fall, da das Aktivvermögen mit € 4,0 Mio. angegeben ist, während die Kapitalerhöhung lediglich € 3,5 Mio. betragen hat. Da Vermögenszuführungen im zeitlichen Zusammenhang, nach Auffassung der Finanzverwaltung bis 5 Jahre, zu berücksichtigen sind, können entsprechende Zuführungen für den Verlustabzug schädlich sein.

2.2.1.3   Sanierungsprivileg

Sollte die Zuführung von überwiegend neuem Betriebsvermögen nach § 8 Abs. 4 S. 2 KStG vorliegen, kann der Verlustabzug nur über das Sanierungsprivileg nach § 8 Abs. 4 S. 3 KStG

---

[18] Vgl. Anmerkung zu der Entscheidung DStR 2001, 1976.
[19] DStR 2002, 1048.
[20] Vgl. Frotscher, DStR 2002, 10 ff.
[21] Vgl. Frotscher a. a. O.
[22] Vgl. Dötsch/Eversberg/Jost/Witt, KStG, § 8 Rn. 536 m.w.N.

erhalten bleiben. Danach schadet die Zuführung von überwiegend neuem Betriebsvermögen nicht, wenn diese allein der Sanierung dient. Das setzt voraus, dass die Kapitalgesellschaft sanierungsbedürftig ist und das zugeführte Betriebsvermögen den für das Fortbestehen des Geschäftsbetriebs notwendigen Umfang nicht wesentlich überschreitet. Für die Frage der Sanierungsbedürftigkeit kann nach Auffassung des Finanzgerichts Köln[23] auf die Kriterien des § 3 Nr. 66 EStG a. F. zurückgegriffen werden. Der Geschäftsbetrieb, der den verbleibenden Verlustabzug verursacht hat, ist regelmäßig der ursprüngliche Geschäftsbetrieb in dem Umfang, den er im Durchschnitt während der Verlustphase gehabt hat. Das Abschmelzen des verlustverursachenden Geschäftsbetriebes bis zum Ablauf des Fortführungszeitraums um mehr als die Hälfte seines Umfangs soll nach Ansicht der Finanzverwaltung für den Verlustabzug schädlich sein[24]. Als Vergleichsmerkmale für die Fortführung des Verlustbetriebs in einem vergleichbaren Umfang können im Rahmen einer auf den Einzelfall bezogenen Gesamtwürdigung u.a. Umsatz, Auftragsvolumen, Aktivvermögen und Arbeitnehmeranzahl sein.

Der fünfjährige Fortführungszeitraum beginnt mit dem Zeitpunkt, in dem mehr als die Hälfte der Anteile übertragen und überwiegend neues Betriebsvermögen zugeführt wird. Nach Ansicht der Finanzverwaltung trägt der Steuerpflichtige die Feststellungslast, dass die Zuführung des neuen Betriebsvermögens allein der Sanierung gedient hat. Vorliegend kann eine Feststellung nicht erfolgen, da die Zuführung neuen Betriebsvermögens allein der Sanierung dient und das zugeführte Betriebsvermögen den für das Fortbestehen des Geschäftsbetriebes notwendigen Umfang nicht bzw. nicht wesentlich überschreitet. Das Vorliegen des Sanierungsprivilegs nach § 8 Abs. 4 S. 3 KStG ist aufgrund der normativen Tatbestandsvoraussetzungen mit einer erheblichen Rechtsunsicherheit behaftet, zumal die Rechtsprechung des BFH nicht zu einer großzügigen Auslegung neigt. In der Gestaltungsberatung sollte daher nach Schwedhelm[25] vorsorglich vom Verlust des Verlustabzugs nach § 10 d EStG ausgegangen werden.

Sollte nach vorstehenden Ausführungen im Rahmen der Verschmelzung mit Sachkapitalerhöhung von einem Verlust der wirtschaftlichen Identität der Gesellschaft ausgegangen werden, dürfen die Verluste, die bis zu diesem Zeitpunkt entstanden sind, mit danach entstandenen Gewinnen weder ausgeglichen noch von ihnen abgezogen werden. Streitig ist, ob auf den Zeitpunkt der schädlichen Anteilsübertragung[26] oder auf die schädliche Zuführung von neuem Betriebsvermögen[27] abzustellen ist. Verluste, die nach diesem Zeitpunkt entstanden sind, bleiben ausgleichs- und abzugsfähig. Die Entscheidung über die Versagung des Verlustabzuges erfolgt im Bescheid über die gesonderte Feststellung des verbleibenden Verlustabzugs[28].

Zusammenfassend ist festzustellen, dass die im Rahmen der Verschmelzung vorgesehene Sachkapitalerhöhung nach ganz herrschender Meinung – auch der Rechtsprechung und der Finanzverwaltung - zu einem schädlichen Übergang von mehr als 50 % der Anteile an der Kapitalgesellschaft führen kann, da die vorgesehene Sachkapitalerhöhung der Übertragung von

---

[23] EFG 2001, 991.
[24] BFH BStBl. I 1999, 455 Rn. 16.
[25] In Streck, KStG § 8 Rn. 152.
[26] So Nds. FG, EFG 2001, 1238.
[27] FG Köln, EFG 2001, 991.
[28] So Nds. FG, EFG 2001, 1238.

Anteilen gleich steht. Ob überwiegend neues Betriebsvermögen im Rahmen der Sachkapitalerhöhung zugeführt wird, ist nach herrschender Meinung in der Weise zu ermitteln, dass das zugeführte neue Betriebsvermögen mit dem bisherigen Aktivvermögen der Gesellschaft jeweils zu Teilwerten verglichen wird. Sofern das neue Betriebsvermögen das bisherige Betriebsvermögen übersteigt, ist von einer für die wirtschaftliche Identität schädlichen Zuführung von überwiegend neuem Betriebsvermögen auszugehen. Sollte danach von einem Verlust der wirtschaftlichen Identität der Gesellschaft auszugehen sein, käme allenfalls das Sanierungsprivileg nach § 8 Abs. 4 S. 3 KStG in Betracht. Die Zuführung neuen Betriebsvermögens müsste danach allein der Sanierung dienen. Dazu wäre erforderlich, dass die Kapitalgesellschaft sanierungsbedürftig ist und das zugeführte Betriebsvermögen den für das Fortbestehen des Geschäftsbetriebs notwendigen Umfang nicht wesentlich überschreitet.

### 2.2.2 Verlustabzug nach § 12 Abs. 3 UmwStG

Würde im Beispiel umgekehrt die A-AG als Verlustgesellschaft auf die B-AG als Gewinngesellschaft verschmolzen werden, so könnte die B-AG die steuerlichen Verlustvorträge der übertragenden Kapitalgesellschaft unter den Voraussetzungen des § 12 Abs. 3 S. 2 UmwStG fortführen. Dieses gilt natürlich nur für den Fall, dass nicht bereits zuvor der Verlustabzug der Verlustgesellschaft nach § 8 Abs. 4 KStG weggefallen ist. Ist dieses nicht der Fall, tritt die übernehmende Körperschaft in den verbleibenden Verlustabzug des übertragenden Rechtsträgers ein, wenn der Betrieb oder Betriebsteil, der den Verlust verursacht hat, über den Umwandlungsstichtag hinaus in einem nach dem Gesamtbild der wirtschaftlichen Verhältnisse vergleichbaren Umfang fortgeführt wird. Die Vorschrift ist angesichts der Vielzahl von unbestimmten Rechtsbegriffen nur schwer zu handhaben[29]. Voraussetzung ist zunächst, dass der Geschäftsbetrieb der Verlustgesellschaft nicht eingestellt ist. Zu beachten ist, dass die Finanzverwaltung davon ausgeht, dass in dem Fall, dass die Verlustgesellschaft auf die Gewinngesellschaft verschmolzen wird, § 8 Abs. 4 KStG nicht ausgeschlossen ist. Zwar sei die Verschmelzung kein Ersatztatbestand im Hinblick auf eine schädliche Kapitalzuführung nach § 8 Abs. 4 KStG, eine solche schädliche Kapitalzuführung läge jedoch vor, wenn nach durchgeführter Verschmelzung überwiegend neues Betriebsvermögen von außen zugeführt wird[30]. Nach Auffassung der Finanzverwaltung verliert der übertragene Verlustbetrieb dadurch nachträglich seine wirtschaftliche Identität. Diese Auffassung ist abzulehnen, da die übernehmende Körperschaft zwar nach § 12 Abs. 3 S. 1 UmwStG in die Rechtsstellung der übertragenen Körperschaft eintritt, § 12 Abs. 3 S. 2 UmwStG jedoch abschließend bestimmt, unter welchen Voraussetzungen die übernehmende Körperschaft den Verlustvortrag des übertragenden Rechtsträgers übernimmt[31]. Die abweichende Auffassung der Finanzverwaltung sorgt jedenfalls neben der Vielzahl der unbestimmten Rechtsbegriffe in § 12 Abs. 3 UmwStG in der Gestaltungspraxis für erhebliche Rechtsunsicherheit. Demgegenüber hat der BFH zu § 8 Abs. 4 KStG bezüglich des Verlustes der wirtschaftlichen Identität der Kapitalgesellschaft bei mittelbaren An-

---

[29] Vgl. Schmitt/Hörtnagl/Stratz, § 12 Rn. 95 m.w.N.
[30] BMF-Schreiben vom 16.04.1999, BStBl. I 1999, 455 Rn. 45.
[31] Vgl. Schmitt/Hörtnagl/Stratz, § 12 UmwStG Rn. 114 m.w.N.

teilsübertragungen entschieden, dass solche nicht die wirtschaftliche Identität der Körperschaft auf der unteren Ebene entfallen lässt[32]. Durch diese formale Betrachtungsweise des BFH lässt sich die Beschränkung des Verlustabzuges durch mehrstufige Gestaltungen verhältnismäßig leicht umschiffen, sodass insoweit Rechtssicherheit besteht.

### 2.3  Grenzüberschreitende Umwandlungen

In der Überseering-Entscheidung des EuGH[33] aus dem Jahre 2002 hat das Gericht festgestellt, dass es gegen die Niederlassungsfreiheit verstößt, wenn eine Gesellschaft wirksam in einem Mitgliedstaat gegründet wurde und nach nationalem Recht dadurch seine Rechts- oder Parteifähigkeit verliert, wenn es den tatsächlichen Sitz in einen anderen Mitgliedstaat verlegt. Die Gesellschaft mache durch die Verlegung des Sitzes lediglich von ihrer Niederlassungsfreiheit Gebrauch. Deren Rechts- und damit Parteifähigkeit, die diese Gesellschaft nach dem Recht des Gründungsstaats besitzt, müsse von den Mitgliedstaaten beachtet werden. Bereits in der Centros-Entscheidung aus dem Jahre 1997[34] hatte der EuGH die Praxis dänischer Gerichte als Europarechtswidrig eingestuft, durch die einer englischen Ltd. ohne eigenen Geschäftsbetrieb in England die Gründung einer Zweigniederlassung in Dänemark untersagt wurde. Die Konsequenz aus der Überseering-Entscheidung des EuGH ist, dass ausländische Kapitalgesellschaften im Inland als rechts- und parteifähig anzuerkennen sind, sofern sie im EU-Ausland wirksam gegründet worden sind und anschließend ihren Sitz nach Deutschland verlegt haben. Ob sich die Niederlassungsfreiheit auch auf reine Briefkastenfirmen erstreckt, hatte der EuGH in der Überseering-Entscheidung nicht zu beantworten. In der aktuellen Entscheidung des EuGH Inspire Art Ltd. vom 30.09.2003[35] hat der EuGH dieses ausdrücklich bestätigt. Ob bei solchen Briefkastenfirmen tatsächlich von einer Sitzverlegung gesprochen werden kann, wird den EuGH voraussichtlich weiterhin beschäftigen. In jedem Fall ist damit zu rechnen, dass vermehrt ausländische Kapitalgesellschaften mit geringen Mindeststammkapitalanforderungen und niedrigerem Gläubigerschutzniveau Geschäftsaktivitäten in Deutschland durchführen werden.

In diesem Zusammenhang ist auf die Verordnung des Rates vom 08.10.2001 über das Statut der europäischen Gesellschaft[36] hinzuweisen, durch die aus deutscher Sicht erstmalig grenzüberschreitende Verschmelzungen ab dem 08.10.2004 zugelassen werden. Eine europäische Aktiengesellschaft kann danach durch Verschmelzung von mindestens zwei Aktiengesellschaften verschiedener Mitgliedstaaten gegründet werden. Die Gründung erfolgt im Wege der Verschmelzung. Bei der sog. Hineinverschmelzung ist die übertragende Aktiengesellschaft im europäischen Ausland ansässig, während sich die übernehmende europäische Aktiengesellschaft im Inland befindet. Bei der sog. Herausverschmelzung wird der übertragende Rechtsträger in Deutschland auf die übernehmende europäische Aktiengesellschaft im europäischen

---

[32] BFH DStZ 2003, 853 ff.
[33] GmbHR 2002, 1137.
[34] GmbHR 1999, 474.
[35] Vgl. Juler, Ausländische Kapitalgesellschaften als Alternative zur GmbH, INF 2003, 874 ff.
[36] SB (2157/2001), ABIEG Nr. nr. Ä 294 vom 10.11.2001, abgedr. in Sonderbeilage zu NZG Heft 1 2002.

Ausland verschmolzen. Derartige Sachverhalte werden erhebliche Herausforderungen für die Bewährung und Praxis des Insolvenzrechts darstellen.

Bereits nach derzeitiger Rechtslage wird von Teilen der Literatur eine EU-grenzüberschreitende Verschmelzung von deutschen Unternehmen für zulässig erachtet. Zwar wird eingeräumt, dass die ihren internationalen Anwendungsbereich autonom bestimmenden § 1 Abs. 1, § 3 UmwG eine (steuerneutrale) grenzüberschreitende Verschmelzung unter Beteiligung eines deutschen Rechtsträgers de lege lata nicht zulassen. Die §§ 1 Abs. 1, 3 UmwG verhindern einen „EU-Zuzug" im Wege der Gesamtrechtsnachfolge. Aus der aktuellen Rechtsprechung des EuGH, insbesondere durch die „Überseering-" und „Inspire-Art"-Entscheidung, wird eine solche Einschränkung jedoch im Hinblick auf die Niederlassungsfreiheit nach den Art. 34, 48 EG für unvereinbar erachtet[37].

Zwar kann schon heute verfahrensrechtlich über das Vermögen einer im Inland ansässigen ausländischen juristischen Person unproblematisch das Insolvenzverfahren vor einem deutschen Insolvenzgericht eröffnet werden[38]. In der Durchführung ergeben sich aber bereits Schwierigkeiten, etwa in der Zustellung von Schriftstücken und rechtsgeschäftlichen Erklärungen im Ausland. Derartige Schwierigkeiten machen sich bereits heute professionelle „Bestatter" inländischer Kapitalgesellschaften zunutze[39]. Es ist zu erwarten, dass die bestehenden bzw. sich abzeichnenden Gestaltungsfreiräume ausgeschöpft werden, um das unterschiedliche Schutzniveau der Regelungskomplexe im Gesellschafts-, Insolvenz-, Haftungs- und Strafrecht in der europäischen Union auszunutzen und Haftungsrisiken zu minimieren. Neben dem möglicherweise begrüßenswerten Wettbewerb der verschiedenen nationalen Rechtsordnungen geht es allerdings im internationalen Kontext auch wesentlich darum, verlässliche und insbesondere effektive durchsetzbare internationale Schutzstandards zu implementieren.

## 3  Zusammenfassung

Die Umwandlung von Unternehmen kann als Instrument der Sanierung von Unternehmen in Krise und Insolvenz genutzt werden. Der Gläubigerschutz des Umwandlungsrechts verhindert allerdings die Möglichkeit, im Rahmen einer übertragenden Sanierung rentable Unternehmensteile auszugliedern und die Schulden bei der bisherigen Gesellschaft zu belassen. Demgegenüber können Umwandlungen insbesondere als Instrument der Verbesserung der Eigenkapitalposition von Unternehmen und gegebenenfalls zur Sicherung des Erhalts von Verlustabzügen der in die Krise geratenen Unternehmung genutzt werden. Die aktuelle Rechtsprechung des EuGH zu grenzüberschreitenden Problemen der Niederlassungsfreiheit mit dem Ziel einer Öffnung für grenzüberschreitende Sachverhalte (Sitzverlegung, grenzüberschreitende Verschmel-

---

[37] Vgl. Kloster, EU-grenzüberschreitende Verschmelzungen sind (steuerneutral) durchführbar, GmbHR 2003, 1413 ff.; Triebel/Hase, Wegzug und grenzüberschreitende Umwandlungen deutscher Gesellschaften nach „Überseering" und „Inspire-Art", BB 2003, 2409 ff.; Zimmer, Nach „Inspire-Art": Grenzlose Gestaltungsfreiheit für deutsche Unternehmen?, NJW 2003, 3585 ff.
[38] Art. 3 Abs. 1 EUInsVO; vgl. AG Hamburg, ZIP 2003, 108. 109.
[39] Vgl. hierzu Hirte, Die organisierte „Bestattung" von Kapitalgesellschaften: Gesetzgeberischer Handlungsbedarf im Gesellschafts- und Insolvenzrecht, ZInsO 2003, 833 ff.

zung) wird den Gestaltungsspielraum von Unternehmen zur Vermeidung von Haftungsrisiken der Gesellschaftsorganen erweitern, sodass internationale Schutzstandards erforderlich sind, um geordnete Liquidations- und Insolvenzverfahren sicherzustellen.

# Umwandlungssteuerliche Aspekte bei Unternehmensfusionen und Umstrukturierungen anhand ausgewählter Fallgruppen

Michael Munkert, Klaus Küspert

## 1 Umwandlungsteuerrecht und Umwandlungsrecht

Das steuerliche Umwandlungsrecht (Umwandlungsteuergesetz und Nebengesetze) ist eine notwendige Ergänzung zum handelsrechtlichen Umwandlungsrecht. Ohne die steuerliche Komponente würde das Umwandlungsrecht leer laufen. Durch die gesetzliche Neuregelung des handelsrechtlichen Umwandlungsrechtes bedingt, trat 1995 auch eine Änderung des Umwandlungsteuerrechtes ein, die in der Folge aufgrund verschiedener Unternehmenssteuerreformgesetze, insbesondere im Rahmen des Steuersenkungsgesetzes 2001, angepasst werden musste.

Ursprüngliches Ziel des steuerlichen Umwandlungsrechtes war bzw. ist die weitgehende Ertragsteuerneutralität von Umwandlungen, gleich in welcher Form. Hierdurch soll der Rechtsformwechsel erleichtert bzw. nicht zusätzlich finanziell belastet werden. Seit jeher gibt es allerdings eine starke Trennung bzw. unterschiedliche Flexibilität in der Umwandlung verschiedener Rechtsformen. Dies hängt mit der fehlenden Rechtsformneutralität des deutschen Steuerrechtes zusammen. Soweit Umstrukturierungen von Personengesellschaften betroffen sind, gibt das Gesetz im Wesentlichen die Rechtsprechung Anfang der 70ger Jahre wieder. Im Zuge der Steueränderungen in 1999 wurden im Übrigen Teile dieser Rechtsprechung aufgehoben und durch gegensätzliche gesetzliche Regelungen ersetzt (s. § 6 Abs. 3 – 5 EStG n.F.).

Als ein wesentlicher Hemmschuh für Umgestaltungen im Umwandlungsrecht wurde lange Zeit die Gewerbesteuer gesehen, vor allem bei Umwandlungen von Kapitalgesellschaften in Personengesellschaften. Dieses Hindernis ist bis heute nicht beseitigt. Im Übrigen wird häufig zu wenig beachtet, dass eine Verdoppelung der Besteuerungsmöglichkeit für stille Reserven eintritt, wenn Einzelunternehmen oder Personengesellschaften in Kapitalgesellschaften umgewandelt werden, da dann die stillen Reserven sowohl im Gesellschaftsvermögen selbst als auch in den Anteilen der aus der Umwandlung entstandenen Kapitalgesellschaft vorhanden sind. Im umgekehrten Fall der Umwandlung der Kapitalgesellschaft in ein Einzelunternehmen/Personengesellschaft löst sich diese Doppelbelastungsunterlage in eine einfache Belastungsunterlage auf. Dieses Ungleichgewicht hängt wiederum mit der fehlenden Rechtsformneutralität zusammen.

Die Unternehmensteuerreform des Jahres 2001 mit dem Systemwechsel vom körperschaftsteuerlichen Anrechnungsverfahren zum Halbeinkünfteverfahren hatte teilweise auch wesentliche Änderungen des Umwandlungsteuerrechtes zur Folge. Die im Zuge der Globalisierung stark favorisierten Fusionsüberlegungen oder auch Entflechtungsalternativen mit positiven Steuerfolgen für die Erwerber- bzw. Fusionsseite wurde durch den Gesetzgeber faktisch beseitigt (Wegfall des Erwerber-, Kombinations- und Organschaftsmodells).[1] Diesem Wegfall liegt im Wesentlichen die zuvor geförderte Strategie der Umwandlung von Kaufpreispotenzial in abschreibungsfähige Wirtschaftsgüter zugrunde. Gleichzeitig wurde die Diskussion um die steuerliche Vorteilhaftigkeit des so genannten Share-Deals gegenüber dem Asset-Deal verstärkt. Aufgrund der Unternehmensteuerreform gibt es nunmehr klare Vorteilhaftigkeitsfragen aus der Sicht des Erwerbers und des Veräußerers, die in der Regel oder oft nicht mehr deckungsgleich zu bringen sind.

## 2  Umwandlungen als Umstrukturierungsmaßnahme

Das Umwandlungsteuerrecht ist ein wichtiges Lenkungsinstrument für die Umstrukturierung von Unternehmen und Gesellschaften.

Für den Mittelstand herausragend sind die Vorschriften des Umwandlungsteuergesetzes, die in einem erweiterten Umfang die steuerneutrale Aufnahme von Gesellschaftern, Partnern und Nachfolgern gestatten.

Für Konzerne sind die Möglichkeiten der vertikalen und horizontalen Verschmelzung von Gesellschaften von ausschlaggebender Bedeutung. Auch hier geht es in erster Linie um eine mögliche Aufrechterhaltung der Steuerneutralität, evtl. aber um den Verbrauch von Verlustvorträgen oder den Verlust derselben. Neu ist im Umwandlungsteuerrecht die Möglichkeit der Steuerneutralität beim unmittelbaren Formwechsel von Personengesellschaften in Kapitalgesellschaften und umgekehrt, da erst das neue handelsrechtliche Umwandlungsrecht diese Möglichkeit erschloss.

Für Sanierungsfälle ist das Umwandlungsteuerrecht deshalb ausschlaggebend, weil Gesellschafterbeitritte, z.B. im Zuge von Kapitalerhöhungsmaßnahmen, oft mit Umstrukturierungen von Gesellschaften einhergehen und sichergestellt werden muss, dass hieraus zumindest keine für die Beteiligten vermeidbaren Steuern entstehen.

## 3  Rechtsformbestimmte Umwandlungen

Mit Umstrukturierungen ist in der Regel auch eine Änderung der Rechtsform verbunden. Damit zeigt sich das Umwandlungsrecht und auch das Umwandlungsteuerrecht unter anderem als Vehikel zur Rechtsformwahl. Im Extremfall kann man sogar von Rechtsform-Hopping sprechen. Dieser Fall tritt dann ein, wenn aus rein steuerlichen Motiven heraus mittel- oder langfristig in einer bestimmten Rechtsform steuerliche Vorteile für die Anteilseigner gesehen werden oder zu erwarten sind. Hierzu gilt allerdings der Erfahrungsgrundsatz, dass bei Eintritt in eine bestimmte Rechtsform immer gleichzeitig zu überdenken ist, welche Nachteile oder Kosten dann entstehen, wenn zu einem späteren Zeitpunkt aus anderen Gründen heraus die Rechtsform geändert werden soll. Fehleranfällig sind Konstruktionen, wie z.B. die so genannte Betriebsaufspaltung (Einheitsunternehmen aus Besitzunternehmen und Betriebskapitalgesellschaft), da in dieser quasi Rechtsform des Mittelstandes steuerneutrale Umgestaltungen bzw. Zusammenführungen in einer einheitlichen Rechtsform schwierig sind.

## 3.1 Aufnahme strategischer Partner

Die Aufnahme strategischer Partner kann Grundlage für eine Umstrukturierung in Verbindung mit einer Umwandlung sein. Dabei geht es oft um die Grundsatzfrage, ob die Personengesellschaft oder die Kapitalgesellschaft als Grundform gewählt werden soll. Kommt für den strategischen Partner nur eine bestimmte Rechtsform infrage, hat der bisherige Inhaber das Problem, dass er seine bisherige Rechtsform umstellen muss. Hier kann ihm das Umwandlungsteuerrecht helfen, wenn die Steuerneutralität des Umstrukturierungsvorgangs gesichert ist. Schwierig wird es, wenn die Umstrukturierung nicht steuerneutral gestaltet werden kann und „Nebensteuern" (z.B. Umsatzsteuer, Grunderwerbsteuer) zu komplizierten Konstruktionen führen.

## 3.2 Unternehmensnachfolge

Als möglicher Grund für eine Umwandlung wird oft auch die zu erwartende oder geplante Unternehmensnachfolge angegeben. In der Praxis haben sich hierzu Stufenmodelle entwickelt, die zu einer neuen Rechtsform führen können, aber nicht müssen. Erfahrungsgemäß ist die Personengesellschaft ein flexibles Instrument, um derartige Heranführungen zu unterstützen. Bei Kapitalgesellschaften sind in der Regel mehrere Einzelmaßnahmen erforderlich, um die Unternehmensnachfolge sicherzustellen, wobei aufgrund der Verträge, die zwischen Inhaber und Kapitalgesellschaft zumeist vorliegen, stärkere Abgrenzungsprobleme als bei Personengesellschaften vorliegen können.

## 3.3 Exitstrategie

Umwandlungen mit möglichen Rechtsformänderungen spielen für Finanzpartner, die an einem finanziellen Exit interessiert sind, deshalb eine große Rolle, weil die konkreten Marktgegebenheiten, also das Umfeld der Anteile übernehmenden Marktteilnehmer, in der Regel vorbestimmend für die Rechtsformwahl ist. Gerade die Entwicklung am zwischenzeitlich nicht mehr existierenden Neuen Markt hat gezeigt, dass u.a. erhebliche Probleme bestehen, kapitalmarktorientierte Unternehmen abzubilden, deren Anteile mit Kursfantasie verkauft werden sollen, während die ursprünglichen Inhaber im Gegensatz zu den Wagniskapitalgebern oder anderen Kapitalgebern wenig oder fast keinen Kapitaleinsatz leisten. Unbeschadet der damit verbundenen Steuerfragen hat sich in der Praxis herausgestellt, dass die einmal getroffene Rechtsformentscheidung trotz Möglichkeiten des Rechtsformwechsels im Umwandlungsteuerrecht meistens bindend ist und nicht ohne weiteres beiseite geschoben werden kann. Zudem zeigt sich gerade bei Unternehmen mit einer Exitstrategie, dass die unterschiedlichen Interessen zwischen Erwerber- und Veräußererseite nach der Unternehmenssteuerreform kaum mehr in Einklang zu bringen sind, da der Veräußerer im so genannten Halbeinkünfteverfahren die Steuerfreiheit oder faktisch den halben Steuersatz realisieren kann, andererseits der Erwerber für das Kaufpreispotenzial in der Regel keine Abschreibungen mehr erhält. Im Zweifel führt dieser Konflikt soweit, dass Kaufpreisüberlegungen und Kaufpreisentscheidungen auch von dieser Thematik mitbestimmt werden können.[2]

## 4 Beispiele für Umwandlungsszenarien

Im Folgenden sollen Umwandlungsfälle mit typischen Anwendungsproblemen diskutiert werden. Im Einzelnen gehen wir auf folgende Fallgruppen ein:

- Verschmelzung Tochtergesellschaft auf Muttergesellschaft oder umgekehrt,
- Umwandlung einer Einzelfirma oder Personengesellschaft in eine Kapitalgesellschaft ausschließlich Rechtsformwechsel,
- Umwandlung einer Kapitalgesellschaft in eine GmbH & Co. KG,
- Verschmelzung von Personengesellschaften,
- Spaltung von Kapitalgesellschaften und Realteilung von Personengesellschaften,
- Sanierungsfälle.

Besonderes Augenmerk richten wir in der nachfolgenden Erörterung von Einzelsteuern auf mittelständische Komponenten, also die Fälle, in denen personalistisch geprägte Gesellschaftsformen, die für den Mittelstand typisch sind, berührt werden.

### 4.1 Verschmelzung einer Tochtergesellschaft auf die Muttergesellschaft und umgekehrt

Handelsrechtlich und steuerrechtlich handelt es sich bei der Verschmelzung von Körperschaften um Anschaffungs- und Veräußerungsvorgänge. Der am häufigsten vorkommende Fall ist die Verschmelzung von Tochter- oder Schwestergesellschaften auf eine oder mehrere Muttergesellschaften (up-stream-merger). Zu ähnlichen Konsequenzen führen Verschmelzungen auf horizontaler Ebene von Schwestergesellschaften (side-stream-merger) sowie ggf. der eher untypische Fall der Verschmelzung auf eine Untergesellschaft (down-stream-merger).

Zur Verdeutlichung werden die verschiedenen Verschmelzungsfälle wie folgt dargestellt:

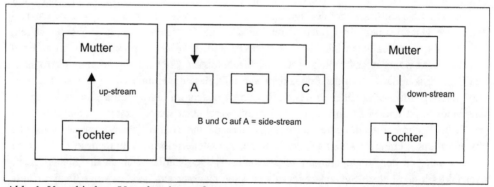

Abb. 1: Verschiedene Verschmelzungsformen

In sämtlichen der vorgenannten Verschmelzungfälle tritt das Grundphänomen auf, dass in der Regel eine steuerneutrale Übertragung der Vermögenswerte der untergehenden Gesellschaften stattfindet, obwohl rein umwandlungsteuerrechtlich eine Aufstockung der Buchwerte der untergehenden (übertragenden) Gesellschaft möglich wäre. Dies liegt daran, dass handelsrechtlich nicht ohne weiteres eine Aufstockung der bisherigen Buchwerte der übertragenden Gesellschaft mit Ausnahme von zulässigen Wertaufholungen möglich ist und wegen der Maßgeblichkeit der Handelsbilanz für die Steuerbilanz von einer Fortführung der handelsrechtlichen Werte für Steuerzwecke ausgegangen wird. Dieser scheinbare Widerspruch ist dadurch bedingt, dass handelsrechtlich der Verschmelzungsvorgang nicht als eigenständige Anschaffung zwischen der übernehmenden Gesellschaft und der übertragenden Gesellschaft gesehen wird, obwohl faktisch ein Tauschgeschäft zwischen Anteilen und Wirtschaftsgütern stattfindet. Daraus resultiert steuerlich das Problem, dass im Verlustfall der übertragenden Gesellschaft vorhandene Verlustvorträge nicht durch Wertaufstockungen im Rahmen der Schlussbilanz bzw. Übertragungsbilanz der übertragenden Gesellschaft aufgebraucht werden können. Andererseits sieht das Umwandlungsteuerrecht vor, dass ertragsteuerlich die Verlustvorträge der untergehenden Gesellschaft von der Übernehmerin fortgeführt werden können.

Es gilt jedoch eine gravierende Ausnahme, und zwar für den Fall, dass wirtschaftlich der Betrieb oder Betriebsteil, der den Verlust der übertragenden Gesellschaft verursacht hat, nicht mindestes fünf Jahre nach Verschmelzung fortgeführt wird (§ 12 Abs. 3 UmwStG). In der Praxis bereitet es daher Schwierigkeiten, verlusttragende Gesellschaften, die zur Sanierung anstehen, durch eine Verschmelzung steuerlich aufzufangen. Im Ergebnis will der Gesetzgeber allerdings insoweit eine Gleichstellung des Verschmelzungsvorgangs mit der Übernahme der Anteile der übertragenen Gesellschaft gem. § 8 Abs. 4 KStG (Verlust des Verlustvortrags einer inaktiven Gesellschaft bei Gesellschafterwechsel wegen Identitätsverlust). Aus diesem Grunde heraus kommt gerade in solchen Fallkonstellationen die Überlegung auf, statt der Gesamtrechtsnachfolge im Zuge der Verschmelzung eine Einzelrechtsnachfolge durch Übertragung einzelner Wirtschaftsgüter der übertragenen Gesellschaft vorzunehmen. Hierdurch kann der Verlustvortrag der übertragenen Gesellschaft evtl. verbraucht werden. Er geht wirtschaftlich in Form einschließender Abschreibungen auf die übernehmende Gesellschaft über. In diesen Fällen kann u.U. auch ein Geschäftswert angesetzt werden, der nach h.M. bei zulässiger Aufstockung in Handelsbilanz und Steuerbilanz im Rahmen der Verschmelzung nicht angesetzt werden darf (§ 11 Abs. 2 UmwStG). Im Ergebnis bietet sich eine Verschmelzung in typischen Fällen der Zusammenlegung von Geschäftsbetrieben oder im Sanierungsfall erst dann an, wenn zuvor bereits die Sanierung durchgeführt ist.

Auch vor der Unternehmensteuerreform 2001 kommt es im Rahmen von Verschmelzungen u.U. zu Konfliktpotenzial, wenn in früheren Jahren Teilwertabschreibungen der Muttergesellschaft bzw. der aufnehmenden Gesellschaft auf Anteile an der übertragenen Gesellschaft (in der Regel Tochtergesellschaft) vorgenommen wurden. Haben sich diese Teilwertabschreibungen ergebnismindernd ausgewirkt, kommt es zu einer Nachversteuerung durch Hinzurechnung bei der Muttergesellschaft. Liegt eine Teilwertabschreibung vor, die aufgrund der Unternehmensteuerreform in Verbindung mit § 8b KStG n. F. nicht mehr steuerlich mindernd geltend gemacht werden konnte, entfällt das Bedürfnis für diese Hinzurechnung, sodass es bei der Steuerneutralität bleibt.[3]

Der Fall des down-stream-mergers kommt in der Praxis gelegentlich vor und zwar insbesondere dann, wenn es sich bei der untergehenden Obergesellschaft um eine reine Finanzierungsholding handelt, die auf die erworbene Beteiligungsgesellschaft verschmolzen werden soll. Die umwandlungsrechtlichen Regeln der Verschmelzung sind auf diesen Vorgang nur im Billigkeitswege anzuwenden. Schwierigkeiten bereitet u.U. die grundsätzliche Frage, ob in diesem Fall die Anteile der übernehmenden Gesellschaft (Tochtergesellschaft) zu eigenen Anteilen werden oder ob diese Anteile im Zuge der Verschmelzung als Gegenleistung den Gesellschaftern der übertragenden Gesellschaft überlassen werden. Während die erste Alternative als steuerneutral gesehen wird, auch wenn die Anteile anschließend eingezogen werden, ist die zweite Alternative nicht unumstritten, da wegen Übernahme von Schulden durch die Tochtergesellschaft eine verdeckte Gewinnausschüttung fingiert werden könnte. Nach h.M. wird von einem neutralen Durchgangserwerb der Anteile auf die Gesellschafter der untergehenden Muttergesellschaft ausgegangen. Liegt dem Verschmelzungsvorgang eine faktische Sanierung zugrunde, besteht das gesonderte Problem der analogen Anwendung des § 8 Abs. 4 KStG mit der Folge, dass der Verlustvortrag der Tochtergesellschaft evtl. nicht vorgetragen werden kann. Der down-stream-merger scheidet daher in der Regel als Sanierungsmodell aus.

Gesondert sind die Auswirkungen von Verschmelzungen auf der Anteilseignerebene zu betrachten. Im Wesentlichen findet nach den umwandlungsteuerlichen Regelungen ein steuerneutraler Tausch der Anteile statt, bei dem die bisherigen Anschaffungskosten des Anteilseigners der untergehenden Gesellschaft, der hierfür neue Anteile erhält, fortgeführt werden. Auch der Status der untergehenden Anteile wird bei den neu zugeteilten Anteilen fortgeführt. Diese neu zugeteilten Anteile (z.B. Anteile, die die neue Muttergesellschaft dem Anteilseigner der untergehenden Gesellschaft zuteilt), werden als verschmelzungsgeborene Anteile bezeichnet. Diese teilen das Schicksal der untergehenden Anteile.

### 4.2  Vom Einzelunternehmen / Personengesellschaft in die Kapitalgesellschaft

Die Umwandlung einer Einzelfirma oder einer Personengesellschaft in eine Kapitalgesellschaft ist auf sehr verschiedene Möglichkeiten hin denkbar und zu beleuchten. In der Praxis geht es bei einer solchen Gestaltung üblicherweise um den Wechsel der Rechtsform, sei es aus rechtlichen, wirtschaftlichen oder steuerlichen Gründen.

Alternativ steht bei einem solchen Vorgang eine Auswahl von umwandlungsrechtlichen Vorgängen oder die Möglichkeit der Einzelrechtsnachfolge, insbesondere durch sog. Sacheinlage, zur Verfügung. Steuerrechtlich werden diese Vorgänge sämtlich als Einbringung bezeichnet (s. § 20 UmwStG ff). Der Begriff der Einbringung ist rein steuerrechtlicher Art und beschreibt nicht den zugrunde liegenden handelsrechtlichen Vorgang. Am häufigsten kommen in der Praxis die Fälle der Verschmelzung einer Personenhandelsgesellschaft auf eine neue Kapitalgesellschaft, der Fall der Ausgliederung eines einzelkaufmännischen Betriebs auf eine neue Kapitalgesellschaft sowie der handelsrechtliche Formwechsel durch echten Rechtsträgerwechsel in Betracht. Diese Alternativen werden vor allem aus rechtlichen Gründen gewählt, wobei zusätzlich durch die Gesamtrechtsnachfolge Unklarheiten bei der Rückbeziehung des Einbringungsvorgangs, der bei Umwandlungsvorgängen außerhalb des handelsrechtlichen Umwandlungsgesetzes möglich ist, vermieden werden können. Als Umwandlungen außerhalb des handelsrechtlichen Umwandlungsgesetzes sind vor allem die Fälle der Einbringung des gesamten Betriebs einer Personengesellschaft, also sämtlicher wesentlicher Betriebsgrundlagen bzw. Wirtschaftsgüter sowie sämtlicher Anteile an einer Personenhandelsgesellschaft (steuerliche Mitunternehmeranteile) auf eine neu zu gründende Kapitalgesellschaft zu nennen, wobei im Zuge der Einzelrechtsnachfolge oder der Anwachsung das gesamte Vermögen der Personengesellschaft auf die gegründete Kapitalgesellschaft übergeht. Das neue Umwandlungsteuergesetz sieht vor, dass in sämtlichen genannten Fällen eine acht-monatige Rückbezüglichkeit eintreten kann. Diese Rückbezüglichkeit macht bei umwandlungsrechtlichen Vorgängen keine Schwierigkeiten, da insofern eine Anknüpfung an die umwandlungsrechtlich zu erstellenden Schlussbilanzen erfolgt und lediglich Voraussetzung ist, dass innerhalb der Rückbeziehungsfrist von acht Monaten die entsprechende Anmeldung zum Handelsregister erfolgt. Diese Rückbeziehung ist für die Praxis sehr wichtig, da hierdurch zeit- und kostenintensive Zwischenabschlüsse vermieden werden und auf die Jahresbilanz aufgebaut werden kann.

In den Einbringungsfällen außerhalb des handelsrechtlichen Umwandlungsgesetzes können Vorgänge stattfinden, die keinen formellen Erfordernissen unterliegen und für die es vor allem auf einen sog. Einbringungsvertrag sowie den Übergang des wirtschaftlichen Eigentums innerhalb der acht-monatigen Rückwirkungsfiktion ankommt. Konkret bedeutet dies, dass z.B. bei Sacheinlage in eine neu gegründete Kapitalgesellschaft der Gründungsvorgang in Verbindung mit dem Einbringungsvertrag, der der Sacheinlage zugrunde liegt, in der Regel den sofortigen Übergang des wirtschaftlichen Eigentums unabhängig von der Eintragung im Handelsregister vorsehen muss, um die entsprechende Rückwirkungsfiktion auslösen zu können.

Bei personenbezogenen Gesellschaften hat sich der Klarheit wegen eindeutig ein Vorgehen nach dem handelsrechtlichen Umwandlungsrecht durchgesetzt, zumal sich steuerlich ein Unterschied zwischen den Formen der Gesamtrechtsnachfolge nach Umwandlungsrecht und der Einzelrechtsnachfolge außerhalb des Umwandlungsrechtes kaum feststellen lässt. Einen Sonderfall bildet der handelsrechtliche Formwechsel (s. § 25 UmwStG), für den allerdings ein Wahlrecht zur Aufstockung oder Teilaufstockung der bisherigen Buchwerte des übergehenden Gesellschaftsvermögens steuerlich nicht möglich ist, während alle anderen Einbringungsvarianten aus steuerlicher Sicht ein Wahlrecht des Ansatzes des eingebrachten Vermögens mit Buchwerten, Teilwerten oder Zwischenwerten ermöglichen. Soweit eine Buchwertverknüpfung erwünscht ist, sind die angesprochenen Handlungsalternativen gleichwertig.

Abgesehen von handelsrechtlichen Aufstockungspflichten, die notwendig sind, um im Zuge einer Sachgründung oder Sachkapitalerhöhung der übernehmenden Kapitalgesellschaft das zu bildende Kapital darzustellen, haben Aufstockungswahlrechte mit Einbringung über dem Buchwert u.U. dann besondere Bedeutung, wenn Verluste im eingebrachten Vermögen vorhanden sind, die durch Aufstockung aufgebraucht werden sollen. Dies setzt allerdings voraus, dass eine solche Aufstockung auf der Ebene des einbringenden Unternehmens bzw. Unternehmers nicht zu negativen einkommensteuerlichen oder körperschaftsteuerlichen Folgen führt. Weiterer Grund für eine Aufstockungsvariante ist die Realisierung von Steuervergünstigungen (§ 34 EStG).

Ein besonderes Problem für die Praxis stellt die Voraussetzung der Buchwertverknüpfung im Einbringungsfall in eine Kapitalgesellschaft dann dar, wenn - wie im Mittelstand sehr häufig – zu einer Personengesellschaft auch sog. Sonderbetriebsvermögen gehört. Zum Sonderbetriebsvermögen kann insbesondere ein Wirtschaftsgut zählen, das ein Gesellschafter der Personengesellschaft zur Nutzung überlässt. Des Weiteren gehören u.U. die Anteile an der übernehmenden Kapitalgesellschaft, also der Gesellschaft, in die umwandlungsrechtlich oder im Wege der Einzelrechtsnachfolge das Vermögen der Personengesellschaft übertragen wird, zum Sonderbetriebsvermögen eines Gesellschafters dieser einbringenden Gesellschaft.

Will ein Gesellschafter bzw. eine einbringende Personengesellschaft, die aus mehreren fiktiv einbringenden Gesellschaftern besteht, eine Buchwertverknüpfung oder eventuell bei Aufstockung durch Einbringung zu Teilwerten Tarifbegünstigungen für die Gesellschafter erreichen, müssen sämtliche wesentliche Betriebsgrundlagen, einschließlich Sonderbetriebsvermögensbestandteile, mit eingebracht werden. Andernfalls liegen reine Verkaufsvorgänge vor. Im Übrigen gelten die Regeln der verdeckten oder offenen Sacheinlage. Dies kann u.a. zur Folge haben, dass die nicht eingebrachten Wirtschaftsgüter als zum Teilwert entnommen gelten und eine sofortige Besteuerung auslösen. Des Weiteren tritt in der Praxis häufig der Fall auf, dass im Zuge der Einbringung von Vermögen eines Einzelunternehmens oder einer Personengesellschaft bei Zurückbehaltung von Wirtschaftsgütern eine sog. Betriebsaufspaltung mit der übernehmenden Kapitalgesellschaft entsteht, sodass es nicht zur Entnahme der nicht mit eingebrachten Wirtschaftsgüter kommt. Gleichwohl ist ein Tauschvorgang gegeben, der bezüglich des Übergangs von Wirtschaftsgütern auf die aufnehmende Kapitalgesellschaft, auch im Wege der verdeckten Einlage, faktisch zum Teilwert (gemeinen Wert) fingiert wird und daher in Verbindung mit einer Erhöhung der Anschaffungskosten der einbringenden Personengesellschaft oder der dahinter stehenden Gesellschafter zur – in der Regel unerwünschten - Aufdeckung stiller Reserven führt. Zum Haftungsfall kann eine solche Gestaltung für den Berater dann werden, wenn zudem ein Geschäftswert aufgedeckt wird, also bewusst keine Buchwertverknüpfung gewählt wird und für diesen Fall wegen der Bildung einer Betriebsaufspaltung die Tarifbegünstigung nach § 34 EStG entgegen der steuerlichen Planung verfehlt wird. Ähnliches gilt für den Fall, dass beim Übergang vom Einzelunternehmen oder der Personengesellschaft in die Kapitalgesellschaft nicht ordnungsgemäß der Weg der handelsrechtlichen Umwandlung oder der Sacheinlagevorschriften gewählt wird, sondern lediglich Einzelverkäufe der bisherigen Wirtschaftsgüter der übergehenden Unternehmung stattfinden. Abgesehen davon, dass in diesen Fällen wiederum kein Wahlrecht zwischen einer Einbringung bzw. einer Veräußerung zum Buchwert oder zum Teilwert besteht, kann dieser Vorgang ungewollt zur steuerlichen Betriebsaufgabe mit den Steuerkonsequenzen der Aufdeckung sämtlicher stiller Reserven führen.

Gegenstand einer Einbringung im Sinne des § 20 UmwStG können auch Anteile an einer Kapitalgesellschaft sein, und zwar auch dann, wenn diese Anteile zum Vermögen einer Einzelfirma oder einer Personengesellschaft gehören. Derartige Anteile können evt. isoliert für eine steuerneutrale Einbringung in eine andere Kapitalgesellschaft oder eine neu gegründete Kapitalgesellschaft genutzt werden. Hierdurch findet faktisch eine Umwandlung der bisherigen Beteiligung in eine neue Beteiligung statt. Die Steuerneutralität eines solchen Vorgangs ist für die einbringende Gesellschaft oder den einbringenden Gesellschafter unter Umständen notwendig und wichtig, weil nur auf diesem Wege ein Gemeinschaftsunternehmen mit einem Partner gegründet oder erweitert werden kann, ohne dass es zu einer sofortigen Besteuerung der in den eingebrachten Anteilen liegenden stillen Reserven kommt. Wie auch in den klassischen Fällen der Einbringung von Betrieben oder Gesellschaftsanteilen an Personengesellschaften haben diese Vorgänge jedoch zur Folge, dass sog. einbringungsgeborene Anteile an der aufnehmenden Gesellschaft, die hierfür Anteile ausgibt, entstehen. Diese einbringungsgeborenen Anteile unterliegen sehr restriktiven steuerlichen Regelungen (s. § 21 ff. UmwStG).

Vor allem im Zuge der Unternehmensteuerreform wurden Sonderregelungen geschaffen, die ausschließen wollen, dass Einbringungsvorgänge nach § 20 UmwStG als Umgehung für die weitere Steuerpflicht genutzt werden. In § 3 Nr. 40 EStG n. F. wurde daher geregelt, dass grundsätzlich eine sog. siebenjährige Sperrfrist für einbringungsgeborene Anteile besteht. Dies bedeutet, dass bei einer Veräußerung solcher einbringungsgeborener Anteile nicht das sog. Halbeinkünfteverfahren, sondern das Volleinkünfteverfahren nach altem Recht zum Zuge kommt. Auch die offene oder verdeckte Einlage solcher einbringungsgeborener Anteile in eine weitere Kapitalgesellschaft lösen im übrigen die Folgen einer Veräußerungsgewinnbesteuerung aus. Des Weiteren kommen in der Praxis durchaus Fälle vor, in denen z.B. ein Anteilseigner, der solche einbringungsgeborenen Anteile hält, aus der unbeschränkten Steuerpflicht in der Bundesrepublik ausscheidet. Dieser Wegzug führt zu einer fiktiven Besteuerung der Differenz zwischen dem gemeinen Wert der Anteile und den Anschaffungskosten, die im Zuge der Einbringung entstanden sind. Soweit diese Anschaffungskosten aus einer Einbringung zu Buchwerten oder Zwischenwerten ableitbar sind, treten somit in der Regel erhebliche negative Steuerfolgen für den betroffenen Anteilseigner ein. Da der Eintritt dieser Bedingungen zeitlich unbegrenzt ist, müssen der Fiskus einerseits und der Anteilseigner andererseits sozusagen auf Ewigkeit die Anschaffungskosten derartiger Anteile, auch z.B. bei unentgeltlichem Rechtsübergang auf einen Rechtsnachfolger, der diesbezüglich in die steuerlichen Fußstapfen des Rechtsvorgängers tritt, fortgeschrieben und weiterverfolgt werden.

Ein Sonderproblem tritt beim Formwechsel der Umwandlung einer GmbH & Co. KG in eine Kapitalgesellschaft ein, da in einer GmbH & Co. KG zwingend auch eine Komplementär-GmbH, selbst wenn sie an Gewinn und Verlust und Vermögen der Gesellschaft nicht beteiligt ist, als Gesellschafter fungiert. Im Zuge eines Übergangs auf eine Kapitalgesellschaft muss nach handelsrechtlichen Regeln diese Komplementär-GmbH zwingend mindestens einen Anteil an der neu gegründeten Gesellschaft oder bei einer Kapitalerhöhung an den neu geschaffenen Anteilen erhalten. Für diesen Fall wird in der Praxis am häufigsten die sog. Treuhandlösung durchgeführt, die eine Haltung des auf die Komplementär-GmbH übergehenden Anteils für Rechnung der eigentlich wirtschaftlich betroffenen Gesellschafter der GmbH & Co. KG bestimmt und eine Übertragung des auf die Komplementär-GmbH zugeteilten Anteils auf die Gesellschafter (Kommanditisten) der GmbH & Co. KG ohne weitere ertragsteuerliche Folgen erfordert.

### 4.3 Von der Kapitalgesellschaft in ein Einzelunternehmen / Personengesellschaft

Vor allem aus Gründen der steuerlichen Rechtsformwahl bietet sich die Umwandlung einer Kapitalgesellschaft in eine Personengesellschaft an (Stichwort: Raus aus der Kapitalgesellschaft).

Der Übergang von einer Kapitalgesellschaft in eine Personengesellschaft kommt neuerdings vor allem deshalb in Frage, weil durch die seit 2001 geltende Gewerbesteueranrechnung

(§ 35 EStG) Einzelunternehmen oder Personengesellschaften in der kurzfristigen Endbesteuerung einer Kapitalgesellschaft durchaus überlegen sein können. Dies setzt allerdings voraus, dass in der Unternehmung ausreichende Gewinne erzielt werden, um die maximale Gewerbesteueranrechnung zu erreichen. Da die Gewerbesteueranrechnung personenbezogen ist, setzt dies bei mehrpersonigen Gesellschaften voraus, dass die einkommensteuerlichen Rahmenbedingungen des jeweiligen Gesellschafters diese Bedingungen erfüllen. Sollte in der Zukunft – wie die Gesetzesentwürfe für die Steuerreform 2004 gezeigt haben – eine wesentliche Änderung der Gewerbesteuer eintreten, die evtl. sogar noch zu einer Erhöhung des Gewerbesteueranrechnungsvolumens führt, kann diesen Gestaltungsüberlegungen noch weiteres Gewicht beizumessen sein. Analysen der allerdings im Vermittlungsausschuss gescheiterten Gesetzesbemühungen um eine Gemeindewirtschaftsteuer ab dem 01.01.2004 haben eindeutig gezeigt, dass die Endbesteuerungsspreizung zwischen der Besteuerung im Rahmen einer Kapitalgesellschaft mit anschließender Ausschüttung von Gewinnen an die Anteilseigner gegenüber dem unmittelbaren steuerlichen Bezug von Gewinnen im Rahmen einer Personengesellschaft bei höherer Gewerbesteuer mit höherem Gewerbesteueranrechnungsvolumen steigt.[4]

Gesetzgebungsvorhaben (z.B. die angedachte Gesellschafterfremdfinanzierung nach § 8a Abs. 2 KStG n. F. in der Gesetzesfassung vor dem Vermittlungsausschuss 2003) können durchaus dazu führen, Verschmelzungen einer Kapitalgesellschaft auf eine Personengesellschaft zu überlegen. Dies gilt insbesondere für die im Mittelstand sehr häufig anzutreffende Betriebsaufspaltung, bei der Anteile an der Betriebskapitalgesellschaft in der Regel im Vermögen eines Besitzunternehmers oder einer Besitzunternehmenshandelsgesellschaft liegen und zur Vermeidung von negativen Steuerfolgen auf das Besitzunternehmen verschmolzen werden sollen.

Die umwandlungsteuerrechtlichen Regelungen des Übergangs des Vermögens an einer Kapitalgesellschaft auf eine Einzelunternehmung oder eine Personengesellschaft sind vom Grundsatz geprägt, dass faktisch eine Veräußerung des Vermögens der Kapitalgesellschaft auf die Personengesellschaft im Tauschwege stattfindet. Gleichwohl wird für Steuerzwecke eine Maßgeblichkeit der Übertragungsbilanz der untergehenden Kapitalgesellschaft in der steuerlichen Eröffnungsbilanz der aufnehmenden Personengesellschaft oder des aufnehmenden Einzelunternehmens unterstellt. Beim übernehmenden Rechtsträger ergeben sich Übernahmegewinne oder Übernahmeverluste aus dem Unterschied zwischen dem Buchwert der Anteile an der übertragenden Körperschaft und dem zu übernehmenden Vermögen. Soweit ein Übernahmegewinn entsteht, der sich in der Regel aus offenen, noch nicht ausgeschütteten Rücklagen der untergehenden Kapitalgesellschaft zusammensetzt, findet eine fiktive Besteuerung beim Anteilseigner statt. Nach Abschaffung des Anrechnungsverfahrens gilt hier das Halbeinkünfteverfahren, während nach altem Recht eine fiktive Erhöhung des Übernahmegewinns um das sog. Körperschaftsteueranrechnungsguthaben durchgeführt wurde.

Auch bei Umwandlungen einer Kapitalgesellschaft auf eine Personengesellschaft gilt die sog. Rückwirkungsfunktion innerhalb der Acht-Monats-Frist nach dem gewählten Übertragungsstichtag, wobei der steuerliche Übertragungsstichtag in der Regel der Stichtag der Übertragungsbilanz ist, der auf den Tag vor dem umwandlungsrechtlichen Umwandlungsstichtag gewählt wird (also z.B. der 31.12. des Vorjahres bei Umwandlung auf den 01.01. des Folgejahres).

Ein Übernahmeverlust führt nicht zu einem sofort abzugsfähigen Verlust auf der Anteilseignerebene, sondern kann, wenn überhaupt, nur im Zuge eines anzusetzenden Firmenwerts abgeschrieben werden, wobei nach Auffassung der Finanzverwaltung eine solche Aktivierung des Übernahmeverlustes für Gewerbesteuerzwecke ausscheidet.[5] Eigene Verlustvorträge der untergehenden Kapitalgesellschaft, insbesondere gewerbesteuerlicher Art, gehen im Zuge des Übergangs auf die Personengesellschaft unter. Besonderheiten ergeben sich bei bestehenden Pensionszusagen zugunsten von unmittelbaren oder mittelbaren Gesellschaftern. Für diese Fälle kommt es zu einem Einfrieren der bisherigen Pensionszusage mit Übergang zum Barwert anstelle des Teilwertes nach § 6a EStG. Weitere Zuführungen sind nach Übergang zur Personengesellschaft oder zum Einzelunternehmen nicht mehr möglich. Des Weiteren bezieht der bisherige Gesellschafter bei Eintritt des Versorgungsfalles nachträgliche gewerbliche und nicht mehr lohnsteuerpflichtige Einkünfte.

Wie die vorstehenden Einzelthemen zeigen, ist der Übergang einer Kapitalgesellschaft in eine Personengesellschaft ein sehr komplexer Vorgang, bei dem Vor- und Nachteile in steuerlicher Hinsicht abzuwägen sind. Die Praxiserfahrung zeigt, dass einfache Lösungen schwierig sind und ohne Steuerplanung ein Umwandlungsvorgang einer Kapitalgesellschaft in ein Einzelunternehmen oder eine Personengesellschaft kaum möglich ist. Es handelt sich also nicht um eine adhoc-Entscheidung, sondern um eine Abwägung vor allem steuerlicher Gesichtspunkte.

In der Praxis oft überbewertet werden allerdings die Vorteile einer Kapitalgesellschaft im Hinblick auf die wirtschaftliche Umwandlung von Gewinnen in Einkünfte eines Gesellschafters durch Geschäftsführerbezüge oder ähnliche Verträge. Aufgrund der durch die Unternehmensteuerreform eingeführten Gewerbesteueranrechnung, reduziert sich bei voller Ausschöpfung dieser Anrechnung der Steuervorteil aus der steuerlichen Abzugsfähigkeit solcher Bezüge auf der Gewerbesteuerebene der Kapitalgesellschaft im Vergleich zur Gewinnerhöhung durch Nichtabzugsfähigkeit im Rahmen einer Personengesellschaft oder eines Einzelunternehmen erheblich und beträgt faktisch bereits nach der derzeitigen Rechtslage, jeweils in Abhängigkeit von der Höhe der Bezüge und dem Gewerbesteuerhebesatz, maximal 2-3 Prozent der Bezüge.[6] Für Gewerbesteuerminderungen aufgrund Pensionszusagen gelten allerdings abweichende Grundsätze, da in diesen Fällen die langfristigen Zins- und Liquiditätsvorteile zusätzlich zu beachten sind. Als Konsequenz lässt sich feststellen, dass eine Kapitalgesellschaft mit geringen Gewinnrücklagen und mäßigen Gesellschafterbezügen, insbesondere ohne Pensionszusagen, relativ unproblematisch in eine Personengesellschaft oder ein Einzelunternehmen umgewandelt werden kann. Ist Grundvermögen vorhanden, kann die Grunderwerbsteuer eventuell durch eine Umwandlung in Form eines handelsrechtlichen Rechtsformwechsels vermieden werden.

Da in der Regel aus Haftungsgründen der Übergang in ein Einzelunternehmen nicht zur Diskussio steht, geht es in der Praxis vorrangig um die Umwandlung in eine GmbH & Co. KG. In diesem Fall muss wiederum beachtet werden, dass die rechtlichen Voraussetzungen für den Übergang im Rahmen des Rückwirkungszeitraumes von acht Monaten gebildet werden. In der Praxis macht dies zwischenzeitlich kaum Probleme, allerdings mit der Besonderheit, dass bei Haltung der Anteile an der umzuwandelnden Kapitalgesellschaft durch eine Einzelperson, ähnlich wie bei der Umwandlung einer GmbH & Co. KG auf eine Kapitalgesellschaft, für die neue Komplementär GmbH ein für Rechnung des zukünftigen Kommanditisten gehaltener Anteil geschaffen werden muss.

Sehr häufig tritt beim Übergang einer Kapitalgesellschaft auf ein Einzelunternehmen oder eine Personengesellschaft ein so genannter Übernahmefolgegewinn auf. Hierunter wird die Differenz verstanden, die sich aus unterschiedlichen Bewertungen wechselseitiger Verbindlichkeiten und Forderungen zwischen der übertragenden Gesellschaft und der übernehmenden Gesellschaft ergibt. Typisch ist der Wegfall einer Verbindlichkeit der untergehenden Kapitalgesellschaft aufgrund einer Forderung, die bei der übernehmenden Personengesellschaft oder beim Einzelunternehmen bereits wertberichtigt war.[7]

Als äußerst einschränkend wird im Rahmen der Verschmelzung einer Kapitalgesellschaft in eine Personengesellschaft die Vorschrift des § 18 Abs. 3 UmwStG empfunden, die im Rahmen einer fünfjährigen Sperrfrist vorsieht, dass bei Veräußerung der Anteile der auflösenden Personengesellschaft oder von Betriebsteilen, auch wenn im Übrigen die Voraussetzungen für eine Gewerbesteuerfreiheit vorliegen würden, gleichwohl Gewerbesteuer entsteht. Hierbei wird unterstellt, dass diese Gewerbesteuer auf dem Vermögen beruht, das zuvor wirtschaftlich der untergehenden Kapitalgesellschaft zugerechnet wurde. Möglicherweise wird in baldiger Zukunft diese Vorschrift Makulatur, falls der Gesetzgeber, wie bereits mehrfach im Gesetzesvorhaben angedacht, die generelle Gewerbesteuerpflicht für Betriebsveräußerungen, eventuell auch für Betriebsaufgaben, einführt oder erweitert. Besteht grundsätzlich keine Gewerbesteuerfreiheit mehr für solche Vorgänge, erübrigt sich die einschränkende Vorschrift des Umwandlungsteuerrechts im vorstehenden Sinne, da dann bei der entsprechenden Veräußerung immer Gewerbesteuerpflicht eintritt.

### 4.4 Umwandlung und Verschmelzung von Personengesellschaften

In der mittelständischen Wirtschaft überwiegt nach wie vor die Rechtsform der Personengesellschaft. Veränderungen, Umstrukturierungen und Umwandlungen im Rahmen solcher Personengesellschaften sind mittelstandstypisch. Auch die Aufnahme neuer Geschäftspartner oder geschäftliche Kooperationen vollziehen sich zumeist im Rahmen solcher personalistisch geprägter Gesellschaften. Darüber hinaus fungiert die Personengesellschaft im Mittelstand als Holdinggesellschaft oder als bifunktionale Holding, d.h. in der Verbindung der Haltung von Beteiligungen einerseits und der Überlassung von Wirtschaftsgütern an Beteiligungsgesellschaften andererseits (Holding mit Betriebsaufspaltung). Ein weiterer Sonderfall liegt in der so genannten mitunternehmerischen Betriebsaufspaltung, bei der eine Betriebsüberlassung oder Überlassung einzelner Wirtschaftsgüter zwischen personenidentischen Gesellschaften (z.B. Schwesterpersonengesellschaften) erfolgt. Für diese mittelstandstypischen Konstruktionen gibt es eine eigenständige ertragsteuerliche Rechtsentwicklung, die vor allem durch die Rechtsprechung des Bundesfinanzhofes geprägt ist. Stichwortartig wird auf die Rechtsbegriffe „gewerblich geprägte Personengesellschaft, Betriebsaufspaltung in verschiedenen Formen und Mitunternehmererlass" verwiesen.

Das Umwandlungsteuerrecht bietet in diesem Rahmen eine zusätzliche Struktur an (§§ 24 ff. Umwandlungsteuergesetz). Dabei ergeben sich komplizierte Abgrenzungskriterien, die nunmehr der Gesetzgeber seit 1999 durch Einführung entsprechender gesetzlicher Regelungen zu diesem Themenkreis (§ 6 Abs. 3-5 EStG) erhöht hat. Grundsätzlich lässt sich sagen, dass für mittelständische Unternehmen die ertragsteuerliche Verschiebung einzelner Wirtschaftsgüter oder Betriebe bzw. Betriebsteile hohe Relevanz hat. Aufgrund der unterschiedlichen Entwicklung der Rechtsprechung in diesem Sektor, auch in Verbindung mit der Nutzung der angesprochenen Rechtsbegriffe und Instrumente als Gestaltungsmittel, hat sich eine Bandbreite von Gestaltungsalternativen herausgebildet, die für den steuerlichen Laien kaum mehr durchschaubar ist. Der umwandlungssteuerrechtliche Teil dieses Geflechts ist allerdings überschaubar, da die Alternativen, die unter § 24 UmwStG und die sich hieraus ergebenden Rechtsfolgen fallen, relativ klar sind.

Wesentliche und entscheidende Voraussetzung für die Ertragsteuerneutralität von Umstrukturierungen im Rahmen von Personengesellschaften ist der jeweilige Gegenstand, der der Umwandlung zugrunde liegt. Handelt es sich um einen Betrieb, Teilbetrieb oder Mitunternehmeranteil, ist in der Regel die Ertragsteuerneutralität gewährleistet. Schwierigkeiten bereitet hingegen die Überführung einzelner Wirtschaftsgüter, vor allem im Rahmen so genannter kreditverbundener Übertragungen, d.h. für den Fall der Übernahme von Verbindlichkeiten, die mit dem betroffenen Wirtschaftsgut verbunden sind (s. nunmehr § 6 Abs. 3-5 EStG).[8]

Weiteres entscheidendes Kriterium für umwandlungssteuerlich relevante Umwandlungen von Personengesellschaften ist die Erfassung von Wirtschaftsgütern in der Eröffnungsbilanz bzw. Übernahmebilanz der aufnehmenden bzw. betroffenen Personengesellschaft. Die Bilanzierung in dieser Steuerbilanz entscheidet darüber, welche ertragsteuerlichen Folgen sich auf der Ebene der einbringenden Gesellschafter oder des Einzelunternehmers ergeben können. § 24 UmwStG erwähnt daher auch ausdrücklich den Begriff der steuerlichen Ergänzungsbilanz, der im Übrigen im Gesetz nicht definiert ist. Die so genannten positiven und negativen Ergänzungsbilanzen sind ein wesentliches Gestaltungsmittel für die mittelständische Wirtschaft, die Aufnahme von Partnern oder auch andere Umstrukturierungen steuerlich so zu gestalten, dass keine sofortige liquiditätsmäßige Steuerlast entsteht. Dies ist zumindest wirtschaftlich in den Fällen gerechtfertigt, in denen tatsächlich in diesen Vorgängen kein Geld fließt und aufgrund der Sicherstellung der Versteuerung der stillen Reserven kein fiskalischer Anlass für eine Sofortbesteuerung besteht. Dies entspricht im Übrigen einem allgemeinen umwandlungsrechtlichen Grundsatz, da gerade die Sicherheit der späteren Besteuerung der stillen Reserven Grundlage für die Steuerneutralität von Umwandlungsvorgängen ist. Schwerwiegende Abgrenzungsfragen ergeben sich jedoch auch im Bereich des § 24 UmwStG dadurch, dass als ungeschriebenes weiteres Kriterium der Steuerneutralität darauf abgestellt wird, welche Verwendung die Gegenleistung, die z.B. ein aufgenommener Partner in die Gesellschaft leistet, findet. Die Grundthese, dass eine Gegenleistung außerhalb der Gesellschaft zur Steuerpflicht führt und innerhalb der Gesellschaft die Steuerneutralität garantiert, ist unvollständig, da die Rechtsprechung wie auch die Finanzverwaltung missbräuchliche Gestaltungen aufgreifen.[9]

Aus Beratersicht kann bestätigt werden, dass sich die umwandlungsrechtlichen Vorschriften der §§ 24 ff. UmwStG bewährt haben. Ob sich auch die neuen gesetzlichen Regelungen des § 6 Abs. 3-5 EStG, die insbesondere auch die Aufnahme eines Unternehmensnachfolgers in ein Einzelunternehmen oder eine Mitunternehmerschaft oder ähnliche Vorgänge sicherstellen wollen, bewähren werden, ist noch offen. Zur Abgrenzung der angesprochenen Umstrukturierungsregeln ist im Übrigen darauf hinzuweisen, dass die in § 6 EStG neue Fassung erfassten Fälle im Wesentlichen unentgeltliche Übertragungen erfassen sollen, während es im Umwandlungsteuerrecht um entgeltliche Übertragungsfälle geht.

Eine in der Praxis wichtige Alternative betrifft die Zusammenführung zweier Personengesellschaften, auch wenn sich sämtliche denkbaren Gestaltungen zu diesem Thema im Rahmen des § 24 UmwStG bewegen. In Frage kommt hierfür die umwandlungsrechtliche Verschmelzung mit achtmonatiger Rückwirkungsfunktion, die im Rahmen einer Gesamtrechtsnachfolge durchgeführt wird und die erstmals aufgrund des ab 1995 geltenden Umwandlungsrechts möglich wurde. Dem steht die Alternative der faktischen Gesamtrechtsnachfolge durch Anwachsung gegenüber, die dadurch erzielt werden kann, dass die Anteile an einer Personengesellschaft sämtlich auf eine andere Personengesellschaft übertragen werden und mittels Vereinigung sämtlicher Anteile in der Hand der aufnehmenden Personengesellschaft mittels Anwachsung das Vermögen auf die aufnehmende Personengesellschaft übergeht. Im Unterschied zur umwandlungsrechtlichen Variante ist es allerdings steuerlich erforderlich, den Einbringungsvorgang in Verbindung mit der Anwachsung vor Ablauf des Übertragungsstichtages vorzunehmen, da eine Rückwirkungsfunktion von bis zu acht Monaten in letzterem Fall ausscheidet. Die Anwachsung lässt sich wie folgt darstellen:

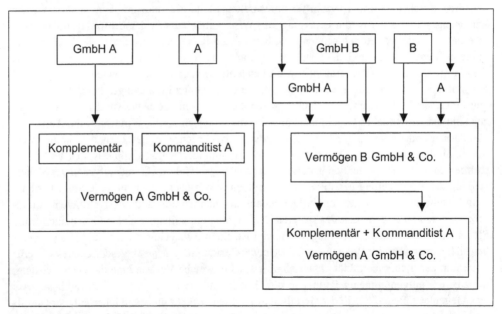

Abb 2: Anwachsen von Personengeellschaften.

Verschmelzungen von Personengesellschaften wie auch der Gesellschafterwechsel in Personengesellschaften haben den Nachteil, dass gewerbesteuerliche Verlustvorträge ganz oder teilweise verloren gehen. Außerdem bestehen erhebliche grunderwerbsteuerlichen Gefahren.

## 4.5 Spaltung und Realteilung

Während Verschmelzungen und Umwandlungen im engeren Sinne zum Wegfall einzelner Gesellschaften mit Übergang ihres Vermögens auf andere Gesellschaften führen, liegt ein Umwandlungsvorgang im umwandlungsrechtlichen Sinne auch dann vor, wenn ein einheitliches Vermögen einer Gesellschaft auf mehrere Gesellschaften aufgeteilt wird oder auf solche übergeht. Bei Kapitalgesellschaften spricht man von Spaltungen im weiteren Sinn. Im engeren Sinn unterscheidet sich die Spaltung in die so genannte Aufspaltung, Abspaltung und Übertragung bzw. Ausgliederung. Vereinfacht lässt sich sagen, dass das Umwandlungsteuergesetz als Voraussetzung für die Steuerneutralität dieser Vorgänge einen Betrieb oder Teilbetrieb voraussetzt. Diese Voraussetzung eröffnet wiederum einen Streit über einen unbestimmten Rechtsbegriff, nämlich den des Teilbetriebs. Ähnlich wie bei der Diskussion über den Rechtsbegriff der „wesentlichen Betriebsgrundlagen" gibt es in Literatur und Rechtsprechung keine einheitliche Auffassung über die Ausfüllung dieses unbestimmten Rechtsbegriffes. Tendenziell lässt sich jedoch sagen, dass im Rahmen von Spaltungsvorgängen in der Praxis kein völlig enger Teilbetriebbegriff verwandt wird, insbesondere da ansonsten in vielen Fällen Spaltungen faktisch unmöglich wären. Beispiel ist die Spaltung einer Kapitalgesellschaft, an der zwei Gesellschafter gleichwertig beteiligt sind. Diese Gesellschafter wollen das Vermögen der Kapitalgesellschaft so aufteilen, dass sie beide anschließend jeweils eine eigenständige Kapitalgesellschaft haben. In diesen Fällen wäre es steuerlich kontraproduktiv, wenn als enge Voraussetzungen für die Spaltungsfähigkeit im Sinne der Ertragsteuerneutralität getrennte Buchführungen für die beiden Bereiche verlangt würden, die anschließend von den beiden Gesellschaftern in eigenständigen Gesellschaften geführt werden. Die Teilbetriebsfähigkeit der aufzuspaltenden Teile müsste daher in diesen Fällen steuerrechtlich genügen.

Für den Mittelstand kommt weniger die Spaltung einer Kapitalgesellschaft in Frage. Vielmehr konzentriert sich in diesem Bereich der Ansatzpunkt auf die so genannte Realteilung von Personengesellschaften, die ebenfalls einen abstrakten Rechtsbegriff enthält, der durch die Rechtsprechung der Vergangenheit ausgefüllt wurde. Erstmals im Rahmen des Unternehmensteuerfortentwicklungsgesetzes wurde im § 16 EStG eine gesetzliche Regelung für die Realteilung von Personengesellschaften getroffen.[10] Vereinfacht liegt eine solche Realteilung nur dann vor, wenn sich die Gesellschafter einer Personengesellschaft trennen, sämtliche Wirtschaftsgüter der Personengesellschaft übernehmen und diese Wirtschaftsgüter jeweils in gesonderten Betrieben bzw. genauer gesagt in einem Betriebsvermögen der Realteiler fortgeführt werden. Unter Umständen schwierig ist die Abgrenzung der Realteilung von der Realabfindung. Ebenfalls ungeklärt sind im Einzelfall die Rechtsfolgen aus einer Realteilung, die Mitunternehmeranteile (Personengesellschaftsanteile) zum Gegenstand hat. Beraterisch muss daher sehr genau überlegt werden, ob und in welcher Form eine Realteilung von Personengesellschaften durchgeführt werden kann, da bei Fehlschlagen eines solchen Konzeptes erhebliche Steuern und Belastungen entstehen können, ohne dass ein am Markt realisierter Gewinn zur Finanzierung dieser Steuern zur Verfügung steht.

Sehr beliebt sind Realteilungen in Freiberuflersozietäten, insbesondere im Auseinandersetzungsfall. Auch hier muss jedoch aus steuerlicher Sicht genau geprüft werden, ob z.B. bei

Aufteilung des Mandantenstamms tatsächlich die Voraussetzungen einer ertragsteuerlichen Realteilung gegeben sind.[11]

### 4.6 Sanierungsfälle

Als mittelbare Folge der Globalisierung sowie der Strukturprobleme der deutschen Wirtschaft hat sich im letzten Jahrzehnt in einem bisher nicht gekannten Umfang die Sanierungsbedürftigkeit von Unternehmen als betriebswirtschaftliches Phänomen herausgestellt. Die Insolvenzquote in der Bundesrepublik hat nie vorausgesehene Steigerungsraten erreicht. Diese Tendenz setzt sich fort und ist derzeit noch nicht abzusehen. Damit stellt sich, auch in mittelständischen Unternehmen, in größerem Maße als früher die Frage, welche Steuerfolgen sich aus Sanierungs- bzw. Umstrukturierungsmaßnahmen ergeben und welche Möglichkeiten, auch unter Nutzung des Umwandlungsteuerrechtes, bestehen, diese Problemfälle zu meistern.

Für Sanierungsmaßnahmen kommt es steuerrechtlich betrachtet entscheidend darauf an, welche Gesellschaftsform betroffen ist und welche Auswirkungen sich auf der Geber- und auf der Nehmerseite ergeben. Zudem ist zwischen Einzelmaßnahmen einerseits und echten Umstrukturierungen (durch Umwandlung und ähnliche Vorgänge) andererseits zu unterscheiden. Fiskalisch ist es von besonderer Bedeutung, eine doppelte Verlustnutzung zu vermeiden, die dadurch entstehen kann, dass die Finanzierung von Verlusten zu steuerlich abzugsfähigen Betriebsausgaben auf der Finanziererseite und zusätzlich zu Verlust oder Verlustvorträgen auf der Ebene der Verlust erzeugenden Einheit führen kann. Gerade bei sanierungsträchtigen Einzelmaßnahmen und erst recht bei sanierungsverursachten Umstrukturierungen will der Fiskus erreichen, dass derartige Verluste auf jeden Fall im Ergebnis nur einmal steuerlich geltend gemacht werden. Typischerweise zeigt sich dieses Problemfeld anhand von Eigenkapitalersatz, das Gesellschafter oder nahe stehende Personen einer Kapitalgesellschaft gegeben haben. Hierzu besteht eine umfängliche Rechtsprechung des Bundesfinanzhofes, die bis auf Detailfragen jahrzehntelang ungeklärte Streitfragen zumindest teilweise geklärt hat, jedoch andererseits die Schwächen der Beteiligung solcher Konzepte zeigt. Unter genau definierten Umständen führen Eigenkapital ersetzende Darlehen oder ähnliche Instrumente (z.B. Bürgschaften) zu späteren Verlusten auf der Ebene der Anteilseigner oder auch nahe stehender Personen[12], da Quasianschaffungskosten im Privatbereich konstruiert werden. Verzichtet hingegen ein Gesellschafter im Vorfeld auf derartigen Eigenkapitalersatz, kommt es zu anderen Rechtsfolgen, ohne dass sich wirtschaftlich tatsächlich ein Unterschied ergibt, da insbesondere insolvenzrechtlich ein qualifizierter Rangrücktritt auf Eigenkapitalersatz wirtschaftlich die gleiche Bedeutung haben kann wie ein Forderungsverzicht. Die Beteiligung des Forderungsverzichtes mit Besserungsschein zeigt im Übrigen, dass trotz entsprechender Rechtsprechung des Bundesfinanzhofes die Finanzverwaltung mehr als sechs Jahre gebraucht hat, um deren ertragsteuerliche Beteiligung zu würdigen.[13]

Ein weiteres Ungleichgewicht zeigt die Rechtsprechungsentwicklung in der Beteiligung von Verlusten aus Eigenkapitalersatz (mit oder ohne Umstrukturierung), wenn Beteiligungen und Eigenkapitalersatz (z.B. Darlehen) in einem Betriebsvermögen anstatt in einem Privatvermögen gehalten werden. Für den steuerlichen Laien ist es kaum verständlich, warum derartige Fallgestaltungen unterschiedlich behandelt werden sollen. Zudem hat der Übergang zum

Halbeinkünfteverfahren diesbezüglich eine wesentliche Änderung gebracht, da nunmehr entsprechende Verluste (wie auch im Privatvermögen nach § 17 EStG) nur noch hälftig abgesetzt werden können. Völlig verwirrend sind die Grundsätze der Rechtsprechung in den Fällen, in denen eine Zwischenschaltung von Gesellschaften der Verlustfinanzierung zugrunde liegt (bspw. Personenbesitzgesellschaft mit Betriebskapitalgesellschaft bei gleichzeitiger Bürgschaft des Besitzpersonengesellschafters für die Betriebskapitalgesellschaft).

Da völlig unterschiedliche Kriterien für die Verlustentstehung und Verlustgeltendmachung für Verluste bei Haltung einer Beteiligung einerseits und bei Verlustausgleich über eine Personengesellschaft andererseits gegeben sind, kann es durchaus von Zufälligkeiten abhängen, ob gravierende Steuerfolgen für den wirtschaftlich betroffenen Gesellschafter eintreten. Zwar geht es häufig in erster Linie darum, wann ein bestimmter Verlust steuerlich geltend gemacht werden kann. Gleichwohl kommt gerade in Sanierungsfällen dem Liquiditätsabfluss von Steuern erhebliche Bedeutung zu, sodass die Beachtung der Rechtsprechungsgrundsätze unabdingbare Voraussetzung für die steuerrechtliche Beteilung von Sanierungsbemühungen ist. Erschwert werden solche Maßnahmen durch die in der Steuerreform 1999 in Wegfall geratene Steuerfreiheit der so genannten Sanierungsgewinne (§ 3 Nr. 66 EStG a. F.). Allerdings hat zwischenzeitlich die Finanzverwaltung durch einen Erlass zu dem durch Sanierung entstehenden zwangsläufigen Steuern zumindest teilweise Billigkeitslösungen geschaffen.[14] Ein weiteres gravierendes Problem hat die Unternehmenssteuerreform 2001 geschaffen, in dem nunmehr die Abgrenzung zwischen einer Erfassung von Verlusten bei einem Beteiligungsansatz oder von Verlusten aus Darlehensgewährungen steuerlich relevant ist. Dies liegt daran, dass Beteiligungsverluste bei Kapitalgesellschaften überhaupt nicht oder bei Anwendung des Halbeinkünfteverfahrens nur hälftig geltend gemacht werden können, während sonstige Verluste aus Darlehen in Betriebsvermögen zum vollen (zumindest vorläufigen) Betriebsausgabenabzug Anlass geben. In diesem Bereich wird eine endgültige Klärung erst durch noch zu erwartende Rechtsprechung herbeigeführt.

Bereits bei der Diskussion über die Verschmelzung von Kapitalgesellschaften wurde das Sonderproblem der Verlustübertragung und Verlustnutzung durch den aufnehmenden Rechtsträger problematisiert. Generell ist festzuhalten, dass nur bei Anwendung der Fußstapfentheorie, also der unmittelbaren Fortführung der Rechtsphäre der untergehenden oder eingebrachten Einheit, eine Fortführung steuerlicher Verluste möglich ist. In Fällen des Rechtsträgerwechsels scheidet hingegen der Regel eine Verlustübertragung aus. Dies hängt im Wesentlich mit der fehlenden Rechtsformneutralität des deutschen Steuerrechts zusammen, die strikt zwischen der Besteuerung der Kapitalgesellschaften einerseits und der Steuersphäre des Anteilseigners andererseits unterscheidet, während bei dem Einzelunternehmen oder der Personengesellschaft nur unmittelbar der Anteilseigner betroffen ist. Diesen Grundsätzen widersprechend hat allerdings der Gesetzgeber, um eine anderweitige Rechtsprechung aus den Angeln zu heben, in § 8 Abs. 4 KStG eine Vorschrift geschaffen, die den Wegfall steuerlicher Verlustvorträge im Wesentlichen an den Wechsel der Gesellschaft anknüpft, obwohl in diesem Fall kein tatsächlicher Rechtsträgerwechsel stattfindet. Es wird vielmehr ein Rechtsträgerwechsel durch Gesellschafterwechsel fingiert. Die Einzelheiten zu diesen Regelungen sind äußerst umstritten und wurden leider durch die Rechtsprechung des Bundesfinanzhofes sogar noch erweitert.[15] In der Praxis hat sich § 8 Abs. 4 KStG als Hinderungsvorschrift herausgestellt, die Sanierungsbemühungen durch Fortführung einer Gesellschaft entgegensteht. Dies führt in der Regel dazu, dass bei Neueinstieg eines Investors in ein sanierungsbedürftiges Unternehmen steuerlich betrachtet die Welt bei Null anfängt und Verlustvorträge kaum übernommen werden können.

Als für die mittelständische Praxis sehr wichtiger Unterfall einer möglichen Sanierung hat sich der rangrücktrittsähnliche Verzicht oder der Direktverzicht auf Gesellschafterpensionszusagen (Direktzusagen) herausgebildet. Mittelständische Kapitalgesellschaften erteilen sowohl aus Altersversorgungsgründen als auch aus steuerlichen Liquiditätsgründen heraus häufig solche Direktzusagen an ihre beherrschenden Gesellschaftergeschäftsführer. Wird das Unternehmen Not leidend oder gerät es in die Krise, ist der Wegfall solcher Pensionszusagen Voraussetzung für eine erfolgreiche Sanierung. Die Rechtsprechung des Großen Senates des Bundesfinanzhofes bildet in diesen Fällen eine feste Rahmenregelung, die zu beachten ist.[16] Faktisch führt diese Rechtsprechung jedoch dazu, dass der steuerlich zuvor gemachte Pensionsaufwand durch eine entsprechende Gewinnrealisierung ausgeglichen wird. Durch diese saldierte Betrachtungsweise wird die steuerliche Wirkung der Pensionszusage rückgängig gemacht. Für den Betroffenen schwierig wird diese Konstellation allerdings im Falle der teilweisen oder vollständigen Werthaltigkeit der Pensionszusage, da dann ein effektiver Zufluss mit Besteuerung auf der Ebene des Gesellschafters fingiert wird. Ein solches Ergebnis ist in der Regel für den Gesellschafter nicht akzeptabel. Ähnliche Probleme stellen sich bezüglich des Übergangs oder Nichtübergangs einer Pensionszusage, insbesondere auch im Falle der Rückdeckung einer solchen Zusage im Vermögen der Gesellschaft, bei Übergabe des Unternehmens bzw. Fortführung nach Anteilseignerwechsel. Abgesehen vom Normalfall der Veräußerung des Betriebs im Wege der Anteilsveräußerung (share deal) gibt es Sonderfälle, in denen es der betroffenen Gesellschaft nicht mehr gut geht und daher eine Verknüpfung zwischen Anteilsverkauf und Sanierung stattfindet. Gerade in diesen Fällen sind vor allem die einkommensteuerlichen Wirkungen auf der Gesellschafterebene teilweise immer noch ungeklärt.[17] Solche Unklarheiten stellen Hemmnisse für klare und notwendige Gestaltungen dar. Auch im Umwandlungsfall muss im Einzelnen geprüft werden, welche steuerlichen Konsequenzen sich aus einer solchen Pensionszusage bei einer Kapitalgesellschaft ergeben können. Wie bereits bei der Umwandlung einer Kapitalgesellschaft in eine Personengesellschaft aufgezeigt, bleiben Umwandlungen in steuerlicher Hinsicht für solche Zusagen nicht ohne Rechtsfolge. Damit zeigt sich in der Praxis, dass einmal gewählte steuerliche Gestaltungsmittel letztendlich immer von der wirtschaftlichen Entwicklung des Unternehmens abhängen und ihre Vorteilhaftigkeit oder Bedeutung verlieren können, wenn ein Unternehmen in die Krise kommt. Diesen Folgen lässt sich nur durch alternative Gestaltung und rechtzeitiges Handeln vorbeugen.

## 5  Zusammenfassung

Das Umwandlungssteuerrecht assistiert dem handelsrechtlichen Umwandlungsrecht in den Grundfällen typischer Umwandlungen. In der Praxis hat sich nach unserer Erfahrung die steuerneutrale Verschmelzung von Kapitalgesellschaften und Personengesellschaften bewährt. Gleiches gilt im Wesentlichen für Rechtsträgerwechsel, die durch handelsrechtlichen Formwechsel bewerkstelligt werden. Schwierigkeiten bereitet weiterhin der allgemeine Rechtsträgerwechsel, insbesondere von der Kapitalgesellschaft zur Personengesellschaft. Der Umkehrfall des Übergangs einer Personengesellschaft in eine Kapitalgesellschaft fällt hingegen leichter.

Die Umstrukturierungsregeln im Rahmen von Personengesellschaften stellen die steuerliche Beratungspraxis für den Mittelstand vor schwierige Probleme, zumal der Gesetzgeber versucht, Gestaltungsspielräume einzuschränken. Dies führt zu jahrelangen oder sogar jahrzehntelangen Unklarheiten, die nur durch die Rechtsprechung beseitigt werden können (s. z.B. Übertragungen zwischen personenidentischen Schwesterpersonengesellschaften). Da die Rechtsprechung andererseits unberechenbar ist, wird sich der Mittelstand weiterhin mit unterschiedlichen Rechtsvorschriften und Rechtsprechungsgrundsätzen auseinander setzen müssen.

Die Ausnutzung des Umwandlungsteuerrechtes zur Verfolgung rein steuerlicher Ziele wurde durch den Gesetzgeber im Rahmen der Unternehmenssteuerreform 2001 entscheidend beschnitten. Diese Tendenz wird sich fortsetzen.

Für Sanierungsfälle liefert das Umwandlungsteuerrecht im Einzelfall zwar ein gewisses Instrumentarium, führt jedoch dazu, dass die fiskalischen Interessen an der Vermeidung der Doppelnutzung von Verlusten im Vordergrund steht. Die Sanierung durch Einzelmaßnahmen ist steuerlich problembehaftet und auch teilweise noch nicht durch Rechtsprechung geklärt. Dem Grunde nach ist der Fiskus nicht bereit, im Sinne einer steuerlichen Vergünstigung einen Beitrag zur Sanierung von Unternehmen zu leisten. Somit hat das Umwandlungsteuerrecht für diesen Bereich an Bedeutung verloren.

Für den Mittelstand entscheidend sind die Regeln des Umwandlungsteuerrechts und des Einkommensteuerrechtes, die nach wie vor steuerneutrale Gestaltungen zulassen. Solange dieser Bereich vom Gesetzgeber aufrechterhalten bleibt, können Normalfälle im Wesentlichen noch befriedigt gelöst werden. Sobald jedoch über den Normalansatz hinausgehende Gestaltungsmittel gewährt werden, bestehen Abgrenzungsschwierigkeiten. Maßgebend ist die jeweilige Steuerrechtsprechung, die sich ständig wandelt. Es ist zu hoffen, dass diese Tendenz in der Zukunft unterbrochen oder zumindest bereinigt wird. Große Chancen hierfür sehen wir jedoch nicht, da der Gesetzgeber dazu tendiert, eine für den Steuerpflichtigen günstige Rechtsprechung durch Gesetzesänderungen aufzuheben. Diese Grundsätze muss sich jeder Berater vor Augen führen, der sich zusammen mit seinem Mandanten mit Umwandlungen und Umstrukturierungen aus steuerlicher Sicht befasst.

## Literatur

[1] Herzig, Aspekte der Rechtsformwahl nach der Steuerreform, Wpg 2001, S. 253.
[2] Förster, Kauf und Verkauf von Unternehmen nach dem UntStFG, DB 2002, S. 1394.
[3] S. BMF v. 28.04.2003, DB 2003, S. 1027.
[4] Schiffers-Köster, Handlungsbedarf für GmbH & Co. KG im Hinblick auf im Jahreswechsel 2003/2004 geplante Steuergesetzänderungen, GmbHR 2003, S. 1301.
[5] S. BMF v. 25.03.1998, BStBl. I, S. 268, Tz. 04.36.
[6] Förster, Rechtsformwahl nach der Unternehmensteuerreform, Wpg 2001, S. 1234.
[7] S. BMF v. 25.03.1998, a.a.O., Tz. 06.01 und 06.02.
[8] BFH v. 11.12.2001, BStBl. II 2002, S. 420.
[9] S. BMF v. 25.03.1998, a.a.O., Tz. 24.12.
[10] Strahl, Fortentwicklung der Unternehmensteuerreform, KÖSDI 2002, S. 13164.
[11] FG Saarland v. 24.09.2003 (noch nicht veröffentlicht).
[12] BFH v. 17.12.1996, BStBl. II, S. 290, OFD Kiel = FR 2000, S. 161.
[13] S. BMF v. 02.12.2003, BStBl. I, S. 648.
[14] S. BMF v. 27.03.2003, DStR 2003, S. 690.
[15] BFH v. 08.08.2001, BStBl. 2002, II, S. 392.
[16] GrS BFH v. 09.06.1997, BStBl. 1998, II, S. 307.
[17] Schmidt/Hagenbäke, Der Verlust von eigenkapitalersetzendem Darlehen, DStR 2002, S. 1202.

# Finanzierungsstrategien mittelständischer Unternehmen – Gestaltungsalternativen und Krisenprävention

Volker Brühl, Wolfgang Singer

## 1 Ausgangssituation

In jüngster Zeit werden die künftigen Finanzierungsperspektiven insbesondere für mittelständische Unternehmen in Deutschland diskutiert. Das schwierige konjunkturelle Umfeld in den letzten beiden Jahren hat zu einem Anstieg von Insolvenzen und zunehmenden Wertberichtigungsquoten im Bankensektor geführt. Es kann daher nicht verwundern, dass gerade die Großbanken ihre Kreditpolitik strategisch überdenken und im Lichte von Basel II Methoden, Instrumente und Prozesse im Kreditgeschäft modernisieren. Darüber hinaus ist das gesamtwirtschaftliche Umfeld vor allem in Deutschland seit einiger Zeit durch Stagnation, fehlende Wachstumsdynamik, steigende Arbeitslosigkeit und nicht zuletzt zunehmende Insolvenzen gekennzeichnet. Die Anzahl der Unternehmensinsolvenzen in Deutschland lag im Jahr 2003 nach Schätzungen von Creditreform bei ca. 39.700 Fällen.[1]

Die Probleme mittelständischer Finanzierungsstrukturen sind hinlänglich bekannt. Im internationalen Vergleich verfügen deutsche mittelständische Unternehmen über eine deutlich schwächere Eigenmittelausstattung. Während der deutsche Mittelstand im Durchschnitt über eine bilanzielle Eigenkapitalquote von unter 20% und damit über eine deutlich schwächere Eigenkapitalbasis als deutsche Großunternehmen verfügt, weisen vergleichbare Unternehmen in den USA oder in anderen Ländern wesentlich höhere Eigenmittel auf.

Die für 2006 vorgesehene Umsetzung der neuen Eigenkapitalrichtlinien nach Basel II führt zwar nach mehreren Konsultationsrunden nicht mehr – wie zunächst befürchtet – zu einer weit reichenden Erhöhung des regulatorischen Eigenkapitalbedarfs von Banken. Zusätzlich sind Erleichterungen für Kredite an sog. „Kleine und Mittelgroße Unternehmen" (KMUs) vorgesehen. Dies sollte aber nicht darüber hinwegtäuschen, dass sich das Kreditvergabeverhalten der Banken sowohl hinsichtlich der Preisgestaltung als auch hinsichtlich der grundsätzlichen Kreditbereitschaft deutlich verändert hat.

Ein weiterer wichtiger Faktor stellt neben der Kreditvergabepolitik der Banken das Anlegerverhalten auf den internationalen Kapitalmärkten dar. Die Aufnahmefähigkeit der Aktienmärkte für kleinere Neuemissionen ist derzeit kaum vorhanden. Auch die Beschaffung von Fremdkapital über die Kapitalmärkte ist für Unternehmen, die ein Rating im „Non-Investment-Grade-" Bereich aufweisen, zunehmend schwieriger.

Vor diesem Hintergrund gewinnt die strategische Kapitalstrukturplanung auch für mittelständische Unternehmen an Bedeutung. Eine ausreichende Ausstattung mit Eigenkapital verbessert

---

[1] Vgl. www.creditreform.de.

die Kreditwürdigkeit und schafft finanziellen Spielraum, um Krisensituationen überstehen zu können. Denn in Krisensituationen sind die Möglichkeiten einer Eigenkapitalzufuhr von außen sehr begrenzt und können oftmals nur zu Konditionen durchgeführt werden, die für die Eigentümer unattraktiv sind. Darüber hinaus geht dann die unternehmerische Unabhängigkeit zumeist verloren.

In diesem Beitrag sollen zunächst die derzeit diskutierten Änderungen im Rahmen von Basel II sowie deren Implikationen insbesondere für mittelgroße Unternehmen skizziert werden. Weiterhin werden der konzeptionelle Rahmen einer wertorientierten Kapitalstrukturplanung sowie praktische Ansätze zur Abschätzung des Verschuldungspotenzials erläutert.

Da es gerade für mittelständische Unternehmen zunehmend wichtiger wird, sich zusätzliche Finanzierungsquellen außerhalb des klassischen Bankkredits zu erschließen, werden ausgewählte Instrumente der Eigen- und Fremdfinanzierung für mittelständische Unternehmen vorgestellt. Dabei werden die wesentlichen Charakteristika und die notwendigen Voraussetzungen erläutert. Abschließend werden die spezifischen Implikationen in Krisensituationen erörtert.

## 2    Implikationen von Basel II

Im Januar 2001 hat der Ausschuss für Bankenaufsicht bei der Bank für Internationalen Zahlungsausgleich (BIZ) in Basel ein erstes Konsultationspapier („Die neue Basler Eigenkapitalvereinbarung", kurz „Basel II") vorgelegt, das die Eigenkapitalunterlegung der unterschiedlichen Bankrisiken neu regeln und damit den bislang geltenden Basel Accord von 1988 ab 2006 ersetzen soll.[2] Demnach soll die Bankenaufsicht künftig auf einem Drei-Säulen-Konzept beruhen, die neben den überarbeiteten Regelungen zur Mindesteigenmittelausstattung (Säule I) die Überprüfung durch die Bankenaufsicht (Säule II) sowie die Stärkung der Marktdisziplin durch mehr Transparenz (Säule III) beinhalten. Zukünftig soll die geforderte Mindestunterlegung von Kreditrisiken mit Eigenkapital sehr viel stärker vom Ausfallrisiko des jeweiligen Kreditnehmers abhängen, und operationelle Risiken, die bislang nicht von Banken mit Eigenmitteln unterlegt werden mussten, werden explizit erfasst. Zur Zeit wird das dritte Konsultationspapier sowie dessen quantitative Auswirkungen auf die Eigenkapitalanforderungen der Banken diskutiert.

Das bislang geltende Regelwerk stellt auf eine pauschale Eigenkapitalunterlegung ab, die sich aus dem Produkt aus der Höhe der jeweiligen Forderung, dem anzuwenden Bonitätsgewichtungsfaktor und dem Solvabilitätskoeffizienten von 8% ergibt. Der Bonitätsgewichtungsfaktor für Nicht-Banken beträgt derzeit unabhängig von der Bonität des Schuldners 100%. Dies hat zur Folge, dass im Unterschied zu einer risikoorientierten Eigenmittelunterlegung Unternehmen mit guter Bonität unter einer solchen pauschalen Regelung leiden, während Unternehmen schlechterer Bonität begünstigt werden.

Zukünftig wird die geforderte Eigenkapitalunterlegung für ein bestimmtes Risikoaktivum aus dem Produkt von der zum Zeitpunkt des Ausfalls bestehenden Risikoposition (Exposure At

---

[2] Vgl. Basel Committee on Banking Supervision (2001).

Default, EAD), dem Risikogewicht (RW) und dem weiterhin 8% betragenden Solvabilitätskoeffizienten ermittelt.[3]

(1) $\underbrace{Exposure\ at\ Default \cdot Risikogewicht}_{gewichtete\ Risikoaktiva} \cdot 8\%$

Mit Einführung von Basel II haben die Banken in Zukunft die Möglichkeit, zwischen drei alternativen Ansätzen zur Bestimmung der Eigenkapitalunterlegung zu wählen. Im sog. Standardansatz (SA) werden die Ermittlung des Exposure at Default sowie die anzuwenden Risikogewichte vorgegeben. Die Höhe des Risikogewichts hängt von der Kategorie des Emittenten sowie – sofern verfügbar – einem externen Rating ab.[4] Da bei Nicht-Banken ohne ein externes Rating das Risikogewicht pauschal 100% beträgt, bringt der Standardansatz für zahlreiche Unternehmen keine risikoadjustierte Eigenmittelunterlegung mit sich. Es ist jedoch aus heutiger Sicht nicht davon auszugehen, dass der Standardansatz in der Praxis eine große Relevanz haben wird.

Die Höhe der erforderlichen Eigenmittelunterlegung kann auch im Standardansatz durch bestimmte Kreditsicherheiten reduziert werden, allerdings sind die Anforderungen für eine aufsichtsrechtliche Anerkennung hoch. Zudem werden bei der Ermittlung des EAD Sicherheitsabschläge (sog. Haircuts) bei der Bewertung der Sicherheiten angesetzt.

Neben dem Standardansatz können sich die Kreditinstitute für einen auf internen Ratings basierenden Ansatz (IRB-Ansatz) zur Eigenmittelunterlegung entscheiden. Dieser kann wiederum in einen Basis-Ansatz (IRB-Basisansatz) oder in einen fortgeschrittenen Ansatz (Fortgeschrittener IRB-Ansatz) unterschieden werden. Dabei werden hohe Anforderungen der Bankenaufsicht an die Qualität der internen Ratingsysteme gestellt, deren Erfüllung von der jeweils zuständigen nationalen Bankenaufsicht geprüft werden.

In beiden Ansätzen hängt die Höhe des jeweils anzuwendenden Risikogewichts von der Ausfallwahrscheinlichkeit des Kreditnehmers und dem erwarteten Verlust bei Ausfall (Loss Given Default, LGD) ab.

(2) $RW = f(p, LGD)$

Im Basisansatz muss mit Hilfe des Ratingsystems des betreffenden Kreditinstituts lediglich die Ausfallwahrscheinlichkeit des Schuldners je Ratingkategorie $p$ geschätzt werden. Das Risikogewicht ergibt sich dann aus einer Risikogewichtungsfunktion, die auf einem Portfoliomodell beruht und in die je nach Forderungsart die übrigen Parameter (LGD, EAD) nach den Vorgaben des Regulierers einfließen. Dabei wird von einer mittleren Laufzeit der Kredite von 2,5 Jahren ausgegangen.

Im fortgeschrittenen Ansatz sind vom Kreditinstitut neben der Ausfallwahrscheinlichkeit auch die übrigen Parameter (LGD, t) zu schätzen. Kreditsicherheiten führen auch in den beiden IRB-Ansätzen ceteris paribus zu einer Verminderung des LGD und damit über einen reduzierten Bonitätsrisikofaktors zu einer verringerten Eigenkapitalunterlegung.

---

[3] Vgl. Basel Committee on Banking Supervision (2003), Teil 2, Abschnitt 22.
[4] Zum Thema Rating vgl. z.B. Everling (1996), S. 3-17.

Mit der Implementierung von Basel II hängt die erforderliche Eigenkapitalunterlegung von risikobehafteten Aktiva von der Bonität des Kreditnehmers sowie von ggf. vorhandenen Sicherheiten ab. Unterstellt man, dass die Kreditkonditionen von den Eigenkapitalkosten, Risikokosten, Betriebskosten und den Kosten für die laufzeitkongruente Refinanzierung abhängen, ist künftig mit einer differenzierteren Preisbildung bei der Kreditvergabe zu rechnen.[5] Denn die Bonität eines Schuldners wirkt sich auf die Höhe der Eigenmittelunterlegung eines Kredits sowie auf die vom Rating abhängenden Standardrisikokosten aus. Von Basel II werden also Unternehmen mit guter Bonität profitieren, während Unternehmen mit schlechtem Rating mit deutlichen Konditionenverschlechterungen rechnen müssen. Obwohl in das derzeit diskutierte 3. Konsultationspapier spezifische Erleichterungen für KMUs aufgenommen wurden, ist zu erwarten, dass dies den Restrukturierungsdruck im Mittelstand verstärken wird. Denn neuere Untersuchungen belegen, dass sich die Mehrheit der mittelständischen Unternehmen neben der Innenfinanzierung aus dem betrieblichen Cash-Flow oder neben Vermögensumschichtungen hauptsächlich mit Bankkrediten refinanziert.[6] In der Regel dienen Betriebsmittellinien zur Finanzierung des Working-Capital, während das Anlagevermögen über mittelfristige, besicherte Darlehen und Eigenkapital finanziert werden.

## 3 Kapitalstrukturplanung in der Praxis

In der Corporate-Finance-Literatur wird weitgehend die These vertreten, dass die Kapitalstrukturentscheidung auf die Maximierung des Unternehmenswertes ausgerichtet werden sollte. In der Praxis wird die Gestaltung der Kapitalstruktur jedoch ebenfalls durch andere Zielsetzungen, wie den Erhalt der unternehmerischen Unabhängigkeit, d.h. eine Vermeidung von Kontrollverlust, die Anforderungen bestimmter Finanzinstrumente oder den Transparenzerfordernissen (z.B. bei einem externen Rating oder einer Börseneinführung; Initial Public Offering [IPO]), beeinflusst. Weiterhin sind die möglichen Einflüsse veränderter regulatorischer Rahmenbedingungen, wie z.B. durch Basel II oder die Verfassung der Kapitalmärkte, zu berücksichtigen. Die steuerliche Situation des Unternehmens sowie die Transaktions- und Finanzierungskosten der jeweiligen Finanzierungsarten stellen weitere Determinanten der Kapitalstrukturgestaltung dar.

### 3.1 Konzeptioneller Rahmen

Moderne Konzepte zur wertorientierten Unternehmensführung und -steuerung stellen auf die Steigerung des Unternehmenswertes als maßgebliche Zielgröße ab. Dabei wird der Unternehmenswert mit Hilfe der Discounted-Cash-Flow-Methode ermittelt, bei der sich der Gesamtunternehmenswert (Enterprise-Value, EV) als Summe der zu Marktwerten angesetzten Werte von Eigen- und Fremdkapital ergibt. Der Enterprise-Value ergibt sich dann als Barwert der mit den gewichteten Kapitalkosten abdiskontierten Free-Cash-Flows.

---

[5] Vgl. Hartmann-Wendels/Grundke/Spörk (2002), S. 938.
[6] Vgl. z.B. Steiner/Mader/Starbatty (2003), S.513 ff.

# Finanzierungsstrategien mittelständischer Unternehmen

(3) $EV = EK + FK = \sum_i \dfrac{FCF_i}{(1+wacc_i)^i}$

Die Gleichung (3) zeigt, dass bei gegebener Free-Cash-Flow-Planung der Wert eines Unternehmens umso höher ist, je geringer die gewichteten Kapitalkosten sind. Daher stellt die Kapitalstruktur eine wesentliche Wert bestimmende Komponente dar, deren Gestaltung ein wichtiger Bestandteil der strategischen Finanzplanung ist.

Da Fremdkapitalzinsen sowie sonstige Finanzierungs(neben)kosten regelmäßig einkommen- bzw. körperschaftsteuerlich und ggf. auch gewerbesteuerlich als Betriebsausgaben abziehbar sind, reduziert ein positiver Verschuldungsgrad die ertragsteuerliche Belastung auf Unternehmensebene gegenüber einer reinen Eigenfinanzierung. Dieser sog. Tax-Shield des Fremdkapitals führt dazu, dass in Abhängigkeit von der konkreten Ausgestaltung des Steuersystems der Unternehmenswert von verschuldeten Unternehmen ceteris paribus höher ist als bei reiner Eigenfinanzierung.[7]

Die ertragsteuerliche Vorteilhaftigkeit von Fremd- gegenüber Eigenkapital wird durch einen steuerlichen Korrekturfaktor $(1-t)$ bei der Berechnung der durchschnittlichen Fremdkapitalkosten ($\hat{i}$) berücksichtigt (Gleichung (4)).

(4) $wacc = (1-\alpha) \cdot \mu_e + \alpha \cdot (1-t) \cdot \hat{i}$

Darüber hinaus bezeichnen ($\alpha$) bzw. $(1-\alpha)$ die relativen Anteile von Fremd- und Eigenkapital (zu Marktwerten) an der Kapitalstruktur und ($\mu_e$) die durchschnittlichen Eigenkapitalkosten des betreffenden Unternehmens. Sowohl Eigen- als auch Fremdkapitalkosten sind jeweils eine Funktion der Verschuldungsquote ($\alpha$). Zum einen nehmen die Renditeerwartungen der Eigenkapitalgeber bei gegebenem Geschäftsrisiko mit wachsendem finanziellen Risiko zu. Zum anderen erwarten auch die Fremdkapitalgeber bei Überschreiten eines kritischen Verschuldungsgrades eine Risikoprämie auf den risikofreien Zins, da mit steigender Verschuldung das Insolvenzrisiko zunimmt.

Ein optimaler Verschuldungsgrad liegt dann vor, wenn die mit einer marginalen Erhöhung des Verschuldungsgrades verbundene Erhöhung der anteiligen Fremdfinanzierungskosten nach Steuern höher als der marginale Beitrag der Eigenkapitalkosten zu den durchschnittlichen Kapitalkosten ist.

## 3.2 Abschätzung des Verschuldungspotenzials

Zur praktischen Abschätzung des Verschuldungspotenzials eines Unternehmens können unterschiedliche Ansätze verfolgt werden. Zum einen kann die Veränderung der Eigen- und Fremdkapitalkosten in Abhängigkeit vom Verschuldungsgrad geschätzt und damit näherungsweise eine kostenoptimale Kapitalstruktur simuliert werden.

---

[7] Vgl. Damodaran (1996), S. 47 ff.

Schätzt man die Eigenkapitalkosten mit Hilfe des CAPM ab, so lässt sich ein Zusammenhang zwischen Verschuldungsgrad und erwarteter Eigenkapitalrendite ableiten (Gleichung (5)). Bei nicht börsennotierten Unternehmen ist der Beta-Faktor aus der Analyse vergleichbarer Unternehmen oder aus sektorspezifischen Beta-Faktoren abzuschätzen. $\beta^u$ bezeichnet den ß-Faktor eines verschuldungsfreien Unternehmens, der damit ausschließlich ein Maß für das Geschäftsrisiko ist. RP repräsentiert die Marktrisikoprämie, r die risikofreie Verzinsung.

$$(5)\ \mu_e = r + \beta^u \cdot (1 + (1-t) \cdot \frac{FK}{EK}) \cdot RP$$

Zusätzlich ist die Entwicklung der vom Unternehmen zu zahlenden Kreditrisikoprämie in Abhängigkeit vom Verschuldungsgrad abzuschätzen. Falls ein externes Rating vorliegt, können die bei einer Erhöhung des Verschuldungsgrades zu erwartenden Auswirkungen auf das Rating und damit auf die Höhe der zu zahlenden Risikoprämie näherungsweise ermittelt werden, da die laufzeit- und Rating-abhängigen Credit-Spreads auf Anleihen erfasst und publiziert werden. Diese können jedoch lediglich als ein erster Indikator für die Entwicklung der Fremdfinanzierungskosten dienen, da aus den Risikoprämien von Anleihen nicht unbedingt auf die Finanzierungskosten von Bankkrediten mit äquivalenter Laufzeit geschlossen werden kann.

Liegt dagegen wie bei den meisten mittelständischen Unternehmen kein externes Rating vor, können die wichtigsten Rating-relevanten Kennzahlen des Unternehmens ermittelt und mit den entsprechenden Kennzahlen gerateter Unternehmen verglichen werden. Denn die für bestimmte Ratingstufen typischen Bandbreiten für Kennzahlenwerte werden regelmäßig veröffentlicht.

Daraus kann natürlich nicht ohne weiteres geschlossen werden, dass bei Erfüllung einiger weniger Kennzahlengrößen ein bestimmtes Rating mit absoluter Bestimmtheit erzielt werden könnte, denn das Rating ist Ergebnis eines komplexen Analyseprozesses, in den eine Vielzahl quantitativer und qualitativer Faktoren eingehen. In der Regel werden im qualitativen Bereich Aspekte wie Managementqualität, Markt- und Wettbewerbsumfeld sowie die Wettbewerbsposition des jeweiligen Unternehmens beleuchtet. Hinzu kommen Rentabilitäts-, Liquiditäts- und Bilanzstrukturkennzahlen, auch wenn sich die einzelnen Verfahren hinsichtlich Kennzahlenauswahl und -gewichtung unterscheiden.

Nichtsdestoweniger kann die Entwicklung der Kreditkosten mit steigendem Verschuldungsgrad abgeschätzt werden, indem ausgehend von den Ist-Werten die Entwicklung der wichtigsten Ratingtreiber (z.B. Zinsdeckungsgrad, dynamischer Verschuldungsgrad) bei zunehmendem Verschuldungsgrad simuliert wird. Anschließend können die entsprechenden Kennzahlenwerte zu einem synthetischen Rating verdichtet und daraus die Entwicklung der Credit-Spreads abgeleitet werden.

Betrachtet man die Bond-Spreads für Industrieanleihen, dann zeigt sich, dass die Risikoprämien bei einer Verschlechterung des Ratings z.T. sprunghaft steigen, vor allem wenn der Bereich Investment-Grade verlassen wird (Abbildung 1). Es ist davon auszugehen, dass die Risikoprämien bei Bankkrediten an Unternehmen vergleichbarer Bonität mit zunehmenden Verschuldungsgrad eine ähnliche Tendenz aufweisen.

Demzufolge werden bei Überschreiten eines kritischen Verschuldungsniveaus die Nachteile zunehmender Credit-Spreads die steuerlichen Vorteile von Fremdkapital überkompensieren.

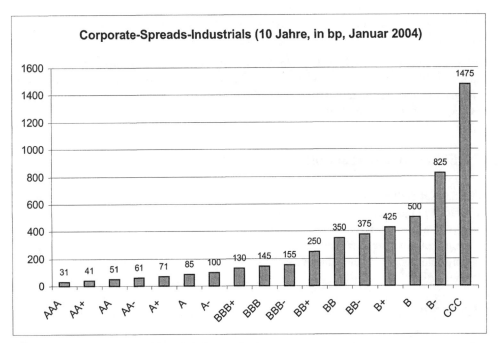

Abb. 1: Risikoprämien in Abhängigkeit vom Rating
Quelle: Reuters

Ein weiterer Ansatz zur Abschätzung des Verschuldungspotenzials besteht darin, ein Benchmarking der Kapitalstrukturen vergleichbarer Unternehmen aus derselben Branche durchzuführen. Allerdings ist zu berücksichtigen, dass der bloße Vergleich von Bilanzrelationen problematisch sein kann. Um einen effektiven Verschuldungsgrad zu erfassen, sind Off-Balance Sheet-Verpflichtungen, z.B. aus Operating Leases, Projektfinanzierungen oder Eventualverbindlichkeiten, einzubeziehen. Zudem können mit Hilfe von Benchmarks nur Bandbreiten abgeschätzt werden. Denn die einzelnen, in den Benchmarkvergleich einbezogenen Unternehmen können durchaus hinsichtlich ihrer Geschäftstätigkeit, der Rentabilität und der Innenfinanzierungskraft oder aber der ggf. verfügbaren Kreditsicherheiten differieren. Unternehmen mit einem hohen Fixkostenanteil (Operating Leverage) und einer Branche mit hoher Marktvolatilität weisen ein geringeres Verschuldungspotenzial als solche Unternehmen auf, die in stabilen Märkten und mit einem hohen Anteil variabler Kosten operieren.

Es empfiehlt sich, im Rahmen der strategischen Finanzplanung den Verschuldungsgrad so zu begrenzen, dass die Bonität im Bereich Investment-Grade oder nur leicht darunter angesiedelt ist. Weitere Verschlechterungen sind nicht nur mit einer negativen Reputation in der Anlegeröffentlichkeit verbunden, sondern führen auch zu einem sprunghaften Anstieg der Fremdkapitalkosten. Dies gilt in ähnlicher Weise für die Finanzierung mit Bankkrediten. Unternehmen mit guter Bonität verfügen über eine starke Verhandlungsposition gegenüber den Banken und können ihre Konditionen optimieren. Dagegen sehen sich Unternehmen mit schwacher Bonität einer restriktiven Kreditbereitschaft der Banken gegenüber. Denn spätestens mit der Einführung von Basel II wird das Pricing von Krediten stark von der Bonität des Kreditnehmers abhängen.

Die tendenziell schwache Eigenkapitalbasis mittelständischer Unternehmen macht diese besonders anfällig für Krisensituationen. Es empfiehlt sich daher, präventiv im Rahmen einer strategischen Kapitalstrukturplanung eine ggf. vorhandene Eigenkapitalunterdeckung zu diagnostizieren und diese durch gezielte Maßnahmen zu schließen.

## 4 Eigenkapitalinstrumente

Mit Blick auf die Verbesserung der Eigenkapitalausstattung mittelständischer Unternehmen ist zu berücksichtigen, dass sich die im weiteren Verlauf kurz beschriebenen Eigenkapitalinstrumente u.a. auch hinsichtlich ihrer Renditeerwartungen der Investoren unterscheiden. Daher stellen die Eigenkapitalkoten in Gleichung (4) keine einheitliche Größe dar, sondern ergeben sich ihrerseits als gewichtete Summe der Eigenkapitalkosten der jeweiligen Instrumente gemäß Gleichung (6).

(6) $\mu_e = \sum_j \mu_{ej} \cdot \dfrac{EK_j}{EK_{Gesamt}}$

Zuerst ist zu prüfen, ob das Unternehmen die grundsätzlichen Anforderungen des Kapitalmarktes z.B. für ein Initial-Public-Offering (IPO), d.h. einer Börseneinführung, erfüllt. Darauf aufbauend sind die Alternativen anhand der anfallenden Finanzierungs- und Transaktionskosten sowie hinsichtlich möglicher Einschränkungen der Corporate-Governance sowie der erforderlichen Publizitätskosten zu beteilen.

Die zur Verfügung stehenden Eigenkapitalinstrumente für mittelständische Unternehmen sollen für Zwecke dieser Abbildung in drei Kategorien unterteilt werden:

- Aufnahme frischen Eigenkapitals über die Börse (IPO/Kapitalerhöhung)
- Aufnahme eines Finanzinvestors (Private-Equity/Venture-Capital)
- Mezzanine-Kapital

### 4.1 Börsengang (IPO)/Kapitalerhöhung

Eine der wesentlichen Zielsetzungen des Neuen Marktes bestand darin, jungen wachstumsstarken Unternehmen den Zugang zu neuem Eigenkapital über die Börse zu eröffnen, da diese aufgrund des tendenziell hohen Geschäftsrisikos und in der Regel kaum vorhandenen Sicherheiten über keine ausreichende Bonität für die Aufnahme nennenswerter Bankkredite verfügten. Die Einführung eines spezifischen Qualitätssegments (SMAX) für Small-Caps im April 1999 sollte darüber hinaus auch mittelständischen Unternehmen aus traditionellen Branchen, die nicht die

Voraussetzungen des Neuen Marktes erfüllen, eine attraktive Plattform bieten, um das Investoreninteresse zu steigern.[8]

Seit Ende 2001 hat sich das Kapitalmarktumfeld dramatisch verändert. Zahlreiche Skandale am Neuen Markt haben das Vertrauen der Anleger nachhaltig erschüttert und letztlich zu einem Zusammenbruch des deutschen IPO-Marktes geführt (Abbildung 2). Mit der Neusegmentierung der deutschen Aktienmärkte im Jahre 2003, dem In-Kraft-Treten des Transparenz- und Publizitätsgesetzes (TransPublG) sowie dem IV. Finanzmarktförderungsgesetz im Jahr 2002 sind wichtige Weichenstellungen für die Zukunft gestellt worden. Mit dem Wechsel des letzten Unternehmens des Neuen Marktes am 5. Juni 2003 in den Prime-Standard wurden die privatrechtlich organisierten Segmente Neuer Markt und SMAX geschlossen.

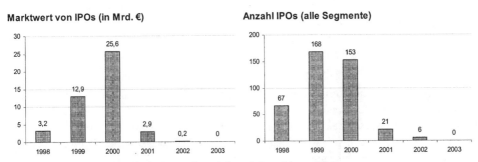

Abb. 2: Marktwert (zum Emissionszeitpunkt) und Anzahl von IPOs
Quelle: Deutsche Börse

Insbesondere durch den Wegfall des Neuen Marktes ist eine wichtige Quelle für Risikokapital verloren gegangen. Nach einer absoluten IPO-Flaute in 2003 ist davon auszugehen, dass der Markt für Primäremissionen zumindest in Deutschland auf absehbare Zeit nur auf Unternehmen mit einer entsprechenden Historie, einer hervorragenden Rentabilität und einer überzeugenden, auf Wachstum ausgerichteten Equity-Story ausgerichtet sein wird. Im Gespräch ist z.B. der geplante Börsengang der Postbank. Aber auch börsennotierte Unternehmen haben es im derzeitigen Kapitalmarktumfeld schwer, frisches Geld über eine Kapitalerhöhung mit oder ohne Bezugsrecht erfolgreich zuzuführen. In jedem Fall muss das Unternehmen eine entsprechende Größe gemessen an der Marktkapitalisierung, einen ausreichenden Free-Float, eine Research-Coverage durch namhafte Adressen und eine überzeugende Equity-Story für die geplante Mittelverwendung haben. Zahlreiche kleinere Werte (Small-Caps), die eine oder mehrere der oben genannten Voraussetzungen nicht erfüllen, sind zwar börsennotiert, können aber faktisch den Kapitalmarkt nicht in Anspruch nehmen, weil es an der Zeichnungsbereitschaft der Investoren fehlt.

Interessant ist in diesem Zusammenhang eine neuere Studie des Deutschen Aktieninstitutes (DAI) zur Mittelstandsfinanzierung, die bei zahlreichen befragten mittelständischen Unter-

---

[8] Vgl. Schanz (2000), S. 372 ff.

nehmen eine ablehnende Haltung gegenüber einem Börsengang erkennen lässt. Die wichtigsten Gründe gegen ein IPO bestehen demzufolge in der fehlenden Bereitschaft, neue Gesellschafter bzw. Aktionäre aufzunehmen. Darüber hinaus scheuen etliche Unternehmer die hohen Kosten eines IPOs – sowohl einmalig als auch laufend – sowie die laufenden Publizitätspflichten und die damit verbundene Transparenz der wirtschaftlichen Situation gegenüber Wettbewerbern, Kunden und Lieferanten.

### 4.2 Private-Equity/Venture-Capital

Die mangelnde Zeichnungsbereitschaft der Investoren für kleinere Werte hat erhebliche Auswirkungen auf die Verfügbarkeit von Beteiligungskapital an nicht börsennotierten Unternehmen (Private-Equity) bzw. auf die Bereitstellung von Risikokapital für junge Unternehmen (Venture-Capital). Auch haben zahlreiche Beteiligungsfonds seit Ende 2000 schmerzliche Totalverluste hinnehmen müssen. In der Folge sind etliche VC-Investoren vom Markt verschwunden. Etablierte Anbieter von Venture-Capital sind angesichts schwacher Portfolioperformance sehr zurückhaltend bei Neuinvestitionen.

Im Ergebnis bedeutet dies, dass die Rahmenbedingungen für junge Unternehmen mit den Veränderungen im Markt für Venture-Capital und dem Wegfall des Neuen Marktes als Exit-Kanal deutlich schwieriger geworden sind. Insbesondere die Investitionsaktivitäten in den Segmenten Seed und Start-Up sind deutlich rückläufig (Abbildung 3). Diesen Effekt können staatliche Eigenkapitalförderprogramme nur begrenzt kompensieren.

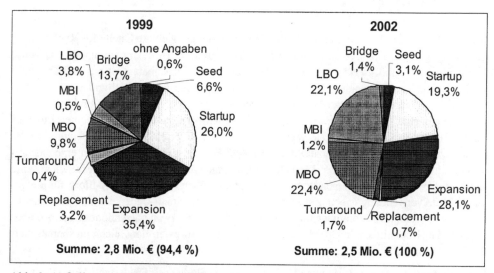

Abb. 3: Aufteilung von Bruttoinvestitionen
Quelle: BVK

Ganz anders sieht dies im Markt für Private-Equity zur Finanzierung des Wachstums traditionsreicher Unternehmen, Management-Buy-Outs (MBOs) oder Management-Buy-Ins (MBIs) aus. Abbildung (4) zeigt, dass im Jahr 2002 der Anteil von MBO- oder LBO-Transaktionen weit über denen des Jahres 1999 liegen. Finanzinvestoren screenen permanent den Markt auf attraktive Beteiligungsmöglichkeiten. Im Fokus stehen Unternehmen mit hervorragender Marktposition, etablierter Technologie, gutem Produkt- bzw. Markenportfolio und einer hohen Rentabilität. Die Aufnahme von externem Beteiligungskapital kann dazu dienen, weiteres Wachstum zu finanzieren oder durch die Unterstützung eines MBOs Effizienzreserven zu heben. Nicht selten fungieren Private-Equity-Investoren als Katalysatoren für Restrukturierungsprozesse im Portfolio und auf der Ebene einzelner Geschäftsfelder, vor denen die bisherigen Eigentümer zurückschrecken. Einige Beispiele für öffentlichwirksame Buy-Outs sind z.B. die Übernahme von Celanese durch Blackstone oder auch der Verkauf von MTU an KKR.

Allerdings ist bei der Aufnahme eines Private-Equity-Investors zu berücksichtigen, dass aufgrund der regelmäßig weitgehenden Rechte von Finanzinvestoren die unternehmerische Unabhängigkeit deutlich eingeschränkt wird. Strategische Entscheidungen können regelmäßig auch bei einer nennenswerten Minderheitsbeteiligung nur mit Zustimmung des Finanzinvestors getroffen werden. Dieser beansprucht in aller Regel mindestens einen Sitz im Aufsichtsrat oder Beirat der Gesellschaft und verlangt ein detailliertes Reporting über den Verlauf der Geschäftstätigkeit. Weiterhin ist zu beachten, dass sich Finanzinvestoren nur auf Zeit engagieren. Typischerweise wird je nach Investitionsstrategie eine Beteiligung nach ca. 3 bis 5 Jahren desinvestiert, sei es über einen IPO oder – wie in den meisten Fällen – über einen Trade-Sale. Um die Vermarktbarkeit der Beteiligung sicherzustellen, werden oft vertragliche Klauseln vereinbart, die auch einen Gesamtverkauf ermöglichen. Faktisch kann dies darauf hinauslaufen, dass mit der Aufnahme eines Private-Equity-Investors der Unternehmensverkauf vorprogrammiert ist. Verständlicherweise stehen zahlreiche mittelständische Unternehmen, besonders wenn es Familiengesellschaften sind, einem derart weitgehenden Schritt skeptisch gegenüber.

### 4.3 Mezzanine-Finanzierung

Eine interessante Variante stellen die in jüngster Zeit auch im deutschen Beteiligungsgeschäft zunehmenden Mezzanine-Instrumente dar, die eine Zwischenstellung zwischen Eigen- und Fremdkapital einnehmen. Die Ausgestaltungsmöglichkeiten sind vielfältig. Allen Instrumenten ist gemeinsam, dass sie hinsichtlich der typischen Merkmale eines Finanzierungsinstrumentes (Laufzeit, Verzinsung, Besicherung, Beteiligung am Liquidationserlös, Teilnahme am Verlust etc.) sowohl Merkmale von Eigenkapital als auch Charakteristika von Fremdkapital kombinieren. In Deutschland lassen sich die wichtigsten Mezzanine-Arten in Genussrechte bzw. Genussscheine ggf. mit Wandlungs- bzw. Optionsrechten, stille Beteiligungen (typisch/atypisch), Nachrangdarlehen o.ä. unterscheiden. Auch Anleihen mit Options- oder Wandlungsrechten lassen sich unter Mezzanine- bzw. Hybrid-Finanzierung subsumieren. Genussrechte werden unter bestimmten Voraussetzungen sowohl nach HGB als auch nach IAS/IFRS als bilanzielles Eigenkapital anerkannt.

Ein zentrales Mezzanine-Instrument stellt in Deutschland die stille Beteiligung dar, die von zahlreichen Beteiligungsgesellschaften als Alternative zur offenen Beteiligungen angeboten wird. Im Unterschied zu einer direkten Beteiligung tritt der still Beteiligte nach außen hin nicht in Erscheinung. Beteiligungsgesellschaften gehen in der Regel eine sog. atypische stille Beteiligung ein, bei der ihr neben einer Beteiligung am Gewinn bzw. Verlust auch ein Anteil an den stillen Reserven bzw. dem Geschäftswert zusteht.

Mezzanine-Finanzierungen sind in der Regel mit hohen Kapitalkosten verbunden. Neben den üblichen Kosten für die Strukturierung und Durchführung der Transaktion liegen je nach Branchen- und Unternehmensrisiko die erwarteten Renditen der Investoren bei ca. 12 % bis ca. 18 %. Dabei kann die Aufteilung der erwarteten Rendite in eine jährliche Verzinsung und eine ggf. abschließende Beteiligung an einem Veräußerungserlös (Equity-Kicker) sehr unterschiedlich ausgestaltet werden.

### 4.4 Besonderheiten in Krisensituationen

In Krisensituationen kann eine dringend erforderliche Eigenkapitalverbesserung bei börsennotierten Unternehmen ggf. über eine Kapitalerhöhung (mit oder ohne Bezugsrecht) durchgeführt werden. In der Praxis besteht ein solcher Spielraum meist nur, wenn sich das Unternehmen nicht in einer existenzgefährdenden Krise befindet. Durchläuft das Unternehmen eine temporäre Sanierungsphase mit guten Aussichten auf einen erfolgreichen Turn-Around, können die Altaktionäre ggf. zur Zeichnung einer Kapitalerhöhung bewegt werden. Derartige Sanierungskapitalerhöhungen sind in jüngerer Vergangenheit z.B. von Heidelberger Cement und SGL Carbon durchgeführt worden. In extremen Krisensituationen werden sich die Aktionäre kaum bereit finden, frisches Geld ins Unternehmen zu investieren. Eine Eigenkapitalzufuhr erfolgt dann zumeist über einen Debt/Equity-Swap der Banken, d.h. einer Transaktion, bei der Fremdkapital in Eigenkapital umgewandelt wird, oder im Wege einer Beteiligung durch Private-Equity-Investoren, die sich auf Restrukturierungssituationen spezialisiert haben. Oftmals bleibt aber dann nur noch der vollständige Unternehmensverkauf, der bei einer mittelfristig ausgerichteten Finanzierungsstrategie unter Berücksichtigung einer ausreichenden Eigenkapitalausstattung hätte vermieden werden können.

## 5 Fremdfinanzierungsinstrumente

Neben der zielorientierten Gestaltung von Höhe und Zusammensetzung des Eigenkapitals ist auch die Fremdfinanzierungsseite zu strukturieren, da sich auch die durchschnittlichen Fremdfinanzierungskosten nicht als einheitliche Größe darstellen, sondern sich gemäß Gleichung (7) aus den jeweiligen Kosten der entsprechenden Fremdfinanzierungsinstrumente zusammensetzen.

$$(7) \quad \hat{i} = \sum_j \hat{i}_j \cdot \frac{EK_j}{EK_{Gesamt}}$$

Angesichts der oben angeführten Veränderungen in der Kreditvergabepolitik der Banken wird es gerade für mittelständische Unternehmen zunehmende wichtiger, sich zusätzliche Finanzierungsquellen außerhalb des klassischen Bankkredits zu erschließen. Dies ist nicht nur wesentlich für eine Optimierung der Fremdkapitalstruktur im Hinblick auf Finanzierungskosten, Laufzeiten und Tilgungsmodalitäten. Darüber hinaus lässt sich die Abhängigkeit von den finanzierenden Banken verringern, die gerade in Krisensituationen problematisch sein kann.

Im nachfolgenden Abschnitt sollen ausgewählte Fremdfinanzierungsmöglichkeiten insbesondere für mittelständische Unternehmen kurz dargestellt werden, die alternativ oder ergänzend zu den traditionell dominierenden Finanzierungsformen wie den Bankkredit, Wechselfinanzierungen, Handelsfinanzierungen und Avale in Frage kommen. Mittelständische Unternehmen sollten gerade mit Blick auf Basel II ihre Finanzierungsbasis diversifizieren, um situativ die Vorteile der jeweiligen Instrumente nutzen zu können. Dies erscheint von besonderer Bedeutung für mittelständische Unternehmen, deren Zugang zum Kapitalmarkt limitiert ist. Dabei spielen auch die bilanziellen Auswirkungen der jeweiligen Instrumente eine Rolle. So können z.B. Factoring oder ABS-Programme über den Liquiditätseffekt hinaus zu einer Bilanzverkürzung beitragen und die Eigenkapitalquote optisch verbessern. Durch Operating-Leases oder Projektfinanzierungen können Investitionen z.T. außerhalb der Bilanz finanziert werden. Auch dies kann sich positiv auf Kapitalstruktur- und Renditekennzahlen auswirken.

## 5.1 Factoring

Beim Factoring werden auf der Grundlage einer Rahmenvereinbarung Forderungen aus Lieferungen und Leistungen i.d.R. vor Fälligkeit an ein spezialisiertes Dienstleistungsunternehmen, den sog. Factor, verkauft. Im Gegenzug erhält der Forderungsverkäufer einen sofortigen Liquiditätszufluss. Der Factor, der entweder ein spezielles Finanzierungsinstitut oder aber auch ein Kreditinstitut sein kann, übernimmt i.d.R. neben dem Ausfallrisiko (Delkredere) weitere Dienstteilungsfunktionen, wie z.B. das Forderungsmanagement, die Debitorenbuchhaltung sowie das Inkasso- und Mahnwesen. Wird auf die Übernahme des Ausfallrisikos, d.h. die Delkrederefunktion, verzichtet, so spricht man vom unechten Factoring. Durch das Factoring wird eine umsatzkongruente Finanzierung erreicht, sodass sich der Bedarf an Working-Capital-Finanzierung, die regelmäßig über Betriebsmittellinien erfolgt, reduziert. Seit 1983 ist das Factoring-Volumen nach Angaben des Deutschen-Factoring-Verbandes von ca. € 3,73 Mrd. auf ca. € 30,16 Mrd. gestiegen.

Allerdings hält der Factor einen Teil des fälligen Kaufpreises, i.d.R. zwischen 10 % und 20 % des Forderungsvolumens, auf einen Sperrkonto für den Fall zurück, dass Einreden der Debitoren geltend gemacht werden. Nach Eingang der Debitorenzahlung wird dieser Betrag dann jedoch ausgezahlt. Da das Factoring einen revolvierenden Prozess über die Zeit darstellt, führt nur der Aufbau des erstmaligen Sperrkontos zu einem echten Liquiditätseffekt.[9]

Das Factoring ist vergleichbar mit dem Zessionskredit, d.h. eines durch Sicherungsabtretung von Rechten und Forderungen besicherten Darlehens. Allerdings erreichen die dem Unternehmen vom Kreditgeber ausgereichten Mittel selten mehr als 50 % des Forderungsvolumens. Begründung findet diese unterschiedliche Liquiditätsversorgung zwischen Factoring und Zessionskredit in den unterschiedlichen rechtlichen Rahmenbedingungen. So liegt dem Factoring

---

[9] Vgl. Bette (2002), S. 377.

rechtlich i.d.R. ein Forderungsverkauf, dem Zessionskredit eine Forderungsbeleihung zugrunde. Damit kann das Kredit gebende Institut beim Zessionskredit, auch wenn es seinen Kapitaldienst aus den Eingängen der abgetretenen Forderungen bedient, jederzeit bei Zahlungsunfähigkeit von Forderungsschuldnern auf ihren Kreditgläubiger zurückgreifen und die Rückführung des Darlehens verlangen. Die Forderungsabtretung dient somit lediglich der Besicherung des Darlehens, während die Forderungsabtretung an den Factor die Erfüllung eines Forderungsverkaufsvertrages darstellt.

Für die Kreditierung der Forderungen berechnet der Factor banktübliche Sollzinsen sowie eine Gebühr für die Übernahme der Dienstleistungen und Delkrederefunktion. Selbstverständlich ist die Höhe der berechneten Gebühr abhängig von der Bonität der Schuldner, der Beteilung des Factorkunden und dem Gesamtgeschäftsumfang.[10] Das Factoring kann ggf. zu einem Refinanzierungsvorteil gegenüber einer Betriebsmittelfinanzierung führen, wenn die Bonität der Debitoren besser als die des verkaufenden Unternehmens ist. Andererseits reduziert ein Factoring den Gestaltungsspielraum gegenüber den finanzierenden Banken, da die Forderungen als mögliche Sicherheit nicht mehr abgetreten werden können.

### 5.2 Asset-Backed-Securities (ABS)

Die Bedeutung von Asset-Backed-Securities (ABS) bzw. Mortgage-Backed-Securities (MBS) Programmen hat in den letzten Jahren stetig zugenommen, da institutionelle Investoren aufgrund der spezifischen Ausgestaltung bei einem Investment in ABS/MBS Programme ein hohes Maß an Besicherung und Liquidität miteinander kombinieren.[11] Die schlägt sich in einem starken Anstieg des Emissionsvolumens in den letzten Jahren nieder (Abbildung 4).

---

[10] Vgl. Perridon/Steiner (2002), S. 446 f.
[11] Vgl. Krämer/Grzybowski (2003), S. 750 ff.

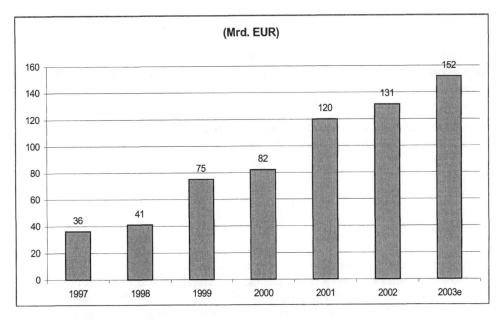

Abb. 4: ABS/MBS-Emissionsvolumen
Quelle: JP Morgan

Unter Asset-Backed-Securities versteht man Finanzierungs-Programme, bei denen ein Verkäufer (Originator) Forderungen an eine Einzweckgesellschaft (Single-Purpose-Vehicle, SPV) verkauft und diese sich durch die Ausgabe von Schuldtiteln (z.B. CPs) refinanziert. Auf diese Weise werden die Forderungen des Verkäufers in handelbare Wertpapiere verbrieft (Securitisation), die ihrerseits mit werthaltigen Aktiva (Assets) unterlegt sind. Diese Schuldtitel werden aus den Zahlungseingängen der Forderungen verzinst und getilgt. Die Plazierung dieser Wertpapiere erfolgt auf den internationalen Geld- und Kapitalmärkten bei institutionelle Investoren. Das SPV muss dabei so strukturiert werden, dass es nicht zum Konsolidierungskreis des Verkäufers (Originator) oder der arrangierenden Bank gehört. Die Bandbreite der Forderungen, die verbrieft werden können, ist groß. Hierfür kommen Forderungen aus Lieferungen und Leistungen, Kreditkartenforderungen, Leasingforderungen oder Hypothekenforderungen in Frage. Entscheidend ist nicht der Entstehungsgrund der Forderung, sondern die erstklassige Bonität der Schuldner. Voraussetzung für eine gute Plazierbarkeit der Schuldtitel ist ein gutes externes Rating. Allerdings reicht i.d.R. die Bonität der veräußerten Aktiva für eine hervorragende Ratingeinschätzung des Programms und damit zur Erzielung günstiger Finanzierungskonditionen nicht aus, sodass strukturinterne und/oder strukturexterne Bonitätsverbesserungen (Credit-Enhancements), wie z.B. Risikoabschläge auf den Forderungsbestand und/oder Garantien Dritter, Anwendung finden.[12]

---

[12] Vgl. Schneider/Droste (2002), S. 389 f.

Der Vorteil der ABS-Finanzierung liegt in der Erschließung von neuen Finanzierungsquellen ggf. zu günstigeren Konditionen, weil sich die Refinanzierungskosten des ABS-Programms an der Bonität der Forderungsadressaten und nicht nach der ggf. schlechteren Bonität des Forderungsverkäufers richten. Darüber hinaus wird durch ABS ähnlich dem Factoring für die Unternehmen eine beschleunigte Liquidierung von Vermögenswerten erreicht, sodass sich bestimmte Finanzkennzahlen, wie z.B. die Eigenkapitalquote, optisch verbessern können.

Mit Blick auf die hohen Kosten für Arrangierung, Rating und laufende Kosten der Verwaltung sowie Kosten des Credit-Enhancements werden ABS-Programme erst ab einen Mindestvolumen von ca. € 50 Mio. aufgelegt. Für mittelständische Unternehmen kämen ABS-Programme dann in Frage, wenn mehrere Unternehmen gemeinsam als Originatoren in einem Pool zusammengefasst werden und dieser sich über eine gemeinsame Plattform refinanziert.

### 5.3 Projektfinanzierung

In besonders kapitalintensiven Industrien bietet es sich an, für komplexe Großprojekte mit langen Laufzeiten und hohen Investitionsvolumina eine separate Projektträgerschaft vorzusehen und hierfür eine maßgeschneiderte, auf das spezifische Cash-Flow-Profil des jeweiligen Projektes abgestimmte Finanzierungsstruktur zu entwickeln. Solche Projektfinanzierungen, die vornehmlich in den Branchen Energieversorgung, Infrastruktur, Telekommunikation, Öl und Gas oder Bergbau verwendet werden, stellen oftmals die einzige Möglichkeit dar, bestimmte Großprojekte überhaupt durch Einbeziehung verschiedener Projektträger zu realisieren. Auch wenn die Strukturen von Projektfinanzierungen in der Praxis stark vom jeweiligen Projektcharakter abhängen und es deshalb kaum standardisierte Projektfinanzierungsstrukturen gibt, lassen sich einige charakteristische Elemente identifizieren.[13]

Unter einer Projektfinanzierung wird im Allgemeinen die Finanzierung eines separierbaren, eigenständigen Vorhabens verstanden, bei dem die rechtliche Rückgriffsmöglichkeit im Hinblick auf die Sicherheitenstellung bei der Finanzierung auf die als Projektträger (Sponsoren) beteiligten Unternehmen entweder gänzlich ausgeschlossen (Non Recourse) oder zumindest begrenzt ist (Limited Recourse). Das Projekt muss hinsichtlich Geschäftspotenzial, Markt, Kunden, Lieferanten und Wertschöpfungsstruktur so klar abgrenzbar sein, dass dieses in einem eigenen Businessplan abgebildet werden kann.

Zur Entwicklung, Bau und Betrieb des Projektes wird eine spezifische Projektträgergesellschaft gegründet (SPV), an der sich die Initiatoren bzw. Sponsoren des Projektes beteiligen. Sponsoren sind in der Regel die investierenden Unternehmen. Zuweilen beteiligen sich aber auch öffentliche Stellen im Rahmen von sog. Public-Private-Partnerships (PPP), Banken oder Private-Equity-Investoren an der Projektgesellschaft. Die rechtliche Projektstruktur wird so gestaltet, dass die betreffende Projektgesellschaft nicht bei den Sponsoren konsolidiert werden muss (Off-Balance-Sheet), sodass die Bilanz der Sponsoren nicht durch das Fremdkapital der Projektgesellschaft belastet wird und Finanzierungsspielraum für andere Investitionsvorhaben erhalten bleibt.

---

[13] vgl. u.a. Ortseifen (2002), S.721ff.

Die Finanzierung des Projektes stellt ausschließlich oder überwiegend auf die mit dem Projekt in der Zukunft erzeugten freien Cash-Flows ab, die zur Bedienung der Fremd- und Eigenkapitalgeber zur Verfügung stehen (Cash-Flow-Oriented-Lending). Die Projektsponsoren beschränken ihre Haftung im Wesentlichen auf das eingebrachte Kapital. Dadurch unterscheidet sich die Projektfinanzierung von einer klassischen Investitionsfinanzierung, die i.d.R. auf die Bonität und ggf. vorhandene Kreditsicherheiten des investierenden Unternehmens insgesamt abstellt. Zur Finanzierung des Projektes wird aufbauend auf dem eingebrachten Eigenkapital der Sponsoren ein maßgeschneidertes Fremdfinanzierungspaket entwickelt, das je nach zeitlicher Verteilung der Projekt-Cash-Flows syndizierte Kredite oder auch Anleihen, Commercial-Paper oder Medium-Term-Note-Programme umfassen kann. In den letzten Jahren ist ein verstärkter Trend zur Refinanzierung über den Kapitalmarkt festzustellen, um eine größere Risikostreuung auf der Fremdfinanzierungsseite zu erreichen.

Die finanzielle Durchführbarkeit derartiger Projektfinanzierungen setzt voraus, dass die aus der operativen Projekttätigkeit resultierenden Cash-Flows mit hoher Sicherheit geplant werden können. Daher wird der Businessplan der Projektgesellschaft in ein Cash-Flow-Modell überführt, welches die zu erwartenden Zahlungsströme über den gesamten Lebenszyklus des Projektes (i.d.R. 10 bis 15 Jahre) erfasst. Entsprechend der Struktur des Investitionsprojektes werden im Modell die spezifischen Werttreiber identifiziert, sodass Sensitivitätsrechnungen bis hin zu unterschiedlichen „Stress-Szenarien" durchgespielt werden können. Mögliche Szenarien untersuchen z.B. die Überschreitung des geplanten Investitionsvolumens, zeitliche Verschiebungen einzelner Bauabschnitte oder der Inbetriebnahme des Investitionsprojektes sowie die Auswirkungen von Veränderungen der Preis- und Mengenstruktur auf der Beschaffungs- wie auf der Absatzseite des Investitionsobjektes.

Die Haftungsbeschränkung der Sponsoren steht in einem Spannungsverhältnis zu den vielfältigen technischen, wirtschaftlichen und rechtlichen Risiken, die komplexe Projekte mit langer Laufzeit oftmals beinhalten. Gerade bei Projekten mit langen Amortisationszeiten können zeitliche Verschiebungen bei der Fertigstellung, technischen Problemen im Betrieb oder eine deutliche Verschlechterung des Marktumfelds dazu führen, dass das Projekt wirtschaftlich nicht mehr tragfähig ist.

Ein effizientes Management der vorhandenen Risiken ist daher von zentraler Bedeutung für die Durchführbarkeit solcher Projekte. Gleichzeitig müssen entsprechende Anreizmechanismen für die zahlreichen an der Planung und Durchführung eines solchen Projektes beteiligten Parteien gesetzt werden, um ein vertragskonformes Verhalten sicherzustellen. Bei der Gestaltung derartiger Projekte stehen unterschiedliche Instrumente zur Vermeidung, Abwälzung oder Absicherung der entsprechenden Risiken zur Verfügung.

Aufgrund der Komplexität und den hohen Kosten für Projektentwicklung, Beratung, Strukturierung und Arrangierung der Transaktion lohnt sich eine Projektfinanzierung tendenziell erst ab einem Finanzierungsvolumen von ca. € 50 Mio. Projektfinanzierungen können für größere mittelständische Unternehmen durchaus interessant sein, um unter Einbeziehung von externen Projektpartnern auch größere Vorhaben durchzuführen, die stand alone entweder nicht umsetzbar oder mit einem unverhältnismäßig hohen Risiko verbunden wären.

## 5.4 Schuldscheindarlehen

Insbesondere in den letzten beiden Jahren hat sich der Markt für Schuldscheindarlehen enorm entwickelt. Schuldscheindarlehen sind längerfristige Darlehen mit einer Laufzeit von ca. 3 bis 10 Jahren, die in der Regel über eine oder mehrere Banken direkt bestimmten Kapitalsammelstellen zur Zeichnung angeboten werden. Der Schuldschein dient dabei als Beweis erleichterndes Dokument, ist jedoch kein Wertpapier im rechtlichen Sinne. Schuldscheindarlehen werden nicht an der Börse gehandelt, weisen daher nur eine geringe Fungibilität auf. Schuldscheindarlehen müssen in der Regel die Voraussetzungen für die Deckungsstockfähigkeit erfüllen. Dies setzt voraus, dass die Darlehen regelmäßig durch erstrangige Grundschulden besichert werden und eine Laufzeit von 15 Jahren nicht überschreiten.[14] Es gibt jedoch auch Schuldscheindarlehen, die bei hervorragender Bonität ohne Sicherheiten begeben werden. Im Vergleich zur Anleihe sind die Kosten für Beratung, Strukturierung, Due-Diligence-Prüfung und Platzierung deutlich geringer. Andererseits liegen die Finanzierungsvolumina, die mit einem Schuldscheindarlehen gedeckt werden können, mit ca. € 25 Mio. bis ca. € 100 Mio. deutlich niedriger als bei Anleihen.

## 5.5 Besonderheiten in Krisensituationen

Für Unternehmen, die sich in einer existenzbedrohenden Krise befinden, ist die Liquiditätssicherung von existenzieller Bedeutung. In der Regel werden zusätzliche Liquiditätspotenziale durch den Verkauf nicht-betriebsnotwendiger Vermögensgegenstände (z.B. Immobilien, Wertpapiere etc.) oder den Abbau von Working-Capital (Vorratsvermögen etc.) gehoben. Die finanzierenden Banken drängen in der Regel darauf, alle verfügbaren Finanzierungsquellen zu nutzen, bevor weitere Kreditlinien zur Verfügung gestellt werden. Allerdings zeigt sich, dass die meisten Fremdfinanzierungsinstrumente ein gewisses Bonitätsniveau voraussetzen, sodass in der Krise diese Instrumente oftmals nicht verfügbar sind. Es empfiehlt sich daher, bereits präventiv auch auf der Fremdfinanzierungsseite die Finanzierungsquellen zu diversifizieren.

Factoring ist ein beliebtes Instrument, kurzfristig Liquidität zu schöpfen, und wird häufig von Unternehmen in Krisensituationen genutzt, um die Ausnutzung von Kreditlinien zu verringern. Allerdings kommt das Factoring als Instrument nur dann in Frage, wenn die Bonität der Kunden gut ist, die Umschlagshäufigkeit der Forderungen bzw. das durchschnittliche Zahlungsziel überschaubar und das Kundenportfolio breit diversifiziert ist. Kaum geeignet ist das Factoring für Unternehmen, die ein konzentriertes Kundenportfolio oder sehr lange Zahlungsziele aufweisen.

Auch ABS-Programme stellen in erster Linie auf die Bonität der Schuldner ab, gegenüber denen die verbrieften Ansprüche der Wertpapierinhaber bestehen. Dennoch spielt wegen der Notwendigkeit von bonitätsverbessernden Maßnahmen, z.B. durch Garantieerklärungen, mittelbar auch die Bonität des verkaufenden Unternehmens eine Rolle. Daher kommt dieses Instrument für Unternehmen in einer Krisensituation nur bedingt in Frage. Denn für Arrangeure

---

[14] Vgl. Perridon/Steiner (2002), S. 416 ff.

und Investoren rechnet sich ein solches Programm aufgrund der hohen Transaktionskosten regelmäßig nur, wenn der Bestand über die Laufzeit des Programms nicht durch die Insolvenz des Forderungsverkäufers gefährdet ist.

Auch Projektfinanzierungen sind in Krisensituationen kaum eine Alternative. Gerade bei langlaufenden Projekten ist eine gute Bonität der Sponsoren auch bei Non-Recourse-Strukturen eine wichtige Voraussetzung. Denn eine Bestandsgefährdung eines Sponsors stellt unmittelbar den Projekterfolg in Frage. De facto verbleibt dann nur der klassische Bankkredit zur temporären Deckung einer Liquiditätslücke, die durch Verluste im operativen Geschäft und zur Finanzierung von Restrukturierungskosten entstehen kann.

## 6  Fazit

Angesichts der mit Basel II einhergehenden Veränderungen wird das Rating eines Unternehmens zunehmend zu einer strategischen Größe. Die Bonität eines Unternehmens ist von entscheidender Bedeutung für den finanziellen Gestaltungsspielraum des Unternehmens und damit letztlich für den Handlungsspielraum der unternehmerischen Aktivitäten insgesamt.

Daher sollten auch oder gerade mittelständische Unternehmen ihre Kapitalstruktur langfristig planen. Die Sicherstellung einer ausreichende Eigenkapitalbasis ist eine wichtige Voraussetzung, Unternehmenskrisen zu verhindern oder zumindest die Erfolgschancen auf eine gelungene Sanierung zu erhöhen. Weiterhin ist zu empfehlen, auf einen ausgewogenen Finanzierungsmix auf der Fremdkapitalseite zu achten. Dies reduziert die Abhängigkeit von der reinen Bankfinanzierung und kann günstigere Refinanzierungsquellen erschließen, die auf bestimmte Assets des Unternehmens (z.B. Forderungsportfolio) und nicht auf das Unternehmen insgesamt abstellen. Denn es zeigt sich, dass in akuten Krisensituationen die meisten Fremdfinanzierungsalternativen nicht als neue Liquiditätsquellen erschlossen werden können, da Investoren regelmäßig nicht bereit sind, Sanierungsrisiken zu tragen. Dann bleibt zumeist nur noch die Ausweitung der Bankkredite, wenn die finanzierenden Banken an die Sanierung glauben und daher eine temporäre Erhöhung ihrer Risikoposition in der Hoffnung in Kauf nehmen, dass die bestehenden Engagements gesichert werden können.

## Literatur

Basel Committee on Banking Supervision (2001): The New Basel Capital Accord, Basel January 2001.

Basel Committee on Banking Supervision (2003): The New Basel Capital Accord, Basel April 2003.

Bette, K. (2002): Die Bedeutung des Factoring als ein Instrument zur Liquiditätsoptimierung für klein- und mittelständische Unternehmen, in: Praktiker-Handbuch Unternehmensfinanzierung, Hrsg. Krimphove, D./Tytko,D., S. 373-381, Stuttgart 2002.

Damodaran, A.: Investment Valuation, New York 1996.

Everling, O. (1996): Ratingagenturen an nationalen und internationalen Finanzmärkten, in: Handbuch Rating, Hrsg. Büschgen, H.E./Everling, O., S. 3-17, Wiesbaden 1996.

Hartmann-Wendels, Th./Grundke, P./Spörk, W. (2002): Zukünftige Anforderungen an die Kreditvergabe, in: Praktiker-Handbuch Unternehmensfinanzierung, Hrsg. Krimphove, D./Tytko,D., S. 915-941, Stuttgart 2002.

Krämer, W., Grzybowski, D. (2003): Asset Backed Securities – Anleihealternativen in einer Low Return-Welt, in: Die Bank 11/2003, S. 750-752.

Ortseifen, S. (2002): Projektfinanzierung für mittelständische Unternehmen, in: Praktiker-Handbuch Unternehmensfinanzierung, Hrsg. Krimphove, D./Tytko,D., S. 721-741, Stuttgart 2002.

Perridon, L./Steiner, M. (2002): Finanzwirschaft der Unternehmung, 11. Aufl., München 2002.

Schanz, K. (2000): Börseneinführung – Recht und Praxis des Börsenganges, München 2000.

Schneider, Th./Droste, M. (2002): Asset-Backed-Securitasation, in: Praktiker-Handbuch Unternehmensfinanzierung, Hrsg. Krimphove, D./Tytko,D., S. 383-407, Stuttgart 2002.

Steiner, M./Mader, W./Starbatty, N. (2003): Aktuelle Entwicklungen in der Unternehmensfinanzierung; in: FINANZ BETRIEB 9/2003, S. 513-524.

# Sanierungsmanagement: Krisen bewältigen

# Einführung in das Sanierungsmanagement

Karin Schmeisser, Wilhelm Schmeisser, Marko Dittmann

Schwierige Probleme der Finanzierung wie der Unternehmensführung ergeben sich, wenn das Unternehmen in eine Krise gerät. Hier sind unter Zeitdruck kurzfristige und strategische Entscheidungen zu treffen, die über den Fortbestand des Unternehmens entscheiden können.

Unter Sanierung versteht man *Maßnahmen zur „Gesundung" eines Unternehmens*. Zwar setzt der Begriff Sanierung nicht voraus, dass sich das Unternehmen in einer Krise befindet, jedoch ist es in der Praxis die Regel, dann Sanierungsmaßnahmen einzuleiten, wenn die fortdauernde Existenz des Unternehmens gefährdet ist.

## 1 Unternehmenskrisen und Sanierungspläne

Der *Verlauf einer Unternehmenskrise* durchläuft typischerweise *drei Stadien*: die Krise kündigt sich im *Strategiebereich* an, sie entwickelt sich - wenn keine geeigneten Gegenmaßnahmen getroffen werden – zu einer Ertrags- oder Erfolgskrise, d.h. die Gewinne/Deckungsbeiträge gehen zurück und andere Bilanzkennzahlen (z.B. Verschuldensgrad) verschlechtern sich, was dann zum dritten Stadium, der *Liquiditätskrise*, führt. Hier droht dem Unternehmen Zahlungsunfähigkeit und es ist zu prüfen, ob ein Insolvenzantrag zu stellen ist.

> Unter einer Krise ist allgemein eine *Situation innerhalb einer bedrohlichen Entwicklung zu verstehen, die Handlungsbedarf* hervorruft. Sie liegt dann nicht vor, wenn der positive oder negative Ausgang sicher und gewiss ist.

Bei der Sanierung ist zu unterscheiden zwischen einem

- betriebswirtschaftlichen Begriff der Krise,
- insolvenzrechtlichen Begriff der Krise und einem
- strafrechtlichen Begriff der Krise.

Der *betriebswirtschaftliche Krisenbegriff* bezieht sich auf die *Existenzgefährdung des Unternehmens* und umfasst die ersten beiden Stadien des Krisenverlaufs (Strategiebereich und mittel-/kurzfristige Verschlechterung der Ertragslage). Erst wenn die Unternehmenskrise im dritten Stadium, der Liquiditätskrise, angelangt ist, tritt die Frage auf, ob auch *insolvenzrechtliche Vorschriften* zu beachten sind und ob noch geeignete Gegenmaßnahmen getroffen werden können. Der *strafrechtliche Begriff* deckt sich weitgehend mit dem insolvenzrechtlichen und betrifft Fragen des *Konkursstrafrechts* (Tatbestand des Bankrotts etc.).

In der Literatur wird der *Begriff der finanziellen Sanierung* teilweise sehr eng gefasst. Er beschränkt sich dann auf die rein buchtechnische Sanierung oder auf Maßnahmen der Verbesserung der Eigenkapitalsituation.

Hier wird der Begriff der *finanziellen Sanierung* weiter gefasst und umfasst alle Maßnahmen von Seiten der Finanzwirtschaft zur Beseitigung der insolvenzrechtlichen Krise, d.h. zur Beseitigung der drohenden Existenzgefährdung des Unternehmens durch Überschuldung und (drohende) Zahlungsunfähigkeit.

Im Allgemeinen liegen die Ursachen für die Existenzbedrohung des Unternehmens im leistungswirtschaftlichen Bereich, sodass hier geeignete betriebswirtschaftliche Sanierungsmaßnahmen zu ergreifen sind. Es ist jedoch erforderlich, diese betriebswirtschaftlichen Maßnahmen finanzwirtschaftlich abzusichern, weshalb auch bei der Beseitigung der Erfolgs- oder Ertragskrise stets die finanzwirtschaftlichen Implikationen mit zu berücksichtigen sind.

## 1.1 Betriebswirtschaftliche Sanierungskonzepte

Die Sanierung eines in seiner Existenz bedrohten Unternehmens macht nur dann Sinn, wenn die im *leistungswirtschaftlichen Bereich liegenden Ursachen* beseitigt werden, um die Rentabilität wieder zu steigern.

Diese können in folgenden Bereichen liegen:

- *Bereich der Führung* - mangelnde Qualifikation und Flexibilität der Geschäftsführung, nicht zeitgemäßer Führungsstil, hohe Fluktuation, falsche Investitionsentscheidungen etc.,
- *Bereich des Absatzes* - keine erfolgreichen Produktinnovationen, wachsender Konkurrenzdruck der Wettbewerber, überalterte Produkte, Produkte zu hochpreisig, mangelhafte Qualität, schlechter Kundenservice etc.,
- *Bereich der Struktur* - falscher Standort, ungünstige Betriebsgröße (z.B. zu geringe Betriebsgröße um kostengünstig zu produzieren, zu großer Verwaltungsapparat, alte Betriebsgebäude, etc.),
- *Bereich der Leistung* - ungünstige Kostenstruktur, nicht optimale (veraltete) Fertigungsverfahren, unzureichendes Sortiment, Fertigungstiefe (zu groß, zu flach), ungünstige Relation des Einsatzes von Kapital und Arbeit etc.

Hinzu kommen *Krisenursachen im Finanzbereich*:

- Unterkapitalisierung (bei Gründung oder Erweiterung),
- Fehldispositionen in der zeitlichen Kapitalbindung,
- Verzögerung oder Ausfälle im Rückfluss liquider Mittel,
- Vorzeitige Kapitalrückforderungen durch Gläubiger oder Gesellschafter.

Kommt es im leistungswirtschaftlichen Bereich zu Verlusten, so verschärft sich die Krise existenzbedrohend, wenn z.B. Forderungsausfälle auftreten oder der Cash-Flow nicht ausreicht, den Zins- und Tilgungsverpflichtungen aus aufgenommenen Krediten nachzukommen.

Vor dem Ergreifen von Sanierungsmaßnahmen, die zusammen mit Gläubigern, Gesellschaftern und Arbeitnehmern durchzuführen sind, sind die Sanierungsbedürftigkeit, Sanierungswürdigkeit und Sanierungsfähigkeit zu überprüfen.

- *Sanierungsbedürftigkeit*: Eine Sanierungsbedürftigkeit liegt nicht vor, wenn es nach objektiven Beteilungsmaßstäben möglich ist, auch ohne Sanierungsmaßnahmen das Unternehmen auf Dauer rentabel fortzuführen.
- *Sanierungswürdigkeit*: Beteilungsmaßstab ist das Interesse der Beteiligten, das Unternehmen fortzuführen (Engagement des Unternehmers, der Gläubiger, z.B. Banken, Lieferanten, öffentliches Interesse am Erhalt von Arbeitsplätzen).
- *Sanierungsfähigkeit*: Es muss die realistische Chance bestehen, einen Sanierungsplan mit den Beteiligten außergerichtlich oder im Insolvenzverfahren durchzuführen. Der Sanierungsplan muss sowohl die erforderlichen betriebswirtschaftlichen Maßnahmen aufweisen, mit denen die Krisenursachen im leistungswirtschaftlichen Bereich beseitigt werden sollen, als auch die finanzwirtschaftlichen Maßnahmen aufzeigen (z.B. Umstrukturierung, Kapitalzufuhr etc.).

## 1.2 Typen von Sanierungsplänen

Betriebswirtschaftlich orientierte Sanierungspläne können unterschiedliche Zielsetzungen haben. Dementsprechend sind die erforderlichen finanzwirtschaftlichen und rechtlichen Maßnahmen auszurichten. Sanierungspläne lassen sich nach *Planzielen* unterscheiden:

a) Bei der Eigensanierung versucht der bisherige Unternehmer das Unternehmen fortzuführen. Ziel der Sanierungsmaßnahmen ist die Beseitigung der Überschuldung/Zahlungsunfähigkeit, finanzwirtschaftliche Sanierung) sowie eine materielle Umgestaltung des Unternehmens, um künftig ausreichende Ertragskraft und Rentabilität zu erzielen.

b) Bei der *übertragenden* Sanierung erfolgt eine gesellschaftsrechtliche Umgestaltung: eine andere Gesellschaft übernimmt die existenzfähigen Teile des sanierungsbedürftigen Unternehmens und führt diese Geschäfte fort. Die nicht existenzfähigen Bereiche des alten Unternehmens werden liquidiert.

c) *Liquidations- oder Marktaustrittspläne*: Ziel solcher Pläne ist es, den geordneten Austritt des Unternehmens aus dem Markt zu bewerkstelligen, d.h. eine Liquidation des Unternehmens ohne Eintritt in ein Insolvenzverfahren. Beispielsweise kann durch die Fertigstellung der Produktion, die Veräußerung von Lagerbeständen im Verkauf (auch Räumungsverkauf), die anschließende Veräußerung von Betriebsvermögen usw. eine bessere Verwertung des Vermögens erreicht werden als in einem Insolvenzverfahren.

d) *Moratoriumspläne*: im Zusammenwirken mit den Hauptgläubigern wird dem Unternehmen durch „Stillhalten" der Gläubiger eine Frist eingeräumt, um ihm eine Sanierung zu ermöglichen. Dies geschieht z.B. durch Stundung von Forderungen, Aussetzung von Zins- und Tilgungsverpflichtungen.

e) *Mischformen*

Die hier erörterten Sanierungspläne sowie die im Folgenden dargestellten finanzwirtschaftlichen Maßnahmen zur Sanierung finden sich auch im Insolvenzverfahren wieder, wenn dort die Fortführung des Unternehmens angestrebt wird.

## 2 Finanzwirtschaftliche Sanierung

*Akuter finanzwirtschaftlicher Handlungsbedarf besteht dann, wenn das Unternehmen in Gefahr läuft, in eine insolvenzrechtliche Krise zu rutschen.* Das Unternehmen hat in einer zugespitzten Krisensituation zu prüfen, ob Insolvenzantragspflicht besteht.

*Insolvenzantragsgründe* sind:

- *Zahlungsunfähigkeit* (bei allen Unternehmensformen),
- *Drohende Zahlungsunfähigkeit* und
- *Überschuldung.*

In der Praxis ist die Feststellung der (drohenden) Zahlungsunfähigkeit mittels eines Finanz- und Liquiditätsplanes leicht möglich. Schwierigkeiten bereitet der Tatbestand der Überschuldung bei Kapitalgesellschaften. *Liegt eine Unternehmenskrise vor, treffen den Geschäftsführer/ Vorstand einige Pflichten*:

- *Verlust der Hälfte des Stamm- oder Grundkapitals* (§ 49 Abs. 3 GmbHG, § 92 Abs. 1 AktG): der Geschäftsführer/Vorstand ist verpflichtet, unverzüglich die Gesellschafterversammlung/Hauptversammlung einzuberufen. Die Berechnung des Verlustes geht von den Bilanzzahlen aus (Jahresabschluss oder Zwischenabschluss). Ein Verlust von mehr als der Hälfte des Stamm- und Grundkapitals liegt dann vor, wenn der Verlust mehr als 50 % des gezeichneten Kapitals + Kapital- und Gewinnrücklagen + Gewinnvortrag (abzügl. Verlustvortrag) + stille Reserven beträgt. Die stillen Reserven können dabei bis zur Höhe der Anschaffungskosten aufgedeckt werden.
- *Aufstellung eines Überschuldungsstatus*, wenn die Geschäftsführung/der Vorstand in der Krise mit einer solchen rechnet. Bei der Aufstellung des Überschuldungsstatus wird nicht auf Bilanzwerte zurückgegriffen.

Die Frist bis zur Stellung des Antrages auf Eröffnung des Insolvenzverfahrens beträgt höchstens 3 Wochen ab Feststellung der Überschuldung. Ein Insolvenzantrag braucht dann nicht gestellt zu werden, wenn es gelingt, den Insolvenzgrund (Zahlungsunfähigkeit und/oder Überschuldung) innerhalb der 3 Wochenfrist zu beseitigen.

Stellt die Unternehmensleitung fest, dass ein Insolvenzantragsgrund vorliegt, muss sie unverzüglich Maßnahmen zu deren Beseitigung einleiten. Dabei ist bei Kapitalgesellschaften zu beachten, dass Maßnahmen zur Beseitigung der Zahlungsunfähigkeit zu einer Verschlechterung der Unternehmenssituation im Überschuldungsstatus führen können. Zum Beispiel kann durch die Aufnahme eines Kredites die Zahlungsunfähigkeit behoben werden, handelt es sich jedoch um eine überschuldete Kapitalgesellschaft, so steigt hierdurch die Verschuldung.

### 2.1 Maßnahmen zur Beseitigung der Zahlungsunfähigkeit

> Bei Maßnahmen zur Wiederherstellung der Zahlungsfähigkeit ist stets zu prüfen, wie sich diese im Überschuldungsstatus auswirkt.

- Neuaufnahme von Krediten
- Verwertung des (nicht betriebsnotwendigen) Anlagevermögens.
- Stundungsvereinbarungen: Moratorien, Ratenzahlungs- und/oder Stundungsvereinbarungen.
- Sanierungskredite: werden Sanierungskredite von Banken gewährt und misslingt die Sanierung, sodass es zum Insolvenzantrag kommt, können Sanierungskredite als Insolvenzverschleppung ausgelegt werden. Die Banken müssen dann für den durch die Verschleppung entstandenen Schaden haften.
- Zuführung von Eigenkapital durch Gesellschafter: es gelten die gesellschaftsrechtlichen Vorschriften zur Kapitalerhöhung.

## 2.2 Maßnahmen zur Beseitigung der Überschuldung

Folgende Maßnahmen sind geeignet, die Überschuldung des Unternehmens zu beseitigen:

- *Kapitalzufuhr durch Gesellschafter.*
- *Harte Patronatserklärung*: Ein Dritter oder ein verbundenes Unternehmen übernimmt die unbedingte Verpflichtung zugunsten sämtlicher Gläubiger, den Verlustausgleich herbeizuführen. Die Patronatserklärung muss werthaltig sein.
- *Rangrücktrittserklärung*: Es handelt sich nicht um einen Forderungsverzicht, sondern der Gläubiger tritt im Fall der Insolvenz mit seinem Anspruch auf Befriedigung hinter alle anderen Gläubiger zurück. Die Verbindlichkeit wird dann im Überschuldungsstatus nicht mehr ausgewiesen, sie ist jedoch nach wie vor zu bilanzieren.
- *Forderungsverzicht*: Der Gläubiger verzichtet unbedingt auf seine Forderung, die damit erlischt. Die Erteilung eines Besserungsscheines ist üblich. Hierdurch erhält der Gläubiger, der auf seine Forderung verzichtet hat, einen Anspruch auf künftige Befriedigung aus Gewinnen, die nach Verlustausgleich anfallen bzw. aus dem Liquidationserlös.
- *Schuldumwandlung in Kapitalbeteiligung*: Ein (Groß-)gläubiger wandelt seine Forderung in eine Kapitalbeteiligung um (= Sacheinlage).

## 2.3 Maßnahmen zur Anpassung des Eigenkapitals

Ziel einer finanziellen Sanierung, die stets eine betriebswirtschaftliche Sanierung zu flankieren hat, ist es, über die Beseitigung der finanziellen Verluste und der Illiquidität/Überschuldung hinaus eine ausreichende Sicherheit für die nächsten Jahre zu schaffen. Dies macht entweder eine Kapitalerhöhung erforderlich oder auch eine Kapitalherabsetzung, wenn etwa betriebswirtschaftliche Sanierungsüberlegungen zu einer Verkleinerung des Geschäftsumfangs führen.

**Maßnahmen der finanziellen Sanierung (Buchsanierung)**

- *Reine Sanierung*: hierunter wird die Herabsetzung des Nominalkapitals verstanden,
- *Zuzahlungssanierung*: Zuzahlung der bisherigen Gesellschafter mit oder ohne Gewährung von Gesellschaftsrechten (z.B. Vorzugsaktien, Genussscheine),

- Sanierung durch Rückkauf von Aktien unter pari,
- Sanierung durch *Inanspruchnahme der Gläubiger*: Stundung, Forderungsverzicht, Umwandlung von Forderungen in Beteiligung,
- *Kapitalherabsetzung mit anschließender Kapitalerhöhung*: Eigenkapitalerhöhung durch Ausgabe neuer Aktien, Fremdkapitalerhöhung durch Ausgabe von Obligationen,
- Kombinationen.

### Reine Sanierung

Kapitalgesellschaften, insbesondere Aktiengesellschaften, sind in der Regel darum bemüht, in ihrer Bilanz keine Verluste auszuweisen, da der Jahresabschluss veröffentlicht wird.

Zum *Ausgleich von Verlusten* werden zunächst *offene Rücklagen* (Kapitalrücklage, Gewinnrücklagen) *aufgelöst* bzw. werden *stille Rücklagen*, die durch eine Unterbewertung von Aktiva in der Bilanz entstanden sind, *aufgelöst und mit den Verlusten verrechnet*.

Reicht dies nicht aus, so ist eine *Kapitalherabsetzung* vorzunehmen. In der Praxis geschieht dies bei Aktiengesellschaften und GmbHs in der Form der *vereinfachten Kapitalherabsetzung* (§§ 229 ff. AktG, §§ 58a - f GmbHG).

Erforderlich ist ein Beschluss der Hauptversammlung bzw. der Gesellschafter. Die vereinfachte Kapitalherabsetzung kann mit einer anschließenden Kapitalerhöhung verbunden werden (= *Kapitalschnitt*). Sie ist nur zulässig zum Ausgleich von Wertminderungen und zur Deckung von Verlusten. Stellt sich nachträglich heraus, dass die Wertminderungen bzw. die Verluste geringer waren als bei Beschluss über die Kapitalherabsetzung angenommen, so ist der Unterschiedsbetrag in die (Kapital-) Rücklage einzustellen.

Im Unterschied zur ordentlichen Kapitalherabsetzung, die eine Befriedigung oder Sicherstellung der Gläubiger erfordert – was gerade im Falle einer Sanierung dem Unternehmen nicht möglich ist – und ein Sperrjahr verstreichen lässt, bis die Kapitalherabsetzung wirksam werden kann, erfolgt die *vereinfachte Kapitalherabsetzung* in folgenden Schritten:

1. Beschluss der Hauptversammlung bzw. der Gesellschafter: bei der AG durch Herabstempeln des Nominalbetrages der Aktien oder durch Zusammenlegen der Aktien, bei der GmbH durch Herabsetzen der Nennbeträge der Geschäftsanteile.
2. Eintragung des Beschlusses ins Handelsregister (bei GmbH innerhalb von 3 Monaten)

### Zuzahlungssanierung

Es ist stets genau zu prüfen, ob es sinnvoll ist, einem sanierungsbedürftigen Unternehmen als Gesellschafter noch weiteres Kapital durch Zuzahlungen zur Verfügung zu stellen. In der Praxis erfolgt diese Form der finanziellen Sanierung vor allem bei Unternehmen, bei denen Eigentümer und geschäftsführendes Organ in einer Person vereint sind. Kein Unternehmer ist verpflichtet, sein Unternehmen durch Zuzahlungen oder in anderer Form zu sanieren. Bei Kapitalgesellschaften ist ein Beschluss der Gesellschafter erforderlich. Als Anreiz für eine Zuzahlung kann den Gesellschaftern ein Vorteil gewährt werden, z.B. Vorzugsaktien, Genussscheine.

Der Vorteil der Zuzahlungssanierung liegt in der Verlustbeseitigung sowie der Verbesserung der Liquidität. Der Nachteil ist darin zu sehen, dass bei Kapitalgesellschaften der Erfolg unsicher ist.

B 1: Beispiel einer Kombination von reiner Sanierung und Zuzahlungssanierung.

Eine AG soll saniert werden. Den Aktionären wird die Wahl geboten zwischen einer Kapitalherabsetzung durch Zusammenlegen der Aktien und einer Zuzahlungssanierung. Um die Gleichbehandlung aller Aktionäre zu gewährleisten, müssen sich der Verlust in Höhe des Effektivwertes der Aktien aus der Kapitalherabsetzung und die Zuzahlung entsprechen.

Die AG hat folgende Bilanz vor Sanierung:

| Aktiva | | Passiva | |
|---|---|---|---|
| Anlagen | 1.200 | Grundkapital | 2.000 |
| Waren | 1.500 | Verlust | -1.080 |
| Forderungen | 200 | langfr. Verbindl. | 1.200 |
| Kasse | 20 | kurzfr. Verbindl. | 800 |
| | 2.920 | | 2.920 |

Um den Verlust zu decken und einen darüber hinausgehenden Buchgewinn zu erzielen, soll ein Sanierungsgewinn von 1.500 erzielt werden.

Bei einer reinen Buchsanierung durch Kapitalherabsetzung würde ein Sanierungsgewinn von 1.500 erzielt durch eine Herabsetzung des Grundkapitals von 2.000 auf 500. Dies entspricht einem Zusammenlegungsverhältnis von 2.000 : 500 = 4 : 1 (= Reduktionsbruch).

Jeder Aktionär müsste also 3 Aktien hergeben. Zur Berechnung des Effektivverlustes wird der Bilanzkurs (= BK) benötigt:

$$BK = \frac{Eigenkapital}{Grundkapital} \times 100 = \frac{4000 - 1080 - 2000}{2000} \times 100 = 46\,\%$$

Der Effektivwert je 50 € Aktie beträgt:

Nennwert je Aktie x BK = 50 x 46 % = 23 €.

Der Aktionär erleidet also einen Verlust bei Hingabe von 3 Aktien von 3 x € 50 x 46 % = € 69.

Wählt er die Zuzahlung, so muss der Aktionär € 69 auf jede seiner Aktien zuzahlen. Der Zuzahlungsbetrag errechnet sich aus folgender Gleichung:

Zuzahlungsbetrag = Nennwert x Bilanzkurs x Zusammenlegungsverhältnis
   - Nennwert x Bilanzkurs
   = € 50 x 46 % x 4 - € 50 x 46 % = € 69

Des Weiteren ist zu berücksichtigen, wie sich der Wert je behaltener Aktie nach der Sanierung entwickelt: Der Effektivwert je Aktie beläuft sich auf den Nennwert + den Reingewinn aus der Sanierung je Aktie. Der Reingewinn errechnet sich aus

$$Reingewinn = \frac{Bruttogewinn - auszugleichender\ Verlust}{Zahl\ der\ Aktien\ nach\ der\ Sanierung}$$

Der Bruttogewinn ergibt sich als Differenz zwischen altem (= aGK) und neuem Grundkapital (= nGK):

Bruttogewinn = altes Grundkapital - neues Grundkapital

Wobei das neue Grundkapital beträgt:

$$Neues\ Grundkapital = \frac{altes\ Grundkapital}{Reduktionsbruch}$$

Der Effektivwert je Aktie nach der Sanierung beträgt:

$$Nennwert\ der\ behaltenen\ Aktien = \frac{aGK - nGK - abzüglich\ Verlust}{Zahl\ der\ Aktien\ nach\ Sanierung}$$

$$Effektivwert\ je\ Aktie\ nach\ Sanierung = €50 + \frac{2000 - 500 - 1080}{10} = €92$$

Der Effektivwert entspricht dem am neuen Bilanzkurs orientierten inneren Wert, der sich nach der Sanierung ergeben würde:

Bilanz der AG nach Sanierung:

| Aktiva | | Passiva | |
|---|---|---|---|
| Anlagen | 1.200 | Grundkapital | 500 |
| Waren | 1.500 | Sanierungsgewinn | 420 |
| Forderungen | 200 | langfr. Verbindl. | 1.200 |
| Kasse | 20 | kurzfr. Verbindl. | 800 |
| | 2.920 | | 2.920 |

$$Bilanzkurs = \frac{(500 + 420) \times 100}{500} = 184\ \%$$

$$Innerer\ Wert\ je\ Aktie = \frac{50 \times 184}{100} = €92$$

Durch die Sanierung erzielt jeder Aktionär einen Wertzuwachs je Aktie in folgender Höhe:

Wert nach Sanierung - Wert vor Sanierung = € 92 - € 23 = € 69

Insgesamt ergibt sich für die Aktionäre weder ein Gewinn noch ein Verlust, unabhängig davon, ob sie die Alternative Zuzahlung oder Herabsetzung des Kapitals wählen.

### Sanierung durch Rückkauf von Aktien

Sie ist nur zulässig bei Rückkauf von Aktien unter pari (§ 71 Abs. 1 Nr. 1 AktG). Ein buchmäßiger Gewinn entsteht in Höhe der Differenz zwischen dem unter-pari-Rückkaufpreis und dem zum Nennwert bilanzierten Grundkapital. Die für den Erwerb eigener Aktien geltenden gesetzlichen Vorschriften und Beschränkungen sind zu beachten. Die für die Kapitalherabsetzung benötigten Aktien können entweder am Markt frei gekauft werden, was einen Abfluss von Liquidität bedeutet, oder sie können gemäß einer Satzungsbestimmung zwangsweise eingezogen werden.

Eine Verlustbeseitigung ausschließlich durch Rückkauf von Aktien unter pari findet in der Praxis nur selten statt.

**Sanierung durch Inanspruchnahme der Gläubiger**

Diese Form der Sanierung hat folgende Wirkung:

1. Bei Stundung fälliger Verbindlichkeiten: vorübergehende Besserung der Liquidität.
2. Bei Forderungsverzicht: Beseitigung von Verlusten in Höhe des Kürzungsbetrages der Verbindlichkeit, nachhaltige Besserung der Liquiditätslage sowie Ausfall von Zahlungsverpflichtungen aus Zinsen.
3. Bei Beteiligung des Gläubigers am Unternehmen durch Einlage seiner Forderung: Zuführung von Eigenkapital mit künftigem Gewinnanspruch.

**Kapitalherabsetzung mit anschließender Kapitalerhöhung (= Kapitalschnitt)**

Das Ziel dieser Form der Sanierung liegt in der Beseitigung des Verlustes sowie der Verbesserung der Liquiditätslage des Unternehmens. Grundsätzlich schließt die Kapitalherabsetzung mit anschließender Kapitalerhöhung sowohl das Fremdkapital wie das Eigenkapital mit ein. Die gesetzlichen Regelungen für Kapitalgesellschaften beziehen sich auf das Eigenkapital.

Dabei gilt für Aktiengesellschaften aufgrund des Verbotes der unter-pari-Emission, dass durch die Kapitalherabsetzung und den dabei erzielten Kursgewinn ein möglicher Kurs von unter 100 % vor Kapitalherabsetzung auf einen Kurs von mindestens 100 % steigt, was eine Kapitalerhöhung durch Ausgabe neuer Aktien erst ermöglicht. Der Beschluss der Hauptversammlung zur Kapitalherabsetzung mit anschließender Kapitalerhöhung sowie die Durchführung der Kapitalerhöhung können gemeinsam zum Handelsregister angemeldet werden. Wegen §§ 234 f. AktG kann das nach dem Kapitalschnitt neu festgesetzte Grundkapital bereits im Jahresabschluss für das letzte vor der Beschlussfassung abgelaufene Geschäftsjahr ausgewiesen werden, sodass der entstandene Verlust in der Öffentlichkeit nicht publik wird. Eine parallele Regelung findet sich für die GmbH in §§ 58a - f GmbHG.

B 2: Die X-AG erleidet im Geschäftsjahr 2001 einen Bilanzverlust in Höhe von T€ 3.500, der sich aus einem Verlust in Höhe von T€ 5.500 sowie Umsatzerlösen von T€ 2.000 zusammensetzt. Der Verlust resultiert aus einem Preisverfall am Rohstoffmarkt, was zu einer Abwertung der Rohstoffbestände führte sowie aus Abschreibungen auf Kundenforderungen. Die Bilanz der X-AG zum 31. 12. 2001 sieht wie folgt aus:

| Aktiva | | Passiva | |
|---|---|---|---|
| **A. Anlagevermögen** | | **A. Eigenkapital** | |
| Konzessionen | 87.000 | Gezeichn. Kapital | 8.000.000 |
| Grundstücke, Bauten | 2.335.000 | Gesetzl. Rücklage | 85.000 |
| Maschinen | 2.090.000 | Bilanzverlust | -3.500.000 |
| Geschäftsausstattung | 763.000 | **B. Verbindlichkeiten** | |
| **B. Umlaufvermögen** | | Langfr. Verbindl. | 3.500.000 |
| Rohstoffe | 2.600.000 | Kurzfr. Verbindl. | 7.229.000 |
| Waren | 693.000 | | |
| Forderungen | 6.513.000 | | |
| Bank/Kasse | 233.000 | | |
| | 15.314.000 | | 15.314.000 |

Die kurzfristigen Verbindlichkeiten resultieren aus Rohstofflieferungen. Obwohl sich der Verlust noch nicht auf 50 % des Grundkapitals beläuft (§ 92 Abs. 1 AktG), beruft der Vorstand eine Hauptversammlung ein zum Zwecke der Sanierung des Unternehmens. Ziel der Sanierungsmaßnahmen ist der Verlustausgleich sowie die Verbesserung der Liquidität und der Kapitalstruktur durch Zuführung neuer Mittel und Umwandlung der kurzfristigen Verbindlichkeiten in langfristiges Kapital (Eigen- oder Fremdkapital). Die X-AG weist eine Eigenkapitalrentabilität von 24,74 % auf und gilt als sanierungswürdig. Die Aktionäre stimmen der geplanten Sanierung zu. Diese soll durch Herabsetzung des Grundkapitals bzw. Zuzahlung der Aktionäre sowie durch einen Vergleich mit den Gläubigern durchgeführt werden.

Um für die Folgejahre Verluste auszuschließen, die aus einer Abwertung von Vermögen resultieren, das in der Bilanz zu hoch bewertet ist, erfolgt zunächst eine Neubewertung der Vermögenspositionen:

| | Bisheriger Bilanzansatz | Abwertung | Neuer Bilanzansatz |
|---|---|---|---|
| Konzessionen | 87.000 | 86.999 | 1 |
| Maschinen | 2.090.000 | 258.000 | 1.832.000 |
| Geschäftsausstattung | 763.000 | 60.000 | 703.000 |
| Waren | 693.000 | 75.000 | 618.000 |
| Zusätzlicher Verlust | | 479.999 | |

Der Gesamtverlust der X-AG beläuft sich auf € 3.500.000 + € 479.999 = € 3.979.999.

Nach diesen Sonderabschreibungen ergibt sich folgender Bilanzkurs:

$$Bilanzkurs = \frac{Grundkapital + gesetzl. Rücklage - Verlust}{Grundkapital}$$

$$Bilanzkurs = \frac{8.000.000 + 85.000 - 3.979.999}{8.000.000} \times 100 = 51,31 \%$$

Die Gesellschaft beschließt folgende Maßnahmen zur Beseitigung des Bilanzverlustes:

a) Auflösung der gesetzlichen Rücklage in Höhe von € 85.000. Der Bilanzkurs wird hiervon nicht berührt.

b) Inanspruchnahme der Gläubiger: mit einem Großgläubiger, einem Rohstofflieferanten, der ein Interesse am Fortbestand des Unternehmens hat, wird ein freiwilliger Vergleich abgeschlossen. Der Gläubiger verzichtet auf Forderungen in Höhe von € 500.000 gegen Erteilung eines Besserungsscheins. Hierdurch mindert sich der Verlust um € 500.000, der Bilanzkurs steigt auf 57,56 %.

c) Rückkauf eigener Aktien und Kapitalherabsetzung: Die X-AG kauft eigene Aktien im Nennwert von € 400.000 zum Kurs von 46 % (pro 100 € Aktie). Durch anschließende Kapitalherabsetzung um € 400.000 ergibt sich ein Gewinn von € 216.000:

Nennwert der Aktien                                    400.000
Unter–pari–Rückkaufpreis : 4000 Aktien   x   € 46 = 184.000  : 216.000
Durch diese Maßnahme ergibt sich folgender Bilanzkurs:

$$Bilanzkurs = \frac{7.600.000 - 3.178.999}{7.600.000} \times 100 = 58,17 \%$$

d) Inanspruchnahme der Aktionäre: Das Angebot an die Aktionäre lautet auf Herabstempelung ihrer Aktien auf den halben Nennwert (= € 50) oder Zuzahlung in Höhe von 58,17 % gegen Umtausch ihrer alten Aktien in Vorzugsaktien. Die Aktionäre machen von dem Angebot folgendermaßen Gebrauch:

Herabstempelung der Aktien im Nennwert von € 6.000.000, Zuzahlung auf Aktien im Nennwert von € 1.600.000 (€ 930.720).

Die Kosten der Sanierung belaufen sich auf € 32.000.

Der Sanierungsgewinn beträgt ohne Berücksichtigung von Steuern:

| | |
|---|---:|
| Auflösung der gesetzlichen Rücklage | 85.000 |
| Schuldenerlass | 500.000 |
| Buchgewinn durch Rückkauf eigener Aktien | 216.000 |
| Buchgewinn durch Herabstempeln der Aktien im Verhältnis 2:1 | 3.000.000 |
| Zuzahlung | 930.720 |
| Sanierungsgewinn | 4.731.720 |

Der Sanierungsgewinn wird zum Ausgleich des Verlustes (€ 3.979.999) und zur Begleichung der Kosten (€ 32.000) verwandt. Ein Restbetrag von € 719.721 wird in die Kapitalrücklage eingestellt.

Folgende Maßnahmen zur Beseitigung der Illiquidität werden getroffen:

a) es werden fällige Verbindlichkeiten in Höhe von € 311.000 aus der Zuzahlung der Aktionäre getilgt.

b) Inanspruchnahme der Gläubiger: ein Großgläubiger mit Forderungen von € 2.600.000 wird als Gesellschafter beteiligt. Durch einen Stundungsvergleich werden kurzfristige Verbindlichkeiten aus Rohstofflieferungen in einen langfristigen Kredit umgewandelt von € 3.500.000.

Hierdurch ergibt sich ein neues Eigenkapital von € 7.200.000

Anfangsbestand vor Sanierung 8.000.000
- Kapitalherabsetzung durch eigene Aktien 400.000
- Kapitalherabsetzung durch Zusammenlegung 3.000.000
+ Kapitalerhöhung durch Beteiligung des Großgläubigers 2.600.000).

Es ergibt sich folgende Sanierungsschlussbilanz:

| Aktiva | | Passiva | |
|---|---|---|---|
| **A. Anlagevermögen** | | **A. Eigenkapital** | |
| Konzessionen | 1 | Gezeichn. Kapital | 7.200.000 |
| Grundstücke, Bauten | 2.335.000 | dav. Stammaktien | |
| Maschinen | 1.832.000 | Nennwert 50 = | 3.000.000 |
| Geschäftsausstattung | 703.000 | Nennwert 100 = | 2.600.000 |
| **B. Umlaufvermögen** | | Vorzugsaktien | |
| Rohstoffe | 2.600.000 | Nennwert 100 = | 1.600.000 |
| Waren | 618.000 | Kapitalrücklage | 719.721 |
| Forderungen | 6.513.000 | **B. Verbindlichkeiten** | |
| Bank/ Kasse | 636.720 | Langfr. Verbindl. | 7.000.000 |
| | | Kurzfr. Verbindl. | 318.000 |
| | 15.237.721 | | 15.237.721 |

# Sanierungsmanagement mit Hilfe der Hausbank – Praxisbeispiel

André Goldstein, Andreas Hahne

## 1 Einführung

### 1.1 Die Hausbank als Sanierungspartner

Geraten Unternehmen in die Krise, so benötigen diese einen finanzstarken, sanierungserprobten und kompetenten Partner, der die Fähigkeit besitzt, koordinierend und disziplinierend auf die Stakeholder des Unternehmens einzuwirken, um die Krise erfolgreich abwenden zu können.

Kreditinstitute als die vielfach größte Gläubigergruppe des Unternehmens[1] vereinen die für eine Sanierung erforderlichen Attribute eines starken Sanierungspartners.

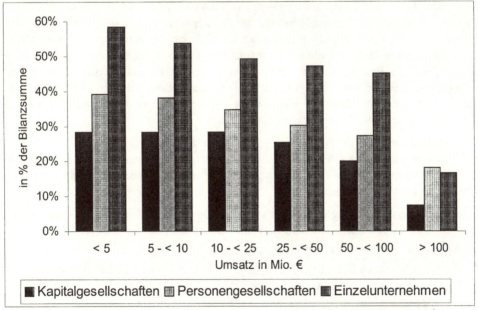

Abb. 1: Anteil der Bankkredite an der Bilanzsumme nach Rechtsform und Umsatzgröße

---

[1] Deutsche Bundesbank, Monatsbericht Oktober 2002, Zur Entwicklung der Bankkredite an den privaten Sektor, der Finanzierungsanteil der Banken an der Bilanzsumme nimmt mit abnehmender Umsatzhöhe insbesondere bei Personengesellschaften und Einzelunternehmen zu.

Allerdings lassen sich Kreditinstitute in der Krise zunehmend schwerer zu Stundungen, Verzichten und Neukrediten bewegen.

Die in der Öffentlichkeit gehegte – und von dem Management und manchem Berater gerne gepflegte – Glaubenshaltung, dass die Banken die Krise dank ihrer finanziellen Ressourcen mit neuem Geld und erforderlichen Verzichten als quasi bestehendes „Naturgesetz" abwenden, darf in das Reich der Fabeln verwiesen werden[2].

Selbst verfasste oder mit der Unterstützung von Beratern erstellte „Hochglanzsanierungsprospekte" die als Sanierungsmaßnahme im Wesentlichen Beiträge der Gläubiger zum Inhalt haben, werden die bankseitig hinzugezogenen sanierungserfahrenen Spezialisten nicht beeindrucken und läuten in vielen Fällen schon das Ende des Unternehmens ein, bevor die ersten Sanierungsschritte eingeleitet worden sind.

Emotional vorgebrachte Argumente der in der Vergangenheit stets fristgerechten Erbringung der – aus Sicht des Managements nunmehr viel zu hohen – Kapitaldienstraten sind in den schwierigen Verhandlungen wenig hilfreich und belasten die kritischen Gespräche von Beginn an.

Unmöglich ist das Vorhaben, die Banken selbst bei zunehmender Risikosensibilisierung für eine aktive Sanierungsbegleitung zu gewinnen, allerdings nicht, wenn die Beteiligten des Unternehmens bestimmte Grundregeln einhalten und die mit der originären Fremdkapitalgeberfunktion einhergehende Erwartungshaltung der Banken in ihren Sanierungsüberlegungen berücksichtigen. Eine der Grundregeln ist, den Gläubigerbanken durch ein überzeugendes – durch fachkundige Dritte erstelltes – Restrukturierungskonzept rational und plausibel vorzurechnen, wie alle Beteiligten unter Optimierung der jeweiligen individuellen Interessen mit dem geringsten Risiko zum Überleben des Unternehmens beitragen können und den Kreditinstituten eine nachvollziehbare Perspektive aufzuzeigen, wie diese zukünftig ihre Kredite wieder zurückerhalten bzw. Teile davon sichern können.

Für eine Sanierung sind die Banken, insbesondere die Hausbank, ein unverzichtbarer Partner; eine Sanierung gegen die Gläubigerbanken bzw. die Hausbank kann nicht gelingen. Für die Notwendigkeit einer aktiven bzw. passiven, d.h. zumindest duldenden Sanierungsbegleitung, sprechen folgende fünf Gründe:

1. Die Kreditinstitute verfügen im Gegensatz zu anderen Stakeholdern über die ausreichenden finanziellen Ressourcen, eine Sanierung mit neuem Geld oder den erforderlichen Kapitalmaßnahmen begleiten zu können.

2. Banken sind – auch in Erfüllung gesetzlicher Vorschriften des § 18 Kreditwesengesetz[3] – im Vergleich zu anderen Gläubigergruppen gut informierte Fremdkapitalgeber, die auf Basis eingeforderter Informationsroutinen und Branchenvergleiche detaillierte Einsichten in die Vermögens- und Ertragsverhältnisse besitzen. Insofern sind Banken in der Lage, die

---

[2] Banken verfügen in der öffentlichen Wahrnehmung über die einfachste Möglichkeit, dem Unternehmen wieder Liquidität zuzuführen: Sie können dem Unternehmen einen Kredit ausreichen.

[3] Boos/Fischer/Schulte-Mattler; Kreditwesengesetz Kommentar zu KWG und Ausführungsvorschriften; Verlag C.H. Beck München 2000, S. 442 - 475, insbesondere S. 460 - 265; Stamm, Gesetz über das Kreditwesen Kommentar nebst Materialien und ergänzenden Vorschriften, S. 17ff insbesondere RZ 50-73.

Überlebensfähigkeit des Unternehmens – besser als andere Gläubiger – überschlägig einzuschätzen, was sie zu einem kompetenten Gesprächspartner und Meinungsführer macht.

3. Die Sanierungsexpertise der krisenerprobten Spezialabteilungen der Banken, auf die die ausfallgefährdeten Engagements in der Regel übergeleitet werden.

4. Das umfassende Netzwerk der Kreditbanken, das sehr schnell die für eine erfolgreiche Sanierung benötigten Sanierungsexperten (Beratungsunternehmen, Wirtschaftsprüfer, Anwälte, M&A-Consultants, Finanzinvestoren, strategische Partner, öffentliche Hand und Förderbanken usw.) mobilisieren kann.

5. In ihrer Koordinierungsfunktion sind die Banken durch die geübte und gelebte Praxis in der Lage, die zum Teil heterogenen Interessen der Stakeholder zu disziplinieren, um in der Krise des Unternehmens möglichst Schaden für alle Beteiligten abzuwenden. Diese für eine Sanierung lebensnotwendigen Funktionen üben die Banken als Sanierungspoolführer mit vielfältigen Kontakten zu allen Sanierungsbeteiligten aus.

Als wichtige Regel zur Abwendung bzw. der Bewältigung der Krise sollten die Geschäftsführer eines existenzbedrohten Unternehmens die Banken daher als einen *wichtigen Sanierungspartner* ansehen, den es mit Blick auf den kritischen Zeithorizont offen, konstruktiv und rechtzeitig einzubinden gilt.

## 1.2 Insolvenzursachen

Kürzere Produktlebenszyklen als Folge sich immer schneller verändernder – von vielen Unternehmen jedoch auch maßgeblich beeinflusster – Verbrauchergewohnheiten, der fortschreitenden Liberalisierung der Volkswirtschaften, die einerseits die Abhängigkeit der Unternehmen untereinander erhöhen und anderseits den nationalen und internationalen Wettbewerbsdruck der Unternehmen verschärfen sowie der sich beschleunigenden technologischen Entwicklung, haben das Insolvenzrisiko[4] mittelständischer Unternehmen auch aufgrund der schwachen Wirtschaftsentwicklung in Deutschland[5] erhöht.

Nicht zu unterschätzen für die Krisenanfälligkeit deutscher Unternehmen sind die geringen Eigenmittelquoten, die sich im Zeitablauf im Vergleich zu den europäischen Wettbewerbern nicht verbessert haben. So wiesen 2001 40 % der Unternehmen eine Eigenkapitalquote von weniger als 10 % aus.[6]

---

[4] Unternehmensinsolvenzen inkl. Kleinstgewerbe: 2001: 32.300; 2002: 37.000; 2003: 40.000 (Prognose).
[5] Deutsche Bundesbank, Monatsbericht Dezember 2002, Gesamtwirtschaftliche Ertrags- und Kostenentwicklung seit Anfang der neunziger Jahre.
[6] Handelsblatt vom 5. April 2002.

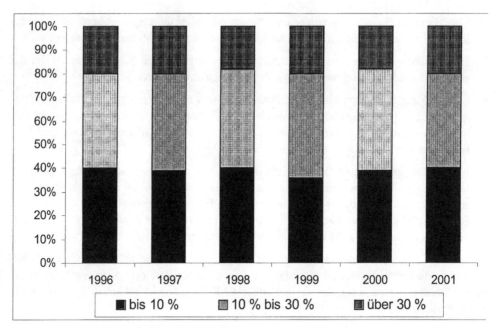

Abb. 2.: Entwicklung der Eigenmittelquoten deutscher Unternehmen

Die spektakulären Insolvenzen auch namhafter börsennotierter Unternehmen der vergangenen Jahre haben überdeutlich gezeigt, dass unternehmensseitig Frühwarnsysteme bzw. Risikomanagementsysteme nur unzureichend funktioniert haben.

Ein wesentlicher Erfolgsfaktor zur Beherrschung und Überwindung einer Unternehmenskrise ist im Idealfall ein frühes Erkennen der Krisensymptome, und wenn die Krise dennoch eingetreten ist, ein schnelles und zielgerichtetes Krisenmanagement unter zeitnaher Einbindung aller Stakeholder eines Unternehmens.

Dies setzt voraus, dass die Geschäftsführung zeitnah und systematisch an die Lösung der existenzgefährdenden Probleme herangeht und die größten Gläubiger umgehend in diesen Prozess einbindet.

## 1.3 Wie Banken die Krise erkennen

Eine Insolvenz fällt nicht plötzlich vom Himmel, sondern ist, das haben Post-Mortem-Analysen namhafter Pleiten gezeigt, ein schleichender Prozess, der zeitlich betrachtet vor signifikanter Verschlechterung der Jahresabschlüsse anfängt. Beginnend mit Fehlallokationen finanzieller Ressourcen in „guten Zeiten" verschärfen sich im Zeitablauf die Probleme des Unternehmens sukzessive bei gleichzeitiger Abnahme der Beherrschbarkeit und der Gestaltungsmöglichkeiten zur Abwendung der Unternehmenskrise. Sind die in der Vergangenheit angesparten Liquiditätsreserven aufgebraucht, führt die Ertragskrise letztendlich in die dritte Phase einer Liquiditätskrise mit der Gefahr der Insolvenz durch drohende Illiquidität bzw. bilanzieller Überschuldung.

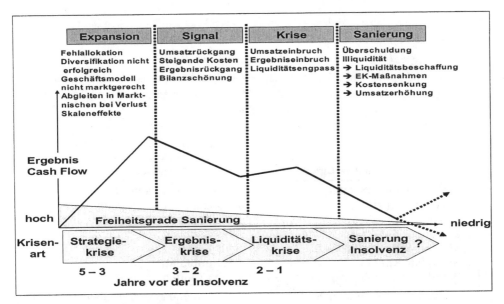

Abb. 3: Typischer Krisenverlauf

Die Entwicklung von der strategischen Krise bis zur Liquiditätskrise dauert in den meisten Fällen mehrere Jahre, wobei die Dynamik der Erosion des Unternehmens zwischen Ertrags- und Liquiditätskrise stark zunimmt.

Kreditinstitute, denen in der Vergangenheit vielfach erst mit der verspäteten Übergabe der Jahresabschlüsse das Ausmaß der Krise deutlich geworden ist, haben ihre Kreditbearbeitungsprozesse und Frühwarnsysteme zwischenzeitlich erheblich verbessert[7].

Mit Hilfe verbesserter Bilanzratingsysteme zur Beteilung der wirtschaftlichen Vermögens- und Ertragsverhältnisse lassen sich die am häufigsten beobachteten Krisensignale[8] eines Unternehmens frühzeitig identifizieren. Moderne Bilanzratingverfahren erkennen aufgrund der Bonitätsrasterbewegung den schleichenden Zerfall des Unternehmens im Zeitablauf.

Die Abbildung der Kontoführung durch Scoringmodelle gibt der Bank schon sehr präzise Hinweise über die im Zeitablauf schwindenden Liquiditätsspielräume des Unternehmens, da sich diese vielfach in den Kontobeobachtungsmodellen in einer sich verschlechternden Qualität des Zahlungsverkehrs manifestiert und von Banken daher zeitnah erkannt werden kann.

Die auf Basis der so genannten „Hard-Facts" gewonnenen Erkenntnisse lassen sich im kritischen Kundengespräch vor Ort verifizieren.

---

[7] Deutsche Bundesbank, Monatsbericht Januar 2003; Neue Mindestanforderungen an das Kreditgeschäft: MaK und Basel II.

[8] Finance-Studien (Reihe im F.A.Z.-Institut); Restrukturierung im Mittelstand, Wege aus der Krise; befragte Banken, Berater und Anwälte belegten, dass sich in über 90 % der untersuchten Fälle die Krise eines Unternehmens durch eine steigende Verschuldung und sinkende Liquidität sowie Cash-Flow ankündigte. Sinkende Eigenkapitalquoten und Absatz waren in fast 80 % der Fälle die Krisensymptome. In 60 % der Fälle wurde die Krise durch abnehmende Produktivität und sinkende Kapazitätsauslastung angezeigt.

Ergänzende Unternehmensvergleiche („Benchmarking") helfen den Banken die beim Kunden gewonnenen Erkenntnisse mit der „hausinternen" Benchmark zu vergleichen, sodass diese bei kritischer Distanz erkennen können, ob das Unternehmen den Wettbewerbspfad verlassen hat.

Sanierungs- und abwicklungserprobte Spezialabteilungen bündeln das Sanierungs-Know-how in der Bank, sodass bankseitig bei erkennbaren Krisensymptomen „Task Forces" zur Überprüfung der Engagementstrategie gebildet werden können.

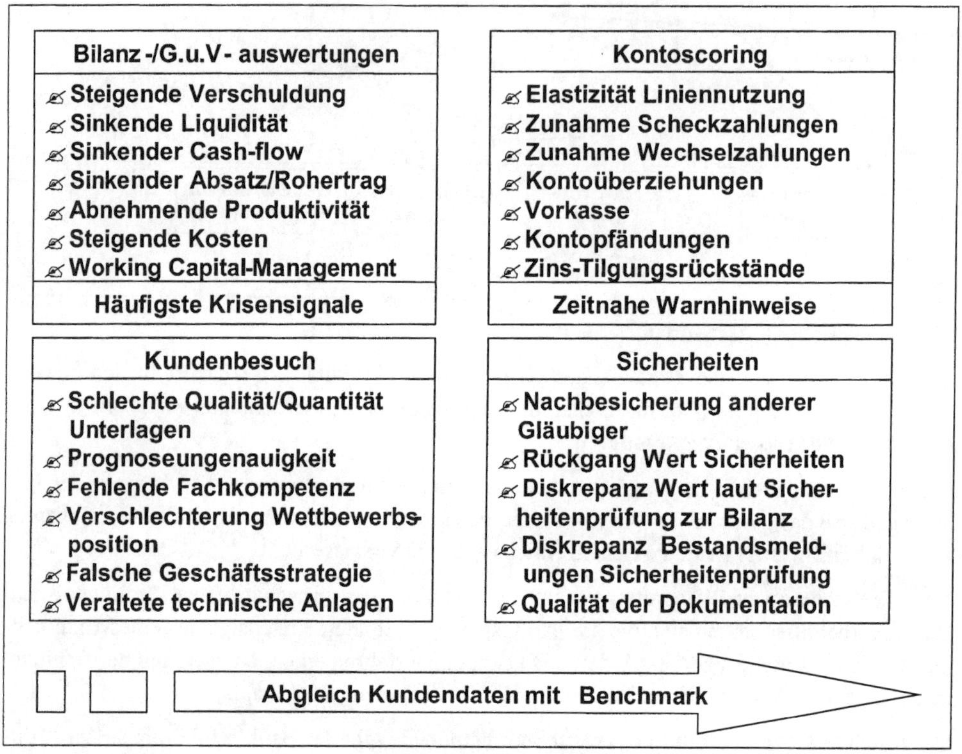

| Bilanz -/G.u.V - auswertungen | Kontoscoring |
|---|---|
| ⊠ Steigende Verschuldung<br>⊠ Sinkende Liquidität<br>⊠ Sinkender Cash-flow<br>⊠ Sinkender Absatz/Rohertrag<br>⊠ Abnehmende Produktivität<br>⊠ Steigende Kosten<br>⊠ Working Capital-Management | ⊠ Elastizität Liniennutzung<br>⊠ Zunahme Scheckzahlungen<br>⊠ Zunahme Wechselzahlungen<br>⊠ Kontoüberziehungen<br>⊠ Vorkasse<br>⊠ Kontopfändungen<br>⊠ Zins-Tilgungsrückstände |
| **Häufigste Krisensignale** | **Zeitnahe Warnhinweise** |
| **Kundenbesuch** | **Sicherheiten** |
| ⊠ Schlechte Qualität/Quantität Unterlagen<br>⊠ Prognoseungenauigkeit<br>⊠ Fehlende Fachkompetenz<br>⊠ Verschlechterung Wettbewerbsposition<br>⊠ Falsche Geschäftsstrategie<br>⊠ Veraltete technische Anlagen | ⊠ Nachbesicherung anderer Gläubiger<br>⊠ Rückgang Wert Sicherheiten<br>⊠ Diskrepanz Wert laut Sicherheitenprüfung zur Bilanz<br>⊠ Diskrepanz Bestandsmeldungen Sicherheitenprüfung<br>⊠ Qualität der Dokumentation |

➡ **Abgleich Kundendaten mit Benchmark**

Abb. 4: Früherkennung der Krisensignale durch die Bank

Unternehmer nutzen in vermeintlich guten Zeiten die Sanierungs- und Branchenkenntnisse und die Informationsbasis der Banken über ihr Unternehmen viel zu wenig. Das Jahreskreditgespräch wird seitens der Unternehmen oftmals nur als lästige Pflichtübung gesehen, die Informationsbedürfnisse der kreditgebenden Banken zu befriedigen. Kritische, d.h. konstruktive, Anmerkungen der Banken zur wirtschaftlichen Vermögens- und Ertragslage bzw. Wettbewerbsposition der Kreditnehmerin werden vielfach nicht gewünscht und als eher belastend eingeschätzt. Eine wertungs- und vorurteilsfreie Entgegennahme der Anregungen der Banken erfolgt vielfach nicht.

Vielmehr sollte das Gespräch dazu genutzt werden, von den Banken eine kritische Bewertung der Wettbewerbsposition bzw. Risikoeinschätzung zu erhalten. Dieser für das Unternehmen wertvolle Informationsaustausch sollte genutzt werden, den gegenwärtigen Status quo des Unternehmens kritisch zu reflektieren. So lassen sich beispielsweise die Jahresgespräche zur Bilanzbesprechung dazu nutzen, von der Hausbank wertvolle Informationen über die Bonitätsbeteilung des Unternehmens zu gewinnen.

## 2 Aus der Praxis lernen – „lessons to be learnt"

### 2.1 Praxisfall – die zweite Chance

„Schuster bleib bei Deinen Leisten" ist ein alter Spruch, den so mancher gescheiterter Unternehmer hätte beherzigen sollen.

Die Liste der Pleitefälle in Deutschland ist um die Jahrtausendwende lang geworden, die Gründe für die Zusammenbrüche waren oftmals gleich gelagert.

Im Überschwang der ungezügelten Wachstumseuphorie der neunziger Jahre hatten sich die Manager verkalkuliert. Neue Absatzgebiete vor Augen wurden riesige Kostenblöcke aufgetürmt, die nach Scheitern der Expansion auf ein „gesundes Maß" zurückgestutzt oder schlichtweg wertberichtigt werden mussten.

Familienunternehmen sind besonders für derartige Fehlentscheidungen des Unternehmers anfällig, da interne Kontrollmechanismen bei patriarchalisch geführten Unternehmen wenig ausgeprägt bzw. die Unternehmen ausschließlich von den alleinigen – im Unternehmen nicht kritisch reflektierten – Entscheidungen des Patriarchen abhängig sind.

Mit der Wiedervereinigung verknüpfte ein schon ergrauter Unternehmer aus Norddeutschland die Hoffnung, wieder etwas frischen Wind in sein ruhiges Unternehmensdasein wehen zu lassen. Als erfolgreicher Unternehmensgründer in der Wirtschaftswunderzeit nach dem zweiten Weltkrieg verspürte der Kaufmann längst verloren geglaubten Pioniergeist. Was sich 1950 als eine Erfolgsstory erwiesen hatte, sollte sich 1990 nochmals - nur auf höherem Niveau - wiederholen.

Mit dem Unternehmer war mittlerweile allerdings auch das Unternehmen ergraut. Bei konstantem Umsatzniveau von € 26 Mio. erwirtschaftete das Unternehmen in den 80er-Jahren bei wettbewerbstauglichen Roherträgen von ca. 49 % jedoch unbefriedigende Umsatzrenditen von durchschnittlich 1 %. Die Eigenkapitalquote hatte sich bei ca. 5 % eingependelt. Die Controllingabteilung konnte als Unterabteilung der Buchhaltung bezeichnet werden und fristete ein wenig beachtetes Dasein.

1990 wurden zunächst Räumlichkeiten eines ehemaligen DDR-Kombinates angemietet. Der Unternehmer schien 1993 Recht zu behalten. Der Umsatz hatte sich um ca. 70 % erhöht, nachfragebedingt konnte das Unternehmen auch von höheren Roherträgen (+2 % gegenüber 1989) profitieren. Die Kostenstrukturen hatten sich zwar ebenfalls erhöht, dennoch verdoppelte sich die Umsatzrendite auf im Vergleich zum Wettbewerb allerdings weiterhin unbefriedigende 2 %.

Durch den Umsatz- und Rohertragsanstieg bis 1993 beflügelt, sollte nunmehr in neue Produktionsstätten investiert werden. Die Warnungen der Hausbank, die dünne Eigenkapitalbasis durch neue kapitalstarke Gesellschafter zu stärken, wischte der resolute Unternehmer mit den Worten „man wolle weiter Herr im Hause bleiben" beiseite. Der Unternehmer ließ sich von den warnenden Worten seiner Hausbank nicht beirren und fand eine lokale akquisitionswillige Bank am Investitionsstandort, die sich bereit erklärte, das Investitionsvorhaben in ihrer Marktregion zu begleiten.

Getrieben durch den Zwang, die neuen – überdimensionierten – Produktionskapazitäten auszulasten, sollten neue Märkte außerhalb Deutschlands erschlossen werden. Hierzu hatte man zunächst Westeuropa (BENELUX und Frankreich) und Russland auserkoren. Obwohl im Auslandsgeschäft unerfahren, wurde in Brüssel eine Niederlassung gegründet.

Um von den niedrigen Produktionskosten Osteuropas zu profitieren und sich perspektivisch weitere Absatzgebiete in Osteuropa zu erschließen, wurde zusätzlich ein Teil der Lohnfertigung nach Polen verlegt.

## 2.2  Die Krise nimmt ihren Lauf

Schon in der Investitionsphase veränderte sich das Marktumfeld; das ausgesprochen gute Jahr 1993 hatte sich als „Eintagsfliege" erwiesen. Zwar konnten die Umsätze bis 1996 sukzessive gesteigert werden, dennoch machten erhebliche Preiszugeständnisse („Preisdumping") bei einer undurchsichtigen Bonifikationsregelung für die Abnehmer die positiven Mengeneffekte zunichte. In 1997 brachen der Umsatz und der Rohertrag ein. Durch die drei Produktionsstandorte hatten sich die Kosten (insbesondere verursacht durch zusätzliche Logistikkosten) gegenüber 1993 bei rückläufigem Rohertrag um 40 % erhöht. Das Vertriebsbüro in Brüssel erwirtschaftete mit Eröffnung ständig Verluste.

Konnten in den Vorjahren dank der ausgezahlten Zuschüsse und bilanzpolitischer Maßnahmen (u.a. Zuschreibungen) die negativen Ergebnisse noch abgemildert werden, gab es in 1997 die bilanzpolitischen Puffer nicht mehr. Mit viel zu optimistischen Planzahlen für 1997 sollten die in der ersten Jahreshälfte unruhig werdenden Banken beschwichtigt werden. Die vorläufige BWA per 12/1997 wies einen leichten Gewinn aus und bestätigte anscheinend die Planung. Statt einer für 1997 prognostizierten schwarzen Null, musste der Unternehmer im Frühjahr 1998 den Banken allerdings einen voraussichtlichen Verlust von € 2 Mio. „beichten". Die Verluste sollten sich nach Involvierung einer renommierten Unternehmensberatung durch in der Vergangenheit nicht aufgedeckte „Altlasten" (u.a. Bewertungskorrekturen des Umlaufvermögens und Rückstellungen für Warenretouren) auf knapp € 7,5 Mio. erhöhen.

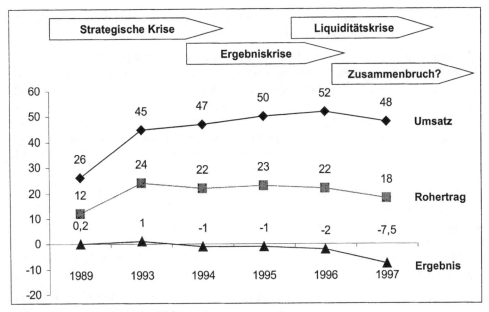

Abb. 5: Krisenentwicklung Beispielsfall

## 2.3 Die Kommunikationsfalle

Die Banken hatten in 1996 beginnend auf die sich abzeichnenden Krisensymptome hingewiesen und in vielen Einzelgesprächen vergeblich auf den Unternehmer eingewirkt. Die erste gemeinsame Bankenrunde in 1998 brachte das Ausmaß der Krise ans Tageslicht.

Mit dem (viel zu späten) Bekenntnis gegenüber den Banken, als das Unternehmen aufgrund der bilanziellen Überschuldung und drohender Illiquidität stark insolvenzgefährdet war, zeigte der Unternehmer im Rahmen seines Kommunikationsverhaltens und der selektiven Wahrnehmung ein typisches Verhaltensmuster in der Krise. Mit der Bitte um Neukredit und der Aussage, die Krise sei nunmehr überwunden, wandte sich der ansonsten konzeptlose Unternehmer an die Banken. Die Vorwürfe der sich getäuscht fühlenden Banken waren massiv.

Wie das Kaninchen vor der Schlange hatten die verantwortlichen Manager die Augen verschlossen und bestätigten damit die Ergebnisse einer aktuellen Studie des F.A.Z.-Instituts für Management-, Markt-, und Medieninformation GmbH. Im Rahmen der Befragung von Banken, Beratern und Anwälten kommt die Studie zu dem Ergebnis, dass in der Mehrzahl der Fälle die eingeleiteten Maßnahmen des Managements nicht erfolgreich sind, weil das Management in ca. 40 % der untersuchten Fälle überhaupt nicht auf die Ertragskrise reagiert hat[9]. Als ein möglicher Grund hierfür wird aufgeführt, dass laut der Studie drei Viertel der befragten Unternehmen kein aussagefähiges Controlling besitzen und daher ihre finanzielle Situation nicht

---

[9] Finance-Studien (Reihe im F.A.Z.-Institut); Restrukturierung im Mittelstand, Wege aus der Krise.

vollumfänglich einschätzen können[10]. Des Weiteren bestätigt die Studie, dass Krisenfälle zur Hälfte durch die Banken und nicht durch die Unternehmer erkannt werden.

Der Unternehmer hatte - so nachträgliche Gespräche mit dem Beratungsunternehmen - die Krisensignale durchaus gesehen, jedoch keine Maßnahmen ergriffen. Statt diese offensiv anzugehen und die Probleme mit den Gläubigern zu besprechen, wurden die negativen Zahlen mit außerordentlichen Aufwendungen sowie Opportunitätskosten als Folge der Expansionsinvestitionen erklärt. Mit trügerischen „Hoffnungswerten", dass sich die Marktlage schon verbessern würde, wurde versucht, den Banken, die auf die Krisensymptome hingewiesen hatten, „Sand in die Augen" zu streuen[11]. Immer wieder gelang es so dem Unternehmer, die kritischen Banken mit den positiv klingenden Hoffnungswerten zu beruhigen.

Gescheiterte Sanierungen haben immer wieder gezeigt, dass fehlende, unzureichende, verspätete und falsche Kommunikation seitens des Unternehmens negative Reaktionen der Stakeholder auf der Passivseite auslösen können. Das für eine Sanierungsphase notwendige Asset des Unternehmens „Vertrauen in die handelnden Personen" ist in vielen Fällen so beschädigt, dass die Gläubiger aufgrund der negativen Aktenlage („persönliche Kreditwürdigkeit") nur noch eingeengte oder keine Lösungsangebote anbieten können bzw. wollen.

Der Schlüssel zur erfolgreichen Krisenbewältigung – so die Studien von Roland Berger Strategy Consultants – liegen einerseits in der aktiven Krisenbewältigung und konzeptionellen Vorgehensweise und zum anderen in der frühen Einbindung der wichtigen Gläubiger (Banken und Kreditversicherer)[12]. Diese Chance hatte der norddeutsche Unternehmer durch das lange Zaudern, die Ideenlosigkeit (Aufrechterhaltung des Status quo und das Einfordern von fresh money) und die falsche Informationspolitik im Grunde genommen verspielt.

## 3 Die Rolle der Hausbanken als Sanierungspartner

### 3.1 Auf das Sanierungskonzept kommt es an

Wenn Liquidität gefragt ist, sind es in der Regel Banken, die unterstützend eingreifen mussten, was die Wichtigkeit dieses Gläubigers unterstreicht[13].

Spätestens in der Krise werden Banken ihre Krisenengagements in hierfür spezialisierte Abteilungen überführen. In diesen Abteilungen bündeln Banken das zur Lösung von Krisenfällen

---

[10] Finance-Studien (Reihe im F.A.Z.-Institut), in knapp 80 % der untersuchten Krisenfälle besitzen die Unternehmen kein aussagefähiges Controlling.

[11] Faulhaber, Landwehr, Turnaround-Management in der Praxis, Campus Verlag; hier werden sehr treffend die unterschiedlichen Charakterbilder der Wahrnehmung des Unternehmers bei einer sich abzeichnenden Krise beschrieben.

[12] Roland Berger Strategy Consultants, Stürmische Zeiten meistern, Erfolgreiche Restrukturierung von Unternehmen; hiernach sehen 60 % der befragten Manager die frühe Einbindung der Stakeholder als notwendigen Erfolgsfaktor für eine Sanierung an.

[13] Finance-Studien (Reihe im F.A.Z.-Institut), hiernach lassen sich die Banken in 69 % und Lieferanten in 38 % der untersuchten Fälle auf finanzielle Zugeständnisse ein.

notwendige Sanierungs-Know-how. Die Sanierungsspezialisten verfügen über entsprechende betriebswirtschaftliche, finanzwirtschaftliche und juristische Kompetenz und sind daher in der Lage, die Sanierungsfähigkeit des Unternehmens auf Basis der bankinternen Aktenlage einzuschätzen. Für das Unternehmen ist der bankseitige Betreuerwechsel im Grunde genommen ein Glücksfall, da dem Unternehmen entsprechende Sanierungskompetenz der Bank zur Seite gestellt wird. Aufgrund des entsprechenden Netzwerks zu Beratern verschiedenster Kategorien, können die Sanierungsmanager beteilen, welche Beratungskompetenz für den vorliegenden Krisenfall besonders gut geeignet ist.

Insgesamt unterhalten Kreditinstitute ein für das Gelingen einer Sanierung wichtiges Asset, das Netzwerk, sodass in der Krise sehr schnell Kontakte zu Unternehmensberatern, Wirtschaftsprüfern, potenziellen Kapitalgebern (Finanzinvestoren und strategische Partner), Interimsmangern und M&A-Consultants hergestellt werden können.

Die Bank bietet diesen „Service" jedoch nicht uneigennützig, denn zur Minimierung des potenziellen Kreditausfallrisikos sind die Sanierungsspezialisten bestens vorbereitet, allzu große Begehrlichkeiten des Managements nach neuem Geld und all zu großen Forderungsverzichten bestimmend und mit guten Argumenten entgegenzuwirken. Vermeintlich hoher Sanierungszeitdruck – hervorgerufen durch die Lethargie der Manager in der Vergangenheit – und das Drohen mit dem Insolvenzszenario wird professionell arbeitende Sanierungsspezialisten nicht beunruhigen.

Um die für eine Sanierung notwendige Zusammenarbeit mit den Banken nicht zu gefährden, ist die Erwartungshaltung an die Banken hinsichtlich fresh money und Verzichte sehr kritisch zu überprüfen. Als Fremdkapitalgeber erwarten Kreditinstitute, dass der Kapitaldienst für die gegebene Dienstleistung (Kredit) unabhängig von der wirtschaftlichen Entwicklung wie eine Stromrechnung fristgerecht erbracht wird. Diesem Leitsatz der Banken („we want our money back") sind die Sanierungsspezialisten verpflichtet. Sanierungskonzepte, die ausschließlich zu Lasten der Kreditinstitute ausgerichtet sind, haben wenig Aussicht auf Erfolg, da diese Ansätze Banken in der Regel kaum besser stellen als sie in der Insolvenz stünden und von einer erfolgreichen Sanierung ausschließlich die Gesellschafter – vielfach ohne Sanierungsbeitrag – profitieren würden.

Die in Sanierungskonzepten oftmals gemachten Aussagen, die Zinsen und Tilgungsraten der Banken seien zu hoch, laufen ins Leere und belasten von vornherein die Gespräche mit den Banken. Aus Bankensicht sind die gegenüber der Kreditausreichung verschlechterten – durch das Management[14] zu vertretenden – betrieblichen Rahmenbedingungen (Kosten- und Vertriebsstrukturen) in Ermangelung zusätzlicher Mittel der Gesellschafter für die nicht mehr vorhandene Kapitaldienstfähigkeit verantwortlich.

Entscheidend für ein Mitwirken der Gläubiger wird daher die Bereitschaft der Unternehmer sein, Kritik anzunehmen und die eigenen – lieb gewonnenen – Gewohnheiten in Frage zu stellen. Besteht diese Bereitschaft nicht, sind negative Reaktionen der Banken unvermeidbar.

---

[14] Als Ursache für Unternehmenskrisen sind in über 90 % der Fälle das Management verantwortlich; Studie der KPMG.

Kritische Fragen der Banken in der ersten Poolsitzung befürchtend, hatte sich der in dem Fallbeispiel erwähnte Unternehmer für eine aktive Vorwärtsstrategie entschieden. Das von einem befreundeten Berater erstellte, im Laufe des Gespräches als Gefälligkeitsgutachten geringschätzig titulierte Restrukturierungskonzept enthielt nach Würdigung der Banken die Kernbotschaft, dass mit den eingeleiteten – insgesamt jedoch laut Aussagen des Managements recht begrenzten – Kostensenkungsmaßnahmen und den erbetenen Neukrediten und notwendigen Forderungsverzichten der Banken die Krise überwunden sei und dass das Management den Status quo des Unternehmens i.w. aufrechterhalten wolle. Schon im ersten Jahr der Sanierung sollte nach eingeplanten außerordentlichen Erträgen durch Forderungsverzichte und eingesparten Zinsen wieder eine „schwarze Null" erwirtschaftet werden, die sich allerdings operativ nicht in den unterjährigen Zwischenzahlen widerspiegelte.

Die den Banken zur Verfügung gestellten Zahlen („Zahlenfriedhöfe") ließen sich aufgrund fehlender Erläuterungen nicht plausibilisieren; Fragen nach den Verlustbringern konnten seitens der Geschäftsleitung nicht befriedigend beantwortet werden.

Zusammengefasst ließ sich der Sanierungsansatz auf massive Sanierungsbeiträge der Banken komprimieren und wurde von den Banken abgelehnt.

Mit der Präsentation und den Kernaussagen hatte das Unternehmen weitere Hindernisse zur Sanierung des Unternehmens aufgebaut und wiederholte die Fehler zahlreicher - gescheiterter - Sanierungen, die sich wie folgt zusammenfassen lassen:

*1. Informationsdefizite*

- Unübersichtliche - schwer plausibilisierbare - Zahlenkolonnen
- Unzureichende Kenntnis der Verlustquellen
- fehlende Klarheit und Transparenz

*2. Verhaltensdefizite*

- zu hoher - nicht gerechtfertigter - Optimismus
- fehlende Sanierungshärte, geringe Bereitschaft für radikale Änderungen
- geringes Vertrauen in die Opferbereitschaft der Mitarbeiter
- Taktieren gegenüber den Gläubigern

*3. Sanierungsdefizite*

- fehlendes Sanierungs-Know-how
- geringe Kreativität
- Abwälzen der Sanierungslasten auf Dritte

Zu Sanierungsbeiträgen zur Vermeidung der Insolvenz werden die Gläubiger allerdings nur dann bereit sein, wenn aus Sicht der Gläubiger durch einen neutralen – bankseitig akzeptierten – und fachkundigen Dritten die *Sanierungsfähigkeit* und *-würdigkeit*[15], d.h. die Aussicht nach

---

[15] Vergleich hierzu auch De Meo, Bankenkonsortien, Bankrecht in der Praxis, Verlag C.H. Beck, Seite 65 Rz 129.

einer *nachhaltigen Wiederherstellung* der *Wettbewerbsfähigkeit*, des Unternehmens positiv bestätigt wird. Hierzu ist ein Restrukturierungskonzept notwendig, dass einer grundlegenden und detaillierten Analyse bedarf.

Auch aus rechtlichen Gründen[16] bestehen Kreditinstitute auf ein plausibles und nachprüfbares Sanierungskonzept, um sich nicht Schadenersatzansprüchen anderer Gläubiger aus *§ 826 BGB* wegen sittenwidriger Insolvenzverschleppung auszusetzen. Geht aus einem schlüssigen – von einem *neutralen fachkundigen Dritten* erstellten – Sanierungskonzept hervor, dass dieses unter den gegebenen Bedingungen offensichtlich durchführbar erscheint, liegen die Voraussetzungen für einen ernsthaften Sanierungsversuch vor, sodass Banken ohne rechtliche Folgen die geforderten Finanzmittel für den Fall der positiven Bejahung der Sanierungsfähigkeit ausreichen können. Ein Scheitern einer ernst gemeinten Sanierung macht die Sanierungsbemühungen nicht zu einem sittenwidrigen Verhalten. Zur Ernsthaftigkeit gehört aber nach der Rechtssprechung des BGH insbesondere, dass die Erfolgsaussichten der geplanten Sanierungsmaßnahmen sorgfältig geprüft werden. Verletzt die Bank die ernsthafte Prüfungspflicht, kann dies eine Haftung nach § 826 BGB nach sich ziehen, wenn die Bank die Sanierungsaussichten leichtfertig mangelhaft geprüft hat (Vermutung der fehlenden Ernsthaftigkeit) oder wenn sich die Bank den bei der Prüfung erlangten (negativen) Erkenntnissen verschließt[17].

Der Gesetzgeber will verhindern, dass durch sittenwidriges Verhalten der Kreditinstitute die Insolvenz durch Sanierungsmaßnahmen mit einer einhergehenden Besserstellung gegenüber anderen Gläubigern hinausgeschoben wird. „Gefälligkeitsgutachten" mit unplausiblen oder – auch aus ex-ante-Betrachtung – zu optimistischen Sanierungsaussichten könnten demzufolge negative betriebswirtschaftliche (Kreditausfall) oder im Einzelfall auch rechtliche Konsequenzen haben. Aus diesem Grunde werden Banken großen Wert auf die Neutralität und die Fachkompetenz der eingeschalteten Berater legen müssen.

---

[16] Auch nach § 18 KWG sind die Banken in der Krise verpflichtet, die Sanierungsfähigkeit durch einen *unabhängigen* Wirtschaftsexperten prüfen zu lassen; siehe hierzu: Stamm, Gesetz über das Kreditwesen Kommentar nebst Materialien und ergänzenden Vorschriften, Seite 18 insbesondere RZ 52.

[17] De Meo, Bankenkonsortien, Verlag C.H.Beck, S. 291-302; May Duncker & Humblot, Berlin, Der Bankenpool S. 79-97.

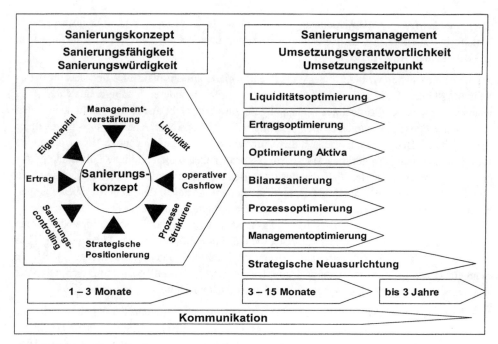

Abb. 6: Sanierungsmaßnahmen

Um die angespannte Liquiditätslage zu verbessern, sind zunächst kurzfristige Maßnahmen zur Liquiditätsgewinnung (ggf. zu Lasten des Eigenkapitals) zu ergreifen. Erfahrungen vieler Sanierungsfälle vermeintlicher Insolvenzkandidaten haben belegt, dass die Unternehmen trotz Einengung der Liquiditätsspielräume durch Kreditlinienkürzung der Banken sich letztendlich doch als überlebensfähig erwiesen haben. Fast jedes Unternehmen verfügt über Potenziale, welche im Rahmen eines effizienten Liquiditätsmanagements realisiert werden können. Primär sind zur Sicherung der Liquidität nicht betriebsnotwendige Assets zu veräußern und das Working-Capital-Management (Reduktion des Forderungsbestandes und Vorratsvermögen) zu verbessern. Weitere Schwerpunkte sind Maßnahmen der Kostensenkung (Materialeinkauf, Personal- und Verwaltungsaufwand) sowie Umsatzsteigerung.

Bevor neue Liquidität seitens der Banken bereitgestellt wird, ist das Management gefordert, interne gebundene finanzielle Ressourcen zu heben.

# Sanierungsmanagement mit Hilfe der Hausbank – Praxisbeispiel

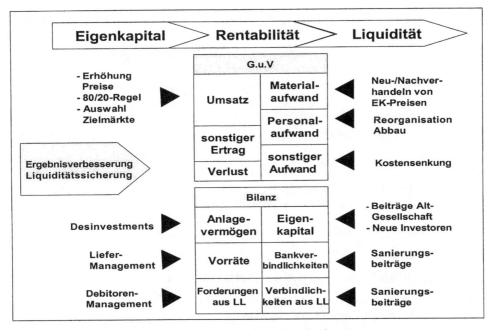

Abb. 7: Liquiditätsmaßnahmen im Rahmen der operativen Sanierung

Liquiditätsmanagement muss jedoch mit Augenmaß betrieben werden, denn mit Blick auf den Gläubigerschutz dürfen weder die Haftungssubstanz der Gläubiger noch einzelne Gläubiger bevorzugt werden. Wichtig sind daher die Einbindung von fachkundigen Beratern und eine enge Kommunikation mit den Gläubigern.

Die Wichtigkeit der kurzfristigen Sanierungsmaßnahmen unterstreichen die Untersuchungen der DGM, die im Rahmen einer Studie zu dem Ergebnis kommt, dass in über 90 % der untersuchten Fälle in den Bereichen Working-Capital, Umsatzsteigerungen, Reduktion der Personal- und Sachkosten und in 80 % durch die Senkung der Materialkosten Liquidität generiert werden kann. Verkäufe nicht betriebsnotwendiger Vermögensgegenstände führen in 64 % der untersuchten Restrukturierungsfälle zu Liquiditätszuflüssen.[18] Beispiele erfolgreicher Sanierungen haben in Einzelfällen gezeigt, dass in den wichtigsten Cash-Treibern Personal und Materialkosten bis zu jeweils 35 % Einsparungspotenzial gehoben werden können.

Parallel zu den operativen Maßnahmen, die die kurzfristige Überlebensfähigkeit des Unternehmens sicherstellen, ist die Frage der *strategischen Neuausrichtung* zu überprüfen. Diese werden die Banken einfordern, wenn das Unternehmen – wie viele Sanierungsfälle gezeigt haben –

---

[18] DGM Deutsche Gesellschaft für Mittelstandsberatung, Durchstarten aus der Krise, Restrukturierung und aktives Turn-around-Management, Informationsbroschüre.

- über keine klare Markt- und Produktausrichtung verfügt und stattdessen in nicht beherrschbare Geschäftsfelder diversifiziert hat,
- in Nischenmärkte und damit einhergehend unter die kritische Betriebsgröße abgedrängt worden ist,
- über ein Produktmix verfügt, dass sich überwiegend in der Reifephase der Produktlebenszykluskurve befindet,
- sein Innovationspotenzial nicht nutzt und somit neue Entwicklungen nicht wahrgenommen hat.

Das Sanierungskonzept hat nach Fertigstellung ein Urteil über die *Sanierungsfähigkeit* zu enthalten. Ein Unternehmen kann als sanierungsfähig bezeichnet werden, wenn die Wettbewerbsfähigkeit durch operative und strategische Maßnahmen wiederhergestellt werden kann.

Sanierungsfähigkeit liegt vor, wenn

1. eine *gesunde Eigenkapitalbasis* wiederhergestellt werden kann
2. eine *nachhaltige* – wettbewerbskonforme – *Rentabilität* erzielbar ist und
3. die *Zahlungsfähigkeit* nachhaltig sichergestellt werden kann.

Die Kernbotschaft des Sanierungsplans ist eine Bestätigung der Berater unter welchen Voraussetzungen das Krisenunternehmen sanierungsfähig ist.

Das ganzheitliche Sanierungskonzept[19], die Kompetenz der Berater, die Sanierungswilligkeit aller Beteiligten sowie die Umsetzungskompetenz des (verbleibenden) Managements und Berater sind die Erfolgsgaranten für ein Gelingen der Sanierung.

Die Ergebnisse der Sanierungsprüfung bilden die Grundlage für die Prüfung der *Sanierungswürdigkeit*. Diese ist dann erfüllt, wenn alle Beteiligten (Gesellschafter, Management, Mitarbeiter, Gläubiger, öffentliche Hand usw.) bereit sind, die über die Sanierungsfähigkeit hinausgehenden Anforderungen zu erfüllen, d.h. die Sanierung mit entsprechenden Sanierungsbeiträgen zu begleiten.

---

[19] Wirtschaftsprüfer-Handbuch, Handbuch für Rechnungslegung, Prüfung und Beratung Band II, IDW-Verlag GmbH, dass im Abschnitt F (S. 207 ff) sehr detailliert auf die Sanierungsprüfung eingeht.

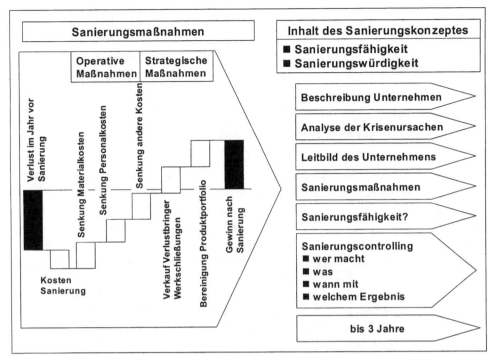

Abb. 8: Bestandteile des Sanierungskonzeptes

In Anlehnung an Roland Berger Strategy Consultants[20] lassen sich zehn Erfolgsfaktoren für ein Sanierungskonzept und dessen Umsetzung formulieren:

1. *Einbeziehung* aller *Stakeholder* zur Wiederherstellung einer Vertrauensbasis durch eine zeitnahe *Informationspolitik*
2. Schnelle Bestimmung aller tatsächlichen Krisenursachen *(Analyse der Unwirtschaftlichkeiten)*
3. *Einbindung* von fachkundigen *Sanierungsspezialisten*
4. *Rasche Umsetzung* von *zweckgerichteten* – nicht jedoch aktionistischen – *Sofortmaßnahmen* als sichtbares Signal zur Veränderung
5. *Entwicklung* eines übersichtlichen („keep it simple") und nachvollziehbaren operativen und strategischen *Sanierungskonzeptes*, das sämtliche Unternehmensbereiche umfasst
6. Setzen *ehrgeiziger*, plausibilisierbarer, bei Anstrengung erreichbarer (nicht zweckoptimistischer) *Ziele* als Sollvorgabe (*Leitbild* des *sanierten Unternehmens*)

---

[20] Roland Berger Strategy Consultants, Stürmische Zeiten meistern, Erfolgreiche Restrukturierung von Unternehmen.

7. Festlegung von Sanierungsbeiträgen mit *fairer Rangfolge* („Equity first") der Lastentragung und -verteilung

8. Festlegung von *klaren Verantwortlichkeiten* mit entsprechenden geänderten Kompetenzregelung für die *Maßnahmenumsetzung (Sanierungscontrolling)*; Willen des Managements, Machtverhältnisse neu zu ordnen

9. *Effizientes Umsetzungscontrolling* aller Restrukturierungsmaßnahmen

10. *Restrukturierung* ist *Management-Aufgabe* und erfordert von allen Beteiligten *Sanierungswillen, Sanierungskompetenz* und *Umsetzungshärte*

Entsprechende Überzeugungskraft der beteiligten Kreditinstitute führte dazu, dass eine neutrale und fachkundige Beratungsgesellschaft mit der Restrukturierung betraut wurde.

Im Rahmen der Ist-Analyse bestätigten die Berater die Befürchtungen der Hausbanken. Um die neuen Produktkapazitäten besser auszulasten und den Marktanteil des Unternehmens zu steigern, wurden alle Unternehmensziele der Umsatzmaximierung untergeordnet. Die ABC-Analyse verdeutlichte, dass sich die Qualität des Umsatzes gegenüber den Vorjahren erheblich verschlechtert hatte. Die Umsatzausweitung erfolgte insbesondere bei deckungsbeitragsschwachen Produkten, sodass die Rohertragsmargen kontinuierlich sanken. Neue Kundenverbindungen wurden darüber hinaus mit einer auch für das Unternehmen nicht mehr transparenten Rabatt- und Retourenregelung geködert, sodass auch vermeintlich ertragsstarke Produkte bei Nachkalkulation der Berater zu Verlustbringern wurden.

Das der Größe des Unternehmens nicht mehr gerecht werdende Controlling konnte eine verursachungsgerechte Verteilung der Kosten auf die einzelnen Produkte bzw. Kunden nicht abbilden, sodass dem Unternehmer die Kostenstrukturen des Produkt- und Kundenportfolios nicht bewusst waren.

Kostenkontrolle gab es in dem Unternehmen praktisch nicht mehr. Ineffiziente Produktionslogistik führte in den umsatzstarken Monaten zu einem erhöhten Saisonarbeiterbedarf, während in den umsatzschwachen Zeiten die Kapazitäten bei Vollbeschäftigung der Stammbelegschaft allenfalls nur zu 50 % genutzt wurden. Die Berater quantifizierten in den Bereichen Optimierung Produktportfolio, Glättung der Produktionsabläufe (Abbau des Personals) und effizientes Working-Capital-Management ein Kosteneinsparungspotenzial in Höhe von ca. 90 % der in 1997 erwirtschafteten Verluste. Lageroptimierungen, Lieferantenmanagement und ein Abbau der überdimensionierten Verwaltung sollten weiteres Einsparungspotenzial heben.

Mit Blick auf das plausible Einsparungspotenzial, die vorhandene Logistikkompetenz und die richtige vertriebsseitige Aufstellung (das Unternehmen war in den relevanten Märkten gut positioniert) wurde dem Unternehmen im Rahmen eines zunächst vorangestellten „Quick-Checks" eine Sanierungsfähigkeit bescheinigt, die allerdings zur Heilung der Überschuldung und drohenden Illiquidität Beiträge der Kreditinstitute und Gesellschafter voraussetzten.

## 3.2 Sanierungsbeiträge der Banken im weiteren Sinne

Auch wenn es in der Öffentlichkeit und der Politik gerne anders gesehen wird, Kreditinstitute sind über das bereits vereinbarte Kreditverhältnis hinaus nicht zu weiteren Sanierungsbeiträgen verpflichtet. Sanierungsbeiträge[21] obliegen ausschließlich einer unternehmerischen Einschätzung der notwendigen Investition, die durchaus auch eigennützige Motive, nämlich die Rettung bereits ausgereichter Kreditfaszilitäten, verfolgen wird.

Grundregel für die involvierten Banken ist jedoch, dass die Lastenteilung in der Sanierung auf möglichst viele Schultern verteilt wird.

An erster Rangfolge der Lastentragung stehen die Gesellschafter. Das Einfordern von Beiträgen von den Gesellschaftern, die in vielen Sanierungsfällen als Geschäftsführer die Geschicke des Not leidenden Unternehmens mitverantwortlich leiten, wird seitens der Banken als erste vertrauensbildende Maßnahme der Ernsthaftigkeit und Willigkeit der Gesellschafter verstanden, die Sanierung auch unter Aufbietung schmerzhafter Beiträge zu unterstützen. Hierdurch soll die Unternehmereigenschaft dokumentiert werden, denn diese geht in guten Zeiten mit der Chance einer überproportionalen Eigenkapitalverzinsung einher und erfordert daher in der Krise entsprechendes unternehmerisches Verhalten, dass als Äquivalent zur unternehmerischen Eigenkapitalverzinsung Risiken in der Krise übernommen werden.

Verweigern Gesellschafter entsprechende Beiträge, so kann diese Verhaltensweise auf Gläubigerseite als Indiz dafür gewertet werden, dass die Sanierungsaussichten durch die Gesellschafter negativ eingeschätzt werden, was für eine benötigte Kompromissbereitschaft der Gläubiger nicht förderlich ist[22].

Die Einbeziehung sämtlicher Gläubiger scheidet häufig schon deshalb aus, da ein großer Kreis aufgrund der Vielzahl der Betroffenen schwer zu organisieren und langfristig zu disziplinieren ist. Vielfach ist – insbesondere bei kleineren Gläubigern – die finanzielle Leistungsfähigkeit nicht im erforderlichen Umfang vorhanden, sodass sich die Sanierungsbeiträge auf die Banken, Kreditversicherer und andere größere Gläubiger (Lieferanten, Leasinggesellschaften usw.) beschränken müssen.

Im Rahmen der Verhaltenskoordinierung aller Beteiligten bilden Kreditinstitute so genannte Sanierungskonsortien,[23] die den Umfang der Rechte und Pflichten der Konsorten definieren.

---

[21] Unter Sanierungsmaßnahmen der Banken werden alle Handlungen zur Abwendung der Insolvenz verstanden.

[22] Finance-Studien (Reihe im F.A.Z.-Institut), Restrukturierung im Mittelstand, Wege aus der Krise; Untersuchungen von Not leidenden Unternehmen haben ergeben, dass Gesellschafter (Mitarbeiter) in nur 10 % (7 %) der Fälle fähig oder willens waren, finanzielle Zugeständnisse zu machen.

[23] May, Der Bankenpool, Sicherheitenpoolverträge der Kreditinstitute in de Unternehmenskrise, Duncker & Humblot, Berlin, S. 17-78; Brandt, Sonnenhol, WM Heft 49/2001, S. 2329-2358.

Der Sanierungsprozess durchläuft mehrere Phasen,[24] wobei diese fließend ineinander übergehen:

1. *Bildung* des *Sanierungskonsortiums*
   - Definition der Sanierungswilligen
   - Einigung zur Sanierungsprüfung
   - Stillhaltevereinbarungen
   - Sicherheitenpoolregelungen und sonstige vertragliche Regelungen

2. *Festlegung* der *Sanierungsstrategie*
   - Sicherstellung der Liquidiätsversorgung des Unternehmens
   - Kapitalmaßnahmen zur Heilung der Überschuldung
   - Beiträge der Gesellschafter, Mitarbeiter, Geschäftsführer
   - Festlegung der Sanierungsverantwortlichen sowie Managementunterstützung
   - „Stand-alone" oder Beteiligung von Finanzinvestoren und/oder strategischen Partnern

3. *Begleitung* der *Sanierungsumsetzung*

Haben Banken gemeinsam erkannt, dass sich das Unternehmen in der Krise befindet, muss für die Gläubiger die Frage der Sanierungsfähigkeit und Sanierungswürdigkeit beantwortet werden. Mit Blick auf den kritischen Zeithorizont ist zunächst ein Quick Check erforderlich. Diese Phase wird seitens der Banken durch ein *Stillhaltekonsortium* (bzw. gleichgerichtetes Handeln) unterstützt. Die Kreditinstitute vereinbaren, dass zunächst bestehende Kredite unverändert weitergeführt bzw. fällige Kredite (d.h. auch Tilgungen) bis zu einem vereinbarten Zeitpunkt (z.B. Vorlage des Sanierungskonzeptes) offen gehalten (gestundet) werden. Diesbezügliche Vereinbarungen können per Vertrag oder mündlich per Sitzungsprotokoll vereinbart werden. Die endgültige Prüfung der Sanierungsfähigkeit- und würdigkeit kann sich – nach Komplexität des Falles – auf einen Zeitraum von bis zu drei Monate erstrecken, sodass zusätzliche Maßnahmen (Überbrückungskredite) notwendig sein können. Stillhaltevereinbarungen verschaffen dem Unternehmer und den Gläubigern nach Erkennen der Krise Zeit, die Krisensituation detailliert zu analysieren und unter Einbezug eines fachkundigen Beraters die notwendigen Entscheidungsgrundlagen zu treffen.

Die Entscheidung, ob ein Sanierungsversuch unternommen werden soll, wird zunächst von der Festlegung der Sanierungsquote für Neukredite und/oder Verzichte, d.h. Lastentragung der Beteiligten, bestimmt. Die Regelungen sind einzelfallspezifisch. In der Mehrzahl der Sanierungsfälle bemisst sich die Quote anhand der unbesicherten Kreditteile, was z.T. zeitintensive Diskussionen über die Werthaltigkeit der jeweiligen gehaltenen Sicherheiten nach sich zieht. Üblich sind auch Bestimmungen der Quoten auf Basis des Kreditvolumens bzw. Kontokorrentvolumens. Zur Disziplinierung der unterschiedlichen Interessen, insbesondere der der „Sanierungsstörer" (i.d.R. Gläubiger kleiner und/oder vollwertig besicherter Kreditfazilitäten), wird aus dem Bankenkreis ein Sanierungspoolführer bestimmt, der gemeinsam mit den Beratern, Gläubigern und Unternehmen eine Konsenslösung koordinierend erarbeitet.

---

[24] Vergleich auch De Meo, Bankenkonsortien, Verlag C.H.Beck, insbesondere S. 64-70.

Sind mehrere Banken involviert, werden im Allgemeinen Sicherheitenpools gebildet, in dem sich alle Banken vertraglich über eine gemeinschaftliche Besicherung einigen. Der Sicherheitenpoolführer kann hierbei als Treuhänder für die anderen Banken fungieren, in dem die durch die Poolmitglieder bereits bestellten Sicherheiten auf die Poolführerin als Treuhänder übertragen (Sicherheiten-Pool) oder sämtliche neuen Sicherheiten für alle Poolbanken durch den Treuhänder bestellt (Sicherungs-Pool) werden.

Werden Warenkreditversicher bzw. Lieferanten in die Poolregelung einbezogen, geschieht dies vielfach durch einen Sicherheitenabgrenzungsvertrag, in dem die Banken und die Lieferanten ihre Rechte aus den Sicherungsübereignungsverträgen bzw. Eigentumsvorbehalten einbringen und für den Insolvenzfall eine feste Quote des Verwertungserlöses festlegen. Die als Treuhänderin eingesetzte Bank hält die Sicherungsrechte nunmehr für die Banken und Lieferanten, die im Gegenzug auf die Geltendmachung von Eigentumsvorbehaltsrechten verzichten.

| Vertragsinhalte Sicherheitenpoolvertrag[25] | |
|---|---|
| Vertragspartner | Treuhänder (Poolführer, Banken, Kreditnehmer, Sicherungsgeber) |
| Kreditlinien | Betrag, Laufzeit |
| Sicherheiten | Sicherungsnehmer, Sicherheiten, Sicherungszweck, Informationspflichten des Kreditnehmers |
| Verwaltung Sicherheiten | Tätigkeit, Haftungsmaßstab, Auskunftspflichten, Kosten |
| Verwertung und Erlösverteilung | Verwertung, Erlösverteilung |
| Saldenausgleich | Sicherstellung der Gleichbehandlung aller Banken im Falle der Insolvenz |
| Kündigung | |
| Sonstiges | |

Werden im Rahmen der Sanierungsbegleitung zusätzliche Sanierungskredite erforderlich, kann dies im Rahmen eines „echten Konsortialkredites" erfolgen. Hierbei richtet die Konsortialführerin ein Kreditkonto ein, das durch die Mitkonsorten anteilig (nach festgelegter Quote) „auffüllen". Bei einem „unechten Konsortialkredit" stellen alle Beteiligten ihren Anteil dem Unternehmen direkt zur Verfügung. In diesem Falle hat die Konsortialführerin lediglich Koordinationsfunktion. Bei einem unechten Konsortium ist es im Einzelfall zweckdienlich – insbesondere wenn neben Umlauffinanzierenden Banken auch Langfristfinanzierer involviert sind – die „Kreditdisziplin" durch einen Stillhaltevertrag (oder Vertrag über die einheitliche Verlängerung einzelner Kreditlinien) für die Laufzeit der Sanierung zu vereinbaren.

---

[25] May, Der Bankenpool, Sicherheitenpoolverträge der Kreditinstitute in de Unternehmenskrise, Duncker & Humblot, Berlin, S. 34-78.

| Wichtige Vertragsinhalte Stillhaltevertrag ||
|---|---|
| Vertragspartner | Konsortialführer, Banken, Kreditnehmer, sonstige Beteiligte |
| Kreditlinien | Altkredite, Sanierungskredite; Laufzeit der Befristung, Zinssatz |
| Tilgung | Festlegung der Reihenfolge |
| Provisionen | |
| Zahlungsverzug | |
| Sicherheiten | Verweis auf Sicherheitenpoolvertrag, Covenants |
| Informationspflichten | Definition der vom Kreditnehmer einzureichenden Unterlagen |
| Beschlüsse der Banken | |
| Innenverhältnis Banken | Informationspflichten untereinander |
| Vertragsbeendigung, Kündigung | |

Es gibt zahlreiche Fälle, in denen Banken eine Restrukturierung trotz Vorlage eines Sanierungskonzeptes mit positiver Sanierungsaussage nicht unterstützen. Gründe hierfür sind:

1. Eine *nachhaltige Überlebensfähigkeit* des Unternehmens ist aus der Sicht der Banken *nicht gegeben*.
2. Die *Annahmen* des *Sanierungskonzeptes* sind *nicht nachvollziehbar* oder beruhen auf unrealistischen (zu optimistischen) Annahmen.
3. *Fehlendes Vertrauen* in das *Management* oder *Weigerung* des Managements, die von den Gläubigern geforderte *Mananagementunterstützung* und eigene (temporäre) Kompetenzbeschneidung zu akzeptieren.
4. Fehlende Transparenz und *zurückhaltende Informationspolitik*.
5. *Fehlende Bereitschaft* der *Eigenkapitalgeber*, die *Sanierung* in Höhe der aus Bankensicht erforderlichen Eigenkapitalbeiträge zu *unterstützen*.
6. Die Aufnahme *strategischer Partner* und Finanzinvestoren ist im Unternehmen *nicht durchsetzbar*.
7. Geringe Chancen, die *Lastenteilung* in einer *überschaubaren Frist umzusetzen*.

Zur Vermeidung dieser möglichen Stolpersteine, ist mit Beginn der Sanierung eine enge Kommunikation mit den Banken bzw. den koordinierenden Poolführer notwendig, um im Vorfeld die Beiträge der Gesellschafter, Management, Mitarbeiter und sonstige Gläubiger zu vereinbaren. Erforderlich sind die Information und das zwischenzeitliche Feedback der Hauptbanken zum Sanierungskonzept.

Schlüsselfaktor für das Gelingen einer Sanierung sind die von den Gläubigern geforderten Leistungen des (alten) Managements. Um das in den Krisenfällen verloren gegangene Vertrauen kurzfristig wieder zurückzugewinnen, ist aktives Engagement der Manager erforderlich. Hierzu gehören:

- Aufgeschlossenheit und Selbstkritik,
- offene Kommunikation zu den Stakeholdern des Unternehmens,
- Identifikation und Neutralisierung von „Sanierungsbremsern" im Unternehmen,
- Motivation der Leistungsträger durch eine klare Kommunikation der Ziele und Erwartungen,
- Fälle von (harten) Personalentscheidungen auch in der ersten und zweiten Managementebene,
- *Akzeptanz* von *Beratern* und *Zeitmanagern,*
- *Abgabe* bzw. *Neuordnen* von *Kompetenzen.*

Das Management muss im Einzellfall akzeptieren, dass die Gläubiger ggf. eine Neuordnung der Kompetenzen im Unternehmen einfordern, d.h. es kann eine befristete Einstellung eines Zeitmanagers oder auch Managementverstärkung bis zur Reduzierung oder Auswechslung des alten Managements beinhalten.

In der Praxis ist jedoch festzustellen, dass insbesondere bei Inhabergeführten Unternehmen das für die Krise verantwortliche Management vielfach nicht bereit ist, Kompetenzen abzugeben bzw. diese neu zu ordnen oder Beratungsunternehmen zu akzeptieren. Vielfach fühlt man sich trotz bestehender Vorbehalte der Gläubiger selbst in der Lage, die Sanierung umzusetzen.

Eine Sanierung ist jedoch für viele Unternehmen eine nicht absehbare Situation, auf die das Unternehmen vielfach nicht vorbereitet ist und daher Erfahrungen zur Krisenbewältigung erst gesammelt werden müssten, die mit gravierenden Fehlern einhergehen könnten.

Daher ist es notwendig, dass das Unternehmen (temporären) externen Sachverstand hinzuzieht. Der Unternehmer erleichtert seine eigene persönliche Situation im Unternehmen während der Sanierung, da besonders schmerzhafte und tief greifende Entscheidungen durch fachkundige Dritte veranlasst werden können, die das Unternehmen wieder verlassen. Darüber hinaus besteht die Gefahr der „Betriebsblindheit", der sich langdienende Manager nur schwer entziehen können, sodass eine ergänzende Korrektur der eigenen Sichtweise den Blick für die Realität schärfen kann.

In der Praxis allerdings sind diese Sanierungsschritte seitens des Managements zum Teil emotional belastet. Die Einschaltung von externen Beratern und/oder Interimsmanager wird als ein Eingeständnis eigener Unzulänglichkeit verstanden, das Unternehmen allein führen zu können. Häufig wird zudem ein Gesichtsverlust gegenüber den Mitarbeitern und Branchenkollegen befürchtet.

Empirische Erhebungen belegen die Zurückhaltung bei der Einbindung fachkundiger Experten dahingehend, dass nur ca. 40 % der untersuchten Unternehmen für einen Zeitraum von drei bis 18 Monaten einen Interimsmanager einstellen. Diejenigen Unternehmen, die sich allerdings einen Manager auf Zeit an Bord geholt haben, beteilen die Leistungen der Zeitmananager zu 45 % (55 %) mit sehr zufrieden (zufrieden).[26]

---

[26] Finance-Studien (Reihe im F.A.Z.-Institut), Restrukturierung im Mittelstand, Wege aus der Krise.

Ist das Vertrauensverhältnis der Gläubiger in das „unwillige" Management unüberbrückbar belastet, kann eine Sanierung an diesem unüberbrückbaren Sachverhalt scheitern.

### 3.3 Sanierungsbeiträge der Banken im engeren Sinne

Zur Absicherung der operativen und strategischen Restrukturierung können, nachdem alle finanziellen Ressourcen der Gesellschafter ausgeschöpft sind, geeignete Maßnahmen der Gläubiger zur Wiederherstellung einer ausreichenden Eigenkapital- und Liquiditätsbasis notwendig sein.

Zur Wiederherstellung einer für den Erfolg einer Sanierung notwendigen und ausreichenden Eigenmittel- und Liqudität asis sind folgende Maßnahmen denkbar:

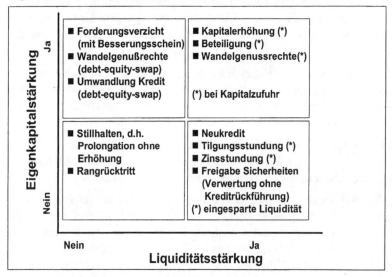

Abb. 9: Sanierungsbeiträge der Banken im engeren Sinne

Forderungsverzichte der Banken sind in Sanierungen häufig geforderte Maßnahmen des gescheiterten Managements. Ein Forderungsverzicht führt zu einem endgültigen Verlust der Kreditforderung und zu einer Unternehmenswertsteigerung, an der die Bank bei erfolgreicher Sanierung im Gegensatz zu den Altgesellschaftern nicht partizipieren kann. Eine ausschließlich auf Forderungsverzichten basierende Sanierung ist für Banken wenig lukrativ, da sich diese in der Regel kaum besser stellen als im Insolvenzfall.

Forderungsverzichte werden daher mit einem Besserungsschein[27] versehen; der Forderungsverzicht steht aufgrund des Besserungsscheins unter einer auflösenden Bedingung, dass der Forderungserlass bei Besserung der Vermögensverhältnisse teilweise entfällt. Nachteil für die Bank ist, dass eine i.d.R. an Gewinnen orientierte Rückführungsregelung durch bilanzpoliti-

---

[27] Obermüller, Insolvenzrecht in der Bankpraxis, Verlag Dr. Otto Schmidt, Köln, S. 44-53.

sche Maßnahmen des sanierten Unternehmens – ohne Einflussnahmen der Bank – verzögert bzw. verhindert werden kann.

Vielfach sind Banken von der positiven Sanierungschance ausgeschlossen. Sanierungskonzepte sehen im günstigen Falle vor, dass die Banken, die in der Sanierung Risikofremdkapital zur Verfügung stellen und damit den Fortbestand des Unternehmens garantieren, ihr Kapital mit einer Verzinsung, die weder die Ausfall-, Eigenkapital- und die Betreuungskosten[28] decken, zurückerhalten, während Eigenkapitalgeber ausschließlich von der Wertsteigerung des Unternehmens profitieren.

Empirisch nachweisbar ist, dass Banken zunehmend bestrebt sind, am Sanierungserfolg, der nicht unmaßgeblich von den Banken ermöglicht wird, entsprechend zu partizipieren. Dazu gehört u.a. eine – der verschlechterten Bonität angepassten – Konditionsregelung, die die Kostenstrukturen der Kreditvergabe – wie in gleichgelagerten Fällen des Bondmarktes – widerspiegeln[29]. Durch das Vereinbaren von „Work out-Fees" (so genannte Kreditnebenkosten) soll der gesteigerte Betreuungsaufwand honoriert werden. Success-Fees, die sich beispielsweise an das Erreichen von betriebswirtschaftlichen Kennzahlen orientieren können, sollen sicherstellen, dass auch Banken an einer positiven Sanierung partizipieren[30].

Eine weitere Möglichkeit, von einer Unternehmenswertsteigerung zu partizipieren, ist eine direkte Eigenkapitalbeteiligung der Bank. Durch die präzisierten Regelungen des § 32a Abs. 3 Satz 2 (*Kapitalaufnahmeerleichterungsgesetz*) und die Regelungen des § 32a Abs. 3 Satz 3 (*Sanierungsprivileg*) ist eine direkte Beteiligung der Bank ohne *Kapitalersatzproblematik* des § 32 a GmbHG, d.h. ohne die Gefährdung der verbleibenden Kredite der Bank, möglich[31].

Hinsichtlich einer möglichen Einflussnahme als Gesellschafter muss die Bank jedoch darauf achten, dass sie nicht mit spürbarer Außenwirkung in erheblichem Maße in das Tagesgeschäft des Unternehmens eingreift. Tritt die Bank als *faktischer Geschäftsführer* auf, so läuft diese Gefahr, dass die Kredite unter die Eigenkapitalersatzregelungen des § 32a GmbH Gesetzes fallen[32].

Nach der Rechtssprechung des Bundesgerichtshofes wird eine faktische Geschäftsführung ausgeübt, wenn mindestens sechs der acht genannten Kriterien erfüllt sind:

- Bestimmung der Unternehmenspolitik
- Bestimmung der Unternehmerorganisation
- Einstellung von Mitarbeitern
- Gestaltung der Geschäftsbeziehungen zu Vertragspartnern

---

[28] Bundesbank, Monatsbericht Juni 2003, Deutsche Ergebnisse der Umfrage zum Kreditgeschäft im €-Währungsgebiet, hiernach haben sich im April 2003 die Kreditkonditionen für risikoreiche Unternehmenskredite in 76 % deutlich bzw. leicht verschärft, in 31 % der Fälle haben sich die Kreditnebenkosten erhöht; die Sicherheitserfordernisse wurden in 56 % der Fälle erhöht, die Kreditnebenbedingungen („Covenants") wurden in 67 % der Fälle verschärft.

[29] Bundesbank, Monatsbericht Oktober 2002, Zur Entwicklung der Bankkredite an den privaten Sektor.

[30] Provisionsregelungen lassen sich beispielsweise in Stillhalteverträgen vereinbaren.

[31] Obermüller, Insolvenzrecht in der Bankpraxis, Verlag Dr. Otto Schmidt, Köln, Baumbach/Hueck, Beck'sche Kurz-Kommentare, Verlag C.H.Beck, S. 367-413.

[32] Neue Zeitschrift für das Recht der Insolvenz und Sanierung (NZI), Heft 7/2003, S. 355-360.

- Verhandlungen mit Kreditgebern
- Entscheidung über die Gehaltshöhe des Managements
- Entscheidung in Steuerangelegenheiten
- Steuerung der Buchhaltung

In der Praxis werden Banken auch bei intensiver Betreuung streng darauf achten, nicht in das Tagesgeschäft eines Kreditnehmers einzuwirken.

Aufgrund der besonderen Verpflichtung von Gesellschaftern und der Außenwirkung nehmen jedoch die Banken eine Gesellschafterfunktion in einem Unternehmen nur in wenigen Ausnahmefällen[33] wahr.

Alternativ wäre die Übernahme von (Wandel-)Genussrechten im Rahmen eines „debt-equity-swaps" bzw. durch neues Kapital möglich. Entsprechend der Gestaltung kann das Genussrechtskapital Eigenkapitalcharakter haben, wenn das Recht nicht mit einer festen Verzinsung und/oder Rückzahlung sondern mit einer quotalen Gewinnausschüttung und/oder Liquidationserlös ausgestattet ist.

Die Gesellschafterstellung erlangt die Bank erst, wenn sie ihre Forderung aus dem Genussrechtsverhältnis in Eigenkapital tauscht. Vorteil für die Bank bei Wandelgenussrechten ist, dass diese – im Gegensatz zum Besserungsschein – nicht durch Ausschüttungen untergehen. In diesem Falle bleibt der Bank auch das „up-side-potenzial" durch die Ausschüttungen oder den Verkauf des Unternehmens im Rahmen eines Exits erhalten.

In der Außenwirkung wird die Bank als weiterer Vorzug dieser Kapitalmaßnahme im Vergleich zur direkten Beteiligung am Eigenkapital des Unternehmens nur als Fremdkapitalgeber wahrgenommen.

Durch das mögliche Wandlungsrecht in Eigenkapital sind Wandelgenüsse für einen Erwerber interessant, wenn diese mit den entsprechenden Mehrheitsverhältnissen ausgestattet sind. Zur Vermeidung der Sacheinlageproblematik ist jedoch darauf zu achten, dass der wirtschaftliche Wert der umgewandelten Forderung nicht zu hoch angesetzt wird, da der Bank im Falle eines Scheiterns der Sanierung eine Nachschusspflicht in Höhe des zu hoch angesetzten wirtschaftlichen Wertes des umgewandelten Krediets drohen kann[34]

Eine Ausgabe von Wandelgenussrechten ist – wie im geschilderten Beispielfall erfolgt – auch bei einer GmbH möglich. Im Gegensatz zu börsennotierten Aktiengesellschaften fehlt diesen jedoch die Fungibilität, sodass Wandelgenussrechte als Sanierungsbaustein für die Sanierung von GmbHs bisher kaum Verwendung gefunden haben. Für eine Partnersuche können jedoch Wandelgenussrechte ein nicht zu unterschätzendes Asset sein, da Banken die strategische Partnersuche als Zeichner von Wandelgenussrechten aktiv begleiten können.

Die Eigenkapitalsanierung im Beispielsfall wurde nach Bestätigung der Sanierungsfähigkeit nach langen Verhandlungen im Rahmen einer fairen Lastenteilung gemeinsam durch die Gesellschafter, einer neu eingeworbenen Beteiligungsgesellschaft und den Banken durch die

---

[33] Z.B. Übernahme von 67 % des Aktienkapitals zur Eigenkapital- und Liquiditätsstärkung der Herlitz AG in 2001.
[34] Obermüller, Insolvenzrecht in der Bankpraxis, Verlag Dr. Otto Schmidt, Köln, S. 40-43.

Zeichnung von Wandelgenussrechten, die einem potenziellen Erwerber eine Mehrheit von 76 % an dem Unternehmen sicherstellt, ermöglicht. Gesellschafter und Banken, die die Sanierung neben den Kapitalmaßnahmen auch mit Neukrediten ermöglicht hatten, wurde somit die Möglichkeit eingeräumt, an der Unternehmenswertsteigerung des zum Zeitpunkt der Sanierung negativen Unternehmenswerts entsprechend der getragenen Sanierungslasten zu partizipieren.

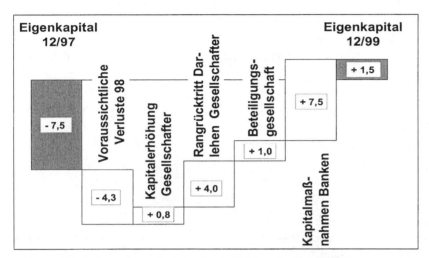

Abb. 10: Wiederherstellung der Eigenkapitalbildung im Beispielfall

### 3.4 Umsetzungscontrolling – Monitoring der Banken

Jedes Sanierungskonzept ist im Endeffekt nur so gut wie das Ergebnis der Umsetzung. Daher bestehen Gläubigerbanken vielfach darauf, dass in der wichtigen Umsetzungsphase die Beratungsgesellschaft bzw. der Interimsmanager aktiv verantwortlich eingebunden ist. Im Rahmen einer zu vereinbarenden Informationsroutine sind die beteiligten Stakeholder durch einen Soll-Ist-Vergleich zeitnah zu informieren. Negative Planabweichungen sind auf den Jahreseffekt zu überprüfen und durch entsprechende Maßnahmen zu kompensieren. Die erforderlichen Informationsroutinen sollen den Stakeholdern als vertrauensbildende Maßnahmen zeigen, ob sich das Unternehmen im Sanierungskorridor befindet. Sollten sich die Zahlen jedoch nicht ändern, dann müssen sich die Köpfe ändern!

Der Beispielsfall entwickelte sich im ersten Jahr nach der Sanierung bei einer Zielerreichung von nur 50 % unplanmäßig. Mit der Neubesetzung der kaufmännischen Geschäftsführung erreichte das Unternehmen im zweiten Jahr nach Abschluss der Sanierung Umsatzrenditen von 5 %, was deutlich über Branchendurchschnitt lag.

Infolge der Gesundung des Unternehmens wurden zur nachhaltigen Sicherung des Unternehmens gemeinsam mit der Geschäftsleitung Strategien entwickelt, das Unternehmen durch die Aufnahme von strategischen Partnern und Finanzinvestoren für die Expansion in Europa zu rüsten.

Potenzielle industrielle Investoren sind beim Kauf von Restrukturierungsfällen äußerst zurückhaltend bzw. nur bereit, einen unverhältnismäßig niedrigen Kaufpreis zu zahlen. Ein professioneller – mit Hilfe der Banken initiierbarer – M&A-Prozess erhöht die Abschlusschancen, von denen die Gesellschafter und auch Banken als Kreditgeber und Wandelgenussrechtsinhaber bzw. die alten Gesellschafter gemeinsam profitieren können.

Um einen guten Kaufpreis für das Unternehmen zu erzielen, werden die Sanierungsmaßnahmen vor dem beabsichtigten Verkauf umgesetzt.

Der Verkauf unrentabler Geschäftsbereiche zur Konzentration auf die Kernkompetenzen oder Verbesserung der Liquidität sowie Stärkung der Bilanz sind dagegen Maßnahmen der operativen und strategischen Sanierung.

Die Diskussionen über eine aus Bankensicht notwendige Einbindung eines strategischen Beteiligungspartners bzw. Finanzinvestors können sich bei positivem Sanierungsverlauf wiederholt ergeben und sich in der Nachstrukturierungszeit als erneute emotionale Barriere zwischen dem – sich wieder sicherer fühlenden – Management und den Banken aufbauen.

War in der Sanierungsphase die Einsicht des Managements gegeben, dass im „stand-alone" das Unternehmen nicht nachhaltig wettbewerbsfähig ist, so kann diese Bereitschaft mit zunehmender Bereitschaft, das strategische Konzept umzusetzen, schnell wieder schwinden.

Für die Banken können sich, wenn sie diese geänderte Verhaltsweise nicht korrigieren können, risikoerhöhende Strukturen für das verbleibende Kreditengagement ergeben, was die erreichten Sanierungserfolge wieder gefährden kann.

## 4    Sanierungsleitsätze der Banken

Um Banken in die Sanierung einzubinden gilt es, zehn „goldene" Grundregeln, d.h. Sichtweisen der Banken, zu beachten:

1. *Keine Sanierung gegen* den *Markt*; ohne marktseitige Berechtigung werden Banken eine Sanierung nicht aktiv begleiten.
2. Eine Sanierungsbegleitung der Bank muss diese besser stellen als eine Insolvenz, d.h. die Chancen müssen die einzugehenden Risiken überkompensieren.
3. Einhalten der *Opfer-Symmetrie*, eine nachhaltige Bilanzsanierung erfordert zunächst Anstrengungen der Gesellschafter („Equity first"); eine Sanierung ausschließlich zu Lasten der Banken ist für diese wenig lukrativ.
4. Von den (verbleibenden) Unternehmensverantwortlichen wird Sanierungskomptenz, -willigkeit sowie Umsetzungshärte verlangt.
5. Wenn sich die Zahlen nicht ändern, werden Banken verlangen, dass sich im Unternehmen Köpfe ändern.
6. In einer Sanierung sind *sämtliche Optionen*, d.h. auch Teilverkäufe, Teilliquidationen oder Gesamtverkäufe zu *prüfen* („Fix it, sell it or close it").

7. *Informationen* sind *Bringschulden* des Managements.
8. Ein Sanierungskonzept ist nur so gut wie seine Umsetzung.
9. Das Bonitätsrisiko der Banken muss bezahlt werden, während oder nach gelungenem Turnaround, d.h. an der Unternehmenswertsteigerung wollen sanierungsbegleitende Banken anteilig partizipieren.
10. *Banken* sind *Fremdkapitalgeber* und erwarten die Rückzahlung ihrer im Vertrauen auf das Management ausgereichten Kredite.[35]

Soll eine Sanierung gelingen, dann braucht das Unternehmen finanzstarke, krisenerprobte Partner und verlässliche Partner.

Auch wenn sich Kreditinstitute bei der Kreditvergabe abhängig von der Bonität der Kreditnehmerin zunehmend restriktiver verhalten, so ist die Einbindung der Bank in den Sanierungsprozess ein nicht unmögliches Unterfangen.

Werden die Grundprinzipien der Banken beachtet und akzeptiert, können die Kreditinstitute für eine anteilige Lastentragung einer Sanierung gewonnen werden.

---

[35] Das Wort Kredit leitet sich von „credere" („glauben, vertrauen") her; dieses Wort wiederum setzt sich zusammen aus dem lateinischen „cor" und „dare", übersetzt: „das Herz geben".

# Das Recht der Unternehmensfinanzierung

Dieter Krimphove, Sören Welp

## 1 Einführung

Beim Unternehmen in der Krise stellt sich immer die Frage, wie und mit welchen Mitteln man es aus der Krise herausführen kann. Zahlreiche betriebswirtschaftliche Literaturquellen – wie insbesondere auch solche in diesem Band – schildern ausgiebig die Möglichkeiten und Grenzen der Finanzierung von Unternehmen in einer Finanzierungskrise. Juristische Autorenbeiträge befassen sich demgegenüber eher mit Fragen, wie diese Finanzierungshilfen rechtlich strukturiert sind und insbesondere wie sie in der Zwangsvollstreckung und der Insolvenz Bestand haben.

Der hier vorgestellte Beitrag geht einen neuen Weg: er beschreibt Finanzierungsinstrumente, die der deutsche Gesetzgeber zur Verfügung stellt, und schildert die Möglichkeiten der Unternehmensfinanzierung in Krisensituationen aus juristischer Sicht. Dabei untersucht er erstmalig, welche Leitbilder und Zielvorstellungen der Gesetzgeber mit der Finanzierung von Unternehmen in der Krise verbindet. Insbesondere stellt sich hier die Frage, ob der Gesetzgeber – in einer Zeit wirtschaftlicher Rezession – ausreichendes und vor allem geeignetes Material an Finanzierungsmöglichkeiten zur Verfügung stellt und ob ein entsprechender Auftrag an den Gesetzgeber aus juristischer wie ökonomischer Sicht erfolgen sollte.

## 2 Bestandsaufnahme (bestehende Finanzierungsmittel aus rechtlicher Sicht)

Der Gesetzgeber nennt keine ausdrücklichen Regelungen der Finanzierungsmöglichkeiten von Unternehmen in der Krise. Weder in den Spezialgesetzen der Insolvenzordnung noch in den allgemeinen Vorschriften des Bürgerlichen Gesetzbuches nennt der Gesetzgeber Auswege aus der Unternehmenskrise durch die Bereitstellung von Finanzierungsinstituten. So bleibt der Rechtsprechung und der Literatur nur der Weg, Finanzierungsmöglichkeiten aus den allgemeinen Regelungen herauszubilden.

### 2.1 Die Vereinbarung eines Zahlungsziels

Einfache Finanzierungsformen stellt der „Zahlungsaufschub" oder die Vereinbarung eines Zahlungsziels dar. Aus juristischer Sicht handelt es sich um eine Stundung einer fälligen Forderung (§ 271 Bürgerliches Gesetzbuch, im Folgenden BGB). Derartige Finanzierungsmöglichkeiten sind insbesondere in der schleichenden Anfangsphase einer Unternehmenskrise häufig. Hier gewährt der Gläubiger dem zahlungsunfähigen Unternehmen den Zahlungsaufschub zumeist aus Kulanzgründen und/oder, um einen bestehenden Geschäftskontakt nicht zu gefährden.

Das Problem derartiger Zahlungsabreden besteht häufig darin, dass der Schuldner wahrheitswidrig vorgibt, er benötige den Zahlungsaufschub lediglich um einen „kurzfristigen Finanzengpass" zu überwinden. Kurzfristige Zahlungsaufschübe verdecken daher eine bevorstehende Zahlungsunfähigkeit. Gibt der Schuldner eine derartige Erklärung gegenüber dem Gläubiger bewusst und etwa in der Absicht ab, den Bestand seines Unternehmens zu retten, begeht er gegenüber dem Gläubiger einen strafbaren Betrug (Eingehungsbetrug i.S. d. § 263 Strafgesetzbuch [im Folgenden StGB]). Erkennt der Schuldner selbst seine eigene Überschuldung, handelt es sich gar um Konkursverschleppung.

Im Fall der eingetretenen Insolvenz sind ausstehende Forderungen vom Insolvenzverwalter zu begleichen. Zählen die Forderungen nicht zu den vom Insolvenzverwalter vorzugsweise zu befriedigenden, so bilden sie die Massenschuld. Zum Nachteil aller Gläubiger sind diese dann zur Begleichung ihrer Forderung auf eine Quote angewiesen. Diese liegt erfahrungsgemäß weit unter der Höhe der Forderung. Für einen Ausgleich des entstehenden Schadens wird es i.d.R. zu spät sein, das Risiko des Zahlungsausfalles durch die Vereinbarung einer „Delkredere-Prämie" abzusichern. Gläubiger, die ihren Kunden Zahlungsziele einräumen, werden entweder genaue Nachforschungen bezüglich der aktuellen Zahlungsfähigkeit ihres Kunden anstrengen oder aber ihr Risiko des Zahlungsausfalles durch die Vereinbarung von Kreditsicherheiten absichern. Hier bietet sich insbesondere die Vereinbarung eines Eigentumsvorbehaltes an eigener gelieferter Ware oder die Vereinbarung einer Sicherungsübereignung an dem Eigentum des Schuldners an.

### 2.2 Darlehen

Die gleiche Problematik stellt sich bei der Vergabe eines Darlehens an das sich in der Krise befindende Unternehmen: der Gesetzgeber regelt die Darlehensvergabe in § 488 BGB. Nach herrschender Meinung bedarf es zur Gültigkeit des Darlehensgeschäftes nicht nur eines wirksamen Darlehensvertrages, sondern ebenfalls der Auszahlung des Darlehensbetrages. Ist die Auszahlung der Darlehnsvaluta erfolgt, handelt es sich nicht mehr um einen (von beiden Parteien) unerfüllten Vertrag i.S.d. § 103 Insolvenzordnung (im Folgenden InsO). Die Möglichkeit ein Unternehmen durch Darlehensgewährung in der Krise zu sanieren erscheint wirtschaftlich kaum sinnvoll. Der Darlehensgeber wird zum Ausgleich seines Risikos der Zahlungsunfähigkeit des Darlehensnehmers einen extrem hohen Zinssatz verlangen.

### 2.3 Leasing

Eine weitere Finanzierungsmöglichkeit eines Unternehmens besteht in dem Abschluss eines Leasingvertrages, speziell eines Finanzierungsleasingvertrages.

Ein Leasingvertrag liegt vor, wenn der Leasing-Geber dem Leasing-Nehmer einen Gegenstand oder eine Sachgesamtheit zum Gebrauch überlässt. Im Unterschied zu einem Mietverhältnis ist der Leasing-Nehmer dem Leasing-Geber während der gesamten Zeit der Gebrauchsüberlassung für die Instandhaltung der Sache, deren Mängel, Verschlechterung, Beschädigung oder Zerstörung verantwortlich und haftbar (siehe BGH NJW 98, 1637). Der Leasing-Nehmer zahlt dem Leasing-Geber für die Gebrauchsüberlassung ein regelmäßig in Raten anfallendes Entgelt. Speziell bei dem Finanzierungsleasing ist die Höhe des Entgeltes deckungsgleich mit dem Aufwand, den der Leasing-Geber für den Erwerb des Leasinggegenstandes aufgewandt hat. Der Leasing-Nehmer trägt also die Amortisationskosten des Leasing-Gebers, ohne dass er Eigentümer des Gegenstandes ist (BGH NJW 98, 1637). Eigentümer kann der Leasing-Nehmer dann werden, wenn der Leasingvertrag dies vorsieht. Zur Eigentumsverschaffung kann sich der Leasing-Geber insbesondere dann verpflichten, wenn der Leasing-Nehmer zumindest die Finanzierungskosten des Leasing-Gebers voll deckt (Eigentumserwerbsklausel auch sog. Kaufoptionsklausel). Die Eigentumsübertragung erfolgt dann nach den besonderen Vorschriften des Sachenrechts hier i.d.R. nach § 929 Satz 2 BGB; also lediglich durch eine Einigung bezüglich des Eigentumserwerbes des sich bereits im Besitz des Leasing-Nehmers befindlichen Gegenstandes.

Eine gesetzliche Definition des Leasing oder Finanzierungsleasings existiert nicht, obschon der Gesetzgeber insbesondere in § 3 Abs. 2 Nr. 1 Verbraucherkredit-Gesetz, und – seit der Schuldrechtsreform im Jahr 2001 – das Leasinggeschäft in §§ 499 Abs. 2 und 500 BGB anerkennt (siehe auch: Bundesminister der Justiz: Regierungsentwurf: Schuldrechtsmodernisierung Seite 606 von 685).

Damit der Leasing-Geber seinen Finanzierungsaufwand tatsächlich nach der Zeit der Gebrauchsüberlassung (vom Leasing-Nehmer) erhält, ist der Leasingvertrag grundsätzlich nicht kündbar (siehe auch Habersack, in: Münchener Kommentar § 13 VerbrKrG, Rdn. 8.)

Den Fortbestand des Finanzierungsleasingvertrages respektiert ebenfalls die Insolvenzordnung (InsO).

Die wohl herrschende Meinung sieht ein Finanzierungsleasing – insbesondere dann, wenn keine Kaufoption besteht – als ein Mietverhältnis an. Im Gegensatz zum Kauf (§ 103 InsO) hat der Insolvenzverwalter beim Finanzierungsleasing – im Fall der Zahlungsunfähigkeit des Leasing-Nehmers – kein Wahlrecht hinsichtlich der Fortsetzung des Leasingvertrages. Der Fortbestand des Vertrages eines vor der Insolvenz des Leasing-Nehmers abgeschlossenen Vertrages ist daher auch im Fall dessen Insolvenz gemäß § 108 InsO gesichert.

## 2.4 Factoring

Nur der Vollständigkeit halber sei auf das Finanzierungsinstrument des Factoring hingewiesen:

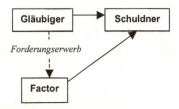

Abb. 1: Rechtliche Konstruktion des Factoring

Rechtlich stellt das sog. „echte Factoring" einen Forderungskauf dar. Der Käufer der ausstehenden Forderung „finanziert" durch die Zahlung seines Kaufpreises den Forderungsverkäufer. Als Ausgleich für das Risiko, die gekaufte Forderung nicht beim Schuldner geltend machen zu können, rechnet der Forderungskäufer eine sog. Delkredere-Prämie von dem Forderungsbetrag ab (BGH 69, 257; BGH 72, 20) und bestimmt so einen Forderungswert bzw. einen Kaufpreis der unter Umständen erheblich unter der Höhe der Forderung liegt.

Beim „unechten Factoring" gewährt der Forderungsübernehmer (Factor; in der Regel ein Kreditinstitut) dem Forderungsgeber (Factorkunden) einen Kredit. Der Factor erhält dafür erfüllungshalber die Forderung. Kann der Factor diese Forderung jedoch nicht beim Forderungsschuldner einziehen, belastet er dem Factorkunden die Forderung zurück. Das Delkredererisiko verbleibt daher vollständig beim Forderungsgeber oder Factorkunden.

Bei beiden Arten des Factoring handelt es lediglich um eine Vorfinanzierung (sei es durch den Erhalt eines um die Delkredere-Prämie verminderten Kaufpreises, sei es durch den Kredit) des Forderungsübernehmers. In der Praxis hat folglich die Möglichkeit der Finanzierung eines Unternehmens in der Krise keine nennenswerte Bedeutung.

### 2.5 Finanzierung mittels Wechsel

Technisch gesehen steht die Finanzierung durch das „echte Factoring" dem der Wechselbegebung gleich:

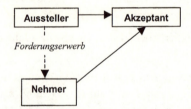

Abb. 2: Rechtliche Konstruktion der Finanzierung durch Wechsel

Auch der Wechselnehmer kann durch Verkauf des Wechsels diesen – vor dessen Fälligkeit – zu Geld machen. Insbesondere kann sich der Wechselakzeptant durch einen Wechsel vorzeitig – d.h. vor der Fälligkeit der Wechselforderung – Geld verschaffen.

### 2.6 Asset Backed Securisation

Eine organisatorische, gesellschafts- und wertpapierrechtlich relevante Form der Unternehmensfinanzierung stellt die Asset Backed Securisation (ABS) dar. ABS ist eine mit Forderungen unterlegte Anleihe:

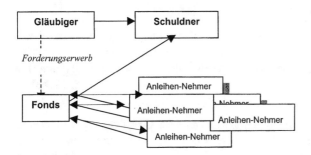

Abb. 3: Rechtliche Konstruktion der ABS

Vereinfacht dargestellt erwirbt – ähnlich wie beim echten Factoring – ein Dritter (i.d.R. eine eigene Vermögenstreuhandgesellschaft bzw. Fondsgesellschaft) von einem Gläubiger eine bestehende, noch nicht fällige Forderung. Das hierfür an den ehemaligen Gläubiger zu zahlende Entgelt bildet eine Möglichkeit dessen Finanzierung.

Anders als beim Factoring finanziert sich der Forderungsnehmer (die Fondsgesellschaft) durch die Ausgabe bzw. den Verkauf von Anleihen an Anleihe-Nehmer (§§ 433 i. V. m. § 398 BGB). Die ausgegebenen Anleihen sind im amtlichen Handel handelbare Inhaberschuldverschreibungen i.S.d. § 793 ff. BGB. Die Inhaberschuldverschreibung ermöglicht es jedem Besitzer der Urkunde, von der Fondsgesellschaft Zahlung zu verlangen. Der Urkundenbesitzer braucht dazu seine Berechtigung nicht nachweisen (§§ 794 - 796 BGB). Wie der Wechsel ist die als ABS ausgegebene Anleihe daher ein echtes Wertpapier. Das zwischengeschaltete Fondsunternehmen verbrieft die Forderung Gläubiger ./. Schuldner in der ABS-Anleihe. Aufgrund der Verbriefung einer abstrakten Forderung bezeichnet das französische Recht die ABS sinnfällig als „titrisation".

Das Fonds-Unternehmen gibt Anleihen möglichst an eine Vielzahl von Anleihen- bzw. Anteilserwerber aus. Damit verfolgt es unter anderem das Ziel, sein mit dem Forderungserwerb einhergehendes Risiko des Zahlungsausfalles des Schuldners abzusichern. Die ABS besitzt eine zweifache Finanzierungsfunktion:

1. ABS dient der Sicherung eines Kredits, den der Anleihenehmer der Fondsgesellschaft einräumt.
2. Die Fondsgesellschaft ermöglicht ihrerseits dem Gläubiger eine Finanzierung mittels des an ihn – für die Forderungsübertragung Gläubiger ./. Fonds – zu zahlenden Kaufpreises.

Wie das „echte Factoring" dient die ABS bzw. dessen Ausgabe und Platzierung am Kapitalmarkt dem Unternehmen (Gläubiger) zur Refinanzierung der in seiner Bilanz gebundenen Mittel.

Weitere komplexere Formen des ABS sind denkbar. Insbesondere kann die Fondsgesellschaft einen ihr zur Verfügung gestellten Kredit nicht nur durch Anleihen, sondern auch durch die Ausgabe von Anteilsscheinen und Mitgliedschaftsrechten absichern. Auf die Möglichkeit der Unternehmensfinanzierung durch Beteiligungs- (und Anteilserwerb) siehe unten.

Rechtliche Probleme treten im Rahmen der externen Finanzierung durch Einschaltung einer ABS immer dann auf, wenn die Fondsgesellschaft die Anleihe-Nehmer nicht über das Risiko, etwa der Nichteinziehbarkeit der gekauften Forderungen unterrichtet und/oder die Anleihe-Nehmer sogar bewusst täuscht. Hier stellt sich das Problem der Anlageberatungshaftung (Einzelheiten siehe: Krimphove/Regel: Erfolgreiche Anlageberatung, Stuttgart 2002, S. 128, 88, 23 [m.w.H.]).

Bislang nicht diskutiert ist die Fragestellung, ob bzw. wann ABS-Geschäfte, die lediglich dem Zweck dienen, ein dubioses Delkredererisiko auf die Anleihe-Nehmer umzulegen, als rechtsmissbräuchlich i.S.d. § 242 BGB zu bezeichnen sind.

Letztlich bieten ABS-Geschäfte die Gefahr ihres Einsatzes zur Verschleierung von Vermögensverhältnissen. Neben einem strafrechtlich relevanten Betrug (§ 263 StGB) oder einem Kreditbetrug nach § 265 b StGB bzw. Kapitalanlagebetrug i.S.d. § 264 a StGB zu Lasten der Anleihe-Nehmer sowie Untreue bzw. veruntreuende Unterschlagung (§ 266 StGB) kommt ebenfalls die Begehung von Insolvenzstraftaten nach §§ 283 – 283 d StGB in Betracht.

## 3   Abgrenzung der Beteiligungsfinanzierung

Unter Beteiligungsfinanzierung (der Begriff „Beteiligungsfinanzierung" wird an dieser Stelle synonym für den Begriff „Einlagenfinanzierung" verwandt; ihre inhaltliche Bedeutung ist gleich) versteht man die Zuführung von Eigenkapital in eine Unternehmung, wobei die Mittel[1] von außen zufließen. Beteiligungsfinanzierung findet stets bei Unternehmensgründungen, zudem später im Rahmen von Kapitalerhöhungen statt.

Im Allgemeinen werden Finanzierungsformen nach den folgenden Kriterien unterteilt.

**Kriterien der Segmentierung von Finanzierungsformen (Beteiligungsfinanzierung)**

*A.   Segmentierung nach Mittelherkunft*

Die Abbildung 4 verdeutlicht die Stellung der Beteiligungsfinanzierung zugleich als Eigen- und Außenfinanzierung:

---

[1]   Vgl. hierzu Kap. 3.1 Abschnitt B.

# Das Recht der Unternehmensfinanzierung

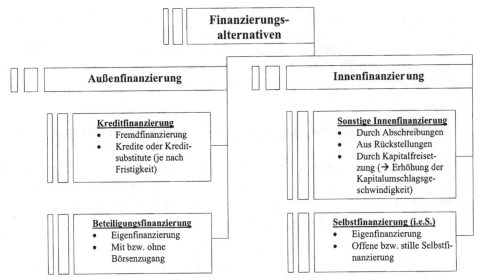

Abb. 4: Gliederung der Finanzierungsformen (Mittelherkunft)

Bei der Innenfinanzierung werden die Finanzierungsmittel durch die Unternehmung selbst aufgebracht, z.B. durch Gewinnthesaurierung (Selbstfinanzierung i.e.S.). Weitere Möglichkeiten bestehen in der Finanzierung aus (langfristigen) Rückstellungen und Abschreibungen.[2]

Im Unterschied hierzu wird bei der Außenfinanzierung Kapital extern zugeführt. Zu unterscheiden sind hier die Kreditfinanzierung bzw. die Beteiligungsfinanzierung (zur Stärkung der Eigenkapitalbasis).

## B. Segmentierung nach Art der Beteiligungsmittel

Eine Beteiligungsfinanzierung kann nicht nur durch Geldeinlagen erfolgen, zudem ist das Einbringen von Sacheinlagen, Rechten, Dienstleistungen oder auch Know-how möglich.[3] Im Unterschied zu Geldeinlagen erweist sich hier jedoch die Bewertung der Einlage als problematisch.

## C. Segmentierung nach der Personenzugehörigkeit

Eine Erhöhung des Eigenkapitals kann durch

- die bisherigen Gesellschafter erfolgen, die ihre Einlage erhöhen oder
- durch die Aufnahme von neuen Gesellschaftern, verbunden mit einer Kapitaleinlage.

---

[2] Die Finanzierung erfolgt durch das Zurückhalten von Aufwandsgegenwerten, die in der betrachteten Periode nicht zu Auszahlungen führen. Vgl. Wurm, G./Möhlmeier, H./Nath, E. G., Allgemeine Wirtschaftslehre für steuerberatende Berufe, 3., überarb. u. erw. Aufl., Köln 1999, S. 436 f.

[3] §§ 705 f. BGB.

Hinsichtlich des Gesellschafterstatus ergeben sich je nach Rechtsform unterschiedliche Rechte und Pflichten. So entsteht grundsätzlich ein Anspruch auf den Gewinn, das Vermögen, aber auch – für den Fall der Auflösung des Unternehmens – den Liquidationserlös. Die Höhe der Haftung ist je nach Gesellschafts- und Beteiligungsform unterschiedlich (unbeschränkte persönliche Haftung versus Beschränkung auf die Kapitaleinlage).

## 4  Möglichkeiten der Beteiligungsfinanzierung je nach Rechtsform

Die Möglichkeiten einer Beteiligungsfinanzierung durch Dritte hängen maßgeblich von der Rechtsform und Größe eines Unternehmens ab. Hierbei ist entscheidend, ob ein Unternehmen „emissionsfähig" ist, d.h. Aktien oder andere verbriefte Rechte ausgeben kann.[4]

Die Zuordnung der Gesellschaftsformen gliedert sich wie folgt:[5]

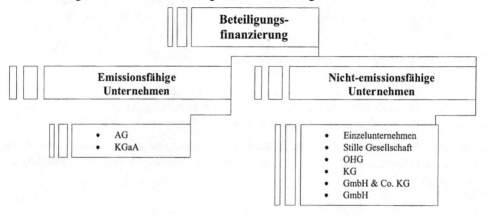

Abb. 5: Beteiligungsfinanzierung – ausgewählte Gesellschaftsformen nach Emissionsfähigkeit

### 4.1  Nicht-emissionsfähige Unternehmen

Im Unterschied zu emissionsfähigen Unternehmen steht Personengesellschaften, GmbHs, aber auch kleineren Aktiengesellschaften und Genossenschaften kein hoch organisierter Kapitalmarkt zur Beschaffung von Eigenkapital zur Verfügung. Der Erwerb von Beteiligungskapital durch Ausgabe von Wertpapieren und ggf. deren Handel an Börsen ist ihnen grundsätzlich nicht möglich. Der Außenfinanzierung über Beteiligungskapital sind dieser Gruppe von Unternehmen somit Grenzen gesetzt, die – je nach Rechtsform – unterschiedlich rigide wirken.

---

[4] So auch: Krimphove, D./Tytko, D., Der Begriff „mittelständische Unternehmen" in betriebswirtschaftlicher und juristischer Diskussion, in: Krimphove, D./Tytko, D., Praktiker-Handbuch Unternehmensfinanzierung, Stuttgart 2002, S. 7, m. w. N.

[5] In Anlehnung an: Däumler, K.-D., Betriebliche Finanzwirtschaft, 8., völlig neu bearb. Aufl., Herne, Berlin 2002, S. 335.

## 4.1.1 Einzelunternehmung

Die Möglichkeiten zur Stärkung der Eigenkapitalbasis der Einzelunternehmung sind sehr begrenzt. Das Unternehmen hängt hinsichtlich der Kapitalausstattung vollständig von der Person des Unternehmers ab, der jederzeit das Gesellschaftskapital durch Zuführung aus seinem Privatvermögen erhöhen, aber auch durch Entnahmen verringern kann. Für Einzelunternehmungen bieten sich daher i.d.R. die Selbstfinanzierung (z.B. durch Gewinnthesaurierung; Innenfinanzierung i.e.S.) bzw. – als Möglichkeit der Beteiligungsfinanzierung – die Aufnahme von stillen Gesellschaftern an.

## 4.1.2 Stille Gesellschaft

Die stille Gesellschaft ist in den §§ 230 – 237 HGB bzw. §§ 705 – 740 BGB geregelt. Der stille Gesellschafter[6] beteiligt sich mit seiner Vermögenseinlage[7] an einem Handelsgewerbe, das ein anderer betreibt (§ 230 Abs. 1 HGB). Entscheidend ist, dass die Einlage in das Vermögen des Inhabers des Handelsgewerbes übergeht und nicht Teil des Gesellschaftsvermögens wird. Die Vermögenseinlage braucht bilanziell nicht als Kapitaleinlage ausgewiesen zu werden. Sie ist somit für Dritte i.d.R. nicht erkennbar (die Beteiligung ist eine reine Innengesellschaft; nach außen tritt nur das Handelsgewerbe in Erscheinung). Ein getrennter Bilanzausweis der Einlage des stillen Gesellschafters scheint allerdings für den Fall der Insolvenz sinnvoll (Beweisfunktion); gem. § 236 HGB kann der stille Gesellschafter seine Einlage abzgl. einer etwaigen Verlustbeteiligung als Insolvenzgläubiger geltend machen.[8] Der stille Gesellschafter ist stets (angemessen) am Gewinn zu beteiligen, wohingegen eine Beteiligung am Verlust des Unternehmens vertraglich ausgeschlossen werden kann (§ 231 HGB). Die Eröffnung des Insolvenzverfahrens über das Vermögen des Inhabers der Gesellschaft löst diese zwingend auf (§ 728 BGB, § 234 HGB, BGH 51, 352). Der Insolvenz-Schuldner ist nur der Inhaber, nicht jedoch der „stille Gesellschafter". Zum Tag der Eröffnung des Insolvenzverfahrens, ist für den stillen Gesellschafter ein „Abschluss" zu erstellen. Dieser berücksichtigt die (bisherige) Beteiligung des „stillen Gesellschafters" am Verlust. Soweit die Einlage des „stillen Gesellschafters" seinen vertraglich vereinbarten Anteil am Verlust (noch) übersteigt, kann er diesen in der Insolvenz des Inhabers der Gesellschaft geltend machen. Allerdings ist er – wie die anderen Insolvenzgläubiger auch – mit seinem Anspruch nicht bevorrechtigt (§ 236 HGB). Zahlt der Inhaber der Gesellschaft in dem Jahr vor dem Antrag auf Eröffnung der Insolvenz die Einlage zurück oder erlässt er dem „stillen Gesellschafter" seine Beteiligung am Verlust, so kann diese Rechtshandlung rückgängig gemacht (d.h. angefochten) werden (§136 Abs. 1 InsO). Abhängig vom Vermögensanspruch (bei Ausscheiden) des stillen Gesellschafters werden folgende Gesellschaftsformen unterschieden:

---

[6] Stiller Gesellschafter kann grds. jedermann sein: natürliche und juristische Personen, BGB-Gesellschaften, Einzelkaufleute, Handelsgesellschaften, Erbengemeinschaften.
[7] Vgl. hierzu Kap. 3.1 Abschnitt B.
[8] Vgl. Perridon, L./Steiner, M., Finanzwirtschaft der Unternehmung, 9., überarb. u. erw. Aufl., München 1997, S. 351.

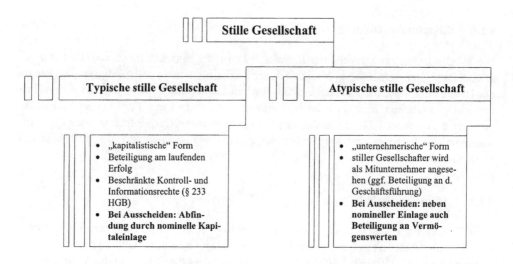

Abb. 6: Formen der „stillen Gesellschaft"

Hinsichtlich der Dauerhaftigkeit der Einlage des stillen Gesellschafters gelten die gesetzlichen Auflösungsgründe (§ 723 ff. BGB). Darüber hinaus finden für den Fall des Ausscheidens des stillen Gesellschafters die Vorschriften der §§ 132, 134 f. HGB Anwendung. Ergänzend regelt § 234 Abs. 2 HGB, dass die Gesellschaft durch den Tod des stillen Gesellschafters nicht aufgelöst wird; es tritt die gesetzliche Erbfolge ein (das Kapital bleibt somit zunächst dem Unternehmen erhalten). Für den Fall einer Umwandlung des Unternehmens in eine andere Rechtsform bzw. für den Fall der Veräußerung des Unternehmens steht dem stillen Gesellschafter ein außerordentliches Kündigungsrecht zu.

### 4.1.3 Offene Handelsgesellschaft (OHG)

Die Möglichkeiten der Beteiligungsfinanzierung bei einer offenen Handelsgesellschaft (OHG; §§ 105 – 160 HGB bzw. §§ 705 – 740 BGB) beschränken sich auf das Einbringen neuen Kapitals durch die bisherigen Gesellschafter (Begrenzung durch eigene Vermögensverhältnisse) bzw. die Aufnahme neuer Gesellschafter. Letzteres erscheint problematisch, da sich zwar die Eigenkapitalbasis der Unternehmung verbessert, jedoch die Zahl der Leitungsberechtigten steigt, da sie gem. § 114 Abs. 1 HGB zur Führung der Geschäfte der Gesellschaft berechtigt sind (abweichend hiervon kann im Gesellschaftsvertrag der Umfang der Geschäftsführung individuell vereinbart werden [§§ 109 ff. HGB]). Die Vorteile einer breiteren Kapitalbasis werden durch steigende Konfliktpotenziale in der Geschäftsführung überkompensiert. Des Weiteren hindern die Regelungen der §§ 128, 130 HGB den Eintritt eines Gesellschafters, da sie auch für die Verbindlichkeiten haften, die vor ihrem Eintritt in das Unternehmen begründet worden sind. Zudem bereitet die Berücksichtigung von stillen Reserven bei der Aufnahme neuer Gesellschafter Probleme, da – für den Fall des Ausscheidens – Letztere auch am Zuwachs derartiger Vermögenswerte beteiligt sind.[9]

Im Unterschied zur stillen Gesellschaft ist das Gesellschaftsverhältnis bei Tod eines Gesellschafters grundsätzlich beendet (§ 131 Abs. 3 HGB; die OHG als solche bleibt bestehen). Denkbar ist jedoch die Fortsetzung der OHG durch die Erben eines Gesellschafters, um den Bestand der OHG nicht zu gefährden.[10]

### 4.1.4 Kommanditgesellschaft (KG) bzw. GmbH & Co. KG

Zur Stärkung der Eigenkapitalbasis besitzt die KG aufgrund ihrer rechtlichen Konstruktion (§§ 105 – 160 HGB bzw. 161 – 177a HGB bzw. §§ 705 – 740 BGB) wesentlich günstigere Voraussetzungen als die OHG. Wohingegen die Zahl der Komplementäre (Vollhafter) aus den bereits oben angeführten Gründen zur OHG[11] begrenzt werden sollte, bietet die KG durch die Aufnahme von Kommanditisten (Teilhafter) bessere Alternativen der Beteiligungsfinanzierung. Wenn Kommanditisten sich beteiligen, ist die wirtschaftliche Ausgangssituation einer KG im Vergleich zur OHG immerhin noch besser. Denn auch Kommanditisten erhöhen die Kapitalbasis der KG, andererseits sind sie grundsätzlich von der Geschäftsführung ausgeschlossen (§ 164 i.V.m. § 114 Abs. 1 HGB) und hindern den Entscheidungsprozess in der Gesellschaft nicht. Die Zahl der Kommanditisten ist theoretisch unbegrenzt, jedoch sind weitere Gesellschafter nur zu gewinnen, wenn das Risiko einer Vermögensbeteiligung als nicht zu hoch erachtet wird.[12]

Bei der GmbH & Co. KG (§§ 161 – 177 a HGB bzw. GmbHG) ist die GmbH Vollhafter der Kommanditgesellschaft. Da die Haftung des Unternehmens auf die Kommanditeinlagen bzw. das Gesellschaftsvermögen der GmbH begrenzt ist und die Geschäftsführer der GmbH über ihre Kapitaleinlage und eventueller Nachschüsse hinaus nicht persönlich haften, ist die Aufnahme weiterer Kommanditisten ggf. schwieriger als bei der „klassischen" Kommanditgesellschaft.[13]

---

[9] Vgl. Perridon, L./Steiner, M., a.a.O. Fn. 8, S. 351. Neue Gesellschafter müssen sich meist in die bereits vorhandenen stillen Reserven einkaufen, deren Bewertung jedoch oftmals zu weiteren Problemen führt. Vgl. Däumler, K.-D., a.a.O. Fn. 5, S. 391 f.

[10] Die Fortsetzung der OHG mit den Erben eine Gesellschafters muss im Gesellschaftsvertrag bestimmt sein (§ 139 Abs. 1 HGB). Denkbar ist die Fortsetzung der OHG mit den Erben (Übernahme aller Rechte und Pflichten des Erblassers) oder die Umwandlung der OHG in eine KG (innerhalb von 3 Monaten; § 139 Abs. 3 HGB), wobei die Erben als Kommanditisten beitreten.

[11] Kap. 4.1.3.

[12] Ein Indiz hierfür ist die Höhe der Kapitaleinlagen der Komplementäre. Je höher ihr relatives Gesellschaftskapital, desto geringer erachten die Kommanditisten das Risiko einer Beteiligung an der gemeinsamen KG.

[13] Die Erfolge von geschlossenen Fonds in der Rechtsform der GmbH & Co. KG, die Beträge in Milliardenhöhe akquirieren konnten, ist unter anderem auf die Einschaltung von Treuhänderbanken zurückzuführen, die das Risiko für die am Fonds beteiligten Kommanditisten reduzierten.

## 4.1.5 Die Haftung der Gesellschafter einer OHG oder KG in deren Insolvenz

Gesellschafter einer OHG haften grundsätzlich persönlich (§ 128 HGB). Sie sind dann Gesamtschuldner i.S.d. § 421 BGB und § 43 InsO. In der Regel bedeutet dies, dass im Fall der Insolvenz der OHG auch ihre Mitglieder zahlungsunfähig sein werden.

Dies ist bei der KG-Insolvenz anders. Denn hier ist die Haftung der Kommanditisten nur auf deren Einlage beschränkt (§ 171 HGB). Um den „run" auf einen Gesellschafter durch die einzelnen Gläubiger zu vermeiden, gewährt § 93 InsO das Recht zur Geltendmachung der persönlichen Haftung nur dem Insolvenzverwalter.

Die Eröffnung des Insolvenzverfahrens löst eine OHG bzw. KG grundsätzlich auf.

## 4.1.6 Gesellschaft mit beschränkter Haftung (GmbH)

Eine Erhöhung des Eigenkapitals erfolgt bei einer GmbH[14] – so wie bei den letztgenannten Gesellschaftsformen – durch die Erhöhung der Einlagen der bereits am Unternehmen beteiligten Gesellschafter oder durch die Aufnahme neuer Gesellschafter. Aufgrund der beschränkten persönlichen Haftung[15] ist die Aufnahme neuer Gesellschafter im Unterschied zur KG (Komplementäre) bzw. zur OHG einfacher. Zu beachten ist jedoch, dass GmbH-Anteile weit weniger fungibel sind, da es zu ihrer Übertragung der notariellen Form sowie i.d.R. eines Beschlusses der Gesellschafterversammlung bedarf. Das Fehlen eines organisierten Marktes für GmbH-, aber auch für Kommanditanteile erweist sich an dieser Stelle als Hemmnis für Beteiligungsfinanzierungen.

## 4.1.7 Genossenschaft (eG)

Eine Beteiligungsfinanzierung erfolgt bei einer eingetragenen Genossenschaft[16] durch

1. Werbung neuer Genossen,
2. Erhöhung der von den Genossen zu zeichnenden Anteile bzw.
3. durch Erhöhung der Einzahlungsquoten.

Die Beteiligungsfinanzierung eignet sich bei Genossenschaften allerdings nur bedingt, da Genossenschaftsanteile zum Ende eines jeden Geschäftsjahres – unter Einhaltung einer Frist – gekündigt werden können (schwankende Eigenkapitalbasis). Zudem hängt das Mitspracherecht der Genossen in der Generalversammlung[17] nicht von der Anzahl ihrer jeweiligen Anteile ab; die Abstimmung erfolgt nach Köpfen. Die Motivation, sich als „alter" Genosse mit weiterem Kapital zu beteiligen (Nr. 2 und 3) beschränkt sich folglich auf Renditeerwartungen, nicht

---

[14] GmbH-Gesetz (GmbHG) bzw. §§ 238 – 335b HGB.
[15] § 13 GmbHG Abs. 2.
[16] Genossenschafts-Gesetz (GenG) bzw. §§ 336 – 339 HGB.
[17] Ab 3000 Mitglieder = Vertreterversammlung.

jedoch auf erhöhte Einflussnahme. Darüber hinaus wirkt die im Statut der Genossenschaft ggf. vereinbarte Nachschusspflicht (max. Haftsumme = Geschäftsanteil zzgl. Nachschusspflicht in gleicher Höhe) prohibitiv:

| A. Haftsumme 1.000,- € | Mindesteinzahlung 100,- € | Geschäftsguthaben (800,- €) | B. Geschäftsanteil (1.000,- €) |
|---|---|---|---|
| | Weitere Einzahlungen 400,- € | | |
| | Gewinngutschriften 300,- € | | |
| | Rückständige Pflichteinzahlungen 200,- € | | |
| Risikosumme des Genossen: 2.000 € (= A. + B.) | | | |

Abb.7: Risiko bei Genossenschaften (Berechnungsbeispiel)

## 4.2 Emissionsfähige Unternehmen

Im Unterschied zu den oben genannten Rechtsformen, zeichnet sich die Beteiligungsfinanzierung bei emissionsfähigen Unternehmen durch die Möglichkeit, Kapital über organisierte Sekundärmärkte, wie den Wertpapierbörsen, zu akquirieren, aus. Die Vorteile sind u.a.:

1. Unternehmensanteile (hier: Aktien) können ohne größere Transaktionskosten jederzeit gehandelt werden (Ausnahme: Namensaktien).
2. Durch das Einschalten von Intermediären (hier: der Wertpapierbörsen) lassen sich Informationsasymmetrien reduzieren; Verkäufer haben – abgesehen von der Problematik des „Insiderwissens" – i.d.R. keine Informationsvorsprünge vor Käufern der Unternehmensanteile.

Als vordergründig nachteilig für die Gesellschaft erweisen sich die Zulassungsbedingungen für den Handel in den unterschiedlichen Börsensegmenten (amtlicher Markt, geregelter Markt, Freiverkehr). Die Möglichkeit, Eigenkapital über Wertpapierbörsen aufzubringen, steht – abgesehen von den seltenen Rechtsformen der AG & Co. KGaA bzw. der GmbH & Co. KGaA – nur Aktiengesellschaften (AG) und Kommanditgesellschaften auf Aktien (KGaA) zu.

### 4.2.1 Aktiengesellschaft (AG)

Die im Hinblick auf Beteiligungsfinanzierungen optimale Rechtsform ist die der Aktiengesellschaft (AG; AktG bzw. HGB). Insbesondere bei der Aufbringung größerer Eigenkapitalbeträge bietet die AG aufgrund folgender Aspekte Vorteile:

1. *Fungibilität*
Bei Aktien handelt es sich um Effekten, die – bei börsennotierten Aktiengesellschaften[18] – an hoch organisierten Märkten (Wertpapierbörsen) gehandelt werden.

2. *Geringer Kapitaleinsatz*
Eine Beteiligung ist bereits mit geringem Kapitaleinsatz möglich → keine Ausgrenzung von Anlegerschichten. § 8 Abs. 2 AktG: „Nennbetragsaktien müssen auf mindestens einen € lauten".

3. *Eigentümerstruktur*
Die Rechtsform der Aktiengesellschaft ermöglicht eine große Zahl von Eigentümern. Aus dem in der Aktie verbrieften Mitgliedsrecht werden ein *Vermögensrecht* (Recht auf Anteil am Bilanzgewinn bzw. ggf. am Liquidationserlös) sowie ein *Organschaftsrecht* (Recht auf Ausübung des Stimmrechts [§§ 60 Abs. 1, 134 Abs. 1, 271 Abs. 2 AktG i.V.m. § 12 AktG]) abgeleitet. Das Renditeinteresse steht jedoch im Vordergrund, da der Einfluss in der Hauptversammlung aufgrund der relativ geringen Kapitalbeteiligung pro Aktionär verschwindend ist.

4. *Stabile Kapitalstruktur*
Aktionäre haben nicht das Recht, ihre Kapitalbeteiligung zu kündigen. Ihnen steht nur die Möglichkeit offen, ihre Aktien an Dritte zu veräußern.

5. *Haftung/Sicherheit der Kapitaleinlage*
Aufgrund der detaillierten rechtlichen Ausgestaltung des Gesellschaftsvertrages sowie gesetzlicher Normen (AktG, WpHG etc.), die die Rechte der Eigentümer regeln, besteht eine gewisse Sicherung der Kapitaleinlage. Die Haftung des Aktionärs beschränkt sich auf den Wert der eigenen Anteilspapiere.

Diesen Vorteilen stehen auch juristische Nachteile gegenüber: so ist die Möglichkeit der Eigenkapitalbeschaffung je nach Art der Kapitalerhöhung (ordentliche Kapitalerhöhung [§§ 182 – 191 AktG], bedingte Kapitalerhöhung [§§ 192 – 201 AktG], genehmigtes Kapital [§§ 202 – 206 AktG] etc.) von zahlreichen aktienrechtlichen Vorschriften (z.B. Grundkapitaländerung nur mit Satzungsänderung, die von der Hauptversammlung beschlossen werden muss [§§ 179, 182 AktG]) abhängig.

### 4.2.2 Kommanditgesellschaft auf Aktien (KGaA)

Die Kommanditgesellschaft auf Aktien (KGaA; AktG bzw. HGB) ist eine Sonderform der „klassischen" Aktiengesellschaft. Wie bei der KG haften die Komplementäre als Vollhafter gegenüber den Gesellschaftsgläubigern unbeschränkt. Das Kapital der Kommanditisten (= Kommanditaktionäre) ist in Aktien zerlegt. Sie haften – wie bei der KG – nur mit ihrer Einlage.

---

[18] § 3 Abs. 2 AktG.

Bezüglich der Erweiterungen der Kapitalbasis gelten für die Vollhafter die gleichen Beschränkungen wie bei der OHG bzw. der KG. So ist eine Erhöhung des Eigenkapitals aus eigenen Mitteln durch die Vermögensverhältnisse der Komplementäre begrenzt. Des Weiteren steht der Aufnahme neuer Gesellschafter die damit verbundene Leitungskompetenz entgegen. Für die Kommanditaktionäre einer KGaA erweist sich als vorteilhaft, dass sie ihre Anteile – eine Börsenzulassung vorausgesetzt – leicht veräußern können. Gegenüber den Aktionären einer AG ist der Einfluss der Kommanditisten auf die Geschäftsführung der Komplementäre (entspricht dem Vorstand einer AG) jedoch relativ geringer: die Komplementäre werden nicht vom Aufsichtsrat gewählt, sondern nur beaufsichtigt.[19]

### 4.3 GmbH, AG und KGaA in der Insolvenz

Die Eröffnung des Insolvenzverfahrens über das Vermögen der GmbH, der AG und der KGaA löst grundsätzlich diese Gesellschaften auf (§ 60 Abs. 1, Nr. 5 GmbHG, § 262 Abs. 1, Nr. 3 AktG, § 289 Abs. 1 AktG). Der Insolvenzverwalter hat dann die Gesellschaft in der Regel „abzuwickeln". Ein gesellschaftsrechtliches Insolvenzverfahren findet nicht statt.

Kann und soll die Gesellschaft erhalten bleiben, entscheidet sich der Insolvenzverwalter zu deren Sanierung. In diesem Fall ist ein „Insolvenzplan" zu erstellen, in dem die Rechte der Gesellschafter bzw. eine Änderung deren Rechte festzustellen sind (§§ 221, 217 InsO).

### 4.4 Zwischenfazit

Bei Unternehmensgründungen steht die Wahl der „richtigen" Rechtsform zweifelsfrei im Vordergrund. Abhängig von unterschiedlichen Aspekten, wie der Zahl der Mitunternehmer, der Haftung, der Steuerbelastung, den gesetzlichen Anforderungen an Formalitäten bei der Gründung oder – generell – den Kosten der jeweiligen Rechtsform, ist den Finanzierungsmöglichkeiten besondere Bedeutung beizumessen. Im Rahmen der Beteiligungsfinanzierung (als Eigen-/Außenfinanzierung) zeigt sich, dass emissionsfähige Unternehmen einfacher Kapital aufbringen können, da ihnen organisierte Kapitalmärkte zur Akquisition von Eigenkapital zur Verfügung stehen.

## 5 Gesetzlich geregelte Beteiligungsformen

Der deutsche Gesetzgeber hat bereits frühzeitig das Problem der zu geringen Eigenkapitalausstattung – insbesondere bei mittelständischen Unternehmen – erkannt. Schon 1964 hieß es in einer Veröffentlichung des Bundeswirtschaftsministeriums:[20] „Als ein Weg bietet sich die

---

[19] Dies ist der Hauptgrund, wieso KGaA nicht sehr verbreitet sind (i.d.R. bei Familienunternehmen). Bekannte KGaA sind z.B. die Merck KGaA, die Henkel KGaA bzw. die Borussia Dortmund GmbH & Co. KGaA (hier ist – wie bei der GmbH & Co. KG – der Vollhafter eine GmbH).

[20] Zitiert nach: Haack, T., Unternehmensbeteiligungsgesellschaften, Schriften zum Wirtschaftsrecht, Band 159, Berlin 2003, S. 21, m.w.N.

Gründung von Kapitalbeteiligungsgesellschaften an, von Gesellschaften also, deren Geschäftszweck im Aktivgeschäft auf den Erwerb von Beteiligungen [...] gerichtet wäre". Der Markt für Beteiligungskapital entwickelte sich jedoch in der Folgezeit schleppend.

Bis heute bestehen lediglich zwei gesetzlich geregelte Formen zur Regelung von Beteiligungsfinanzierungen: die Unternehmensbeteiligungsgesellschaft bzw. die Kapitalanlagegesellschaft.

### 5.1 Unternehmensbeteiligungsgesellschaften nach dem UBGG

Mit dem „Gesetz über Unternehmensbeteiligungsgesellschaften (UBGG)" vom 17.12.1986[21] versuchte der Gesetzgeber, die schleppende Entwicklung auf dem Markt für Unternehmensbeteiligungen zu beschleunigen.[22]

#### 5.1.1 Ziele des Gesetzes über Unternehmensbeteiligungsgesellschaften (UBGG)

Ziele des UBGG (a.F.), durch das keine neue Rechtsform, sondern „nur" ein neuer Unternehmenstyp geschaffen wurde, waren u.a.:[23]

1. Auf der einen Seite sollte mittelständischen Unternehmen der (indirekte) Zugang zu organisierten Märkten für Eigenkapital ermöglicht werden,

2. auf der anderen Seite sollte einem breiten Anlegerkreis die Möglichkeit eröffnet werden, sich an mittelständischen Unternehmen zu beteiligen.

Um der zweiten Zielsetzung gerecht zu werden, waren umfangreiche gesetzliche Regelungen notwendig, z.B. die Verpflichtung der Gründungsgesellschafter, sich nach einer Anlaufphase von der Mehrheit der Anteile des Unternehmens durch ein öffentliches Angebot zu trennen (§ 9 UBGG [a.F.]) und sich grundsätzlich an nicht börsennotierten inländischen Unternehmen zu beteiligen. Zudem war zum Schutz der Anlageaktionäre[24] eine Risikostreuung in der Form vorgesehen, dass Unternehmensbeteiligungsgesellschaften (UBG) sich an mindestens zehn Unternehmen beteiligen mussten.

Eine Kompensation dieser die Handlungsfreiheit der UBG einschränkenden Normen sah der Gesetzgeber in zahlreichen steuerlichen Vergünstigungen vor, die letztlich die Attraktivität der

---

[21] BGBl. I 1986, S. 2488.
[22] Ähnliche Ziele verfolgte der Gesetzgeber durch die KWG-Novelle von 1985 (BGBl. I 1985, S. 1472; Anerkennung von Genussrechten als Eigenkapitalsurrogat), die Änderung des 2. Vermögensbildungsgesetzes (BGBl. I 1986, S. 2595; Erweiterte Anlagemöglichkeiten), die Änderung des Gesetzes über Kapitalanlagegesellschaften (BGBl. I 1986, S. 2595 u. 2605; Zulassung von Beteiligungs-Sondervermögen) sowie der Anpassung des Versicherungsaufsichtsgesetzes (BGBl. I 1986, S. 2485, 2595 u. 2608; Erweiterung des Anlagekatalogs).
[23] Vgl. Begründung zum Regierungsentwurf zum UBGG, BT-Drucksache 10/4551, S. 1.
[24] Gem. § 2 Abs. 1 UBGG (a. F.) durften UBG nur in der Rechtsform der AG betrieben werden.

UBG als Unternehmensform nicht erhöhten. Auch die vereinzelten Änderungen des „Zweiten Finanzmarktförderungsgesetzes" vom 26.07.1994[25] änderten hieran nichts.

Erst mit dem „Dritten Finanzmarktförderungsgesetz" vom 01.04.1998[26] hat der Gesetzgeber die zweite Zielsetzung – die Vermögensbildung breiter Anlegerschichten – und die damit verbundenen umfangreichen Anlagebestimmungen des UBGG im Kern aufgegeben, um die Akzeptanz von UBG zu erhöhen. Durch das „Vierte Finanzmarktförderungsgesetz" vom 21.06.2002[27] ist das UBGG in seiner aktuellen Fassung weiter dereguliert worden.

### 5.1.2 Rechtliche Rahmenbedingungen zur Gründung einer Unternehmensbeteiligungsgesellschaft

Unternehmensbeteiligungsgesellschaften nach dem UBGG unterscheiden sich insofern von anderen Kapitalbeteiligungsgesellschaften, als sie behördlich anerkannt werden müssen (§ 1 UBGG). Voraussetzung hierfür ist die Erfüllung der in § 2 UBGG definierten Anforderungen an die Rechtsform, den Unternehmensgegenstand, den Sitz und das Kapital der UBG. So dürfen UBG nur in der Rechtsform der AG, der GmbH, der KG bzw. der KGaA betrieben werden.[28] Der satzungsgemäße bzw. gesellschaftsvertraglich festgelegte Unternehmensgegenstand muss der Erwerb, die Verwaltung, die Veräußerung bzw. das Halten von Wagniskapitalbeteiligungen sein.[29] Darüber hinaus muss die UBG über ein voll eingezahltes Grund- bzw. Stammkapital von mindestens einer Million € verfügen und ihren Sitz im Inland haben.[30] Es werden so genannte „offene" und „integrierte" Unternehmensbeteiligungsgesellschaften unterschieden, die, aufgrund ihres unterschiedlichen Gesellschaftshintergrundes, unterschiedliche Anlagemöglichkeiten von Wagniskapital ermöglichen.[31]

---

[25] BGBl. I 1994, S. 1749 u. 1780 ff.
[26] BGBl. I 1998, S. 529 u. 560 ff.
[27] BGBl. I 2002, 2010.
[28] § 2 Abs. 1 UBGG (n. F.). Vor der Neufassung des UBGG war im Hinblick auf die Zielsetzung des Gesetzes nur die Rechtsform der AG zulässig, die eine relativ einfache Beteiligung breiter Anlegerschichten ermöglichen sollte.
[29] § 2 Abs. 2 UBGG.
[30] § 2 Abs. 3 u. 4 UBGG.
[31] Gem. § 2 Abs. 2 Satz 2 UBGG ist im Gesellschaftsvertrag bzw. der Satzung der UBG festzulegen, ob es sich um eine „integrierte" oder „offene" UBG handelt.

| Unternehmensbeteiligungsgesellschaften nach dem UBGG ||
|---|---|
| „Offene" Unternehmensbeteiligungsgesellschaften | „Integrierte" Unternehmensbeteiligungsgesellschaften |
| • UBG dürfen grds. keine Beteiligungen erwerben, bei denen ihnen mehr als 49 % der Stimmrechte zustehen. Ausnahme: § 4 Abs. 3 Satz 2 UBGG: einmalige Mehrheitsbeteiligungen an einem nicht börsennotierten Unternehmen können bis zu acht Jahre gehalten werden.<br>• UBG können nach Ablauf einer 5-jährigen Anlauffrist noch Tochterunternehmen (i. S. v. § 290 HGB) sein (§ 7 Abs. 1 Satz 1 UBGG).<br>• Ein Anteilseigner der UBG darf nach Ablauf von 5 Jahren keine maßgebliche Beteiligung (d.h. mit mehr als 40 % des Kapitals oder der Stimmrechte [§ 7 Abs. 1 Satz 3 UBGG]) an der UBG, ob mittelbar oder unmittelbar, mehr halten → Gesellschafterkreis vergrößert sich.<br><br>→ strengere Grenzen in der Struktur der Anteilseigner, freiere Anlagepolitik | • Keinerlei Beschränkungen im Hinblick auf den Gesellschafterkreis (§§ 1a Abs. 1 Satz 2, 7 Abs. 6 UBGG).<br>• Jedoch Anlagegrenzen, z.B. ist nur eine Beteiligung an Unternehmen zulässig, bei denen mind. ein Mitglied der zur Geschäftsführung Berechtigten als natürliche Person mind. 10 % der Stimmrechte hält (§ 4 Abs. 4 UBGG).[32]<br>• UBG kann nach Ablauf einer 5-jährigen Anlauffrist noch Tochterunternehmen sein (i. S. v. § 290 HGB.<br>• Anteilseigner der UBG können noch nach Ablauf von 5 Jahren mittelbar oder unmittelbar maßgeblich beteiligt sein.<br>• Mehrheitsbeteiligungen der UBG von mehr als 49 % sind innerhalb eines Jahres zurückzuführen (§ 4 Abs. 4 Satz 2 UBGG).<br><br>→ freiere Struktur der Anteilseigner, strengere Grenzen in der Anlagepolitik |

Abb. 8: Unternehmensbeteiligungsgesellschaften nach dem UBGG

Allgemeine Anlagebeschränkungen, die für alle UBG gelten, sehen zum Zwecke der Risikostreuung und der Förderung nicht emissionsfähiger, insbesondere mittelständischer Unternehmen vor, dass

- die Anschaffungskosten zzgl. bestehender Buchwerte einer einzelnen Wagniskapitalbeteiligung zum Zeitpunkt des Erwerbs 30 % der Bilanzsumme der UBG nicht überschreiten dürfen (§ 4 Abs. 1 Satz 1 UBGG, allerdings Befreiung von dieser Beschränkung innerhalb der ersten drei Jahre seit Bestehen der UBG [§ 4 Abs. 1 Satz 3 UBGG]).

- Die gleiche Begrenzung gilt für die Investition von Wagniskapital in nicht börsennotierten Unternehmen (§ 4 Abs. 2 Satz 1 UBGG). Beteiligungen an börsennotierten Unternehmen, deren Bilanzsumme 250 Millionen € übersteigt, sind generell nicht zulässig (§ 4 Abs. 2 Satz 2 UBGG).

---

[32] Zweck dieser Norm ist es, das missbräuchliche Gründen von Unternehmensbeteiligungsgesellschaften zur Bildung von Holdingkonstruktionen zu verhindern. Vgl. hierzu: Fanselow, K.-H./Stedler, H. R., UBGG-Deregulierung – Aufbruch im Markt, in: Die Bank, Heft 5, 1998, S. 291.

- Zudem sind Wagniskapitalbeteiligungen an Unternehmen, die ihren Sitz außerhalb der EWG-Staaten haben, insgesamt nur bis zu 30 % ihrer Bilanzsumme zum Zeitpunkt des Erwerbs möglich (Anschaffungskosten zzgl. Buchwerte; § 4 Abs. 5).

- Die Haltefrist von Unternehmensbeteiligungen darf 12 Jahre pro Engagement nicht überschreiten, es sei denn, die Summe der Buchwerte aller über 12 Jahre gehaltenen Beteiligungen übersteigt 30 % der Bilanzsumme der UBG nicht (§ 4 Abs. 6 UBGG).

- Die Vergabe von Darlehen durch die UBG an Unternehmen ist grundsätzlich zulässig, wobei Kredite nur an Unternehmen vergeben werden dürfen, an denen bereits Wagniskapitalbeteiligungen bestehen (§ 3 Abs. 2 UBGG). Zudem ist die Höchstgrenze auf das Dreifache der Höhe der jeweiligen Wagniskapitalbeteiligung und auf eine maximale Gesamtsumme (Wagniskapitalbeteiligung und Kreditengagement) von 30 % der Bilanzsumme der UBG begrenzt (§ 4 Abs. 7 UBGG).

### 5.2 Kapitalanlagegesellschaften (KAGG)

Neben dem UBGG ist im Gesetz über Kapitalanlagegesellschaften (KAGG)[33] eine weitere gesetzlich normierte Form einer Anlagegesellschaft definiert.

Gemäß der Legaldefinition (§ 1 KAGG) handelt es sich bei Kapitalanlagegesellschaften (KAG) um Kreditinstitute, die Geldeinlagen im eigenen Namen für gemeinschaftliche Rechnung der Kapitalgeber nach dem Grundsatz der Risikomischung anlegen.[34] Die durch die Ausgabe von Anteilsscheinen und die damit verbundenen Kapitaleinlagen erworbenen Vermögenswerte bilden ein Sondervermögen (§ 6 Abs. 1 Satz 1 KAGG). Das Sondervermögen setzt sich aus Geldmarkt-, Wertpapier-, Beteiligungs-, Investmentfondsanteil-, Grundstücks-, gemischten Wertpapier- und Grundstücks- oder Altersvorsorge-Sondervermögen zusammen. Den Kapitalgebern sind über die sich aus ihren Vermögensanlagen ergebenden Rechte Anteilsscheine auszugeben.

KAG ermöglichen folglich eine indirekte Beteiligungsfinanzierung bei geringem Kapitaleinsatz.[35] Die Attraktivität dieser Beteiligungsform liegt für Anleger – aufgrund der gesetzlichen Anforderungen zum Sondervermögen – neben einem relativ geringen Investitionskapital vor allem in der Diversifikation der Anlage. Darüber hinaus besteht ein Anspruch gegenüber der KAG auf jederzeitige Rücknahme der Anteilsscheine (§ 11 Abs. 2 KAGG).

Neben der Anlage des „klassischen" Sondervermögens in börsennotierte Wertpapiere ist im Rahmen des „Beteiligungs-Sondervermögens" (§§ 25 a ff. KAGG) eine Beteiligung in nicht börsennotierte Wertpapiere bzw. stille Beteiligungen durch KAG möglich. Ziel des Gesetzge-

---

[33] BGBl. I 1998, 2726; zuletzt geändert durch Art. 3 des Gesetzes vom 21. Juni 2002 (BGBl. I 2002, 2010).
[34] KAG dürfen nur in der Rechtsform der AG bzw. der GmbH betrieben werden (§ 1 Abs. 3 KAGG). Die Bundesanstalt für Finanzdienstleistungsaufsicht (BaFin) ist für die Zulassung und die laufende Aufsicht der KAG zuständig (KAG unterstehen, da sie als Kreditinstitute gelten, dem Kreditwesengesetz).
[35] Obschon bei der Anlage in Investmentanteilen (= Anteile am Sondervermögen) i.d.R. die Renditeerwartungen im Vordergrund der Investitionsentscheidung stehen. Die Tatsache einer indirekten Unternehmensbeteiligung steht – bei Sondervermögen, das aus Unternehmensbeteiligungen besteht – im Hintergrund.

bers war es, Beteiligungen an mittelständischen Unternehmen, denen aufgrund ihrer Größe oder ihres relativ kurzen Bestehens am Markt ein Gang an die Börse verwehrt ist, zu ermöglich. Verschiedene Normen des KAGG konterkarieren jedoch die Zielsetzung des Gesetzgebers. So sind gem. § 25 c Abs. 2 KAGG Vereinbarungen nichtig, die für den Fall einer Auseinandersetzung einer Beteiligung als stiller Gesellschafter die Teilhabe an der Wertsteigerung des Beteiligungsunternehmens ausschließen.[36] Darüber hinaus führt die Rücknahmepflicht gem. § 11 Abs. 2 KAGG im Einzelfall zu Liquiditätsengpässen.[37] Die Bedeutung des „Beteiligungs-Sondervermögens" als relevante Form der Unternehmensbeteiligung ist von daher gering.

Im Rahmen des „Dritten Finanzmarktförderungsgesetz"[38] hat der Gesetzgeber versucht dieser Problematik durch die Neuschaffung der „Investmentaktiengesellschaft" (als geschlossener Fonds in der Rechtsform der AG; § 51 ff. KAGG) zu begegnen. Investmentaktiengesellschaften sind nämlich von der Pflicht zur jederzeitigen Rücknahme der Anteile ausgenommen.[39] Bei Investmentaktiengesellschaften stellt sich jedoch die Problematik der begrenzten Anlagemöglichkeiten[40]. Darüber hinaus dürfen Investmentaktiengesellschaften nur maximal 10 % der Stimmrechte der Aktien eines Unternehmens halten, was eine Beteiligungsfinanzierung zur Stärkung der Eigenkapitalbasis einschränkt.

## 6 Fazit: Grundsätzliches zu Finanzierungshilfen in Krisenzeiten

Der Gesetzgeber kennt grundsätzlich keine speziellen gesetzlichen Mittel zur Finanzierung von Unternehmen in Krisenzeiten. Das deutsche Recht ermöglicht eine Unternehmensfinanzierung lediglich nach den allgemeinen Vorschriften (für die Außenfinanzierung: Stundung, Darlehen, Leasing, Factoring, Wechsel etc. und für die Innenfinanzierung/Beteiligungsfinanzierung durch den Anteilsverkauf etc.). Diese Möglichkeiten sind jedoch unspezifisch für die Problematik der Unternehmensfinanzierung. Eigene spezifische Regelungen zur Thematik der Unternehmensfinanzierung hat der Gesetzgeber – mit Ausnahme des KAGG bzw. des UBGG – nicht geschaffen.

Sieht der deutsche Gesetzgeber schon keine gesetzliche Spezialregelung zur Unterstützung der Unternehmensfinanzierung vor, so ignoriert er vollständig die betriebswirtschaftliche Notwendigkeit der Beseitigung des Finanzierungsnotstandes eines Unternehmens in einer Krise. Die grundsätzliche Abstinenz gerade im letztgenannten Punkt muss auf den ersten Blick verwundern. Es fragt sich, ob der Gesetzgeber überhaupt eine Finanzierung von Unternehmen, die sich in einer Krisensituation befinden, anstrebt. Ist es unausgesprochenes Ziel des Gesetzgebers –

---

[36] Ist es doch gerade die Wertsteigerung, die eine Investitionsentscheidung begünstigt.

[37] Vgl. hierzu Hey, C., Das Gesetz über Unternehmensbeteiligungsgesellschaften: Verbesserung für Venture Capital Engagements, in: Festschrift Rädler, 1999, S. 289 f.

[38] Vgl. Fn. 26.

[39] § 55 KAGG verweist insbesondere nicht auf § 11 KAGG.

[40] Für Investmentaktiengesellschaften gelten gem. § 55 Abs. 1 KAGG dieselben Restriktionen wie für „klassisches Sondervermögen" (Investmentfonds).

mit Ausnahme von öffentlich-rechtlichen Subventionen – keinerlei Förderung für Unternehmen in der Krise bereitzustellen? Überlässt der Gesetzgeber Krisenunternehmen ungerührt deren Schicksal? Davon, dass der Gesetzgeber eine Unternehmensfinanzierung in der Krise in jedem Fall zu ermöglichen bzw. zu fördern hat, wird derzeit allgemein unnachgefragt ausgegangen: unkritisch fordert man ein Einschreiten des Staates – also auch des Gesetzgebers – zum Erhalt einzelner Unternehmen. Vordergründig lässt sich der Ruf nach dem Staat gerade derzeit leicht begründen:

- Schließlich ist die Konkurs bzw. Insolvenzstatistik ein Indikator von Rezession.
- Ferner verspricht der Erhalt des Bestandes einer Vielzahl von Unternehmen den Erhalt einer wirtschaftspolitisch erstrebten Marktstruktur des Polypols bzw. eines weiten Oligopols.
- Ausschlaggebend für die Forderung nach staatlichem/gesetzgeberischem Engagement sind ebenfalls sozialpolitische Erwägungen. So begründen speziell Gewerkschaften die Notwendigkeit des Erhalts eines bestimmten Unternehmens mit dem Erhalt von Arbeitsplätzen.

Ob diese Argumente im Einzelnen zutreffen, kann an dieser Stelle nicht entschieden werden. Nicht zu übersehen ist jedoch, dass ein so geforderter Unternehmenserhalt mit hohen wirtschaftspolitischen Nachteilen erkauft ist: Letztlich unterstützt eine staatliche Finanzierung von Krisenunternehmen die Förderung marktschwacher Wirtschaftseinheiten und damit die Aufhebung des Marktselektionsmechanismusses. Nach diesem hat ein Marktteilnehmer dann vom Marktgeschehen auszuscheiden, wenn er – im Vergleich zu seinen Konkurrenten – Waren oder Dienstleistungen zu minderwertiger Qualität und/oder zu einem zu hohen Preis anbietet. Dieser Selektionsprozess wird erheblich eingeschränkt, wenn die „Marktleistung" der wirtschaftlich und/oder qualitativ unzureichend produzierenden Unternehmen allein deswegen gefördert wird, weil sie sich in einer Finanzierungskrise befinden.

Der Gesetzgeber geht diesen gesamtwirtschaftlich problematischen Weg nicht. Er folgt dem Grundsatz einer wirtschaftlichen Neutralität (siehe schon BVerfG E 30, S. 292 ff. [m.w.H.]). Die Zurückhaltung oder Neutralität des Gesetzgebers in der Förderung von Unternehmensfinanzierung mag man mit dem Schlagwort „Liberalismus" oder „Neo-Liberalismus" belegen. Tatsächlich besaß diese wirtschaftspolitische Strömung zur Zeit der Entstehung der meisten Wirtschaftsgesetze Deutschlands allgemeingültige Anerkennung. Ungeachtet historischer Wurzeln begründen juristische – sogar verfassungsrechtlich Aspekte – die „Neutralität des Gesetzgebers" in der Regelung oder Förderung der Unternehmensfinanzierung. So scheint es gerade unzulässig, für eine vermeintliche Pflicht des Engagements des Gesetzgebers auf dem Recht der Finanzierung grundrechtliche Positionen – etwa das Recht auf freie Entfaltung der Persönlichkeit (Art. 2 GG), das Sozialstaats- und Rechtsstaatsprinzip oder das Demokratiegebot (Art. 20 GG) – heranzuziehen. Diese Normen geben eine vermeintliche Pflicht zum Handel des Gesetzgebers gerade nicht her. Das Grundgesetz ist vielmehr auf eine wirtschaftspolitische Neutralität des Staates angelegt (bereits grundlegend: BVerfG E 30, S. 292 ff. [m.w.H.] und BVerfG NJW 1972, 573 ff. [m.w.H.]). Das Fehlen einer wirtschaftspolitischen Zurückhaltung des Staates liefe anderenfalls auf eine dem Bürger unzulässig bevormundende Steuerung von Wirtschaftsvorgängen hinaus, wie sie insbesondere heute in der Steuergesetzgebung zu beklagen ist.

Lediglich in einem Teilbereich des Finanzierungsrecht macht der Gesetzgeber von dem Grundsatz der gewählten Neutralität eine zulässige Ausnahme: diese besteht hinsichtlich der Möglichkeit der Finanzierung kleiner und mittelgroßer Unternehmen:

Diese Ausnahmen sind im Wesentlichen durch folgende Gründe gerechtfertigt (weitere Einzelheiten siehe: Krimphove/Tytko: Praktiker-Handbuch: Unternehmensfinanzierung – Kapitalbeschaffung und Rating für mittelständische Unternehmen –, Stuttgart 2002; (Krimphove, in: Müller Henneberg Schwarz: Gemeinschaftskommentar: Gesetz gegen Wettbewerbsbeschränkungen und europäisches Kartellrecht § 5c, Rndr. 11, Köln 1995; KG Beschluss S & T, in: WRP 1986, S. 476 ff., 479):

Kleine und mittelgroße Unternehmen verfügen im Gegensatz zu Großunternehmen nicht über umfangreiches Eigenkapital. Sie sind daher auf eine Finanzierung angewiesen.

Kleine und mittelgroße Unternehmen besitzen ebenfalls in weit weniger ausgeprägtem Maße wie Großunternehmen Mittel, die sie zur Sicherung von Krediten einsetzen können. Das Delkredererisiko der Kreditgeber können kleine und mittelgroße Unternehmen also nicht oder nur unvollkommen sichern. Zur Kompensation seines Delkredererisikos erhöhen Kreditgeber regelmäßig den Kredit-Zinssatz. Finanzierungsmöglichkeiten werden folglich für kleine und mittelgroße Unternehmen teuer.

Allein diese Gründe führen zu erheblichen Wettbewerbsnachteilen kleiner und mittelgroßer Unternehmen im Vergleich zu den mit ihnen konkurrierenden Großunternehmen.

Diese strukturellen Wettbewerbsnachteile kleiner und mittelgroßer Unternehmen auszugleichen war insbesondere der Zweck des „Zweiten" und „Vierten Finanzmarktförderungsgesetzes" (Krimphove: Das zweite Finanzmarktförderungsgesetz, in: Juristenzeitung (JZ) 1994, S. 244 ff.; zum wirtschaftspolitischen Leitbild siehe Krimphove: Kleine und mittlere Unternehmen aus Sicht des deutschen und europäischen Wettbewerbsrechts, in: Schmeisser/Krimphove: Vom Gründungsmanagement zum Neuen Markt; S. 389 ff. [m.w.H.]).

Speziell zur Förderung kleiner und mittelständischer Unternehmen erließ der Gesetzgeber das UBGG. Das UBGG trägt zur Finanzierungsförderung kleiner und mittelständischer Unternehmen dadurch bei, dass ihnen der (indirekte) Zugang zu organisierten Märkten für Eigenkapital ermöglicht wird. In der Praxis besitzen UBG allerdings nur geringe Bedeutung; nicht zuletzt aufgrund der Tatsache, dass die im Rahmen des 3. Finanzmarktförderungsgesetzes zunächst geschaffenen ertragssteuerlichen Vergünstigungen durch das Steuerentlastungsgesetz 1999/2000/2002[41] obsolet geworden sind.

---

[41] BGBl. I 1999, S. 402.

# Von der Insolvenz zum Sanierungsmanagement

# Insolvenzverfahren: Eine Einführung

Karin Schmeisser, Wilhelm Schmeisser

Kann ein in eine Krise geratenes Unternehmen nicht rechzeitig saniert werden, so müssen der Unternehmer bzw. die Geschäftsführung einer Kapitalgesellschaft das Insolvenzverfahren beantragen.

Am 1. Januar 1999 trat die neue Insolvenzordnung (InsO) in Kraft. Sie löste die Konkursordnung (KO) von 1877, die Vergleichsordnung von 1935 und die Gesamtvollstreckungsordnung von 1991 für die neuen Bundesländer ab. Damit ist das gesamte Insolvenzverfahren, das im Gegensatz zum Einzelvollstreckungsrecht Gesamtvollstreckungsrecht ist, in einem Gesetz zusammengefasst.

Das Insolvenzrecht kann folgendermaßen definiert werden:

Das *Insolvenzrecht* umfasst die Gesamtheit der gesetzlich normierten Austrittsbedingungen aus dem Markt der am Wirtschaftsleben Beteiligten für den Fall, dass die Gläubigerinteressen aufgrund eines Vermögensverfalls des Schuldners gefährdet sind.

Dabei hat das *Insolvenzverfahren* zum einen die Funktion, nicht mehr konkurrenzfähige Mitbewerber auf dem Wege eines geregelten Abwicklungsverfahrens aus dem Markt zu nehmen, zum anderen lässt es Maßnahmen zu, Not leidende, aber sanierungsfähige Unternehmen fortzuführen.

Neben dem hier ausgeführten Regelinsolvenzverfahren, das für Unternehmen relevant ist, werden in der Insolvenzordnung u.a. die Restschuldbefreiung und das Verbraucherinsolvenzverfahren und sonstige Kleinverfahren geregelt.

## 1 Rechtliche Rahmenbedingungen

### 1.1 Grundsätze des Insolvenzrechts

Das Insolvenzrecht unterscheidet sich durch folgende Grundsätze vom übrigen Vollstreckungsrecht:

- *Grundsatz der Gläubigergleichbehandlung*: Die Insolvenzordnung gewährleistet die gleichmäßige Konkurrenz und Befriedigung aller Gläubiger. Die in der alten Konkursordnung bestehenden Vorrechte wurden weitestgehend abgeschafft. Eine von einzelnen Gläubigern betriebene Einzelvollstreckung in das Schuldnervermögen ist mit Insolvenzeröffnung verboten.

- *Grundsatz der Gläubigerautonomie*: Das Insolvenzverfahren lässt sich als „staatlich überwachte Selbstverwaltung" der Gläubiger beschreiben. Die Gläubiger bestimmen über einen Insolvenzplan und damit über die Fortführung oder Liquidation des Unternehmens. Durch die privatautonomen Entscheidungen der Gläubiger soll eine möglichst hohe wirtschaftliche Effizienz erreicht werden.

- *Grundsatz der Universalität*: Alle Gläubiger werden in das Insolvenzverfahren einbezogen. Eine Befriedigung einzelner Gläubiger außerhalb des Insolvenzverfahrens ist nicht zulässig. Die Rechtswirkungen des Verfahrens gelten auch gegenüber Gläubigern, die sich nicht am Verfahren beteiligen.
- *Grundsatz der Geldliquidation*: Der Insolvenzverwalter hat das zur Insolvenzmasse gehörende Vermögen des Schuldners zu verwerten. Dies geschieht durch Liquidation oder Sanierung gemäß den Beschlüssen der Gläubigerversammlung.
- *Das Formalisierungsprinzip*: Alle Forderungen der Gläubiger werden beim Insolvenzverwalter schriftlich geltend gemacht. Wird hiergegen kein Widerspruch am Prüfungstermin durch den Insolvenzverwalter oder durch andere Gläubiger erhoben, so wird die angemeldete Forderung mit dem Wert in eine Tabelle eingetragen und ist damit festgestellt.
- *Der Entschuldungsgrundsatz*: Auch die Insolvenzordnung führt wie die Konkursordnung nicht zu einer automatischen Entschuldung des Schuldners nach Abschluss des Insolvenzverfahrens. Während nach der früheren KO der Schuldner noch 30 Jahre lang in Anspruch genommen werden konnte für nicht oder nicht vollständig befriedigte Forderungen, sieht die InsO zwei Verfahren vor, durch die der Schuldner, sofern es sich um eine natürliche Person handelt, von seinen Schulden endgültig befreit werden kann: das *Restschuldbefreiungsverfahren* und das *Verbraucherinsolvenzverfahren*.

## 1.2 Beteiligte am Insolvenzverfahren

Am Insolvenzverfahren sind verschiedene Personen und Gruppen mit unterschiedlichen Interessen beteiligt. Nur durch eine positive Einigung kann z.B. eine Fortführung des Unternehmens nach Vorlage des Insolvenzplans gelingen. Das heißt, die Gläubiger entscheiden im Wesentlichen über den Ausgang des Insolvenzverfahrens, das im Rahmen der gesetzlichen Regelungen und unter Überwachung des Insolvenzgerichts und unter Leitung eines Insolvenzverwalters abläuft.

- *Das Insolvenzgericht*: Sachlich zuständig ist das Amtsgericht, in dessen Bezirk der Schuldner seinen Gerichtsstand hat. Das Insolvenzgericht ist eine Abteilung des Amtsgerichts. Es nimmt im Wesentlichen folgende Funktionen wahr:
  - Eröffnung, Aufhebung oder Einstellung des Insolvenzverfahrens,
  - Bestellung und Aufsicht über den vorläufigen und endgültigen Insolvenzverwalter,
  - Einrichtung und Überwachung der Organisation der Gläubiger,
  - Feststellung der Schuldnermasse,
  - Zurückweisung, Bestätigung oder Ablehnung des Insolvenzplans,
  - Anordnung und Aufhebung der Eigenverwaltung,
  - Entscheidung im Verfahren über die Restschuldbefreiung.
- *Der Insolvenzverwalter*: Das Gericht ernennt im Eröffnungsbeschluss des Insolvenzverfahrens einen Insolvenzverwalter. Es muss sich dabei um eine im Einzelfall geeignete

sachkundige natürliche Person handeln, die besonders geschäftskundig und unabhängig von Schuldner und Gläubigern ist (§ 56 Abs. 1 InsO). Insolvenzverwalter sind in der Praxis überwiegend Rechtsanwälte und Wirtschaftsprüfer.

Hauptaufgabe des Insolvenzverwalters ist die Inbesitznahme des Schuldnervermögens, also die Bereinigung der Insolvenzmasse. Bis zu 1 Woche vor dem Berichtstermin muss er ein Verzeichnis der einzelnen Gegenstände der Insolvenzmasse erstellen (§ 151 InsO), sowie ein Gläubigerverzeichnis (§ 152 InsO) und eine Vermögensübersicht des Schuldners (Aktiva und Passiva) anfertigen. Zum Berichtstermin muss er eine Analyse der Insolvenzursachen darlegen, die wirtschaftlichen Aussichten des Unternehmens beteilen und die Folgen für die Gläubiger darlegen, wenn es zu einer Liquidation oder (Teil-)fortführung des Unternehmens kommt. Dies wird in vorläufigen Plänen und Prognoserechnungen dargestellt.

Der Insolvenzverwalter hat eine Auskunfts- und Berichtspflicht gegenüber dem Insolvenzgericht und der Gläubigerversammlung. Er übt das Anfechtungsrecht aus (§§ 129 ff. InsO), d.h. er hat Vermögen zur Insolvenzmasse heranzuziehen, soweit dies vor Insolvenzeröffnung unberechtigt vom Schuldner beiseite geschafft wurde.

Am Schluss des Insolvenzverfahrens hat der Verwalter den Gläubigern Rechnung zu legen. Der Insolvenzverwalter überwacht auch die Durchführung eines Insolvenzplans, wenn ein solcher vereinbart wurde.

Der Insolvenzverwalter ist allen Beteiligten gegenüber zum Schadensersatz verpflichtet (§ 60 Abs. 1 InsO), wenn er schuldhaft seine Pflichten verletzt. Hierbei ist die besonders schwierige Situation des Insolvenzverwalters zu berücksichtigen, z.B. unvollständige Informationen seitens des Schuldners wie die besonders schlechte wirtschaftliche Lage des Unternehmens, das eine Fortführungsprognose sehr unsicher erscheinen lässt.

- *Der Insolvenzschuldner*: Schuldner können natürliche Personen, Personengesellschaften, juristische Personen oder auch Vermögensmassen sein (z.B. der Nachlass). Voraussetzung ist, dass der Schuldner insolvenzfähig ist, also rechtsfähig oder zumindest parteifähig.

  Der Schuldner bleibt rechtlich zwar Eigentümer seines Vermögens, er ist jedoch mit Eröffnung des Insolvenzverfahrens nicht berechtigt, das zur Insolvenzmasse gehörende Vermögen zu verwalten oder zu verwerten (§ 80 Abs. 1 InsO). Eine Ausnahme stellt die Eigenverwaltung des Schuldners dar (§ 270 InsO).

- *Die Gläubiger*: Die Insolvenzordnung hat gegenüber der früheren KO die Vorrangstellung bestimmter Gläubigergruppen beseitigt. Rechtlich nehmen drei Gruppen von Gläubigern am Insolvenzverfahren teil: die einfachen, die nachrangigen und die absonderungsberechtigten Gläubiger. Eine Sonderstellung nehmen die Massegläubiger ein.

  (1) *Die einfachen Insolvenzgläubiger*: Sie haben bei Eröffnung des Insolvenzverfahrens einen Vermögensanspruch gegenüber dem Schuldner (§ 38 InsO). Die Forderung muss zu diesem Zeitpunkt rechtlich entstanden sein, sie muss noch nicht fällig sein. Arbeitnehmer gehören auch zu dieser Gruppe. Lohnansprüche werden für drei Monate vor Insolvenzeröffnung durch das Insolvenzausfallgeld befriedigt.

Die Gruppe der einfachen Gläubiger soll durch die Verwertung der Insolvenzmasse quotal befriedigt werden.

(2) *Die nachrangigen Insolvenzgläubiger* (§ 39 InsO): Diese Gruppe wird aus der Masse erst nach Befriedigung der einfachen Gläubiger bedient. In der Praxis geht diese Gruppe häufig leer aus. Hierzu zählen Ansprüche auf:

- seit der Eröffnung des Insolvenzverfahrens laufende Zinsen auf Forderungen der einfachen Insolvenzgläubiger,
- Kosten der Insolvenzgläubiger, die aus der Teilnahme am Verfahren entstehen, z.B. Reisekosten, Verdienstausfall,
- Forderungen auf Rückgewähr kapitalersetzender Darlehen,
- sonstige vereinbarte nachrangige Forderungen.

(3) *Die Massegläubiger*: Ihre Forderungen entstehen erst nach Eröffnung des Insolvenzverfahrens und werden durch das Verfahren selbst veranlasst, z.B. Waren- und Lohnforderungen bei vorläufiger Fortsetzung des Unternehmens oder Kreditforderungen bei Durchführung eines Sanierungskonzeptes.

Die Masseforderungen werden vor den Forderungen der einfachen Insolvenzgläubiger befriedigt (§ 53 InsO). Hierzu zählen:

- Die *Kosten des Insolvenzverfahrens* selbst (Gerichtskosten, Kosten für den Insolvenzverwalter und die Mitglieder der Gläubigerversammlung)
- *Ansprüche, die durch den Insolvenzplan* oder die vorläufige Verwaltung des Unternehmens entstehen (z.B. Warenlieferungen und Löhne bei Aufrechterhaltung der Produktion)
- *Sozialplanansprüche* der Arbeitnehmer (§123 Abs. 2 InsO) für einen vereinbarten Sozialplan während des Insolvenzverfahrens. Die Obergrenze liegt hier bei dem 2,5-fachen des Monatsverdienstes der zu entlassenden Arbeitnehmer; kommt ein Insolvenzplan nicht zustande, darf maximal ein Drittel der Masse zur Befriedigung von Sozialplanforderungen verwandt werden.
- *Unterhaltsansprüche* des Schuldners und seiner Familie (§ 100 Abs. 1 InsO).

(4) *Aussonderungsberechtigte Gläubiger*: Diese Gruppe kann nachweisen, dass bestimmte Gegenstände nicht zur Insolvenzmasse gehören, sondern Eigentum des aussonderungsberechtigten Gläubigers sind. Sie können die Herausgabe des Gegenstandes aus der Insolvenzmasse verlangen und nehmen am eigentlichen Insolvenzverfahren nicht teil (§ 47 InsO). Hierzu zählen:

- Der *einfache Eigentumsvorbehalt* (§ 47 InsO), nicht jedoch der verlängerte oder erweiterte Eigentumsvorbehalt; die beiden Letzteren führen nur *zu einer abgesonderten Befriedigung* (siehe unten).
- Das *Sicherungseigentum* führt nicht zur Aussonderung, sondern ebenfalls nur zur abgesonderten Befriedigung des Gläubigers.

- *Dingliche Rechte* wie das Vorkaufsrecht und Grundpfandrechte (Hypotheken, Grundschulden, Rentenschulden) bei Immobilien berechtigen nur dann zur Aussonderung, wenn sie auf dem Grundstück eines Dritten lasten, das der Insolvenzverwalter zur Masse genommen hat. Lasten sie jedoch *auf einem Grundstück des Schuldners*, haben auch die dinglich gesicherten Gläubiger lediglich ein *Absonderungsrecht* nach § 49 InsO.

(5) *Absonderungsberechtigte Gläubiger*: Diese haben Ansprüche gegen die Insolvenzmasse. Es handelt sich um *Mobiliarpfandrechte* (§ 50 InsO), *Immobilienpfandrechte* (siehe oben) sowie *Sicherungsübereignungen* und *Sicherungszessionen*. *Die Gläubiger haben keinen Anspruch auf Herausgabe des Gegenstandes, wohl aber auf eine Befriedigung ihrer Forderungen aus der Verwertung des Gegenstandes durch den Insolvenzverwalter.* Sie werden vor den übrigen Gläubigergruppen aus der Verwertung der Gegenstände befriedigt. Verwertung heißt i.d.R. Zwangsvollstreckung. Reicht der Erlös nicht aus, wird die verbleibende Forderung zur Insolvenztabelle angemeldet und nimmt am weiteren Verfahren teil. Ein erzielter Überschuss aus der Verwertung wird der Insolvenzmasse hinzugefügt.

Da im Wirtschaftsleben die Absonderung und Verwertung besicherter Vermögensgegenstände häufig zur Zerschlagung des Unternehmens führen bzw. eine Fortführung und Sanierung vereiteln würde, haben sowohl der vorläufige Insolvenzverwalter (vor der Eröffnung des Insolvenzverfahrens) wie der endgültige Verwalter im Insolvenzverfahren die *Möglichkeit nach § 30 d Abs. 1 ZVG, die einstweilige Einstellung der Zwangsversteigerung in das Betriebsvermögen zu erreichen.* In diesem Fall sind spätestens nach 3 Monaten ab Eröffnung Zinsen auf Forderungen als Masseforderungen zu zahlen. Die Gläubiger, denen eine Vollstreckung verwehrt wird, erhalten eine Nutzenentschädigung bzw. einen Nachteilsausgleich.

Im Fall der Sicherungsübereignung (z.B. Vorräte, Maschinen) oder der Sicherungszession (Forderungsbestand) hat ausschließlich der Insolvenzverwalter das Verwertungsrecht, wenn er sich im Besitz dieser Vermögensgegenstände befindet. Forderungen können nur vom Insolvenzverwalter eingefordert werden. Um eine wirtschaftlich sinnvolle Masseverwertung zu ermöglichen, sind in vielen Insolvenzfällen die Inhaber dinglicher Sicherungsrechte in das Verfahren einzubeziehen.

## 1.3 Organisation der Gläubiger und Mehrheitsbildung

Die InsO kennt zwei Organe der Gläubiger:

- *Die Gläubigerversammlung*: Zur Teilnahme an der Versammlung sind alle absonderungsberechtigten Gläubiger, alle Insolvenzgläubiger, der Insolvenzverwalter, die Mitglieder des Gläubigerausschusses und der Schuldner berechtigt. Die Gläubigerversammlung wird vom Insolvenzgericht einberufen (§ 74 InsO).
- *Der Gläubigerausschuss*: Es handelt sich um ein fakultatives Organ. Er kann vom Insolvenzgericht bereits vor der ersten Gläubigerversammlung einberufen werden (§ 67 InsO). Sonst beschließt die Gläubigerversammlung, ob ein solcher Ausschuss überhaupt gebildet

werden soll. Besteht bereits ein Ausschuss, beschließt die Gläubigerversammlung, ob dieser weiterbestehen soll. Sie kann Mitglieder abwählen und andere hinzuwählen. In Ausschuss sollen die absonderungsberechtigten Gläubiger, die Insolvenzgläubiger mit den höchsten Forderungen, die Kleingläubiger und ggf. ein Vertreter der Arbeitnehmer vertreten sein.

Während die Aufgabe des Gläubigerausschusses darin besteht, den Insolvenzverwalter bei der Geschäftsführung zu unterstützen und zu überwachen (§ 69 InsO), trifft die Gläubigerversammlung grundlegende Beschlüsse hinsichtlich des Insolvenzverfahrens.

Die Kompetenzen der Gläubigerversammlung umfassen Beschlüsse über:

a) das Verfahrensziel im Berichtstermin (§ 157 S. 1 InsO),

b) die Feststellung der Forderungen zum Prüfungstermin,

c) die Erörterung der Schlussrechnung des Insolvenzverwalters und die Verwertung von Massegegenständen zum Schlusstermin (§ 197 InsO),

d) die Annahme oder Ablehnung des Insolvenzplans zum Erörterungs- oder Berichtstermin,

e) die Wahl des Insolvenzverwalters und eines Gläubigerausschusses,

f) die Mitwirkung bei der Verwaltung und Verwertung der Masse: hierzu zählen insbesondere der Beschluss über das Ziel des Insolvenzverfahrens sowie die Möglichkeit, den Insolvenzverwalter mit der Ausarbeitung eines Insolvenzplans zu beauftragen (§ 157 InsO), die Zustimmung zu besonders bedeutsamen Rechtshandlungen des Insolvenzverwalters (§ 160 InsO) und Entscheidungen über die nicht verwertbaren Gegenstände der Insolvenzmasse.

Ein Beschluss der Gläubigerversammlung kommt zustande, wenn die Summe der Forderungsbeträge der zustimmenden Gläubiger mehr als die Hälfte der Summe der Forderungen der abstimmenden Gläubiger beträgt (§ 76 Abs. 2 InsO). Zur Mehrheitsbildung im Zusammenhang mit der Entscheidung über eine Annahme oder Ablehnung eines Insolvenzplans.

## 2 Insolvenzgründe und Eröffnung des Insolvenzverfahrens

Das Insolvenzverfahren setzt voraus, dass der *Schuldner* oder ein *Gläubiger* einen Antrag stellen (§ 13 Abs. 1 InsO).

Das Insolvenzrecht kennt *drei Insolvenzgründe*, die zur Eröffnung des Verfahrens führen:

- Zahlungsunfähigkeit,
- drohende Zahlungsunfähigkeit,
- Überschuldung.

### 2.1 Zahlungsunfähigkeit

Zahlungsunfähigkeit liegt vor, wenn der Schuldner nicht in der Lage ist, die fälligen Zahlungsverpflichtungen zu erfüllen (§ 17 Abs. 2 InsO).

Sie ist von der vorübergehenden Zahlungsstockung zu unterscheiden. Bei einer Stockung ist davon auszugehen, dass das Unternehmen nach kurzer Dauer seinen Zahlungsverpflichtungen nachkommen wird. Unschädlich ist, wenn das Unternehmen einen geringen Teil seiner fälligen Verbindlichkeiten nicht bezahlen kann (etwa 10 - 20 %), diese Gläubiger aber dann befriedigt, sobald es wieder über Liquidität verfügt.

B.1: Ein Handwerksbetrieb kann Lieferantenrechnungen, die im April fällig sind, nicht bezahlen, da er für einen fertigen Großauftrag noch keinen Zahlungseingang hat. Ihm wird versichert, dass seine Forderung in 2 Wochen beglichen wird (= Zahlungsstockung), sodass er danach seine Lieferantenverbindlichkeiten begleichen kann.

Es stellt sich heraus, dass nach 4 Wochen immer noch kein Geld an den Handwerker geflossen ist und dass der Unternehmer, für den der Großauftrag erfolgte, selbst insolvent ist. Aus einer Insolvenz kann der Handwerker nur mit einer sehr geringen quotalen Befriedigung rechnen. Weitere Eigenmittel oder Kredite stehen ihm nicht zur Verfügung. Der Handwerker kann seine Verbindlichkeiten nicht begleichen (= Zahlungseinstellung).

## 2.2 Drohende Zahlungsunfähigkeit (§ 18 InsO)

Der *Antrag* auf Insolvenzeröffnung aus diesem Grund kann nur vom Schuldner selbst angeführt werden. Ziel ist, in einem möglichst frühen Stadium der Unternehmenskrise eine Sanierung durchzuführen.

> Drohende Zahlungsunfähigkeit besteht, wenn der Schuldner *voraussichtlich* nicht in der Lage sein wird, die bestehenden Zahlungspflichten zu erfüllen.

Hierbei sind auch die noch nicht fälligen Zahlungsverpflichtungen zu berücksichtigen. Kann der Schuldner diese bei Fälligkeit voraussichtlich nicht zahlen, kann er die Eröffnung des Insolvenzverfahrens beantragen.

Zur Beteilung der drohenden Zahlungsunfähigkeit muss der Schuldner einen Finanz- und Liquiditätsplan vorlegen. Hierbei werden die Bestände an Zahlungsmitteln sowie Planeinzahlungen und -auszahlungen für den Prognosezeitraum erfasst. Ebenso wird die Möglichkeit einer Kreditaufnahme berücksichtigt.

Das *Insolvenzgericht* beschränkt sich in der Regel auf eine *Plausibilitätsprüfung* der vom Schuldner eingereichten Unterlagen. Je länger der Zeitraum bis zur Zahlungsunfähigkeit ist, z.B. bei Großaufträgen, langfristiger Fertigung etc., desto größer ist die mit der Prognose verbundene Unsicherheit. In diesem Fall wird es als ausreichend erachtet, dass die Wahrscheinlichkeit einer drohenden Zahlungsunfähigkeit größer ist als ihre voraussichtliche Vermeidung.

## 2.3 Überschuldung

> Überschuldung liegt vor, wenn das Vermögen des Schuldners die bestehenden Verbindlichkeiten nicht mehr deckt. *Bei juristischen Personen*, also v. a. GmbH und Aktiengesellschaft, *löst die Feststellung der Überschuldung die Pflicht für Geschäftsführung/Vorstand aus, spätestens in 3 Wochen diese Situation zu beseitigen oder Insolvenzantrag zu stellen* (§§ 92 Abs. 2 AktG, 64 Abs. 1 GmbHG). Überschuldung ist kein Insolvenzgrund bei natürlichen Personen und Personenhandelsgesellschaften (§ 19 Abs. 1 InsO).

In der Insolvenzordnung ist nicht geregelt, welche Werte bei der Aufstellung eines Überschuldungsstatus anzusetzen sind. Die Bewertung der Aktiva und Passiva hängt davon ab, ob von einer Fortführung des Unternehmens oder einer Liquidation auszugehen ist.

Zur Prüfung, ob eine Gesellschaft überschuldet ist, muss die Geschäftsleitung einen *Überschuldungsstatus* aufstellen. Im Schrifttum werden zwei Methoden herausgestellt, die zweistufige alternative Prüfung und die modifizierte zweistufige Prüfung.

- Bei der *zweistufigen alternativen Prüfung* wird auf der Grundlage einer Fortführungsprognose entschieden, mit welchem Wertansatz die Überschuldung überprüft wird. Bei positivem Ergebnis der Fortführungsprognose erfolgt die Bewertung der Aktiva und Passiva unter der Prämisse des going concern zu Zeitwerten; bei einem negativen Ergebnis der Prognose zu Liquidationswerten. In beiden Fällen kann sich eine Überschuldung ergeben, die dann die zum Insolvenzantrag führt.

- Nach der *modifizierten zweistufigen Prüfung*, die der BGH in letzter Zeit seinen Entscheidungen zu Grunde legt, liegt eine Überschuldung im Rechtssinn nur dann vor, wenn das Vermögen zu Liquidationswerten unter Aufdeckung aller stillen Reserven die bestehenden Verbindlichkeiten nicht deckt (= rechnerische Überschuldung) und die Finanzkraft der Gesellschaft wahrscheinlich mittelfristig nicht ausreicht, die Fortführung des Unternehmens zu sichern (= Überlebens- oder Fortbestehensprognose). Kann eine zufrieden stellende Fortbestehensprognose innerhalb der gesetzlichen drei Wochen Frist nicht erstellt werden, ist Insolvenzantrag zu stellen.

## 3 Insolvenzpläne

### 3.1 Gesetzliche Bestimmungen zum Insolvenzplan

Sowohl der *Schuldner* als auch der *Insolvenzverwalter* sind berechtigt, einen *Insolvenzplan aufzustellen* und dem Gericht vorzulegen (§ 218 InsO). In diesem Plan sollen abweichend von gesetzlichen Regelungen die Befriedigung der absonderungsberechtigten Gläubiger und der Insolvenzgläubiger, die Verwertung der Insolvenzmasse und deren Verteilung an die Beteiligten sowie die Haftung des Schuldners nach Beendigung des Insolvenzverfahrens bestimmt werden (§ 217 InsO).

Der Insolvenzplan gliedert sich in einen *darstellenden* und in einen *gestaltenden* Teil ( § 219 InsO). Der *darstellende Teil* enthält das *Sanierungskonzept, der gestaltende* die hierzu erforderlichen *rechtlichen Verträge*. Soll das Unternehmen fortgeführt werden, so sind im Insolvenzplan alle erforderlichen Maßnahmen aufzuführen, die zu einer Beseitigung der Insolvenzursache führen. Im finanzwirtschaftlichen Sinn ist die Zahlungsunfähigkeit oder Überschuldung zu beseitigen und es sind grundlegende betriebswirtschaftliche Konzepte aufzustellen, um das Unternehmen aus der Krise zu führen.

Ferner sind dem Insolvenzplan beizulegen (§§ 229 f. InsO):

- Eine *Vermögensübersicht*, wie sich Aktiva und Passiva bei Fortführung des Unternehmens darstellen, wenn die Gläubiger aus den künftigen Erträgen des Unternehmens befriedigt werden sollen;
- Ein *Ergebnis- und ein Finanzplan für den Zeitraum der Sanierung*,d.h. eine Prognoserechnung der erwarteten Einnahmen und Aufwendungen sowie der erwarteten Einzahlungen und Auszahlungen;
- *Rechtsverbindliche Erklärungen des Schuldners* bzw. der Vertreter bei Kapitalgesellschaften, *das Unternehmen auf der Grundlage des Insolvenzplanes fortzuführen*, wenn der Plan vom Insolvenzverwalter eingereicht wird; zustimmende Erklärungen von Gläubigern, Forderungen gegen den Schuldner in Beteiligungen an dem Unternehmen einzubringen, sofern dies im Insolvenzplan vorgesehen ist.

Durch den Einbezug der nachrangigen sowie insbesondere der absonderungsberechtigten Gläubiger in das Verfahren ergeben sich zwischen den verschiedenen Gruppen von Gläubigern, vor allem mit den einfachen, ungesicherten Gläubigern Interessengegensätze. Soll ein Insolvenzplan aufgestellt werden, über den die Gläubigerversammlung abzustimmen hat, kommt es auf die geschickte Aufteilung der Gläubiger in Gruppen an, da für die Annahme des Plans sowohl die Mehrheit der Gruppen wie die Mehrheit der Stimmen erforderlich ist (§ 244 Abs. 1 InsO).

Es kann also dem Schuldner bzw. dem Insolvenzverwalter gelingen, durch eine geeignete Abgrenzung von Gläubigergruppen die Annahme eines vorgelegten Insolvenzplanes zu erreichen. Im Gesetz sind lediglich die 3 Pflichtgruppen (§ 222 Abs. 1 InsO) aufgeführt, die zu berücksichtigen sind: die absonderungsberechtigten Gläubiger, die einfachen (d.h. nicht nachrangigen Insolvenzgläubiger) und die Gruppe der nachrangigen Gläubiger. Nach welchen inneren Gemeinsamkeiten diese Gruppen wiederum zu unterteilen sind, ist im Gesetz nicht ausdrücklich geregelt.

Folgende, auf gemeinsamen Interessen basierende *Gläubigergruppen* können häufig in der Praxis identifiziert werden:

- Arbeitnehmer, wenn beträchtliche Forderungen bestehen,
- Kleingläubiger,
- Finanzkreditgläubiger mit und ohne Absonderungsrechte,
- Lieferanten mit und ohne Absonderungsrechte,
- nachrangige Gläubiger.

Für die Durchsetzung des vorgelegten Insolvenzplans ist erforderlich:

a) Eine Vorprüfung durch das Insolvenzgericht (§ 231 InsO): der Plan wird abgelehnt, wenn gesetzliche Voraussetzungen nicht erfüllt sind oder wenn ein vom Schuldner vorgelegter Plan offensichtlich keine Aussicht auf Annahme durch die Gläubiger hat;

b) Im Erörterungs- und Abstimmungstermin, der vom Insolvenzgericht festgelegt wird, wird zunächst das Stimmrecht der Gläubiger festgelegt. Gläubiger, die durch den Plan nicht beeinträchtigt werden, haben hier kein Stimmrecht (§ 237 Abs. 2 InsO).

c) Abstimmung über den Plan in jeder Gruppe gesondert (§§ 243, 244 InsO): Zur Annahme ist erforderlich sowohl

- die Mehrheit der abstimmenden Gläubiger (Kopfmehrheit) und
- die Summe der Forderungen der zustimmenden Gläubiger muss mehr als die Hälfte der Summe der Forderungen der abstimmenden Gläubiger betragen (Summenmehrheit).

d) Obstruktionsverbot (§ 244 InsO): Wird von einer Gruppe die Mehrheit nicht erreicht, so würde hierdurch der gesamte Plan nicht angenommen. Die Zustimmung der Gruppe zum Plan gilt dennoch als erteilt, wenn

- die Gläubiger dieser Gruppe mit Plan nicht schlechter gestellt würden als ohne Plan,
- die Gläubiger dieser Gruppe angemessen am wirtschaftlichen Wert beteiligt werden, der allen Gläubigern aufgrund des Plans zufließen soll und
- die Mehrheit der abstimmenden Gruppen dem Plan zustimmt.

Die Zustimmung des Schuldners zum Insolvenzplan gilt als erteilt, wenn er nicht bis zum Abstimmungstermin widerspricht (§ 247 InsO). Auch hier greift ein Obstruktionsverbot, wonach ein solcher Widerspruch unbeachtlich ist, wenn der Schuldner mit Plan nicht schlechter gestellt ist als bei Ablehnung des Plans und kein Gläubiger einen wirtschaftlichen Wert erhält, der seine Forderungen übersteigt.

Letztlich ist der Insolvenzplan nach Annahme durch die Gläubiger und den Schuldner vom Gericht zu bestätigen (§ 248 InsO). Hiermit treten die im gestaltenden Teil getroffenen Erklärungen in Kraft.

### 3.2 Ziele und Arten von Insolvenzplänen

Der Insolvenzplan bietet die Möglichkeit, das in die Krise geratene Unternehmen zu sanieren und fortzuführen, um auf diese Weise eine wirtschaftlich bessere Verwertung der Masse zu erreichen, einen größeren Teil der Verbindlichkeiten zu begleichen oder Arbeitsplätze – zum Teil – zu erhalten.

Dies kann abweichend von gesetzlichen Regelungen im Rahmen der Gläubigerautonomie vereinbart werden, sofern der Grundsatz der Gläubigergleichbehandlung gewahrt wird.

> Der *Insolvenzplan* ist eine interdisziplinäre, betriebswirtschaftlichrechtliche Gestaltungsaufgabe mit spezifisch verfahrensrechtlicher und planrechnerischer Anforderung.

Die InsO nennt als Ziele des Insolvenzplans:

- Die *Liquidation* mit dem Ziel der Verwertung der einzelnen Vermögensgegenstände oder dem Verkauf des gesamten Unternehmens;
- Die *übertragende Sanierung* mit dem Ziel, das Unternehmen oder einen selbstständigen Teil an einen anderen Rechtsträger zu verkaufen, z.B. an eine Auffanggesellschaft,
- Die *Sanierung des Unternehmens* mit dem Ziel, es gemäß einem Sanierungskonzept wieder wirtschaftlich rentabel zu machen. Voraussetzung ist hierbei die Zustimmung aller (relevanten) Gläubigergruppen.

*Zur Vorlage eines Plans an das Insolvenzgericht sind sowohl der Schuldner als auch der Insolvenzverwalter berufen* (§ 217 InsO). Es kann zu einer Situation kommen, dass konkurrierende Pläne eingereicht werden und dass als dritte Alternative die Verwertung des Massevermögens nach den gesetzlichen Bestimmungen, also eine Zerschlagung des Unternehmens ohne Plan bzw. bei Ablehnung eines vorgelegten Plans zu bedenken sind.

In jedem Fall muss der darstellende Teil des Insolvenzplans alle entscheidungsrelevanten Informationen für die Gläubiger enthalten. Welche das im Einzelnen sind, ist nicht gesetzlich geregelt. Ein Insolvenzplan enthält i.d.R. einen finanzwirtschaftlichen Teil, in dem dargelegt wird, wie die Zahlungsunfähigkeit bzw. Überschuldung mit finanzwirtschaftlichen Maßnahmen überwunden werden soll und einen betriebswirtschaftlichen Teil, der meistens ein modifiziertes oder völlig neues betriebswirtschaftliches Konzept enthält, wie das in die Krise geratene Unternehmen in Zukunft am Markt bestehen kann.

Der darstellende Teil muss eine Analyse der Unternehmenskrise sowie ein Konzept zu ihrer Überwindung in finanzwirtschaftlicher und betriebswirtschaftlicher Hinsicht enthalten. Die Vermögens-, Finanz- und Ertragslage des Unternehmens ist darzustellen und die künftige Entwicklung ist zu prognostizieren. Ein Zeitraum der Voraussage für 3 bis 5 Jahre, u.U. bis 10 Jahre scheint angemessen. Ebenso ist anzugeben bzw. zu schätzen, wie das Vermögen verwertet werden soll (Liquidation oder Sanierung des ganzen Unternehmens oder von Teilen) und ob von den gesetzlichen Verwertungsvorschriften abgewichen werden soll. Hierbei sind alternative Berechnungen bzw. Wertansätze zu nehmen und den Gläubigern als Entscheidungsgrundlage bekannt zu machen.

Je nach Zielsetzung des Insolvenzplans lassen sich *folgende Arten von Plänen* unterscheiden:

- *Eigensanierungspläne*: Ziel ist die Fortführung des Unternehmens nach Überwindung der Krise, u.U. in eingeschränktem Umfang. Eigensanierungspläne können vom Schuldner frühzeitig vorbereitet und dann im aktuellen Insolvenzfall präsentiert werden; sie entsprechen ungefähr dem früheren Vergleich.
- *Übertragende Sanierung*: Hierbei wird der Geschäftsbetrieb des alten Unternehmens auf dem Wege der Übertragung wesentlicher Teile des Anlage- und/oder Umlaufvermögens auf einen neuen Rechtsträger fortgeführt. Eine übertragende Sanierung wird dann im Insolvenzfall sinnvoll, wenn
    - in Absonderungsrechte eingegriffen werden muss, d.h. wenn eine Zustimmung aller Absonderungsberechtigten zum Insolvenzplan nicht zu erlangen ist oder wenn

- rechtliche Unsicherheit über den Umfang der Absonderungsberechtigten besteht (z.B. bei verlängertem Eigentumsvorbehalt),
- die Restschuldbefreiung des Schuldners angestrebt wird;
- die Notwendigkeit zu einer gesellschaftsrechtlichen Umgestaltung gegeben ist, die von den alten Gesellschaftern nicht mitgetragen wird, sodass das Vermögen auf eine neue Auffanggesellschaft übertragen wird.
- bei Auseinandersetzungen über die Höhe des Verkaufspreises für das Unternehmen oder für Teile des Unternehmens gibt die Planzustimmung dem Verwalter die Sicherheit, von Gläubigern oder Dritten nicht regresspflichtig gemacht zu werden.

- *Liquidations- oder Marktaustrittspläne*: Auch die Liquidation des Geschäftsbetriebs kann Ziel eines Insolvenzplans sein. Kommt es zur Verwertung des Vermögens und zur Verteilung entsprechend der gesetzlichen Reihenfolge, eröffnet § 227 Abs. 1 InsO dem Schuldner die Regelrestschuldbefreiung, die er sonst nur nach §§ 286 ff. InsO erhalten könnte, dann aber mit einer siebenjährigen Periode des Wohlverhaltens, d.h. der Abtretung aller pfändbaren Forderungen an die Gläubiger. Die Zustimmung der Gläubiger zu einem solchen Plan kann dann Zustande kommen, wenn die Verwertung im Augenblick zu besseren Ergebnissen führt als Zahlungen über einen Zeitraum von sieben Jahren.
- *Moratoriumspläne*: Ziel ist die Stundung von Forderungen. Moratoriumspläne sind dann sinnvoll, wenn eine akute Krise zu überwinden ist und eine Zerschlagung zu einer nur geringen Befriedigung der Gläubiger führt.

Weitere Typen von Insolvenzplänen können nach dem Verfahrensstadium unterschieden werden:

- *Vorbereitete Pläne (prepackaged plans)*: sie werden bereits vor Eröffnung des Insolvenzverfahrens vom Schuldner und/oder Hauptgläubigern erstellt und bei Insolvenzeröffnung präsentiert.
- *Verwalterpläne*: Sie werden im Verfahren entweder auf Initiative des Insolvenzverwalters oder der Gläubigerversammlung durch den Verwalter erarbeitet. Problematisch ist in der Praxis häufig die Aufrechterhaltung des Geschäftsbetriebs bis zur Umsetzung des Plans, etwa einer übertragenden Sanierung, d.h. die Frage der Zwischenfinanzierung eines sich im Insolvenzverfahren befindenden Unternehmens. Gelingt die Sicherung der Liquidität nicht, kann das Unternehmen nicht fortgeführt werden.

Weitere Unterscheidungen sind möglich etwa nach dem Kriterium der Rechtsform (Einzelunternehmen, Personenhandelsgesellschaft, Kapitalgesellschaft) oder nach finanzwirtschaftlichen und leistungswirtschaftlichen Insolvenzplänen. In der Praxis sind bei größeren Unternehmen die Insolvenzpläne umfassend anzulegen und enthalten zwingend dann sowohl einen finanzwirtschaftlichen als auch einen leistungswirtschaftlichen Teil, wenn die Fortführung des Unternehmens angestrebt wird. Liquidationspläne hingegen sind rein finanzwirtschaftlich strukturiert.

## 3.3 Betriebswirtschaftliche Anforderungen des Planverfahrens

Die InsO verweist an zwei Stellen auf Rechnungslegungsvorschriften: zum einen auf die Vermögensaufstellung nach § 153 InsO, zum anderen auf die Plananlagen, die dem Insolvenzplan beizufügen sind (§ 229 InsO). Explizit werden als Anlagen gefordert:

- Vermögensübersicht,
- Ergebnisplan,
- Finanzplan.

**Vermögensaufstellung (§ 153 InsO)**

Aufgabe des Insolvenzverwalters bei Insolvenzeröffnung ist die *Aufstellung eines Vermögensverzeichnisses*. Es stellt eine Art Inventar *über die Aktiva und Passiva des Schuldners* dar.

Die Vermögensaufstellung soll die Gläubiger über die Vermögenslage informieren als Grundlage zur Entscheidungsfindung und ist gleichzeitig Rechnungslegung des Verwalters den Gläubigern gegenüber.

Je nach Ziel des Insolvenzverfahrens, Liquidation des Unternehmens oder Fortführung, sind Liquidationswerte oder Fortführungswerte anzusetzen (§ 151 Abs. 2 InsO).

Aus Gründen der Übersichtlichkeit fasst die Vermögensübersicht das Inventar in einzelne Gruppen zusammen (etwa entsprechend den Bilanzpositionen). Sie wird stichtagsbezogen auf den Tag der Eröffnung des Insolvenzverfahrens aufgestellt.

Die Vermögensübersicht könnte folgendermaßen angelegt sein:

| (1) | (2) | (3) | (4) | (5) | (6a) | 6b) |
|---|---|---|---|---|---|---|
| Bilanz-Position | Zerschlagungswerte | Fortführungswerte | Bestehende Absonderungsrechte | Bestehende Aufrechnungsrechte | Freie Masse zu Zerschlagungswerten | zu Fortführungswerten |

**Beizulegende Anlagen nach § 229 InsO**

Die hier geforderte *Vermögensübersicht* stellt eine *stichtagsbezogene Übersicht dar, die auf den Tag des Wirksamwerdens des Insolvenzplans aufgestellt wird*. Der Wertansatz richtet sich nach dem Ziel des Plans, also Zerschlagungs- oder Liquidationswerte und Werte entsprechend dem Going-Concern-Prinzip, wenn eine Sanierung angestrebt wird.

In den beiden genannten Übersichten wird nicht an die handelsbilanzielle Bewertung angeknüpft. Es sind vielmehr die „wahren Werte" anzusetzen. Für die Bilanzierung bedeutet dies, dass folgende Regelungen des HGB nicht anzuwenden sind:

- Anschaffungskostenprinzip (§ 253 HGB),
- Realisationsprinzip (§ 255 HGB),
- Vorsichtsprinzip (§ 252 Abs. 1 Nr. 4 HGB),
- Grundsatz der Bilanzkontinuität (§ 252 Abs. 1 Nr. 1 HGB).

Andererseits stellt die Vermögensübersicht nach § 229 InsO die *„Eröffnungsbilanz" für die Zeitraumrechnung der Planperioden* dar. Zu realisierende Sanierungsmaßnahmen sowohl aus der finanzwirtschaftlichen wie aus der betriebswirtschaftlichen Sanierung werden einbezogen. Dies bedeutet beispielsweise:

- Werden gemäß Insolvenzplan Verbindlichkeiten erlassen, verringert dies die Höhe der anzusetzenden Verbindlichkeiten.
- Wird planmäßig neues Kapital zugeführt, wird das Eigenkapital oder das Fremdkapital entsprechend erhöht ausgewiesen.
- Werden planmäßig Betriebsteile stillgelegt, führt dies zu einer Umgliederung und gegebenenfalls zu einer Umbewertung (Ansatz zu Liquidationswerten) im Umlaufvermögen.
- Sollen Betriebsteile verkauft werden, ist der Ansatz eines originären Firmenwerts in Betracht zu ziehen.
- Das Vorratsvermögen ist mit dem beizulegenden Wert zu bewerten. Etwa bei im Plan angenommenem Verkauf der auf Lager befindlichen Produkte mit dem geplanten Erlös abzüglich der noch entstehenden Kosten.
- Die Absonderungsrechte sind gesondert auszuweisen.
- Die Vermögensübersicht nach § 229 InsO sollte alternativ zu Zerschlagungswerten aufgestellt werden.

Letztlich sind die *Aktiva* und *Passiva* im Zeitpunkt der Planrealisierung doch noch *handelsrechtlich zu bewerten*. Dies ergibt sich daraus, dass eine Plan-Gewinn- und Verlustrechnung gefordert wird. Um zu brauchbaren periodisierten Informationen über zu erwartende Einnahmen/Ausgabenüberschüsse bzw. Erträge/ Aufwendungen zu gelangen, muss das Vermögen, z.B. die Vorräte, nach handelsrechtlichen Vorschriften angesetzt werden.

Der Gläubiger hat zur Entscheidungsfindung also drei Wertansätze: die „wahren Werte" oder Zeitwerte der Vermögensgegenstände, die Zerschlagungswerte und handelsrechtlich bewertete Positionen als Eröffnungswerte für die Plan-Gewinn- und Verlustrechnung (Plan-GuV).

Ferner ist eine *Plan-Liquiditätsrechnung* aufzustellen. Diese kann aus der Plan-GuV abgeleitet werden. Gerade die Aufrechterhaltung der Liquidität in der Zeit der Realisation des Insolvenzplans ist von grundlegender Bedeutung. Für die ersten 6 Monate des Insolvenzplans sollte die Liquiditätsplanung wöchentlich erfolgen, für anschließende Zeiträume monatlich.

Gesetzlich ist nicht geregelt, was der betriebswirtschaftliche Teil des Insolvenzplans inhaltlich enthalten soll. In Anlehnung an die vom IDW aufgestellten Anforderungen an Sanierungskonzepte lassen sich Anforderungen an einen Insolvenzplan ableiten. *Die unten aufgeführten Kriterien sollen dazu dienen, vorgelegte Insolvenzpläne intersubjektiv überprüfbar zu gestalten.* Die notwendigen betriebswirtschaftlichen Fragestellungen sollen systematisch nachvollziehbar sein, sodass eine Plausibilitätsprüfung durch die Gläubiger und den Schuldner möglich wird. Die Gläubiger müssen schwerwiegende Entscheidungen treffen, ob das vom Plan verfolgte strategische Ziel im Ansatz sinnvoll ist, ob die vorgeschlagenen Maßnahmen zur Zielerreichung praktikabel und angemessen sind. Ferner muss der Plan die notwendigen Informationen für die Gläubiger bereitstellen, dass diese beteilen können, ob sie bei der Durchführung des Plans nicht schlechter gestellt sind als bei einer Ablehnung des Insolvenzplans.

## Anforderungen an Insolvenzpläne für den darstellenden Teil

*(1) Allgemeine Informationen zur Beschreibung des Unternehmens*

- bisherige Unternehmensentwicklung,
- rechtliche Verhältnisse,
- finanzwirtschaftliche Verhältnisse,
- leistungswirtschaftliche Verhältnisse,
- organisatorische Grundlagen.

*(2) Verfahrenshistorische Entwicklung*

Es ist die Entwicklung zu schildern, die unmittelbar zur Stellung des Antrags auf Eröffnung des Insolvenzverfahrens geführt hat. Ebenso ist über Maßnahmen zu berichten, die unmittelbar nach der Eröffnung des Verfahrens getroffen wurden, wie Anordnung von Sicherungsmaßnahmen durch das Gericht.

*(3) Analyse des Unternehmens*

Sie soll wesentliche Zusammenhänge herausstellen, die sich aus dem vorgelegten Zahlenmaterial ergeben.

- *Krisen- und Ursachen-Analyse*: hier ist der Prozess darzustellen, wie der Planersteller zu seinen Ergebnissen gelangt, um diese intersubjektiv überprüfbar zu machen. Unternehmenskrisen, die zu Zusammenbrüchen geführt haben, sind zumeist das Resultat mehrstufiger Ursachen-/Wirkungsketten und haben in der Regel mehrere zusammenwirkende, sich verstärkende oder abschwächende Ursachen. Hierbei werden sowohl quantitative als auch qualitative Daten einbezogen (siehe Beispiel B 7.2).

- *Lagebeteilung des Unternehmens*: Auf der Basis der Unternehmensanalyse werden die Zusammenhänge innerhalb des Unternehmens wie auch das Beziehungsgeflecht des Unternehmens zu seiner Umwelt reflektiert. Die Analyse liefert den Handlungsrahmen für die weitere Gestaltung.

Insbesondere sollen sich aus der Lagebeteilung die *Stärken und Schwächen des Unternehmens wie auch die Chancen und Risiken* für die Zukunft ergeben. Das Unternehmen hat sich innerhalb dieses Rahmens auf die spezifischen Markt- und Branchenbedingungen einzustellen.

**B .2** quantitative und qualitative Daten bei der Unternehmensanalyse

| | Quantitative Daten und Kennziffern |
|---|---|
| Gesamtwirtschaftliche Daten | Entwicklung der Kapital- und Geldmarktzinsen, Lebenshaltungskosten, Nettoanlageinvestitionen |
| Branchen und Marktdaten | Branchenumsätze nach Wert und Menge, Branchenrendite, Kostenentwicklung, Umsatzpotenziale, Entwicklung der nationalen und internationalen Marktvolumen |
| Absatzwirtschaftliche Unternehmensdaten | Auftragseingänge und -bestände nach Produkt- und Kundengruppen, Kundenfluktuation, Reklamationen |
| Produktspezifische Daten | Lebenszyklus der Produkte, Positionierung der Produkte im Wettbewerb (Matrix) |
| Leistungs- und Kosten-Daten/Kennziffern | Pro-Kopf-Umsatz (Art und Menge) Personalaufwand pro Mengeneinheit, Kapazitätshöhe und Auslastung |
| Finanzwirtschaftliche Kennzahlen | Investitionsquote, EK- oder FK-Rentabilität |
| Ergebnisdaten und -kennziffern | Jahresüberschuss/-fehlbetrag, RoI |
| Vermögens-und Kapitalstruktur | Fortführungs- und Zerschlagungswerte, außerbilanzielle Risiken |

| | Qualitative Daten |
|---|---|
| Gesamtwirtschaftliche Aspekte | politische Entwicklungen, Gesetzesinitiativen, militärische Auseinandersetzungen |
| Brancheninformationen | Wettbewerbsbeschränkungen, Umweltaspekte, technologische Entwicklungen, Modetrends |
| Absatzmarkt | Sortimentstruktur, Produktgestaltung, Preisakzeptanz |
| Beschaffungsmarkt | Stärken-/Schwächen der Lieferanten, Preisstruktur |
| Kapitalmarkt | Dauer der Bankverbindung, Vertrauensverhältnis, Zinstrend |
| Arbeitsmarkt | Lohnniveau, Qualifikationsstruktur |
| Leistungserstellung Organisation und Führung | Qualifikation der Mitarbeiter, Forschungs- und Entwicklungsaktivitäten Qualifikation und Leistungsvermögen des Managements, EDV-Organisation |
| Struktur und Erscheinungsbild | Rechtsform, Standort, Kapitaleigner, Betriebsrat |

*(4) Zielvorstellung (Vision) vom Unternehmen*

Soll das Unternehmen ganz oder teilweise fortgeführt werden, so sind vor allem die *Potenziale* und die *Vorgehensweise* zu skizzieren, die dem Unternehmen nach Durchführung des Insolvenzplans *Wettbewerbsfähigkeit* verleihen und ihm damit die Möglichkeit eröffnen sollen, nachhaltige Gewinne zu erwirtschaften und das *finanzielle Gleichgewicht zu sichern*.

Es ergibt sich ein Bild des künftigen Unternehmens, das die *Sollstrukturen nach dem durchgeführten Insolvenzplan* aufzeigt. Im Wesentlichen handelt es sich dabei um folgende strategische Bereiche:

- Ansatzpunkte einer - ggf. neuen - corporate identity,
- Entwicklung von Tätigkeitsgebieten und Marktsegmenten,
- künftige gesellschaftsrechtliche Struktur des Unternehmens,
- Beziehungen zu Kapitalgebern.
- Bewältigung der aus der Durchführung eines Insolvenzverfahrens entstandenen spezifischen Schwierigkeiten.

*(5) Maßnahmen zur Umsetzung des Plankonzeptes*

Das Plankonzept beschreibt verbal, auf welchem Weg das Unternehmen das zuvor skizzierte Leitbild erreichen soll. Für den Erfolg der Planmaßnahmen sind zwingend die zeitlichen und finanziellen Vorgaben einzuhalten.

**Der gestaltende Teil des Insolvenzplans**

Nach dem darstellenden Teil kommt im gestaltenden Teil zum Ausdruck, *wie sich die Rechtsstellung der Beteiligten durch den Insolvenzplan ändert*. Hierzu gehören sämtliche erforderlichen schuldrechtlichen und dinglichen Vereinbarungen.

Gemäß § 221 InsO kann deswegen im gestaltenden Teil die Verpflichtung zur Bestellung von Grundpfandrechten, zur Kapitalerhöhung, zum Verzicht auf Rechte, zur Übertragung von Eigentum aufgenommen werden.

**Verprobungsrechnung**

Den dritten Teil des Insolvenzplans bildet eine sog. Verprobungsrechnung, d.h. es ist eine Art *Planjahresabschluss* vorzulegen, der sich aus der *Planbilanz* (Vermögensaufstellung), der *Plan-Gewinn- und Verlustrechnung* sowie der *Plan-Liquiditätsrechnung* zusammengesetzt.

## Literatur

Bergau, S./ Schmeisser, W.: Sanierung eines Bauträgers: Ansätze im Rahmen des Insolvenzplanverfahrens. In: Deutsches Steuerrecht (DStR) 7/2001, S. 270 - 276.

Beyer, H.-T./Bestmann, U. (Hrsg.): Finanzlexikon, 2. Aufl., München 1989.

Braun, E./Uhlenbruck, W.: Unternehmensinsolvenz - Grundlagen, Gestaltungsmöglichkeiten, Sanierung mit der Insolvenzordnung, Düsseldorf 1997.

Büschgen, H. E.: Grundlagen betrieblicher Finanzwirtschaft, 3. Aufl., Frankfurt/ M 1991.

Busse, F.J.: Grundlagen der betrieblichen Finanzwirtschaft, 3. Aufl., München 1993.

Däumler, K. D.: Betriebliche Finanzwirtschaft, 7. Aufl., Herne/ Berlin 1996.

Deipenbrock, G.: Skizzen zur Anerkennung eines ausländischen Insolvenzverfahrens im Inland nach deutschen Internationalen Insolvenzrecht im Licht der neuen europäischen Verordnung über Insolvenzverfahren. In: Clermont, A./Schmeisser, W./Krimphove, D. (Hrsg.): Strategisches Personalmanagement in Globalen Unternehmen, München 200 1, S. 95 - 112.

Hahn, O.: Allgemeine Betriebswirtschaftslehre, München/ Wien 1990.

Hahn, O.: Finanzwirtschaft, 2. Aufl., Landsberg/Lech 1983.

Harz, M./Hub, H.-G./Scharb, E.: Sanierungsmanagement, Düsseldorf 1996.

Hauschildt, J./Sachs, G./Witte, E.: Finanzplanung und Finanzkontrolle, München 1981.

Perridon, L./Steiner, M.: Finanzwirtschaft der Unternehmung, 8. Aufl., München 1995.

Schmeisser, W.: Öffentliches Übernahmeangebot eines börsennotierten Unternehmens im Rahmen eines Hostile Take Over. In : Clermont, A./Schmeisser, W./Krimphove, D. (Hrsg.): Strategisches Personalmanagement in Globalen Unternehmen. München 2001, S. 85 - 94.

Schmeisser, W./Krimphove, D. (Hrsg.): Vom Gründungsmanagement zum Neuen Markt. Wiesbaden 2001.

Süchting, J.: Finanzmanagement, Theorie und Politik der Unternehmensfinanzierung, 6. Aufl., Wiesbaden 1995.

Vormbaum, H.: Finanzierung der Betriebe; 9. Aufl., Wiesbaden 1995.

Wengel, T.: Die Insolvenztatbestände Überschuldung, Zahlungsunfähigkeit und drohende Zahlungsunfähigkeit, in: Deutsches Steuerrecht (DStR) 41/2001, S. 1769 - 1772.

# Steuerrechtliche Folgen der Insolvenz für Unternehmer und Anteilseigner

Valentin Schmid

## 1 Einführung und Abgrenzung

Nahezu jede Unternehmensinsolvenz ruft auch gravierende steuerliche Folgen für Unternehmer bzw. Anteilseigner des insolventen Unternehmens hervor. Der wirtschaftliche Niedergang des in die Insolvenz fallenden Unternehmens führt zu Vermögensverlusten beim Unternehmer bzw. beim Anteilseigner. Diese Verluste müssen auf ihre steuerlichen Auswirkungen hin gewürdigt werden. Nicht jeder Verlust kann in steuerlicher Hinsicht berücksichtigt werden. Ist die Insolvenz eingetreten, macht sich der Verwalter daran, das Vermögen zu verwerten. Je nach der vom Verwalter gewählten Verwertungsstrategie ergeben sich auch unterschiedliche Folgen bei Unternehmern bzw. Anteilseignern. Beispielsweise kann es - trotz der Insolvenz - zu Steuerbelastungen beim Unternehmer oder beim Anteilseigner kommen, wenn im Zuge der Vermögensverwertung stille Reserven realisiert werden. Es ändert sich insbesondere für den insolventen Einzelunternehmer oder die Gesellschafter einer Personenhandelsgesellschaft, aber auch für den Geschäftsführer einer Kapitalgesellschaft in der Insolvenz der steuerliche Pflichtenumfang. Der Insolvenzverwalter tritt als weiterer Steuerpflichtiger hinzu und überlagert die steuerrechtlichen Pflichten der bis dahin verantwortlichen Personen.

An dieser Stelle soll auf eine besondere „praktische" Schwierigkeit der Besteuerung bei Insolvenz hingewiesen werden: Dies ist zum einen das Problem der Schaffung zuverlässiger Informationen zur Ermittlung der Besteuerungsgrundlagen. Im Vorfeld der Insolvenz kommt es in den notleidenden Unternehmen regelmäßig zu mehr oder weniger stark ausgeprägten Auflösungserscheinungen im Bereich der kaufmännischen Administration. Unternehmensleitung und Mitarbeiter sind von der sich eskalierenden Krisensituation meist völlig überfordert. Sachverhalte werden dadurch unvollständig, überhaupt nicht oder falsch in den Rechenwerken der Unternehmen erfasst. Oft kommt es zu längeren Buchhaltungsrückständen. Häufig ist der spätere Insolvenzverwalter, falls es überhaupt zur Verfahrenseröffnung kommt, nicht bereit, die knappe Insolvenzmasse für die Aufarbeitung der Buchführungsrückstände der Vergangenheit auszugeben. Das Finanzamt kann bzw. muss in diesen Fällen die Besteuerungsgrundlagen gemäß § 162 Abs. 1 AO schätzen. Dem Unternehmer bzw. Anteilseigner können hierdurch Nachteile entstehen, da steuerlich berücksichtigungsfähige Verluste in den von den Finanzbehörden vorgenommenen Schätzungen in der Regel keinen Niederschlag finden.

Deswegen bleiben die nachfolgend dargestellten filigranen Probleme des Ertragsteuerrechts in der Praxis oft unberücksichtigt. Während dies bei normalen Abwicklungsinsolvenzen häufig nur dazu führt, dass Verlustvorträge für Unternehmer bzw. Anteilseigner gar nicht oder in zu geringem Umfang festgestellt werden, kann dies in Sanierungsfällen zu einem ernsthaften Problem werden: Fehlen Verlustvorträge, so setzt möglicherweise umso früher eine

Ertragsteuerbelastung des zu sanierenden Unternehmens ein. Dies kann die Sanierung ernsthaft gefährden. Gerade in diesen Fällen ist deshalb auf die Notwendigkeit der Fortführung der Buchführung wie auch auf die intensive Auseinandersetzung mit den materiellen Ertragsteuerrechtsfragen hinzuweisen.

Der vorliegende Beitrag soll zunächst einen kurzen Überblick über den Eingriff des Insolvenzsteuerrechts ins abgabenrechtliche Formalsystem und die sich daraus ergebende Pflichtenverteilung zwischen Insolvenzverwalter und Gemeinschuldner geben. Danach werden die ertragsteuerlichen Folgen der Insolvenz unter Berücksichtigung verschiedener Verwertungsalternativen einschließlich der Sanierung im Insolvenzplanverfahren aus dem Blickwinkel der Unternehmer bzw. Anteilseigner des gemeinschuldnerischen Unternehmens untersucht.

Weitere materielle steuerrechtliche Probleme, insbesondere solche des Umsatzsteuerrechtes haben in erster Linie für den Insolvenzverwalter Bedeutung und weniger für den Unternehmer bzw. den Anteilseigner. Sie werden deswegen nachfolgend nicht tiefer behandelt. Ebenso wird hier nicht eine mögliche steuerrechtliche Haftung der Geschäftsführer oder der Gesellschafter eines insolventen Unternehmens abgehandelt.

## 2  Das Verhältnis von Insolvenzrecht und Steuerrecht

Mit der leider immer weiter zunehmenden Bedeutung des Insolvenzrechts in der Praxis hat sich nach und nach immer mehr Schrifttum, das sich dem Gebiet „Insolvenzsteuerrecht" widmet, angesammelt.

Sucht man nach den hierzu gehörigen gesetzlichen Vorschriften, so stößt man eigentlich nur auf zwei Paragraphen, die sich im engeren Sinne mit „Insolvenzsteuerrecht" befassen. Dies ist zum einen § 155 Abs. 1 InsO und zum anderen § 251 Abs. 2 AO. Es mag dahingestellt bleiben, ob § 155 Abs. 1 InsO, der einerseits das Fortbestehen der handels- und steuerrechtlichen Rechnungslegungspflichten statuiert, andererseits diese für die Insolvenzmasse (wofür sonst?) dem Verwalter zuordnet, eine Neuerung gegenüber dem Zustand nach der Konkursordnung bedeutet oder lediglich klarstellenden Charakter hat.[1] Denn hier angesprochen sind nur Rechnungslegungspflichten, nicht die weiteren umfänglichen steuerlichen Pflichten.

Wenig besser ist es mit dem konkreten Gehalt des § 251 Abs. 2 AO bestellt, wonach die Vorschriften der Insolvenzordnung von denen der Abgabenordnung „unberührt" bleiben. Hieraus lässt sich nur ein Hinweis auf einen wohl teilweisen Vorrang der insolvenzrechtlichen Vorschriften gegenüber den Vollstreckungsvorschriften der AO herleiten, aber keinesfalls ein genereller Vorrang insolvenzrechtlicher vor steuerrechtlichen Vorschriften.[2]

Zwischen dem Steuerrecht und dem Insolvenzrecht besteht naturgemäß ein Spannungsverhältnis. Denn Aufgabe des Steuerrechts ist es, die Erhebung von finanziellen Beiträgen zur Finanzierung des Gemeinwesens durch den Staat von seinen Bürgern zu regeln. Es kommt zur

---

[1] Vgl. Maus in Uhlenbruck, InsO-Kommentar, § 155, Rz 1.
[2] Vgl. auch Frotscher, Besteuerung bei Insolvenz, 5. Aufl., S. 18.

Entstehung von Schuldverhältnissen, genauer dem Steuerschuldverhältnis, zu dessen Erfüllung das Steuerrecht Vorschriften enthält. Fällt der Steuerschuldner in Insolvenz, so greift das auf Befriedigung aller Gläubiger gerichtete Insolvenzrecht in die auf Individualbefriedigung gerichteten umfänglichen und komplizierten steuerrechtlichen Regeln empfindlich ein.

In diesem Sinne ist der vom Reichsfinanzhof [3] entwickelte „Primat" des Insolvenzrechts vor dem Steuerrecht zu verstehen: Das Insolvenzverfahren kann sein Ziel, gemeinschaftliche Befriedigung aller Gläubiger unter bestmöglicher Verwertung des Schuldnervermögens (§ 1 InsO) nur erreichen, wenn die Individualbefriedigung einzelner Gläubiger suspendiert wird.

Das heißt aber nicht, dass nun alle steuerrechtlichen Vorschriften zurückstehen müssten. Die Höhe und Entstehung von Steuerforderungen richtet sich weiter nach steuerrechtlichen Vorschriften. Nur dort, wo eine Kollision mit einzelnen Vorschriften des Insolvenzrechts oder den Zielen des Insolvenzrechts möglich sind, werden die steuerrechtlichen Vorschriften sachgerecht eingeschränkt bzw. modifiziert. Der genaue Verlauf der Grenzlinie zwischen beiden Gebieten kann nur im Einzelfall gezogen werden und damit befasst sich das „Insolvenzsteuerrecht".

## 3 Modifikation des abgabenrechtlichen Formalsystems durch steuerrechtliche Besonderheiten

### 3.1 Einteilung von Steuerforderungen in Insolvenzforderungen und Masseverbindlichkeiten

Die Trennung der Steueransprüche in solche, die als Insolvenzforderungen zur Insolvenztabelle anzumelden sind und in solche, die als (sonstige) Masseverbindlichkeiten i.S.v. § 55 Abs. 1 Nr. 1 InsO vorweg aus der Insolvenzmasse zu befriedigen sind, ist schon wegen der unterschiedlichen wirtschaftlichen Wertigkeit der Kategorien von herausragender praktischer Bedeutung. Denn während die Masseverbindlichkeiten i.d.R. voll befriedigt werden, wird eine vollständige Befriedigung der Insolvenzforderungen so gut wie nie erreicht, oft werden nur minimale oder gar keine Quoten gezahlt.

Insolvenzgläubiger ist gemäß § 38 InsO derjenige, der einen im Zeitpunkt der Eröffnung *begründeten* Vermögensanspruch gegen den Schuldner hat.

Der anspruchsbegründende Tatbestand muss vor Verfahrenseröffnung abgeschlossen sein.[4] Das heißt aber nicht, dass die Forderung selbst bereits entstanden sein muss, es reicht aus, wenn der der späteren Forderungsentstehung vorausgehende Schuldrechtsorganismus abgeschlossen ist.[5]

---

[3] RFH vom 25. Oktober 1926, RFHE 19, S. 355.
[4] Vgl. Uhlenbruck, InsO-Kommentar, § 38, Rz 6 m.w.N.
[5] Vgl. Uhlenbruck, ebenda.

Die Abgrenzung von Steuerforderungen nach ihrem „Begründetsein" bereitet erhebliche praktische Schwierigkeiten. Denn die Verwirklichung des Lebenssachverhaltes, der der Besteuerung unterliegt, die Entstehung der Steuer und die Fälligkeit der Steuer finden zu unterschiedlichen Zeitpunkten statt.

Oft ist eine Steuerforderung Ergebnis des Zusammenspiels einer großen Menge von einzelnen Lebenssachverhalten: Die Einkommensteuer entsteht als einheitliche Schuld für ein ganzes Jahr, d.h. für alle in diesem Jahr erzielten Einkünfte. Dabei sind aber auch in dem jeweiligen Jahr zu berücksichtigende Abzugsposten, wie Betriebsausgaben, Werbungskosten, Sonderausgaben und außergewöhnliche Belastungen etc. zu beachten. Die Steuer entsteht also nicht mit dem Zufluss einer einzelnen Einnahme, sie wird aber (anteilig) durch sie verursacht. Es kommt deshalb im insolvenzrechtlichen Sinne nicht auf die vollständige, vom (Steuer-)Gesetz geforderte Erfüllung des Tatbestandes der Steuerentstehung an, sondern auf die Verwirklichung des Lebenssachverhaltes, der für die spätere Steuerentstehung ursächlich ist.

Die Steuerforderungen aus unterschiedlichen Steuerarten sind jeweils gesondert auf den Zeitpunkt ihrer Begründung hin zu untersuchen:

a) Einkommensteuer

Der Grundsatz für die Aufteilung der (einheitlichen) Einkommensteuer in einen Teil, der Insolvenzforderung ist und in den Teil, der Masseverbindlichkeit ist, klingt relativ einfach: Die Einkommensteuerschuld ist einheitlich für das gesamte Veranlagungsjahr zu ermitteln und dann im Verhältnis der Einkünfte, die zeitlich vor Verfahrenseröffnung erzielt wurden zu denen, die nach Verfahrenseröffnung erzielt wurden, aufzuteilen. Durch das Hinzutreten von Verlusten, der Auflösung stiller Reserven und bei geleisteten Vorauszahlungen ergeben sich jedoch nicht unerhebliche Komplikationen, vgl. hierzu unten, Abschnitt 3.1.

Werden im Jahr der Verfahrenseröffnung insolvenzfreie Einkünfte erzielt (z.B. unpfändbares Einkommen des Schuldners aus einer nach Verfahrenseröffnung ausgeübten Tätigkeit), tritt diese Einkommenssphäre als weiterer Bereich, der an der Zuordnung der Einkommensteuer teilnimmt, hinzu. Wird durch insolvenzfreie Einkünfte Einkommensteuer verursacht, so ist dieser Teil der Steuer vom Insolvenzschuldner aus dessen insolvenzfreiem Vermögen zu entrichten.

b) Umsatzsteuer

Anknüpfungspunkt der Umsatzsteuer ist i.d.R. die Erbringung einer Lieferung oder sonstigen Leistung durch einen Unternehmer.[6] Die Umsatzsteuer *entsteht* gemäß § 13 Abs. 2 UStG aber erst mit Ablauf des Voranmeldungszeitraumes[7], in dem die Leistung erbracht wurde.[8]

---

[6] Wegen weiterer Tatbestände, die einen Umsatz i.S.d. UStG darstellen können, vgl. §§ 1-1c UStG.

[7] I.d.R. der Kalendermonat, ggf. das Kalendervierteljahr oder das Kalenderjahr, § 18 Abs. 2 UStG.

[8] Jedenfalls bei der Besteuerung gem. § 13 Abs. 1 Nr. 1a UStG nach „vereinbarten Entgelten". Wird z.B. bei Freiberuflern (§ 20 UStG) die Steuer gemäß § 13 Abs. 1 Nr. 1b UStG nach „vereinnahmten Entgelten", d.h.

Für die Einordnung der Umsatzsteuer als Insolvenzforderung kommt es – nach den eingangs dargestellten Grundsätzen – nicht auf die Entstehung der Steuer, sondern auf den Zeitpunkt, in dem Leistung erbracht wurde, an.[9]

Die Entstehung der Steuer ist nicht von Bedeutung. Nach Auffassung des VII. Senats des BFH [10] ist es noch nicht einmal erforderlich, dass der die Besteuerung auslösende Tatbestand vollständig erfüllt ist; es soll genügen, wenn die Entstehung des Steueranspruchs als Vollrecht soweit gediehen ist, dass die (spätere) Steuerentstehung nahezu unausweichlich ist. [11] Folglich ist selbst dann, wenn eine Besteuerung nach vereinnahmten Entgelten erfolgt, die Steuer auch für vor Verfahrenseröffnung erbrachte Leistungen bei Vereinnahmung des Entgelts nach Verfahrenseröffnung Insolvenzforderung.

Besondere Schwierigkeiten bei der Aufteilung der Umsatzsteuer ergeben sich auch für den Voranmeldungszeitraum, in den die Verfahrenseröffnung fällt. Da der Voranmeldungszeitraum durch die Verfahrenseröffnung nicht unterbrochen wird[12], ist die sich für den Voranmeldungszeitraum einheitlich ergebende Steuerschuld aufzuteilen. Fraglich ist hier, ob die umsatzsteuerlichen Saldierungsregeln, d.h. die vorgreifliche Saldierung von Umsatz- und Vorsteuern innerhalb eines Besteuerungszeitraums, (§ 16 Abs. 1 und 2 UStG) vorgreiflich sind. [13]

Umsatzsteuer für erhaltene Anzahlungen entsteht gemäß § 13 Abs. 1 Nr. 1a, Satz 4 UStG bereits mit Ablauf des Voranmeldungszeitraumes, in dem die Zahlung vereinnahmt wird. In diesem Fall ist die Umsatzsteuer auf vor Eröffnung vereinnahmte Anzahlungen - auch wenn die zugehörige Lieferung erst nach Verfahrenseröffnung oder sogar überhaupt nicht erbracht wird - Insolvenzforderung.[14]

c) Körperschaftsteuer

Regelmäßig ergeben sich hinsichtlich der Zerlegung von Körperschaftsteuern in einen vorinsolvenzlich begründeten und in einen durch die Verwaltung und Verwertung der Masse begründeten Teil kaum Schwierigkeiten. Dies liegt zum einen daran, dass der Verfahrenseröffnung fast immer erhebliche Verluste vorausgehen, die die Entstehung eines positiven

---

bei Bezahlung durch den Leistungsempfänger berechnet, so entsteht die Steuer erst in dem Voranmeldungszeitraum, in dem die Zahlung vereinnahmt wird.

[9] Vgl. BFH vom 21. September 1983, VII-R-119/91, BStBl. II 1994, S. 83, m.w.N.

[10] Vgl. BFH vom 4. Juni 1987, UR 1987, S. 288 m. Anm. v. Weiß.

[11] Vgl. Uhlenbruck, InsO-Kommentar, § 38, Rn 35.

[12] Vgl. Rattunde/Schmid in Smid, Insolvenzordnung, § 155, Rn 54.

[13] Dies möge an folgendem Beispiel verdeutlicht werden: Verfahrenseröffnung am 15. Juli,

1. Juli – 14. Juli: Umsatzsteuer 10, Vorsteuer 2,

15. bis 31. Juli: Umsatzsteuer 4, Vorsteuer 10,

Zahllast Juli: 2.

Muss das Finanzamt 8 zur Tabelle anmelden und kann der Verwalter 6 als Vorsteuerüberhang nach Verfahrenseröffnung geltend machen? Oder muss das Finanzamt 2 zur Tabelle anmelden und der Vorsteuerüberhang der Masse geht verloren? M.E. ist eine Saldierung gemäß § 16 UStG zwingend.

[14] Vgl. Bringewat/Waza/Grawe, Insolvenz und Steuern, 5. Aufl. NWB-Verlag, Rz 911; Uhlenbruck, InsO-Kommentar, § 38 Rz 35, m.w.N.

Einkommens regelmäßig ausschließen. Zum anderen wird durch § 155 Abs. 2 InsO klargestellt, dass mit Verfahrenseröffnung ein neues Geschäftsjahr beginnt, sodass eine Zuordnung des körperschaftsteuerlichen Einkommens anhand der Jahresabschlüsse für das Rumpfgeschäftsjahr und des ersten Abwicklungsjahres möglich ist. [15]

### 3.2 Insolvenzrechtliches Anmelde- und Prüfverfahren statt abgabenrechtlichem Festsetzungs- und Erhebungsverfahren

#### 3.2.1 Unterbrechung des Besteuerungsverfahrens

Gemäß § 240 ZPO analog wird auch das steuerliche Festsetzungsverfahren unterbrochen.[16] Dies folgt aus dem Verbot der Individualzwangsvollstreckung währen der Laufzeit des Insolvenzverfahrens (§ 87 InsO). Die Finanzbehörden wären ansonsten weiter in der Lage, ihre (Steuer-)Forderungen durch die Erstellung von Steuerbescheiden (bzw. Haftungs- und Duldungsbescheiden) zu titulieren. Fraglich war zunächst noch die genaue Reichweite dieser Unterbrechungswirkung.

Nach bisheriger Rechtsauffassung war das Finanzamt nur gehindert, solche Bescheide zu erlassen, die eine Insolvenzforderung festsetzten. [17] Hingegen sollte insbesondere das steuerliche *Feststellungsverfahren* weiterhin in Kraft bleiben. [18] Somit sollte es weiterhin möglich sein, dass Grundlagenbescheide wie z.B. Gewerbesteuermessbescheide, Einheitswertbescheide, Bescheide über die gesonderte Feststellung von Verlustvorträgen, ergehen. Nach neuerer Auffassung ist jedoch auch hier die Unterbrechungswirkung des § 240 ZPO gegeben, wenn die genannten Bescheide als Grundlagenbescheide Bindungswirkung für Steuerforderungen haben *können*, die Insolvenzforderungen sind. [19] Dies bedeutet im Umkehrschluss, dass Feststellungsbescheide, die für keine Steuerfestsetzung von Insolvenzforderungen Bindungswirkung entfalten können, weiter ergehen können. So dürfte die Feststellung eines vortragsfähigen Verlustes zur Körperschaftsteuer zum Ende des Wirtschaftsjahres der Eröffnung weiter möglich sein, da diese Besteuerungsgrundlage nur für Jahre nach Verfahrenseröffnung Wirkung entfalten kann und damit keine Insolvenzforderungen berührt werden.

Steuerbescheide, die entgegen den genannten Verboten erlassen werden, sind nichtig. Die Finanzbehörden versenden i.d.R. zur Dokumentation der Berechung ihrer Steuerforderungen sog. „nachrichtliche" oder „informatorische Mitteilungen". I.d.R. sehen diese wie Steuerbescheide aus, die Finanzbehörde streicht jedoch manuell das Wort „Steuerbescheid", die Zahlungs-

---

[15] An dieser Stelle soll jedoch darauf hingewiesen werden, dass die Erstellung von Jahresabschlüssen in der Praxis der Insolvenzverwaltung wegen oft vorhandener Buchführungsmängel und knapper finanzieller Mittel der Insolvenzmassen nicht immer üblich ist.
[16] Vgl. Tipke/Kruse, AO-Kommentar, § 251 Rz. 42.
[17] Vgl. Tipke/Kruse, AO-Kommentar, § 251, Rz. 46.
[18] Vgl. BFH, Urteil vom 21.6.1979, BStBl II 79, S. 780; BFH v. 30.9.87, BFH-NV 1989, S. 441.
[19] BFH vom 18.12.2002, BStBl II 2003, S. 630.

aufforderung und die Rechtsbehelfsbelehrung. Nachrichtliche Mitteilungen sind keine Verwaltungsakte i.S.d. AO.[20]

Ebenso wie das Festsetzungs- und im vorstehend beschriebenen Umfang das Feststellungsverfahren, ist auch das Erhebungsverfahren i.S.d. §§ 218 ff. AO unterbrochen.

Im Gegensatz dazu bleibt die Finanzbehörde aber auch nach Verfahrenseröffnung berechtigt und verpflichtet, die steuerrelevanten Sachverhalte zu ermitteln. Steuererklärungs- und Auskunftspflichten bleiben bestehen bzw. gehen gemäß § 155 InsO auf den Insolvenzverwalter über. Das Finanzamt bleibt auch weiter berechtigt, Betriebsprüfungen durchzuführen.

### 3.2.2 Anmeldung und Prüfung im Insolvenzverfahren

Statt wie sonst üblich einen Steuerbescheid über die als Insolvenzforderung zu qualifizierende Steuerforderung zu erlassen, hat das Finanzamt seine Forderung gemäß § 174 Abs. 1 InsO beim Verwalter schriftlich anzumelden. Mit der Anmeldung sind Grund und Höhe der Forderung mitzuteilen, d.h. bei Steuerforderungen zumindest Steuerart, Veranlagungszeitraum und Betrag der Forderung. Die Anmeldung durch das Finanzamt stellt nach h.M. keinen Verwaltungsakt i.S.d. AO dar.[21] Sie ist deshalb nicht mit einem Rechtsbehelf nach der AO, sondern nur im Wege des insolvenzrechtlichen Widerspruchs anfechtbar.

Die angemeldeten Forderungen können im Prüfungstermin sowohl vom Insolvenzschuldner als auch vom Verwalter bestritten werden (§ 179 InsO). War die Steuerforderung bereits vor Verfahrenseröffnung durch einen Steuerbescheid festgesetzt, ist wie folgt zu differenzieren:

a) Ist die Festsetzung bestandskräftig, d.h. ist die Rechtsbehelfsfrist schon abgelaufen, so kann der Bestreitende das Verfahren nur in dem Zustand aufnehmen, in dem es sich bei Verfahrenseröffnung befand. Deshalb kann nur eine Änderung nach den Vorschriften der §§ 172 ff. AO oder ggf. Wiedereinsetzung in den vorigen Stand gem. § 110 AO beantragt werden. Eine darüber hinausgehende Möglichkeit das Verfahren nochmals aufzurollen, insbesondere in Form eines neuen Rechtsbehelfsverfahrens, besteht dagegen nicht. Es bedarf in diesen Fällen eigentlich auch nicht des Erlasses eines Feststellungsbescheides gemäß § 251 Abs. 3 AO durch die Finanzbehörde, denn die Forderung des Finanzamtes ist durch den vorliegenden Steuerbescheid bereits tituliert.

b) War ein Steuerbescheid vor Verfahrenseröffnung bekannt gegeben und läuft die Rechtsbehelfsfrist erst nach Eröffnung ab, so wird die Frist i.S.d. § 240 ZPO unterbrochen.[22] Wird der angemeldeten Insolvenzforderung im Prüfungstermin widersprochen, kann der Widersprechende das Rechtsbehelfsverfahren gegenüber der Finanzbehörde aufnehmen, in dem er den Rechtsbehelf einlegt.

---

[20] Vgl. Rattunde/Schmid in Smid, InsO-Kommentar, § 155, Rn 31.
[21] Vgl. Frotscher, Besteuerung bei Insolvenz, 5. Aufl., S. 254, m.w.N.
[22] Ebenso - falls ein außergerichtliches Rechtsbehelfsverfahren bereits anhängig war - eine eventuelle Klagefrist zur Anfechtung einer Einspruchsentscheidung vor dem Finanzgericht.

War bereits ein Rechtsbehelfsverfahren vor Verfahrenseröffnung anhängig, so wird dieses ebenfalls i.S.d. § 240 ZPO unterbrochen. Der Widersprechende kann das Verfahren durch Erklärung gegenüber der Finanzbehörde aufnehmen.

c) War vor Verfahrenseröffnung noch kein Steuerbescheid bekannt gegeben und der Verwalter oder der Insolvenzverwalter widerspricht der Anmeldung, so kann die Finanzbehörde ihre Forderung durch Feststellungsbescheid i.S.d. § 251 Abs. 3 AO gegenüber dem Widersprechenden festsetzen.[23] Gegen den Feststellungsbescheid ist der Finanzrechtsweg gegeben. Dabei stehen dem Widersprechenden alle Einwendungen zu, die er gegen einen entsprechenden Steuerbescheid vorbringen könnte. Obsiegt die Finanzbehörde, so kann Sie aufgrund des dann bestandskräftigen Feststellungsbescheides für ihre Forderung gemäß § 183 Abs. 2 InsO die Berichtigung der Insolvenztabelle beim Insolvenzgericht beantragen.

## 3.3 Verfahrensbeteiligte

Im Insolvenzverfahren treten neben den Insolvenzschuldner bzw. dessen Organe der Insolvenzverwalter und ggf. der vorläufige Insolvenzverwalter als weitere Verfahrensbeteiligte am Besteuerungsverfahren.

### 3.3.1 Steuerliche Stellung des Insolvenzschuldners

Der Schuldner bleibt auch nach Verfahrenseröffnung Träger des zur Insolvenzmasse gehörenden Vermögens. Die Verfahrenseröffnung bewirkt aber den Verlust der Verwaltungs- und Verfügungsbefugnis des Schuldners über das zur Insolvenzmasse gehörende Vermögen. Folglich sind ihm weiter als materiell Berechtigten die aus der Insolvenzmasse resultierenden Besteuerungsgrundlagen zuzurechnen.

In formeller Hinsicht bleibt der Gemeinschuldner Steuerschuldner und Steuerpflichtiger i.S.d. AO. Er hat die abgabenrechtlichen Mitwirkungs- und Auskunftspflichten wahrzunehmen, soweit er sie tatsächlich und rechtlich erfüllen kann. Seine Pflichten werden zum Teil durch die dem Verwalter gemäß § 155 InsO, § 34, 35 AO auferlegten Pflichten überlagert, aber nicht beseitigt.[24]

Da der Verwalter das Vermögen des insolventen Unternehmens in Besitz nimmt, gehören hierzu auch die Bücher. Folglich wird es dem Gemeinschuldner regelmäßig aus tatsächlichen Gründen nicht möglich sein, Jahresabschlüsse zu erstellen oder Auskünfte zu erteilen, zu denen die Einsichtnahme in die Buchführung oder sonstige Unterlagen des Unternehmens erforderlich wäre.

---

[23] Der Feststellungsbescheid ist nach h.M. nicht Steuerbescheid i.S.d. § 155 AO, vgl. Tipke/Kruse, AO-Kommentar, § 251, Rz 68.

[24] Vgl. i.E. Frotscher, Besteuerung bei Insolvenz, S. 27.

Die vorstehenden Ausführungen gelten grundsätzlich für Einzelunternehmer, Organe von Personenhandelsgesellschaften wie auch für Organe von Kapitalgesellschaften.

In diesem Zusammenhang ist darauf hinzuweisen, dass im Vorfeld der Insolvenz insbesondere in der Phase zwischen Antragstellung und Verfahrenseröffnung für die Organe des insolventen Unternehmens bzw. den Unternehmer der normale bisherige steuerrechtliche Pflichtumfang in vollem Umfang bestehen bleibt, soweit nicht eine vorläufige Insolvenzverwaltung unter Anordnung eines allgemeinen Verfügungsverbotes angeordnet wurde. Hieraus ergeben sich im Einzelfall oft nicht unerhebliche Probleme. Oft wird die vorhandene Liquidität des Unternehmens nicht mehr ausreichen, um fällige Steuerzahlungen zu leisten. Für Organe von Kapitalgesellschaften wie auch von Personengesellschaften können sich schwerwiegende Haftungsfolgen ergeben, wenn Steuern schuldhaft nicht oder nicht rechtzeitig bezahlt werden, § 69 i.V.m. § 34 AO.

### 3.3.2 Steuerrechtliche Stellung des Insolvenzverwalters

Mit dem Übergang der Verwaltungs- und Verfügungsbefugnis auf den Insolvenzverwalter gemäß § 80 Abs. 1 InsO tritt dieser auch in die steuerrechtlichen Rechte und Pflichten des Insolvenzschuldners ein, soweit diese von ihm tatsächlich erfüllt werden können. Der Insolvenzverwalter wird Steuerpflichtiger gemäß § 34 Abs. 3 AO. Zu den Pflichten des Insolvenzverwalters gehört insbesondere die Abgabe von Steuererklärungen, die Erteilung von notwendigen Auskünften sowie - nunmehr nochmals durch § 155 Abs. 1 Satz 2 InsO klargestellt - für die Buchführungs- und Aufzeichnungspflicht und die Verpflichtung zur Aufstellung von Jahresabschlüssen. Die Verpflichtung des Insolvenzverwalters findet ihre Grenze wiederum in den tatsächlichen Möglichkeiten, diese zu erfüllen. Ist eine Buchführung irreparabel oder nur mit unverhältnismäßig hohem Aufwand reparabel, so ist der Insolvenzverwalter nicht verpflichtet, Insolvenzmasse für Reparaturversuche aufzuwenden, die in keinem Verhältnis zu dem damit zu erzielenden Informationsgewinn stehen.[25]

### 3.3.3 Steuerrechtliche Stellung des vorläufigen Insolvenzverwalters

Das Insolvenzgericht kann gemäß § 21 Abs. 2 Nr. 1 InsO zur Sicherung der Vermögensmasse bis zur Eröffnung des Verfahrens einen vorläufigen Insolvenzverwalter bestellen. Der Umfang der Befugnisse, die einem vorläufigen Insolvenzverwalter übertragen werden, kann sehr unterschiedlich sein. Wird dem Schuldner vom Insolvenzgericht ein allgemeines Verfügungsverbot auferlegt (vgl. § 21 Abs. 2 Nr. 2 InsO), spricht man auch von einem sog. „starken" vorläufigen Insolvenzverwalter. In diesem Fall geht das Verfügungsrecht auf den vorläufigen Insolvenzverwalter über. Damit wird dieser zum Steuerpflichtigen i.S.d. § 34 Abs. 3 InsO und verdrängt den Gemeinschuldner ähnlich wie für den Fall des eröffneten Insolvenzverfahrens teilweise aus dessen steuerlicher Rechtstellung. Verbindlichkeiten, die durch Handlungen eines solchen starken vorläufigen Verwalters verursacht werden, sind als Masseschulden im eröffneten

---

[25] Rattunde/Schmid in Smid, InsO-Kommentar, § 155, Rz 11.

Insolvenzverfahren zu behandeln (vgl. § 55 Abs. 2 Satz 1 InsO). Hierzu zählen auch Steuerschulden, die durch Handlungen des vorläufigen starken Insolvenzverwalters ausgelöst wurden, z.B. Umsatzsteuer auf Lieferungen, die vom vorläufigen Insolvenzverwalter veranlasst wurden.

Wird ein solches Verfügungsverbot dem Insolvenzschuldner nicht auferlegt, so spricht man auch von einem „schwachen" vorläufigen Insolvenzverwalter. Hier bleibt die Verfügungsbefugnis des Gemeinschuldners bzw. der Organe des Gemeinschuldners unberührt. Der vorläufige Insolvenzverwalter hat in diesem Fall Aufsichts- und Überwachungsfunktionen. Steuerliche Rechte und Pflichten treffen den vorläufigen schwachen Insolvenzverwalter nicht.

In der Praxis sehr oft anzutreffen ist die Konstellation, nach der dem Gemeinschuldner zwar kein allgemeines Verfügungsverbot auferlegt wird, aber die Wirksamkeit von Rechtshandlungen von einer Zustimmung des vorläufigen Insolvenzverwalters abhängig gemacht wird (vgl. § 21 Abs. 2 Nr. 2 InsO). Auch in diesem Fall ist davon auszugehen, dass der vorläufige Insolvenzverwalter nicht zum Steuerpflichtigen gemäß § 34 Abs. 3 InsO wird. Denn der vorläufige Verwalter kann den Gemeinschuldner nicht vertreten. Auch hier verbleiben die steuerrechtlichen Pflichten in vollem Umfang zunächst beim Gemeinschuldner bzw. bei dessen Organen. Ungeklärt ist jedoch die Frage, wie insbesondere in Bezug auf eine mögliche Haftung des Gemeinschuldners oder seiner Organe zu verfahren ist, wenn der vorläufige Insolvenzverwalter seine Zustimmung zu Rechtsgeschäften, mit denen der Gemeinschuldner bzw. seine Organe steuerrechtliche Pflichten erfüllen wollen (z.B. Zahlung fälliger Steuerbeträge), verweigert. Zumindest dürfte hier davon auszugehen sein, dass der Gemeinschuldner und seine Organe nicht schuldhaft i.S.d. § 69 AO handeln.

## 4 Ertragsteuerliche Folgen der Insolvenz

### 4.1 Besondere materiell-rechtliche Probleme der Einkommensteuer in der Insolvenz

Bevor die besonderen steuerlichen Probleme für den Gemeinschuldner oder die Gesellschafter des Gemeinschuldners bei verschiedenen Abwicklungsszenarien ein wenig näher beleuchtet werden, soll ein kurzer Überblick über materiell-rechtliche Probleme der Einkommensteuer in der Insolvenz gegeben werden.

Der Einkommensteuer unterliegen natürliche Personen mit ihren Einkünften i.S.d. § 2 Abs. 1 EStG. Vermögensmehrungen, die nicht unter die dort genannten sieben Einkunftsarten fallen, unterliegen nicht der Einkommensteuer (z.B. Schenkungen, Lotteriegewinne, Gewinne aus dem Verkauf von Privatvermögen außerhalb der Spekulationsfristen, etc.). Die Summe der Einkünfte aus den sieben Einkunftsarten vermindert um Sonderausgaben und außergewöhnliche Belastungen sowie um bestimmte Freibeträge (z.B. Kinder- und Betreuungsfreibetrag) bildet das zu versteuernde Einkommen, auf das der Einkommensteuertarif angewendet wird. Verluste des Steuerpflichtigen mindern im Jahr der Erzielung des Verlustes durch Verrechnung mit positiven Einkünften nach Maßgabe der Einschränkungen der §§ 2 Abs. 3 und 2 b EStG die positiven Einkünfte desselben Veranlagungszeitraumes. Verbleibt insgesamt ein negativer

Betrag der Einkünfte, so kann dieser nach Maßgabe des § 10 d EStG bis zu € 511.500,00 zurück, im Übrigen eingeschränkt vorgetragen werden. Dies kann dazu führen, dass für frühere Jahre Steuererstattungsansprüche entstehen. Ansonsten werden spätere Veranlagungszeiträume durch die Verrechnung von Verlusten aus vorangegangenen Zeiträumen von Einkommensteuer entlastet. Nach den zum 1. Januar 2004 in Kraft getretenen Vorschriften des sog. „Korb II-Gesetzes"[26] wird zukünftig der Abzug von Verlustvorträgen von einem positiven Gesamtbetrag der Einkünfte uneingeschränkt nur noch in Höhe eines Sockelbetrages von 1/2 Mio. € (ledig/verheiratet) zugelassen. Darüber hinaus dürfen Verluste nur bis zu 60 % des verbleibenden positiven Einkommens steuermindernd genutzt werden.

### 4.1.1 Steuersubjekt der Einkommensteuer

Die insolvenzrechtlich gebotene Trennung in Vermögenswerte und Verbindlichkeiten, die bis zur Eröffnung des Insolvenzverfahrens begründet wurden, und in solche, die danach begründet wurden, ist einkommensteuerrechtlich zunächst ohne Relevanz. D.h. der laufende Veranlagungszeitraum wird durch die Eröffnung des Insolvenzverfahrens nicht unterbrochen.[27] Die Insolvenzmasse selbst ist ebenso wenig wie der Insolvenzverwalter Steuersubjekt.[28] Die Ermittlung des Einkommens bleibt somit von der Eröffnung des Insolvenzverfahrens zunächst unberührt. Auch bleibt ein Verlustausgleich bzw. -abzug im Rahmen der einkommensteuerrechtlichen Vorschriften auch nach Eröffnung des Insolvenzverfahrens grundsätzlich möglich.[29] Die Geltendmachung der Verluste durch den Gemeinschuldner ist nicht davon abhängig, ob er jemals in der Lage sein wird, seine Verbindlichkeiten zu erfüllen. Denn nur die Tatsache, dass der Schuldner aller Voraussicht nach nicht sämtliche Verbindlichkeiten wird bezahlen können, bedeutet nicht, dass ihn diese Verbindlichkeiten nicht wirtschaftlich belasten.

### 4.1.2 Zusammenveranlagung bei Insolvenz eines Ehegatten

Auch nach der Eröffnung des Insolvenzverfahrens steht dem Gemeinschuldner grundsätzlich die Möglichkeit offen, sich, sofern die Voraussetzungen hierfür vorliegen, gemäß § 26 EStG mit seinem Ehegatten zusammen zur Einkommensteuer veranlagen zu lassen. Dies bedeutet, dass die Einkünfte beider Ehegatten zusammengerechnet, ggf. Verluste zwischen den Ehegatten saldiert werden und auf das gemeinsam ermittelte zu versteuernde Einkommen der (günstigere) sog. „Splittingtarif" angewandt wird. Durch die Zusammenrechnung der Einkünfte der Ehegatten wird eine Progressionsglättung bewirkt, die in der Regel zu einer niedrigeren Einkommensteuergesamtbelastung beider Ehegatten gegenüber der Einkommensteuer für beide

---

[26] Gesetz zur Umsetzung der Protokollerklärung der Bundesregierung zur Vermittlungsempfehlung zum Steuervergünstigungsabbaugesetz.

[27] Allerdings beginnt bei bilanzierenden Insolvenzschuldnern, also insbesondere bei Gewerbetreibenden, gemäß § 155 Abs. 2 InsO mit der Eröffnung des Insolvenzverfahrens ein neues Geschäftsjahr zu laufen. Dies erleichtert die Trennung von Insolvenzforderungen und Masseverbindlichkeiten nicht unerheblich.

[28] Vgl. Kling, Münchener Kommentar zum Insolvenzrecht, Anhang Insolvenzsteuerrecht, Rz. 30.

[29] Vgl. ständige Rechtsprechung des BFH, insbesondere seit 7. November 1963, BStBl. III 1964, S. 70; vgl. zur historischen Entwicklung ausführlich Frotscher, Besteuerung bei Insolvenz, S. 86 ff.

Personen bei Durchführung von zwei getrennten Veranlagungen führt. Ehegatten werden, sofern die Voraussetzungen vorliegen, zusammen veranlagt, es sei denn, einer der Ehegatten wählt die getrennte Veranlagung. Dieses Wahlrecht steht in der Insolvenz eines Ehegatten dem Insolvenzverwalter zu.[30]

Gemäß § 44 AO schulden die zusammen veranlagten Ehegatten eine sich ergebende Einkommensteuerschuld als Gesamtschuldner. Für den Fall der Insolvenz eines Ehegatten besteht somit das Erfordernis der Trennung des Teils der Gesamtschuld, der auf den Insolvenzschuldner entfällt und damit entweder als Insolvenzforderung oder als Masseverbindlichkeit (vgl. hierzu unten) geltend zu machen ist von dem Teil, der auf den (nicht insolventen) anderen Ehegatten entfällt. Nach herrschender Meinung[31] kann jeder der Ehegatten gemäß § 268 AO eine Aufteilung der Gesamtschuld beantragen. Obwohl § 268 AO nach seinem Wortlaut nur für die Zwangsvollstreckung der Steuern gilt, diese aber wegen der Eröffnung des Insolvenzverfahrens nicht mehr möglich ist, soll nach herrschender Meinung die Norm auch im Insolvenzverfahren eines der Ehegatten anwendbar sein. Bei Durchführung der Aufteilungsrechnung ist die sich ergebende Steuerzahllast nach dem Verhältnis der Beträge aufzuteilen, die sich bei einer getrennten Veranlagung ergeben würden. Wenn es im Rahmen der Insolvenz bei der Zusammenveranlagung von Ehegatten zu einer Gesamterstattung kommt, beruht dies regelmäßig darauf, dass Verluste des insolventen Ehegatten mit positiven Einkünften des nicht insolventen Ehegatten verrechnet werden und hierauf lastende Abzugssteuern, insbesondere Lohnsteuern zur Rückzahlung gelangen. Bei der Abrechnung gemäß § 268 ff. AO wird diese Erstattung dann dem nicht insolventen Ehegatten, der Arbeitseinkommen erzielt hat, zugeordnet, da die Abzugssteuern von seinem Arbeitslohn erhoben wurden. Nicht berücksichtigt wird bei der Aufteilungsrechnung, dass die Erstattung dieses Ehegatten nur dadurch möglich wird, dass er Verluste des insolventen Ehegatten mit seinen positiven Einkünften verrechnen kann. Die Insolvenzmasse profitiert insofern nicht von der Einkommensteuererstattung, obwohl sie hierfür Verlustvorträge des insolventen Ehegatten „hingibt". Der Insolvenzverwalter wird vor diesem Hintergrund im Einzelfall sorgfältig zu prüfen haben, ob er einer Zusammenveranlagung zustimmen kann. Denn möglicherweise fehlen dem Verwalter die verrechneten Verluste für den Ausgleich von Gewinnen, die sich z.B. aus der Versilberung von Insolvenzmasse in späteren Perioden ergeben können. Hier kann es zu Einkommensteuerzahllasten für die Insolvenzmasse kommen, die der Verwalter durch eine Nichtzustimmung zur Zusammenveranlagung in früheren Jahren möglicherweise hätte vermeiden können.

### 4.1.3 Trennung von Insolvenzforderungen und Masseschulden

Auf das Erfordernis, die einheitliche Einkommensteuerschuld des Gemeinschuldners in Insolvenzforderungen, Masseschulden und ggf. insolvenzfreie Steuerschulden aufzuteilen, war bereits eingangs hingewiesen worden. Die Einkommensteuer entsteht mit Ablauf des

---

[30] Vgl. BFH vom 29. Oktober 1963, BStBl. III 1963, S. 597.
[31] Vgl. Frotscher, Besteuerung bei Insolvenz, S. 99; Bringewat/Watza/Grawe, Insolvenzen und Steuern, Rz. 619.

Veranlagungszeitraumes, also mit Ende des Kalenderjahres.[32] Für die insolvenzrechtliche Qualifikation einer Steuerforderung als Insolvenzforderung oder als Masseverbindlichkeit kommt es auf die Verwirklichung des Lebenssachverhaltes, der für die (spätere) Entstehung der Steuer ursächlich ist, an. Praktisch ist diese erforderliche Aufteilung jedoch von erheblichen Schwierigkeiten gekennzeichnet. Denn in die Berechnung der Steuerschuld für den gesamten Veranlagungszeitraum (nachfolgend wird insbesondere auf den Veranlagungszeitraum der Verfahrenseröffnung abgestellt) geht eine Vielzahl von Berechnungsfaktoren ein. Diese Berechnungsfaktoren (bezogene Einkünfte, entstandene Verluste, getätigte Sonderausgaben, aber auch Bestehen einer Ehe, Kinder, Schwerbeschädigung, etc.) haben zum Teil überhaupt keinen Bezug zum insolvenzrechtlichen Aufteilungsmechanismus. Sie lassen sich also nicht dahingehend untersuchen, ob sie vor Insolvenzverfahrenseröffnung „begründet" waren oder ob sie durch Handlungen des Insolvenzverwalters begründet wurden.

In der Praxis erfolgt eine Aufteilung regelmäßig durch eine Verhältnisrechnung. Die Einkünfte sind nach ihrem Zeitbezug in solche, die vor Verfahrenseröffnung begründet und in solche, die danach (durch Handlungen des Verwalters) begründet wurden, einzuteilen.

Beispiel: Insolvenzverfahrenseröffnung am 1. Juli.

1. Januar bis 30. Juni: Verluste aus Gewerbebetrieb -100, Einkünfte aus nicht selbständiger Arbeit +120,

1. Juli bis 31. Dezember: Einkünfte aus Gewerbebetrieb 0, Einkünfte aus nicht selbständiger Arbeit 30, Einkommensteuerzahllast für das gesamte Jahr 25. Aufteilung im Verhältnis 20 : 30, d.h. Insolvenzforderung = 10, Masseschuld = 15

Da es bei der dargestellten Aufteilung im Verhältnis der Einkünfte zueinander zu Verwerfungen im Sinne einer Nichtberücksichtigung der Progression des Einkommensteuertarifs kommen kann, wird zum Teil eine Aufteilungsrechnung analog § 268 ff. AO gefordert[33]. Wegen der Kompliziertheit dieser Berechnung in der Praxis wird diese Methode jedoch kaum angewandt.

Besondere Beachtung erfordert in diesem Zusammenhang die Klärung der Frage, wann im einzelnen Einkünfte „begründet" im insolvenzrechtlichen Sinne sind. Wenn in der Literatur hierbei zum Teil von der Verwirklichung des der Einkommensteuerentstehung zugrunde liegenden „Schuldrechtsmechanismus" gesprochen wird[34], so vernachlässigt dies, dass nach den einkommensteuerrechtlichen Grundsätzen identische „Schuldrechtsmechanismen" zu unterschiedlichen Zeitpunkten steuerlich erfasst werden, je nachdem, welche Einkunftsermittlungsmethode nach dem Einkommensteuergesetz vorgesehen ist. Bei sog. „Gewinneinkünften"[35] wird weiter zu unterscheiden sein, ob der Gewinn durch Bilanzierung (§ 4 Abs. 1, § 5 EStG) oder durch Überschussrechnung (§ 4 Abs. 3 EStG) ermittelt wird. Wird der Gewinn durch Bi-

---

[32] Zur Entstehung der Vorauszahlungen vgl. unten.
[33] Vgl. Frotscher, Besteuerung bei Insolvenz, S. 111 ff.
[34] Uhlenbruck, S. 10 ff.
[35] Einkünfte aus Land- und Forstwirtschaft, aus Gewerbebetrieb und aus selbstständiger Arbeit.

lanzierung ermittelt, so ist auch für die Begründung der Einkünfte auf die Realisation im bilanzrechtlichen Sinne (vgl. insbesondere § 252 HGB) abzustellen. Bei einem bilanzierenden Kaufmann ist also ein Geschäft bereits dann als realisiert und damit als „gewinnbegründend" im insolvenzrechtlichen Sinne anzusehen, wenn der Kaufmann das seinerseits Erforderliche getan hat, um die Gegenleistung von einem Geschäftspartner verlangen zu können. Auf den Zufluss des entsprechenden Leistungsentgeltes kommt es nicht an. Im Gegensatz dazu ist bei Überschussrechnern (kleinere Gewerbetreibende, Freiberufler) darauf abzustellen, ob das entsprechende Leistungsentgelt bereits geflossen ist, da es hier auf den Zufluss entsprechender Einnahmen ankommt. Ebenso verhält es sich im Bereich der sog. Überschusseinkünfte (Einkünfte aus nicht selbständiger Arbeit, aus Vermietung und Verpachtung, aus Kapitalvermögen und sonstige Einkünfte). Auch hier gilt einkommensteuerrechtlich das Prinzip des Zuflusses, d.h. eine einkommensteuerliche Erfassung richtet sich nach dem Zufluss entsprechender Einnahmen.

### 4.1.4 Stille Reserven

Besonderer Streit besteht hinsichtlich der Zuordnung von Gewinnen, die aus der Realisation von stillen Reserven entstehen. Dies ist in Insolvenzverfahren häufig der Fall, da im Zuge der Versilberung des gesamten schuldnerischen Vermögens eventuell noch bestehende stille Reserven aufgedeckt werden. Hier wird zum Teil im Schrifttum gefordert, Einkommensteuer, die aus der Aufdeckung entsprechender stiller Reserven resultiert, als Insolvenzforderung einzuordnen, da die Bildung der stillen Reserven in der vorinsolvenzlichen Zeit erfolgte und der Akt der Realisation nach der Verfahrenseröffnung liegt. Dem folgt der BFH jedoch nicht. [36] Der BFH geht davon aus, dass der Teil der Einkommensteuer, der anteilig durch die Realisation stiller Reserven nach Verfahrenseröffnung zustande kommt, durch Verwertungshandlungen des Verwalters verursacht ist und damit eine Masseschuld i.S.d. § 55 InsO darstellt.

Eine Ausnahme davon will der BFH nur für das Bestehen von Absonderungsrechten an den mit stillen Reserven behafteten Massegegenständen anerkennen. [37] Im Falle von Absonderungsrechten verwertet zwar in der Regel der Insolvenzverwalter den mit den Sicherungsrechten belasteten Gegenstand (§ 166 Abs. 1 InsO). Er ist jedoch verpflichtet, den Verwertungserlös nach Abzug der Verwertungskosten an den absonderungsberechtigten Gläubiger herauszugeben. Den Absonderungsrechten liegen in den meisten Fällen Pfandrechte, insbesondere Grundpfandrechte, Sicherungsübereignungen sowie verlängerte und erweiterte Eigentumsvorbehalte zugrunde. Hier will der BFH als Masseschuld nur den Teil der Einkommensteuer ansehen, der auch dem tatsächlichen Zufluss der Insolvenzmasse entspricht. Somit gilt die Einkommensteuer, die auf den Teil der stillen Reserven entfällt, der dem absonderungsberechtigten Gläubiger zugute kommt, nicht als Masseschuld. [38] Somit unterliegt im Ergebnis der Einkommensteuer

---

[36] BFH vom 7. November 1963, BStBl. 1964, S. 70 a.A. Kling, Münchener Kommentar zur InsO, Anhang Insolvenzsteuerrecht, Rz. 54, Frotscher, Besteuerung bei Insolvenz, S. 121 f.
[37] BFH-Urteil vom 14. Februar 1978, BStBl. II 1978, S. 356; BFH-Urteil vom 29. März 1984, BStBl. II 1984, S. 602.
[38] Vgl. Bringewat/Watza/Grawe, Insolvenzen und Steuern, Rz. 688 ff.

nur ein über die bestehenden Absonderungsrechte hinaus erzielter etwaiger Mehrerlös. Der BFH begründet dies damit, dass Einkommensteuer auch nur insoweit die Qualität einer Masseverbindlichkeit erlange, wie das Steuerobjekt, als das aus dem Erlös des Massegegenstandes erzielte Einkommen, zur Insolvenzmasse gelange.[39]

### 4.1.5 Einkommensteuer-Vorauszahlungen und Abschlusszahlungen

Besondere Schwierigkeiten bereitet bei der Einordnung von Einkommensteuer als Insolvenzforderung oder als Masseschuld das Zusammenspiel von Einkommensteuer-Vorauszahlungen und einer etwaigen Einkommensteuer-Abschlusszahlung. Gemäß § 36 Abs. 1 EStG entsteht die Einkommensteuer mit Ablauf des Veranlagungszeitraumes. Der Veranlagungszeitraum ist das Kalenderjahr. Auf die Einkommensteuer (-Jahresschuld) werden gemäß § 36 Abs. 2 EStG u.a. die entrichteten Einkommensteuer-Vorauszahlungen (sowie weitere anrechenbare Steuern, z.B. anrechenbare Körperschaftsteuer, anrechenbare Kapitalertragsteuer) angerechnet. Ergibt sich eine höhere Einkommensteuer-Jahresschuld als die Summe der Vorauszahlungen und der Anrechnungsbeträge, so ist der übersteigende Betrag (Abschlusszahlung) einen Monat nach Bekanntgabe des Steuerbescheides zu entrichten.

Einkommensteuerabschlusszahlungen, die Veranlagungszeiträume vor dem Jahr der Insolvenzverfahrenseröffnung betreffen, sind Insolvenzforderungen. Einkommensteuerabschlusszahlungen, die Veranlagungszeiträume nach dem Jahr der Insolvenzverfahrenseröffnung betreffen, sind - soweit sie nicht den kleinen Bereich der insolvenzfreien Angelegenheiten betreffen - Masseschuld, wenn sie durch Handlungen des Insolvenzverwalters begründet wurden.[40] Schwierigkeiten bereitet allerdings das Jahr der Insolvenzverfahrenseröffnung. Ergibt sich für dieses Jahr eine Abschlusszahlung, d.h. übersteigt die Jahressteuerschuld die Summe der geleisteten Vorauszahlungen und Anrechnungsbeträge, ist diese nach dem für die Jahressteuerschuld geschilderten Verfahren aufzuteilen. Naturgemäß kann die Abschlusszahlung für das Jahr der Verfahrenseröffnung im Zeitpunkt der Eröffnung noch nicht festgesetzt sein. Soweit die Abschlusszahlung Insolvenzforderung ist, kann diese wegen der allgemeinen verfahrensunterbrechenden Wirkung der Insolvenzeröffnung gemäß § 240 ZPO analog auch nicht mehr festgesetzt werden.[41] Die Insolvenzforderung gilt jedoch nach der Fiktion des § 41 InsO als im Zeitpunkt der Eröffnung des Insolvenzverfahrens fällig und ist gemäß § 41 Abs. 2 S. 1 InsO auf den Zeitpunkt ihrer voraussichtlichen Fälligkeit abzuzinsen. Da der Zeitpunkt der normalen Fälligkeit der Einkommensteuerabschlusszahlung von der Durchführung der Veranlagung abhängt, ist hier auf den Zeitraum, den eine normale ordnungsgemäße Veranlagung in Anspruch nehmen würde, abzustellen.[42]

---

[39] Vgl. zur Kritik an dieser Rechtsprechung Bringewat/Watza/Grawe a.a.O.
[40] Hier könnte allerdings fraglich sein, ob nach der neuen Insolvenzordnung, bei der der Neuerwerb in die Insolvenzmasse fällt, hier noch von einer Verursachung entsprechender Einkommensteuerschulden durch Handlungen des Insolvenzverwalters die Rede sein kann, m.E. „nein" gemessen am Wortlaut des § 55 InsO; a.A. Frotscher, Besteuerung bei Insolvenz, S. 67.
[41] Vgl. Tipke/Kruse, AO-Kommentar, § 251, Rz. 42 ff.
[42] Vgl. Frotscher, Besteuerung bei Insolvenz, S. 142 f.

Hinsichtlich der Einkommensteuer-Vorauszahlungen für das Jahr der Eröffnung gilt folgendes: Auch die Einkommensteuer-Vorauszahlungen bedürfen gemäß § 37 Abs. 3 EStG der Festsetzung durch Vorauszahlungsbescheid. Existiert ein solcher Vorauszahlungsbescheid im Zeitpunkt der Insolvenzverfahrenseröffnung, so sind die Vorauszahlungen, die im einkommensteuerrechtlichen Sinne bereits entstanden sind, Insolvenzforderungen. Die jeweiligen quartalsweisen Vorauszahlungen entstehen am Beginn eines Quartals (und werden jeweils am 10. März, 10. Juni, 10. September und 10. Dezember eines Jahres fällig). Da im Zeitpunkt der Entstehung der Vorauszahlungen noch in keiner Weise feststeht,

- ob und in welcher Höhe überhaupt eine Einkommensteuerjahresschuld entsteht,
- inwieweit die im Jahr der Verfahrenseröffnung entstehenden Einkommensteuerschuld Insolvenzforderung oder Masseverbindlichkeit wird,

richtet sich die Einordnung als Insolvenzforderung nach dem Entstehungszeitpunkt. Eine Anrechnung der festgesetzten Vorauszahlungen bei der Jahresveranlagung erfolgt nur in der Höhe, wie die Jahressteuerschuld den Vorauszahlungen, die als Insolvenzforderungen bzw. als Masseverbindlichkeiten zu qualifizieren sind, gegenübersteht.

Beispiel: Jahressteuerschuld = 100, davon Insolvenzforderungen 60, Masseverbindlichkeiten 40, Summe der Vorauszahlungen = 80, davon 30 auf Zeiträume vor Verfahrenseröffnung entfallend, also Insolvenzforderungen, 50 = Masseverbindlichkeiten. Das Finanzamt hat Insolvenzforderungen in Höhe von 30 zur Insolvenztabelle anzumelden und eine Erstattung von 10 an die Masse zu leisten. Auf die sich aus der Aufteilung der Jahressteuerschuld ergebende Steuerschuld von 60 waren Vorauszahlungen von 30 anzurechnen, Restschuld = 30. Auf die Masseverbindlichkeiten von 40 waren Vorauszahlungen von 50 anzurechnen, Erstattung = 10. Aufrechnung des Erstattungsanspruches mit der Insolvenzforderung durch das Finanzamt nicht zulässig, da die Vorauszahlungen nach Verfahrenseröffnung geleistet wurden, § 96 Nr. 2 InsO.

### 4.2 Verwertungsstrategien von Einzelunternehmen und Personenhandelsgesellschaften

Die Insolvenz hat für Einzelunternehmer bzw. Personengesellschaften wie auch für Kapitalgesellschaften und deren Anteilseigner vielfältige ertragsteuerliche Konsequenzen. Die jeweiligen Konsequenzen hängen in starkem Umfang davon ab, wie das schuldnerische Vermögen im Insolvenzfall verwertet wird. Bei den hier im Vordergrund stehenden Unternehmensinsolvenzen ergeben sich normalerweise folgende typische Verwertungsalternativen: Nach wie vor wohl im Vordergrund stehend ist die Abwicklung des schuldnerischen Unternehmens. Der Insolvenzverwalter stellt den Betrieb ein und veräußert das Vermögen des Gemeinschuldners, insbesondere des schuldnerischen Unternehmens. Nach der Intention der Insolvenzordnung soll jedoch die Betriebsfortführung ein stärkeres Gewicht haben. Deshalb geht der Abwicklung des Unternehmens oft eine mehr oder weniger lange Fortführungsphase des Unternehmens voraus. Es ist somit als eine Standardkonstellation anzutreffen, dass der Betrieb des gemeinschuldnerischen Unternehmens zumindest bis zur Verfahrenseröffnung fortgeführt und dann abgewickelt wird oder aber über die Verfahrenseröffnung hinaus vom Insolvenzverwalter auch noch weiter fortgeführt und dann abgewickelt wird. Bei der Abwicklung sind wiederum die reinen Zerschlagungsfälle von Teilbetriebsveräußerungen, d.h. von den Fällen, in denen mehr oder weniger große Einheiten des Unternehmens veräußert werden, zu unterscheiden. Schließlich sind als weitere gesonderte Fallgruppen die übertragende Sanierung oder die Sanierung im Insolvenzplanverfahren (vgl. §§ 217 ff. InsO) festzuhalten. Je nachdem, welche Rechtsform das Unternehmen hat und für welche Verwertungsstrategie sich der Verwalter entscheidet, sind unterschiedliche steuerliche Folgen für die Anteilseigner denkbar, die nachfolgend näher dargestellt werden.

Die Gewinne eines Einzelunternehmens können für steuerliche Zwecke entweder gemäß § 4 Abs. 1 bzw. § 5 EStG, falls es sich um einen nach handelsrechtlichen Vorschriften buchführungspflichtiges Einzelunternehmen handelt, durch Bestandsvergleich, d.h. durch Vergleich des in einer Bilanz ausgewiesenen Vermögens zum Beginn und zum Ende eines Wirtschaftsjahres ermittelt werden. Es handelt sich hier also um den nach steuerlichen Grundsätzen zu ermittelnden Jahresüberschuss des Unternehmens. Steuerpflichtige, die nicht aufgrund gesetzlicher Vorschriften verpflichtet sind, Bücher zu führen und regelmäßig Abschlüsse zu machen und die dies auch nicht freiwillig tun, können den Gewinn durch Ermittlung des Überschusses der Betriebseinnahmen über die Betriebsausgaben ansetzen (§ 4 Abs. 3 EStG). Diese Gewinnermittlungsvorschriften beziehen sich auf die Ermittlung des laufenden Ergebnisses eines jeden Wirtschaftsjahres des Steuerpflichtigen. Die Gewinnermittlungsvorschriften gelten für alle sog. Gewinneinkünfte, d.h. die Einkünfte aus Gewerbebetrieb, aus Land- und Forstwirtschaft und aus selbstständiger Tätigkeit, wobei für die Gewinnermittlung von Land- und Forstwirten noch umfängliche Sondervorschriften gelten.

Zu dem Gewinn des Steuerpflichtigen zählt auch der Gewinn, der sich im Rahmen der Aufgabe oder der Veräußerung seines Betriebes ergibt (§ 16, § 18 Abs. 3 EStG).

### 4.2.1 Fortführung des Betriebes durch den Verwalter

Wird der Betrieb durch den vorläufigen Verwalter bzw. durch den bestellten Insolvenzverwalter fortgeführt, so werden die im Betrieb erzielten Einkünfte weiter dem Gemeinschuldner als Träger des Unternehmens zugerechnet. Handelt es sich bei dem Betrieb um eine Mitunternehmerschaft, so bedarf es zur Zurechnung der Einkünfte auf die einzelnen beteiligten Mitunternehmer der Durchführung der einheitlichen und gesonderten Feststellung der Einkünfte gemäß § 180 Abs. 1 Nr. 2 a AO.[43]

Aufgrund des wirtschaftlichen Niedergangs des Unternehmens im Vorfeld der Insolvenz sind dem Unternehmer regelmäßig vor der Insolvenz steuerliche Verluste zugewiesen worden. Diese Verluste sind auf der Ebene seiner persönlichen Einkommensteuerveranlagung entweder mit positiven sonstigen Einkünften verrechnet worden oder nach Maßgabe des § 10 d EStG rück- oder vorgetragen worden. Wurde eine Zusammenveranlagung durchgeführt, so kann es auch sein, dass Verluste aus dem vor der Insolvenz stehenden Unternehmen mit positiven

---

[43] Die Erstellung der notwendigen Steuererklärung zur einheitlichen und gesonderten Feststellung der Einkünfte ist nicht Aufgabe des Verwalters sondern insolvenzfreie Angelegenheit (vgl. BFH-Urteil vom 23. August 1994, BStBl. II 1995, S. 194; BGH vom 2. April 1998, DStR 1998, S. 947).

Einkünften des Ehegatten verrechnet worden sind. Regelmäßig sind die vorhandenen Verlustvorträge auf der Ebene des Unternehmers geringer als die kumulierten im Gewerbebetrieb angefallenen Gesamtverluste. Führt der Insolvenzverwalter das Unternehmen fort, dann sind die entstehenden Gewinne oder Verluste aus der Fortführung bei der Einkommensteuerveranlagung des Unternehmers bzw. der Mitunternehmer anzusetzen. Die Eröffnung des Insolvenzverfahrens bei Fortführung des Unternehmens stellt keine Betriebsaufgabe i.S.d. § 16 EStG dar. Denn für eine Betriebsaufgabe im einkommensteuerrechtlichen Sinne wäre es erforderlich, den gesamten Gewerbebetrieb aufgrund eines einheitlichen Entschlusses des Steuerpflichtigen endgültig einzustellen und alle wesentlichen Betriebsgrundlagen in einem einheitlichen Vorgang innerhalb kurzer Zeit entweder zu veräußern oder ins Privatvermögen zu überführen. Solange dies nicht durch den Steuerpflichtigen oder den Insolvenzverwalter erfolgt, liegt keine Betriebsaufgabe im einkommensteuerrechtlichen Sinne vor.

Erwirtschaftet der Insolvenzverwalter im Rahmen der Fortführung einen steuerlichen Gewinn (also u.a. auch unter Fortführung der Abschreibungen auf die zum Betrieb gehörenden Anlagegüter sowie unter Einbuchung der Zinsen, auch wenn es sich bei den verzinslichen Forderungen um Insolvenzforderungen handelt) kann dieser Gewinn bei der Einkommensteuerveranlagung des Schuldners zu Einkommensteuerzahllasten führen (zu den Besonderheiten bei Personenhandelsgesellschaften vgl. unten). Die aus der Fortführung des Betriebes resultierende Einkommensteuerzahllast ist Masseverbindlichkeit.[44]

Besondere Probleme ergeben sich jedoch, wenn es sich um ein Insolvenzverfahren über das Vermögen einer Personengesellschaft handelt. Führt der Insolvenzverwalter das Unternehmen einer Personengesellschaft fort, so sind die steuerlichen Ergebnisse wie eingangs dargestellt im Wege der einheitlichen und gesonderten Feststellung gemäß § 180 Abs. 1 Nr. 2 a AO den beteiligten Gesellschaftern - bei gewerblichen Unternehmen Mitunternehmern - zuzurechnen. In diesem Zusammenhang ergibt sich das Problem, dass die Personengesellschaft selbst nicht Subjekt der Einkommensbesteuerung ist.[45] Es ist deshalb sorgfältig zwischen der Vermögenssphäre des Gesellschafters und der Vermögenssphäre der insolventen Personengesellschaft zu unterscheiden. Aus der Sicht des Gesellschafters der Personengesellschaft kann es in diesem Zusammenhang jedoch zu höchst unbefriedigenden Ergebnissen kommen: Durch Versilberung des Vermögens der insolventen Gesellschaft entsteht bei dieser Gewinn, der dem Gesellschafter steuerrechtlich zugerechnet wird und zu Einkommensteuerzahllasten führt. Die diesem Gewinn entsprechende Liquidität verbleibt aber in der Insolvenzmasse und wird zur Begleichung von Masseschulden bzw. Insolvenzforderungen verwandt. Der Gesellschafter wird also mit Einkommensteuer belastet, obwohl ihm keine entsprechenden liquiden Mittel zufließen. Die steuerrechtlich relevante Vermögensmehrung ist jedoch darin zu sehen, dass der Verwalter die Gewinne verwendet, um Verbindlichkeiten der insolventen Gesellschaft zu tilgen. Gerade bei Gesellschaften, bei denen der Gesellschafter unbeschränkt für Verbindlichkeiten der Gesellschaft haftet, wird der Gesellschafter auch objektiv dadurch bereichert, dass sich die Masse der Verbindlichkeiten, für die er einzustehen hat, vermindert.

---

[44] Vgl. Bringewat/Waza/Grawe, Insolvenz und Steuern, 5. Aufl., Rz 648.
[45] Vgl. Schmidt/Heinecke, ESt-Kommentar, § 1, Rz 13.

Der BFH hat zumindest in einer zur Zinsabschlagsteuer ergangenen Entscheidung [46] versucht, einen Masseschuldcharakter entsprechender Steuerschulden im Verfahren über das Vermögen einer Personengesellschaft herzuleiten. Der BFH begründet seine Auffassung damit, dass der Gewinn zivilrechtlich von der Personengesellschaft erzielt wurde, auf Handlungen des Verwalters zurückgehen und die Konkursmasse mehren würde. M. E. ist die Auffassung des BFH abzulehnen, weil die Personengesellschaft nun einmal nicht Subjekt der Einkommensteuer ist. Sie kann deshalb nach dem Einkommensteuergesetz auch keine Einkommensteuer schulden. Es fehlt schlicht die gesetzliche Grundlage. Eine Geltendmachung als Masseschuld verbietet sich auch schon deshalb, weil die persönlichen Besteuerungsmerkmale des Gesellschafters (man denke nur an Publikumsgesellschaften!) in die Steuerermittlung mit eingehen müssen.[47] Konsequent fortgeführt würde dieser Gedanke des BFH dazu führen müssen, dass Steuererstattungsansprüche des Gesellschafters, soweit diese auf Verlustzuweisungen durch die insolvente Gesellschaft beruhen, weil der Verwalter in der Phase der Insolvenzverwaltung steuerliche Verluste erwirtschaftet hat, in die Masse eingelegt werden müssten. M. E. kann die Lösung dieses Problems nur darin bestehen, die einkommensteuerrechtliche Trennung der Vermögenssphäre des Gesellschafters und der Gesellschaft aufrecht zu erhalten und in Härtefällen durch eine abweichende Festsetzung aus Billigkeitsgründen auf der Ebene des Gesellschafters unbillige einkommensteuerliche Ergebnisse zu verhindern. Bringewat, Waza, Grawe [48] wollen die Berücksichtigung von Ertragsteuerschulden der Gesellschafter als Masseschulden im Insolvenzverfahren über das Vermögen der Personengesellschaft dadurch rechtfertigen, dass sie eine Besserstellung der Gläubiger im Insolvenzverfahren der Gesellschaft für den Fall erkennen wollen, dass die Verwertung des Vermögens der Gesellschaft andernfalls nicht mit Steuern belastet wäre und ihnen damit ein zur Befriedigung ihrer Forderungen durch Steuern unbelastetes Vermögen zur Verfügung stünde. Dem kann jedoch nicht gefolgt werden. Im Gegenteil: Es dürfte eine erhebliche Gläubigerbenachteiligung darstellen, wenn das Vermögen einer Personenhandelsgesellschaft mit Einkommensteuerschulden belastet wäre; einer Steuerart, die für Personengesellschaften überhaupt nicht existiert. Auch gesellschaftsrechtlich kommt man zu keinem anderen Ergebnis. Denn gesellschaftsrechtlich wäre die Bezahlung einer vermeintlichen Masseverbindlichkeit „Einkommensteuer der Gesellschafter" als Entnahme dieser Gesellschafter zu werten. Dies würde sich aber in einem Haftungsanspruch der Insolvenzmasse gegen diese Gesellschafter manifestieren. Denn egal ob die Gesellschafter beschränkt oder unbeschränkt haften: Die Einkommensteuerzahllast müsste als „Entnahme" der Gesellschafter behandelt werden. Sofern - und davon ist in der Insolvenz der Personengesellschaft regelmäßig auszugehen - keine positiven Kapitalkonten existieren, haftet der Gesellschafter für diesen empfangenen Vorteil wiederum in umso größerem Umfang (vgl. §§ 128, 172 HGB).

---

[46] Vgl. BFH vom 9.11.1994, BStBl 1995 II, S. 255.
[47] Vgl. Onusseit, ZInsO 2003, S. 677.
[48] Vgl. Bringewat/Waza/Grawe, Insolvenz und Steuern, 5. Aufl., Rz 704.

### 4.2.2 Einstellung und Zerschlagung des Betriebes durch den Verwalter

Grundsätzlich ist auch hier nach den im vorigen Abschnitt geschilderten Grundsätzen ein sich ergebender Gewinn oder Verlust dem Gemeinschuldner als Einzelunternehmer zuzurechnen. Handelt es sich bei dem schuldnerischen Unternehmen um den Betrieb einer Personengesellschaft, so sind die Gewinne den Gesellschaftern zuzurechnen. Wickelt der Verwalter den Betrieb innerhalb eines sehr kurzen Zeitraumes ab und werden hierbei sämtliche wesentliche Betriebsgrundlagen veräußert, dann kann eine im Sinne der § 16, 34 EStG begünstigte Betriebsaufgabe vorliegen. In diesem Fall ist derjenige Teil des Gewinnes, der sich nicht aus dem laufenden Geschäftsbetrieb sondern aus den Aufgabehandlungen ergibt, getrennt zu ermitteln. Insbesondere fallen in den Aufgabegewinn die Gewinne aus der Veräußerung von Anlagevermögen aber auch Gewinne aus der Auflösung von Rückstellungen, die nach Betriebsaufgabe nicht mehr benötigt werden. Auch die Aufgabe des gesamten Betriebs einer Mitunternehmerschaft kann eine Betriebsaufgabe i.S.d. § 16 EStG darstellen.

Hat der Steuerpflichtige das 55. Lebensjahr vollendet, so wird der Veräußerungsgewinn auf Antrag zur Einkommensteuer nur herangezogen, soweit er € 45.000,00 [49] übersteigt. Der Freibetrag, der jedem Steuerpflichtigen nur ein einziges mal gewährt wird, vermindert sich um den Betrag, um den der Veräußerungsgewinn € 136.000,00 übersteigt (§ 16 Abs. 4 EStG). Außerdem erfährt der Veräußerungsgewinn bzw. Aufgabegewinn gemäß § 34 Abs. 3 bis zu einem Betrag von insgesamt € Mio. 5,0 der Begünstigung durch die Anwendung eines besonderen Steuersatzes, der 56 % des durchschnittlichen Einkommensteuersatzes des Steuerpflichtigen beträgt.

In der Insolvenz einer Personengesellschaft ist von besonderer Bedeutung, dass ein steuerpflichtiger Aufgabe- bzw. Veräußerungsgewinn sich auch dann ergeben kann, wenn das Kapitalkonto eines Gesellschafters durch Verlustzuweisungen und/oder Entnahmen negativ geworden ist und dieses Kapitalkonto bei Aufgabe des Betriebes oder bei Aufgabe der Mitunternehmerstellung nicht mehr ausgeglichen werden muss.[50] Dass ein negatives Kapitalkonto eines Gesellschafters in der Insolvenz nicht ausgeglichen werden muss, kann unterschiedliche Ursachen haben. Handelt es sich um einen voll haftenden Gesellschafter, so haftet er für Verbindlichkeiten der Gesellschaft persönlich unbeschränkt (§ 128 HGB). Das negative Kapitalkonto bringt zum Ausdruck, dass ein Überhang der Verbindlichkeiten der Gesellschaft über das Vermögen der Gesellschaft besteht. Die Haftung des Gesellschafters wird in der Insolvenz der Gesellschaft für deren Dauer ausschließlich vom Insolvenzverwalter geltend gemacht, vgl. § 93 InsO. Wird der Gesellschafter vom Insolvenzverwalter in Anspruch genommen, führt dies tendenziell zum Ausgleich des negativen Kapitalkontos.

Da eine Insolvenz des Gesellschafters oft nicht im Interesse des Insolvenzverwalters der Personengesellschaft liegt, wird die Haftungsinanspruchnahme häufig durch Vereinbarung zwischen Insolvenzverwalter und Gesellschafter der Höhe nach beschränkt. Im Zusammenhang mit der Aufgabe des Betriebes der Personengesellschaft dürfte hierin ein Wegfall des negativen Kapi-

---

[49] Die genannten Freibeträge/Freigrenzen beziehen sich auf die ab 1. Januar 2004 gültigen Beträge.
[50] Vgl. Wacker/Schmidt, ESt-Kommentar, § 16 Rz 469 ff.

talkontos liegen, der dem Gesellschafter der Personengesellschaft als Gewinn zuzurechnen ist. Eine sich dadurch eventuell ergebende Einkommensteuer ist nicht als Masseschuld im Insolvenzverfahren der Gesellschaft zu berücksichtigen (vgl. hierzu die Ausführungen im vorstehenden Abschnitt).

Handelt es sich bei dem betroffenen Gesellschafter der Personengesellschaft um einen beschränkt haftenden Gesellschafter, z.B. um einen Kommanditisten, hat das Entstehen des negativen Kapitalkontos oft zur Entstehung vortragsfähiger und nur mit späteren Gewinnen aus derselben Einkunftsquelle ausgleichsfähiger vorzutragender Verluste i.S.d. § 15 a EStG geführt. Da der Kommanditist gegenüber den Gesellschaftsgläubigern nur mit seiner Einlage haftet (vgl. § 171 HGB), wird er regelmäßig vom Insolvenzverwalter darüber hinaus nicht in Anspruch genommen. Der Gewinn aus dem insoweit wegfallenden negativen Kapitalkonto wird mit etwaigen vortragsfähigen Verlusten gemäß § 15 a EStG verrechnet. Ein eventueller überschießender Gewinn führt zur Entstehung von Einkommensteuer beim Gesellschafter. Die entstehende Einkommensteuer ist nach den im vorigen Abschnitt dargestellten Grundsätzen nicht als Masseschuld im Insolvenzverfahren über das Vermögen der Personengesellschaft geltend zu machen.

Weitgehend ungeklärt ist der Zeitpunkt, zu dem ein etwaiger Gewinn aus dem Wegfall eines negativen Kapitalkontos beim Gesellschafter einkommensteuerrechtlich zu erfassen ist. M.E. ist dies für den Fall des voll haftenden Gesellschafters der Zeitpunkt, in dem ein entsprechender Vergleich mit dem Insolvenzverwalter abgeschlossen wird, da in diesem Zeitpunkt die Leistungsfähigkeit des Gesellschafters durch den Wegfall der Haftungsverpflichtung erhöht ist. Für den Fall des Kommanditisten dürfte der Zeitpunkt mit der Aufgabe des Betriebes der Personengesellschaft zusammenfallen. Liegt keine Betriebsaufgabe i.S.d. § 16 vor, sondern wird der Geschäftsbetrieb nach und nach abgewickelt, dürfte der Zeitpunkt der Zurechnung des Gewinns aus dem Wegfall des negativen Kapitalkontos im Zeitpunkt der Verfahrensbeendigung liegen.

Aus praktischer Hinsicht ist zu ergänzen, dass aufgrund der mangelnden Abstimmung des Insolvenzrechts mit dem Steuerrecht kaum sichergestellt werden kann, dass die vorstehend dargestellten komplizierten Fragen zutreffend in einer Veranlagung des Steuerpflichtigen umgesetzt werden. Dies hat seine Ursache darin, dass die Besteuerungsgrundlagen, die hier festzustellen wären, ihre Wurzel in der Insolvenzmasse und deren Abwicklung haben. Die Feststellung der hieraus entstehenden Besteuerungsgrundlagen erfolgt jedoch im Verfahren der einheitlichen und gesonderten Feststellung. Die Durchführung dieses Verfahrens ist aber insolvenzfreie Angelegenheit [51]. Den Gesellschaftern stehen daher regelmäßig nicht die erforderlichen Informationen zur Fertigung einer zutreffenden, die vorgenannten Aspekte berücksichtigenden Steuererklärung zur Verfügung. Eine Erfassung dieser Vorgänge bei der Veranlagung der Steuerpflichtigen erfolgt deswegen in der Praxis oft gar nicht oder auf der Basis von Schätzungen durch das Finanzamt.

---

[51] Vgl. FN 43.

### 4.2.3 Verkauf des Betriebes durch den Insolvenzverwalter

Entscheidet sich der Insolvenzverwalter dafür, das Unternehmen, oder einzelne für sich genommen lebensfähige Teile (Teilbetriebe i.S.d. § 16 Abs. 1 Nr. 1 EStG) zu veräußern, sind die sich hieraus für den Unternehmer bzw. die Mitunternehmer der Personengesellschaft ergebenden Folgen nach den im vorstehenden Abschnitt geschilderten Grundsätzen herzuleiten. Die Veräußerung des gesamten Gewerbebetriebes oder eines Teilbetriebes hat einkommensteuerrechtlich dieselben Folgen, wie die im vorstehenden Abschnitt geschilderte Aufgabe des Geschäftsbetriebes. Für die Personengesellschaft ist anzumerken, dass die Veräußerung des Gewerbebetriebes einer Personengesellschaft Vorrang vor der Aufgabe der Mitunternehmerschaft, die sich in der Regel daran anknüpft, genießt. [52] Oft ergibt sich im Rahmen der Veräußerung des Geschäftsbetriebes ein erheblicher Gewinn dadurch, dass im Betriebsvermögen gelegene stille Reserven durch die Veräußerung anteilig aufgedeckt werden. Die Behandlung des entsprechenden Gewinnes richtet sich ebenfalls nach den im vorstehenden Abschnitt dargestellten Grundsätzen, insbesondere die Zurechnung des Gewinnes bei den einzelnen Gesellschaftern der Personengesellschaft. Aus der Betriebsveräußerung resultierende anteilige Einkommensteuerschulden von Gesellschaftern einer Personengesellschaft sind nicht Masseschulden im Insolvenzverfahren über das Vermögen der Personengesellschaft.[53]

### 4.2.4 Sanierung des schuldnerischen Unternehmens im Insolvenzverfahren

#### *4.2.4.1 Die Sanierung als Ziel des Insolvenzverfahrens*

Eines der Ziele der Einführung der neuen Insolvenzordnung war es, den Erhalt des schuldnerischen Unternehmens stärker als dies bisher im Rahmen der Konkursordnung der Fall war zu fördern.[54] So betont § 1 InsO, dass im Insolvenzplanverfahren eine von der regelmäßig stattfindenden Verwertung des schuldnerischen Vermögens abweichende Regelung „... insbesondere zum Erhalt des Unternehmens getroffen wird."[55]

#### *4.2.4.2 Sanierung im Insolvenzplanverfahren*

Grundsätzlich stehen dem Insolvenzverwalter alle denkbaren Maßnahmen offen, um das schuldnerische Unternehmen zu sanieren, falls dies eine bessere Aussicht zur Befriedigung der Gläubiger bietet, als dies bei der Regelverwertung, d.h. der Zerschlagung und Versilberung des Vermögens der Fall wäre. Von dem breiten denkbaren Spektrum möglicher Sanierungsmaßnahmen [56] wird jedoch nur in wenigen Verfahren Gebrauch gemacht. Wird eine vollständige

---

[52] Vgl. Schmidt/Wacker, EStG-Kommentar, § 16, Rz. 424.
[53] Vgl. oben, Abschnitt 3.2.1.1.
[54] Vgl. Uhlenbruck, Das neue Insolvenzrecht, S. 36 ff.
[55] Vgl. § 1 Satz 1 InsO.
[56] Vgl. hierzu Institut der Wirtschaftsprüfer, Stellungnahme FAR 1/1991, Anforderungen an Sanierungskonzepte.

oder teilweise Rettung des gemeinschuldnerischen Unternehmens angestrebt, haben sich in der Praxis hierfür vor allem zwei Wege der Durchführung herauskristallisiert: Zum einen die sog. „übertragende" Sanierung, d.h. die Veräußerung des Unternehmens oder wesentlicher Teile des Unternehmens auf einen oder mehrere neue Rechtsträger. Der zur Masse fließende Verkaufserlös wird zur Befriedigung der Insolvenzgläubiger verwendet. Die Folgen der Übertragung der Sanierung für den Gemeinschuldner als Einzelunternehmen oder die Gesellschafter einer Personengesellschaft wurden im vorstehenden Abschnitt angesprochen. Der andere Weg ist die Durchführung eines Insolvenzplanverfahrens gemäß § 217 ff. InsO.

Dabei ist das Insolvenzplanverfahren nicht zwangsläufig auf die Sanierung des schuldnerischen Unternehmens gerichtet. Denkbar ist auch eine Abwicklung des Unternehmens im Insolvenzplanverfahren vorzunehmen, wobei dann mittels des Insolvenzplanes die Abwicklungsgeschwindigkeit und Abwicklungsintensität abweichend von der zügigen Versilberung in der Regelinsolvenz gestaltet werden können. Allerdings dürfte in Anbetracht des erheblichen Aufwandes, der mit der Durchführung eines Insolvenzplanverfahrens verbunden ist, das Ziel der Sanierung deutlich im Vordergrund stehen. Ein Insolvenzplan kann sowohl vom Insolvenzverwalter als auch vom Insolvenzschuldner vorgelegt werden. Gemäß § 217 InsO können durch den Insolvenzplan (abweichend von den übrigen Vorschriften der Insolvenzordnung) geregelt werden:

- die Befriedigung der absonderungsberechtigten Gläubiger,
- die Befriedigung der (normalen) Insolvenzgläubiger,
- die Verwertung der Insolvenzmasse,
- die Verteilung der Insolvenzmasse an die Beteiligten,
- die Haftung des Schuldners nach Beendigung des Insolvenzverfahrens.

Der Insolvenzplan besteht aus einem sog. darstellenden und einem gestaltenden Teil. Außerdem sind ihm bestimmte Anlagen beizufügen. Im darstellenden Teil werden die nach Eröffnung des Insolvenzverfahrens bereits getroffenen Maßnahmen sowie die noch geplanten Maßnahmen dargestellt. Die Erläuterungen sind dabei so umfassend anzulegen, dass die Beteiligten die notwendigen Grundlagen für ihre Entscheidung über die Zustimmung zum Plan erhalten. Es ist also insbesondere im Fall eines Sanierungsplanes zu erläutern, durch welche Maßnahmen sich die Sanierung vollziehen soll. Im gestaltenden Teil werden die rechtlichen Maßnahmen, durch die sich die Rechtsstellung der Beteiligten „plangemäß" ändern soll, verfügt (§ 221 InsO). Dabei werden die Insolvenzgläubiger in Gruppen eingeteilt. Die Änderung der Rechtsstellung der Insolvenzgläubiger, z.B. der Verzicht auf einen Teil ihrer Forderungen wird jeweils gruppenweise verfügt. Dabei sind alle Beteiligten innerhalb einer Gruppe gleich zu behandeln (§ 226 Abs. 1 InsO). Typischerweise enthält der Plan Festlegungen darüber, wie hoch der Verzicht der verschiedenen Gläubigergruppen auf ihre Forderungen ist. Daneben werden aber auch Regelungen darüber getroffen, welche sonstigen leistungs- und finanzwirtschaftlichen Sanierungsmaßnahmen im Bezug auf das gemeinschuldnerische Unternehmen getroffen werden (z.B. Schließung Betriebsstätte A, Veräußerung des nicht betriebsnotwendigen Grundstücks B, Konzentration der Produktion auf Produkt x, etc.).

Dem Plan sind gemäß § 229 eine vergleichende Vermögensübersicht der Vermögensgegenstände der Insolvenzmasse beizufügen, die sich „bei einem Wirksamwerden des Plans" ergäben, d.h. es ist eine Planbilanz zu erstellen. Weiterhin ist darzustellen, welche Aufwendungen und Erträge den Zeitraum, in dem die Gläubiger befriedigt werden sollen, zu erwarten sind und wie sich die Einnahmen und Ausgaben – unter Meidung der Zahlungsunfähigkeit des Unternehmens – darstellen. Es ist also ein System betriebswirtschaftlicher Planungsrechnungen bestehend aus Planbilanzen, Plangewinn- und -verlustrechnungen und Liquiditätsplänen bis zur Erbringung der letzten planmäßig vorgesehenen Leistungen zur Befriedigung der Gläubiger beizufügen.

### 4.2.4.3 Ertragsteuern im Insolvenzplanverfahren

Neben die steuerlichen Folgen, die sich bei Ablauf einer Regelinsolvenz für den Gemeinschuldner oder die Gesellschafter einer Personengesellschaft in Insolvenz ergeben, tritt im Rahmen des Insolvenzplanverfahrens ein weiteres wesentliches Problem: Regelmäßig wird im Rahmen der Sanierung ein mehr oder weniger hoher Anteil der Verbindlichkeiten durch die Gläubiger erlassen. Die hierdurch bewirkte Mehrung des Betriebsvermögens wird in aller Regel als steuerpflichtiger Ertrag zu qualifizieren sein.[57]

Der hierdurch entstehende Ertrag kann im Einzelfall erheblich sein und wird regelmäßig die vorhandenen steuerlichen Verlustvorträge übersteigen. Regelmäßig werden die steuerlichen Verlustvorträge niedriger sein als die in der Handelsbilanz ausgewiesenen Verlustvorträge. Dies kann vielfältige Ursachen haben:

- Ein Teil der im Unternehmen angefallenen Verluste wurde im Wege des Verlustrücktrages gemäß § 10 d EStG mit früheren Gewinnen bzw. positiven Einkünften des Unternehmers verrechnet.
- Ein Einzelunternehmer wurde mit seinem Ehegatten zusammen zur Einkommensteuer veranlagt. Der Ehegatte oder der Unternehmer selbst hatten positive Einkünfte aus anderen Quellen, mit denen die Verluste aus dem Unternehmen verrechnet wurden.
- Die „steuerbilanziellen" Ergebnisse waren aufgrund unterschiedlicher Bilanzierungs- bzw. Bewertungsvorschriften des Steuerrechts gegenüber dem Handelsrecht niedriger als die handelsrechtlichen Verluste, z.B. steuerrechtliches Verbot der Rückstellungen für drohende Verluste aus schwebenden Geschäften, abweichende steuerrechtliche Definition der Herstellungskosten, steuerrechtliches Verbot der Abzinsung unverzinslicher langfristiger Verbindlichkeiten etc.[58]

Regelmäßig wird ein Schulderlass im Rahmen des Insolvenzplanverfahrens in einer Größenordnung ausgesprochen werden, der ausreichend ist, um handelsbilanzielle nicht durch Eigenkapital gedeckte Fehlbeträge auszugleichen und dem Unternehmen für die Zeit nach Beendigung der Sanierungsphase ein angemessenes Eigenkapital zu belassen. Treten nicht andere

---

[57] Sofern ein Gesellschafter einer Personenhandelsgesellschaft eine Forderung gegen diese Gesellschaft besitzt, kann deren Erlass auch als Einlage zu werten sein, vgl. Schmidt, EStG-Kommentar, § 15, Rz 550.

[58] Bei den gewerbesteuerlichen Verlustvorträgen können sich noch weitergehende Einschränkungen aufgrund der Personengebundenheit des gewerbesteuerlichen Verlustvortrages (sog. „Unternehmeridentität") sowie aufgrund der gewerbesteuerlichen Hinzurechnungs- bzw. Kürzungsvorschriften ergeben.

Maßnahmen wie z.B. die Aufnahme frischen Eigenkapitals hinzu, werden vorhandene steuerliche Verlustvorträge in den meisten Fällen zum Ausgleich dieser Vermögensmehrung nicht mehr ausreichen. Es entstehen also schon allein durch die Sanierungsmaßnahmen steuerpflichtige Gewinne. Diese Gewinne können Masseschulden darstellen, wenn es sich um ein Einzelunternehmen handelt. Nach den oben [59] dargestellten Grundsätzen sind die Einkommensteuerschulden von Gesellschaftern der Personengesellschaft nicht als Masseschulden anzusehen. Durch einen Erlass von Schulden können aber auch in der Insolvenz der Personengesellschaft, selbst wenn man den Charakter von Einkommensteuer der Gesellschafter als Masseschulden verneint, noch Steuern als Masseschulden ausgelöst werden, nämlich in Form der Gewerbesteuer. Zwar führen bei Einzelunternehmen und Personengesellschaften Gewinne, die nach Eröffnung des Insolvenzverfahrens erzielt werden, regelmäßig nicht zu Gewerbesteuerlasten soweit es sich um eine Abwicklungsinsolvenz handelt. Denn Gewinne, die durch die Versilberung der vorhandenen Betriebsgegenstände nach Einstellung der werbenden Tätigkeit erzielt werden, unterliegen nicht der Gewerbesteuer.[60] Wird jedoch die werbende Tätigkeit nach Eröffnung des Insolvenzverfahrens fortgeführt und die Sanierung des Unternehmens im Insolvenzplanverfahren betrieben, endet auch nicht die Gewerbesteuerpflicht. Die Gewinne aus durchgeführten Sanierungsmaßnahmen unterliegen dann auch der Gewerbesteuer.

Bis einschließlich Veranlagungszeitraum 1997 waren Gewinne, die dadurch entstanden, dass Schulden zum Zwecke der Sanierung ganz oder teilweise erlassen werden, gemäß § 3 Nr. 66 EStG von der Einkommensteuer (und damit auch von der Gewerbesteuer) befreit. Zu den Tatbestandsmerkmalen dieser sachlichen Steuerbefreiung hatte sich eine umfangreiche Rechtsprechung entwickelt, die die Gewährung der Steuerbefreiung von etlichen Voraussetzungen abhängig machte. Die Abschaffung der Befreiung mit Wirkung ab Veranlagungszeitraum 1998 wurde damit begründet, dass die Vorschrift ursprünglich der Verhinderung von Steuerbelastungen bei Vorhandensein von möglicherweise nichtabziehbaren Verlusten [61] verhindern sollte. Im übrigen sollte die Streichung Vereinfachungszwecken dienen[62]. Dass sich die Streichung dieser auch als „Sanierungsprivileg" bezeichneten sachlichen Steuerbefreiung sanierungsfeindlich auswirkt, ist evident [63]. Es wird den Insolvenzgläubigern nur schwer vermittelbar sein, dass ein mehr oder weniger großer Teil der von ihnen erlassenen Forderungen zum Entstehen von Masseschulden gegenüber dem Fiskus führen soll.

Dieser Einsicht hat sich dann auch die Finanzverwaltung gebeugt und mit dem Schreiben vom 27. März 2003 [64] festgelegt, dass unter bestimmten Voraussetzungen Ertragsteuern aufgrund von Sanierungsgewinnen zu stunden und zu erlassen sind. Hierfür wird zunächst eine Definition der Sanierung (Maßnahme, die darauf gerichtet ist, ein Unternehmen oder einen

---

[59] Vgl. Abschnitt 3.2.2.1.
[60] Vgl. R 19 GewStR.
[61] Im Zeitpunkt der Einführung der Steuerbefreiung nach § 3 Nr. 66 EStG war der Vortrag von Verlusten nur über einen Zeitraum von 5 Jahren möglich.
[62] Vgl. Kanzler, Finanz-Rundschau 2003, S. 480.
[63] Vgl. Kling, Münchener Kommentar zur InsO, Anhang Insolvenzsteuerrecht, Rz 243; Rattunde/Schmid in Schmid, Insolvenzordnung Kommentar, § 155, Rz 70.
[64] DStR 2003, S. 690.

Unternehmensträger vor dem finanziellen Zusammenbruch zu bewahren und wieder ertragsfähig zu machen) und des Sanierungsgewinnes (Erhöhung des Betriebsvermögens, die dadurch entsteht, dass Schulden zum Zwecke der Sanierung ganz oder teilweise erlassen werden) vorangestellt. Als Voraussetzungen für die Annahme eines i.S.d. BMF-Schreibens begünstigten Sanierungsgewinnes werden die *Sanierungsbedürftigkeit* und *Sanierungsfähigkeit* des Unternehmens, die *Sanierungseignung* des Schulderlasses und die *Sanierungsabsicht* der Gläubiger genannt. Dies sind alte Bekannte aus der Rechtsprechung und den Verwaltungsanweisungen zum 1997 abgeschafften § 3 Nr. 66 EStG. Es ist davon auszugehen, dass die frühere Rechtsprechung zu diesen Merkmalen bei der Anwendung des BMF-Schreibens wieder von Bedeutung sein wird. Grundsätzlich zu begrüßen ist, dass bei Vorliegen eines *Sanierungsplanes* die Erfüllung der vorgenannten Voraussetzungen vom BMF-Schreiben vermutet wird.[65] Allerdings wird sich damit in der Praxis der Rechtsanwendung voraussichtlich Streit um die Frage ergeben, wann ein „Sanierungsplan" i.S.d. BMF-Schreibens angenommen werden kann, d.h. durch welche Merkmale oder Mindestbestandteile ein Sanierungsplan definiert wird.[66] Liegt nach dem BMF-Schreiben ein begünstigter Sanierungsgewinn vor, so wird eine besondere Behandlung durch eine Kombination von Stundung und Erlass nach dem BMF-Schreiben vorgesehen: Zunächst sind durch den Schulderlass bewirkten Sanierungsgewinne mit eventuellen Verlusten aus dem übrigen Geschäft sowie mit jedweden anderen vorhandenen Verlusten des Steuerpflichtigen zu verrechnen. Hierbei setzt sich das BMF auch über gesetzliche Ausgleichs- und Verrechnungsbeschränkungen, z.B. nach § 2 Abs. 3, § 2 a, b, c, d, § 15 Abs. 4, 15 a, § 23 Abs. 3 EStG hinweg. D.h. es sind sämtliche vorhandenen Verluste des von der Sanierungsmaßnahme betroffenen Steuerpflichtigen sozusagen vorab mit dem Sanierungsgewinn zu verrechnen. Hierin liegt der entscheidende Unterschied zu der früheren Regelung des § 3 Nr. 66 EStG. Die Steuerbefreiung erfolgte damals für den gesamten Sanierungsgewinn unabhängig davon, ob und wie viele Verlustvorträge noch vorhanden waren oder nicht. In glücklichen Fällen konnte das Unternehmen damit erste Gewinne, die sich nach Abschluss der Sanierungsphase ergaben, mit den insoweit noch ungeschmälert vorhandenen Verlustvorträgen verrechnen. Diese Möglichkeit soll nunmehr entfallen.

Die Einkommensteuer auf den so festgestellten „verbleibenden zu versteuernden Sanierungsgewinn" wird sodann zunächst bis auf weiteres von der Finanzbehörde gestundet. Dies hält das BMF deswegen für notwendig, weil sich der tatsächlich zu begünstigende Sanierungsgewinn durch zukünftige Ereignisse noch ändern kann. Hier sind zum einen mögliche Verluste in späteren Veranlagungszeiträumen angesprochen, die in Form eines Verlustrücktrages zu einer Minderung des Sanierungsgewinnes verwandt werden sollen, um damit den zu erlassenden Teil der Steuer weiter zu reduzieren. Einen Antrag des Steuerpflichtigen den (wahlweisen) Verlustrücktrag nicht vorzunehmen[67], wertet das BMF als Rücknahme des Antrages auf Begünstigung des Sanierungsgewinnes.[68] Es mag dahingestellt bleiben, ob diese „Fiktion" der Antragsrücknahme durch das BMF-Schreiben haltbar sein wird.

---

[65] Vgl. a.a.O. Tz 4.
[66] Vgl. Janssen, DStR 2003, S. 1055.
[67] Vgl. § 10d Abs. 1, S. 7 EStG.
[68] Diese „Unterstellung" im BMF-Schreiben gibt Anlass zu erheblicher Kritik, vgl. Becker, DStR 2003, S. 1602.

Ein weiteres zukünftiges Ereignis, das den begünstigten Sanierungsgewinn rückwirkend schmälern soll, ist die Vornahme von eventuellen Zahlungen auf mögliche Besserungsversprechen. Wurde also den Gläubigern im Zuge der Sanierung zugesagt, dass - sollten bestimmte Kriterien, z.B. bestimmte Gewinne oder eine bestimmte Kapitalausstattung erreicht werden - doch noch Zahlungen auf die ursprünglich im Zuge der Sanierung erlassenen Verbindlichkeiten erfolgen, so sollen diese Zahlungen entgegen der normalen gesetzlichen Regelung nicht im Zeitpunkt der Zahlung als Betriebsausgabe abzugsfähig sein, sondern rückwirkend den Sanierungsgewinn schmälern. Erst wenn aufgrund der vorgenannten ungewissen zukünftigen Ereignisse keine Änderung mehr möglich ist, darf ein Erlass der verbliebenen sanierungsbedingten Steuern ausgesprochen werden. Da ein Verlustrücktrag nur noch für das dem Verlustjahr vorangegangene Veranlagungsjahr zulässig ist, müsste also mit dem endgültigen Erlass insoweit mindestens bis zur Bestandskraft der Veranlagung für das dem Sanierungsjahr folgende Kalenderjahr gewartet werden. Anders sieht es jedoch bei den Besserungsversprechen aus. Wurde ein Besserungsversprechen hingegeben, so kann dieses befristet oder unbefristet gegeben werden. Ist das Besserungsversprechen unbefristet gegeben, wäre ein Erlass nach dem Wortlaut des BMF-Schreibens faktisch ausgeschlossen. [69]

Noch schwieriger wird es für den Fall, dass es sich um das Unternehmen einer Personengesellschaft handelt. Hier sieht das BMF-Schreiben vor, dass im Rahmen der einheitlichen und gesonderten Feststellung der Einkünfte[70] auch der begünstigte Sanierungsgewinn gesondert festgestellt wird. Für den Ausspruch der Stundung der entsprechenden Einkommensteuer auf den Sanierungsgewinn wäre dann das Wohnsitzfinanzamt des jeweiligen Gesellschafters zuständig. Hier sind große Probleme in Bezug auf die vom BMF geforderte Gesamtverlustverrechnung (unbeschadet von steuerlichen Ausgleichs- und Verrechnungsbeschränkungen) zu befürchten. Denn ein Teil der Verlustausgleichs- bzw. Verrechnungsbeschränkungen vollzieht sich bei Personengesellschaften auf der Ebene der Gesellschaft (vgl. z.B. § 15 a Abs. 4 EStG) ein anderer Teil auf der Ebene des Gesellschafters (vgl. z.B. § 10 d EStG).

Aus der Sicht des Insolvenzplanverfahrens bleibt festzuhalten, dass die Initiative des BMF, einen Erlass sanierungsbedingter Steuer aus sachlichen Billigkeitsgründen zu ermöglichen, grundsätzlich zu begrüßen ist. Allerdings ist das vorgelegte BMF-Schreiben ein Instrument mit Haken und Ösen, das im Rahmen der Durchführung eines Insolvenzplanverfahrens zu schwer kalkulierbaren Risiken führt. Gerade die Herstellung der notwendigen Verfahrenssicherheit für die am Insolvenzplanverfahren Beteiligten wird durch die vielfältigen vorstehend aufgezeigten Probleme erheblich erschwert. Besondere Vorsicht ist im Bezug auf mögliche den Gläubigern in Aussicht gestellte Besserungszahlungen anzuraten. Je länger die Frist, in der mögliche Besserungszahlungen geleistet werden können, um so länger muss das Verfahren offen gehalten werden, da es zum nachträglichen Entstehen von Ertragsteuern als Masseschulden kommen kann. Weiterhin ist problematisch, dass sich das vorstehende BMF-Schreiben mit den darin vorgesehenen Billigkeitsmaßnahmen naturgemäß nur auf die Einkommensteuer und die

---

[69] Vgl. a.a.O. Tz 11.
[70] Vgl. § 180 Abs. 1 Nr. 2a AO.

Körperschaftsteuer beziehen kann. Stundung und Erlass der Gewerbesteuer liegen im Zuständigkeitsbereich der jeweiligen Gemeinden.[71]

Weiterhin bleibt problematisch, dass das BMF-Schreiben zwar den möglichen Gewinn aus dem Erlass von Verbindlichkeiten unter bestimmten Voraussetzungen privilegiert, jedoch nicht andere sanierungsbedingte Gewinne z.B. aus der Hebung von stillen Reserven.

In der Praxis wird es ratsam sein, die Hebung möglicher stiller Reserven zeitlich vorzuverlagern, um die dadurch entstehenden Erträge möglichst mit den vorhandenen Verlustvorträgen zu kompensieren. Sind diese Verlustvorträge dann nicht mehr vorhanden, wenn der Sanierungsgewinn durch Erlass von Verbindlichkeiten realisiert wird, ergibt sich ein entsprechend höherer durch das BMF-Schreiben „begünstigter" Sanierungsgewinn.

### 4.2.4.4 Die Finanzbehörde als Beteiligter am Insolvenzplanverfahren

Ist das Finanzamt Insolvenzgläubiger, so nimmt es grundsätzlich in dieser Funktion am Insolvenzplanverfahren teil. Es hat die normalen, jedem Gläubiger im Rahmen des Insolvenzplanverfahrens zustehenden Informations- und Stimmrechte.[72]

Obwohl die Finanzverwaltung[73] sich hinsichtlich der Entscheidung über die Annahme des Insolvenzplanes an die Vorschriften der §§ 163, 222, 227 AO (abweichende Festsetzung von Steuern aus Billigkeitsgründen, Stundung, Erlass von Steuern) gebunden fühlt, soll die Entscheidung der jeweiligen Finanzbehörde nach wirtschaftlichen Gesichtspunkten erfolgen. Es ist hervorzuheben, dass die abgabenrechtlichen Vorschriften, an die die Finanzbehörde bei ihrer (internen) Entscheidungsfindung gebunden ist, keinerlei Einfluss auf die insolvenzrechtlichen Vorschriften haben. D.h. ist im Insolvenzplan der Erlass von Steuern als Insolvenzforderungen vorgesehen, so stehen dem Finanzamt hiergegen nur die in der Insolvenzordnung vorgesehenen Rechtsmittel (§ 253 InsO) zur Verfügung. Es bedarf keines Verwaltungsaktes i.S.d. AO, um die Rechtswirkungen des gerichtlich bestätigten Planes (vgl. § 254 Abs. 1 Satz 1 InsO) eintreten zu lassen. Das Finanzamt unterliegt insbesondere auch dem Obstruktionsverbot des § 245 InsO, wonach die Zustimmung eines Gläubigers als erteilt gilt, wenn die Gläubiger dieser Gruppe durch den Insolvenzplan voraussichtlich nicht schlechter gestellt werden, als sie ohne Plan stünden, die Gläubiger dieser Gruppe angemessen an dem wirtschaftlichen Wert beteiligt werden und die Mehrheit der abstimmenden Gruppen dem Plan mit den erforderlichen Mehrheiten zugestimmt hat. Wurden Forderungen des Finanzamtes durch Bestätigung des Insolvenzplanes rechtskräftig erlassen, so ist eine Vollstreckung oder Aufrechnung im Bezug auf diese Forderungen nicht mehr möglich. Allerdings geht die Finanzverwaltung[74] davon aus, dass diese Abgabenforderungen zu „unvollkommenen" Forderungen werden, sodass diese noch erfüllt werden können, vgl. § 254 Abs. 3 InsO.

---

[71] Vgl. a.a.O. Tz 15.
[72] Vgl. §§ 234, 235, 237 InsO.
[73] Vgl. BMF-Schreiben vom 17. Dezember 1998, BStBl. I 1998, S. 1500.
[74] Vgl. BMF vom 17. Dezember 1998, a.a.O, Abschn. 9.3.

## 4.3 Ertragsteuerliche Probleme in der Insolvenz der Kapitalgesellschaft

### 4.3.1 Grundzüge der Ertragsbesteuerung der Kapitalgesellschaft und ihrer Gesellschafter

Die Besteuerung des Einkommens einer Kapitalgesellschaft erfolgt auf zwei Ebenen. Dies ist zum einen die Ebene der Gesellschaft. Die Gewinne der Kapitalgesellschaft unterliegen gemäß § 1 Abs. 1 Nr. 1 KStG der Körperschaftsteuer wie auch der Gewerbesteuer, da die Kapitalgesellschaften nach den Vorschriften des Handelsgesetzbuches Bücher zu führen haben und dadurch ihre Einkünfte gemäß § 8 Abs. 2 KStG sämtlichst als Einkünfte aus Gewerbebetrieb zu behandeln sind.

Daneben werden aber auch Gewinne einer Kapitalgesellschaft, wenn sie an die Anteilseigner ausgeschüttet werden, als bei diesen Einkünfte aus Kapitalvermögen gemäß § 20 Nr. 1 EStG besteuert.

Um eine hierdurch drohende doppelte Besteuerung desselben Gewinnes zu vermeiden, wurde bis zum Körperschaftsteuersystemwechsel 2001/2002 die auf der Ebene der Kapitalgesellschaft erhobene Körperschaftsteuer auf die Einkommensteuer des Anteilseigners angerechnet, sodass im Ergebnis nach der Ausschüttung der Gewinne diese nur der Einkommensteuer - mit dem persönlichen Einkommensteuertarif des Anteilseigners - und der (nicht anrechenbaren) Gewerbesteuer unterlagen.

Mit dem Übergang zum sog. „Halbeinkünfteverfahren" für Ausschüttungen ab 2002 wurde die Besteuerung beim Anteilseigner von der Besteuerung auf der Ebene der Kapitalgesellschaft abgekoppelt. Auf der Ebene der Kapitalgesellschaft wird noch (neben der Gewerbesteuer) eine Körperschaftsteuer von 25 % erhoben. Eine Anrechnung dieser Körperschaftsteuer auf die Einkommensteuer des Anteilseigners erfolgt nicht mehr. Im Gegenzug wird eine zu befürchtende doppelte Besteuerung desselben Gewinns dadurch (pauschal) vermieden, dass Gewinnausschüttungen beim Anteilseigner nur noch mit der Hälfte des empfangenen Betrages zu den steuerpflichtigen Einkünften zählen, vgl. § 3 Nr. 40 EStG.

### 4.3.2 Materielles Insolvenzsteuerrecht bei Kapitalgesellschaften

Die Körperschaftsteuer als „Einkommensteuer der Kapitalgesellschaften" bereitet im Rahmen der Insolvenz der Kapitalgesellschaft erfahrungsgemäß nur geringe Probleme. Dies hat seine Ursache einerseits darin, dass sich Abgrenzungsprobleme hinsichtlich der möglichen insolvenzfreien Sphäre zur Insolvenzmasse nach der Verfahrenseröffnung naturgemäß nicht ergeben. Außerdem bestehen regelmäßig auf der Ebene der Kapitalgesellschaft hohe Verlustvorträge, die den Anfall von Körperschaftsteuern im Vorfeld der Insolvenz nur im Ausnahmefall zulassen (z.B. im Falle verdeckter Gewinnausschüttungen).

Die sachliche Körperschaftsteuerpflicht der Kapitalgesellschaft endet trotz der durch die Eröffnung des Insolvenzverfahrens über ihr Vermögen bewirkten Auflösung [75] nicht. Deshalb unterliegt auch der im Rahmen der Insolvenz (als Sonderform der Liquidation) erzielte Gewinn der Körperschaftsteuer, vgl. § 11 KStG.

Grundsätzlich erfordert die insolvenzrechtlich gebotene Trennung von Ansprüchen gegen den Insolvenzschuldner in solche, die vor der Verfahrenseröffnung begründet wurden und in solche, die durch Handlungen des Insolvenzverwalters begründet wurden (Insolvenzforderung/Masseschulden) auch eine Abgrenzung hinsichtlich der möglichen Körperschaftsteueransprüche. Die Körperschaftsteuer ist wie die Einkommensteuer eine Jahressteuer, § 7 Abs. 3 Satz 1 KStG. Ihre Grundlagen werden jeweils für ein Kalenderjahr ermittelt. Der Veranlagungszeitraum wird durch die Eröffnung des Insolvenzverfahrens nicht unterbrochen. Folglich wird auch die Körperschaftsteuer des Eröffnungsjahres – falls denn unwahrscheinlicherweise eine anfällt – einheitlich ermittelt und ist im Verhältnis der vor und nach Verfahrenseröffnung begründeten Gewinne aufzuteilen. Nach bisheriger Rechtslage war es durch R 46 Abs. 1 Satz 5 der Körperschaftsteuerrichtlinien freigestellt, ob im Zeitraum der Insolvenzeröffnung ein Rumpfwirtschaftsjahr für die Zeit vom Ende des letzten regulären Wirtschaftsjahres bis zur Verfahrenseröffnung gebildet wird. Wurde auf die Bildung eines Rumpfwirtschaftsjahres verzichtet, so wurde der Beginn des Liquidationsbesteuerungszeitraumes gemäß § 11 KStG auf den Schluss des letzten regulären Wirtschaftsjahres vorverlegt. Das Jahr, in dem das Insolvenzverfahren eröffnet wurde, wurde damit vollständig in den Zeitraum der Liquidationsbesteuerung gemäß § 11 KStG mit einbezogen. Gleichwohl wäre es nicht zulässig gewesen, auf eine Aufteilung des Gewinnes, soweit dieser zwar in den Liquidationszeitraum fällt, jedoch vor Verfahrenseröffnung begründet wurde, zu verzichten, da die insoweit entstehende Steuer zur Insolvenztabelle anzumelden gewesen wäre. Wurde ein Rumpfwirtschaftsjahr gebildet, so konnte der Anteil der Steuer, der im Kalenderjahr der Verfahrenseröffnung für die Zeit vor Verfahrenseröffnung als Insolvenzforderung anzusehen ist, durch Vergleich des Gewinnes des Rumpfwirtschaftsjahres mit dem restlichen Gewinn des Veranlagungsjahres relativ einfach ermittelt werden.

Nach der Insolvenzordnung ist nunmehr gemäß § 155 Abs. 2 Satz 1 InsO zwingend mit der Verfahrenseröffnung ein neues Geschäftsjahr zu beginnen. Dies bedeutet notwendigerweise, dass das letzte laufende reguläre Geschäftsjahr geendet haben muss. Kraft dieser gesetzlichen Anordnung dürfte nunmehr stets ein Rumpfwirtschaftsjahr (das steuerliche Analogon zum handelsrechtlichen Geschäftsjahr) vom Ende des letzten regulären Wirtschaftsjahres bis zur Verfahrenseröffnung zu bilden sein. Dies kann bei der Aufteilung einer eventuellen Körperschaftsteuer zugrunde gelegt werden.

Zur Frage der Zuordnung von Körperschaftsteuer-Vorauszahlungen für den Veranlagungszeitraum der Verfahrenseröffnung verweisen wir auf die entsprechenden Ausführungen zur Einkommensteuer [76], die sinngemäß auch hier gelten.

---

[75] Vgl. § 60 Abs. 1 Nr. 4 GmbHG, § 262 Abs. 1 Nr. 3 AktG, § 101 GenG.
[76] Vgl. Abschn. 3.1.5.

Da die Kapitalgesellschaft ab Eröffnung des Insolvenzverfahrens aufgelöst ist, gilt als Sondervorschrift der körperschaftsteuerlichen Gewinnermittlung § 11 KStG.[77] Danach ist der Gewinn der Körperschaft nicht mehr für jedes einzelne Wirtschaftsjahr zu ermitteln, sondern nur noch für den gesamten Liquidationszeitraum, d.h. vom Liquidationsbeginn bis zum Liquidationsende. Zu den zwei genannten Zeitpunkten ist jeweils das Vermögen (Differenz zwischen Vermögensgegenständen und Schulden) zu ermitteln und einander gegenüberzustellen. Ist das Liquidationsendvermögen größer als das Liquidationsanfangsvermögen, so wurde ein Liquidationsgewinn erzielt. Es kommt also zu einer Ausbildung eines verlängerten Besteuerungszeitraumes, der gemäß § 11 Abs. 1 Satz 2 KStG drei Jahre nicht übersteigen *soll*. Die genannte Sollvorschrift soll Scheinliquidationen vorbeugen, bei denen eine dauerhafte Körperschaftsteuerstundung dadurch erreicht wird, dass die Gesellschaft einen Liquidationsbeschluss fasst, jedoch ihre Geschäftstätigkeit weiter fortsetzt.

In den auf diese Weise zu ermittelnden Liquidationsgewinn geht das gesamte durch die Abwicklung im Insolvenzverfahren erwirtschaftete Ergebnis - gleich welche Verwertungsstrategie beschritten wird - mit ein. Er umfasst also sowohl das Ergebnis aus einer eventuellen Fortführung des Unternehmens als auch den Gewinn aus der Hebung eventueller stiller Reserven. Es gehen aber auch notwendige Abschreibungen ein, z.B. weil der zu erwartende Verwertungserlös eines Vermögensgegenstandes niedriger als dessen Buchwert ist.

War das insolvente Unternehmen Teil einer körperschaftsteuerlichen Organschaft, so ist streitig, ob durch die Insolvenz zwingend die Eingliederungsmerkmale des § 14 KStG entfallen und damit die körperschaftsteuerliche Organschaft endet oder nicht. Nach der früheren Rechtsprechung des BGH [78] endete ein Unternehmensvertrag regelmäßig mit der Eröffnung des Konkursverfahrens über das Vermögen eines der Unternehmen. Der BGH hatte damals im Wege der ergänzenden Vertragsauslegung festgestellt, dass aufgrund der geänderten Ausrichtung des Unternehmenszweckes, nämlich auf die Versilberung des Gesellschaftsvermögens, eine „das Konzernganze umfassende unternehmerische Zielkonzeption" im Konkursfall nicht mehr möglich sei.[79] Es erscheint zweifelhaft, ob die vom BGH angenommene regelmäßige Beendigung der Unternehmensverträge (zu denen auch der zu den Voraussetzungen einer körperschaftsteuerlichen Organschaft gehörende Ergebnisabführungsvertrag zählt) in Fällen, in denen die im Unternehmensvertrag zusammengeschlossenen Unternehmen im Insolvenzplanverfahren saniert werden sollen, haltbar ist. Denn im Insolvenzplanverfahren wird das Unternehmen zwar ebenfalls durch die Eröffnung des Insolvenzverfahrens aufgelöst, jedoch entfällt nicht mehr zwingend der ursprüngliche Zweck des Unternehmens. In den Fällen, in denen eine Sanierung im Insolvenzplanverfahren angestrebt wird, kann nicht im Wege der ergänzenden Vertragsauslegung geschlossen werden, dass, hätten die Parteien des Vertrages den eingetretenen Fall geregelt, eine Beendigung des Vertragsverhältnisses gewollt gewesen wäre.[80]

---

[77] Vgl. § 11 Abs. 7 KStG.
[78] Vgl. BGH vom 14. Dezember 1987, II-ZR-170/87, BGH Z 103, S. 1.
[79] Vgl. a.a.O. unter b) der Urteilsbegründung.
[80] Im Ergebnis gleicher Ansicht Bringewat/Waza/Grawe, Insolvenzen und Steuern, 5. Aufl., Rz 817, 818.

Hinsichtlich der Sanierung einer Kapitalgesellschaft im Insolvenzplanverfahren gelten die Ausführungen zu Einzelunternehmen und Personengesellschaften [81] sinngemäß. Insbesondere gelten die von der Finanzverwaltung gewährten Vergünstigungen für Sanierungsgewinne [82] auch für die Ermittlung der Körperschaftsteuer und Gewerbesteuer einer Kapitalgesellschaft.

### 4.3.3 Insolvenz der Kapitalgesellschaft auf der Ebene des Anteilseigners

#### 4.3.3.1 Anteile im Privatvermögen

Wird der Anteil an der Kapitalgesellschaft vom Gesellschafter im steuerlichen Privatvermögen gehalten, richten sich die Folgen der Insolvenz nach § 17 EStG, vgl. § 17 Abs. 4 Satz 1 EStG. Danach gehört zu den Einkünften aus Gewerbebetrieb auch der Gewinn aus der Veräußerung von Anteilen an einer Kapitalgesellschaft, wenn der Veräußerer innerhalb der letzten fünf Jahre am Kapital der Gesellschaft unmittelbar oder mittelbar zumindest mit 1 % beteiligt war. [83] Handelt es sich um eine normale Abwicklungsinsolvenz, in deren Rahmen der Insolvenzverwalter das vorhandene Vermögen der Kapitalgesellschaft versilbert und die dabei generierte Liquidität nach Begleichung der Verfahrenskosten und Masseschulden an die Insolvenzgläubiger verteilt, verliert der Anteilseigner regelmäßig seinen Anteil an der Kapitalgesellschaft. Insolvenzfälle, in denen der Anteilseigner noch eine Schlussauskehrung erhält, weil nach Begleichung sämtlicher Masseschulden und Insolvenzforderungen ein Liquiditätsüberschuss verbleibt, sind in der Praxis äußerst selten. Kommt es zu einer solchen Schlussauskehrung ist zu unterscheiden: Handelt es sich um eine Verteilung von „Dividenden" oder handelt es sich um eine Kapitalrückzahlung. Dies richtet sich primär nach den Verhältnissen auf der Ebene der Gesellschaft: Eine in diesem Sinne erfolgende Dividendenzahlung würde voraussetzen, dass der vorhandene Überschuss der Gesellschaft nach Begleichung sämtlicher Verbindlichkeiten höher ist als das Gesellschaftskapital. Ist dies der Fall, gehören die entsprechenden Zahlungen zu den Einkünften des Steuerpflichtigen i.S.d. § 20 EStG und sind nicht bei der Berücksichtigung eines Veräußerungs- bzw. Aufgabegewinnes i.S.d. § 17 EStG zu berücksichtigen.[84]

Kommt es zu einer niedrigeren „Schlussauskehrung", d.h. liegt lediglich eine Kapitalrückzahlung vor oder ist eine Schlussauskehrung nicht möglich, weil die Insolvenzmasse nicht ausreiche, um alle Insolvenzgläubiger zu befriedigen, ergibt sich für den Steuerpflichtigen ein einkommensteuerlich relevanter Vorgang i.S.d. § 17 EStG. In diesem Fall werden der erhaltenen Liquidationsauskehrung (im Regelfall Null) die Anschaffungskosten des Steuerpflichtigen,

---

[81] Vgl. Abschnitt 3.2.1.4.3.

[82] Vgl. BMF vom 27. März 2003, Fn 64.

[83] War der Gesellschafter zu weniger als 1 % beteiligt, könnten sich steuerliche Folgen allenfalls aus § 23 EStG ergeben. Da § 23 EStG jedoch voraussetzt, dass ein Veräußerungsgeschäft stattfindet, was im Rahmen der Insolvenz als Sonderfall der Liquidation nicht gegeben ist, bleibt der Verlust von Anteilen im Rahmen der Insolvenz von Kapitalgesellschaft bei Beteiligungen von Anteilseignern mit weniger als 1 % bei Beteiligung im Privatvermögen ohne steuerliche Auswirkungen.

[84] Zur Aufspaltung der Liquidationsauskehrung in Veräußerungspreis und Einkünfte aus Kapitalvermögen vgl. Ebeling in Blümich, ESt-Kommentar § 17, Rz 6260 ff.

die dieser einst für die Anteile (entweder durch Einzahlung von Kapital oder durch Bezahlung eines Kaufpreises beim Erwerb von Anteilen von Dritten) gegenübergestellt. Zu den Anschaffungskosten der Beteiligung zählen neben den Einzahlungen oder einem etwaigen Kaufpreis auch sog. nachträgliche Anschaffungskosten. Insbesondere werden als nachträgliche Anschaffungskosten auf eine Beteiligung auch Darlehen anerkannt, die der Gesellschafter der Gesellschaft aus Gründen, die im Gesellschaftsverhältnis liegen, ausgereicht hatte. Wird eine solche Darlehensforderung im Zusammenhang mit der Verschlechterung der wirtschaftlichen Situation der Kapitalgesellschaft wertlos, können sich entsprechende Anschaffungskosten im Rahmen des § 17 EStG ergeben. Allerdings will die Finanzverwaltung in Anlehnung an die entsprechende Rechtsprechung des BFH [85] nicht in jedem Fall eine Bewertung der entstandenen nachträglichen Anschaffungskosten mit dem Nennwert des Gesellschafterdarlehens zulassen. Wurde das Gesellschafterdarlehen nämlich zu einem Zeitpunkt hingegeben, zu dem eine Krise der Gesellschaft noch nicht bestand und vom Gesellschafter auch bei Eintritt der Krise stehengelassen, so sollen Anschaffungskosten nur in Höhe des gemeinen Wertes der Darlehensforderung im Zeitpunkt des Eintritts der Krise zu berücksichtigen sein[86]. Aufgrund der Krise der Gesellschaft dürfte der gemeine Wert unterhalb des Nennwertes des Darlehens, im Zweifel bei Null liegen. Eine Berücksichtigung als nachträgliche Anschaffungskosten scheidet in diesem Fall faktisch aus. Bestimmte Sondertypen von Gesellschafterdarlehen können jedoch in der Regel mit dem Nennwert zu nachträglichen Anschaffungskosten führen: Dies sind zum einen sog. Krisendarlehen, d.h. Darlehen, die der Gesellschafter nach Beginn und in Kenntnis der Krise des Unternehmens trotzdem zur Verfügung gestellt hat. [87] Hat der Gesellschafter das Darlehen zwar vor Beginn der Unternehmenskrise hingegeben, aber bei der Hingabe oder zu einem späteren Zeitpunkt, allerdings vor Eintritt der Krise erklärt, dass er das Darlehen auch in der Krise stehen lassen wird, so gilt auch für dieses Darlehen der Nennwert als Betrag der nachträglichen Anschaffungskosten. Ebenso kann auch ein sog. „Finanzplandarlehen" in voller Höhe des Nennwertes zu nachträglichen Anschaffungskosten führen, wenn deutlich gemacht werden kann, dass das Darlehen von vornherein in die Finanzplanung der Gesellschaft in einer Weise einbezogen wurde, dass die zur Aufnahme der Geschäfte erforderliche Kapitalausstattung durch eine Kombination von Eigen- und Fremdkapital erreicht werden sollte.

Sinngemäß gelten die vorstehenden Ausführungen nicht nur für Gesellschafterdarlehen sondern auch für vom Gesellschafter gegenüber anderen Gesellschaftsgläubigern hingegebene Bürgschaften, für die er im Vorfeld der Insolvenz oder nach Eintritt der Insolvenz in Anspruch genommen wird. Die hingegebene Bürgschaft ist ebenfalls daraufhin zu untersuchen, mit welchem Betrag sie zu nachträglichen Anschaffungskosten auf die Beteiligung führt.

Beispiel: Beginn der Unternehmenskrise (im hier unterstellten Idealfall eindeutig bestimmbar) 1. April 2002, Eröffnung des Insolvenzverfahrens 30. September 2003, Hingabe der Bürgschaft 30. Juni 2001. Folge: Stehenlassen der „Bürgschaft" in der Krise des Unternehmens führt dazu,

---

[85] Vgl. BMF-Schreiben (koordinierter Ländererlass) vom 8. Juni 1999, BStBl. 1999 I, S. 545.

[86] Vgl. BFH, BStBl. II 1999, S. 339. Der BFH greift bei der von ihm entwickelten Rechtsprechung zur Berücksichtigung von Gesellschafterdarlehen und Bürgschaften auf die zivilrechtlichen Kategorien des Eigenkapitalersatzrechtes zurück, vgl. Schmidt/Weber-Grellert, EStG-Kommentar, § 17 Rz. 170 ff.

[87] Vgl. BFH a.a.O. (FN 86).

dass bei späterer Inanspruchnahme nicht der Nennwert sondern der gemeine Wert der Rückgriffsforderung gegen das Unternehmen im Zeitpunkt des Eintrittes der Krise maßgeblich ist.[88]

Von besonderer Bedeutung im Zusammenhang mit der Insolvenz von Kapitalgesellschaften ist die Frage, ob die Inanspruchnahme eines Gesellschafters, der gleichzeitig Geschäftsführer der GmbH war, für Steuerschulden im Wege der steuerlichen Haftung gemäß § 34 i.V.m. § 69 AO zu nachträglichen Anschaffungskosten auf die Beteiligung führen kann. [89] Dies setzt voraus, dass die entsprechenden Aufwendungen weder Werbungskosten (bei einer anderen Einkunftsart) noch Veräußerungskosten darstellen. Sofern also nach den tatsächlichen Verhältnissen die haftungsbegründende Pflichtverletzung des Gesellschafter-Geschäftsführers nicht von dem Ziel geprägt war, seinen Arbeitsplatz als Geschäftsführer zu erhalten, sondern von der Absicht getragen wurde, die GmbH als solche zu erhalten, liegen nachträgliche Anschaffungskosten i.S.d. § 17 EStG auch vor, wenn eine Haftungsschuld gegenüber dem Gesellschafter-Geschäftsführer vom Finanzamt geltend gemacht (und zumindest später auch beglichen) wird. [90]

Ob letzten Endes tatsächlich der beim Gesellschafter entstandene Verlust bei der Einkommensteuerveranlagung geltend gemacht werden kann, hängt gemäß § 17 Abs. 2 Satz 4 EStG noch von zusätzlichen weiteren Voraussetzungen ab. Ein Veräußerungsverlust darf nämlich dann nicht berücksichtigt werden, wenn er auf Anteile entfällt, die

a) der Steuerpflichtige innerhalb der letzten fünf Jahre unentgeltlich erworben hatte (es sei denn, der Rechtsvorgänger hätte anstelle des Steuerpflichtigen den Veräußerungsverlust geltend machen können),

b) zwar entgeltlich erworben wurden, aber nicht innerhalb der gesamten letzten fünf Jahre zu einer Beteiligung des Steuerpflichtigen von mindestens 1 % gehört haben, es sei denn, die Anteile wurden innerhalb der letzten fünf Jahre erst erworben und der Erwerb hat zur Begründung oder zur Erhöhung einer mindestens 1 %igen Beteiligung geführt.

Schließlich ist noch der Zeitpunkt der Entstehung eines Verlustes i.S.d. § 17 EStG im Zusammenhang mit der Insolvenz einer Kapitalgesellschaft umstritten. Nach der Rechtsprechung des BFH[91] kann der Verlust erst berücksichtigt werden, wenn feststeht, ob und in welcher Höhe ein beteiligter Gesellschafter noch mit einer Zuteilung bzw. Rückzahlung von Vermögen der Gesellschaft rechnen kann. Dies ist bei Ablehnung des Insolvenzverfahrens mangels Masse regelmäßig der Zeitpunkt der Verfahrensabweisung [92]. Im eröffneten Insolvenzverfahren soll der Zeitpunkt der Berücksichtigung jedoch regelmäßig erst beim Abschluss des Insolvenzverfahrens liegen.[93] Im konkreten Fall dürfte der Zeitpunkt, zu dem tatsächlich nicht mehr mit einer Auskehrung zu rechnen ist und damit der Veräußerungsverlust feststeht, schwer zu ermitteln sein. Der Gesellschafter wird bestrebt sein, den Verlust möglichst frühzeitig geltend zu

---

[88] Vgl. BFH vom 6. Juli 1999, GmbH-Rundschau 1999, S. 1302 mit Anmerkungen von Hoffmann.
[89] Vgl. zustimmend Schmidt /Weber-Grellert EStG-Kommentar, § 17 Rz 176.
[90] Vgl. BFH vom 12. Oktober 1999, BFH-NV 2000, S. 561, vgl. Niedersächsisches Finanzgericht vom 8. August 2001, EFG 2003, S. 309 (Revision eingelegt VIII-R-8/02).
[91] Vgl. BFH-Urteil vom 12. Oktober 1999, BFH-NV 2000, S. 561 n.w.N.
[92] Vgl. BFH V R 18/94, BStBl. II 1999, S. 344.
[93] Vgl. BFH VIII R 63/98, BStBl. II 2000, S. 343.

machen. Dies ist auch im Hinblick darauf ratsam, dass bei einem zu langen Abwarten mit der Geltendmachung eines möglichen Verlustes gemäß § 17 EStG die „richtige" frühere Zuordnung möglicherweise aus verfahrensrechtlichen Gründen (Ablauf der Festsetzungsfrist bzw. Aufhebung eines Vorbehalts der Nachprüfung) verwehrt ist. Da die Zuordnung eines Veräußerungsverlustes zu einem bestimmten Veranlagungszeitraum nicht im Ermessen des Steuerpflichtigen steht, sondern nach den vorstehend genannten Grundsätzen zwingend zu erfolgen hat, besteht hier das Risiko, dass sich das Finanzamt bei zu langem Abwarten auf einen früheren Zeitpunkt beruft, sodass die Geltendmachung des Verlustes im Endeffekt verwehrt bleibt.

Schließlich ist darauf hinzuweisen, dass nach Einführung des Halbeinkünfteverfahrens Veräußerungsgewinne oder –verluste gemäß § 17 EStG, gemäß § 3 Nr. 40 bzw. gemäß § 3c Abs. 2 EStG jeweils nur zur Hälfte steuerwirksam werden. Dies bedeutet, der Verlust, den ein Steuerpflichtiger gemäß § 17 erleidet, wirkt sich nur hälftig bei der Einkommensbesteuerung aus.

### 4.3.3.2 Anteile an der Kapitalgesellschaft werden im Betriebsvermögen gehalten

#### 4.3.3.2.1 Anteile gehören zum Betriebsvermögen einer Personenhandelsgesellschaft oder eines Einzelunternehmens

Werden die Anteile an der insolventen Kapitalgesellschaft nicht im Privatvermögen sondern im Betriebsvermögen gehalten, richten sich die Rechtsfolgen nicht nach § 17 EStG sondern nach den §§ 4, 5 EStG. [94]

Es gelten zunächst die allgemeinen bilanzsteuerrechtlichen Gewinnermittlungsvorschriften in Bezug auf die Geschäftsanteile. Regelmäßig dürfte eine Beteiligung an einer Kapitalgesellschaft im Anlagevermögen des bilanzierenden Steuerpflichtigen auszuweisen gewesen sein. [95] Da Beteiligungen an Kapitalgesellschaften zwar regelmäßig zum Anlagevermögen gehören, jedoch keiner Abnutzung unterliegen, sind sie mit den ursprünglichen Anschaffungs- und Herstellungskosten zu bilanzieren. Darüber hinaus können Teilwertabschreibungen in Frage kommen, wenn der Wert der Beteiligung voraussichtlich dauerhaft sinkt, § 6 Abs. 1 Nr. 2 Satz 2 EStG. Aufgrund der Insolvenzsituation der Gesellschaft dürfte regelmäßig eine Teilwertabschreibung der Beteiligung auf den Wert, der der eventuell zu erwartenden Schlussauskehrung an den Anteilseigner entspricht [96], vorzunehmen sein. Oft wurde jedoch bereits im Vorfeld der Insolvenz aufgrund des wirtschaftlichen Niederganges der Beteiligungsgesellschaft eine Abwertung der Beteiligung vorgenommen.

Nach den Grundsätzen des Halbeinkünfteverfahrens sind Wertminderungen von Beteiligungen an Kapitalgesellschaften nicht vollständig bei der Steuerveranlagung der Anteilseigner zu berücksichtigen. Auch hier gilt gemäß § 3c Abs. 2 EStG, dass Betriebsvermögensminderungen im Zusammenhang mit einer Beteiligung an einer Kapitalgesellschaft nur zur Hälfte bei der Besteuerung der Anteilseigner bzw. des bilanzierenden Unternehmers zu berücksichtigen sind.

---

[94] Vgl. Schmidt/Weber-Grellert, EStG-Kommentar, § 17 Rz 12.
[95] War die Beteiligung nicht auf Dauer angelegt, ist ein Ausweis im Umlaufvermögen vorzunehmen, was jedoch für die hier zu betrachtenden Fragen zu keinen anderen Ergebnissen führt.
[96] In der Regel Null.

Wurden an die Not leidende Beteiligungsgesellschaft Darlehen ausgereicht, so dürfte auch unter der Geltung des Halbeinkünfteverfahrens eine erforderliche Teilwertabschreibung auf die Gesellschafterdarlehen im Gegensatz zu einer Teilwertabschreibung auf den Beteiligungswertansatz weiter vollständig steuerlich abziehbar sein.[97] Denn die mit dem Gesellschafterdarlehen grundsätzlich zu erwirtschaftenden Zinserträge gehören nicht zu den in § 3 Nr. 40 EStG genannten Einkünften. Ob sich diese dem Schrifttum zum § 3c Abs. 1 entliehene Auffassung jedoch auch für Fälle halten lassen wird, in denen ein Gesellschafterdarlehen nach Eintritt der Unternehmenskrise hingegeben wird, erscheint fraglich. Denn in diesen Fällen dürfte von vornherein feststehen, dass Zinserträge aufgrund der bestehenden Krisensituation weder ausgezahlt werden können, noch ausgezahlt werden dürfen (vgl. § 32 a GmbHG). Hier könnte somit ein wirtschaftlicher Zusammenhang mit beabsichtigten Dividendeneinkünften aus der Beteiligung leichter unterstellt werden als bei einem normal verzinslichen Gesellschafterdarlehen, das außerhalb der Krise gewährt wird.

#### 4.3.3.2.2 Anteile gehören zum Betriebsvermögen einer Kapitalgesellschaft

Wird die Beteiligung an der insolventen Kapitalgesellschaft im Betriebsvermögen einer anderen Kapitalgesellschaft gehalten, so besteht seit der Unternehmenssteuerreform 2000/2001 grundsätzlich ein vollständiges Abzugsverbot für Teilwertabschreibungen auf diese Beteiligung, vgl. § 8 b, Abs. 3 KStG. Hieran ändert sich auch nichts nach der mit dem sog. „Gesetz zur Umsetzung der Protokollerklärung der Bundesregierung zur Vermittlungsempfehlung zum Steuervergünstigungsabbaugesetz" (sog. Korb II-Gesetz) veränderten Behandlung des Betriebsausgabenabzuges im Zusammenhang mit Beteiligungen an anderen Kapitalgesellschaften. Denn in § 8 b Abs. 3 Satz 3 KStG ist klargestellt, dass von der Neuregelung das Abzugsverbot für Gewinnminderungen durch Veräußerungsverluste und Teilwertabschreibungen, die mit dem Anteil an einer anderen Kapitalgesellschaft in Zusammenhang stehen, unberührt bleibt.

Da sich das Abzugsverbot jedoch nur auf Gewinnminderungen durch die Beteiligungen an anderen Kapitalgesellschaften bezieht, bleibt grundsätzlich eine Teilwertabschreibung von Forderungen (z.B. Darlehensforderungen) an die insolvente Tochterkapitalgesellschaft möglich. Fraglich kann jedoch sein, ob das Darlehen vor Geltendmachung der entsprechenden Teilwertabschreibung auf den Darlehensbetrag nicht möglicherweise auf die Beteiligung an der Kapitalgesellschaft „umzubuchen" war. Dies kann insbesondere dann der Fall sein, wenn die beteiligte Kapitalgesellschaft zur Unterstützung ihrer Tochtergesellschaft auf ihre Forderung verzichtete. In diesem Fall führt der Erlass der Darlehensforderung in Höhe des im Zeitpunkt des Erlasses noch werthaltigen Teils der Forderung zu einer Erhöhung der Anschaffungskosten der Beteiligung an der anderen Kapitalgesellschaft.[98] Eine spätere Abschreibung auf den so erhöhten Buchwert der Beteiligung an der Tochterkapitalgesellschaft wäre nicht mehr steuerwirksam.

---

[97] Vgl. Haep in Herrmann/Heuer/Raupach, Sonderband Steuerreform, § 3c Anm. R 14.
[98] Vgl. Crezelius in Schmidt/Uhlenbruck, Die GmbH in Krise, Sanierung und Insolvenz, 2. Auflage 1999, Rz 496.

# Insolvenz und Sanierung am Beispiel des Herlitz-Konzerns

Rolf Rattunde

## 1   Einleitung

Nach der Insolvenzrechtsreform bedeutet Insolvenz nicht länger nur Zerschlagung; Sanierung findet nicht notwendig außerhalb der Insolvenz statt. Neuerdings werden Insolvenzverfahren zunehmend als Sanierungsverfahren erkannt. Statt die Insolvenz zu verhindern, gilt es zukünftig, die Möglichkeiten der Insolvenz zu nutzen. Es gilt: Sanierung durch Insolvenz. Dies entspricht dem Willen des Gesetzgebers, der den Erhalt des schuldnerischen Unternehmens ausdrücklich als ein Ziel des Insolvenzverfahrens vorsieht. Nach Inkrafttreten der Insolvenzordnung sind die Strukturen des Insolvenzrechts sanierungsfreundlich. Gelingt es, die Sanierungsmittel des Insolvenzrechts frühzeitig und effektiv zu nutzen, hat das Insolvenzverfahren als Sanierungsverfahren eine echte Chance. Es gilt, ein positives Insolvenzklima zu schaffen, durch das sich alle an der Unternehmenssanierung Beteiligten früh auf den Eintritt der Insolvenz einstellen und gemeinschaftlich ein Sanierungskonzept erarbeiten können. Maßgeblich für ein positives Insolvenzklima und einen späteren Sanierungserfolg ist eine gelungene Kommunikation zwischen den Beteiligten: Zwischen Gläubigern und Schuldnern, mit dem Gericht und dem Insolvenzverwalter. Das eine Sanierung eines Großkonzerns durch Insolvenz Erfolg verspricht, zeigt das Beispiel des Berliner Herlitz-Konzerns. In diesem Fall konnte erstmalig ein Großunternehmen durch Insolvenzpläne erfolgreich saniert werden.

## 2   Insolvenzverfahren nach der Insolvenzrechtsreform

Insolvenzverfahren dienen der Befriedigung der Gläubiger durch Verwertung des Schuldnervermögens, § 1 S. 1 1. Var. InsO. Primärziel der Insolvenz ist die Haftungsverwirklichung. Nach alter Rechtslage wurden Insolvenzverfahren ausschließlich im Wege der Gesamtvollstreckung abgewickelt. Unternehmen werden zerschlagen, um für die bestmögliche Befriedigung der Gläubiger zu sorgen, die Haftung für Verbindlichkeiten durchzusetzen, die Rechte der Berechtigten, der Sicherungsgläubiger zu schützen und eine geordnete Abwicklung eines Unternehmens zu gewährleisten. Die Gesamtvollstreckung verursacht in vielen Fällen Schäden. Es wird der Unternehmenswert zerstört, die Zerschlagungserlöse liegen unter den Fortführungswerten.

Durch die Insolvenzrechtsreform hat das Insolvenzrecht nunmehr einen Sanierungsauftrag, § 1 S. 1 2. Var. InsO. Schon der vorläufige Insolvenzverwalter soll das Unternehmen des Schuldners fortführen (§ 21 InsO), der Insolvenzverwalter möge es sanieren. Hierbei hilft ihm das Insolvenzgeld, das die Arbeitnehmer in Höhe ihres Nettogehalts für maximal drei Monate vom Arbeitsamt erhalten (§ 183 Abs. 1 S. 1 SBG III). Das Insolvenzgeld lässt sich vorfinanzieren. Sein Einsatz zu Sanierungszwecken ist insolvenzrechtlich anerkannt, vgl. § 55 Abs. 3 InsO.

Die Insolvenzordnung erkennt die übertragende Sanierung eines Unternehmens an, § 162 InsO. Ferner hat der Gesetzgeber mit der Eigenverwaltung (§§ 270 ff. InsO) ein eigenes Sanierungsverfahren in die Insolvenzordnung aufgenommen, angelehnt an die überkommene Vergleichsordnung, den Zwangsvergleich der Konkursordnung und chapter 11 des US-Bankruptcy-Code.

Mit der Insolvenzordnung hat der Gesetzgeber die Risiken einer außergerichtlichen Sanierung verschärft. Die außergerichtliche Sanierung soll auf aussichtsreiche Fälle beschränkt werden. Verspricht sie keinen Erfolg, ist die Geschäftsleitung gehalten, so schnell wie möglich Insolvenzantrag zu stellen. Unmittelbar nach Eintritt von Zahlungsunfähigkeit und Überschuldung besteht bei Kapitalgesellschaften die Pflicht zur Insolvenzantragstellung, vgl. § 64 Abs. 1 GmbHG, § 92 Abs. 1 AktG. Nach neuer Rechtslage treten die Insolvenzgründe frühzeitig ein. Zahlungsunfähigkeit im Sinne des § 17 InsO liegt schon dann vor, wenn auch nur kleine Teile fälliger Verbindlichkeiten nicht bezahlt werden können. Auf die bisher anerkannten Merkmale der Dauer des Zahlungsunvermögens, der „Wesentlichkeit" der Schuldendeckung und der ernstlichen Einforderung kommt es nicht mehr an. Auch die drohende Zahlungsunfähigkeit ist nunmehr gem. § 18 InsO Insolvenzgrund und berechtigt den Schuldner selbst zur Antragstellung. Überschuldung gem. § 19 InsO tritt nahezu immer ein, wenn die Fortführung des Unternehmens bis zum Ende des nächsten Geschäftsjahres ernstlich zweifelhaft geworden ist. Dann muss der Geschäftsführer zu Zerschlagungswerten bilanzieren. Auf diese Weise führt er eine rechnerische Überschuldung herbei, die die sofortige Insolvenzantragspflicht nach sich zieht.

In ihrer Neufassung sind die Insolvenzgründe für alle Beteiligten evident und deshalb ex post ohne weiteres beweisbar. Dies führt dazu, dass Verletzungen der Insolvenzantragspflicht weitreichende haftungs- und strafrechtliche Konsequenzen nach sich ziehen. Bestrafungen wegen Insolvenzverschleppung, Lieferantenbetrug, häufig auch Untreue oder Beitragsvorenthaltung mehren sich. Spiegelbildlich haften die verantwortlichen Geschäftleitungsorgane zivilrechtlich auf Schadensersatz (§ 823 BGB), auf Erstattung zwischenzeitlich geleisteter Zahlungen (z.B. § 64 GmbHG) oder der Verfahrenskosten (§ 26 InsO). Daneben kommt es zu einer zivil- und strafrechtlichen Haftung der Berater des Unternehmens wegen Beihilfe (§ 17 StGB) und als Gesamtschuldner (§ 840 BGB).

## 3  Sanierung durch Insolvenz

### 3.1  Sanierungskonzepte

Die Insolvenzordnung sieht drei konzeptionelle Möglichkeiten einer Unternehmenssanierung vor: Die übertragende Sanierung, das Insolvenzplanverfahren und die Eigenverwaltung.

Der statistisch häufigste Fall ist die übertragende Sanierung, der „asset-deal". Hierbei werden die betriebsnotwendigen Vermögensgegenstände des Schuldnerunternehmens auf einen Investor übertragen, ohne dass die Verbindlichkeiten übergehen, wodurch der bilanzielle Sanierungserfolg erreicht wird. Den Käufern fließt über den Kaufpreis der Unternehmenswert als Insolvenzquote zu. Vorteile bietet die übertragende Sanierung, weil Kosten, Dauer und Liquidität definiert sind. Zudem besteht – im Unterschied zur Sanierung außerhalb der Insolvenz - keine Haftung des Erwerbers für die Insolvenzforderungen: §§ 25, 29 HGB, § 75

keine Haftung des Erwerbers für die Insolvenzforderungen: §§ 25, 29 HGB, § 75 AO gelten nicht bei einer Betriebsveräußerung durch den Insolvenzverwalter. Die überwiegende Zahl von Sanierungsfällen wird daher mittels übertragender Sanierung gelöst. Eine übertragende Sanierung scheidet aus, wenn kein Investor vorhanden ist, ein Mensch Restschuldbefreiung benötigt oder wenn das Unternehmen wegen seiner Größe, immaterieller Wirtschaftsgüter, zahlreicher Vertragsverhältnisse unübertragbar ist.

Soll gleichwohl nicht zerschlagen werden, steht in diesen Fällen das Insolvenzplanverfahren (§§ 217 ff. InsO) als Sanierungsinstrument zur Verfügung. Der Insolvenzplan saniert den Unternehmensträger, nicht das Unternehmen. Insolvenzpläne sind bislang Ausnahmeerscheinungen geblieben. Der Grund hierfür liegt darin, dass der Einsatz des Insolvenzplanverfahrens nur schwer berechenbar ist. Unsicher ist die Dauer des Verfahrens, die notwendige Liquidität und die Frage nach einer Einigung mit den Gläubigern. Gesetzlich vorgeschriebene Fristen, Termine und Formvorschriften müssen zudem eingehalten werden. All dies erzeugt bei den Beteiligten Mißtrauen vor der Durchführung eines Planverfahrens. Dies ist bedauerlich, denn der Insolvenzplan bietet viele Vorteile. So hat der Insolvenzverwalter im Rahmen des Planverfahrens beispielsweise die Möglichkeit, obstruktive Gläubiger aufgrund des Mehrheitsprinzips zum Konsens zu zwingen. Ein erfolgreiches Planverfahren setzt vor allem Folgendes voraus: Ein schnelles Verfahren, ausreichende Liquidität und eine umfassende Vorbereitung im Vorfeld der Insolvenz. Wünschenswert ist eine frühzeitige Kommunikation zwischen den Beteiligten: Absprachen mit dem Management, den Banken, Lieferanten, mit dem Gericht und dem (zukünftigen) Verwalter. Funktioniert die Zusammenarbeit, kann früh mit der Erarbeitung eines Sanierungskonzepts begonnen werden, in das die Vorstellungen aller Beteiligten einfließen.

Die Insolvenzordnung kennt als drittes Sanierungsinstrument die Eigenverwaltung, §§ 270 ff. InsO. Die Insolvenzen einiger Großunternehmen wie etwa der Babcock Borsig AG oder der Kirch Media KGaA haben die Eigenverwaltung populär gemacht. Gleichwohl ist sie in der Rechtspraxis Ausnahme. Bei der Eigenverwaltung ist der Schuldner selbst – wenn auch unter der Aufsicht eines Sachwalters – berechtigt, die Insolvenzmasse zu verwalten und zu verfügen. Für den Gemeinschuldner und seine Geschäftsführer bietet die Eigenverwaltung einen psychologischen Reiz: Stellt er frühzeitig (§ 18 InsO) Insolvenzantrag, behält er seinen Platz im Unternehmen. Bedeutung kann die Eigenverwaltung erlangen, wenn es auf die besondere Sachkunde und das Branchenwissen des Schuldners ankommt. Wird tatsächlich frühzeitig Insolvenzantrag gestellt oder ist das Unverschulden des Managements am Insolvenzgrund plausibel, wird auch nicht der befürchtete „Bock zum Gärtner" gemacht. Das die Eigenverwaltung bislang nur in seltenen Fällen eingesetzt wurde, liegt am Bedenken der Beteiligten (der Richter riskiert Haftung, der Verwalter Teile seines Honorars) und dem System, Sanierungs- und Zerschlagungsfälle gleich zu behandeln. Anders in den USA, wo in den Chapter 7 (Liquidations-) Fällen der Insolvenzverwalter die Regel ist und in den Chapter 11 (Sanierungs-) Fällen die Eigenverwaltung. Im schnellen Insolvenzplanverfahren ist die Anordnung der Eigenverwaltung zumeist überflüssig. Die Geschäftsleitung verbleibt nach erfolgreicher Verfahrensbeendigung ohnehin in ihren Posten und dem Insolvenzverwalter gelingen Verhandlungen mit dem Ziel kurzfristiger Sanierungserfolge häufig besser als der Geschäftsleitung. Nachteil der Eigenverwaltung ist ihre Zerbrechlichkeit. Im Eröffnungsbeschluss kann sie nicht angeordnet werden, wenn auch nur ein Gläubigerantrag gestellt ist und der Gläubiger mit der Eigenverwaltung nicht einverstanden ist, vgl. § 270 Abs. 2 Nr. 2 InsO. Jeder Insolvenzgläubiger unabhängig von der Größe seiner Forderung hat es also in der Hand, die Eigenverwaltung durch entsprechende Antragstellung und Widerspruch zu verhindern.

## 3.2 Sanierungsinstrumente

Die insolvenzrechtlichen Sanierungsinstrumente sind nur in der Insolvenz einsetzbar, setzen also eine Insolvenz voraus. Wirtschaftlicher Zweck des Insolvenzverfahrens ist die Vermögensverwertung, die durch das Insolvenzrecht rechtlich ermöglicht werden muss. Aus diesem Grund sind Insolvenzverwalter in der Lage, alle Rechtsbeziehungen des Unternehmens unmittelbar zu beenden.

Der Verwalter hat daher instrumentell die Möglichkeit, praktisch jeden Vertrag des Schuldners zu beenden, §§ 103 ff. InsO. Für das Unternehmen ungünstige oder gar existenzvernichtende Verträge kann er kündigen. Dies führt dazu, dass langfristige Mietverträge nicht erfüllt werden müssen; Lieferbeziehungen, die Verluste mit sich bringen, beendet werden können. Das Kündigungsrecht des Verwalters trifft auf nur wenige Beschränkungen; zu nennen ist etwa der Bestandsschutz für Mieter in vermieteten Objekten, § 108 Abs. 1 InsO. Den Sanierungszweck behindern diese Beschränkungen nicht: Vermietete Objekte werden unter Ertragsgesichtspunkten behalten oder verkauft. Übt der Verwalter sein Kündigungsrecht aus, bleibt die andere Vertragspartei auf ihre Schadensersatzansprüche verwiesen, die sie nur als Insolvenzforderung zur Tabelle anmelden kann, § 108 InsO.

Spezialfall insolvenzrechtlicher Sanierungsinstrumente sind die Vorschriften des Insolvenzarbeitsrechts. Sie geben dem Insolvenzverwalter die Möglichkeit einer Unternehmenssanierung innerhalb kurzer Zeit durch Personalabbau unter vereinfachten Bedingungen. Die Zwänge des deutschen Arbeitsrechts, des Betriebsverfassungsrechts, des Tarifrechts und des Kündigungsschutzes erfahren in der Insolvenz eine grundlegende Modifikation. Gesetzlich und tariflich geschützte, auch unkündbare Arbeitsverhältnisse lassen sich vom Verwalter mit einer drei-Monats-Frist nach § 113 ABs. 1 InsO beenden. Mit dem Betriebsrat kann der Verwalter einen Interessenausgleich und einen Sozialplan abschließen. Dieser muss eine Namensliste derjenigen Personen enthalten, von denen man sich im Interesse einer „ausgewogenen Personalstruktur" (§ 125 ABs. 1 Nr. 2 InsO) trennen will. Der Umfang eines Sozialplans ist durch § 123 InsO der Höhe nach auf 2 ½ Monatslöhne und maximal ein Massedrittel beschränkt. Das hat zur Folge, dass der Personalabbau auf diesem Wege meist finanzierbar ist. Kündigungsschutzklagen von Arbeitnehmern, die vom Insolvenzverwalter aufgrund einer Namensliste entlassen werden, sind erheblich erschwert, weil im Arbeitsgerichtsprozess vermutet wird, dass die Kündigung berechtigt war.

Die Anfechtungsmöglichkeiten des Insolvenzrechts (§§ 129 ff. InsO) sind ferner Sanierungsinstrumente. Sie bieten die Möglichkeit, nachteilige Handlungen aus der Zeit vor der Insolvenz und ungerechtfertigte Vermögensverschiebungen zu korrigieren. Weitere Gestaltungsmöglichkeiten bietet das ansonsten eher sanierungsfeindliche Steuerrecht.

## 3.3 Voraussetzungen eines Sanierungskonzepts

Damit die Insolvenz als Sanierungschance genutzt werden kann, ist es erforderlich, sie anders zu behandeln als Zerschlagungsinsolvenzen. Ob eine Sanierung möglich und Erfolg versprechend ist, muss so früh wie möglich festgestellt und darf nicht dem Zufall überlassen werden. Bedeutsam ist dies für eine frühzeitige Erarbeitung eines Sanierungskonzepts. Ein gelungenes Sanierungskonzept beruht nach den Erfahrungen des Verfassers vor allem auf drei Voraussetzungen: Dem positiven Insolvenzklima, der Auswahl eines sanierungsbereiten Verwalters und der Kommunikation zwischen den Beteiligten.

Ein positives Insolvenzklima entsteht, wenn die an der Unternehmenssanierung Beteiligten ihr Verhalten frühzeitig, möglichst vor Eintritt der Zahlungsunfähigkeit, auf den Eintritt der Insolvenz einstellen, etwa durch einen frühen Insolvenzantrag (§ 18 InsO). Hinzu kommen muss die Bereitschaft der Beteiligten, einer Sanierung aufgeschlossen gegenüberzustehen und die rechtlichen und wirtschaftlichen Möglichkeiten eines Insolvenzverfahrens vorzubereiten und gemeinschaftlich ein Sanierungskonzept zu erstellen. Wichtig ist, dass nicht alle Beteiligten von der Insolvenz überrascht werden. Frühzeitige Sanierungsüberlegungen, auch mit dem Gericht und dem (späteren) Verwalter sowie bedeutenden Gläubigern, erzeugen ein positives Insolvenzklima und versprechen Sanierungserfolge.

Die Auswahl des richtigen Verwalters ist gerade in Sanierungsfällen entscheidend. Seine Aufgabe ist es schon als vorläufiger Verwalter, das schuldnerische Unternehmen fortzuführen (§ 22 Abs. 1 Nr. 2 InsO). Der endgültige Verwalter muss ein Sanierungskonzept entwickeln und durchsetzen. Hierzu gehört es, zur Fortführung des Betriebs die Liquidität zu sichern, z.B. in Form von Massekrediten, Insolvenzgeldfinanzierungen oder der Inanspruchnahme von Sicherheiten. Hierfür braucht er das besondere Vertrauen der Kreditgeber oder Berechtigten. Nach Verfahrenseröffnung hat der Verwalter die Pflicht zur Durchführung des gerichtlichen Verfahrens mit der Wahrnehmung von Terminen, der Tabellenführung und der Berichts- und Rechnungslegungspflicht. Er muss be- und verwerten, Verträge erfüllen und kündigen, steuerliche, sozialrechtliche, handels- und arbeitsrechtliche Pflichten erfüllen. Hierbei haftet er persönlich (§ 60 InsO). Da er alle Beteiligten mit ihren unterschiedlichen Interessen in das Verfahren einbinden muss, wird von ihm nicht nur Kompetenz, sondern vor allem auch Akzeptanz verlangt.

Die Auswahl des richtigen Verwalters steht seit längerer Zeit in der insolvenzrechtlichen Diskussion. Die Anforderungen des § 56 InsO, eine „für den jeweiligen Einzelfall geeignete, insbesondere geschäftskundige und unabhängige natürliche Person" zu finden, sind in Sanierungsverfahren zu konkretisieren. Ideen, die Beauftragung von Verwaltern nach Verfahrenslisten vorzunehmen, sollten nicht verwirklicht werden. Eine Verwalterauswahl, die nicht nur formal, sondern auch inhaltlich zufrieden stellend ist, können die Beteiligten mit einem offenen Gespräch unter Einschluß von Gericht und Verwalterprätendanten erreichen. Auf diese Weise ist es möglich, die Interessen der Kreditgeber wegen des Massekredits, der Banken wegen ihrer Sicherheiten und des Schuldners in das Sanierungsergebnis einzubeziehen.

Da Sanierung auf Konsens beruht, ist Kommunikation zwischen den Beteiligten der wesentliche Erfolgsgrund einer Sanierung. Unstimmigkeiten, persönliche Eitelkeiten und Konflikte können durch frühzeitige Gespräche zwischen wesentlichen Gläubigern, Gericht und Verwalterprätendent vermieden werden. Eine gelungene Kommunikation führt dazu, dass ein

Sanierungskonzept gemeinschaftlich und unter Berücksichtigung aller Interessen erarbeitet werden kann.

## 4 Der Fall Herlitz

Die Erfahrungen des Verfassers und seiner Kollegen im Insolvenzverfahren Herlitz haben bewiesen, dass es innerhalb kürzester Zeit möglich ist, einen Großkonzern mittels Insolvenzplänen erfolgreich zu sanieren.

### 4.1 Unternehmensprofil und Verfahrensverlauf

Der Herlitz-Konzern ist Europaweit Marktführer auf dem Gebiet von Papier-, Bürobedarfs- und Schreibwaren. Er besteht aus einer börsennotierten Holding-Gesellschaft, der Herlitz AG, mit zahlreichen Konzerntöchtern, u.a. der Herlitz PBS AG, bei der das operative Geschäft liegt, mit Standorten in Berlin, Falkensee, Brandenburg und im Ausland. Im Jahr 2001 erzielte das Unternehmen einen Umsatz von 438 Mio. €; im Konzern waren ca. 3000 Mitarbeiter beschäftigt. Die Ursache für die Insolvenz lag u.a. darin, dass sich der Konzern mit Immobilieninvestitionen übernommen hatte. Am 03.04.2002 stellte der Vorstand beim Amtsgericht Charlottenburg Insolvenzantrag (AZ 109 IN 1653/02 sowie 109 IN 1654/02). Durch ein Massedarlehen der 15 Gläubigerbanken konnte der am 17.04.2002 zum starken vorläufigen Verwalter bestellte Peter Leonhardt, Sozius des Verfassers, einen Liquiditätsplan erstellen, der eine Fortsetzung des Betriebes für rund ein Quartal sichert. Die Insolvenzpläne wurden am 05.06.2002 unmittelbar nach Eröffnung des Verfahrens bei Gericht eingereicht. Sie hatten einen Umfang von je (nur) 30 Seiten, von denen der darstellende Teil, in dem das Unternehmen beschrieben wird, rund 20 Seiten ausmacht. Der gestaltende Teil legt die Regelungen fest, welche für die insgesamt sieben Gläubigergruppen im Einzelnen gelten. Zum Plan gehören neun Anlagenordner, die ebenfalls beim Amtsgericht zur Einsichtnahme hinterlegt wurden. Insgesamt sind etwa 1000 Forderungen mit einem Gesamtvolumen von etwa 300 Mio. € zur Insolvenztabelle angemeldet und geprüft und mit einer Quote zwischen 0 % bei Konzerntöchtern, nachrangigen Gläubigern u.a. bis zu 10 % bei den nicht-nachrangigen Gläubigern bedient worden. Am 15.07.2002, also sechs Wochen nach Verfahrenseröffnung, fand die Gläubigerversammlung, der Prüfungs-, Erörterungs- und der Abstimmungstermin statt. In diesem Termin ist der Insolvenzplan zu 100 % bestätigt worden. Ende August 2002 wurde die Planbestätigung rechtskräftig – es wurde keine Beschwerde eingelegt – und das Verfahren aufgehoben. Die Überwachung der Planerfüllung endet am 31.03.2004.

### 4.2 Die Herlitz-Insolvenzpläne

Ein Insolvenzplan besteht gem. § 219 InsO aus dem darstellenden und dem gestaltenden Teil, dem die in den §§ 229, 230 InsO genannten Anlagen beizufügen sind.

Im darstellenden Teil wird beschrieben, welche Maßnahmen nach Eröffnung des Insolvenzverfahrens getroffen worden sind oder noch getroffen werden sollen, um die Grundlage für die geplante Gestaltung der Rechte der Beteiligten zu schaffen. Der darstellende Teil der Herlitz-Insolvenzpläne hat einen Umfang von jeweils etwa 20 Seiten. Inhaltlich beschreibt er die rechtlichen, wirtschaftlichen und steuerlichen Verhältnisse des Herlitz-Konzerns. Hierzu zählt eine Übersicht über die Ertragslage und die Erfolgsfaktoren, die Vermögens- und Finanzlage sowie über die wesentlichen Verträge des Unternehmens. Es folgt die Abbildung des Sanierungskonzepts mit den geplanten leistungswirtschaftlichen und bilanziellen Sanierungsmaßnahmen. Den Abschluß des darstellenden Teils bilden die einzelnen Gläubigergruppen, deren Rechte durch die Maßnahmen des Plans beeinflusst werden.

Der gestaltende Teil der Insolvenzpläne mit einem Umfang von jeweils etwa zehn Seiten legt die Änderung der Rechte je Gläubigergruppe fest. Gleichzeitig verweist er auf sonstige vorzunehmende Maßnahmen wie etwa die Kreditverlängerung der Konsortialbanken und die Planüberwachung. Insgesamt bestanden beide Insolvenzpläne aus jeweils nur 30 Seiten. Die Einzelheiten des Konzerns finden sich in den neun Anlagenordnern zum Insolvenzplan. Die wesentliche Zusammenfassung im Sinne des § 235 Abs. 3 S. 2 InsO passt auf zwei Seiten – ein Blatt – und blieb bis zum Schluss unverändert.

§ 222 Abs. 1 InsO bestimmt, dass bei der Festlegung der Rechte der Beteiligten im Insolvenzplan Gruppen zu bilden sind. Die Verfasser der Herlitz-Insolvenzpläne haben insgesamt sieben Gäubigergruppen statuiert.

Überlegungen, die Einteilung der Gruppen mit Rücksicht auf Mehrheitsverhältnisse und zu erwartende Zustimmungen zu wählen, haben sich letztlich als nicht erforderlich erwiesen. Die Insolvenzpläne wurden von allen Gläubigergruppen bestätigt.

### 4.3 Umsetzung der Insolvenzpläne

Die Ausarbeitung der Planentwürfe begann *sofort*. Obwohl der Plan dem zuständigen Gericht erst mit eröffnetem Verfahren vorgelegt werden kann, war es förderlich, einen Planentwurf bereits in der Zeit der vorläufigen Verwaltung an die wesentlichen Gläubigergruppen zu verteilen. Diese Gläubiger haben die Planentwürfe und grundsätzlichen Sanierungsziele von Anfang an akzeptiert. Der Teufel steckte in der Detailarbeit: Die wesentlichen Gläubigergruppen, vertreten durch Rechtsberater und selbst oft an interne Vorschriften gebunden, brachten fortwährend z.T. kollidierende Änderungsvorschläge ein. Diesen wurde nach Möglichkeit Rechnung getragen.

Die Gläubiger erhielten die wesentliche Zusammenfassung der Pläne (vgl. § 235 Abs. 3 InsO), um alle Gläubiger über die Planverfahren zu informieren. Dem überwiegenden Teil der Gläubiger genügte dies. Rückfragen oder Änderungsvorschläge kamen von kaum einem der Kleingläubiger. Die Zusammenfassung war so formuliert, dass eine Änderung des Planentwurfs nicht mehrfach mitgeteilt werden musste. Nach Verfahrenseröffnung hatte jeder interessierte Gläubiger ohnehin die Möglichkeit, die Insolvenzpläne samt Anlagen auf der Geschäftsstelle des zuständigen Amtsgerichts einzusehen. Die endgültige zweite Fassung der Insolvenzpläne erhielten die Beteiligten bei der Gläubigerversammlung ausgehändigt.

Mit wesentlichen Gläubigern fand eine stetige Diskussion über die Pläne statt. Zahlreiche Änderungsvorschläge führten zu fortlaufender Aktualisierung. Für die Kommunikation zwischen Planerstellern und Gläubigern war es hilfreich, dass das Gericht sofort nach Antragstellung einen vorläufigen Gläubigerausschuss konstituierte, um auf die konkreten Bedürfnisse der wesentlichen Gläubiger einzugehen. Die Planautoren konnten auf diese Weise der Obstruktion entgegentreten. Informationsdefizite sind Einfallstore für obstruierende Gläubiger. Haben die wesentlichen Gläubiger die Möglichkeit zu Information, Diskussion und Änderungswünschen, wird das Risiko einer möglichen Obstruktion in der Gläubigerversammlung vermindert. Die endgültige Planfassung war das Ergebnis der Diskussionen. Das Abstimmungsergebnis bestätigte dies. Obstruktion und Rechtsbehelfe blieben - obwohl angekündigt - aus.

### 4.4 Verteilung

Die Gläubiger der Herlitz AG und der Herlitz PBS AG haben innerhalb der vorgeschriebenen Frist insgesamt etwa 1000 Forderungen mit einem Gesamtvolumen von ca. 300 Mio. € zur Insolvenztabelle angemeldet, die innerhalb der Wochenfrist des § 29 Abs. 1 S. 2 InsO geprüft wurden. Die größte Gruppe der absonderungsberechtigten Gläubiger hat ihre Sicherungsrechte im Wesentlichen behalten, die Kredite – soweit die Sicherung werthaltig war – dem Unternehmen weiterhin zur Verfügung gestellt, und erhielt im Übrigen wie institutionelle Gläubiger, verbundene Konzernunternehmen sowie die nachrangigen Gläubiger eine Quote von 0 %; die restlichen nicht-nachrangigen Gläubiger wurden bei der Herlitz PBS AG mit einer Quote von 10 % bedient.

### 5 Fazit

Die Insolvenz bietet Sanierungschancen. Erfahrungen aus der Insolvenzpraxis verdeutlichen, dass Sanierungserfolge von den dargestellten Faktoren, insbesondere von einem positiven Insolvenzklima, der richtigen Verwalterauswahl und einer gelungenen Kommunikation zwischen den Beteiligten abhängen. Gelingt das Zusammenspiel, verspricht die Sanierung durch Insolvenz einen Weg zur Reorganisation angeschlagener Unternehmen.

Der Herlitz-Konzern konnte durch zwei Insolvenzpläne saniert werden. Das Unternehmen blieb erhalten und Arbeitsplätze gesichert. Bestandteil der Planverfahren waren übertragende Sanierungen und Liquidationen oder Ausgliederungen von Konzerntöchtern. Dass das Planverfahren in diesem Fall die richtige Verfahrensart war, zeigt ein Vergleich mit einem möglichen Zerschlagungsfall: Der Veräußerungswert der Mobilien hätte sich bei Zerschlagung des Unternehmens von 84,2 Mio. auf 14,7 Mio. € reduziert. Damit wäre eine freie, für die Ausschüttung zur Verfügung stehende Masse in Höhe von lediglich etwa 3,9 Mio. € entstanden. Sonstige Masseverbindlichkeiten hätten lediglich in Höhe von 1 % bezahlt werden können; Insolvenzgläubiger wären vollständig leer ausgegangen. Die Sanierung durch einen Insolvenzplan hat den Gläubigern eine bessere Quote gesichert.

Der Fall Herlitz zeigt, dass eine Kombination verschiedener Sanierungsinstrumente sinnvoll und Erfolg versprechend ist: Die börsennotierte Konzernmutter sowie die wichtigste Konzerntochter wurden durch Insolvenzpläne saniert. Die weiteren zahlreichen Töchter wurden teilweise durch share-deal, zum Teil durch übertragende Sanierung, teilweise außergerichtlich saniert.

## Literatur

Smid, Stefan; Insolvenzordnung, 2. Aufl., Stuttgart Berlin Köln 2001.

Uhlenbruck, Wilhelm; Insolvenzordnung, 12. Aufl., München 2003.

Rattunde, Rolf; Sanierung von Großunternehmen durch Insolvenzpläne – Der Fall Herlitz, in: ZIP 2003, S. 596, 600.

Rattunde, Rolf; Sanierung durch Insolvenz, in: ZIP 2003.

Kirchhof, Hans-Peter, Lwowski, Hans-Jürgen, Stürner, Rolf (Hrsg); Münchener Kommentar zur InsO, Bd. 1, §§ 1-102, München 2001, Bd. 3, §§ 270-335, München 2003.

Pannen, Klaus, Füchsl, Josef, Rattunde, Rolf; Bemerkungen zur Insolvenzverwalterbestellung, in: ZInsO 2002, S. 414, 416.

Smid, Stefan, Rattunde, Rolf; Der Insolvenzplan, Stuttgart Berlin Köln 1998.

# Besonderheiten der Genossenschaftsinsolvenz

Jürgen Keßler, Anja Herzberg

## Abkürzungsverzeichnis

| | |
|---|---|
| a.F. | alte Fassung |
| AG | Aktiengesellschaft |
| BAKred | Bundesaufsichtsamt für das Kreditwesen |
| BGB | Bürgerliches Gesetzbuch |
| BGHZ | Entscheidungen des Bundesgerichtshofes in Zivilsachen (Band und Seite) |
| d.h. | das heißt |
| DStR | Deutsches Steuerrecht (Jahr und Seite) |
| DZWIR | Deutsche Zeitschrift für Wirtschafts- und Insolvenzrecht (Jahr und Seite) |
| EGInsO | Einführungsgesetz zur Insolvenzordnung |
| ff. | fortfolgende |
| GbR | Gesellschaft bürgerlichen Rechts |
| GenG | Genossenschaftsgesetz |
| gem. | gemäß |
| GmbH | Gesellschaft mit beschränkter Haftung |
| HGB | Handelsgesetzbuch |
| InsO | Insolvenzordnung |
| i.S. | im Sinne |
| i.V.m. | in Verbindung mit |
| KG | Kommanditgesellschaft |
| KWG | Gesetz über das Kreditwesen |
| oHG | Offene Handelsgesellschaft |
| RegE | Regierungsentwurf |
| RGBl. | Reichsgesetzblatt |
| RGZ | Amtliche Sammlung der Rechtsprechung des Reichsgerichtes in Zivilsachen (Band und Seite) |
| S. | Seite, Satz |
| ZfgG | Zeitschrift für das gesamte Genossenschaftswesen |
| ZIP | Zeitschrift für Wirtschaftsrecht |
| ZPO | Zivilprozessordnung |

## 1 Entwicklung der Genossenschaftsidee und heutige Bedeutung

In Deutschland existieren gegenwärtig ca. 9.000 Genossenschaften mit zusammen mehr als 10 Millionen Mitgliedern. Die wirtschaftspolitische Bedeutung der Genossenschaftsidee lässt sich nicht zuletzt an einer Gesamtbilanzsumme der Genossenschaftsbanken von über 150 Milliarden € und einem Jahresumsatz der Warengenossenschaften von rund 35 Milliarden € umfassende Rechtsgrundlage für genossenschaftliche Zusammenschlüsse.

Insolvenzen genossenschaftlicher Zusammenschlüsse waren vor 1990 eher die Ausnahme. So kam es von 1975 bis 1980 nur zu 48 Insolvenzen. Ab 1990 ist ein stetiger Anstieg zu verzeichnen, allein bis 1996 wurden etwa 484 Insolvenzen bekannt. Ursächlich für diese Zunahme sind vor allem die wirtschaftlichen Schwierigkeiten der Genossenschaften in den neuen Bundesländern, deren Anteil an den Genossenschaftsinsolvenzen ca. 92 % betrug.[1] Der aktuellste Fall ereignete sich im Oktober 2003 als die 1899 gegründete Berliner Konsumgenossenschaft Insolvenz wegen Zahlungsunfähigkeit anmelden musste, nachdem vorangegangene Sanierungsmaßnahmen gescheitert waren. Betroffen sind 190.000 Genossen mit einer Einlage von 57 Millionen €.

In der Insolvenz der Genossenschaft gelten grundsätzlich die allgemeinen Grundsätze und Regelungen der Insolvenzordnung. Diese treten jedoch dort zurück, wo sie durch die insolvenzrechtlichen Besonderheiten im GenG ergänzt oder gar abgeändert werden.

## 2 Begriff der Genossenschaft im Sinne des GenG

§1 I GenG definiert die Genossenschaft als „Gesellschaft von nicht geschlossener Mitgliederzahl, welche die Förderung des Erwerbes oder der Wirtschaft ihrer Mitglieder mittels gemeinschaftlichen Geschäftsbetriebes bezweckt". Mitglieder einer Genossenschaft können natürliche Personen, rechtsfähige Vereine, Aktiengesellschaften, Kommanditgesellschaften auf Aktien, Genossenschaften und Personengesellschaften, einschließlich der GbR[2] werden.[3] Genossenschaften können zu nahezu jedem beliebigen Zweck gegründet werden, solange dieser Zweck in der wirtschaftlichen Förderung ihrer Mitglieder besteht. Daneben finden gesetzliche Ausnahmeregelungen Anwendung, wonach bestimmte Tätigkeiten nicht in der Rechtsform der eingetragenen Genossenschaft geführt werden dürfen, wie beispielsweise der Betrieb einer Hypothekenbank oder einer Kapitalanlagegesellschaft.

Die Genossenschaft kann unter den gesetzlichen Voraussetzungen Gesellschafterin einer oHG, Komplementärin oder Kommanditistin einer KG sein. Sie darf außerdem Aktien oder

---

[1] Terbrack, Christoph (1999), S. 5.
[2] Siehe bereits BGH NJW 1992, S. 499 f und nunmehr BGHZ 146, S. 341 ff, nach der der unternehmenstragenden GbR grundsätzlich rechts- und Parteifähigkeit zukommt.
[3] BerlKomm/Kern § 15 RN 1 ff; Müller, § 15 RN 8, 12.

GmbH-Anteile erwerben oder auch Mitglied anderer Genossenschaften oder Mitglied eines Idealvereins sein.[4]

Vorbehaltlich der durch das Genossenschaftsrecht angeordneten Besonderheiten, ist die Genossenschaft Kaufmann kraft Rechtsform, § 17 II GenG. Aufgrund ihrer eigenen Rechtspersönlichkeit kann die Genossenschaft unter ihrem Namen klagen und verklagt werden, sie kann Inhaberin dinglicher Rechte sein und ist als juristische Person körperschafts-, gewerbe- und umsatzsteuerpflichtig.

Dem Vorstand, als gesetzlichen Vertreter der Genossenschaft, obliegt die Geschäftsführung. Der Aufsichtsrat fungiert als Kontrollorgan, in der Generalversammlung wiederum werden die Rechte der Genossen ausgeübt, § 43 GenG. Beschlüsse im Rahmen der Generalversammlung werden nicht nach Kapitalanteilen entschieden, sondern nach Köpfen. Jedes Mitglied verfügt demzufolge in der Regel über eine Stimme, § 43 II GenG.

Die Genossenschaft ist in das Genossenschaftsregister des zuständigen Amtsgerichtes einzutragen. Kraft dieser Eintragung erstarkt sie zur juristischen Person. Von diesem Zeitpunkt ab beschränkt sich die Haftung gegenüber den Gläubigern auf das Genossenschaftsvermögen. (2 GenG)[5]. Die Geschäftsanteile, die jeder Genosse zu übernehmen hat, sind hinsichtlich Anzahl und Höhe nicht gesetzlich, sondern durch Satzung bestimmt.[6]

## 3 Vermögensordnung der Genossenschaft

Im Gegensatz zum Grundkapital der AG und dem Stammkapital der GmbH gibt es für die Genossenschaft wegen des Grundsatzes der Selbstverwaltung und Selbstverantwortung keine gesetzlichen Vorschriften über eine Mindesthöhe des Gründungskapitals. Der Gesetzgeber überlässt es den Gründern, welche Kapitalausstattung für angemessen gehalten wird, um ihren angestrebten Zweck erfüllen zu können.

Dem Anspruch auf Selbstbestimmung steht allerdings das Interesse möglicher Gläubiger entgegen, ihre Forderungen auch realisieren zu können. Der Gesetzgeber gewährt zwar weitgehende Freiheiten, lässt die Eintragung der Genossenschaft gem. § 11a GenG aber nur zu, wenn eine Beeinträchtigung der Gläubigerbelange nicht zu befürchten ist. Der Nachweis ist gegenüber dem Registergericht zu führen. In diesem Rahmen wird der zuständige Prüfungsverband eine gutachterliche Stellungnahme zum Vorhaben und der hierfür notwendigen Kapitalausstattung geben. In der Praxis sind die Gründer deshalb gezwungen, ihre Absichten dem Prüfungsverband offen zu legen, der nach seinem Ermessen eine Kapitalausstattung vorschlägt.[7]

---

[4] BerlKomm/Keßler § 1 RN 39 ff; Müller§1 RN 63.
[5] Vgl. BerlKomm/Keßler § 2 RN 1; BerlKomm/Kern RN 6 ff; zur Gründungsordnung der Genossenschaft siehe jetzt auch BGH NJW 2002, S. 824 f, hierzu: Keßler, Die Wohnungswirtschaft, Heft 8 2003, S. 78 ff, 81.
[6] BerlKomm/Kern § 10 RN.1.
[7] Glenk, Hartmut (1996), Rz. 95.

Im Wesen der Genossenschaft liegt es, dass alle Mitglieder gleiche Rechte und Pflichten haben, wobei die Satzung bei Vorliegen besonderer Umstände Ausnahmeregelungen vorsehen kann[8].

## 3.1 Geschäftsanteil, Geschäftsguthaben und Haftsumme

Der Geschäftsanteil bezeichnet den Betrag, mit dem sich ein Mitglied mit Einlagen an der Genossenschaft beteiligen kann (§ 7 Nr.1 GenG). Seit der Genossenschaftsnovelle von 1973 können sich Mitglieder mit mehr als einem Geschäftsanteil beteiligen, § 7a I GenG. Gem. § 7 Nr.1 GenG ist der Betrag des Geschäftsanteils in der Satzung festzulegen. Grundsätzlich muss der Betrag des Geschäftsanteils für alle Mitglieder gleich sein.[9]

Als Pflichtanteil (Pflichtbeteiligung) wird die Anzahl der Anteile bezeichnet, die gem. § 7a Abs. 2 GenG von einem Mitglied mindestens übernommen werden müssen. Während der Geschäftsanteil die maximale Beteiligungsmöglichkeit ausdrückt, beziffert die Mindesteinlage den Betrag der Einzahlung auf den Geschäftsanteil, zu welcher jeder Genosse verpflichtet ist (§ 7 Nr.1 GenG). Das GenG schreibt lediglich eine Untergrenze von 1/10 des Geschäftsanteils vor.

Das Geschäftsguthaben wiederum beziffert das tatsächliche Guthaben des einzelnen Genossen. Die Einzahlungen auf den Geschäftsanteil werden vermehrt um zugeschriebene Gewinnanteile und vermindert um abgeschrieben Verlustanteile. Die Summe der einzelnen Geschäftsguthaben repräsentiert das wirkliche Vermögen der Genossenschaft. Im Rahmen des Gläubigerschutzes verbietet § 22 IV GenG Auszahlungen des Geschäftsguthabens vor dem Ausscheiden des Genossen.

## 3.2 Gesetzliche Rücklage und die Haftung für Gesellschaftsverbindlichkeiten

Gem. § 7 Nr.2 GenG verlangt der Gesetzgeber die Bildung einer Rücklage zur Deckung bilanzieller Verluste. Dabei bestimmt das GenG keinen Mindestbetrag, jedoch muss das Genossenschaftsstatut angeben, wie und in welcher Höhe die gesetzliche Rücklage gebildet werden soll, insbesondere welcher Teil des Jahresüberschusses in die Rücklage einzustellen ist.[10] Neben Teilen des Gewinns können auch andere Leistungen, wie Beitrittsgelder oder Vereinsstrafen der gesetzlichen Rücklage zugeführt werden[11]. Freiwillige Rücklagen können in der Satzung vorgesehen oder durch Beschluss der Generalversammlung gebildet werden.

§ 2 GenG beschränkt die Haftung gegenüber den Gläubigern der Genossenschaft auf das Vermögen derselben. Eine unmittelbare Haftung der einzelnen Genossen mit ihrem Privatvermögen ist ausgeschlossen, unabhängig von der satzungsmäßigen Ausgestaltung der Nachschuss-

---

[8] Keßler, Der genossenschaftliche Gleichbehandlungsgrundsatz im Recht der Wohnungsgenossenschaften, in: Keßler (Hrsg.), Genossenschaftliches Nutzungsverhältnis und Mietrecht, 2003, S. 33 ff.
[9] RGZ 64, 187; v. ausführlich: BerlKomm/Keßler §§ 6, 7 RN 12 ff, 14.
[10] BerlKomm/Keßler §§ 6, 7 RN 27 f.
[11] Müller § 7 RN 70; a.A.: Beuthien § 7 RN 16.

pflicht. Die Pflicht zur Leistung von Nachschüssen besteht gegenüber der Genossenschaft, nicht aber gegenüber den Gläubigern.[12]

## 4 Eröffnungsvoraussetzungen des Insolvenzverfahrens

Auf das Insolvenzverfahren über das Vermögen einer eingetragenen Genossenschaft finden die Vorschriften der Insolvenzordnung uneingeschränkt Anwendung, soweit sich nicht aus den §§ 98 ff. GenG etwas anderes ergibt[13].

Die Eröffnung des Insolvenzverfahrens führt zur Beschlagnahme der Insolvenzmasse, die Verfügungsbefugnis über das Vermögen geht mit Verfahrenseröffnung auf den Insolvenzverwalter über, § 80 I InsO. Zusätzlich wird nach Eröffnung des Verfahrens ein Vollstreckungsverbot nach § 89 InsO erlassen. Die Gläubiger können während der Dauer des Verfahrens weder in die Insolvenzmasse noch in das freie Vermögen des Schuldners vollstrecken.[14] Gem. § 102 I S1 GenG ist die Eröffnung des Insolvenzverfahrens von Amts wegen in das Genossenschaftsregister einzutragen. Die Eröffnung des Insolvenzverfahrens über das Vermögen einer eingetragenen Genossenschaft führt zur Auflösung derselben nach § 101 GenG. Die werbende Genossenschaft wird zur Abwicklungsgesellschaft.

Die Organe der Genossenschaft bleiben unverändert bestehen und soweit nicht Verwaltungs- und Verfügungsrechte des Insolvenzverwalters entgegenstehen, hat der Vorstand seine Aufgaben weiterhin wahrzunehmen, insbesondere auch die Pflichten zu erfüllen, die ihm im Insolvenzverfahren nach der InsO oder dem GenG obliegen.[15]

### 4.1 Insolvenzfähigkeit

Gem. § 17 GenG ist die eingetragene Genossenschaft juristische Person und somit nach § 11 I S. 1 InsO insolvenzfähig. Auch die Vorgenossenschaft ist insolvenzfähig. Dies resultiert aus dem Umstand, dass eine Vorgenossenschaft bereits einen körperschaftlich organisierten Verband darstellt.[16] Genossenschaften, deren Statut mit Fehlern behaftet ist, sind ebenfalls insolvenzfähig. Ihre Insolvenzfähigkeit richtet sich nach den Grundsätzen für die aufgelöste Genossenschaft, § 97 I GenG. Ebensowenig schließt die Auflösung einer eingetragenen Genossenschaft ihre Insolvenzfähigkeit aus. Diese erlischt erst mit Vollbeendigung der Genossenschaft, d.h. wenn die Vermögensverteilung vollzogen wurde.

---

[12] Klunzinger, Eugen (2002), S. 292; BerlKomm/Keßler § 2 RN 2 f.
[13] BerlKomm/Hunscha Vor §§ 98 ff RN 1 f.
[14] Terbrack, Christoph (1999), S. 47.
[15] Scheibner, Uwe (1999), S. 454.
[16] Terbrack, Christoph (1999), S. 21.

## 4.2 Eröffnungsantrag

Für die eingetragene Genossenschaft postuliert § 99 GenG die Antragspflicht des Vorstandes. Wird die Genossenschaft zahlungsunfähig oder besteht Überschuldung, so sind die Mitglieder des Leitungsorgans zur Stellung eines Insolvenzantrages verpflichtet. Dabei trifft die Verpflichtung entsprechend § 15 Abs.1 InsO jedes Vorstandsmitglied ohne Rücksicht auf die statuarische Ausgestaltung der Vertretungsbefugnis[17]. Bei einer aufgelösten Genossenschaft liegt die Verantwortung in den Händen der Liquidatoren. Die Antragstellung hat ohne schuldhaftes Zögern, spätestens jedoch innerhalb von drei Wochen nach Eintritt des Insolvenzgrundes zu erfolgen. Maßgeblich sind insofern das objektive Vorliegen der Insolvenzreife sowie deren Erkennbarkeit; auf die tatsächliche Kenntnis der Vorstandsmitglieder vom Insolvenzgrund kommt es demgegenüber nicht an[18]. Die Gegenauffassung[19] verkennt, dass die Mitglieder des Vorstands sowie die Liquidatoren die Verpflichtung trifft, die Vermögens- und Liquiditätslage der Genossenschaft fortlaufend zu beobachten und sich gegebenenfalls durch Aufstellung eines Vermögensstatus Kenntnis zu verschaffen[20].

Zwar trifft den Aufsichtsrat, keine Antragspflicht, jedoch hat er auf die Stellung des Insolvenzantrags durch den Vorstand hinzuwirken, sobald die Voraussetzungen der Eröffnung eines Insolvenzverfahrens vorliegen, §§ 41, 34 I Abs. 2 GenG.[21]

Verletzen die Vorstandsmitglieder oder Liquidator schuldhaft die ihnen obliegenden Antragspflichten, so ist dies nicht nur gem. § 148 I Nr. 2 GenG strafbar, sondern kann auch zu Schadensersatzansprüchen führen. Die Antragspflichtigen haften den Gläubigern für den Schaden, den diese durch die pflichtwidrige schuldhafte Verzögerung der Antragstellung erlitten haben[22].

## 4.3 Eröffnungsgründe für das Insolvenzverfahren

Die Eröffnung des Insolvenzverfahrens bedingt notwendig das Vorliegen eines Eröffnungsgrundes. Eröffnungsgrund ist wie nach allgemeinem Recht nach wie vor die Zahlungsunfähigkeit gem. § 17 InsO. Auch die drohende Zahlungsunfähigkeit gem. § 18 InsO ist für alle Genossenschaften unabhängig von ihrer Haftform Eröffnungsgrund. Unterschiede ergeben sich beim Insolvenzgrund der Überschuldung. Nach § 98 GenG ist bei der Genossenschaft abweichend von § 19 InsO die Überschuldung nur dann uneingeschränkt Eröffnungsgrund, wenn es sich um eine Genossenschaft ohne Nachschusspflicht handelt oder die Genossenschaft aufgelöst ist. Bei Genossenschaften mit beschränkter Nachschusspflicht stellt die Überschuldung hingegen nur dann einen Insolvenzgrund dar, wenn die Überschuldung ein Viertel des

---

[17] BerlKomm/Hunscha § 99 RN 51
[18] BerlKomm/Hunscha, a.a.O. RN 59 ff; Scholz/Karsten Schmidt § 64 RN 13, 18; Lutter/Hommelhoff § 64 RN 26.
[19] Terbrack, Christoph (1999), S.34; Beuthien §§ 99 RN 4; Schulze-Osterloh, AG 1984, S. 141 ff, 143.
[20] BerlKomm/Hunscha § 99 RN 61.
[21] BerlKomm/Hunscha § 99 RN 53.
[22] Siehe ausführlich: BerlKomm/Keßler Anhang § 34 RN 5 ff; BerlKomm/Hunscha § 99 RN 63.

Gesamtbetrages der Haftsummen aller Genossen übersteigt (§ 98 Nr. 1 GenG). Bei Genossenschaften mit unbeschränkter Nachschusspflicht kommt die Eröffnung des Insolvenzverfahrens wegen Zahlungsunfähigkeit nicht in Betracht.[23]

Nach § 104 GenG a.F. war bei Eröffnung des Konkursverfahrens über das Vermögen einer Genossenschaft die Generalversammlung ohne Verzug zur Beschlussfassung einzuberufen, ob die bisherigen Mitglieder des Vorstandes und des Aufsichtsrates beizubehalten oder andere Organmitglieder zu bestellen sind.[24] Durch Art. 49 Nr. 21 EGInsO wurde diese Verpflichtung aufgehoben. § 104 GenG a.F. wurde entbehrlich, da der Vorstand im Vorfeld der Insolvenz ohnehin verpflichtet ist, bei Verlust der Hälfte der Geschäftsguthaben und Rücklagen die Generalversammlung einzuberufen, § 33 Abs. 3 GenG[25].

## 5 Nachschüsse als Teil der Insolvenzmasse

Hinsichtlich des zur Befriedigung der Gläubiger bestimmten Vermögens ergeben sich im Rahmen der Genossenschaftsinsolvenz spezifische Unterschiede gegenüber dem Recht der Kapitalgesellschaften. Dies gilt vor allem hinsichtlich der statuarischen Nachschusspflicht. Bei der Genossenschaft zählen zur Insolvenzmasse zunächst neben den im Zeitpunkt der Verfahrenseröffnung tatsächlich verfügbaren Aktiva die rückständigen Pflichteinzahlungen sowie die Ansprüche aus § 73 Abs. 2 GenG, welche der Insolvenzverwalter nach Verfahrenseröffnung einzuziehen hat. Hiervon gilt es, die gem. § 105 GenG zur Insolvenzmasse zu leistenden Nachschüsse zu unterscheiden. Während sich die Einziehung der zur Insolvenzmasse gehörenden Ansprüche nach den allgemeinen Regelungen der InsO bestimmt, gelten hinsichtlich der zu leistenden Nachschüsse die spezielleren Normen der §§ 105 ff. GenG.

Die Nachschusspflicht betrifft die Verpflichtung der Mitglieder gegenüber der Genossenschaft, im Falle der Eröffnung des Insolvenzverfahrens über das genossenschaftliche Vermögen an die Insolvenzmasse Nachschüsse zu leisten, soweit die Insolvenzgläubiger aus dem bei Verfahrenseröffnung vorhandenen und dem später zur Insolvenzmasse fließenden Vermögen sowie aus dem zur Befriedigung der Insolvenzgläubiger zur Verfügung stehenden insolvenzfreien Vermögen nicht befriedigt werden konnten.[26] Sobald das Insolvenzverfahren eröffnet wurde, stehen die statuarisch vorgeschriebenen Nachschüsse nicht mehr zu Disposition der Genossen, d.h. Satzungsänderungen bezüglich der Ermäßigung oder Aufhebung der Nachschusspflicht kommen nicht mehr in Betracht

Die Nachschusspflicht hat in bestimmtem Umfang die Funktion des Betriebskapitals. Sie bietet der Genossenschaft die Möglichkeit, den Rahmen ihrer wirtschaftlichen Belastbarkeit unter Einschluss der Nachschusspflicht festzulegen. Die Nachschusspflicht wirkt wie aufschiebend bedingtes Eigenkapital und erhöht so die Kreditwürdigkeit, ohne dass die Mitglieder das

---

[23] BerlKomm/Hunscha § 98 RN 3; Hirte, Heribert (2000), S. 638.
[24] Hirte, Heribert (2000), S. 640.
[25] Siehe hierzu: BerlKomm/Kühnberger § 33 RN 5 ff.
[26] Müller, Klaus (2000), Rz. 2 zu §105 GenG.

erforderliche Betriebskapital aufbringen müssen. Besonders deutlich wird dies durch die Regelung des § 10 Abs. 2 Nr. 3 KWG, wonach die Nachschusspflicht mit Abschlägen in das haftende Eigenkapital einbezogen wird. Die Genossen übernehmen so eine ihrem Leistungsvermögen angepasste Garantie für das zu beschaffende Fremdkapital, ähnlich einer Bürgschaft, die zugleich das Eigeninteresse des Genossen an einer wirtschaftlich gesunden Genossenschaft weckt und damit die Bereitschaft, das Unternehmen durch persönlichen Einsatz und die Inanspruchnahme der genossenschaftlichen Leistungsangebote zu fördern.[27]

## 5.1 Voraussetzungen der Entstehung

Die Nachschusspflicht ist Ausfluss der Mitgliedschaft in der Genossenschaft[28]. Dies bedeutet, dass der wirksame Beitritt zur Genossenschaft essenzielle Voraussetzung ihrer Entstehung ist. Darüber hinaus bedingt die Nachschusspflicht gem. § 105 Abs.1 GenG die Eröffnung des Insolvenzverfahrens.[29] Dabei kann die Heranziehung der Mitglieder zu Nachschüssen selbstverständlich nur erfolgen, soweit die Satzung der Genossenschaft eine Nachschusspflicht vorsieht, § 6 Nr. 3 GenG.

Liegen diese Voraussetzungen vor, so sind die Genossen zur Zahlung von Nachschüssen verpflichtet, wenn das vorhandene Vermögen der Genossenschaft nicht ausreicht, die Ansprüche der Massegläubiger zu befriedigen lassen oder die bei der Schlussverteilung zu berücksichtigenden Forderungen der Insolvenzgläubiger nicht beglichen werden können (§ 105 Abs. 1 S. 1 GenG). Darüber hinaus kann ein Insolvenzplan im gestaltenden Teil gleichfalls die Verpflichtung der Mitglieder zur Leistung von Nachschüssen vorsehen (§ 105 Abs.1 S. 2 GenG).

Dabei ist strittig, wie die genossenschaftliche Nachschusspflicht rechtsdogmatisch einzuordnen ist. Nach vorherrschender Auffassung[30] besteht vor der Eröffnung des Insolvenzverfahrens noch keine rechtlich gesicherte Verpflichtung. Insofern handele es sich lediglich um eine tatsächliche Aussicht auf Inanspruchnahme, nicht jedoch um eine rechtlich voll ausgereifte und inhaltlich bestimmte Nachschusspflicht der Mitglieder, der als subjektives Recht ein entsprechender Nachschussanspruch der Genossenschaft gegenübersteht.

Dies ergebe sich notwendig aus dem Umstand, dass vor der Eröffnung des Insolvenzverfahrens eine inhaltliche Konkretisierung der Nachschusspflicht fehle, da sich erst mit der Verfahrenseröffnung aus der Höhe des sich zu diesem Zeitpunkt ergebenden Fehlbetrages der eigentliche Inhalt der Leistungspflicht ergebe.

Nach anderer Auffassung[31] sind Umfang und Inhalt der Nachschusspflicht mit dem Beitritt zur Genossenschaft im Lichte der statuarischen Vorgaben hinreichend konkretisiert, sodass demzufolge von einer aufschiebend bedingten Forderung gesprochen werden könne. Demzufolge

---

[27] Glenk, Hartmut (1996), Rz. 520.
[28] BGHZ 41,71.
[29] RGZ 85, 210.
[30] Müller § 105 RN 8, Hirte, Heribert (2000), S. 64; RGZ 85, S. 209 ff, 212; BGHZ 41 , S. 71 ff, 78; insoweit offen: OLG Oldenburg NJW 1963, S. 1551 f, 1552.
[31] Beuthien/Titze, (2002), S. 1119.

habe das Mitglied bereits mit seinem Beitritt die inhaltlich hinreichend bestimmbare und nur noch vom Eintritt des Insolvenzfalls und der Nachschussberechnung abhängige Verpflichtung übernommen, bis zur Höhe der Haftsumme mit seinem Vermögen für die Befriedigung der Gläubiger einzustehen. Insofern bilde die Nachschusspflicht eine aufschiebend bedingte Forderung i.S.d. § 158 I BGB im Vermögen der Genossenschaft.

Dieser Ansicht kann nicht gefolgt werden. Ein bedingtes Forderungsrecht ist nur anzunehmen, soweit das Recht der Genossenschaft zur Einforderung des Nachschusses vom ungewissen Eintritt eines künftigen tatsächlichen Ereignisses abhängt. Insofern bemerkt Müller[32] zu Recht, dass sich der Leistungsinhalt der Nachschusspflicht erst aus dem im Zeitpunkt der Verfahrenseröffnung bestehenden Fehlbetrag ergebe. Ein bedingtes Forderungsrecht kann deshalb vor Verfahrenseröffnung nicht bestehen. Demzufolge kann eine Nachschußforderung auch nicht im Rahmen eines Insolvenzverfahrens über das Vermögen eines Genossen berücksichtigt werden, da zukünftige Forderungen nicht im Insolvenzverfahren geltend gemacht werden können. Darüber hinaus kann die Nachschussforderung auch nicht als ein der Pfändung unterliegender Vermögensgegenstand gem. §§ 828 ff. ZPO qualifiziert werden.

### 5.2 Nachschusspflichtige Genossen

Für die Verbindlichkeiten der Genossenschaft haftet den Gläubigern gem. § 2 GenG nur deren Vermögen. Sollten die Gläubiger in der Insolvenz der Genossenschaft nicht befriedigt werden, bestimmt das Statut, ob die Genossen Nachschüsse zur Insolvenzmasse unbeschränkt, beschränkt auf eine Haftsumme oder überhaupt nicht zu leisten haben (§ 6 Nr. 3 GenG).

Nach Eröffnung des Insolvenzverfahrens kommen weder Austritte aus der Genossenschaft noch die Neuaufnahme von Mitgliedern in Betracht; der Mitgliederbestand wird vielmehr „eingefroren". Gleiches gilt hinsichtlich der Übernahme weiterer Geschäftsanteile[33]. Nachschusspflichtig werden alle Genossen, die zum Zeitpunkt der Eröffnung des Insolvenzverfahrens der Genossenschaft angehören. Voraussetzung ist folglich, dass die Mitgliedschaft wirksam erworben wurde und in der Zwischenzeit nicht erloschen ist.

Dies betrifft auch die zu Unrecht in der Mitgliederliste gelöschten Genossen, da die Eintragung gem. §15 Abs. 2 GenG nur deklaratorischen Charakter besitzt. Folglich kann eine Nachschusspflicht auch nicht aus veranlasstem Rechtsschein begründet werden, wenn nicht tatsächlich die Mitgliedschaft in der Genossenschaft vorliegt.[34]

Nachschusspflichtig sind außerdem alle ausgeschiedenen Genossen, wenn die Genossenschaft innerhalb von sechs Monaten nach deren Austritt aufgelöst wird. Gem. § 75 S. 1 GenG gilt in diesem Falle das Ausscheiden als nicht erfolgt. Der Gesetzgeber wollte verhindern, dass sich Mitglieder durch einen kurzfristigen Austritt ihrer Nachschusspflicht im Falle der Liquidation oder der Insolvenz entziehen können[35]. Im Gegenzug nimmt das zunächst ausgeschiedene

---

[32] Müller, Klaus (2000), Rz. 5 zu § 105 GenG.
[33] RGZ 117, 116; BGH ZIP 1993, 1119; Keßler, Jürgen (2001), Rz. 1 zu § 75 GenG.
[34] RGZ 125, 150.
[35] Siehe ausführlich: BerlKomm/Keßler § 75 RN 1; BGH NJW 1993, S. 2534 f.

Mitglied auch wieder an der Verteilung der Rücklagen und des sonstigen Vermögens der Genossenschaft teil.[36] Ist ein Mitglied innerhalb von sechs Monaten nach seinem Ausscheiden erneut in die Genossenschaft eingetreten, besteht die Nachschusspflicht allerdings nur einmal, da eine Doppelmitgliedschaft ausgeschlossen ist.[37] Bei unterschiedlicher Höhe der Nachschusspflichten ist die höhere maßgeblich.

Noch früher ausgeschiedene Genossen, deren Ausscheiden innerhalb eines Zeitraums von 18 Monaten vor dem Antrag auf Eröffnung des Insolvenzverfahrens erfolgte, sind in den Grenzen der §§ 115b, 105 GenG ebenfalls nachschusspflichtig, allerdings nur nachrangig bis zur Höhe ihrer Haftsummen. Diese subsidiäre Nachschusspflicht besteht nur dann, wenn mit Sicherheit anzunehmen ist, dass die Insolvenzgläubiger auf andere Weise keine Befriedigung erlangen können. Die Beweislast darüber obliegt dem Insolvenzverwalter.[38]

Die Nachschusspflicht trifft auch den Erben des durch Tod ausgeschiedenen Mitgliedes. Nach § 77 Abs. 1 GenG geht mit dem Tod eines Genossen dessen Mitgliedschaft im Wege der Gesamtrechtsnachfolge auf die Erben über (§§ 1922 I, 1967 BGB) wobei nicht von Bedeutung ist, ob das Mitglied vor oder nach der Insolvenzeröffnung verstorben ist. Bestand im Zeitpunkt des Todes des Mitgliedes eine Nachschusspflicht, so trifft diese den Erben. Handelte es sich jedoch um eine auslaufende Mitgliedschaft nach §77 Abs.1 GenG kann die Haftung auf den Nachlass beschränkt werden (§§ 1975 ff., 1967 BGB)[39]. Im Fall der Fortsetzung der Mitgliedschaft nach § 77 Abs. 2 S. 1 GenG besteht diese Möglichkeit nicht[40]. War der Erbe bereits Mitglied der Genossenschaft, kann ihn darüber hinaus eine zusätzliche Nachschusspflicht treffen.[41]. Soweit ein Genosse durch Übertragung des Geschäftsguthabens ausgeschieden ist, haftet er subsidiär neben dem Erwerber für die Nachschüsse, zu deren Zahlung er ohne sein Ausscheiden verpflichtete gewesen wäre, § 76 Abs. 3 GenG.

### 5.3 Umfang der Nachschusspflicht

Der Umfang der Nachschusspflicht bestimmt sich anhand dreier Determinanten: dem Gesamtbetrag, der durch die Nachschüsse aufzubringen ist, dem Verteilungsmaßstab und der Höhe der Haftsumme jedes einzelnen Genossen. Gem. § 105 Abs. 1 GenG haben die Genossen Nachschüsse zu leisten sind, soweit die Ansprüche der Massegläubiger oder die bei der Schlußverteilung zu berücksichtigten Forderungen der Insolvenzgläubiger aus dem vorhandenen Vermögen der Genossenschaft nicht befriedigt werden konnten.

Dies betrifft sämtliche in das Schlussverzeichnis aufzunehmende, d.h. angemeldete Forderungen, nämlich solche, die im Prüfungstermin gem. § 178 InsO festgestellt sind, nachträglich festgestellte Forderungen sowie solche Forderungen die im Prüfungstermin bestrittenen und

---

[36] Hettrich, Eduard/Pöhlmann, Peter (2001), Rz.1 zu § 75 GenG.
[37] RGZ 141, 178.
[38] Hettrich,/Pöhlmann § 115b RN 1.
[39] BerlKomm/Keßler § 77 RN 6.
[40] BerlKomm/Keßler § 77 RN 13; Müller § 77 RN 17.
[41] BerlKomm/Keßler § 77 RN 11 f; Hettrich/Pöhlmann § 77 RN 6.

auch die nachträglich noch nicht festgestellten sind, soweit ein mit einer Vollstreckungsklausel versehener Schuldtitel, ein Endurteil oder ein Vollstreckungsbefehl vorliegt.[42] Neben den genannten Forderungen sind zudem die Massekosten und Masseschulden gem. §§ 54, 55 InsO einzubeziehen. Dazu gehören auch die Kosten des Nachschussverfahrens selbst, da diese ein Teil des Insolvenzverfahrens ist. Der Gesamtbetrag der Nachschüsse ergibt sich folglich aus dem Betrag, der zur Befriedigung der Insolvenz- und Massegläubiger noch aufzubringen ist, nachdem das Vermögen der Genossenschaft liquidiert und den Gläubigern zugeführt wurde.

### 5.4 Verteilungsmaßstab

Die Verteilung des Fehlbetrages auf die einzelnen Genossen erfolgt, soweit in der Satzung keine anderweitige Regelung trifft, nach Köpfen (§ 105 Abs. 2 GenG). Zulässig wäre auch eine Satzungsbestimmung, die eine Verteilung nach der Höhe des Geschäftsguthabens oder den Geschäftsanteilen vorsieht, denn die statutarischen Gestaltungsmöglichkeiten werden insofern nur durch das Gebot der Gleichbehandlung beschränkt. § 105 Abs. 3 GenG bestimmt zudem, dass Leistungspflichten unvermögender Genossen auf die leistungsfähigen Genossen zu verteilen sind. Das Unvermögen zur Leistung muss dabei im Zeitpunkt der Nachschussberechnung gem. § 114 GenG vorliegen. Die Beweislast trifft den Insolvenzverwalter.

Die sich aus § 105 Abs. 3 GenG ergebende Erhöhung der Nachschusspflicht ist keine Haftung für eine fremde Nachschußverbindlichkeit, sondern vielmehr eine Ausfallhaftung.[43] Die Möglichkeit eines Rückgriffs gegen die unvermögenden Mitglieder scheidet aus diesem Grund aus.[44]

Zu beachten ist jedoch, dass der auf den einzelnen Genossen entfallende Nachschussbetrag, einschließlich der Leistung aus § 105 Abs. 3 GenG, nur in Höhe seiner Haftsumme geltend gemacht werden kann. Die Haftsumme beschränkt den Nachschussanspruch gegen das Genossenschaftsmitglied.

### 5.5 Vorschussberechnung und Vorschusseinziehung

Für die Durchsetzung der Nachschusspflicht treffen die §§ 106 ff. GenG eine abschließende Regelung. Im Interesse einer zügigen Abwicklung des Insolvenzverfahrens soll das Nachschussverfahren sofort nach der Eröffnung des Insolvenzverfahrens eingeleitet werden. Im Zeitpunkt der Eröffnung kann jedoch noch kein abschließender Fehlbetrag benannt werden, der zur Deckung der Verbindlichkeiten durch die Nachschussleistungen aufgebracht werden muss. Aus diesem Grund wird der voraussichtliche Fehlbetrag im Zeitpunkt der Eröffnung des Verfahrens berechnet und im Umlageverfahren eingezogen.

Die Vorschussberechnung nach § 106 GenG ist zwingend vorgeschrieben und zwar ohne Rücksicht auf den vorliegenden Eröffnungsgrund. Dabei ist die Berechnung auf der Grundlage

---

[42] Müller § 105 RN 21.
[43] Müller § 105 RN 24a; Beuthien § 105 RN 11.
[44] BGHZ 41, 76.

der Vermögensübersicht nach § 153 InsO vorzunehmen. Sofern diese sowohl Fortführungs- als auch Stillegungswerte angibt, sind die Letzteren zugrunde zu legen (§ 106 Abs. 1 S2 GenG). Die sich aufgrund der Berechnung ergebenden Beträge sind auf die einzelnen namentlich zu bezeichnenden Genossen zu verteilen (§ 106 Abs. 2 S. 1 GenG). In die Vorschussberechnung sind auch diejenigen Genossen aufzunehmen, deren Ausscheiden nach § 75 GenG als nicht erfolgt gilt, einschließlich solcher Mitglieder, die durch Übertragung des Geschäftsanteils ausgeschieden sind und sowie die Erben eines Genossen, sofern diese für die Nachschusspflicht des Erblassers haften.[45] Unvermögende Genossen sind gleichfalls aufzunehmen, da nicht ausgeschlossen werden kann, dass zu einem späteren Zeitpunkt die Leistungsfähigkeit besteht.

Die Vorschussberechnung muss aufgrund ihres vorläufigen Charakters während des Insolvenzverfahrens laufend berichtigt und ergänzt werden (§ 113 GenG). Als Fehlbetrag ist der Betrag in der Vorschussberechnung anzusetzen, um den die Passivposten der Vermögensübersicht, unter Einschluß der Massekosten, die Aktivposten der Vermögensübersicht übersteigen. Der Gesamtbetrag, der als Vorschuss eingezogen werden soll, darf höher bemessen sein als der sich ergebende Fehlbetrag, da sich das Defizit durch Mindererlöse erhöhen kann oder sich einzelne Ansprüche als nicht durchsetzbar erweisen können. Der Vorschuss ist auf alle bezeichneten Genossen unter Berücksichtigung des in der Satzung vorgesehenen Verteilungsmaßstabes umzulegen, (§ 106 II GenG).[46]

Die Vorschussberechnung ist dem Insolvenzgericht mit dem Antrag einzureichen, diese für vollstreckbar zu erklären (§ 106 III S. 1 GenG). Dem Antrag ist eine beglaubigte Abschrift der Liste der Genossen und, sofern das Genossenschaftsregister nicht beim Insolvenzgericht geführt wird, des Statuts beizufügen (§ 106 Abs. 3 S. 2 GenG). Nach dem Vollzug der Schlussverteilung gem. § 196 InsO oder des Abschlusses der Verwertung der Insolvenzmasse nach Anzeige der Masseunzulänglichkeit gem. § 208 InsO kann der als Nachschuss aufzubringende Fehlbetrag endgültig berechnet werden. Dieser Aufgabe dient die Nachschußberechnung und -verteilung der §§ 114 ff. GenG.

## 5.6 Nachschussberechnung

Wie schon beschrieben, liegen der Vorschussberechnung Schätzungen zugrunde, weshalb der Insolvenzverwalter nach Beginn des Vollzuges der Schlussverteilung festzustellen hat, ob noch ein Fehlbetrag verbleibt, der durch die geleisteten Vorschüsse nicht gedeckt ist (§ 114 I S. 1 GenG.) Gleiches gilt für die Anzeige der Masseunzulänglichkeit, bei der eine Schlussverteilung nicht stattfindet.

Die Feststellung ist gem. § 114 Abs.1 S. 2 GenG auf der Geschäftsstelle des Insolvenzgerichts niederzulegen und hat Angaben zu enthalten, inwiefern die Mitglieder noch zu Nachschüssen herangezogen werden können oder ob die Haftsumme durch die geleisteten Vorschüsse bereits aufgezehrt worden ist, § 114 Abs. 2 GenG. Besteht kein Fehlbetrag oder ist die Nachschusspflicht ausgeschöpft, wird die Nachschussberechnung unterbleiben. Die Nachschuss-

---

[45] Müller § 106 RN 4.
[46] Hettrich/Pöhlmann § 107 RN 3.

berechnung richtet sich nach den §§ 106 bis 109, 111 bis 113 GenG, jedoch werden unvermögende Mitglieder nicht mehr berücksichtigt.

Nachdem die Nachschussberechnung für vollstreckbar erklärt worden ist, hat der Insolvenzverwalter den vorhandenen Bestand unverzüglich an die Gläubiger auszukehren (§ 115 I S. 1 GenG). Die eingezogenen Beträge sind nach Maßgabe des §203 InsO zu verteilen, soweit nicht im Rahmen des § 115a GenG eine Abschlagsverteilung im Hinblick auf die Länge des Insolvenzverfahrens und die Eindeutigkeit der Inanspruchnahme der Haftsummen angemessen erscheint. Die Nachtragsverteilung erfolgt aufgrund des Schlussverzeichnisses, ohne dass ein neues Einwendungs- oder Beschwerdeverfahren initiiert wird. Die Gläubiger, die in das Schlussverzeichnis nicht aufgenommen wurden, sind von der Nachtragsverteilung auszuschließen.[47] Nach § 115 Abs. 2 GenG sind jedoch die Anteile auf Forderungen zurückzubehalten, die am Prüfungstermin vom Vorstand oder den Liquidatoren bestritten worden sind. Betroffene Gläubiger können den Widerspruch nur im Wege der Klage ausräumen (§ 115 Abs. 2 S. 2, 3 GenG.) Die zur Befriedigung der Gläubiger nicht benötigten Mittel hat der Insolvenzverwalter an die Genossen zurückzuzahlen (§ 115 Abs. 3 GenG).

### 5.7  Erstattungsansprüche

Gem. § 105 Abs. 4 GenG sind Zahlungen, die Genossen über die von ihnen aufgrund ihrer Nachschusspflicht geschuldeten Beträge hinaus leisten, aus den Nachschüssen zu erstatten, nachdem die Befriedigung der Gläubiger erfolgt ist. Dies betrifft freiwillige Mehrleistungen der Genossen sowie solche Mehrleistungen, die ergeben können, wenn zunächst nicht alle Mitglieder herangezogen oder einzelne Genossen zu Unrecht als unvermögend behandelt wurden. Eine Erstattung kann nur aus Nachschussleistungen erfolgen, die für die Deckung der Insolvenz- und Masseverbindlichkeiten nicht benötigt werden. Die Berechnung hat sich zwingend am Gebot der Gleichbehandlung zu orientieren.

## 6  Nichterfüllung der Massegläubigeransprüche

Nachschüsse der Mitglieder bilden bei der Genossenschaft einen Teil der Insolvenzmasse. Sie sind aus diesem Grund auch bei der Frage zu berücksichtigen, ob die Verfahreneröffnung mangels Masse abzuweisen ist oder das Insolvenzverfahren später wieder eingestellt werden muss. Nach § 100 Abs. 3 GenG a.F. konnte der Antrag auf Eröffnung eines Konkursverfahrens nicht aus dem Grunde abgewiesen werden, „dass eine den Kosten des Verfahrens entsprechende Konkursmasse nicht vorhanden ist." Diese Bestimmung trug nicht dem Fall Rechnung, dass das Statut der Genossenschaft eine Nachschusspflicht ausschloss. Nach neuem Recht wird eine Genossenschaft bei Ablehnung des Eröffnungsantrages oder späterer Einstellung mangels

---

[47] Müller, Klaus (2000), Rz. 4 zu § 115 GenG.

Masse aufgelöst.[48] Es ist somit fraglich, ob die Nachschusspflicht der Genossen gem. § 105 Abs. 1 S. 1 GenG auch in diesem Falle besteht.

### 6.1 Nachschusspflicht bei Abweisung des Insolvenzantrages mangels Masse

Gem. § 26 Abs. 1 S. 1 InsO wird das Insolvenzgericht den Antrag auf Eröffnung des Insolvenzverfahrens abweisen, wenn die Masse voraussichtlich nicht ausreichen, um die Kosten des Verfahrens zu decken. Lehnt es das Insolvenzgericht wegen Massearmut ab, das Insolvenzverfahren zu eröffnen, so scheidet eine Nachschusspflicht „zur Insolvenzmasse" bereits nach dem Wortlaut von § 105 Abs. 1 S. 1 GenG aus. Zudem erweist sich die Nachschusspflicht ihrer Konzeption entsprechend als Insolvenzinnenhaftung und setzt aus diesem Grunde die Eröffnung des Insolvenzverfahrens voraus. Wollen Gläubiger die Abweisung des Antrages wegen Massearmut verhindern, so steht ihnen gem. § 26 I S. 2 InsO die Möglichkeit offen, einen Vorschuss zur Masse leisten.[49]

### 6.2 Nachschusspflicht bei Masseunzulänglichkeit

Stellt sich nach Eröffnung des Insolvenzverfahrens heraus, dass zwar die Kosten des Verfahrens gedeckt sind, die Insolvenzmasse jedoch nicht ausreichen, um die übrigen fälligen Masseverbindlichkeiten zu erfüllen, so hat der Insolvenzverwalter dem Insolvenzgericht anzuzeigen, dass Masseunzulänglichkeit vorliegt (§ 208 Abs. 1 S. 1 InsO).

Die Forderung der Genossenschaft gegen ihre Mitglieder auf Nachschussleistung hat der Insolvenzverwalter trotz der Masseunzulänglichkeit geltend zu machen und zur Masse einzuziehen, § 208 Abs. 3 InsO. Der Abschluss der Masseverwertung ist hierbei maßgeblicher Zeitpunkt für die Berechnung der Zahlungsverpflichtung der Mitglieder. Nach voller Befriedigung der Massekosten und teilweiser Befriedigung der Massegläubigeransprüche gem. § 209 InsO ist das Insolvenzverfahren einzustellen (§ 211 I InsO).[50]

### 6.3 Nachschusspflicht bei Einstellung des Insolvenzverfahrens wegen Masselosigkeit

Das Insolvenzgericht hat ein eröffnetes Insolvenzverfahren gem. § 207 Abs. 1 S. 1 InsO einzustellen, wenn sich nachträglich herausstellt, dass die vorhandene Insolvenzmasse unter Einrechnung der Nachschüsse nicht ausreichen wird, um die Kosten des Verfahrens zu decken. § 207 I S. 2 InsO gewährt den Genossenschaftsgläubigern auch hier die Möglichkeit durch Zahlung eines Vorschusses die Einstellung des Insolvenzverfahrens zu verhindern, nur wird regelmäßig kein entsprechendes Gläubigerinteresse bestehen, da die Nachschüsse ausschließlich zur Deckung der Verfahrenskosten verwendet werden.

---

[48] Hirte, Heribert (2000), S. 652.
[49] Beuthien,/Titze (2002), S. 1120.
[50] Terbrack, Christoph (1999), S. 85.

Allerdings kommen die Voraussetzungen des § 207 Abs.1 S. 1 InsO nur bei einer Genossenschaft mit beschränkter Nachschusspflicht in Betracht. Bei Genossenschaften mit unbeschränkter Nachschusspflicht sind die Nachschüsse vom Insolvenzverwalter so berechnet, dass diese in jedem Fall über die Grenzen des § 207 InsO hinausreichen. Es ist deshalb festzustellen, ob die Nachschüsse mehr als nur die Verfahrenskosten decken.[51]

Die Einstellung des Verfahrens wegen Masselosigkeit hat zur Folge, dass die Bezahlung des Insolvenzverwalters nicht gewährleistet ist und dieser gem. § 207 Abs.3 S. 2 InsO zur Fortführung der Verwertung von Massegegenständen nicht mehr verpflichtet ist.

## 7 Prüfungsverbandmitgliedschaft und Pflichtprüfung der insolvenzbedingt aufgelösten Genossenschaft

### 7.1 Die insolvenzrechtliche Behandlung der Pflichtmitgliedschaft

Eingetragene Genossenschaften unterliegen gem. § 53 Abs. 1 GenG *„zwecks Feststellung der wirtschaftlichen Verhältnisse und der Ordnungsmäßigkeit der Geschäftsführung"* regelmäßigen Prüfungen hinsichtlich ihrer Einrichtungen, ihrer Vermögenslage und ihrer Geschäftsführung. Im Rahmen dieser Prüfung ist auch der Jahresabschluss unter Einbeziehung der Buchführung und des Lageberichts zu prüfen (§ 53 Abs. 2 GenG). Träger dieser Pflichtprüfung ist gem. § 55 Abs. 1 GenG der Prüfungsverband, dem die eingetragene Genossenschaft nach § 54 GenG angehört. Die Mitgliedschaft ist Bedingung für das Entstehen und Bestehen einer Genossenschaft. Ohne Bescheinigung eines Prüfungsverbandes, dass die Genossenschaft zum Beitritt zugelassen ist, kommt eine Eintragung in das Genossenschaftsregister nicht in Betracht (§ 11 Abs. 2 Nr. 3).

Nach herrschender Auffassung besteht die Prüfungspflicht und damit die Pflichtmitgliedschaft im Prüfungsverband auch nach Eröffnung des Insolvenzverfahrens ohne Einschränkungen weiter. In Übereinstimmung mit dem Wortlaut des § 64c GenG solle die Fortdauer der gesetzlichen Prüfungspflicht während der Liquidation den Schutz der Gläubiger sicherstellen und eine ordnungsgemäße Verteilung des Vermögens unter den Genossen gewährleisten[52].

Der sich hier abzeichnende Konsens erscheint aus insolvenzrechtlicher Sicht zumindest fraglich. Mit der Eröffnung des Insolvenzverfahrens geht die Verwaltungs- und Verfügungsbefugnis hinsichtlich des Genossenschaftsvermögens entsprechend § 80 Abs.1 InsO auf den Insolvenzverwalter über. Diesem kommt insofern das Alleinentscheidungsrecht zu ohne hierbei an Beschlüsse der genossenschaftlichen Organe gebunden zu sein. Die Prüfung und Überwachung, ob und inwiefern der Insolvenzverwalter seine Aufgaben ordnungsgemäß erfüllt, fällt demgegenüber in die ausschließliche Zuständigkeit des Insolvenzgerichts. Zumindest prima vista ist nicht ersichtlich, dass das sich hier abzeichnende Schutzsystem Lücken aufweist.[53] Ein

---

[51] Beuthien/Titze (2002), S. 1120.
[52] Beuthien, § 64c RN 2; Lang/Weidmüller § 64c RN 4; Müller § 64c RN 2; Hettrich/Pöhlmann § 64 c RN 1.
[53] Klotz, Karsten (2000), S. 277.

Interesse der Insolvenzgläubiger am Fortbestehen der Pflichtmitgliedschaft kann aus wirtschaftlicher Sicht kaum angenommen werden, da die massebelastenden Mitgliedsbeiträge nicht durch einen für sie spürbaren Gegenwert ausgeglichen.

Dennoch hält die überwiegende Mehrheit der Literaturstimmen an einer streng am Wortlaut orientierten Auslegung des § 64c GenG fest. So weist Scheibner[54] auf die Mitwirkung des Prüfungsverbandes bei bestimmten Rechtsgeschäften gem. § 108a GenG sowie auf die Bestimmung des § 116 Nr. 4 GenG hin, die eine ausdrückliche Anhörungspflicht des genossenschaftlichen Prüfungsverbandes im Insolvenzplanverfahren vorsieht. Allerdings gilt es zu bedenken, dass es sich bei der postulierten Mitwirkung des Prüfungsverbandes um kein zwingendes Mitspracherecht handelt, da § 108a Abs. 2 GenG lediglich als Sollvorschrift ausgestaltet ist. Wird das Anhörungsrecht des Prüfungsverbandes verletzt oder ein anderer als der genannte Abtretungsempfänger benannt, so macht diese Verletzung die Abtretung nicht unwirksam.[55]

Die hier zu Tage tretenden Zweifel verstärken sich im Rahmen der Analyse des § 116 Nr. 4 GenG. Im Kontext der Entscheidungsfindung über einen Insolvenzplan wird durch § 116 Nr. 4 GenG nur die Pflicht des Insolvenzgerichtes geregelt, den Prüfverband zuvor anzuhören, des ungeachtet hat das Ergebnis dieser Anhörung auf die Wirksamkeit des Inhalts der insolvenzgerichtlichen Entscheidung keinen Einfluss. Lediglich einem ohne Anhörung des Prüfungsverbands erstellten Insolvenzplan ist die insolvenzgerichtliche Anerkennung zu versagen.

## 7.2 Sinn und Zweck der Prüfungspflicht in der Genossenschaftsinsolvenz

Die im GenG vorgeschriebene Pflichtprüfung ist der umfassendste und älteste Prüfungsauftrag im deutschen Prüfungswesen. Gem. § 53 I GenG hat der Prüfungsverband bei den ihm angeschlossenen Genossenschaften die wirtschaftlichen Verhältnisse und die Ordnungsmäßigkeit der Geschäftsführung festzustellen. Zu diesem Zweck hat er die Einrichtungen, die Vermögenslage und die Geschäftsführung sowie die Führung der Mitgliederliste der Genossenschaft zu prüfen. Die Vermögenslage im Sinne des § 53 I GenG betrifft die wirtschaftlichen Verhältnisse der Genossenschaft und umfasst somit die Prüfung aller Aspekte wirtschaftlicher Betätigung der Genossenschaft.

### 7.2.1 Zweck der Prüfungspflicht

Wie schon erwähnt, beinhaltet die Prüfung alle Bereiche der Geschäftsführung, somit auch Geschäftspolitik, Planung und Überwachung. Wesentliche Entscheidungen und Maßnahmen der Geschäftsführung sind daraufhin zu untersuchen, ob sie mit Gesetz und Satzung sowie mit den Beschlüssen der Organe der Genossenschaft übereinstimmen. Die Geschäftsführungsprüfung erstreckt sich dabei nicht nur auf die Feststellung formaler Ordnungsmäßigkeit, sondern auch auf die Zweckmäßigkeit der Geschäftspolitik und der betrieblichen Maßnahmen.[56]

---

[54] Scheibner, Uwe (1999), S. 454.
[55] Beuthien § 108a RN 2; so auch Klotz (2000), S. 275.
[56] BerlKomm/Hillebrand § 53 RN 6 ff, 10; Bergmann (2001), S. 226.

Gem. § 53 II GenG ist im Rahmen dieser Prüfung auch der Jahresabschluss unter Einbeziehung der Buchführung und des Lageberichts zu prüfen, wie im Fall der handelsrechtlichen Jahresabschlussprüfung gem. §§ 316 ff. HGB.

Zusätzlich sieht die genossenschaftliche Prüfung als dauerhafte Betreuungsprüfung eine so genannte Prüfungsverfolgung vor. Damit ist es dem Gesetzgeber um eine sachgemäße Auswertung des Prüfungsberichts zu tun sowie um die Kontrolle, ob die Prüfungsfeststellungen, insbesondere die wesentliche Empfehlungen des Prüfungsverbandes, beachtet und die festgestellten Mängel behoben werden.[57] Im Gegensatz zum Jahresabschlussprüfer hat somit der Prüfungsverband nicht nur Mängel aufzudecken, sondern auch darauf hinzuwirken, dass diese tatsächlich behoben werden. Allerdings besteht nur eine Informationspflicht, denn der Prüfungsverband hat kein Weisungsrecht gegenüber der Genossenschaft inne.

### 7.2.2  Sinn der Prüfungspflicht insolvenzbedingt aufgelöster Genossenschaften

Wie bei sonstigen Gesellschaften ist auch bei eingetragenen Genossenschaften die Eröffnung des Insolvenzverfahrens über das Vermögen der Genossenschaft allgemeiner Auflösungsgrund, § 101 GenG. Die herrschende Meinung geht in diesem Fall – wie bereits erörtert – vom Weiterbestehen der Prüfungspflicht aus. Dies bedeutet dass sich alle Genossenschaften im Stadium des Insolvenzverfahrens gem. § 64c i.V.m. §§ 53 ff. GenG einer regelmäßigen Pflichtprüfung unterziehen müssen.

Indes ist fraglich, was mit einer Prüfung nach Eröffnung des Insolvenzverfahrens bewirkt werden kann. Besteht das Ziel der genossenschaftlichen Pflichtprüfung in der Feststellung der wirtschaftlichen Verhältnisse sowie der Ordnungsmäßigkeit und Zweckmäßigkeit der Geschäftsführung, so können nach der Eröffnung des Insolvenzverfahrens die hier angesprochenen Zielprojektionen kaum mehr verwirklicht werden. Eine werbende Fördergeschäftstätigkeit findet gerade nicht mehr statt.

Schon der historische Gesetzgeber vermerkte hierzu in der Amtlichen Begründung zur Zweiten Verordnung über Maßnahmen auf dem Gebiet des Genossenschaftsrechts, dass von einer zwangsweisen Bestellung eines Prüfungsverbandes durch ein Gericht *„insbesondere abgesehen werden könne, wenn eine andere geeignete Überwachung der Genossenschaft stattfindet, wenn z.B. die Abwicklung einer aufgelösten Genossenschaft durch einen amtlichen Kommissar geschieht"*.[58] Und weiter: *„Geschieht die Abwicklung durch eine amtliche Stelle, so wird das Gericht das Fehlen eines Prüfungsverbandes jedenfalls nicht zum Anlass nehmen können, nun von sich aus einen Prüfungsverband nach § 64b GenG zu bestellen"*. Mit Blick auf den gerichtlich bestellten und überwachten Insolvenzverwalter sprechen somit gute Gründe dafür, die Tätigkeit des Prüfungsverbandes in der Genossenschaftsinsolvenz für verzichtbar zu halten. Darüber kommt eine externe Kontrolle der Geschäftsführung seitens des Prüfungsverbands kaum in Betracht, da der Vorstand hinsichtlich des Vermögens der Genossenschaft jegliche Befugnis

---

[57] Bergmann (2001), S. 228.
[58] RGBl. I vom 19.12.1942, S. 729.

verliert. Diese steht gem. § 80 I InsO ausschließlich dem Insolvenzverwalter zu. Gleiches gilt für die Erstellung der Jahresabschlüsse, gem. § 155 I S. 2 InsO.

Das Petitum des historischen Gesetzgebers findet seinen korrespondierenden Anklang im Rahmen des im Referentenentwurf des Bundesjustizministeriums aus dem Jahre 1962. So verweist die Begründung auf den Umstand, dass „*während der Dauer eines Konkursverfahrens über eine Genossenschaft für eine Prüfung nach den allgemein geltenden Vorschriften kein Bedürfnis besteht*". Vielmehr gelte es zu vermerken dass „*die Verwaltung des Vermögens ausschließlich in der Hand des Konkursverwalters liegt, der seinerseits vom Gläubigerausschuss und vom Konkursgericht überwacht wird*".[59]

Die Intention der Betreuungsprüfung, eine Zukunftsgerichtete Beratung der Genossenschaftsorgane zu gewährleisten[60], kann in der Insolvenz nicht mehr erreicht werden. Auch die seitens des Insolvenzverwalters zu erstellenden Jahresabschlüsse unterliegen nicht der Prüfung durch den genossenschaftlichen Prüfungsverband. Die Überwachung des Insolvenzverwalters obliegt insofern ausschließlich dem Insolvenzgericht (§ 58 I S1 InsO) und dem Gläubigerausschuss (§ 69 I S. 1 InsO). Dabei entspricht es der gängigen Praxis der Insolvenzgerichte, halbjährliche Verwalterberichte einzufordern. Die Pflichtprüfung erfolgt gem. § 53 Abs.1 GenG demgegenüber nur zweijährlich oder jährlich. Allein unter Berücksichtigung der zeitlichen Vorgaben ist für den Regelfall von einer erhöhten Kontrolldichte der Insolvenzgerichte auszugehen. Der Prüfungsverband hat weder die Befugnis, in der Vergangenheit liegende Handlungen des Insolvenzverwalters zu prüfen, noch darf er diesem gegenüber für die Zukunft beratend tätig werden (§ 58 Abs. 1 InsO). Insofern bleibt für eine Pflichtprüfung der Genossenschaften im Rahmen des Insolvenzverfahrens bei der gebotenen teleologischen Restriktion des § 64c GenG kein Raum. Dies entspricht im Ergebnis auch der gegenüber der Kommentierung veränderten Auffassung von Beuthien[61]. Danach gilt die Verweisung des § 64c GenG auf die Vorgaben §§ 53 ff. GenG im Rahmen des Insolvenzverfahrens nur hinsichtlich der Mitgliedschaft im Prüfungsverband, nicht jedoch für die genossenschaftliche Pflichtprüfung.

Allerdings verbleibt es dort bei der Prüfungspflicht, wo das Insolvenzgericht gem. § 270 Abs.1 InsO die Eigenverwaltung unter Aufsicht eines Sachverwalters anordnet, da in diesem Fall die Genossenschaft die Verwaltungs- und Verfügungsbefugnis über ihr Vermögen behält.

## 8  Besonderheiten im Insolvenzplanverfahren

Die Vorschriften über die Aufstellung eines Insolvenzplanes gem. §§ 217 ff. InsO gelten grundsätzlich auch in der Insolvenz der eingetragenen Genossenschaft, jedoch unter Beachtung der Modifikationen nach §§ 105 Abs.1 S. 2, 116 GenG. Gem. § 218 Abs. 1 S. 3 GenG kann ein Insolvenzplan dabei nur Berücksichtigung finden, wenn er dem Insolvenzgericht bis zum Schlusstermin vorgelegt wird und das Nachschussverfahren noch nicht beendet ist, § 116 Nr. 1

---

[59] Beuthien/Hüsken (1990), S. 557.
[60] Beuthien § 53 RN 4.
[61] Beuthien/Titze (2002), S. 1121.

GenG. Dieses ist abgeschlossen, wenn die erforderlichen Nachschüsse eingezogen und verteilt sind. Ist eine Nachschusspflicht der Genossen im Statut wirksam ausgeschlossen, ergeben sich keine Besonderheiten zu § 218 I S. 3 InsO.[62]

Im Insolvenzplan können abweichende Regelungen zur Leistung von Nachschüssen an die Insolvenzmasse gem. §§ 105 ff. GenG getroffen werden. Es können sowohl niedrigere als auch höhere von den Genossen zu erbringende Nachschüsse vereinbart werden, es sei denn, es handelt sich bei der insolventen Genossenschaft um eine solche mit statutarisch ausgeschlossener Nachschusspflicht, denn der Insolvenzplan vermag keine eigene Nachschusspflicht zu begründen.[63] Die Nachschussverpflichtung besteht bei Vorliegen eines rechtskräftigen Insolvenzplanes in der im Plan festgelegten Höhe (§ 105 I S. 2 GenG.) Die aufzubringenden Nachschüsse der Genossen sind deshalb im gestaltenden Teil des Insolvenzplanes auszuführen.

Bei der Festlegung der Rechte der Beteiligten sind Gruppen zu bilden, soweit Gläubiger unterschiedlicher Rechtsstellung vertreten sind, § 222 Abs.1 S. 1 InsO. Entsprechend § 116 Nr. 3 GenG, kann bei der Gruppenbildung zwischen denjenigen Gläubigern, die zugleich Mitglieder der Genossenschaft sind, und den übrigen Gläubigern unterschieden werden kann. Weitere Gruppen sind denkbar bei Erben der Genossen und ausgeschiedenen Mitgliedern, deren Ausscheiden gem. § 75 GenG bei Eröffnung des Insolvenzverfahrens als nicht erfolgt gilt.

Eine Besonderheit stellt die Beteiligung des genossenschaftlichen Prüfungsverbandes im Rahmen des Insolvenzplanverfahrens dar. Auch wenn wie hier eine generelle Prüfungspflicht insolventer Genossenschaften verneint wird, gilt es zu beachten, dass im Insolvenzplanverfahren genossenschaftliche Förderorientierung und insolvenzrechtliche Zwecke nebeneinander bestehen. Die Einhaltung der genossenschaftlichen Zwecke zu überprüfen kann dabei nicht Aufgabe des Insolvenzverwalters sein. Insofern bedarf es der sachverständigen Begleitung seitens des Prüfungsverbandes.

Gem. § 116 Nr. 4 GenG ist der zuständige Prüfungsverband vor dem Erörterungstermin seitens des Insolvenzgerichts zwingend zu hören. Gegenstand der Verbandsstellungnahme ist dabei vorrangig, ob und inwiefern der Insolvenzplan mit den Interessen der Mitglieder zu vereinbaren ist. Eine Beteilung der Gläubigerinteressen durch den Prüfungsverband ist demgegenüber nicht gefordert. Die Anhörungspflicht ist Wirksamkeitsvoraussetzung für den Insolvenzplan.[64]

Ein weiteres Anhörungsrecht des Prüfungsverbandes ergibt sich aus § 117 Abs. 2 S. 3 i.V.m. § 79a Abs. 2 GenG. Danach ist der Prüfungsverband von der Generalversammlung dahingehend anzuhören, ob die Fortsetzung der Genossenschaft mit den Interessen der Genossen vereinbar ist.

Gem. § 117 Abs. 1 S. 1 GenG wird das Insolvenzverfahren erst aufgehoben, wenn ein Insolvenzplan bestätigt wurde, der den Fortbestand der Genossenschaft vorsieht. Die Fortsetzung der Genossenschaft ist demnach nur möglich, wenn neben dem bestätigten Insolvenzplan ein Fortsetzungsbeschluss der Generalversammlung vorliegt, der eine Mehrheit von drei Vierteln

---

[62] Hirte, Heribert (2000), S. 642.
[63] Beuthien, Volker/Titze, Thomas (2002), S. 1122.
[64] Beuthien/Titze (2002), S. 1124.

der abgegebenen Stimmen erfordert (§ 117 Abs. 2 S. 1 GenG). Wird diese Mehrheit nicht erreicht, so kann auch der Insolvenzplan die Fortsetzung der Genossenschaft nicht gewährleisten. Aus diesem Grund ist es sinnvoll, den Insolvenzplan gleichzeitig mit dem Fortsetzungsbeschluss der Generalversammlung als Vorratsbeschluss beim Insolvenzgericht einzureichen. Folgerichtig hat das LG Dessau nun erstmalig bestätigt, dass bereits vor Aufhebung des Insolvenzverfahrens die Generalversammlung die Fortsetzung der Genossenschaft beschließen kann.[65]

Da die Fortsetzung zur Entstehung einer neuen Nachschusspflicht führen kann, ist in diesem Fall auch darüber zu entscheiden, ob das Statut wiederum eine Nachschusspflicht für den Insolvenzfall vorsehen soll (§ 117 Abs.1 S. 2 GenG). Dieser Beschlussfassung bedarf es selbst dann, wenn die bisherige Regelung des Statuts über die Nachschusspflicht unverändert beibehalten werden soll. Beide Beschlüsse, hinsichtlich der Fortsetzung und bezüglich der Nachschusspflicht, sind zusammen ohne Verzug zum Genossenschaftsregister anzumelden, § 117 Abs. 3 GenG. Nach § 118 Abs. 1 GenG kann jeder widersprechende oder zu Unrecht nicht geladene Genosse seine Mitgliedschaft kündigen, falls die Fortsetzung mit beschlossen wurde (§ 118 I GenG).

---

[65] LG Dessau, Beschluss vom 05.07.2000-9T327/00, in: DZWIR 2001, S. 390.

## Literatur

Bergmann, Joseph (2001): Besonderheiten des genossenschaftlichen Prüfungswesens, in: ZfgG 51, S.217-230.

Beuthien, Volker (2000): Genossenschaftsgesetz, 13.Aufl.

Beuthien, Volker/Hüsken, Ulrich (1990): Materialien zum Genossenschaftsgesetz III, Parlamentarische und sonstige Materialien (1923-1969), Göttingen 1990.

Beuthien, Volker/Titze, Thomas (2002): Offene Probleme beim Insolvenzverfahren der eingetragenen Genossenschaft, in: ZIP 2002, S. 1116-1125.

Glenk, Hartmut (1996): Die eingetragene Genossenschaft, 1. Aufl., München 1996.

Hettrich, Eduard/Pöhlmann, Peter (2001): Genossenschaftsgesetz, 2. Aufl., München 2001.

Hillebrand, Klaus-Peter/Keßler, Jürgen (2001): Berliner Kommentar zum Genossenschaftsgesetz, 1. Aufl., Hamburg 2001.

Hirte, Heribert (2000): Insolvenz der Genossenschaft, in: Festschrift für Wilhelm Uhlenbruck, Köln 2000.

Klotz, Karsten (2000): Pflichtmitgliedschaft und Prüfungspflicht in der Genossenschaftsinsolvenz, in: DZWIR 2000, S. 273-278.

Klunzinger, Eugen (2002): Grundzüge des Gesellschaftsrechts, 12. Aufl., München 2002.

Lutter, Marcus/Hommelhoff/Peter: GmbH-Gesetz 15. Aufl. 2000.

Metz, Egon/Schaffland, Hans-Jürgen (1997): Lang/Weidmüller, Genossenschaftsgesetz, 33. Aufl., Berlin 1997.

Müller, Klaus (2000): Kommentar zum Gesetz betreffend die Erwerbs- und Wirtschaftsgenossenschaften, 2. Aufl., Bielefeld 2000.

Scheibner, Uwe (1999): Pflichtmitgliedschaft und Prüfungspflicht eingetragener Genossenschaften im Insolvenzverfahren, in: DZWIR 1999, S. 454-455.

Terbrack, Christoph (1999): Die Insolvenz der eingetragenen Genossenschaft, 1. Aufl., Köln 1999.

# Aspekte und Probleme bei Sanierungs-/Insolvenzbilanzen

Horst Zündorf, Heike Kulhavy

## 1 Ziele der neuen Insolvenzordnung

Am 01.01.1999 wurde das bisherige Konkurs- und Vergleichsrecht der alten Bundesländer, bzw. die Gesamtvollstreckungsordnung der neuen Bundesländer von der neuen Insolvenzordnung abgelöst.

Das bisherige Konkursrecht hat die Sanierung notleidender Unternehmen kaum zugelassen. Mehr als drei Viertel aller Konkursanträge wurden mangels Masse abgewiesen. Die Folge war die Zerschlagung einer Vielzahl an lebensfähigen Unternehmen und damit einhergehend der Verlust einer großen Anzahl von Arbeitsplätzen.[1]

Der Grundsatz des neuen Insolvenzverfahren nach § 1 S. 1 InsO „die Gläubiger eines Schuldners gemeinschaftlich zu befriedigen, in dem das Vermögen des Schuldners verwertet und verteilt oder in einem Insolvenzplan eine abweichende Regelung, insbesondere zum Erhalt des Unternehmens, getroffen wird" kann entweder durch die Liquidation des insolventen Unternehmens, durch dessen Sanierung oder durch eine übertragene Sanierung umgesetzt werden.

Die neue Insolvenzordnung kennt drei Insolvenztatbestände:
- die Zahlungsunfähigkeit (§ 17 InsO),
- die drohende Zahlungsunfähigkeit und (§ 18 InsO),
- die Überschuldung (§ 19 InsO).

Nach Ehlers/Drieling verfolgt die neue Insolvenzordnung, die ein modernes, effektives, preisorientiertes und soziales Insolvenzrecht schaffen will, folgende Ziele:[2]

- Primäres Ziel ist die Sanierung und nicht die Zerschlagung eines Unternehmens.
- Die dinglich gesicherten Gläubiger können ihre Rechte während des Verfahrens nicht durchsetzen, d.h. eine gemeinschaftliche Befriedigung der Gläubiger steht im Vordergrund und keine Einzelzwangsvollstreckung, bei der das Prioritätsprinzip (Wer zuerst kommt, mahlt zuerst) gilt.
- Zeitliche Vorverlegung der Verfahrenseröffnung gegenüber der bisherigen Praxis durch den neuen Insolvenztatbestand der drohenden Zahlungsunfähigkeit.
- Insolvenzanträge sollen in der Regel zur Eröffnung eines Verfahrens führen. Ausreichend für eine Verfahrenseröffnung ist die Deckung der Verfahrenskosten.
- Die Rechtsstellung der Arbeitnehmer wird an die Bedürfnisse des Verfahrens angepasst.

---

[1] Vgl. Seefelder Günter, Unternehmenssanierung, Stuttgart, 2003, S. 11.
[2] Vgl. Ehlers/Drieling, Unternehmenssanierung nach neuem Insolvenzrecht, München, 1998, S. 2-3.

- Konkursvorrechte werden beseitigt, u.a. Vorrechte für Lohn und Steuerforderungen, sowie Beitragsforderungen der Sozialversicherungsträger und der Bundesanstalt für Arbeit.
- Mindestquoten sind nicht vorgesehen.

Der folgende Artikel erläutert die Aspekte und Probleme bei Sanierungs-/Insolvenzbilanzen bei Kapitalgesellschaften.

## 2   Finanzwirtschaftliche Sanierungsmaßnahmen

Unter Sanierung versteht man i.w.S. alle rechtlichen, organisatorischen und finanziellen Maßnahmen, die dazu geeignet sind, ein Unternehmen dauerhaft aus einer existenzbedrohenden Krise zu befreien.[3]

Der wichtigste Ansatzpunkt für eine Sanierung ist im Finanzbereich zu suchen, denn nur wenn die Insolvenztatbestände nachhaltig beseitigt werden, kann die Bestandsfähigkeit des insolventen Unternehmens wieder hergestellt werden.[4]

Bevor die Entscheidung über die Sanierung eines insolventen Unternehmens getroffen wird, muss die Sanierungsfähigkeit und Sanierungswürdigkeit eingehend geprüft werden. Ein insolventes Unternehmen ist grundsätzlich sanierungsfähig, wenn es nach Durchführung von Sanierungsmaßnahmen nachhaltig einen Überschuss der Einnahmen über die Ausgaben erzielen kann.[5] Die Sanierungswürdigkeit ist eine subjektive Einschätzung der an einer möglichen Sanierung Beteiligten (z.B. Gesellschafter, Banken, Arbeitnehmer), ob es nicht sinnvoller ist das Unternehmen zu liquidieren und auf eine Sanierung zu verzichten.

Die Beseitigung der (drohenden) Zahlungsunfähigkeit bedarf dem Zufluss neuer liquider Mittel. Eine Verbesserung der Liquidität kann z.B. durch folgende Maßnahmen des Unternehmens erreicht werden:

- Verkauf nicht betriebsnotwendigen Vermögens (Grundstücke, Gebäude, Beteiligungen, Wertpapiere, etc.),
- Sale and lease back,
- Abbau von Vorräten,
- Verbesserung des Forderungsmanagements,
- Factoring,
- Leasing,
- Optimierung der Einkaufskonditionen,
- Verlängerung der Zahlungsziele bei Lieferanten,
- Investitionsstop.

---

[3] Vgl. Braun Norbert, Die Planbilanz als Instrument zur Beteilung der Sanierungsfähigkeit insolventer Unternehmungen, Berlin, 1983, S. 21.
[4] Vgl. Ritter Wolfgang, Unternehmenssanierung im neuen Insolvenzrecht, Sternenfels, 2000, S. 252.
[5] Vgl. Picot/Aleth, Unternehmenskrise und Insolvenz, München, 1999, S. 91.

Für die Beseitigung der Überschuldung ist die Verminderung des Fremdkapitals mittels eines Forderungsverzichts bzw. einer Rangrücktrittserklärung von Gläubigern möglich. Eine weitere Möglichkeit bietet die Zufuhr von Eigenkapital in Form einer

- Kapitalerhöhung,
- Kapitalherabsetzung mit Kapitalerhöhung,
- Zuzahlung in die Kapitalrücklage und
- eines Eigenkapital ersetzenden Gesellschafterdarlehens.

Sofern die genannten Sanierungsmaßnahmen nicht bereits vor Insolvenzantragsstellung umgesetzt wurden, werden Sie im Insolvenzfall auf ihre Umsetzungsmöglichkeit geprüft.

Da einzelne Sanierungsmaßnahmen in unterschiedlichen Kapiteln des Buches genau erläutert werden, wird in diesem Abschnitt nicht näher darauf eingegangen.

## 3 Duales Rechnungslegungssystem

Die Insolvenzordnung regelt neben den insolvenzrechtlichen Rechnungslegungspflichten die handels- und steuerrechtlichen Rechnungspflichten des Insolvenzverwalters für die insolvente Gesellschaft.[6] § 155 Abs. 1 InsO besagt:

„Handels- und steuerrechtliche Pflichten des Schuldners zur Buchführung und zur Rechnungslegung bleiben unberührt. In Bezug auf die Insolvenzmasse hat der Insolvenzverwalter diese Pflicht zu erfüllen."

Beide Rechnungslegungspflichten sind nebeneinander zu erfüllen und streng voneinander zu unterscheiden.[7]

### 3.1 Interne Rechnungslegung

Die Rechnungslegung nach der Insolvenzordnung bzw. die interne Rechnungslegung bezeichnet Karsten Schmidt als die „Rechnungslegung der Liquidatoren". Sie dient dem Informationsbedürfnis der Gläubiger, des Insolvenzgerichts, sowie der Selbstinformation des Insolvenzverwalters. Die interne Rechnungslegung ist rechtlich nicht reglementiert und wird auch nicht periodisch, sondern ereignisbezogen durchgeführt. Hier werden sensible Daten für die direkten Verfahrensbeteiligten aufbereitet, wie z.B. prognostizierte Veräußerungserlöse oder Kaufpreisvorstellungen, die nicht an die Öffentlichkeit dringen sollen, um die Verhandlungsposition des Insolvenzverwalters nicht zu gefährden.[8]

Die interne Rechnungslegung dient aber auch zur Dokumentation der Tätigkeit des Insolvenzverwalters. Der Insolvenzverwalter ist verpflichtet nach § 66 Abs.1 InsO der Gläubigerversammlung eine Schlussrechnung vorzulegen, in der das Abwicklungsgeschehen vollständig

---

[6] Vgl. Pelka/Niemann, Praxis der Rechnungslegung in Insolvenzverfahren, 5. Auflage, Köln, 2002, S. 1.
[7] Vgl. Pink Andreas, Insolvenzrechnungslegung, Düsseldorf, 1995, S. 17.
[8] Vgl. Pink Andreas, Insolvenzrechnungslegung, Düsseldorf, 1995, S. 20.

dokumentiert ist. Aus diesem Grund ist die Erfüllung der internen Rechnungslegung auch wesentliche Voraussetzung für die Entlastung des Insolvenzverwalters.[9]

Neben der Rechenschaftspflicht des Insolvenzverwalters können weitere Ziele der internen Rechnungslegung sein:[10]

- die Dokumentation von Masseverwaltung und Masseverwertung,
- die Dokumentation der Vermögensverhältnisse des Gemeinschuldners,
- die Gewährleistung einer ordnungsgemäßen Verteilung der Konkursmasse,
- die Information über die Befriedigungsaussichten der Gläubiger und die zu erwartende Konkursquote,
- die Information über den Massestand für das Konkursgericht zur Entscheidung der Verfahrenseröffnung.

### 3.2 Externe Rechnungslegung

Die Rechnungslegung nach Handels- und Steuerrecht bzw. die externe Rechnungslegung wird nach Auffassung von Karsten Schmidt definiert als die „Rechnungslegung der aufgelösten Gesellschaft". Da sich der Gesellschaftszweck eines insolventen Unternehmens durch die Eröffnung des Insolvenzverfahrens nicht ändert, müssen die am HGB orientierten Rechnungslegungspflichten eines Kaufmanns (wie z.B. einer Kapitalgesellschaft) bis zur vollständigen Abwicklung des Insolvenzverfahrens erfüllt werden.[11] Die externe Rechnungslegung basiert auf nachprüfbaren Daten und richtet sich an externe Dritte, wie z.B. an Banken, Fiskalbehörden, Lieferanten, Arbeitnehmer und potenzielle Kaufinteressenten des insolventen Unternehmens.[12]

Ziel der externen Rechnungslegung des Insolvenzverwalters ist zum einen die Erfüllung gesetzlicher Vorschriften gegenüber der Öffentlichkeit, zum anderen die Informationsübermittlung an die genannte Interessensgruppe in regelmäßigen Zeitabständen. Es handelt sich um Informationen[13]

- über den Ertragswert des insolventen Unternehmens für potenzielle Erwerber,
- für Kreditgeber in Bezug auf Kreditrückführungsmöglichkeiten und die Gewährung neuer Kredite,
- über Weiterbeschäftigungsaussichten bzw. Ansprüche aus Sozialplänen für die Arbeitnehmer,
- über Steuerbemessungsgrundlagen für den Fiskus,
- für zukünftige Lieferanten über das Risiko neue Geschäfte mit dem insolventen Unternehmen einzugehen.

---

[9] Vgl. Schmidt Karsten, Liquidationsbilanzen und Konkursbilanzen, Heidelberg, 1989, S. 21.
[10] Vgl. Pink Andreas, Insolvenzrechnungslegung, Düsseldorf, 1995, S. 19-20.
[11] Vgl. Schmidt Karsten, Liquidationsbilanzen und Konkursbilanzen, Heidelberg, 1989, S. 27.
[12] Vgl. Scherrer/Heni, Liquidationsrechnungslegung, 2. Auflage, Düsseldorf, 1996, S. 4-5.
[13] Vgl. Pink Andreas, Insolvenzrechnungslegung, Düsseldorf, 1995, S. 21.

# 4 Rechnungslegung nach der Insolvenzordnung

Bei der Rechnungslegung nach der Insolvenzordnung, wird zwischen Rechnungslegung bei gesetzlicher Liquidation und Rechnungslegung nach dem Insolvenzplan unterschieden. Da der Insolvenzplan bereits in Kapitel IV. 17. ausführlich behandelt wird, beschränkt sich dieser Absatz auf die Rechnungslegung bei gesetzlicher Liquidation.

## 4.1 Rechnungslegung bei Verfahrenseröffnung

Mit der Eröffnung des Insolvenzverfahrens hat der Insolvenzverwalter nach §§ 151- 153 InsO ein Masseverzeichnis, ein Gläubigerverzeichnis, sowie eine Vermögensübersicht zu erstellen. § 154 InsO verpflichtet den Insolvenzverwalter das Masse- und Gläubigerverzeichnis, sowie die Vermögensübersicht spätestens eine Woche vor dem Berichtstermin (§ 156 InsO) in der Geschäftsstelle zur Einsicht der Beteiligten niederzulegen.

### 4.1.1 Verzeichnis der Massegegenstände (§ 151 InsO)

Im Masseverzeichnis sind alle Gegenstände der Insolvenzmasse einzeln aufzustellen und mit dessen Wert anzugeben. Auszusondernde Gegenstände sind in das Masseverzeichnis nicht aufzunehmen.[14] In das Verzeichnis sind Forderungen aufzunehmen, die sich aus der Insolvenzsituation ergeben, wie z.B. Forderungen aufgrund § 32b oder § 64 GmbHG. Auch nicht entgeltlich erworbene immaterielle Vermögensgegenstände des Anlagevermögens dürfen – entgegen § 248 Abs. 2 HGB – aufgenommen werden, da in diesem Fall die handelsrechtlichen Bilanzierungsvorschriften für das Masseverzeichnis keine Anwendung finden.[15]

Hängt der Wert davon ab, ob das Unternehmen fortgeführt oder stillgelegt wird, sind beide Werte anzugeben (§ 151 Abs. 2 S. 2 InsO).

Der Liquidationswert spiegelt den Marktwert bei Einzelveräußerung des Gegenstands wieder, d.h. die ggf. vorhandenen stillen Reserven in den Vermögensgegenständen werden in voller Höhe aufgedeckt, bzw. ein Wertansatz unterhalb des Buchwertes muss vorgenommen werden.

Die Schwierigkeit bei der Angabe der Fortführungswerte (Going-Concern-Werte) besteht darin, dass die Bewertung einzelner Vermögensgegenstände von der Gesamtbewertung des Unternehmens abhängt. Immaterielle Vermögensgegenstände, wie z.B. Patente, Lizenzen, Kundenstamm, Mitarbeiter Know-how, Goodwill, sind i.d.R. nur bei Fortführung des Unternehmens verwertbar. Da bei Erstellung des Masseverzeichnisses jedoch noch nicht ersichtlich ist, inwieweit die Sanierungsmaßnahmen des Unternehmens greifen, bzw. zu welchem Preis das sanierte Unternehmen verkauft werden kann, fehlt die Grundlage zur Ableitung von Fortführungswerten.[16] In der Praxis geht der Insolvenzverwalter meist von den Wiederbeschaffungs-

---

[14] Vgl. Ehlers/Drieling, Unternehmenssanierung nach neuem Insolvenzrecht, München, 1998, S. 50.
[15] Vgl. Budde/Förschle, Sonderbilanzen, 2. Auflage, München, 1999, S. 597.
[16] Vgl. Budde/Förschle, Sonderbilanzen, 2. Auflage, München, 1999, S. 598.

kosten aus. Besonders schwierige Bewertungen können einem Sachverständigen übertragen werden (§ 151 Abs. 2 S. 3).

| Verzeichnis der Massegegenstände (gem. § 151 InsO) | | | | |
|---|---|---|---|---|
| Nr | Art der Vermögensgegenstände | Menge | Fortführungswert Euro | Liquidationswert Euro |
| 1 | Kasse/Bank | | | |
| 2 | Wertpapiere des Umlaufvermögens | | | |
| 3 | Forderungen | | | |
| 4 | unfertige/fertige Erzeugnisse | | | |
| 5 | Wertpapiere des Anlagevermögens | | | |
| 6 | Grundstücke/Gebäude | | | |
| 7 | Immaterielle Vermögensgegenstände | | | |
| 8 | Roh-/Hilfs-/Betriebsstoffe | | | |
| 9 | Betriebs- u. Geschäftsausstattung | | | |
| 10 | Anlagen/Maschinen | | | |
| | **Summe** | | | |

Tab. 1: Vorschlag für das Verzeichnis der Massegegenstände[17]

### 4.1.2 Gläubigerverzeichnis (§ 152 InsO)

In das Gläubigerverzeichnis hat der Insolvenzverwalter alle Gläubiger aufzunehmen, die ihm aus den Büchern und Geschäftspapieren des Schuldners, durch sonstige Angaben des Schuldners, durch die Anmeldung ihrer Forderungen oder auf andere Weise bekannt geworden sind (§ 152 Abs. 1 InsO). Bei jedem Gläubiger sind die Anschrift sowie der Grund und der Betrag seiner Forderung anzugeben. Die absonderungsberechtigten Gläubiger und die einzelnen Rangklassen der nachrangigen Insolvenzgläubiger sind nach § 152 Abs. 2 S. 1 InsO gesondert aufzuführen. Bei den absonderungsberechtigten Gläubigern sind zusätzlich der Gegenstand, an dem das Absonderungsrecht besteht, und die Höhe des mutmaßlichen Ausfalls zu bezeichnen. Weiter ist das Bestehen einer Aufrechnungsmöglichkeit anzugeben. Außerdem sind die Masseverbindlichkeiten aufzunehmen, die im Falle einer zügigen Liquidation zu erwarten sind.

Das Gläubigerverzeichnis ist zu unterscheiden von der Tabelle der angemeldeten und eingetragenen Forderungen (§§ 175, 178 InsO). Der Unterschied liegt zum einen darin, dass das Gläubigerverzeichnis auch diejenigen Insolvenzgläubiger enthält, die ihre Forderungen noch nicht angemeldet haben, zum anderen sind auch die absonderungsberechtigten Gläubiger in das Verzeichnis aufzunehmen.

---

[17] In Anlehnung an Ehlers/Drieling, Unternehmenssanierung nach neuem Insolvenzrecht, München, 1998, S. 49.

| | | Gläubigerverzeichnis (gem. § 152 InsO) | | | | |
|---|---|---|---|---|---|---|
| | | Anschrift des Gläubiger | Grund der Forderung | Betrag der Forderung (Buchwert) | Absonderungrecht bzw. Aufrechnungsmöglichkeit (Gegenstand und Höhe des Betrages) | Geschätzter Ausfall a) bei Zerschlagung b) bei Fortführung |
| 1 | Masseverbindlichkeiten | | | | | |
| 2 | Insolvenzforderungen | | | | | |
| 3 | Nachrangige Insolvenzforderungen (aufgeführt nach den einzelnen Rangklassen des § 39 Abs.1 InsO | | | | | |
| 4 | Absonderungsberechtigte Gläubiger, die nur dinglich berechtigt sind | | | | | |

Tab. 2: Vorschlag für das Gläubigerverzeichnis[18]

### 4.1.3 Vermögensübersicht (§ 153 InsO)

Das Masse- und Gläubigerverzeichnis ist Grundlage für die vom Insolvenzverwalter zu erstellende Vermögensübersicht. Aus dem Masseverzeichnis wird die Aktivseite, aus dem Gläubigerverzeichnis die Passivseite der Vermögensübersicht abgeleitet. In der Übersicht hat der Insolvenzverwalter die Gegenstände der Insolvenzmasse und die Verbindlichkeiten des Schuldners zum Zeitpunkt der Eröffnung des Insolvenzverfahrens aufzuführen und einander gegenüber zu stellen (§ 153 Abs. 1 S. 1 InsO). Fortführungs- und Einzelveräußerungswerte sind nebeneinander anzugeben (§ 153 Abs. 1 S. 2 i.V.m. § 151 Abs. 2 S. 2 InsO). Da Masse- und Gläubigerverzeichnis gesetzlich nicht zu einem bestimmten Stichtag aufzustellen sind, müssen evtl. Veränderungen (z.B. Zu- und Abgänge der Insolvenzmasse, Veränderungen im Schuldenbestand) berücksichtigt werden.

Auf Anordnung des Insolvenzgerichts hat der Schuldner die Vollständigkeit der Vermögensübersicht eidesstattlich zu versichern, wenn der Verwalter oder ein Gläubiger diese Versicherung beantragt haben (§ 153 Abs. 2 InsO).

### 4.2 Zwischenrechnungslegung

Nach § 66 Abs. 3 InsO hat die Gläubigerversammlung das Recht Zwischenrechnungen vom Insolvenzverwalter zu verlangen. Ob und zu welchem Zeitpunkt Zwischenrechnungen erfolgen sollen, bestimmen die Gläubiger. Eine periodische Zwischenrechnungspflicht ist in der

---

[18] In Anlehnung an Ehlers/Drieling, Unternehmenssanierung nach neuem Insolvenzrecht, München, 1998, S. 51 ff.

Insolvenzordnung nicht vorgeschrieben. Ebenso ungeregelt ist, ob die Zwischenrechnung in Form von Zwischenbilanzen oder mündlichen Berichten vorzunehmen ist.[19]

In der Praxis findet die Zwischenrechnung nur bei besonderen Verfahrensanlässen Anwendung. Aus Kostengründen werden sie lediglich bei größeren und über längere Zeit andauernde Verfahren angefertigt.

Die Zwischenrechnung ist neben der Schlussrechnung ein weiteres Instrument die ordnungsgemäße Amtsführung des Insolvenzverwalters durch die Gläubigerversammlung bzw. den einzelnen Gläubiger zu prüfen. Außerdem dient sie als Grundlage bei der Durchsetzung möglicher Regressansprüche gegen den Insolvenzverwalter.

Wird eine Zwischenrechnung erstellt, so ist nach § 66 Abs. 3 S. 2 InsO die Prüfung der Zwischenrechnung durch das Insolvenzgericht durchzuführen.

Zusätzlich zu § 66 InsO kann die Gläubigerversammlung oder das Insolvenzgericht gemäß der §§ 58 Abs. 1 S. 2, 69, 79 S.1 InsO jederzeit Auskünfte bzw. Berichte über den aktuellen Sachstand und die Geschäftsführung vom Verwalter einfordern.[20]

### 4.3 Schlussrechnung

Gemäß § 66 Abs.1 InsO ist der Insolvenzverwalter zum Ende seines Amtes zur Vorlage einer Schlussrechnung verpflichtet. Es handelt sich dabei um einen umfassenden Rechenschaftsbericht des Verwalters über die Durchführung und Dauer des gesamten Verfahrens. Der Inhalt der Schlussrechnung ist gesetzlich nicht definiert. I.d.R. besteht die Schlussrechnung aber aus einer Schlussbilanz, einer Gewinn- und Verlustrechnung, einem Verteilungsverzeichnis sowie einem Tätigkeitsbericht. In der Schlussbilanz muss nicht mehr wie in der Vermögensübersicht zwischen Fortführungs- und Zerschlagungswerten unterschieden werden.[21] Der Tätigkeitsbericht beinhaltet sämtliche Maßnahmen des Insolvenzverwalters zur Verwaltung und Verwertung der Insolvenzmasse (u.a. geführte Prozesse, Aus- und Absonderungen, Anfechtungen, Massekosten, Masseschulden).[22]

Nach § 66 Abs. 2 InsO ist vorgesehen, dass das Insolvenzgericht die Schlussrechnung des Verwalters prüft. Die Prüfung kann auch durch einen Sachverständigen (z.B. Wirtschaftsprüfer) erfolgen. Ist ein Gläubigerausschuss bestellt, prüft anschließend dieser die Schlussrechnung. Gemäß § 66 Abs. 2 S. 2 InsO sind Schlussrechnung nebst Belegen, Prüfungsvermerk des Insolvenzgerichts sowie ggf. Bemerkungen des Gläubigerausschusses zur Einsicht den Verfahrensbeteiligten an einem Ort nach Wahl des Insolvenzgerichts auszulegen.

Nach frühestens einer Woche seit Auslegung schließt sich eine Gläubigerversammlung an, in der die Schlussrechnung zu erörtern ist (§ 66 Abs. 2 S. 3 InsO). Diese Gläubigerversammlung fällt mit dem Schlusstermin (§ 197 InsO) zusammen, wenn das Insolvenzgericht zugleich mit

---

[19] Vgl. Pink Andreas, Insolvenzrechnungslegung, Düsseldorf, 1995, S. 83.
[20] Vgl. Pink Andreas, Insolvenzrechnungslegung, Düsseldorf, 1995, S. 83.
[21] Vgl. Pelka/Niemann, Praxis der Rechnungslegung in Insolvenzverfahren, 5. Auflage, Köln, 2002, S. 135.
[22] Vgl. Amend Angelika, Insolvenzpraxis, Bonn, 2003, S. 160.

der Terminbestimmung seine Zustimmung zu der vom Insolvenzverwalter vorgesehenen Schlussverteilung erteilt (§§ 197 Abs. 1 S. 1, 196 Abs. 2 InsO).[23]

## 5 Rechnungslegung nach handelsrechtlichen Vorschriften

Für die in der Abwicklung befindliche Kapitalgesellschaft gelten die in § 270 AktG und § 71 Abs. 1-3 GmbHG festgelegten handelsrechtlichen Bilanzierungspflichten. Diese Vorschriften beziehen sich zwar nur auf die außergerichtliche Abwicklung, jedoch handelt es sich bei dem Insolvenzverfahren lediglich um eine besondere Art der Liquidation, die durch einen Insolvenzverwalter – als externer Abwickler – nach der Insolvenzordnung vollzogen wird.[24]

### 5.1 Schlussbilanz der werbenden Gesellschaft

Als abschließende Rechnungslegung der werbenden Gesellschaft für den Zeitraum zwischen dem Schluss des letzten regulären Geschäftsjahres und dem Zeitpunkt der Insolvenzeröffnung hat der Insolvenzverwalter eine Schlussbilanz, eine Gewinn- und Verlustrechnung, einen Anhang und einen Lagebericht zu erstellen.[25] Der Bilanzstichtag ist der Tag der Insolvenzeröffnung. Beginnt die Insolvenzeröffnung nicht mit dem Abschluss des vollen Geschäftsjahres, so ist eine Rumpfbilanz für das Rumpfgeschäftsjahr zu erstellen.

Obwohl weder nach der Insolvenzordnung, noch gemäß § 270 Abs. 1 AktG, § 71 GmbHG die Aufstellung einer Schlussbilanz explizit gefordert wird, hält die herrschende Meinung diese für das Liquidationsverfahren für zwingend erforderlich. Diese Meinung wird durch die allgemeinen Rechungslegungsgrundsätze bekräftigt, die u.a. eine lückenlose periodische Rechnungslegung fordern, unabhängig davon, ob ein Geschäftsjahr beendet wird oder nicht.[26]

Die Aufstellungsfrist richtet sich nach den allgemeinen Vorschriften des § 264 Abs. 1 HGB, d.h. in den ersten drei Monaten nach Insolvenzeröffnung für große und innerhalb der ersten sechs Monate für kleine Kapitalgesellschaften. Die Bewertungsgrundsätze der §§ 252 ff. HGB haben uneingeschränkt Gültigkeit. Es ist unzulässig die Auswirkungen des sich anschließenden Insolvenzverfahrens in der Schlussbilanz zu antizipieren.[27]

### 5.2 Eröffnungsbilanz

Die Pflicht eine Liquidationseröffnungsbilanz zu erstellen ergibt sich aus § 270 AktG, § 71 GmbHG und § 155 InsO. Dabei sind nach § 270 AktG, § 71 Abs. 2 S. 2 GmbHG, die Vorschriften über den Jahresabschluss auf die Eröffnungsbilanz und den erläuternden Bericht

---

[23] Vgl. Budde/Förschle, Sonderbilanzen, 2. Auflage, München, 1999, S. 600.
[24] Vgl. Pelka/Niemann, Praxis der Rechnungslegung in Insolvenzverfahren, 5. Auflage, Köln, 2002, S. 4.
[25] Vgl. Pink Andreas, Insolvenzrechnungslegung, Düsseldorf, 1995, S. 99.
[26] Vgl. Schmidt Karsten, Liquidationsbilanzen und Konkursbilanzen, Heidelberg, 1989, S. 41ff.
[27] Vgl. Scherrer/Heni, Liquidationsrechnungslegung, 2. Auflage, Düsseldorf, 1996, S. 28.

entsprechend anzuwenden. Der Bilanzstichtag ist der Tag der Insolvenzeröffnung. Mit der Insolvenzeröffnung beginnt ein neues Geschäftsjahr, welches 12 Monate umfasst (§ 240 Abs. 2 S. 2 HGB).

Die Grundlage der Eröffnungsbilanz bildet die Inventur. Sämtliche Vermögensgegenstände sind im Zuge einer umfassenden Stichtagsinventur nach den Grundsätzen ordnungsmäßiger Buchführung zu erfassen.

Die Aufstellungsfrist für die Eröffnungsbilanz ist in § 264 Abs. 1 S. 2 HGB und für die aufzustellende Inventur in § 240 Abs. 2 S. 3 HGB geregelt. Nach Scherrer/Heni müssen auch kleine Kapitalgesellschaften die Dreimonatsfrist für die Erstellung der Eröffnungsbilanz einhalten, da im Insolvenzfall die Fristverlängerung nicht „einem ordnungsgemäßen Geschäftsgang" entspricht.[28]

Die allgemeinen Gliederungsvorschriften sowie die Klarheit und Übersichtlichkeit des gesamten Jahresabschlusses (§ 243 Abs. 2 HGB) gelten entsprechend für die Eröffnungsbilanz. Demnach sind i.S.v. § 270 Abs. 2 S. 2 AktG, § 71 Abs. 2 S. 2 GmbHG entsprechend anzuwenden:[29]

- die allgemeinen Gliederungsgrundsätze (§ 265 HGB),
- das nach Größenklassen abgestufte Bilanzschema (§§ 266, 267 HGB),
- die Definition und der gesonderte Ausweis von Einzelposten (§§ 268 bis 274a HGB),
- die Sondervorschrift des § 42 Abs. 3 GmbHG (Ausweis von Forderungen und Verbindlichkeiten gegenüber Gesellschaftern).

Die Angabe von Vorjahresbeträgen gemäß § 265 Abs. 2 S. 1 HGB entfällt in der Liquidationseröffnungsbilanz. In den folgenden Jahresbilanzen ist die Vergleichbarkeit des Bilanzausweises jedoch wieder herzustellen. Beim ersten Jahresabschluss ist darauf zu achten, dass als Vergleichswerte nicht die Beträge der Eröffnungsbilanz, sondern die der Schlussbilanz der werbenden Gesellschaft verwendet werden.

## 5.3 Bilanzansatz

Für die Bilanzierung in der Liquidationseröffnungsbilanz gelten die Ansatzvorschriften der §§ 246 bis 251 HGB sowie ergänzend die §§ 255 Abs. 4 S. 1, 269, 273 f, 281 HGB und § 42 Abs. 2 GmbHG. Das Vollständigkeitsgebot sowie das Verrechnungsverbot gelten entsprechend.

Bei der Anwendung der Ansatzvorschriften ergeben sich in der Insolvenzphase folgende Besonderheiten.

---

[28] Vgl. Budde/Förschle, Sonderbilanzen, 2. Auflage, München 1999, S 662.
[29] Vgl. Budde/Förschle, Sonderbilanzen, 2. Auflage, München 1999, S. 683.

## 5.3.1 Aktiva

Die Umgliederung des Anlagevermögens in das Umlaufvermögen wird in der Literatur ausführlich diskutiert. Nach Scherrer/Heni und Budde/Förschle ergibt sich die Verpflichtung der Umgliederung aus der Definition des Anlagevermögens in § 247 Abs. 2 HGB. Danach sind beim Anlagevermögen nur die Gegenstände auszuweisen, die bestimmt sind, dauernd dem Geschäftsbetrieb zu dienen, d.h. werden die Anlagengegenstände voraussichtlich am nächsten Bilanzstichtag noch genutzt, dienen sie noch dauernd dem Geschäftsbetrieb, sie sind somit Anlagevermögen und deshalb auch nicht umzugliedern. Anlagengegenstände die in den nächsten 10 bis 12 Monaten veräußert bzw. bestimmte Anlagengruppen stillgelegt werden, werden in das Umlaufvermögen umgegliedert.[30]

Für immaterielle Vermögensgegenstände, die nicht entgeltlich erworben wurden, gilt während der Liquidation weiterhin das Aktivierungsverbot (§ 248 Abs. 2 HGB), unabhängig davon ob die Vermögensgegenstände zuvor in das Umlaufvermögen umgegliedert wurden.

Die Bilanzierungspflicht aktiver Rechnungsabgrenzungsposten (§ 250 Abs. 1 S. 1 HGB) erstreckt sich auch auf die Liquidationseröffnungsbilanz. Somit können auch die Aktivierungswahlrechte für Rechnungsabgrenzungsposten (§ 250 Abs. 1 S. 2 HGB) für Zölle, Verbrauchssteuern, Umsatzsteuer auf Anzahlungen sowie Disagio aus einer Kreditaufnahme ausgeübt werden. Eine Abweichung zur Schlussbilanz der werbenden Gesellschaft ergibt sich dann, wenn die Abwicklungstätigkeit zu einer Verkürzung des Auflösungszeitraums führt. Wird z.B. ein Kredit mit langjähriger Restlaufzeit vorzeitig durch den Liquidator zurückbezahlt, ist das aktivierte Disagio in der Liquidationseröffnungsbilanz außerplanmäßig abzuschreiben.[31]

Werden zum Zeitpunkt der Liquidation aktivierte Ingangsetzungs- oder Erweiterungsaufwendungen als Fehlmaßnahme eingestuft, ist eine sofortige und vollständige Abschreibung des aktivierten Betrages in der Schlussbilanz der werbenden Gesellschaft erforderlich. Werden Ingangsetzungs- und Erweiterungsaufwendungen dagegen noch durch Ertragsüberschüsse bis zum Ende der Liquidation kompensiert, kann die Mindestabschreibung gemäß § 282 HGB beibehalten werden, sofern die Restdauer der beabsichtigten Unternehmensfortführung nicht kürzer ist.[32]

Für den originären (selbstgeschaffenen) Geschäfts- oder Firmenwert besteht in der Eröffnungsbilanz grundsätzlich ein Aktivierungsverbot. Ein derivativer (entgeltlich erworben) Geschäftsoder Firmenwert bei dem gemäß § 255 Abs. 4 HGB Aktivierungswahlrecht besteht, kann mit dem Restwert des in der Schlussbilanz der werbenden Gesellschaft aktivierten Firmenwerts aktiviert werden. Die Restnutzungsdauer unter Berücksichtigung des Zeitpunkts der Betriebseinstellung ist dabei zu überprüfen.

---

[30] Vgl. Budde/Förschle, Sonderbilanzen, 2. Auflage, München 1999, S. 684.
[31] Vgl. Scherrer/Heni, Liquidationsrechnungslegung, 2. Auflage, Düsseldorf, 1996, S. 82.
[32] Vgl. Budde/Förschle, Sonderbilanzen, 2. Auflage, München 1999, S. 664.

## 5.3.2 Passiva

Für andere als die in § 249 Abs. 1 und 2 HGB bezeichneten Zwecke dürfen Rückstellungen nicht gebildet werden. Hierunter fallen insbesondere Rückstellungen für zukünftige Abwicklungskosten, die gemäß dem früheren Aktienrecht zulässig waren, soweit diese Kosten nicht durch zukünftige zu erwartende Erträge gedeckt wurden.[33]

Rückstellungen für zu erwartende Abfindungszahlungen an ausscheidende Mitarbeiter müssen spätestens bei Vorlage eines entsprechenden Beschlusses gebildet werden. Rückstellungen für Tantiemeansprüche von Verwaltungsorganen müssen nach Maßgabe des bis zur Auflösung der Kapitalgesellschaft erzielten Ergebnisses gebildet werden.[34]

Ist mit Schadensersatzansprüchen wegen vorzeitiger Beendigung schwebender Dauerschuldverhältnisse (z.B. Miet-, Pacht- oder Leasingverträge, Darlehen, Versicherungen) zu rechnen, sind diese als Rückstellungen für drohende Verluste aus schwebenden Geschäften zu berücksichtigen.

Das Passivierungswahlrecht für Aufwandsrückstellungen gemäß § 249 HGB ist grundsätzlich auch in der Liquidationseröffnungsbilanz anzuwenden. Die Bildung der Rückstellung ist abhängig von dem Verlauf des Liquidationsverfahrens. Ist von einer langsamen und kontinuierlichen Verringerung der Geschäftstätigkeit auszugehen, so sind Aufwandsrückstellungen wie bei werbenden Unternehmen zu bilden. Wird eine alsbaldige Einstellung des Geschäftsbetriebes angestrebt, so sind keine Rückstellungen für z.B. turnusmäßige Generalüberholungen von Maschinen oder Jubiläumsprämien für Mitarbeiter, deren Jubiläumsarbeitszeit erst nach Liquidationsende erreicht wird, zu bilden.[35]

Für Pensionsverpflichtungen gilt weiterhin das Passivierungswahlrecht und die Passivierungspflicht nach § 249 HGB in Verbindung mit Art. 28 EGHGB. D.h. für Pensionszusagen, die vor dem 01.01.1987 erteilt wurden, gilt das Passivierungswahlrecht, für Neuzusagen ab dem 01.01.1987 die Passivierungspflicht. Ist eine Pensionszusage unverfallbar, so ist eine Rückstellung hinsichtlich des Anspruchs auf eine Ausgleichszahlung zu passivieren.[36]

Sonderposten mit Rücklageanteil gemäß § 247 Abs. 3 HGB sind auch in der Liquidationseröffnungsbilanz gesondert auszuweisen, solange sie nach den zugrunde liegenden steuerrechtlichen Vorschriften fortgeführt werden können.[37]

Die passiven Rechnungsabgrenzungsposten (§ 250 HGB) sind unverändert in der Liquidationseröffnungsbilanz fortzuführen. Der Auflösungszeitraum muss ebenso wie bei den aktiven Rechnungsabgrenzungsposten überprüft und evtl. angepasst werden.

---

[33] Vgl. Pelka/Niemann, Praxis der Rechnungslegung in Insolvenzverfahren, 5. Auflage, Köln, 2002, S. 45.
[34] Vgl. Budde/Förschle, Sonderbilanzen, 2. Auflage, München 1999, S. 665.
[35] Vgl. Scherrer/Heni, Liquidationsrechnungslegung, 2. Auflage, Düsseldorf, 1996, S. 75-76.
[36] Vgl. Pelka/Niemann, Praxis der Rechnungslegung in Insolvenzverfahren, 5. Auflage, Köln, 2002, S. 46.
[37] Vgl. Pelka/Niemann, Praxis der Rechnungslegung in Insolvenzverfahren, 5. Auflage, Köln, 2002, S. 45.

## 5.4 Bilanzbewertung

### 5.4.1 Allgemeine Bewertungsgrundsätze

Die in § 252 HGB normierten allgemeinen Bewertungsvorschriften haben auch im Insolvenzverfahren einer Gesellschaft Gültigkeit. Abweichungen sind gemäß § 252 Abs. 2 HGB in „begründeten Ausnahmefällen" möglich. Nach Scherrer/Heni ist das Liquidationsverfahren einer Gesellschaft aufgrund der besonderen Zielsetzung ein „begründeter Ausnahmefall". Allerdings ist eine Abweichung von den allgemeinen Bewertungsgrundsätzen in dem Erläuterungsbericht zur Liquidationsbilanz anzugeben und zu begründen (§ 284 Abs. 2 Nr. 3 HGB).[38]

Im Hinblick auf die Bilanzidentität liegt nach § 252 Abs. 2 HGB ein „begründeter Ausnahmefall" vor, d.h. die Schlussbilanz der werbenden Gesellschaft muss nicht mit der Liquidationseröffnungsbilanz übereinstimmen, sofern speziell für die Liquidation erlassene Bewertungsvorschriften eine veränderte Bewertung erzwingen. Nach Meinung von Scherrer/Heni erfüllt das Prinzip der Bilanzidentität überwiegend die Funktion, die Manipulation der Ausschüttung an die Anteilseigner zu verhindern. Die Ausschüttung ist in der Liquidation grundsätzlich untersagt.[39]

An dem Grundsatz der Unternehmensfortführung (Going-Concern-Prinzip) gemäß § 252 Abs.1 Nr. 2 HGB ist festzuhalten, solange die bisherige Geschäftstätigkeit für einen bestimmten Zeitraum, mindestens jedoch für ein Geschäftsjahr, zur Abwicklung des vorhandenen Auftragsbestandes, fortgeführt wird.[40] Andernfalls hat die Bewertung mit erzielbaren Veräußerungswerten zu erfolgen.

Neben dem Grundsatz der Einzelbewertung gemäß § 252 Abs. 1 Nr. 3 HGB ist es im Insolvenzverfahren auch gerechtfertigt, einzelne Gruppen von Vermögensgegenständen als Bewertungseinheit anzusehen, sofern diese nur als Einheit verkauft werden können.[41]

Für die Bewertung in der Liquidationseröffnungsbilanz gilt sowohl das Vorsichtsprinzip, das Realisationsprinzip, als auch das Imparitätsprinzip.[42]

In der Liquidationseröffnungsbilanz kann von dem Grundsatz der Bewertungsstetigkeit abgewichen werden, wenn das Bewertungswahlrecht ausgeübt wird, wie z.B. im Rahmen der Herstellungskosten von unfertigen und fertigen Erzeugnissen. Wird von dem Stetigkeitsgebot gemäß § 252 S. 6 HGB abgewichen, muss dies im Erläuterungsbericht angegeben werden. Für Jahresabschlüsse in der Liquidation hat das Stetigkeitsgebot wieder uneingeschränkt Gültigkeit.

---

[38] Vgl. Scherrer/Heni, Liquidationsrechnungslegung, 2. Auflage, Düsseldorf, 1996, S. 104.
[39] Vgl. Scherrer/Heni, Liquidationsrechnungslegung, 2. Auflage, Düsseldorf, 1996, S. 106.
[40] Vgl. Budde/Förschle, Sonderbilanzen, 2. Auflage, München 1999, S. 670.
[41] Vgl. Pelka/Niemann, Praxis der Rechnungslegung in Insolvenzverfahren, 5. Auflage, Köln, 2002, S. 44.
[42] Vgl. Scherrer/Heni, Liquidationsrechnungslegung, 2. Auflage, Düsseldorf, 1996, S. 117.

## 5.4.2 Bewertung einzelner Aktiva

Durch die Einführung des Anschaffungswertprinzips (§ 253 Abs. 1 S. 1 HGB) dürfen die Vermögensgegenstände höchstens mit den Anschaffungs- oder Herstellungskosten, vermindert um planmäßige oder außerplanmäßige Abschreibungen, angesetzt werden. Bei der planmäßigen Abschreibung ist zu beachten, dass die Wertansätze des Anlagenvermögens dem maximalen Abwicklungszeitraum, in denen die Vermögensgegenstände noch genutzt werden, entsprechen. Der daraus resultierende Restwert, darf den voraussichtlichen Veräußerungserlös der Vermögensgegenstände nicht überschreiten.

Werden die Vermögensgegenstände des Anlagevermögens aufgrund der Ansatzvorschriften (siehe dazu Punkt 5.3.1 Aktiva) in das Umlaufvermögen umgegliedert, sind nicht mehr die Buchwerte des Anlagenvermögens bindend, sondern es kommt das strenge Niederstwertprinzip nach § 253 Abs. 3 S. 1 und 2 HGB zur Anwendung. Da Zweck der Liquidation die Versilberung des Vermögens ist, richtet sich die Bewertung der Vermögensgegenstände nach den Verhältnissen des Absatzmarktes. Maßgebend dabei ist der voraussichtliche Veräußerungswert abzüglich noch anfallender Kosten, wobei die Anschaffungs- oder Herstellungskosten die Obergrenze bilden.[43] Nach Scherrer/Heni ist eine Anlehnung an die Wertverhältnisse am Beschaffungsmarkt (Wiederbeschaffungskosten) unter der Voraussetzung von §§ 270 AktG, 71 GmbHG, d.h. bei unterstellter Veräußerungsabsicht, für die Anlagengegenstände offensichtlich sachwidrig.[44] Bei der Bewertung des Umlaufvermögens dürfen außerdem zusätzlich Abschreibungen wegen voraussichtlicher künftiger Wertschwankungen nach § 253 Abs. 3 S. 3 HGB vorgenommen werden.

Finanzanlagen sind, soweit sie nicht wie Umlaufvermögen zu bewerten sind, mit den Anschaffungskosten anzusetzen.

In der Liquidationseröffnungsbilanz sind Roh-, Hilfs- und Betriebsstoffe zu Anschaffungskosten, unfertige und fertige Erzeugnisse, sowie Waren mit den Herstellungskosten gemäß § 253 Abs. 1 S. 1 i.V.m. § 255 Abs. 1 und 2 HGB zu bewerten. Die Bewertung des Vorratsvermögens muss bei der Anwendung des Niederstwertprinzip die Verhältnisse des Absatzmarktes abbilden.

Forderungen und sonstige Vermögensgegenstände sind mit dem Nennwert zu aktivieren. Zweifelhafte Forderungen sind auf ihren wahrscheinlich beizulegenden Wert abzuschreiben. Uneinbringliche Forderungen werden bereits in der Schlussbilanz der werbenden Gesellschaft wertberichtigt.[45]

Das in § 280 HGB geregelte Wertaufholungsgebot gilt auch in der Liquidationseröffnungsbilanz. Die Obergrenze bilden auch hierbei die Anschaffungs- bzw. Herstellungskosten. Da jedoch in der Liquidation von Kapitalgesellschaften die Verknüpfung zwischen handels-

---

[43] Vgl. Budde/Förschle, Sonderbilanzen, 2. Auflage, München 1999, S. 673.
[44] Vgl. Scherrer/Heni, Liquidationsrechnungslegung, 2. Auflage, Düsseldorf, 1996, S. 125.
[45] Vgl. Budde/Förschle, Sonderbilanzen, 2. Auflage, München 1999, S. 674.

rechtlicher und steuerrechtlicher Rechnungslegung (Maßgeblichkeitsbeziehung) aufgehoben ist, entfällt das Beibehaltungswahlrecht nach § 280 Abs. 2 HGB.[46]

### 5.4.3 Bewertung einzelner Passiva

Bei der Bewertung von Steuerrückstellungen sowie sonstigen Rückstellungen ergeben sich in der Liquidationseröffnungsbilanz keine Unterschiede zu den handelsrechtlichen Vorschriften. Nach § 253 Abs. 1 S. 2 HGB sind Rückstellungen nur in Höhe des Betrages anzusetzen, der nach vernünftiger kaufmännischer Beteilung notwendig ist.

Rückstellungen für unverfallbare Pensionen einschließlich Altzusagen (siehe 5.3.2 Passiva), sowie Rentenverpflichtungen, für die eine Gegenleistung nicht mehr zu erwarten ist, sind mit ihrem Barwert anzusetzen.

Verbindlichkeiten sind nach § 253 Abs. 1 S. 2 HGB zu ihrem Rückzahlungsbetrag zu passivieren.

### 5.5 Erläuterungsbericht der Eröffnungsbilanz

Die Liquidatoren haben nach § 270 Abs. 1 AktG, § 71 Abs. 1 GmbHG einen Erläuterungsbericht für die Liquidationseröffnungsbilanz zu erstellen. Die Hauptaufgabe dieses Erläuterungsberichtes ist die Abbildung der Bilanzierungs- und Bewertungsgrundsätze, die bei der Erstellung der Liquidationseröffnungsbilanz angewandt werden.

Sofern allgemein bekannte Bilanzierungsmethoden (§ 238 ff. HGB) in der Eröffnungsbilanz in Ansatz gebracht werden, sind knappe und zusammenfassende Hinweise ausreichend.[47]

Wurde die Liquidationseröffnungsbilanz abweichend von den allgemeinen Jahresabschlussvorschriften aufgestellt bzw. weicht die Eröffnungsbilanz von der Schlussbilanz der werbenden Gesellschaft ab, so bestehen beispielsweise folgende Erläuterungspflichten:

- Angaben zur Bewertung der bisher als Anlagevermögen ausgewiesenen Vermögensgegenstände, die in der Eröffnungsbilanz in das Umlaufvermögen umgegliedert wurden.
- Angaben zur Änderung der Abschreibungsdauer der Vermögensgegenstände.
- Angaben zur Bildung liquidationsspezifischer Rückstellungen (z.B. vorzeitige Beendigung von Pachtverhältnissen) bzw. Auflösung vorhandener Rückstellungen (z.B. für Instandhaltung).
- Angaben zum Passivierungswahlrecht/-pflicht von Pensionsverpflichtungen.
- Angaben zur Auflösung von Sonderposten mit Rücklageanteil oder Durchführung von Wertaufholungen, aufgrund des Wegfalls der Maßgeblichkeit zwischen Handels- und Steuerbilanz.

---

[46] Vgl. Scherrer/Heni, Liquidationsrechnungslegung, 2. Auflage, Düsseldorf, 1996, S. 127 ff.
[47] Vgl. Scherrer/Heni, Liquidationsrechnungslegung, 2. Auflage, Düsseldorf, 1996, S. 130.

Da die Aufdeckung von stillen Reserven in der Eröffnungsbilanz nicht über die Anschaffungskosten/Herstellungskosten hinausgehen darf, muss in dem Erläuterungsbericht auf die mutmaßlichen Veräußerungserlöse einzelner Vermögensgegenstände hingewiesen werden. Um Verkaufsverhandlungen von z.B. Beteiligungen nicht zu gefährden, ist dies nur bedingt möglich. Es müssen globale Angaben hinsichtlich des voraussichtlichen Veräußerungsgewinns bei wesentlichen Posten oder zu den Auswirkungen auf die voraussichtliche Liquidationsquote ausreichen.[48](ausführlich Scherrer/Heni).

Außerdem ist auf den weiteren Verlauf des Liquidationsverfahrens ausführlich einzugehen. Dazu gehören u.a. Angaben über die zu erwartende Liquidationsdauer sowie über die zukünftigen Liquidationskosten, wie z.B. die Vergütung der Liquidatoren sowie die Aufbereitung der Personal- und Rentenversicherungsunterlagen der Arbeitnehmer.[49]

Der Erläuterungsbericht hat nicht die Informationsfunktion eines Anhangs oder eines Lageberichtes. So brauchen z.B. Angaben, die sich auf die Gewinn- und Verlustrechnung oder die Geschäftsjahresdaten beziehen, nicht beachtet zu werden.[50] Anhang und Lagebericht sind nach § 284 ff, 289 HGB erst Bestandteil der laufenden Zwischenbilanz.[51]

## 5.6 Zwischenbilanz

Kann das Insolvenzverfahren nicht innerhalb eines Jahres beendet werden, ist alle zwölf Monate nach Insolvenzeröffnung unabhängig von der Größe der Kapitalgesellschaft eine Zwischenbilanz, eine Gewinn- und Verlustrechnung, ein Anhang und ein Lagebericht vom Insolvenzverwalter zu erstellen.[52]

Zweck der Jahresbilanz im Liquidationsverfahren ist es, den Stand bzw. den Fortgang der Abwicklungsgeschäfte zu dokumentieren. Bei den Zwischenbilanzen handelt es sich um eine aktualisierte Eröffnungsbilanz, in der das Aktivvermögen sukzessiv gegen Geldvermögen getauscht wird.

Hinsichtlich Gliederung, Bilanzansatz und -bewertung sind die gleichen Grundsätze und Vorschriften wie in der Eröffnungsbilanz zu beachten. Vor allem der Grundsatz der Bilanzidentität (§ 252 Abs. 1 Nr. 1 HGB) muss bei den Zwischenbilanzen wieder uneingeschränkt beachtet werden. Die Aufstellungsfrist für die Liquidationsjahresbilanz beträgt nach § 264 Abs. 1 HGB drei Monate.

Bei der Erstellung des Liquidationsanhangs und des Liquidationslageberichts gelten dieselben Vorschriften wie für werbende Gesellschaften (§§ 284, 285, 289 HGB), wobei in Einzelfällen die Angaben den besonderen Erfordernissen der Liquidation anzupassen sind.[53]

---

[48] Vgl. Scherrer/Heni, Liquidationsrechnungslegung, 2. Auflage, Düsseldorf, 1996, S. 131 ff.
[49] Vgl. Budde/Förschle, Sonderbilanzen, 2. Auflage, München 1999, S. 678.
[50] Vgl. Scherrer/Heni, Liquidationsrechnungslegung, 2. Auflage, Düsseldorf, 1996, S. 131.
[51] Vgl. Pink Andreas, Insolvenzrechnungslegung, Düsseldorf, 1995, S. 126.
[52] Vgl. Pink Andreas, Insolvenzrechnungslegung, Düsseldorf, 1995, S. 127.
[53] Vgl. Scherrer/Heni, Liquidationsrechnungslegung, 2. Auflage, Düsseldorf, 1996, S. 139 ff.

## 5.7 Rechenwerk zum Abschluss des Insolvenzverfahrens

Eine Aufstellungspflicht für die Liquidationsschlussbilanz, einschließlich Gewinn- und Verlustrechnung, Anhang und Lagebericht ist gesetzlich nicht vorgeschrieben. Das eine solche jedoch geboten ist, sieht Karsten Schmidt durch die allgemeine Rechnungslegungsregelung des § 238 HBG begründet.[54] Die Liquidationsschlussbilanz ist die letzte öffentlich-rechtliche Rechnungslegung der Gesellschaft vor Verteilung des Reinvermögens und ist von der Schlussrechnung des Liquidators (siehe Kapitel 4.3 Schlussrechnung) zu unterscheiden. Sie umfasst mit der Gewinn- und Verlustrechnung das Ergebnis seit dem letzten Liquidationsjahresabschluss und dient dazu, das am Ende der Liquidation verbliebene und nun zur Auskehrung gelangende Reinvermögen gegenüber den Gesellschaftern nachzuweisen.[55]

Der Stichtag der Liquidationsschlussbilanz liegt im Ermessen des Liquidators. Er entscheidet wann die Voraussetzungen für die Verteilung des Gesellschaftsvermögens an die Gesellschafter vorliegen. Dazu muss der Liquidator seine Pflichten gemäß § 268 Abs. 1 AktG, § 70 S. 1 GmbHG erfüllt haben, d.h. die laufenden Geschäfte inklusive aller Rechtsstreitigkeiten müssen beendet sein, sämtliche Forderungen eingezogen sowie das übrige Vermögen versilbert und die Schulden der Kapitalgesellschaft getilgt oder sichergestellt worden sein. Außerdem müssen alle sonstigen handels- steuer- und arbeitsrechtlichen Verpflichtungen erfüllt sein sowie das Sperrjahr gemäß § 272 Abs. 1 AktG, § 73 Abs. 1 GmbHG abgelaufen sein.[56] Das Sperrjahr dient der Sicherung unbekannter Gläubiger.

Da in der Liquidationsschlussbilanz das am Ende der Liquidation verbliebene Vermögen nachzuweisen ist, sind auf der Aktivseite alle noch vorhandenen Vermögensgegenstände, die selbständig verkehrsfähig sind, auszuweisen. Dies gilt auch für nicht entgeltlich erworbene immaterielle Vermögensgegenstände (entgegen § 248 Abs. 2 HBG).[57] Nach Scherrer/Heni sind die Vermögensgegenstände zum Verkehrswert zu aktivieren.[58]

Rückstellungen dürfen nicht mehr passiviert werden; denn solange die Verbindlichkeiten nach Grund und Höhe nicht geklärt sind, kann das Reinvermögen nicht endgültig festgestellt und verteilt werden. Eine Ausnahme bilden Kosten, die für die Vollbeendigung des Insolvenzverfahrens noch anfallen, wie z.B. Prüfung der Liquidationsschlussbilanz oder Löschung im Handelsregister.

Verbindlichkeiten sind vor Aufstellung der Liquidationsschlussbilanz zu tilgen bzw. zu hinterlegen.

Das am Ende der Liquidation verbliebene Vermögen wird gemäß § 271 Abs. 1 AktG, § 72 GmbHG unter den Gesellschaftern im Verhältnis ihrer Geschäftsanteile verteilt.

---

[54] Vgl. Schmidt Karsten, Liquidationsbilanzen und Konkursbilanzen, Heidelberg, 1989,S. 46.
[55] Vgl. Budde/Förschle, Sonderbilanzen, 2. Auflage, München 1999, S. 690.
[56] Vgl. Budde/Förschle, Sonderbilanzen, 2. Auflage, München 1999, S. 690.
[57] Vgl. Budde/Förschle, Sonderbilanzen, 2. Auflage, München 1999, S. 691.
[58] Vgl. Scherrer/Heni, Liquidationsrechnungslegung, 2. Auflage, Düsseldorf, 1996, S. 114.

## Literaturhinweis:

Amend Angelika, Insolvenzpraxis, Bonn, 2003.

Bork Reinhard, Einführung in das Insolvenzrecht, 3. Auflage, Tübingen, 2002.

Braun Norbert, Die Planbilanz als Instrument zur Beteilung der Sanierungsfähigkeit insolventer Unternehmungen, Berlin, 1983.

Budde/Förschle, Sonderbilanzen, 2. Auflage, München 1999.

Ehlers/Drieling, Unternehmenssanierung nach neuem Insolvenzrecht, München, 1998.

Pelka/Niemann, Praxis der Rechnungslegung in Insolvenzverfahren, 5. Auflage, Köln, 2002.

Picot/Aleth, Unternehmenskrise und Insolvenz, München, 1999.

Pink Andreas, Insolvenzrechnungslegung, Düsseldorf, 1995.

Ritter Wolfgang, Unternehmenssanierung im neuen Insolvenzrecht, Sternenfels, 2000.

Scherrer/Heni, Liquidationsrechnungslegung, 2. Auflage, Düsseldorf, 1996.

Schmidt Karsten, Liquidationsbilanzen und Konkursbilanzen, Heidelberg, 1989.

Seefelder Günter, Unternehmenssanierung, Stuttgart, 2003.

# Ausgewählte finanzielle Techniken und Instrumente zur Analyse und Bewältigung von Krisen

# Krisen- und Insolvenzmanagement bei kleinen und mittleren Unternehmen

## Die Wirtschaftsauskunft als zentrales Element im Kreditmanagementprozess

Michael Bretz

## 1 Einleitung

Wer unternehmerische Chancen wahrnehmen will, muss Risiken eingehen. Entscheidend ist, diese zu erkennen und richtig einzuschätzen. Einen wesentlichen Beitrag zur wert- und erfolgsorientierten Unternehmensteuerung und zur Vermeidung von Liquiditätskrisen leistet das Kreditmanagement, das sich mit dem drohenden Ausfall der Bezahlung von Warenlieferungen beschäftigt. Im weitesten Sinne versteht man darunter die Planung, Steuerung und Kontrolle von so genannten „Lieferantenkrediten", also der Kreditgewährung von Unternehmen an Kunden.

Die Zielsetzung des Kreditmanagements lautet:

- Vereinfachung zeitkritischer und kostenintensiver Kreditprüfungs- und Überwachungsprozesse,
- Reduzierung der Forderungsausfälle,
- Verminderung der durchschnittlichen Außenstandsdauer,
- Differenzierte Risikosteuerung,
- Sicherung der eigenen Liquidität,
- Kostensenkung durch Prozessoptimierung und
- Optimierung der Kundenbindung.

Angesichts der schwachen Konjunktur, steigender Insolvenzahlen und der vorsichtigen Kreditvergabe der Banken ist ein effizientes Kreditmanagement gerade für kleine und mittlere Unternehmen sehr wichtig. Viele Betriebe befinden sich in einer schlechten finanziellen Verfassung. Die Eigenkapitalquote im deutschen Mittelstand ist chronisch niedrig. Laut Untersuchungen der deutschen Bundesbank (Bundesbankbericht Oktober 2003) beträgt die durchschnittliche Eigenkapitalquote der deutschen kleinen und mittleren Unternehmen 7,5 Prozent. Die Zurückhaltung der Banken im Kreditgewerbe trägt dazu bei, dass sich Unternehmen nach anderen Finanzierungsmöglichkeiten umschauen und in vielen Fällen auf die Form des Lieferantenkredits zurückgreifen müssen. Untersuchungen von Creditreform ergaben, dass gut zehn Prozent der befragten mittelständischen Unternehmen auf die Bezahlung ihrer Rechung drei Monate und länger warten müssen. Jeder fünfte Mittelständler verzeichnet erst nach zwei Monaten einen Zahlungseingang. Der entstehende Liquiditätsengpass im Unternehmen muss oftmals teuer mit Krediten zwischenfinanziert werden.

Die Zahl der steigenden Unternehmensinsolvenzen trägt ein übriges zu den Finanzproblemen in Unternehmen bei. Innerhalb von zehn Jahren hat sich die Zahl der Unternehmensinsolvenzen von 15.000 auf 40.000 fast verdreifacht. Sind die Kunden zahlungsunfähig, kann sich das ebenfalls negativ auf die Liquidität auswirken. Bei einer Umfrage von Creditreform zur Wirtschaftslage im Mittelstand gab über die Hälfte der befragten mittelständischen Unternehmen an, Forderungsverluste aufgrund von Kundeninsolvenzen erlitten zu haben. Bei jedem fünften Betrieb betrug der Forderungsverlust über 1,0 Prozent im Verhältnis zum Umsatz.

Das Problem: Unternehmen kontrollieren die Zahlungseingänge Ihrer Kunden zu unregelmäßig. Hinzu kommt, dass die Mahnroutine in vielen Betrieben zu spät einsetzt und meist dezentral organisiert ist. Das reale Kreditrisiko wird falsch eingeschätzt. Dazu trägt auch der Konflikt zwischen Vertrieb und Kreditmanagement bei, denn mit einem umsatzstarken Kunden – der vom Vertrieb geschätzt wird - steigen auch die Kreditrisiken – auf die der Kreditmanager besonders achtet.

Ein funktionierendes Kreditmanagement steuert mit Hilfe komplexer Systeme die Kreditrisiken im Kunden- und Lieferantenzyklus – optimal angepasst an die Bedürfnisse der jeweiligen Unternehmen. Um rechtzeitig auf Veränderungen der Liquidität oder Ertragskraft eines Kunden reagieren zu können, bietet Creditreform zahlreiche Werkzeuge zur Frühwarnung. Von der Wirtschaftsauskunft über entscheidungsunterstützende Systeme zur Risikoeinschätzung des Kunden bis hin zum automatischen Monitoring und Reporting über die Geschäftspartner erfüllt das System alle Anforderungen an ein effizientes Kreditmanagement. Eine wichtige Rolle in diesem Prozess spielt die Qualität der Wirtschaftsauskunft.

## 2   Die Wirtschaftsauskunft

Ein Unternehmen kann nur dann langfristig bestehen, wenn die Kreditwürdigkeit und die Zahlungsfähigkeit seiner Geschäftspartner und Kunden bekannt sind. Firmenauskünfte können diese Informationslücke schließen und Unternehmen vor riskanten Geschäftsabschlüssen bewahren.

Die Daten der Creditreform Wirtschaftsauskunft werden dezentral in 130 Geschäftsstellen vor Ort gesammelt. Die räumliche Nähe zu den Unternehmen bietet eine hohe Aktualität und Qualität der Auskünfte. Nach Abruf einer Wirtschaftsauskunft werden Mitglieder während der nächsten zwölf Monate automatisch über wesentliche Änderungen von wirtschaftlicher Tragweite informiert.

Die Auskunft gliedert sich in vier Abschnitte. Die „Strukturinformationen" enthalten Angaben zur Rechtsform, den Gründungsdaten und den Beteiligten des Unternehmens. Die „Finanzinformationen" nennen das Kapital, den Jahresumsatz sowie die Aktiva- und Passivapositionen des angefragten Unternehmens. Die „sonstigen Informationen" enthalten Angaben zur Unternehmensentwicklung, Mitarbeiterzahl oder Bankverbindungen. Die „Bonitätsinformationen" umfassen neben der Zahlungsweise und der Kreditfrage auch den Bonitätsindex.

| | | |
|---|---|---|
| Neuss | 18.11.2000/051 | |
| Normalauskunft | 1/135/0000058 | |
| 1234 | Neuss | |
| Creditreform | 100 – 123456 | |

201.0009876
Max Mustermann
Buautemehmung GmbH
Musterst. 123
10345 Musterstadt

Tel.: 98765/1234-0
Tfx.: 98765/1234-56

| | | | |
|---|---|---|---|
| **Bonitätsindex** | * 229 * | | |
| Rechtsform | GmbH | | |
| Gründung | 16.05.1980 als Gewerbebetrieb | | (10) |
| | 10.12.1990 als GmbH    (03) | | |
| Handelsregister | 19.12.1990, ,AG 12345 Musterstadt, HRB 9876 | | (1234) |
| Gesellschafter | * 201.0009879 * | | |
| | Max Mustermann | | |
| | 10345 Musterstadt | € | 70.000,-- |
| | *433.0000987 * | | |
| | Moritz Mustermann | | |
| | Musterdorf | € | 30.000,-- |
| Stammkapital | | € | 100.000,-- |
| Geschäftsführer | * 201.0009879 * | | |
| | Max Mustermann, geb. 30.05.1941, verheiratat, 2 Kinder, | | |
| | Musterstr. 99, 12345 Musterstadt, alleinvertretungsberechtigt | | |
| Allgemeines | Bauunternehmung; | | |
| | Gearbeitet wird überwiegend im Hochbau | | |
| | Betriebsräume gemietet | | |
| | konstante Unternehmensentwicklung | | (30) |
| | zufriedenstellende Auftragslage | | (30) |
| | BRANCHENSCHLÜSSEL (Statistisches Bundesamt): | | |
| | Hoch- und Tiefbau ohne ausgeprägten Schwerpunkt | | (45211) |
| Mitarbeiter | 2000    3 Beschäftigte | | |
| | 2001    3 Beschäftigte | | |
| Jahresumsatz | 2000 | € | 180.000,-- |
| | 2001 | € | 185.000,-- |
| Immobiien | keine | | |
| Aktiva | Beitriebs- und Geschäftsausstattung | € | 25.000,-- |
| | Forderungen und somstige Vermögensgegenstände | € | 20.000,-- |
| Passiva | Gezeichnetes Kapital | € | 100.000,-- |
| | Verbindlichkeiten | € | 15.000,-- |
| | Im Bedarfsfall steht Bankkredit zur Verfügung | € | nicht bekannt |
| Anmerkung | Die Eheleute Mustermann gelten als Eigentümer des Wohnhauses | | |
| | Musterstr. 99, Musterstadt, Wer und Belastung nicht bekannt | | |
| Banken | Deutsche Bank 24 AG | | |
| | Musterstadt | BLZ | (123 123 12) |
| Zahlungsweise | innerhalb vereinbarter Ziele | | (21) |
| Kreditfage | Geschäftsverbindung ist zulässig | | (21) |
| | Höchstkredit € 5.000,-- (fünftausend) | | (25) |

Abb 1.: Musterauskunft

## 3 Bonitätsindex als Frühwarnindikator

Der Bonitätsindex ermöglicht die schnelle und direkte Einschätzung der Bonität und des Ausfallrisikos eines Kunden. Die einzelnen Bestandteile der Wirtschaftsauskunft werden zu einem Gesamtwert zusammengefasst und in Form einer dreistelligen Zahl dargestellt. Zur Bonitätsbewertung werden 15 Merkmale, von der Liquidität über den Umsatz bis hin zur Zahlungsweise des Unternehmens herangezogen. Die Kriterien werden einzeln bewertet, je nach ihrer Relevanz gewichtet, und zu einer Gesamtzahl verdichtet.

Mit dem Bonitätsindex hat Creditreform einen Frühwarnindikator entwickelt, um Unternehmen vor zahlungsschwachen Geschäftspartnern zu schützen. Der Index spiegelt auf einen Blick das Risiko eines Zahlungsausfalles wieder. Ein Bonitätsindex von 100 Punkten bedeutet eine „sehr gute" Kreditwürdigkeit, bei 600 Punkten liegen negative Merkmale vor. Die Geschäftsverbindung wird abgelehnt.

Ein Blick in die Statistik zeigt: Ab einem Bonitätsindex von 300 Risikopunkten steigt die Insolvenz- und Ausfallwahrscheinlichkeit deutlich. Jedes sechste Unternehmen mit einem Bonitätsurteil zwischen 351 und 499 wurde innerhalb eines Jahres nach Auskunftserteilung zahlungsunfähig. Aufgrund dieser Risikoanalyse kann ein Unternehmen etwa das Kreditlimit festlegen oder die Auftragsgröße festlegen.

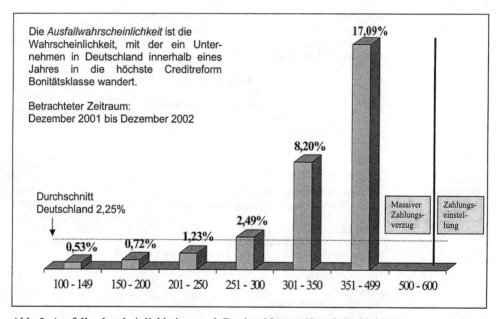

Abb. 2: Ausfallwahrscheinlichkeiten nach Bonitätsklassen (Stand: 01.01.2003)

## 4 Das Kreditmanagement

Der Kreditmanagement-Prozess gliedert sich in fünf Phasen: Kreditwürdigkeitsprüfung, Kreditentscheidung, Kreditsicherung, Kreditüberwachung und Zahlung.

### 4.1 Die Kreditwürdigkeitsprüfung

Die erste Phase im Kreditmanagement-Prozess ist die Kreditwürdigkeitsprüfung auf Basis von Finanzinformationen zur Einschätzung des Kreditrisikos. Die Informationsbeschaffung ist die wichtigste Phase, da Sie die Grundlage für die Kreditentscheidung bildet. Neukunden sollten vor Geschäftsabschluss und Bestandskunden in regelmäßigen Abständen auf Ihre Kreditwürdigkeit überprüft werden.

Als Informationsquelle können neben einer Wirtschaftsauskunft auch Bilanzen, Lieferanten, Vertriebsabteilungen oder Banken genutzt werden. Aber auch die eigenen Zahlungserfahrungen mit dem Kunden etwa bei Auffälligkeiten bieten eine gute Grundlage. Anschließend werden die Informationsmerkmale zu einem Bonitätsurteil verdichtet werden. Neben einem Bonitätsindex sind dafür auch Scoring-Systeme oder Ratings geeignet.

### 4.2 Die Kreditentscheidung

Nach der Ermittlung der Bonitätsbewertung werden konkrete Entscheidungen zur Kreditvergabe getroffen. Zahlungskonditionen, wie Skontovereinbarungen, Zahlungsziele, Zahlungsarten oder Rabatte, und Kreditlimits werden der Bonitätsbewertung angepasst und entsprechend definiert. Als Faustregel gilt: Je schlechter die Bonität des Kunden, desto kürzer die Zahlungsziele und desto geringer die Höhe des Lieferantenkredits.

### 4.3 Die Kreditsicherung

Je nach Bonitätsbewertung, der Höhe des Forderungsvolumen und dem Grad der Informationssicherheit muss über die Absicherung der Forderung etwa mit Teilzahlungsvereinbarungen, Bankbürgschaften oder Warenkreditversicherungen, nachgedacht werden. Andere Möglichkeiten zur Absicherung wären Grundbucheintragungen, Verpfändungen oder Globalzessionen.

### 4.4 Die Kreditüberwachung

Die Einhaltung der bei der Kreditentscheidung getroffenen Vereinbarungen werden regelmäßig überwacht, um Forderungsausfälle zu vermeiden. Bei der Bonitätsüberwachung sollen die vereinbarten Zahlungskonditionen eingehalten werden. Auch bei anderen Auffälligkeiten im Zahlungsverhalten muss gegebenenfalls über Konsequenzen nachgedacht werden. Ebenso muss die Einhaltung des ermittelten Kreditlimits bei Neu- und Bestandskunden kontrolliert werden.

Sollten die Kunden von den vereinbarten Konditionen abweichen, muss in dieser Phase des Prozesses über Konsequenzen wie knappere Zahlungsziele nachgedacht werden.

## 4.5 Die Zahlung

In der letzten Phase, der Zahlungsphase, muss der Zahlungseingang überwacht werden. Die Mahnverfahren müssen in regelmäßigen Abstand durchgeführt und Maßnahmen für den Zahlungsverzug wie etwa Sperrung des Kontos eingeleitet werden.

# 5 Organisations- und Fragerichtlinien

Mit der Festlegung von Organisations- und Verfahrensrichtlinien wird der Kreditmanagement-Prozess optimiert, sowie - etwa durch die Regelung der Zuständigkeiten im Unternehmen - ein reibungsloser Kreditmanagement-Ablauf angestrebt.

- Kreditpolitik: Was wollen wir eigentlich?
- Organisationspolitik: Wer macht was wo wie?
- Konditionspolitik: wer darf was bei wem?
- Fälligkeitspolitik: Wann wird was wie fällig?
- Bonitätsprüfungspolitik: Wer prüft wann was wie?
- Entscheidungspolitik: Wer darf was wie viel?
- Überwachungspolitik: Wer prüft was wann wie?
- Einzugspolitik: Wer kassiert wie? Wer sperrt wann? Wann schreiben wir ab?

Der Kreditprüfungsprozess findet idealerweise an einer zentralen Stelle im Unternehmen statt. Dazu ist die Einrichtung einer Abteilung Kreditmanagement im Unternehmen mit entsprechenden Instrumenten notwendig. Sie sollte als Stabstelle, etwa auch im Rechnungswesen oder Debitorenmanagement, angesiedelt sein. Wichtig ist, dass die Abteilung die unbedingte Unterstützung durch die Geschäftsleitung erhält, um effiziente Risikopolitik betreiben zu können. Es gilt: Gute Kunden zu erkennen und an sich zu binden.

# 6 Fazit

Zu einem ganzheitlichen Kreditmanagementkonzept gehört, den Prozess des Kreditmanagements zu institutionalisieren und lange vor dem ersten Zahlungsverzug einzuleiten. Gefragt ist ein Konzept, das die Kundenbeziehung von Anfang permanent überwacht und daher eine Frühwarnung leisten kann. Die Wirtschaftsauskunft spielt dabei eine zentrale Rolle. Chancen und Risiken werden betrachtet und das Kundenportfolio aktiv gesteuert, Kundenbeziehungen vertieft, wo die Risiken gering sind und beendet, wo die Risiken im Verhältnis zu den Erträgen nicht mehr tragbar sind.

# Finanzielle Herausforderungen und Krisen bewältigen

Anne Sahm

### Insolvenzen und Sanierung

Die Zahl der Unternehmensinsolvenzen stieg in den letzten zehn Jahren von 15.148 Fällen in 1993 auf knapp 40.000 (39.700) Fälle im Jahr 2003 an. Innerhalb dieses Zeitraums gab es lediglich einmal einen Rückgang bei den Unternehmensinsolvenzen – und das war 1999. Damals sank die Zahl der Insolvenzen um 4,3 Prozent von 27.828 auf 26.620 Fälle ab. 1993 hatte Deutschland noch einen Zuwachs bei den Unternehmensinsolvenzen von 38,4 Prozent zu verkraften, dieser Anstieg verringerte sich im Laufe der Jahre, bis 1999 der Tiefstand erreicht wurde. Ab 1999 stiegen die Insolvenzzahlen wieder an; die höchste Zuwachsrate an Insolvenzen war 2002 zu konstatieren: Um 16,1 Prozent auf 37.620 Fälle wuchs die Zahl der Unternehmenszusammenbrüche.

Damit stellt Deutschland den größten Anteil am europäischen Insolvenzgeschehen. Auch im Jahre 2003 haben die Insolvenzen in Deutschland weiter zugenommen, allerdings schwächt sich die Zuwachsrate im Vergleich zu 2002 ab: Im Jahresverlauf stiegen die Werte um 5,5 Prozent an.

### Ost-West Betrachtung

Die Betrachtung des Insolvenzgeschehens im Vergleich Ost- zu Westdeutschland zeigt zwei bemerkenswerte Unterschiede. Zum einen verzeichnen die Unternehmensinsolvenzen im Osten in 2003 einen Rückgang. Während in den alten Bundesländern die Zahl der Unternehmensinsolvenzen um 11,9 Prozent auf 29.700 Betriebe gestiegen ist, ging sie im Osten um 9,7 Prozent auf 10.000 Unternehmen zurück. Dies mag daran liegen, dass es in den neuen Ländern im Hinblick auf die Unternehmenslandschaft zu einer Konsolidierung gekommen ist. Zum anderen gilt weiterhin: Die relative Insolvenzbetroffenheit der Unternehmen ist in den ostdeutschen Bundesländern deutlich höher als im Westen – dort liegt sie bei 195 insolventen Betrieben pro 10.000 Unternehmen, und hier bei 123.

### Struktur insolventer Betriebe

Die Antwort auf die Frage nach der Struktur der am meisten insolvenzgefährdeten Betriebe würde salopp formuliert lauten: „Junge, kleine GmbHs und Gewerbebetriebe". Tatsächlich gibt es Korrelationen zwischen der Betriebsgröße, der Rechtsform, dem Alter und der Insolvenzanfälligkeit der Unternehmen. Ein knappes Drittel (32,5 Prozent) aller insolventen Firmen scheitert innerhalb der ersten vier Jahre. Doch auch „alt eingesessene Betriebe", die länger als zehn Jahre am Markt sind, gehen - gerade in der jüngeren Vergangenheit - vermehrt zugrunde: Hier stieg der Anteil im Jahresverlauf von 2002 auf 2003 von 30,7 auf 33,1 Prozent. Die Mehrzahl insolventer Betriebe beschäftigt nicht mehr als fünf Personen (70,2 Prozent). Unternehmen mit einer Beschäftigtenzahl von mehr als 100 machen demgegenüber nur einen verschwindend geringen Teil des Insolvenzgeschehens aus (1,0 Prozent). Mehr als zwei Drittel (41,9 Prozent) der Unternehmensinsolvenzanträge werden von GmbHs gestellt. Aktiengesellschaften und Kommanditgesellschaften auf Aktien beispielsweise spielen in der Statistik nur eine untergeordnete Rolle.

Auch regionale Standortbedingungen beeinflussen die Stabilität der Betriebe. Der so genannte „Bonitätsatlas" bildet das Insolvenzgeschehen der Bundesrepublik Deutschland ab und ist als Indikator für die wirtschaftliche Situation der einzelnen Regionen zu verstehen. Die Karte des Bonitätsatlas zeigt neben erheblichen Abweichungen in Ost- und Westdeutschland ein deutliches Nord-Süd-Gefälle. Die geringste Insolvenzdichte weisen die Bundesländer Bayern und Baden-Württemberg aus – an der Spitze stehen Sachsen-Anhalt, Brandenburg und Mecklenburg-Vorpommern.

Der Dienstleistungssektor trägt den größten Anteil am Insolvenzgeschehen (46,4 Prozent oder 18.430 Unternehmen kommen aus diesem Hauptwirtschaftsbereich in 2003). Es folgt der Handel mit 23,7 Prozent in 2003. Insbesondere der Einzelhandel leidet unter der anhaltenden Konsumflaute in Deutschland. Hingegen konnten das Verarbeitende Gewerbe und der Bau aktuell ihren Anteil am Insolvenzgeschehen verringern: 9,1, beziehungsweise 20,7 Prozent der Gesamtunternehmensinsolvenzen kommen aus diesen beiden Hauptwirtschaftsbereichen. Allerdings ist die relative Insolvenzbetroffenheit der Bauunternehmen (Zahl der Insolvenzen im Verhältnis zur Zahl der existierenden Betriebe) noch immer die höchste in Deutschland: Von 10.000 existenten Unternehmen aus der Baubranche gehen 256 Pleite. Im Handel sind es 131, die Dienstleistungsbranche ist mit 122 Insolvenzbetrieben pro 10.000 Unternehmen betroffen und das verarbeitende Gewerbe ist am stabilsten: Lediglich 98 von 10.000 Betrieben meldeten im Jahr 2003 Konkurs an.

## Sanierungsmöglichkeiten nach der Insolvenzordnung

Das Insolvenzrecht, das 1999 in Deutschland eingeführt wurde und im Dezember 2001 eine Novellierung erfuhr, sollte auch die Sanierungschancen angeschlagener Betriebe erhöhen. Zu dem Zweck wurden verschiedene Maßnahmen in den Gesetzestext aufgenommen.

Bei Unternehmensinsolvenzverfahren hatten insbesondere die auf die Bundesanstalt für Arbeit übergegangenen Lohnforderungen der Arbeitnehmer für eine Aufzehrung der Masse gesorgt und so die Sanierung des Unternehmens unmöglich gemacht. Bislang gehörten die Entgeltansprüche der Arbeitnehmer, die im Eröffnungsverfahren weiterbeschäftigt wurden und von der Bundesanstalt für Arbeit Insolvenzgeld erhielten, zu den Masseverbindlichkeiten, die vorweg befriedigt werden mussten. Nunmehr sind sie zu normalen Insolvenzforderungen herabgestuft. Ziel dieser Regelung ist es, die Chancen auf eine Weiterführung des Betriebes zu erhöhen.

Kernstück des neuen Insolvenzrechtes für die Wirtschaft war die Realisierung einer Reorganisation im Wege des Insolvenzplanverfahrens. Abweichend von den Verwertungs- und Verteilungsregeln im Falle einer bis dahin üblichen Konkursabwicklung konnte eine einvernehmliche Lösung zur Bewältigung der drohenden Zahlungsunfähigkeit gefunden werden. Sie ist auf die Wiederherstellung der Ertragskraft des Unternehmens und auf die Befriedigung der Gläubigeransprüche gerichtet. Anders als etwa in den USA wird von den Reorganisationsmöglichkeiten, die das Insolvenzplanverfahren bietet, bislang nur sehr wenig Gebrauch gemacht. Planverfahren werden kaum durchgeführt. Innerhalb des Zeitraums von 1999 bis 2002 wurden lediglich 280 Unternehmen mittels eines Insolvenzplanverfahrens saniert. Insbesondere folgende Gründe sind für die geringe Akzeptanz des Insolvenzplanverfahrens verantwortlich zu machen: Die aufwändige Erstellung eines Insolvenzplans unter erheblichem Zeitdruck und damit korrespondierend die Überforderung der Insolvenzverwalter; die Problematik der „vorbefassten" Insolvenzverwalter, die, wenn sie ein Unternehmen im Vorfeld einer Insolvenz beraten nicht mehr als Insolvenzverwalter eingesetzt werden können sowie ein bislang noch unzureichender Bekanntheitsgrad und daraus folgend eine geringe Akzeptanz des Insolvenzplanes aus Unternehmersicht.

Ebenso wenig genutzt wird der neue Eröffnungsgrund der „drohenden Zahlungsunfähigkeit". Dieses Rechtsmittel wurde bereitgestellt, um Unternehmern möglichst früh die Gelegenheit zu geben, einen Insolvenzantrag zu stellen – also wenn noch genügend Masse Unternehmen zur Verfügung steht – dadurch sollten die Sanierungsaussichten verbessert und für Gläubiger höhere Quoten erreicht werden. Der Insolvenzgrund der drohenden Zahlungsunfähigkeit kann nur vom Schuldner selbst geltend gemacht werden und erfasst einen Zeitraum bis zu einem Jahr im Voraus. Entscheidend ist, ob nach den vorgelegten Prognosen der Eintritt der Zahlungsunfähigkeit wahrscheinlicher ist als ihr Ausbleiben.

Die Erfahrung zeigt, dass in Schieflage geratene Unternehmer noch möglichst lange versuchen, ihr Unternehmen mit eigenen Mitteln zu retten. Insgesamt in nur etwa 100 Fällen ist es bislang zu einer „Selbstanzeige" des von drohender Zahlungsunfähigkeit betroffenen Unternehmens gekommen.

Eine ebenso geringe Rolle spielt das Instrument der Eigenverwaltung, über das die Geschäftsführung des insolventen Unternehmens weitgehende Vollmachten behält und zusammen mit dem Sachwalter versucht, ein Überleben des Betriebes und damit auch auf längere Sicht eine bessere Befriedigung der Gläubiger zu ermöglichen. Diese Option macht nur bei größeren Betrieben einen Sinn, die genügend Assets zur Verfügung haben, um einen „turn around" zur Solvenz ermöglichen, etwa bei der Babcock Borsig AG.

**Sanierungsgewinne und Masseunzulänglichkeit**

Einer jahrelang erhobenen Forderung der Insolvenzverwalter im Zusammenhang mit der Sanierung von Unternehmen ist das Bundesfinanzministerium nun nachgekommen: Sanierungsgewinne müssen nicht mehr versteuert werden.

Wenn ein Unternehmen in Liquiditätsschwierigkeiten nach langem Ringen einen Forderungs(teil)verzicht mit seinen Gläubigern ausgehandelt hatte, war es bislang so, dass der durch diesen Schuldenerlass entstandene Gewinn zu versteuern war. In seinem Erlass vom 27. März 2003 hat das Bundesfinanzministerium den Finanzämtern nun aufgegeben, bei typischen Sanierungssituationen solche Beträge nicht zu besteuern, die aus dem Forderungsverzicht der Gläubiger resultieren. Dies gilt natürlich insbesondere für Unternehmen, die sich im Zuge eines Insolvenzplanes reorganisieren, und erhöht den Anreiz für eine Sanierung.

Ebenfalls positiv anzumerken bleibt, dass die Zahl der mangels Masse abgewiesenen Konkurse seit Einführung der Insolvenzordnung im Jahr 1999 deutlich rückläufig ist. Ein Ziel der Insolvenzordnung war die Anreicherung der Masse insolventer Unternehmen, um eine bessere Gläubigerbefriedigung zu erzielen. Zwar haben sich die durchschnittlichen Insolvenzquoten, die ungesicherte Gläubiger im Insolvenzverfahren erhalten, nicht merklich erhöht – sie liegen immer noch zwischen drei und fünf Prozent der Forderungssumme –, die Zahl der Insolvenzverfahren, die mangels einer die Kosten des Verfahrens deckenden Masse eingestellt werden und somit keine Befriedigung für Gläubiger bringen, ist aber merklich zurückgegangen. Wurden im Jahr 1999 noch mehr als 70 Prozent aller Verfahren mangels Masse abgelehnt, so sind es jetzt in Westdeutschland noch 40,4 Prozent, in Ostdeutschland 48,4 Prozent.

Auf der anderen Seite bleibt zu bedenken, dass die Eröffnung eines Insolvenzverfahrens noch nicht automatisch bedeutet, dass die Gläubiger auch ihre Forderungen – oder zumindest einen Teil davon – erhalten. Sind zwar die Kosten des Verfahrens – also die Gerichts- und Verwaltergebühren – aus der Masse befriedigt, ansonsten aber keine Vermögenswerte vorhanden, greift das Institut der „Masseunzulänglichkeit". Das heißt, das eröffnete Verfahren wird wieder eingestellt, ohne dass die Gläubiger eine Quote erhalten.

Die Insolvenzen nehmen nach wie vor zu, jedoch gehen die prozentualen Steigerungsraten seit dem letzten Jahr zurück. Die gesetzlichen Möglichkeiten der Reorganisation werden von Betrieben nur zögerlich genutzt. Neue Erleichterungen sollen den Anreiz erhöhen und zu mehr Sanierungen führen. Die Befriedigungsquoten für Gläubiger haben sich im Insolvenzverfahren nicht merklich gebessert. Insgesamt werden noch zu wenige in Schieflage befindlichen Betriebe saniert.

# Asset Securitisation als Finanzierungsinstrument für (größere) mittelständische Unternehmen – aber auch in Krisenphasen?

Uwe Christians, Stefan Kopf

## 1 Einleitung

Kleine und mittlere Unternehmen (KMU) sind fast regelmäßig durch geringe Eigenkapitalquoten und hinsichtlich ihrer Finanzierung durch eine hohe Abhängigkeit von Bankkrediten charakterisiert. Änderungen in der Kreditvergabepolitik der Banken[1] – wie sie derzeit insbesondere durch die Entwicklung um „Basel II" streckenweise zu beobachten sind – wirken sich dadurch besonders stark auf die Finanzierungssituation der KMU aus. Insofern stellt sich die Frage nach den *Alternativen für Bankkredite*.[2]

Vieles spricht dafür, dass der *Kapitalmarkt* zukünftig als *originäre Finanzierungsquelle* an Bedeutung gewinnen wird.[3] Die Kreditinstitute haben deshalb ihr klassisches Angebot an Beratungs- und Finanzdienstleistungen um die Produktpalette der sich schnell entwickelnden Kapitalmärkte erweitert und ihren mittelständischen Firmenkunden innovative Finanzierungsinstrumente (z.B. Mezzanine-Finanzierung) zugänglich gemacht.[4] Doch für die meisten KMU dürfte der *direkte Weg* an die Börse aus Kostengründen (Emissionskosten etc.) nicht gangbar sein – Finanzierungen z.B. über den €-Rentenmarkt lohnen sich erst ab einer gewissen Größenordnung des Emissionsvolumens.

Insbesondere für Unternehmen mit Jahresumsätzen von über 100 Mio. €, die durchschnittliche Forderungsbestände im zweistelligen oder teilweise sogar im dreistelligen Millionenbereich halten, stellt sich die Frage, ob eine traditionelle „*on-balance-sheet*"-*Finanzierung* des Forderungsbestandes – die Forderungen binden Finanzmittel auf der Passivseite – die beste Lösung darstellt. Eine interessante Alternative hierzu bietet dabei die *Verbriefung von Vermögensgegenständen (Asset Securitisation)*. Das Wissen allerdings über die Möglichkeiten und Grenzen dieses Finanzierungsinstruments ist in der mittelständischen Unternehmerschaft bei weitem noch nicht ausreichend verbreitet. Insbesondere ist generell noch zu verdeutlichen, in welchen Phasen der Unternehmensentwicklung eine Asset Securitisation sinnvoll angewendet werden kann. So ist es fraglich, ob in einer *Sanierungsphase* dieses Finanzierungsinstrument greifen kann. Insofern soll sich diese Abhandlung mit dem *Instrument der Asset Securitisation* von

---

[1] Wie KPMG ermittelt hat, erwarten mehr als 60% der mittelständischen Unternehmen, dass die verschärften Eigenkapitalanforderungen Kredite künftig verknappen oder verteuern werden. Vgl. o.V., 2003, S. 22.

[2] Vgl. Steiner, M./Mader, W./Starbatty, N., Aktuelle Entwicklungen in der Unternehmensfinanzierung, in: Finanz Betrieb, Heft 9/2003, S. 519.

[3] Vgl. Siegert, T./Hühn, G., 2003, S. 18; Bundesverband Deutscher Banken, 2003.

[4] Vgl. Nelles, M./Klusemann, M., 2003, S. 1 ff.; Dörscher, M./Hinz, H., 2003, S. 606 ff.

Handelsforderungen (Forderungen aus Lieferungen und Leistungen)[5] im Hinblick auf seine *Anwendungsmöglichkeiten und Anwendungsgrenzen* für (größere) *mittelständische Unternehmen* generell und in einer Sanierungsphase im Speziellen beschäftigen.

Dabei wird folgende Vorgehensweise gewählt. Zunächst wird die Konstruktion einer (True Sale)-Asset-backed-Transaktion im Allgemeinen dargestellt (2.). Sodann gehen wir auf die Verbriefung von Handelsforderungen im Speziellen ein (3.). Dem schließt sich eine Diskussion der Vorteile, Anforderungen und Kosten von ABS-Transaktionen an (4. und 5.). Nach einem kurzen Exkurs über die True Sale-Initiative (6.) soll letztlich darauf eingegangen werden, inwieweit mittelständische Unternehmens das Finanzinstrument – speziell in der Krisenphase – nutzen können (7.).

## 2 Grundlegende Konstruktion von ABS-Transaktionen

### 2.1 Begriffliches

Asset Securitisation ist ein *Strukturierungsprozess*, bei dem nicht handelbare Forderungen oder andere Vermögensgegenstände *in eine verbriefte Form transferiert* werden und als sog. *Asset-Backed Securities* (ABS) am Geld- oder Kapitalmarkt emittiert werden. Die wörtliche Übersetzung des Begriffs „Asset-Backed Securities" bedeutet dementsprechend: Durch Vermögensgegenstände gedeckte Wertpapiere.[6, 7] Bei ABS übertragen Kreditgeber entweder nur die Risiken aus Forderungen (synthetische Kreditverbriefungen; Kreditderivate), oder sie verkaufen die Forderungen (True Sale). *Kreditderivate* besitzen durch die Möglichkeit der Trennung des Kreditrisikos vom Underlying und dem separaten Handel des Kreditrisikos große Anwendungsmöglichkeiten.[8]

Wie diese breit gefasste Definition zeigt, sind die Möglichkeiten einer Finanzierung durch Asset-Backed Securities sehr vielfältig. Dies liegt vor allem daran, dass die jeweiligen

---

[5] Forderungen aus Lieferungen und Leistungen (Handelsforderungen) stellen für eine Vielzahl von Unternehmen ein sehr großes Finanzierungspotenzial dar. Gleichzeitig stellt die Asset Securitisation für Unternehmen, die durch eine Ratingherabstufung keinen Zugang mehr zum traditionellen Markt für Commercial Paper haben, eine interessante Fundingalternative dar.

[6] Letztlich wird allerdings der Wert der emittierten Asset-Backed Securities von dem Cash-Flow der zugrunde liegenden Vermögensgegenstände determiniert. Aus dem Grund wäre der Begriff „Cash-Flow Backed Securities" eigentlich besser und zutreffender, allerdings hat sich in der Praxis dieser Begriff bis heute nicht durchsetzen können. Vgl. Bär, H., 2000, S. 29.

[7] In der Definition der BAFin heißt es: „Wertpapiere, die Zahlungsansprüche gegen eine ausschließlich dem Zweck der ABS-Transaktion dienende Zweckgesellschaft zum Gegenstand haben. Die Zahlungsansprüche werden durch einen Bestand an unverbrieften Forderungen („assets") gedeckt („backed"), die auf die Zweckgesellschaft übertragen werden und im wesentlichen den Inhabern der Asset-Backed Securities (Investoren) als Haftungsgrundlage zur Verfügung stehen." Sie beinhalten eine Kombination verschiedener Finanzierungsformen. Dabei werden Elemente der Forderungsverbriefung (Securitisation) und des Factoring zu einem selbstständig weiter entwickelten Rechtsprodukt verbunden. Vgl. BAFin, Rundschreiben 4/97.

[8] Vgl. Brütting, C./Weber, N./Heidenreich, M., 2003, S. 754 ff.

Transaktionen zu großen Teilen *auf Vertragsrecht* beruhen sowie immer noch *neue Assetklassen* (vgl. dazu auch Abbildung 1) erschlossen werden.

Der grundlegende Unterschied zwischen Factoring und ABS-Finanzierung besteht darin, dass das forderungsverkaufende Unternehmen bei einer ABS-Transaktion einen *mittelbaren Kapitalmarktzugang* erhält. Ein wesentliches Merkmal der ABS-Transaktion ist dabei die *Portfoliobetrachtung*, bei der die Verlässlichkeit und Kalkulierbarkeit des Zahlungsverhaltens des gesamten *Forderungspools* analysiert wird. Beim Factoring stehen hingegen die *Einzelbonitäten* der verschiedenen Schuldner im Mittelpunkt der Betrachtung.

## 2.2 Kriterien der Verbriefung von Vermögensgegenständen

Im Rahmen einer ABS-Transaktion werden Finanzaktiva eines bzw. mehrerer Unternehmen direkt oder indirekt an eine eigens dafür gegründete, rechtlich selbstständige Gesellschaft veräußert. Es handelt sich dabei um die Veräußerung möglichst *gleichartiger Forderungen* zum Zwecke der *Liquiditätsbeschaffung*, und mit bilanzbefreiender Wirkung[9] für den Forderungsverkäufer.[10] Durch diese Vorgehensweise soll eine Trennung der Bonität des Forderungspools „vom Standing und vom allgemeinen Unternehmensrisiko des Originators erzielt und damit eine Off-Balance-Sheet-Finanzierung erreicht werden"[11].

Die Verbriefung von Vermögensgegenständen ist an folgende *Kriterien* geknüpft:

- Die Forderungen sollten homogen, einwandfrei identifizierbar sowie juristisch einwandfrei und endgültig übertragbar sein.

- Die mit der zu verbriefenden Forderung verbundene Lieferung und Leistung ist erbracht worden.

- Die Laufzeit der Forderung lässt sich eindeutig ermitteln (Entstehung der Forderung und Fälligkeit) und weist einen kurzfristigen Charakter auf.

- Die Forderungen müssen werthaltig sein, d.h. es erfolgt keine Verbriefung von Forderungen, welche zum Zeitpunkt der Veräußerung problematisch sind, die Forderungen dürfen weder ausgefallen, noch darf ein Zahlungsverzug oder eine Anfechtung vorliegen. Des Weiteren darf der Käufer keine Aufrechnung geltend machen können.

- Um das verkaufte Portfolio einwandfrei identifizieren zu können, muss der Forderungsverkäufer die technischen Möglichkeit besitzen, diese von den nicht veräußerten Forderungen zu separieren.

---

[9] D.h. die Zweckgesellschaft zählt nicht zum Konsolidierungskreis des Originators. Oft halten gemeinnützige Trust Companies die Beteiligungen an solchen Zweckgesellschaften. Vgl. zu diesem Problemkomplex der Definition des Konsolidierungskreises IDW (Hrsg.), 2002, S. 1151ff. sowie für US-GAAP Pellens, B./Sellhorn, T./Streckenbach, J., 2003, S. 194.

[10] Vgl. Rittinghaus, H.-R./Makowa, T./Hellmann, U., 1997, S. 133.

[11] Bär, H., 2000, S. 91.

- Der Forderungsverkäufer muss in der Lage sein, auf monatlicher Basis historische Daten über die letzten drei bis fünf Jahre über Ausfallraten, das Ausmaß der Forderungsverwässerung sowie der Konzentration von Debitoren zur Verfügung zu stellen.
- Schließlich sollten die zu verbriefenden Forderungen möglichst keine oder nur geringe Konzentrationen aufweisen.

Sollten ein oder mehrere der zuvor genannten Bedingungen nicht eingehalten werden können, so bedeutet dies nicht zwangsläufig, dass keine Verbriefungstransaktion durchgeführt werden kann, aber es erschwert unter Umständen den Strukturierungsprozess.[12]

Asset Backed Securities lassen sich nach unterschiedlichen Produkttypen/Assetklassen differenzieren. Die nachfolgende Abbildung dokumentiert dies:

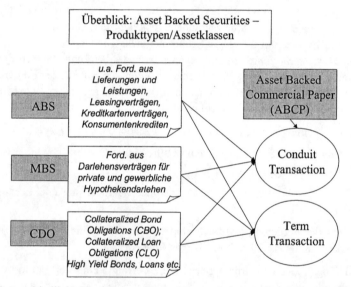

Abb. 1: Unterschiedliche Produkttypen/Assetklassen bei Asset Backed Securities

Anm:  ABS = Asset Backed Securities

MBS = Mortgage Backed Securities

CDO = Collateralized Debt Obligations

*Term Transaction* sind im Wesentlichen dadurch charakterisiert, dass sie ein hohes Transaktionsvolumen besitzen, die Refinanzierung über eine Anleihe läuft und die Finanzierungslaufzeit relativ lang ist (2-15 Jahre). *ABCP-Programme* hingegen sind Geldmarktpapiere, die durch Forderungen besichert sind. Innerhalb eines ABCP-Programms werden kurzfristige Forderungen durch eine speziell gegründete Zweckgesellschaft (Conduit) angekauft. Die Refinanzierung der angekauften Forderungen erfolgt durch Emission von CP i.d.R. mit einer Laufzeit von 30

---

[12] Vgl. ebd., S. 165 ff.

bis höchstens 270 Tagen. Rückzahlungen werden zumeist zum Erwerb neuer Forderungen genutzt, und fällige, ausstehende CP werden durch Emission neuer CP getilgt, sodass sich ein ABCP-Programm als eine Art von *revolvierender Kreditfazilität* darstellt.

## 2.3 Abbildung des Grundmodells

Das Grundmodell einer Securitisation kann wie folgt dargestellt werden. Die Zweckgesellschaft (*Special Purpose Vehicle* (SPV)) verfügt über ein geringes Eigenkapital und dient dem Zweck, die angekauften Finanzaktiva im Portefeuille zusammenzustellen. Die Platzierung erfolgt entweder *öffentlich über die Börse oder als Privatplatzierung* bei institutionellen Anlegern. Der als Originator bezeichnete Forderungsverkäufer erhält im Gegenzug liquide Mittel in Höhe des Barwertes der verkauften Forderungen sowie vereinbarter Provisionen und Kosten. Die *Zweckgesellschaft* ist als Emittentin der Titel verpflichtet, an die Investoren Zins- und Tilgungsleistungen zu zahlen. Die Einzahlungen der Forderungsschuldner werden zur Bedienung der emittierten Wertpapiere hinsichtlich Zinsen und Tilgung verwendet.

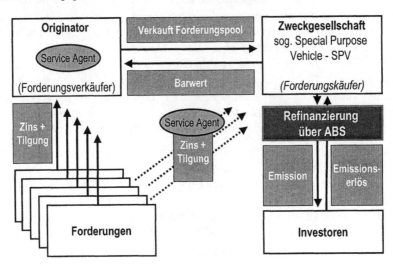

Abb. 2: Grundstruktur einer ABS-Transaktion (Teil I)

Anm.: Die Wertpapiere zur Refinanzierung des Kaufpreises werden bei vielen deutschen Programmen nicht direkt von der Ankaufsgesellschaft emittiert, sondern diese beauftragt mittels eines Geschäftsbesorgungsvertrages (Commissioning Agreement) eine verbundene Gesellschaft (die SPV-Emittentin) mit ihrer Refinanzierung. Die Investoren kaufen mithin das Wertpapier unter dem Namen der Emittentin und nicht der Ankaufsgesellschaft.

Zur Refinanzierung kann die Zweckgesellschaft - wie bereits erwähnt - unterschiedliche Arten von Wertpapieren verbriefen. So können Commercial Paper, Medium-Term-Notes oder Anleihen begeben werden, die sich hinsichtlich ihrer Fristigkeit unterscheiden. Für die Verbriefung von *Forderungen aus Lieferungen und Leistungen* bspw. werden i.d.R. Asset Backed *Commercial Paper* (ABCP)-Programme (in Form einer Conduit Transaction) aufgelegt.

Im Wesentlichen werden in der Literatur zwei verschiedene Strukturen, namentlich die *Anteilszertifikatsstruktur* und die *Anleihestruktur*, unterschieden, die eng mit dem Management der Zahlungsströme aus den verbrieften Assets in Zusammenhang stehen.

## 2.4 Anteilszertifikats- vs. Anleihestruktur

Die *Anteilszertifikatsstruktur* basiert auf einem rechtlich verselbstständigten Sondervermögen (Gründung der Zweckgesellschaft als Trust). Die Forderungen werden hier vom Originator an den Trust respektive die Zweckgesellschaft veräußert, deren Verwaltung einem Treuhänder obliegt. Der Treuhänder wiederum verkauft Anteilszertifikate des Trusts an die Investoren, die somit Miteigentümer an den Assets werden.[13] Man spricht bei dieser Konstruktion auch von einem *Grantor Trust*, der ein steuerbefreites Sondervermögen darstellt, d.h. lediglich die Investoren als Miteigentümer des Vermögenspools, nicht aber der Trust selbst, werden besteuert. Diese Steuerbefreiung für den Trust bzw. die Zweckgesellschaft besteht allerdings nur dann, wenn der Trust als passiv gilt und keine neuen Assets erwirbt bzw. alte nicht gegen neue austauscht.[14] Somit ist diese Struktur für bspw. *Handelsforderungen*, die – wie bereits erwähnt und später noch näher gezeigt wird - im Regelfall revolvierend angekauft werden, nicht geeignet. Um die genannten Beschränkungen zu umgehen, bietet sich die Struktur des *Owner Trusts* an, der ähnlich einer deutschen Personengesellschaft strukturiert ist. Bei dieser Variante gelten sämtliche Erträge als bei den Gesellschaftern angefallen, die diese wiederum versteuern müssen. Die Zweckgesellschaft ist wie beim Grantor Trust steuerbefreit.

ABS-Transaktionen unter der Anteilszertifikatsstruktur werden oftmals auch als *Pass-through-Konstruktionen* bezeichnet, da ein aktives Zahlungsmanagement durch den Treuhänder aufgrund der Miteigentümerschaft der Investoren bei dieser Struktur nicht möglich ist. Die auf die veräußerten Forderungen eingehenden Zins- und Tilgungsleistungen werden direkt und unverändert an die Investoren durchgeleitet, lediglich Gebühren für den Service Agent werden abgezogen. Dies hat zur Folge, dass sich Zahlungsausfälle und Verzögerungen, aber auch vorzeitige Rückzahlungen, unmittelbar auf die Käufer der Asset Backed Securities auswirken.[15]

Das zweite Strukturkonzept, das alternativ zur Anteilszertifikatsstruktur angewandt wird, ist die *Anleihestruktur*. Hier verbleiben die Vermögenswerte nach der Übertragung im Eigentum der treuhänderisch verwalteten Zweckgesellschaft. Zur Refinanzierung des Kaufpreises für die vom Originator übertragenen Assets emittiert die Zweckgesellschaft Anleihen und die Investoren werden durch deren Erwerb zu *Fremdkapitalgebern der Zweckgesellschaft*. Auch bei dieser Konstruktion dienen die Zahlungsströme der veräußerten Vermögenswerte zur Bedienung der ausgegebenen Wertpapiere. Anders als beim Pass-through-Konzept erfolgt jedoch keine Durchleitung, sondern es findet ein internes Zahlungs- und Zinsmanagement statt

---

[13] Vgl. Bellmann, S., 2002, S. 33.
[14] Vgl. Paul, S., 1994, S. 133 f.
[15] Vgl. ebd., S. 137 ff.

(*Pay-through-Verfahren*). Die Investoren erhalten im Voraus vereinbarte Zins- und Tilgungsleistungen, die nach ihren Wünschen ausgestaltet werden können. Innerhalb der Zweckgesellschaft erfolgt eine Umstrukturierung der Zahlungsströme, d.h. kurzfristige Überschüsse müssen reinvestiert und Liquiditätsengpässe abgefedert werden. Damit verbleiben Risiken aufgrund von Zinsänderungen und vorzeitiger Rückzahlung bei der Zweckgesellschaft, wodurch die Renditen von Asset Backed Securities innerhalb der Anleihestruktur im Regelfall etwas geringer sind, als bei der reinen Durchleitung der Zahlungsströme im Anteilszertifikatskonzept.[16]

Ein weiterer besonderer Vorteil der Anleihestruktur – neben dem aktiven Zahlungsstrommanagement – ist die Möglichkeit der Ausgabe mehrerer Wertpapiertranchen mit unterschiedlichen Laufzeiten und variierender Zins- und Tilgungsgestaltung. Damit können die ABS individuell auf die Bedürfnisse verschiedener Investoren zugeschnitten werden, wodurch eine Platzierung erleichtert wird. Die Konstruktion ist allerdings nur für Zweckgesellschaften in Form eines *Owners Trust* bzw. einer deutschen Personengesellschaft oder aber einer *Corporation*, ähnlich einer deutschen GmbH zulässig, da der Grantor Trust lediglich eine Klasse von Wertpapieren begeben darf.[17]

Da die Zweckgesellschaft insbesondere innerhalb der Pay-through-Konstruktion Risiken aus der Gestaltung der Zahlungsströme ausgesetzt ist, wird der Forderungspool durch verschiedene Sicherungskonstruktionen gestützt, die im Folgenden erläutert werden.

## 2.5 Sicherungs- und Treuhandkonstruktionen

Die Sicherungsinstrumente des Forderungspools (Credit Enhancement, Kreditverbesserung) werden weitgehend in Sicherungen in der Transaktionsstruktur, Sicherungen des Originators bzw. mit ihm verbundener Unternehmen und Sicherungen durch Dritte unterteilt.

Im Idealfall erfolgt die Absicherung allein aus den Zahlungsströmen der Forderungen im Rahmen der Transaktionsstruktur. Die gebräuchlichste Form ist die *Übersicherung (Overcollaterisation)*, die sich ergibt, wenn der Originator einen Forderungspool überträgt, dessen Haftungsvolumen die Emissionssumme der zu emittierenden Asset Backed Securities übersteigt. Die gleiche Wirkung ergibt sich, wenn der Originator der Zweckgesellschaft einen Abschlag auf den Barwert der Forderungen gewährt bzw. die Zweckgesellschaft einen Teil des Kaufpreises zurückbehält, um mögliche Zahlungsausfälle auszugleichen.[18] Die Größenordung für die Übersicherung richtet sich meist nach den historischen Ausfallraten des übertragenen Forderungsportfolios und liegt üblicherweise zwischen 10 und 20% des Nominalbetrages der Forderungen.[19]

Eine ähnliche Form der Besicherung innerhalb der Transaktionsstruktur stellt das *Reservekonto (Excess Spread Account)* dar. Hierbei werden finanzielle Mittel, die nicht aktuell zur Bedienung der emittierten Papiere benötigt werden, auf ein *Treuhandkonto* eingebracht, um der

---

[16] Vgl. Bellmann, S., 2002, S. 36.
[17] Vgl. Paul, S., 1994, S. 141 ff.
[18] Vgl. Bellmann, S., 2002, S. 30.
[19] Vgl. Fahrholz, B., 1998, S. 221.

Überbrückung von Liquiditätsengpässen und Kreditausfällen zu dienen. Diese Mittel können aus möglichen Residualerlösen aus den ein- und ausgehenden Zahlungsströmen oder teilweise auch aus einem Startguthaben durch den Originator entstammen. Sowohl bei der Übersicherung als auch beim Reservekonto werden mögliche Restguthaben mit Ablauf der gesamten Transaktion an den Originator zurückübertragen.

Eine dritte Möglichkeit ist die *Nachordnung oder Subordination*, bei welcher mehrere Tranchen, mindestens aber eine Senior und eine Junior Tranche emittiert werden. Die höherwertigen Tranchen werden vorrangig bedient und verfügen demnach über eine erstklassige Bonität, während die nachrangigen Tranchen im Falle eines Forderungsausfalls als Sicherungspuffer dienen. Die unterste Tranche wird auch als First-loss-Tranche bezeichnet und beinhaltet i.d.R. sämtliche Ausfallrisiken entsprechend der historischen Ausfallrate. Sie ist daher oft nicht geratet, verfügt aber über einen höheren Zins. Die First-loss-Tranche wird häufig vom Originator selbst übernommen, kann aber auch an spekulative Anleger am Markt abgesetzt werden.

Neben den in der Struktur der ABS-Transaktion begründeten kreditverbessernden Maßnahmen kann der *Originator oder ein mit ihm verbundenes Unternehmen Sicherheiten stellen*. Am häufigsten sind hier die *Rückkaufszusage (Recourse)*, in deren Rahmen sich der Originator verpflichtet, einzelne Forderungen innerhalb eines bestimmten Prozentsatzes vom Gesamtvolumen zum Nennwert zurückzunehmen oder auszutauschen, oder die *Ausfallgarantie* für in Zahlungsverzug stehende Forderungen.

Letztlich können Sicherheiten auch *von externen Dritten*, hauptsächlich Banken, Versicherungen oder Garantiegesellschaften, bereitgestellt werden. Hierbei bieten sich vor allem *Bürgschaften und Finanzgarantien* an. Im Fall der Verbriefung von Forderungen aus Lieferungen und Leistungen (Trade-Receivables) versichern Kreditversicherungen jeden einzelnen Debitor.[20] Des Weiteren besteht die Möglichkeit einer *Bareinlage* (Cash Collateral Account), d.h. Verpfändung erstklassiger, leicht liquidierbarer Finanztitel oder Barmittel zu Gunsten der Zweckgesellschaft.

Der *Treuhänder*, üblicherweise eine Wirtschaftsprüfungsgesellschaft, ist vielfach ein weiterer Beteiligter einer ABS-Transaktion. Die Mitwirkung der Treuhänder ist aufgrund rechtlicher Vorschriften erforderlich oder kann seitens der *Rating-Agenturen* gefordert werden, da er bedeutende Funktionen im Interesse der Investoren ausübt. Die Aufgabe des Treuhänders besteht darin, im Vorfeld der Emission die Bonität der Beteiligten und die Qualität des Forderungsportefeuille zu beteilen. Zusätzlich kann ihm der Kauf von Vermögenswerten im Namen und für Rechnung der SPV sowie die treuhändlerische Verwaltung der Sicherheiten übertragen werden.[21]

Die Laufzeiten der platzierten Wertpapiere können kürzer sein (und sind es regelmäßig), als die Zeit bis zum Zahlungseingang aus den verbrieften Assets. Sie werden deshalb oft „übergerollt". Neuemissionen dienen mithin zur Bedienung fälliger Wertpapiere. Um etwaige Unregelmäßigkeiten bei den Zahlungsströmen auszugleichen, werden von Banken – wie erwähnt –

---

[20] Vgl. Fabozzi, F./Bhattacharya, A., 1996, S. 280.
[21] Vgl. Herrmann, H.-J., 1997, S. 223f.

*Liquiditätslinien* („Back-up"-Liquiditätskredite) eingeräumt.[22] Grundsätzlich dienen diese Liquiditätslinien nur dem Worst-Case-Szenario.

Der Originator bleibt (im Gegensatz zum Factoring) grundsätzlich unverändert der Ansprechpartner für seine Debitoren und fungiert als Forderungsverwalter. Unter besonderen Umständen ist auch ein unabhängiger *Service-Agent* denkbar, der die Debitorenbuchhaltung, das Forderungsinkasso und die Weiterleitung der Zahlungseingänge an den Treuhänder übernimmt. In der Regel werden sich also für die Debitoren keine Änderungen ergeben; sie zahlen nach wie vor mit schuldbefreiender Wirkung an den Originator.

Prinzipiell fordern die ABS-Käufer, dass der Originator ein *Rating* hat. Das Rating dient diesen zur Risikoeinschätzung des Unternehmens, also des Forderungsverkäufers. Insofern dürfte es Firmen, die sich in Krise befinden bzw. die saniert werden und damit ein schlechtes Rating besitzen, schwer fallen, für ABS überhaupt in Frage zu kommen.[23]

Das Rating von Forderungsverbriefungen orientiert sich an einer Vielzahl von Faktoren. Die komplexen Strukturen von kollateralisierten Anleihen mit den unterschiedlich zusammenhängenden Risiken erfordern von den Rating-Agenturen eine genaue – in einem iterativen Prozess ablaufende - Analyse jeder Transaktion.[24] Obwohl gerade Verbriefungsstrukturen individuell auf die Bedürfnisse der beteiligten Parteien zugeschnitten sind, orientiert sich der eigentliche Prozess des Ratings stets an einem ähnlichen Muster über die Stufen *Rating-Initialisierung, Due Diligence (mit den Schwerpunkten Forderungsverkäufer, Portfolio-Analyse und rechtliche Transaktionsstruktur), Endgültiges Rating und Überwachung/Überprüfung* hinweg.[25]

Ein Schwerpunkt des *Due-Diligence-Prozesses* ist die Analyse und Bewertung der historischen, aktuellen und erwarteten *Leistungsfähigkeit des Forderungsverkäufers*. Da das forderungsverkaufende Institut in der Regel die Funktion des Servicers für die Zweckgesellschaft übernimmt, müssen die Rating-Agenturen das *Seller-Servicer-Risiko* beteilen. „Die Rating-Agentur analysiert ein potenzielles Insolvenz-/Konkursrisiko des Forderungsverkäufers auf der Basis von Informationen über die Unternehmensentwicklung, das Wettbewerbsumfeld und die Marktposition. Die Forderungen sollten nicht von Bonitätsschwierigkeiten der verkaufenden Bank/[Unternehmung, d.Verf.] in Mitleidenschaft gezogen werden."[26]

Die nachfolgende Abbildung zeigt wesentliche Ergänzungen der Grundstruktur im Überblick auf:

---

[22] Vgl. Schemann-Teuber, D., 3. Teil.
[23] Vgl. Niederdenk, R., 2003, S. 22.
[24] Moody's Investor Service bspw. unterteilt die konkrete Analyse in drei Schritte: Analyse der Werthaltigkeit und Ertragskraft der abgetretenen Forderungen (Collateral Risk), Analyse der strukturellen Besicherungsformen (Structural Risk) und externer Sicherungsgeber (Third-Party Risk) sowie Analyse der rechtlichen, regulatorischen und steuerlichen Besonderheiten der Transaktionsstruktur (Regulatory and Legal Risks). Vgl. Ohl, H.-P., 1994, S. 208.
[25] Vgl. Röchling, A., 2002, S. 53 ff.
[26] Ebd., S. 54.

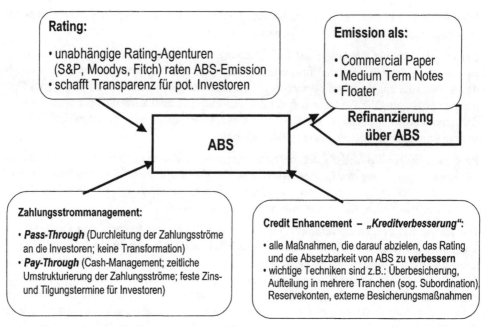

Abb. 3: Grundstruktur einer ABS-Transaktion (II)

### 2.6 Single-Seller- und Multi-Seller-Conduits

Bei den meisten Transaktionen wird die Zweckgesellschaft speziell für den Originator und i.d.R. auch speziell für *nur eine einzelne Transaktion* gegründet. Eine solche Zweckgesellschaft bezeichnet man auch als *Single-Seller-Conduit*, wobei *Conduit* im übertragenen Sinne für ein Durchleitungsinstrument zur Strukturierung von Zahlungsströmen steht.[27] Vorteil dieser Variante ist, dass der Originator die Verbriefung hinsichtlich ihrer Struktur und der Art der ausgegebenen Wertpapiere individuell nach seinen Bedürfnissen ausgestalten kann.[28] Diese Konstruktion bietet sich insbesondere *bei Privatplatzierungen* an, da die Investoren in dem Fall intensiv an der Analyse der Forderungen und der Strukturierung der Transaktion teilnehmen und die Asset Backed Securities ebenfalls auf deren Erfordernisse ausgerichtet werden können. Allerdings sind die Transaktionskosten für die Durchführung einer ABS-Transaktion mit Hilfe eines Single-Seller-Conduits sehr hoch und es wird oftmals ein Mindestkapital von etwa 1 bis 3% des Werts der ausgegebenen Wertpapiere verlangt, um eine Haftung des Originators für eine zu schwach kapitalisierte Zweckgesellschaft auszuschließen.

---

[27] Conduit, im englischen eigentlich Leitungsröhre, bezeichnet im US-amerikanischen Steuerrecht eine Investmentgesellschaft, die Einkommen und Kapitalzahlungen aus Investitionen direkt an die Endinvestoren weitergibt, welche dann auf Basis der erhaltenen Zahlungsströme besteuert werden, während die Investmentgesellschaft selbst steuerfrei bleibt.

[28] Vgl. Schwarcz, S.L., 1997, S.1291.

Im Gegensatz dazu geben *Multi-Seller-Conduits* mehreren Originatoren die Möglichkeit, ihre Transaktionskosten zu minimieren, indem sie gemeinschaftlich ein und dieselbe Zweckgesellschaft nutzen.[29] Diese Zweckgesellschaft wird im Regelfall von Geschäfts- oder Investmentbanken verwaltet. Multi-Seller-Conduits geben gewöhnlich kurz- oder mittelfristige Wertpapiere, wie etwa Commercial Paper oder Medium Term Notes, aus, um den Ankauf der Forderungen zu refinanzieren.[30] Dadurch, dass mehrere Originatoren eine Zweckgesellschaft nutzen und ihre Transaktionskosten somit sinken, bieten Multi-Seller-Conduits auch kleineren und mittelständischen Unternehmen, die allein nicht über einen ausreichend großen Pool an Vermögenswerten verfügen, die Möglichkeit, Asset Backed Securitisation als Finanzierungsquelle zu nutzen.

### 2.7 Empirische Entwicklung von ABS

Die Entwicklung von Asset Backed Securities-Transaktionen begann in den 70er-Jahren mit der Verbriefung von Hypothekarkrediten (*Mortgage Backed Securities - MBS*) in den USA und hat sich seitdem weltweit verbreitet.[31] Heutzutage werden Verbriefungsmodelle vor allem von Kreditinstituten bei der Verbriefung von Kundenforderungen im Rahmen des Risikomanagements, aber auch zu Arbitragezwecken, eingesetzt.[32]

Der Markt für ABS ist in den letzten Jahren weltweit dynamisch gewachsen (s. Abbildung 4).

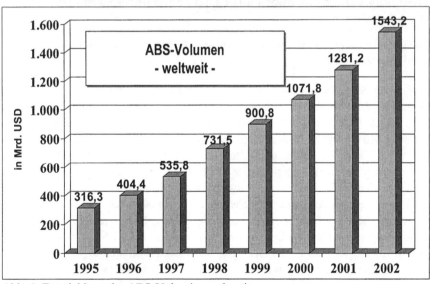

Abb. 4: Entwicklung der ABS-Volumina weltweit
Quelle: The Bond Market Association

---

[29] Vgl. Becker, H., 2002, S. 199.
[30] Vgl. Schwarcz, S.L., a.a.O., S. 1291 f.
[31] Vgl. Böhmer, M., 1996, S. 19.
[32] Vgl. Bund, S., 2000, S. 196 ff.

Das *Gesamtvolumen emittierter ABCP* belief sich in den USA in 2002 auf gut 700 Mrd. US-$. Der europäische Markt entwickelt erst seit einigen Jahren eine zunehmende Dynamik (in 2002 erreichte das Volumen 55 Mrd. US-$).[33]

In Europa sind es in erster Linie die privaten Banken und Finanzinstitute, die sich das Instrument der Forderungsverbriefung zu Nutze machen. Im Jahr 2002 stellten sie mit knapp 80% nach privatwirtschaftlichen Unternehmen (10%) und dem öffentlichen Sektor (7%) die größte Gruppe der Initiatoren von Verbriefungsaktionen.[34] Großbritannien ist in Europa weiterhin führend im Verbriefungsmarkt (Anteil ca. 40%). Auch Italien (ca. 19%) und Spanien (16%) sind im ABS-Markt sehr aktiv, wohingegen Deutschland mit nur 1,7% einen sehr geringen, rückläufigen Anteil hat (im Vorjahreszeitraum lag dieser noch bei knapp 10% der europäischen Verbriefungen).[35] Der Rückstand Deutschlands liegt insbesondere in fehlenden gesetzlichen Regelungen zu Verbriefungsprogrammen begründet, die eine gewisse Unsicherheit bei Unternehmen bezüglich dieser Finanzierungsform bedingen. Der deutsche Markt wird mehr als andere von *synthetischen Transaktionen* dominiert (Ende 2002 75,6% des gesamten deutschen Transaktionsvolumens), bei denen lediglich die Ausfallrisiken transferiert werden, die Vermögenswerte selbst jedoch in der Bilanz des verbriefenden Unternehmens verbleiben, wodurch die Volumina geringer ausfallen.[36]

## 3 Verbriefung von Forderungen aus Lieferungen und Leistungen

### 3.1 Charakterisierung von Forderungen aus Lieferungen und Leistungen (Handelsforderungen)

*Forderungen aus Lieferungen und Leistungen* (Trade Receivables) werden durch den Verkauf von Produkten oder Dienstleistungen von einem Unternehmen (Verkäufer) im Rahmen seiner gewöhnlichen Geschäftstätigkeit generiert und stellen für dieses kurzfristige zinslose Forderungen gegenüber den Unternehmenskunden (Debitoren) dar. Da diese Forderungen in der Regel unbesichert sind, kann im Fall eines Zahlungsausfall eines Debitors die Forderung vollständig uneinbringlich werden. Typischerweise beziehen sich diese Forderungen auf andere Unternehmen und nicht auf Privatkunden. Aufgrund der zinslosen Kreditgewährung besitzen die Schuldner einen verringerten Anreiz, ihr Verbindlichkeiten pünktlich zu bezahlen. Gleichzeitig führt in aller Regel ein über mehrere Tage dauernder Zahlungsverzug nicht direkt zu einer Unterbrechung der Warenlieferung, und die Konsequenzen sind bei weitem nicht mit denen eines Zahlungsausfalls auf Forderungen gegenüber Kreditinstituten zu vergleichen. Vor diesem Hintergrund können Zahlungsverzögerungen unter Umständen sehr hoch sein. Forderungsverwässerungen treten beispielsweise bei der Gewährung eines Skonto oder eines Mängelrabattes auf und führen zu einer Verringerung des vereinnahmten Forderungsbetrages. Der

---

[33] Streuer, O., 2003, S. 32.
[34] Vgl. Dorendorf, B., 2003, S. 23.
[35] Daten aus €pean Securitisation Forum (ESF) Data Report Summer 2003, S. 2 f.
[36] Vgl. Eisele, P., 2003; siehe auch Bartsch, D., 2003.

Forderungsbestand eines Unternehmens unterliegt einem starken Umschlag. Zum einen liegt das an der täglichen Generierung von neuen Forderungen sowie der kurzen Forderungslaufzeit von ein bis zwei Monaten.

Wie diese Charakterisierung zeigt, ist die Rückzahlung von Handelsforderungen an verschiedene Risiken gebunden. Im Einzelnen kann das Risiko von Handelsforderungen in das

- Ausfallrisiko eines Debitoren (Default Risk),
- dem Risiko eines Zahlungsverzuges (Deliqency Risk) sowie
- dem Risiko der Verwässerung des vereinnahmten Forderungsbetrages (Dilution Risk) differenziert werden.

Um diesen Risiken innerhalb einer Verbriefung von Handelsforderungen zu begegnen, werden bestimmte Verbesserungen in die Transaktion eingebaut, um das Risiko für die Investoren zu mindern.

### 3.2 Konstruktion von ABCP-Programmen

Aufgrund der Kurzfristigkeit ist es erforderlich, dass fortlaufend neue Kundenforderungen des Unternehmens durch die Zweckgesellschaft angekauft werden, um ein langfristiges Finanzierungskonzept über ABS zu gestalten. Dieser sogenannte *revolvierende Forderungsankauf* kann sowohl zu einem gleichbleibenden Maximalankaufbetrag als auch zu einem von Periode zu Periode schwankenden, innerhalb der Periode aber konstanten Maximalankaufbetrag erfolgen.[37] Die mit einem laufenden Forderungsankauf verbundene revolvierende Abtretung der Kundenforderungen vom Originator an die Zweckgesellschaft kann mit Hilfe einer *Mantel- oder einer Globalzession*, die beide die Abtretung des gesamten Forderungsbestandes ermöglichen, erleichtert werden.[38]

Des Weiteren kann die Weiterleitung der Zahlungsströme aus den angekauften Handelsforderungen nicht nach dem lediglich durchleitenden Pass-through-Verfahren geschehen, da dann für die zu emittierenden ABS ebenfalls nur die geringe Laufzeit der Forderungen gelten könnte. Im Rahmen des *Pay-through-Verfahrens* lässt sich die revolvierende Verbriefung jedoch anhand eines *zweiphasigen Modells*, bestehend aus *Revolvierungs- und Amortisationsperiode*, umsetzen. Während der Revolvierungsperiode oder auch Reinvestmentphase erhalten die ABS-Investoren lediglich Zinszahlungen, je nach Ausgestaltung der Emissionsbedingungen in viertel- oder halbjährlichen Abständen. Die Tilgungsleistungen aus den Forderungen werden für den Ankauf neuer Forderungen genutzt, um den Forderungsbestand während der Reinvestmentphase auf einem bestimmten Mindestniveau zu halten. In der sich an diesen Zeitraum

---

[37] Vgl. Fahrenholz, B., 1998, S. 222.
[38] Bei der Mantelzession werden bestehende Forderungen des Originators abgetreten, wobei getilgte Forderungen durch neue ersetzt werden. Vor Abschluss werden lediglich Forderungshöhe und Schuldner festgelegt. Bei der Globalzession werden auch zukünftige Forderungen abgetreten, die allerdings ausreichend bestimmbar sein müssen. Höhe und Fälligkeit der Zahlungen muss ebenfalls bereits bei Abtretung prognostizierbar sein.

anschließenden Amortisationsperiode oder auch Tilgungsphase erhalten die Anleger neben den Zinszahlungen auch Kapitalrückzahlungen.[39]

Die revolvierende Verbriefung wird vor allem von *Multi-Seller-Conduits* genutzt und ermöglicht dort höhere Volumina und damit Kosteneinsparungen und Diversifikation hinsichtlich Branchen- und Länderstruktur der angekauften Forderungen. Die Refinanzierung erfolgt meist kurzfristig auf dem Euro- oder US-Commercial Paper-Markt. Die Asset Backed Commercial Paper (ABCP) haben Laufzeiten von primär 30 bis 90 Tagen, maximal 270 Tagen, und werden am Geldmarkt gehandelt. Im Rahmen eines CP-Programmes werden aufgrund ihrer kurzen Laufzeit regelmäßig neue Papiere begeben, aus deren Erlös die fälligen bedient werden.

Der Gesamtprozess der Transaktionsstrukturierung bis hin zur Emission der ABCP dauert typischerweise 12-14 Wochen.

### 3.3 Beispiele für ABCP-Programme

Das Abbildung 5 zeigt die Konstruktion eines ABCP-Conduits:

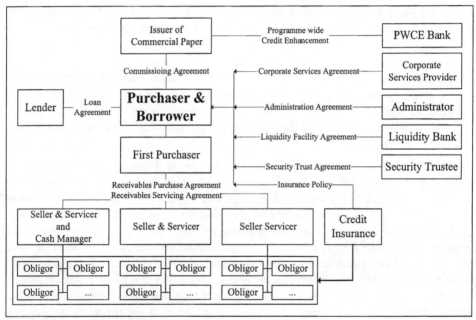

Abb. 5: Beispiel für ein ABCP-Programm

Die einzelnen Originatoren verkaufen im Rahmen des „Receivables Purchase Agreement" die Handelsforderungen an eine Ankaufsgesellschaft (SPV). Aufgrund unterschiedlicher Jurisdiktionen kann die Veräußerung auch zuerst an einen so genannten First Purchaser erfolgen, der anschließend in einer juristischen Sekunde die Forderungen an die Ankaufsgesellschaft

---

[39] Vgl. Paul, S., 1994, S. 143 f.

wiederum veräußert. Wie in der Abbildung dargestellt, werden die Forderungen weiterhin von dem jeweiligen Forderungsverkäufer (Seller) aufgrundlage eines „Receivables Servicing Agreement" überwacht. Ein in diesem Fall eingeschalteter Kreditversicherer überwacht die Kreditwürdigkeit der einzelnen Obligors. Um den Ankauf der Forderungen von dem First Purchaser zu finanzieren, begibt eine zweite Zweckgesellschaft (Issuer of Commerical Paper) kurzfristige Geldmarktpapiere und überträgt dabei diese Liquidität an die Ankaufsgesellschaft. Das Ausfallrisiko wird in dieser Transaktion zusätzlich von einem Kreditgeber (Lender) getragen, welcher auf Basis eines Loan Agreements einen feststehenden Betrag einmalig und vorab an die Ankaufsgesellschaft weiterleitet. Ein Administrator führt den Ankauf sowie die mit der Refinanzierung der Zweckgesellschaft verbundenen Aufgaben durch. Um kurzfristige Liquiditätsengpässe innerhalb der Transaktion zu verhindern, gewährt eine Liquidity Bank eine Liquiditätslinie. Im Gegensatz dazu bezieht sich das Programm Wide Credit Enhancement nicht auf einzelne Transaktion sondern auf das gesamte Programm. Durch diese Sicherungsmaßnahme sollen z.B. unvorhergesehen auftretende Kosten abgedeckt werden.

In Deutschland werden in jüngerer Zeit *spezielle Mittelstand-ABS-Angebote* (Multi-Seller-Programme) von verschiedenen Instituten aufgelegt. Als Beispiele wären zu nennen:[40]

⇒ **Gerling Speziale Kreditversicherungs-AG** („European Receivables Financing (eure-Fin)". Hier handelt es sich um ein kleines Programm. Das Portfolio von ankaufsfähigen Forderungen liegt bei diesem Programm zwischen 5 und 60 Mio. €. Insgesamt werden derzeit über dieses Programm vier Transaktionen mit einem Gesamtvolumen von ca. 80 Mio. € an ABCPs refinanziert.[41]

⇒ **Landesbank Baden-Württemberg** („Bodensee 1 Funding Ltd.", Jersey; („ABS Kompakt"). Hier liegt der Grundgedanke in einer weitest gehenden Vereinfachung des Verfahrens durch eine Standardisierung der Strukturierungsphase, eine schlanke Vertragsdokumentation sowie die Nutzung einer einheitlichen ABS-Software. Die Liquiditätslinie wird von der LBBW aufgrund ihres Ratings selber gestellt. Aufgrund der revolvierenden Bodensee-1-Refinanzierung über CPs kann sich die Transaktion an das jeweilige Forderungsvolumen anpassen.[42]

⇒ **WestLB** („Compass") refinanziert einen kleinen Teil von Trade Receivables; weitere Forderungen sind Leasingforderungen, Autoforderungen etc. im Volumen von insgesamt 9 Mrd. €.

⇒ **Commerzbank** („Kaiserplatz-ABCP"), refinanziert derzeit 300 Mio. € an Wechselforderungen.

⇒ **Rhineland Funding Capital Corporation (RFCC)**[43]

⇒ **Allgemeine Kreditversicherung Coface AG**

---

[40] Vgl. Backs, B., 2003, S. 54 ff. sowie o.V., in: bfinance v. 24.9.2002.
[41] Vgl. Moody's, 2003.
[42] Vgl. Jaschinski, S., 2003, S. 603 ff.
[43] Vgl. Streuer, O., 2003, S. 33.

Der folgende Abschnitt zeigt auf, welche Motive hinter diesen Transaktionen stecken und welche Implikationen sich daraus ergeben.

## 4 Vorteile der Verbriefung

Vorteilhafte Auswirkungen unterscheiden sich von Originator zu Originator durch die spezifischen Bedürfnisse und Präferenzen des einzelnen Unternehmens. Dennoch lassen sich grundsätzlich folgende *Hauptgründe* aufführen, die für eine Verbriefung sprechen:[44] die Verbesserung der allgemeinen Liquiditätslage, ein optimiertes Risikomanagement, eine aktive Bilanzpolitik, die Erschließung neuer Refinanzierungsinstrumente und eine damit günstigere Refinanzierung sowie eine allgemeine Effizienzsteigerung bei der Nutzung der vorhandenen Asset- und Kapitalressourcen.

Unmittelbar nach Abschluss des Forderungsverkaufes erhält der Originator den Veräußerungserlös, d.h. im Regelfall steht ihm die *Liquidität* aus den verbrieften Vermögenswerten bereits vor der eigentlichen Begleichung durch die Drittschuldner zur Verfügung. Des Weiteren können mit Hilfe der Verbriefung auch als sonst illiquide anzusehende Assets in flüssige Mittel umgewandelt werden. Die Kapitalbindung des Originators wird damit verkürzt und seine Liquidität erhöht. Bestehende Kreditlinien müssen nicht in Anspruch genommen werden und bleiben dem Unternehmen weiterhin für Notfälle zur Verfügung.[45]

Im Rahmen der Verbriefung von Forderungen können auch die mit den Forderungen verbundenen unterschiedlichen *Risiken auf die Investoren verteilt* werden. Dazu zählen insbesondere das Risiko des Forderungsausfalls und das der vorzeitigen Rückzahlung, im Falle von Handelsforderungen zusätzlich das Dilution- oder Forderungsverwässerungsrisiko, also jede unbare Verminderung des Forderungssaldos, die beispielsweise auf Produktreklamationen, Mengenrabatte, Skonti oder Werbegeschenke zurückzuführen ist. Für dieses Risiko haftet im Regelfall der Verkäufer der Forderungen, indem bei jedem neuen Forderungsankauf die fälligen Zahlungen mit einem Ausgleichsbetrag für die *Dilution* verrechnet wird. Die übrigen mit den Forderungen verbundenen Risiken können an die Investoren transferiert werden, wodurch sich die Risikoposition des verbriefenden Unternehmens verbessert. Da für die zu begebenden Asset Backed Securities meist ein *hervorragendes Rating* wegen der damit verbundenen günstigen Refinanzierungskosten angestrebt wird, findet aktuell im Unternehmenssektor ein solcher Risikotransfer nur bei wenigen Transaktionen statt. Zudem besteht die *Gefahr*, dass hauptsächlich exzellente Forderungen aus dem Bestand des Originators gelöst und an die Zweckgesellschaft veräußert werden. Im Idealfall allerdings werden die zu verbriefenden Forderungen nach dem *Zufallsprinzip* ausgewählt und stellen einen Querschnitt der Risiken aus dem gesamten Forderungsbestand des Originators dar, sodass keine wesentliche Änderung in der Risikostruktur des Originators zu verzeichnen ist.

---

[44] Vgl. den Überblick bei Völz, S., 2004, S. 14 ff.
[45] Vgl. Böhmer, M., 1996, S. 28.

Mit Hilfe der Verbriefung und der dadurch frei gesetzten Liquidität kann eine *aktive Bilanz(struktur)politik* betrieben werden, vorausgesetzt, dass die Veräußerung des Forderungspools mit bilanzbefreiender Wirkung erfolgt. Die Erlöse aus dem Verkauf der Aktiva können zur Rückzahlung von Verbindlichkeiten genutzt werden und damit zu einer Verkürzung der Unternehmensbilanz führen. Die Finanzkennzahlen des Unternehmens können hierdurch entscheidend verbessert werden. So sinkt der Verschuldungsgrad und die Eigenmittelquote wird gesteigert. Andererseits können die liquiden Mittel auch zu Investitionszwecken eingesetzt werden, wodurch bestehende Kreditlinien entlastet werden, was sich ebenfalls positiv auf die Verschuldung des Unternehmens auswirkt. Die Verbesserung der Finanzkennzahlen ist insbesondere vorteilhaft für die *weitere Finanzierung* des Unternehmens. Wird der Kaufpreis im Vergleich zu den verkauften Forderungen höherverzinslich angelegt, kann sogar die *Eigenkapitalrendite* dauerhaft verbessert werden.[46]

Durch die angesprochene Verbesserung in der Bilanzstruktur kann das Unternehmen hinsichtlich seiner Kreditwürdigkeit unter Umständen höher eingestuft werden als bisher, wodurch sich die *Kosten für die Kreditaufnahme senken* lassen.

Durch den *mittelbaren* Zugang zum Geld- und Kapitalmarkt, den die Asset Backed Securitisation bietet, werden auch vielen kleinen und mittelständischen Unternehmen kostengünstige Refinanzierungsmöglichkeiten eröffnet. So können sich beispielsweise Unternehmen, die selbst nicht über ein externes Rating verfügen, mittels der hervorragend gerateten ABS gegenüber der traditionellen Kreditaufnahme deutlich günstiger finanzieren. Zudem liegt der Zinssatz der im Rahmen einer ABS-Transaktion begebenen Wertpapiere im Regelfall *unterhalb* dessen eigener Direktemissionen, da das Rating allein aufgrund der Qualität des Forderungsbestandes bestimmt wird und von der Bonität des Originators unabhängig ist.

Letztendlich können Asset Backed Finanzierungen alternativ oder ergänzend zu anderen traditionellen Finanzierungsformen genutzt werden und erweitern damit den Spielraum des Unternehmens, welches somit eine Diversifikation seiner Kapitalquellen erzielen kann. Durch die Verbriefung können Investorenkreise angesprochen werden, die Wertpapiere dieses Emittenten ansonsten aufgrund konjunktureller, branchen- oder firmenspezifischer Risiken nicht direkt erwerben würden.

Mittels der Verbriefung von Handelsforderungen kann der Originator seine Marktposition ausbauen, ohne dafür eigene Mittel aufwenden zu müssen bzw. seine Bilanz zu belasten. Zudem ermöglichen ABS-Programme eine bessere Abstimmung der Laufzeiten von Investition und Refinanzierung, in der Form, dass die Finanzierung mittels ABS exakt auf die Bedürfnisse hinsichtlich einer bestimmten Investitionsmaßnahme des Originators ausgerichtet werden kann. Neben unterschiedlichen Laufzeiten lassen sich so auch Zinssatzdifferenzen ausgleichen.

Weiterhin verbleibt die Verwaltung der verkauften Forderungen im Regelfall beim verbriefenden Unternehmen, das für die Zweckgesellschaft als Service Agent tätig ist. So bleibt die Beziehung zum Kunden erhalten, der Forderungsverkäufer kann allerdings als Gegenleistung für seine Servicetätigkeit eine Service-Fee als zusätzlichen Ertrag verbuchen. Daneben wird der Originator über seine Tätigkeit als Service Agent bestrebt sein, den Forderungspool möglichst

---

[46] Vgl. Rittinghaus, H.-R./Makowka, T./Hellmann, U., 1997, S. 135.

gut zu betreuen, insbesondere dann, wenn er selbst noch eine großen Teil der Residualrisiken innehat, wodurch die Bonität der zu emittierenden ABS gesteigert wird.

## 5 Anforderungen, Kosten und mögliche Probleme von ABS-Transaktionen

Gerade an die Datenverarbeitung werden hohe Anforderungen gestellt. Das DV-System muss in der Lage sein, den Ratingagenturen *historische Zeitreihen* von mindestens drei Jahren bezüglich risikorelevanter Merkmale (Ausfallquoten, Zahlungsverzögerungen, regionale Streuung der Schuldner) zu liefern. Durch den Einsatz moderner Technologien ist es jedoch heute möglich, aus dem Debitorenbestand eines Unternehmens genaueste Informationen über das Zahlungsverhalten der Kunden abzurufen. Je niedriger die Risiken aus der volkswirtschaftlichen, branchenmäßigen oder aus der unternehmenspolitischen Entwicklung des Originators in der Transaktionsbeschreibung bewertet werden können, desto geringer werden die Anforderungen an die transaktionsspezifisch erforderlichen Sicherungsmaßnahmen gegen Forderungsausfälle nach dem Ankauf ausfallen. Insofern spielt die Informationssammlung, die bei nicht dv-gerechter Aufbereitung recht mühsam und kostenwirksam sein kann, eine wichtige Rolle. Verringert sie doch die Kosten eines sonst notwendigen Credit Enhancement.[47]

Neben einem gewissen *Mindestvolumen* bestehen weitere Anforderungen an den Forderungsbestand. Die Forderungen müssen sich bezüglich des *Zahlungsstromes* („Cash-Flow") aus rechtlicher Sicht (z.B. anhand von Rechnungskopien) und in dv-mäßiger Form *klar identifizieren* lassen. Zudem müssen sie natürlich *abtretbar* sein. Die einzelnen Forderungen sollten bezüglich Laufzeit und Währung möglichst *homogen* sein. In Bezug auf Branchen und Regionen ist hingegen eine Diversifikation, also eine möglichst niedrige positive oder gar gegenläufige Korrelation vorteilhaft. Ein idealer Forderungspool enthält eine *Vielzahl von Forderungsschuldnern* aus *unterschiedlichen Regionen und Branchen*. Ein Einbezug von sog. Klumpenrisiken verteuert die Transaktion.

Bei der ABS-Finanzierung fallen sowohl *fixe als auch variable* Kosten an. Zu den Vorbereitungskosten eines ABS-Transaktion gehören die Aufwendungen für eine oder mehrere Ratinganalysen, die Rechtsberatung, Wirtschaftsprüfer-Gutachten sowie den Gebühren für den Treuhänder. In der Praxis werden diese Kosten zumeist als fix veranschlagt, können jedoch auch variabel in Basispunkten auf das ausstehende Emissionsvolumen angesetzt werden. Als laufende Kosten gelten insbesondere Managementkosten des Special-Purpose-Vehicles, Programmkosten der CP, Kreditversicherung, Überwachungskosten des Forderungspools, Bereitstellungsprovisionen für die Liquiditätslinien sowie die laufenden EDV-Kosten.

Zurzeit wird darüber diskutiert, ob ABS-Finanzierungen durch eine Vereinfachung des Verbriefungsverfahrens oder durch Pooling gleichartiger Forderungen unterschiedlicher Firmen künftig nicht auch kleineren Unternehmen zugänglich gemacht werden könnten.[48] Durch eine

---

[47] Vgl. zu den reportbezogenen, datentechnischen und edv-mäßigen Anforderungen Schemann-Teuber, D., 5. Teil.
[48] Vgl. Rilling, J., 2002, S. 20.

gemeinsame Verbriefung von Forderungsbeständen mehrerer Unternehmen ließe sich das erforderliche Mindestforderungsvolumen auf die einzelnen Programmteilnehmer aufteilen. Die Anforderungen an die Höhe des Forderungsbestandes könnten so weiter reduziert werden. Auch könnten die anfallenden Kosten auf die teilnehmenden Unternehmen aufgeteilt werden.

Die Probleme, die hierbei auftreten, sind allerdings nicht unerheblich. Wegen Anforderungen der Ratingagenturen müssten die Credit Enhancements der einzelnen Originatoren nicht nur bei Unregelmäßigkeiten im eigenen verbrieften Forderungsbestand haften, sondern nachrangig auch bei Forderungsausfällen der anderen Unternehmen. Eine solche Überkreuzhaftung ist schwer durchsetzbar, sodass hierfür geeignete Lösungen zu finden sind. Bei einer Pooling-Variante sind recht weitgehende Standardisierungen nötig. Voraussetzung hierfür wäre eine möglichst große Homogenität der potenziellen Kunden hinsichtlich der Bonität und des Forderungsbestandes. Zudem würde die an sich vorhandene Flexibilität von ABS-Transaktionen bei einer zwingend eine Standardisierung verlangenden Pooling-Variante verloren gehen.

Mit dem Begriff *Cherry Picking* wird meist ein Vorgang bezeichnet, bei dem aus einer Vielfalt von Möglichkeiten, die am besten und günstigsten erscheinenden ausgewählt werden. Auf die Asset Backed Securitisation angewandt bedeutet dies die Herauslösung besonders *hochwertiger Forderungen* aus dem Forderungsbestand des Originators. Da diese Forderungen ein besonders gutes Rating versprechen, wird die Ausgabe der durch sie besicherten Wertpapiere aufgrund geringer Ausfallrisiken kostengünstiger ausfallen als bei einem Forderungsportfolio, das sowohl hochwertige als auch risikoreiche Forderungen beinhaltet. Der *Nachteil dieses „Rosinenpickens"* ergibt sich aus der verminderten Qualität des beim Originator verbleibenden Forderungsbestandes. Wenn die hochwertigen Vermögenswerte ausgegliedert werden – deren Residualrisiken aber möglicherweise noch beim Originator verbleiben – und sich gleichzeitig aufgrund der durchschnittlich schlechteren Ausstattung mit Vermögenswerten das *Unternehmensrisiko* ohnehin erhöht hat, führt dies zu einer Verschlechterung der Situation der unbesicherten Gläubiger des Originators. Diese Fremdkapitalgeber werden daher für die von ihnen zur Verfügung gestellten Mittel einen höheren Zins verlangen.[49]

Bei der Finanzierung mittels Asset Backed Securitisation sollte zudem darauf geachtet werden, dass über diese Kapitalquelle gegenüber alternativen Finanzierungsmöglichkeiten nicht übermäßig verfügt wird, da die *Abhängigkeit von nur einer Finanzierungsquelle* immer Risiken mit sich bringt. Das Unternehmen wird empfindlich gegenüber den der Hauptkapitalquelle inhärenten Risiken und könnte in einem finanziell sonst gesunden Umfeld Ausfälle erleiden. Zudem steigt insbesondere bei ABS-Finanzierungen das Risiko, aufgrund *unternehmensspezifischer*

---

[49] Dieser Zinsnachteil wird nach dem „exposure conservation"-Prinzip genau durch die bei der Securitisation erzielbaren geringeren Zinssätze ausgeglichen. Das „exposure conversation"-Prinzip orientiert sich an der Kapitalkostentheorie von Modigliani/Miller, nach der in einer perfekten Welt alle Ersparnisse, die sich aus Veränderungen der Kapitalstruktur ergeben, durch Kosten für andere Teile der Kapitalstruktur ausgeglichen werden. Dabei wird davon ausgegangen, dass die Zinssätze nicht von der Finanzierungsquelle abhängig sind. Vgl. Schwarcz, S.L., 1997, S. 1295, Fn. 52, 53. Nach Schwarcz ist eine Senkung der Nettofinanzierungskosten mittels Asset Backed Securities dennoch möglich, da mit dem Zugang zum Kapitalmarkt eine Finanzierungsquelle eröffnet wurde, deren Zinssätze stets unterhalb derer herkömmlicher Finanzierungen liegen. Solange die zusätzlichen Transaktionskosten der Verbriefung unterhalb der Zinsersparnis liegen, bleiben ABS-Transaktionen für den Originator vorteilhaft.

*Probleme* zu scheitern, da Verbriefungen nur ein Portfolio einzelner Vermögenswerte finanzieren, nicht aber das gesamte Unternehmen mit langfristigem Kapital beliefern. Das bedeutet, dass jede Verschlechterung der Unternehmenssituation eine weitere Verbriefung von Handelsforderungen erschweren könnte, während langfristige Finanzierungen genügend Spielraum gewährt hätten, um die Finanzlage und das Unternehmensimage wieder herzustellen, bevor Liquiditätsprobleme hinzukämen.

## 6 Die geplante deutsche Verbriefungsgesellschaft

Ziel der sog. „**True Sale Initiative**" (TSI) ist es, Teile der Kreditportfolios von Banken am Kapitalmarkt *zu verkaufen*. PROMISE (und auch PROVIDE) – die bisherigen KfW-Verbriefungsprogramme[50] - senken in erster Linie nur den Eigenkapitalbedarf der Geschäftsbanken, *erschließen ihnen aber keine neue Refinanzierungsquelle*. Demgegenüber werden die Geschäftsbanken bei den geplanten True-Sale-Transaktionen Kredite gegen Barzahlung verkaufen („Cash-Transaktionen"), ihnen fließen also Mittel zu. Diese Mittel erhöhen ihren Handlungsspielraum. Bisher war die Gründung eines *ABS-Gemeinschaftsunternehmens geplant*, an der neben der Kreditanstalt für Wiederaufbau KfW weitere 13 Banken (u.a. Deutsche Bank, Commerzbank, Dresdner Bank, HypoVereinsbank, Helaba, WestLB, EuroHypo, Citigroup und das genossenschaftliche Spitzeninstitut DZ Bank) beteiligt sein sollten.[51] Nach jüngsten Meldungen sollen aus kartellrechtlichen Gründen hingegen mehrere *gemeinnützige Stiftungen* aufgebaut werden. Diese Stiftungen sollen dann Anteilseigner von Spezialgesellschaften werden, die ähnlich wie in Großbritannien für jede einzelne Verbriefung neu etabliert werden.[52] Dies könnte große Katalysatorwirkung entfalten. Durch die Kooperationen sind größere Emissionen möglich als bei einem Alleingang der einzelnen Institute. Dies soll die Attraktivität für die In-

---

[50] Ziel der KfW ist es, allen Kreditinstituten, die KfW-Förderkredite durchleiten, über das PROMISE-Programm ein aktives Kreditrisikomanagement zu ermöglichen, umso letztlich auch die Attraktivität der Ausreichungen von Krediten an mittelständische Unternehmen zu steigern. Die PROMISE-Transaktionen sind synthetische Kreditverbriefungen. Die KfW fungiert bei allen PROMISE-Transaktionen als Intermediär. Der Kredittransfer erfolgt dementsprechend in zwei Schritten. Der Originator schließt in einem ersten Schritt mit der KfW eine Portfolio Credit Default Option ab, die ihn gegen die Kreditverluste aus dem jeweiligen Referenzpool absichert. In einem zweiten Schritt sichert sich die KfW gegen Kreditrisiken des Referenzpools ab. Des Weiteren beinhaltet das PROMISE-Programm für alle Transaktionen einen Rückbehalt der Erstrisikopositionen durch den Originator. Die bisher durchgeführten Transaktionen sind hierbei einer ersten Entwicklungsstufe des Förderprogramms zuzuordnen, in der einzelne Banken mit ausreichend diversifizierten Kreditportfolien einen Teil ihrer an mittelständischen Unternehmen ausgereichten Kredite verbriefen. In der zweiten Ausbaustufe wird die Bündelung von Krediten verschiedener Originatoren angestrebt. Damit wird angestrebt, auch kleineren Banken und Sparkassen die Nutzung der Vorteile aus der Verbriefung zu ermöglichen und somit die Attraktivität des Förderkredites bei allen Kreditinstituten, die KfW-Kredite durchleiten, zu erhöhen (→ „Multi-Seller-Transaktion"). Im Jahr 2002 hat bspw. die IKB unter Nutzung von PROMISE einen repräsentativen Querschnitt aus ihrem Portefeuille von inländischen Mittelstands-Kreditrisiken verbrieft. Vgl. Wehrmann, D., 2002.

[51] Zum Stammkapital der neuen Verbriefungsgesellschaft soll jede beteiligte Bank 10 Mio. € beitragen. Vgl. Schmid, F., 7/2003, S. 17.

[52] Unklar ist z.Zt. noch, wie viele Stiftungen ins Leben gerufen werden sollen und wer diese trägt. Möglich ist, dass die Verbandsorganisationen der teilnehmenden Institutionen (also VÖB, DSGV, BdB) gebeten werden, als Träger von drei Stiftungen einzuspringen. Vgl. Schmid, F., 12/2003, S. 17.

vestoren erhöhen. Der Kapitalmarkt wird auf diese Weise sicherlich attraktiver, weil eine junge Anlageform Aufmerksamkeit gewinnt.

In der angedachten Form verkaufen die beteiligten Geschäftsbanken Kredite mit guter Bonität an die gemeinsame Zweckgesellschaft. Mit dem Verkauf geben die Geschäftsbanken sowohl die in diesen Krediten steckenden Risiken als auch die für sie vorhandenen Sicherheiten ab („True Sale"). Ihr eigener Kreditbestand verringert sich also durch die Transaktion. Mit dem Verkaufserlös können die Geschäftsbanken eigene Verbindlichkeiten ablösen (Bilanzverkürzung). Weil damit die Ausfallrisiken endgültig auf das Spezialunternehmen übergehen, beträgt die Eigenkapitalentlastung der Geschäftsbanken bei dieser Konstruktion immer 100%. Die Verwaltung der Darlehen verbleibt bei den Geschäftsbanken, die dafür von der gemeinsamen Zweckgesellschaft eine Provision erhalten. Aus Sicht des Kreditnehmers ändert sich somit nichts.

Der Grund, warum die Banken gerade die guten Kredite abgeben, hängt mit ihren zur Zeit relativ hohen Refinanzierungskosten am Kapitalmarkt zusammen. Die gemeinsame Zweckgesellschaft der Geschäftsbanken und der KfW wird auf der Aktivseite ihrer Bilanz über ein Kreditportfolio mit einer guten bis sehr guten Bonität verfügen. Durch die hervorragende Qualität des Portfolios sowie mit Hilfe einer geschickten Tranchierung der Anleihen, kann sie sich deutlich günstiger refinanzieren als die einzelnen, zum Teil gar in Schwierigkeiten steckenden Institute. Mit der *Tranchierung* wird – wie oben bereits gezeigt - Folgendes erreicht: Etwaige Kreditausfälle gehen zunächst zu Lasten der untersten (vergleichsweise kleinen) Tranche. Als Ausgleich für das erhöhte Ausfallrisiko bietet diese besonders risikobehaftete Tranche eine hohe Rendite. Weitere Kreditausfälle werden sukzessive von den nächsthöheren Tranchen absorbiert. Die obersten Tranchen sind durch die vorgelagerten Puffer gegen Zahlungsausfälle besonders gut geschützt. Insofern bekommen sie auch nur geringe Renditen angeboten. Wird das Kreditportefeuille geschickt aufgeteilt, ist die gesamte Zinsbelastung für den Emittenten geringer als ursprünglich.

## 7 Beteilung der ABS-Transaktionen für mittelständische Unternehmen

Die Gründe für eine ABS-Transaktion sind vielfältig. Oft wird hiermit ein Bündel von Zielen verfolgt. Die Erschließung zusätzlicher Finanzierungsquellen bei gleichzeitiger Senkung der Finanzierungskosten dürfte dabei als ein vordringliches Ziel anzusehen sein. Durch den Einsatz von ABS-Transaktionen kann ein *aktives Bilanzstrukturmanagement* betrieben werden. So werden Bilanzkennzahlen u.U. positiv beeinflusst. Die Schonung von Kreditlinien und die Zunahme der Verschuldungsfähigkeit, die Steigerung der Reputation am Kredit- und Kapitalmarkt durch eine verbesserte Bilanzstruktur sind nicht zu unterschätzen. Auch wird das interne Risikomanagement durch das Instrument der ABS-Transaktion bereichert. Ein Forderungsverkauf kommt z.B. in Betracht, um die *Kreditlaufzeiten mit der Refinanzierungsstruktur* in Einklang zu bringen. ABS-Transaktionen stellen geeignete Instrumente dar, um die *Struktur des Gesamtportfolios* zu steuern, insbesondere um Klumpenrisiken zu reduzieren.

Allerdings ist das Instrument in *Phasen der Krise und der Sanierung* nicht geeignet. Dies hängt damit zusammen, dass Verschlechterungen der Unternehmenssituation sich signifikant auf den potenziellen Absatz und damit die Konditionen von ABCP auswirken werden. Ganz zu schweigen davon, dass ein Großteil der Forderungen als Sicherheit z.B. an Kreditinstitute abgetreten sein dürfte. Der Schutz der Investoren ist oberstes Ziel und innerhalb einer Sanierungsphase nicht sichergestellt.

Obwohl das Mindestvolumen der zu verbriefenden Forderungen bei den o.g. ABS-Beispielen gegenüber herkömmlichen Single-Seller-Transaktionen stark reduziert wurde, dürfte der normale Mittelständler für diese Form der ABS-Transaktion in der heutigen Ausgestaltung kaum in Frage kommen. Die Anbieter orientieren sich an einer Unternehmenszielgruppe, die einen jährlichen Umsatz von mehr als 50 Mio. € aufweisen und daher nicht zu den KMU nach landläufiger Meinung rechnen. So erreichen nur etwa 7.700 Unternehmen in Deutschland einen Umsatz von 50 Mio. €, was einem verschwindend kleinen Anteil an der Gesamtzahl der Unternehmen entspricht.

Sollten die *Standardisierungs- und Credit Enhancement-Probleme* allerdings gelöst werden, dann wären ABS-Transaktionen sicherlich im Zuge des *Downsizing* (Verringerung der notwendigen Forderungsvolumina) eine interessante Finanzierungsalternative auch für (nicht zu kleine) mittelständische Firmen. Durch *die indirekte Inanspruchnahme des Kapitalmarktes* können solche mittelständischen Unternehmen von günstigeren Zinsen im Vergleich zu alternativen Finanzierungsmöglichkeiten profitieren. Positiv ist weiterhin der *Liquiditätseffekt,* der ohne die Erhöhung der Verbindlichkeiten eintritt. Denn der Originator kann die ihm zufließende Liquidität entweder für die Rückführung bestehender Verbindlichkeiten oder für neue Investitionen verwenden. Zudem kann die Bilanzstrukturverbesserung (→ EK-Quote) zu einer Erhöhung der Kreditwürdigkeit führen. Die *Unabhängigkeit gegenüber Banken* wird vergrößert, weil eine weitere Finanzierungsquelle erschlossen worden ist. Zudem erweitert das Unternehmen seine bisherige Investorenbasis, weil ABS-Investoren in der Regel nicht identisch sind mit den Aktionären, Anleihegläubigern oder sonstigen Kapitalgebern. Oft sind es US-Geldmarktfonds, die 15-25% ihres Portfolios in ABCP halten.[53] Für mittelständische Unternehmen, die in absehbarer Zeit ein Going Public planen, könnte eine ABS-Transaktion einen möglichen *„Türöffner"* bei Ratingagenturen als auch im Kapitalmarkt darstellen. Eine später geplante Corporate Bond Emission wird auf diese Weise erleichtert.

Die meisten mittelständischen Unternehmen haben sicherlich *nicht die kritische Masse*, um an die Börse zu gehen und Anleihen zu begeben. Auch dürfte – wie gezeigt - auf absehbare Zeit ABS-Transaktionen von Mittelständlern *als Originatoren* kaum zu realisieren sein. Dessen ungeachtet sind jedoch die Aktivitäten der Banken und Versicherungen in dieser Hinsicht von Vorteil für die mittelständischen Firmen, wenn auch *nur mittelbar*. Entlasten nämlich die Kreditinstitute ihre Bilanzen durch den Verkauf von Krediten mittelständischer Kreditnehmer, so erhalten sie Liquidität und schaffen *Freiraum im KWG-Grundsatz 1* und sind damit in der Lage, neue Kredite zu vergeben. Die mittelständischen Firmen können auf diese Weise *mittelbar* mit dem Kapitalmarkt in Berührung kommen und partizipieren so möglicherweise auch an den

---

[53] Vgl. Schemann-Teuber, D., 4. Teil.

niedrigeren Kapitalmarktkonditionen. Dies hängt natürlich davon, ob die Banken die günstigere Refinanzierung auch bereit sind, wenigstens teilweise weiterzugeben.[54] Allerdings ist es fraglich, ob der frei werdende EK-Grundsatz-Spielraum auch so genutzt wird, dass Mittelständler wirklich daran partizipieren können. Denn ob überhaupt neue Kredite im Sinne einer Wachstumsstrategie vergeben werden oder ob eher eine Konsolidierung Platz greift, ist Sache des jeweiligen Kreditinstituts. Zudem ist es durchaus nicht selbstverständlich (wird aber scheinbar oft unterstellt), dass die Banken die frei werdenden Grundsatz-Mittel wieder in *Mittelstandskredite* investieren. Ob dies so sein wird, hängt von der Attraktivität der Kreditnehmer und ihrer Projekte ab.

Abschließend ist zu resumieren, dass ABS für mittelständische Unternehmen, die sich *in einer Krise* befinden, nicht als Finanzierungsalternative in Betracht kommt. Die Eigenkapitallücke, die eingangs konstatiert wurde, wird aber auch für gesunde mittelständische Firmen durch ABS nicht geschlossen. „Vielmehr werden Probleme externalisiert und somit temporär verlagert. Gelingt dem Mittelstand nicht eine nachhaltige Verbesserung der Eigenkapitalquote, wird ihm auch ... ABS nicht wirklich helfen."[55]

## Literatur

Backs, B., Alternative Fremdfinanzierungsformen für den Mittelstand vor dem Hintergrund von Basel II, FHTW-Berlin, Diplomarbeit am Fachbereich 3, Wirtschaftswissenschaften I, 2003, S. 54ff.

Bär, H., Asset Securitisation. Die Verbriefung von Finanzaktiven als innovative Finanzierungstechnik und neue Herausforderung für Banken, 2. Aufl., Bern u.a. 2000.

Bartsch, D., 15. Finanzsymposium – Experten erwarten Aufholjagd des deutschen ABS-Marktes, in: bfinance v. 27.5.2003, http://content.bfinance.de/bfinance/de/BFContent.nsf/TopicDokuments2/N9900?OpenDocument.

Becker, H., Grundlagen der Unternehmensfinanzierung, München 2002.

Bellmann, S., Asset Backed Securities und ihr Einsatz im Risikomanagement, Aachen 2002.

Böhmer, M., Die arbitragefreie Bewertung von Asset Backed Securities und der zugrundeliegenden Finanzaktiva mittels eines zeit- und zustandsdiskreten Ansatzes, Frankfurt/M. 1996.

Brütting, C./Weber, N./Heidenreich, M., Einsatz von Kreditderivaten durch deutsche Banken, in: Finanz Betrieb, Heft 11/2003, S. 754 ff.

Bund, S., Collaterized Debt Obligations: Die Formel 1 unter den Asset Backed Securities, in: Die Bank, Heft 3/2000, S. 196 ff.

---

[54] Vgl. MussLER, H., 2003, S. 25.
[55] NIEDERDRENK, R., 2003, S. 22.

Bundesanstalt Für Finanzdienstleistungsaufsicht (vormals BaKred): Rundschreiben 4/1997 vom 20.5.1997: Veräußerung von Kundenforderungen im Rahmen von Asset-Backed Securities-Transaktionen durch deutsche Kreditinstitute.

Bundesverband Deutscher Banken (Hrsg.), Mittelstandsfinanzierung vor neuen Herausforderungen, Broschüre Januar 2003,
www.bdb.de/pic/artikelpic/012003/BdB-Mittelstand_Kpl.pdf

Dorendorf, B., in: FAZ v. 24.4.2003, S. 23

Dörscher, M./Hinz, H., Mezzanine Capital – Ein flexibles Finanzierungsinstrument für KMU, in: Finanz Betrieb, Heft 10/2003, S. 606ff.

Eeisele, P., Moody´s: Deutschland ist eine Securitisation Erfolgsstory, in: bfinance v. 27.1.2003, http://content.bfinance.de/bfinance/de/BFContent.nsf/TopicDocuments2/N9752?OpenDocument

Fabozzi, F./Bhattacharya, A., Asset Backed Securities, New Hope (Pennsylvania) 1996.

Fahrholz, B., Neue Formen der Unternehmensfinanzierung, München 1998.

Herrmann, H.-J., Asset backed securities als innovatives Finanzierungsinstrument, in: WISU, Heft 3/1997, S. 223f.

IDW (Hrsg.), Rundschreiben zu Zweifelsfragen der Bilanzierung von Asset-Backed Securities, in: WPg, Heft 21/2002, S. 1151ff.

Jaschinski, S., Verbriefung als neues Finanzierungsinstrument für den gehobenen Mittelstand, in: Die Bank, Heft 9/2003, S. 603ff.

Moody´s Investor Services, European Receivables Finance Limited, 2003, in: www.eurefin.com/infobalken.php?name=How It works.

Mussler, H., Banken bauen wegen der Risiken Kreditvolumen ab, in: FAZ v. 25.4.2003, S. 25.

Nelles, M./Klusemann, M., Die Bedeutung der Finanzierungsalternative Mezzanine-Capital im Kontext von Basel II für den Mittelstand, in: Finanz Betrieb, Heft 1/2003, S. 1 ff.

Niederdenk, R., Kreditnotstand oder Eigenkapitalchance ?, in: FAZ v. 13.10.2003, S. 22.

Ohl, H.-P., Asset-Backed Securities – Ein innovatives Instrument zur Finanzierung deutscher Unternehmen, Wiesbaden 1994.

o.V. Mittelstand sucht neue Geldquellen, in: FAZ v. 3.10.2003, S. 22.

o.V., ABS-Programme für den Mittelstand, in: bfinance v. 24.9.2002.

Paul, S., Bankenintermediation und Verbriefung, Wiesbaden 1994.

Pellens, B./Sellhorn, T./Streckenbach, J., Neue Abgrenzungskriterien für den Konsolidierungskreis: zur Bilanzierung von Zweckgesellschaften nach FIN 46, in: Kapitalmarktorientierte Rechnungslegung, Heft 4/2003, S. 194.

Rilling, J., Finanzierungsalternativen für den Mittelstand, in: Markt & Technik Heft 25/2002, S. 20.

Rittinghaus, H.-R./Makowa, T./Hellmann, U., Asset backed Securities Transaktionen für deutsche Kreditinstitute, in: Sparkasse, Heft 3/1997, S. 133 ff.

Röchling, A., Loan-Backed Securities, Lohmar-Köln 2002.

Schemann-Teuber, D., ABS – Indirekter Kapitalmarktzugang für den Mittelstand, 3. Teil/ 4. Teil/5. Teil, in: www.bfinance.de/bf....t.nsf/TopicDocuments2/A310?OpenDocument

Schmid, F., Verbriefung der Banken gerät in Zeitnot, in: FTD v. 10.7.2003, S. 17.

Schmid, F., Banken zerpflücken Verbriefungspläne, in: FTD v. 10.12.2003, S. 17.

Schwarcz, S.L., Die Alchemie der Asset Securitisation, in: Der Betrieb, Heft 26/1997, S. 1289 ff.

Siegert, T./Hühn, G., Neue Wege der Unternehmensfinanzierung, in: FAZ v. 18.8.2003.

Steiner, M./Mader, W./Starbatty, N., Aktuelle Entwicklungen in der Unternehmensfinanzierung, in: Finanz Betrieb, Heft 9/2003, S. 513ff.

Streuer, O., Mittelstandsfinanzierung im Fokus: Asset Securitisation für den Mittelstand – Finanzoptimierung durch Forderungsverbriefung, in: www.IKB.de/download/pdf/Analysen/ 11_03_Mittelstandsfin.pdf, S. 32.

Völz, S., Die Auswirkungen von Asset Backed Securities auf die Kreditanalyse des verbriefenden Unternehmens unter Berücksichtigung der Bilanzierung nach IAS, unver. Diplomarbeit am Fachbereich 3 der FHTW Berlin 2004.

Wehrmann, D., IKB verbrieft Mittelstandskredite über 3,65 Milliarden €, in: bfinance v. 28.3.2002.

# Factoring: Eine Finanzierungsalternative

Markus Thiermeier, Daniel Greulich, Wilhelm Schmeisser

## 1  Aktuelle Finanzierungsprobleme kleiner und mittlerer Unternehmen

Kleine und mittlere Unternehmen werden in Deutschland häufig auch als mittelständische Unternehmen bezeichnet. Weder für die eine noch für die andere Bezeichnung existiert eine allgemeingültige Definition.[1] Im Rahmen dieses Aufsatzes werden Unternehmen als klein verstanden, wenn sie bis zu 9 Beschäftigte und einen Jahresumsatz von nicht mehr als 1 Million € aufweisen. Als mittlere Unternehmen gelten solche, die 10 bis 499 Personen beschäftigen und deren Jahresumsatz zwischen 1 Million € und 50 Millionen € liegt.[2] Diese kleinen und mittleren Unternehmen, die am häufigsten im Dienstleistungsbereich (24%), im Handel (23%), im verarbeitenden Gewerbe (12%) und im Baugewerbe (11%) vertreten sind,[3] weisen aufgrund struktureller Besonderheiten gegenüber großen Unternehmen Nachteile bei der Deckung ihres Kapitalbedarfs auf. Die Nachteile bestehen im Wesentlichen in Schwierigkeiten bei der Kapitalbeschaffung und in höheren Kapitalkosten. Sie resultieren unter anderem aus dem fehlenden Zugang zum organisierten Kapitalmarkt, der degressiven Kostenstruktur der Kapitaltransaktionen und der spezifischen Risikosituation mittelständischer Unternehmen.[4] In jüngerer Zeit sind zusätzlich zu den traditionellen Finanzierungsnachteilen neue Finanzierungsprobleme aufgetreten bzw. wird deren Eintreten von mittelständischen Unternehmern befürchtet. Neben *liquiditätsbelastenden Auswirkungen einer schwachen Konjunktur*, die sich in Gestalt von sinkenden Gewinnen, einer schlechteren Zahlungsmoral und ansteigenden Forderungsausfällen zeigen, geht es im Kern um eine Verschlechterung der Kreditfinanzierung. Diese Verschlechterung hat zwei Dimensionen, welche meist mit den neuen Baseler Eigenkapitalvorschriften, in Verbindung gebracht werden.

Die erste Dimension betrifft das Volumen der Kreditfinanzierung, da vermutet wird, dass die *Banken bei der Kreditvergabe restriktiver agieren*.[5] Tatsache ist, dass die Wachstumsrate der Kredite, welche an inländische Unternehmen und Selbstständige vergeben wurden, von mehr als 5 % im Jahr 2000 (gegenüber dem Vorjahr) auf annähernd 0 % im Jahr 2002 gesunken ist.[6] Grundsätzlich liegt daher die Vermutung nahe, dass die Banken ihr Kreditangebot verringert

---

[1] Vgl. Gruhler, W. (Mittelstand, 1994), S. 19.
[2] Die verwendete Größendefinition entspricht der des IfM Bonn. Vgl. Günterberg, B./Wolter, H.-J. (Unternehmensgrößenstatistik, 2002), S. 21.
[3] Eigene Berechnungen an Hand der Unternehmensgrößenstatistik 2002 des IfM Bonn. Vgl. Günterberg, B./Wolter, H.-J. (Unternehmensgrößenstatistik, 2002), S. 55-62.
[4] Vgl. Kaufmann, F./Middermann, F. (Finanzierungsprobleme, 1997), S. 67-69; Mugler, J. (Finanzierung, 1999), S.173f.; Wossidlo, P.R. (Finanzierung, 1997), S. 294-296.
[5] Vgl. Hardt, D.W. (Factoring, 2002), S. 137; Kohl, B. (Factoring, 2001), S. 93; o.V. (Factoring, 2001), S. 125; Wassermann, H. (Factoring, 2001), S. 158, 164.
[6] Vgl. Deutsche Bundesbank (Kreditentwicklung, 2002), S. 35.

haben. Eine eingehende Analyse der Deutschen Bundesbank hat zwar ergeben, dass der Rückgang des Kreditwachstums hauptsächlich konjunkturbedingt und somit auf eine Anpassung an die gesunkene Kreditnachfrage zurückzuführen ist. Gleichwohl werden jedoch andere Gründe nicht vollständig ausgeschlossen. So führt gerade die geringe Eigenkapitalausstattung der kleinen und mittleren Unternehmen gepaart mit einer hohen und weiter steigenden Insolvenzwahrscheinlichkeit zu einer schlechteren Bonität und damit auch bei unveränderter Angebotspolitik der Banken zu einer restriktiveren Kreditvergabe. Andererseits trägt aber auch die unbefriedigende Kosten- und Ertragssituation der Banken verbunden mit einem hohen Wertberichtigungsbedarf dazu bei, dass sich die Kreditinstitute auf besonders ertragreiche Geschäfte konzentrieren.[7] Letztlich kann also nicht ausgeschlossen werden, dass sich das Kreditangebot von Banken gegenüber mittelständischen Unternehmen verringert hat. Diese Entwicklung beruht aber auf einem eigenständigen Anpassungsprozess der deutschen Kreditwirtschaft, bei dem Basel II eher als Katalysator wirkt.[8]

Die zweite Dimension betrifft die von einem großen Teil der mittelständischen Unternehmer befürchtete *generelle Verteuerung der Kreditkonditionen*. Diese wird ähnlich wie die Verknappung des Kreditangebots oft mit der für Banken bevorstehenden Veränderung der Eigenkapitalvorschriften begründet. Es wird erwartet, dass sich die Konditionen für bonitätsstarke Kreditnehmer künftig verbessern und für bonitätsschwache Schuldner verschlechtern. Zwar wurden die Regeln für die Eigenkapitalunterlegungspflicht der Banken bei der Kreditvergabe an mittelständische Unternehmen vom Baseler Ausschuß gelockert. Dennoch wird die Bonität bzw. das spezifische Risiko des Schuldners inzwischen in Form eines in- oder externen Ratings ausgedrückt. Diesbezüglich befürchten gerade kleine und mittlere Unternehmen, dass sie wegen ihrer geringeren Bonität im Vergleich zu großen Unternehmen generell ein schlechteres Ratingergebnis aufweisen und somit höhere Finanzierungskonditionen hinnehmen müssen.[9] Die bankinternen Ratingsysteme, welche die subjektive Bonitätseinschätzung des Firmenkundenbetreuers weitgehend ersetzen, beruhen auf festgelegten Kriterienkatalogen, die auf jeden kreditnachfragenden Unternehmer angewendet werden und in ihrer Folge zu objektiveren Ergebnissen führen.[10] Aus dem Ratingergebnis kann das Kreditinstitut die individuelle Ausfallwahrscheinlichkeit des Kreditnehmers ableiten. Welchen Einfluss die Ausfallwahrscheinlichkeit auf die Kreditkonditionen hat, ist relativ einfach an Hand der Kreditkostenkalkulation festzustellen.

---

[7] Vgl. Deutsche Bundesbank (Kreditentwicklung, 2002), S. 40, 43, 45.
[8] Vgl. Meister, E. (Basel II), S. 4.
[9] Vgl. Keiner, T. (Rating, 2001), S. 94; Perridon, L./Steiner, M. (Finanzierung, 2002), S. 395 f.
[10] Vgl. Everling, O. (Ratings, 2002), S. 10, 12.

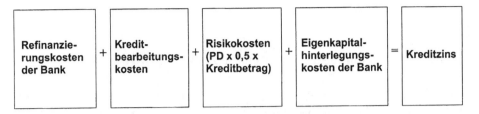

Abb. 1: Die einzelnen Bestandteile der Kreditkostenkalkulation
Quelle: Vgl. Knüppel, R./Bergmann, S. (Firmenrating), Unveröffentlichtes Vortragsskript.

Diese stark vereinfachte aber dennoch sinngemäße Abbildung zeigt auf, dass die Risikokosten ein wesentlicher Bestandteil der Kreditkostenkalkulation sind. Risikokosten sind um so höher, desto höher das von der Bank zu tragende Ausfallrisiko des Kreditnehmers in Form der Ausfallwahrscheinlichkeit (PD) ist. Höhere Risikokosten bedeuten im Ergebnis folglich einen höheren Kreditzins.[11] Welche Faktoren beeinflussen aber nun das Ausfallrisiko bzw. die Insolvenzanfälligkeit eines Unternehmens und dadurch letztendlich das Ratingergebnis? Creditreform nennt als Hauptursachen für die im ersten Halbjahr 2002 aufgetretenen Insolvenzen die sinkende Eigenkapitalausstattung, eine schlechte Ertragslage und die negativen Auswirkungen von Forderungsverlusten und von längeren Forderungslaufzeiten auf die Liquidität.[12] Je mehr Eigenkapital vorhanden ist, desto geringer ist die Wahrscheinlichkeit, dass anfallende Verluste zur Insolvenz eines Unternehmens führen.[13] Deshalb verwundert es nicht, wenn die Höhe der Eigenkapitalquote teilweise als wichtigstes Beteilungskriterium beim Rating bezeichnet wird.[14] Die durchschnittliche Eigenkapitalquote mittelständischer Unternehmen liegt jedoch mit rund 7 % weit unter dem bundesdeutschen Durchschnitt aller Unternehmen von 17 %.[15] Diese Tatsache lässt grundsätzlich den Schluss zu, dass besonders mittelständische Unternehmen mit einem schlechten Ratingergebnis zu rechnen haben. In diesem Fall wäre eine Kreditverteuerung für einen Großteil des Mittelstandes nicht auszuschließen.[16]

Angesichts dieser aktuellen Finanzierungsprobleme gewinnen alternative Finanzierungsformen bei der Deckung des mittelständischen Kapitalbedarfs an Bedeutung. Eine dieser Finanzierungsalternativen ist Factoring. Dieses Instrument wurde bisher nur wenig genutzt. Laut einer Umfrage der KfW empfanden gerade rund 2 % der im zweiten Halbjahr 2001 befragten Unternehmer Factoring als eine wichtige bis sehr wichtige Finanzierungsquelle für ihr Unternehmen. Gleichzeitig wurde deren zukünftige Bedeutung aber höher eingeschätzt.[17] Im Folgenden

---

[11] Vgl. Brauckmann, C. (Basel II, 2002), S. 13.
[12] Vgl. Creditreform (Insolvenzen, 2002), S. 27.
[13] Vgl. Kern, J. (Finanzierung, 2002), S. 37.
[14] Vgl. Everling, O. (Ratings, 2002), S. 12.
[15] Vgl. Deutscher Sparkassen- und Giroverband (Mittelstand), S.10; Deutsche Bundesbank (Finanzierungsverhältnisse, 2002), S. 44.
[16] Vgl. Creditreform (Finanzierung, Herbst 2002), S. 19 f.; Deutsche Bundesbank (Finanzierungsverhältnisse, 2002), S. 44.
[17] Vgl. KfW (Unternehmensfinanzierung), S. 24.

wird dieses Finanzierungsinstrument daher nicht nur eingehend beschrieben, sondern insbesondere auch untersucht, für welche Unternehmen die Nutzung möglich und sinnvoll ist.

## 2 Factoring – Grundlagen, Funktionsweise und Auswirkungen

Betrachtet nach der Herkunft des Kapitals, ist Factoring eine Alternative der Außenfinanzierung.[18] Da beim Factoring Forderungen des Unternehmens aus Lieferungen und Leistungen verkauft werden, also Vermögensteile veräußert werden, könnte es auch als ein Instrument der Innenfinanzierung charakterisiert werden.[19] Aufgrund der Konkurrenz des die Forderungen ankaufenden Factoringinstitutes zu Kreditgebern wird aber allgemein eine Einordnung im Rahmen der Außenfinanzierung vorgenommen.[20] Factoring wird in der Literatur häufig als Kreditsubstitut und teilweise auch als Factoring-Kredit bezeichnet.[21] Damit wird die Finanzierungswirkung des bereitgestellten Kaufpreises als Ersatz für traditionelle Kredite besonders in den Vordergrund gestellt. Das Finanzierungsinstrument Factoring wird dadurch aber nur unzureichend beschrieben. Die Besonderheit von Factoring liegt in der Kombination mehrerer Funktionen. Im weiteren Verlauf sollen deshalb nicht nur die Grundlagen und die Funktionsweise des Instruments dargestellt werden, sondern auch die Auswirkungen, welche sich aus der Finanzierungs-, der Dienstleistungs- und der Delkrederefunktion allgemein ergeben können.

### 2.1 Grundlagen

#### 2.1.1 Begriffsbestimmung

Der Deutsche Factoring-Verband definiert Factoring als „...den laufenden Ankauf sämtlicher geschäftlicher Forderungen des Factoring-Kunden gegen seine gewerblichen Abnehmer durch den Factor."[22] Der laufende Ankauf von Forderungen beschreibt ein wesentliches Element des Factoringgeschäfts, wie es in Deutschland betrieben wird. Factoringinstitute mit Bankeigenschaft unterliegen jedoch den Regelungen des Kreditwesengesetzes (KWG) und kaufen deshalb nur kurzfristige Forderungen an.[23] Auch die übrigen führenden Factoringinstitute ohne Bankeigenschaft begrenzen regelmäßig die Laufzeit der anzukaufenden Forderungen.[24] Bette definiert Factoring daher treffend als fortlaufenden entgeltlichen Erwerb kurzfristiger

---

[18] Vgl. Perridon, L./Steiner, M. (Finanzierung, 2002), S. 356, 445.
[19] Vgl. Bigus, J. (Finanzierung, 2000), S. 466; Geiseler, C. (Finanzierungsverhalten, 1999), S. 210.
[20] Vgl. Geiseler, C. (Finanzierungsverhalten, 1999), S.210; Perridon, L./Steiner, M. (Finanzierung, 2002), S. 356, 445.
[21] Vgl. Eilenberger, G. (Finanzwirtschaft, 1997), S. 243; Geiseler, C. (Finanzierungsverhalten, 1999), S. 210; Perridon, L./Steiner, M. (Finanzierung, 2002), S. 445.
[22] Kohl, B. (Factoring, 2002), S. 261.
[23] Vgl. Bette, K. (Factoring, 2001), S. 55; Schwarz, W. (Factoring, 2002), S. 59.
[24] Vgl. Olbort, S. (Factoring, 1997), S. 79.

Forderungen aus Warenlieferungen und Dienstleistungen eines Unternehmens gegen Mehrfachabnehmer.[25]

In der Praxis werden durchaus verschiedene Factoringvarianten angewendet. Eine häufig genutzte Variante ist das Standardverfahren, bei dem der Factor die Forderungen unter Übernahme des Ausfallrisikos sowie des Debitorenmanagements ankauft und der Forderungsverkauf dem Forderungsschuldner angezeigt wird. Wenn im weiteren Verlauf dieser Arbeit der Begriff Factoring verwendet wird und nicht explizit abweichende Merkmale betrachtet werden, basieren die Ausführungen auf dem Standardverfahren.

### 2.1.2 Rechtliche Einordnung

Da die Rechtsnatur des Factoringvertrages strittig ist, muss zwischen dem echten und unechten Factoring unterschieden werden. Das echte Factoring mit Übernahme des Ausfallrisikos wird als Forderungskauf angesehen. Dieser ist im § 433 BGB in Verbindung mit § 453 BGB gesetzlich geregelt. Das unechte Factoring wird wegen der Rückgriffsmöglichkeit auf den Forderungsverkäufer bei einem Forderungsausfall als Kreditgeschäft angesehen. Die Abtretung der Forderung erfolgt hier nur sicherungshalber.[26] Obwohl dass unechte Factoring zivilrechtlich als Kreditgeschäft eingestuft wird, ist es ebenso wie das echte Factoring kein Bankgeschäft im Sinne des § 1 KWG.[27] Daher können auch Factoringinstitute, die keinen Bankenstatus haben, Factoring betreiben. Dennoch enthält das KWG für das Factoringgeschäft, bei dem im Sinne des § 21 Abs. 1 KWG Geldforderungen entgeltlich erworben werden, einige Regeln, welche in den §§ 15 bis 18 KWG kodifiziert sind. Diese sind zumindest von Factoringinstituten mit Bankenstatus zu beachten. Insbesondere ergibt sich daraus die Begrenzung der Laufzeit der anzukaufenden Forderungen.

### 2.1.3 Grundzüge des Vertrages

Der Factoringvertrag wird in der Regel für einen längeren Zeitraum abgeschlossen. Obwohl die Vertragslaufzeit meist nur ein oder zwei Jahre beträgt, erreicht die tatsächliche Laufzeit durchschnittlich fünf Jahre.[28] Im Factoringvertrag werden im Allgemeinen die Rechtsbeziehungen zwischen Factor und Kunde geregelt. Die sich daraus ergebenen Rechte und Pflichten beider Vertragsparteien können aufgrund der verschiedenen Verfahren, auf die noch näher einzugehen ist, sehr unterschiedlich ausfallen. Ebenso führen branchen- und betriebsspezifische Besonderheiten zu einer Fülle verschiedener vertraglicher Varianten.[29] Dennoch sollen die wesentlichen Grundzüge des Factoringvertrages dargestellt werden. Zu diesen Grundzügen gehört einerseits die schon erwähnte Dauerhaftigkeit der Vertragsverbindung. Andererseits stellen auch die

---

[25] Vgl. Bette, K. (Factoring, 2001), S. 46.
[26] Vgl. Heinrichs, H. (Forderungsübertragung, 2003), § 398, Rn. 35.
[27] Vgl. Bette, K. (Factoring, 2001), S. 52 f.
[28] Vgl. Bette, K. (Factoring, 2001), S .60, 76; Brink, U. (Factoringvertrag, 1998), S. 50.
[29] Vgl. Schwarz, W. (Factoring, 2002), S. 93.

Regelungen zum Forderungsankauf, zur Forderungsübertragung und zur Risikoverteilung wesentliche Vertragselemente dar.[30]

### 2.1.3.1 Forderungsankauf

Der Factoringkunde ist verpflichtet, alle während der Vertragslaufzeit entstehenden Forderungen aus Lieferung und Leistung dem Factor zum Kauf anzubieten, sofern sie auf den im Vertrag definierten Umsatzbereich entfallen und ihnen vollständig erbrachte Lieferungen und Leistungen zu Grunde liegen. Die Definition kann sich beispielsweise nur auf Inlands- oder Exportumsätze oder auf einen bestimmten Produktbereich beziehen. Die generelle Anbietungspflicht schützt den Factor vor dem Ankauf von nur besonders ausfallgefährdeten Forderungen. Die vor Vertragsabschluss entstandenen Forderungen werden nur im Ausnahmefall nach eingehender Prüfung angekauft.[31]

Entsprechend der Anbietungspflicht des Kunden ist der Factor verpflichtet, die angebotenen Forderungen anzukaufen, sofern für den jeweiligen Abnehmer ein ausreichendes Limit besteht. Das Limit entspricht einem vom Factor vorgegebenen Ankaufsrahmen und resultiert aus der Einschätzung der Debitorenbonität durch den Factor. Für die Überprüfung der Bonität nutzt der Factor Bank- sowie Büroauskünfte, veröffentlichte oder beim Handelsregister hinterlegte Jahresabschlüsse und eigene Erfahrungen aus dem Zahlungsverhalten des Debitoren, sofern sie ihm aus anderen Engagements bereits bekannt sind.[32]

Ist das Limit nicht ausreichend oder besteht für einen neuen Debitor noch kein Limit, so ist der Kunde an sein Verkaufsangebot nur so lange gebunden, wie es im Vertrag geregelt wurde. In diesem Zeitraum, der so kurz wie möglich und dessen Ende eindeutig bestimmt sein sollte, prüft der Factor die Bonität und damit die Einräumung eines Limits für den neuen Debitor. Ist das Limit ausgeschöpft, dann hat der Factor keine Pflicht zum Ankauf aber dennoch das Recht. Ist das Limit nicht voll ausgeschöpft, der freie Teil aber kleiner als die gesamte Forderung, so wird auch ein Teilankauf der Forderung nicht ausgeschlossen.[33] Selbstverständlich überwacht der Factor die Bonität des Debitors auch während der Vertragslaufzeit.[34] Sofern sich die Bonität signifikant verschlechtert, kann der Factor das gegenüber diesem Debitor gezeichnete Limit vertragsgemäß jederzeit mit Wirkung für zukünftig entstehende Forderungen ändern oder vollständig aufheben.[35]

---

[30] Vgl. Bette, K. (Factoring, 2001), S. 75.
[31] Vgl. Bette, K. (Factoring, 2001), S. 59 f., 77 f.; Schwarz, W. (Factoring, 2002), S. 93 f.
[32] Vgl. Bette, K. (Factoring, 2001), S. 80; Schwarz, W. (Factoring, 2002), S. 82-84.
[33] Vgl. Schwarz, W. (Factoring, 2002), S. 94 f.
[34] Vgl. Bette, K. (Factoring, 2001), S .61.
[35] Vgl. Bette, K. (Factoring, 2001), S. 80 f.; Seraphim, K. (Debitorenmanagement, 1997), S. 122.

## 2.1.3.2 Forderungsübertragung

Die Übertragung einer Forderung erfolgt nach § 398 BGB durch deren Abtretung. Deshalb beinhaltet der Factoringvertrag regelmäßig eine Abtretungserklärung für alle zukünftig entstehenden Forderungen aus Lieferungen und Leistungen des Factoringkunden zu Gunsten des Factors. Diese Form der Forderungsabtretung wird als Globalzession bezeichnet. Da aber im Factoringgeschäft nur solche Forderungen auf den Factor übergehen sollen, welche dieser auch ankauft, erfolgt die Vorausabtretung unter der aufschiebenden Bedingung des Ankaufs der Forderung durch den Factor.[36]

## 2.1.3.3 Risikoverteilung

Ein wesentlicher Bestandteil des Factoringvertrages ist die Regelung der Haftung bei Nichtleistung des Forderungsschuldners. Zahlt der Abnehmer nicht, weil er nicht Willens oder finanziell dazu in der Lage ist, übernimmt der Factor bei limitgedeckten Forderungen im Rahmen des echten Factorings dafür die Haftung.[37] Diese Haftungsfunktion des Factors beginnt bereits nach dem Warenversand bzw. nach der Erbringung der vereinbarten Leistung durch den Factoringkunden und wird auch als Delkrederefunktion bezeichnet. Der Delkrederefall tritt ein, wenn der Abnehmer nicht innerhalb einer vertraglich vereinbarten Frist, in der Regel 90 bis 120 Tage nach Rechnungsfälligkeit, gezahlt und keine schlüssigen Einwände geltend gemacht hat. [38]

Nicht minder wichtiger ist die Regelung der Haftung des Factoringkunden. Zahlt der Abnehmer nicht, weil er substantiierte, also schlüssige Einwände gegen den rechtlichen Bestand der Forderung geltend macht, haftet der Forderungsverkäufer. Diese Haftung wird auch als Veritätshaftung des Kunden bezeichnet. Sie beinhaltet nicht nur die Haftung für den rechtlichen Bestand und die Abtretbarkeit der Forderungen, sondern auch die Haftung für das Bestehen aller in der Rechnung beschriebenen Nebenrechte.[39] Solche Nebenrechte können Sicherungsrechte in Form eines Eigentumsvorbehalts sein, die sich der Factor zur Reduzierung seines Risikos übertragen lässt.[40] Hat der Abnehmer schlüssige Einreden geltend gemacht, belastet der Factor vorläufig seinen Kunden mit dem bereits ausgezahlten Kaufpreis. Stellt sich beispielsweise durch gerichtliche Klärung heraus, dass die Einrede unberechtigt war, wird die vorläufige Belastung rückgängig gemacht. Ist die Einrede berechtigt, kann der Factor vom Kaufvertrag zurücktreten. Die vorläufige Belastung wird dann endgültig.[41]

---

[36] Vgl. Bette, K. (Factoring, 2001), S. 84 f.
[37] Vgl. Schwarz, W. (Factoring, 2002), S. 97.
[38] Vgl. Bette, K. (Factoring, 2001), S. 80 f.; Brink, U. (Factoringvertrag, 1997), S. 198, 201; Schwarz, W. (Factoring, 2002), S. 179.
[39] Vgl. Bette, K. (Factoring, 2001), S. 86 f.
[40] Vgl. Schwarz, W. (Factoring, 2002), S. 96.
[41] Vgl. Bette, K. (Factoring, 2001), S. 86 f.

## 2.2 Funktionsweise des Factorings

### 2.2.1 Der Ablauf des Factoringverfahrens

Die am Factoringverfahren beteiligten Parteien sind das Factoringinstitut (Factor), das forderungsverkaufende Unternehmen (Factoringkunde, Factorkunde, Anschlusskunde, Klient) und der Abnehmer (Forderungsschuldner, Debitor, Drittschuldner) der Ware oder Dienstleistung.[42] Nach Abschluss des Factoringvertrages informiert der Factoringkunde seine Abnehmer über die bevorstehende Zusammenarbeit mit einem Factoringinstitut. Zusätzlich ergänzt er seine Allgemeinen Geschäftsbedingungen mit dem Hinweis auf die Geschäftsbeziehung zum Factor und die damit verbundene Abtretung der Forderungen.[43] Ebenso muss auch das Rechnungsformular mit einem deutlichen Abtretungshinweis versehen werden, sodass der Debitor daraus eindeutig erkennen kann, dass eine schuldbefreiende Zahlung nur an den Factor möglich ist.[44]

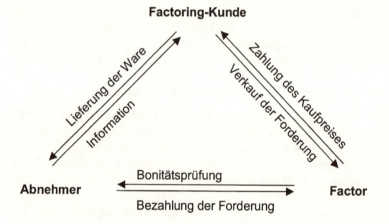

Abb. 2: Ablauf des Factoringverfahrens
Quelle: BFM (Factoring), Gafik.

Nachdem der Factoringkunde dem Abnehmer die Ware geliefert bzw. die vereinbarte Leistung vollständig erbracht und die Rechnung versandt hat, veräußert er die daraus resultierende Forderung im Rahmen des Factoringvertrages an den Factor und erhält dafür in der Regel sofort ca. 80 % bis 90 % des Forderungsgegenwertes zuzüglich der gesetzlichen Mehrwertsteuer. Der Restbetrag des Kaufpreises wird zunächst als Sicherheitsabschlag für eventuell in Anspruch genommene Skonti und Rabatte sowie mögliche Abschläge aus Mängelrügen des Abnehmers einbehalten. Die Auszahlung dieses Sicherheitseinbehalts erfolgt regelmäßig nach Zahlung des

---

[42] Vgl. o.V. (Factoring, 1997), S. 16 f.
[43] Vgl. Bette, K. (Factoring, 2001), S. 64, 89.
[44] Vgl. Schwarz, W. (Factoring, 2002), S. 76 f.; Seraphim, K. (Debitorenmanagement, 1997), S. 128.

Debitors oder bei Eintritt des Delkrederefalls unter weiterem Abzug der Provision und Zinsen des Factoringinstitutes.[45]

Der Factor kauft die Forderung allerdings nur an, wenn für den Debitor ein Limit besteht und es hinsichtlich der Rechnungshöhe ausreichend ist. Ist dies nicht der Fall, wird die Forderung erst dann angekauft, wenn nach der Prüfung der Debitorenbonität ein Limit eingeräumt wird bzw. ein bestehendes Limit durch Debitorenzahlungen frei wird. Der Nachweis der entstandenen Forderung gegenüber dem Factor erfolgt entweder durch Übersendung einer Rechnungskopie oder durch Übermittlung der Rechnungsdaten per Datenfernübertragung.[46] Rechtlich beinhaltet die Übermittlung der Rechnungsdaten durch den Kunden das Angebot und die Zahlung des Kaufpreises durch den Factor die Annahme des Angebots und damit den Abschluss des Kaufvertrages.[47] Der Factor übernimmt als neuer Eigentümer das Debitorenmanagement für die angekaufte Forderung. Diese Leistung wird auch als Dienstleistungsfunktion des Factors bezeichnet und enthält neben der Führung der aufwendigen Debitorenbuchhaltung auch die Übernahme des Mahn- und Inkassowesens. Im Rahmen der schon erwähnten Delkrederefunktion trägt das Factoringinstitut zusätzlich auch das Ausfallrisiko für die angekaufte Forderung. Dieser Ablauf entspricht dem des Standardverfahrens, welches auch als Standard-Factoring oder Full-Service-Factoring bezeichnet wird.[48]

### 2.2.2 Die verschiedenen Vertragsarten

Um den unternehmerischen Erfordernissen Rechnung zu tragen, können die Factoringinstitute das Vorgehen bei Mahnwesen und Inkasso mit dem Factoringkunden individuell abstimmen. Ebenso können sie ihren Kunden verschiedene Factoringvarianten anbieten.[49] Je nach Bedarf und Eignung des Kunden können also einzelne Funktionen entweder individuell gestaltet oder deren Nutzung ausgeschlossen werden. Die daraus entstehenden wichtigsten Vertragsarten werden im Folgenden dargestellt.

#### 2.2.2.1 Factoring mit und ohne Delkredereschutz

Unter Delkredere wird allgemein die Haftung für den teilweisen oder vollständigen Ausfall einer Forderung wegen Zahlungsunfähigkeit des Abnehmers verstanden.[50] Sofern der Factoringkunde für die Bonität des Abnehmers haftet, der Factor also bei Ausfall der Forderung ein Rückbelastungsrecht gegenüber dem Factoringkunden hat, handelt es sich um das unechte Fac-

---

[45] Vgl. Bette, K. (Factoring, 2001), S. 61 f.; Müller, R. (Kreditfalle, 2001), S. 152; Schwarz, W. (Factoring, 2002), S. 28-30.
[46] Vgl. Deutscher Factoring-Verband e.V. (Factoring), Verfahren.
[47] Vgl. Schwarz, W. (Factoring, 2002), S. 94.
[48] Vgl. Deutscher Factoring-Verband e.V. (Factoring), Verfahren; Müller, R. (Factoring, 2001), S. 58.
[49] Vgl. Deutscher Factoring-Verband e.V. (Factoring), Fragen.
[50] Vgl. Bette, K. (Factoring, 2001), S. 154.

toring. Aufgrund der Rechtsprechung wird diese Variante aber nur selten genutzt. Beim echten Factoring trägt der Factor das Ausfallrisiko.[51]

### 2.2.2.2 Inhouse-Factoring

Das Inhouse-Factoring ist auch bekannt unter den Bezeichnungen Bulk- und Eigenservice-Factoring. Bei dieser Variante führt der Factoringkunde das Debitorenmanagement treuhänderisch für den Factor im eigenen Haus. Er nutzt also nur die Delkredere- und die Finanzierungsfunktion. Die daraus resultierende Abhängigkeit des Factors setzt eine hohe Leistungsfähigkeit des Kunden im Bereich des Debitorenmanagements und ein besonderes Vertrauensverhältnis zwischen beiden Parteien voraus.[52] Bezüglich der Kosten dürfte das Inhouse-Factoring nur für Unternehmen sinnvoll sein, deren Aufwand aus der Führung des Debitorenmanagements gleich oder geringer ist, als die vom Factor berechnete Dienstleistungsgebühr.

### 2.2.2.3 Offenes und stilles Verfahren

Der Unterschied zwischen dem stillen und offenen Verfahren liegt in der Anzeige der Forderungsabtretung gegenüber dem Schuldner. Wird ihm die Abtretung der Forderung angezeigt, dann handelt es sich um das offene bzw. notifizierte Factoringverfahren. Bei dieser Variante kann der Debitor mit schuldbefreiender Wirkung nur an den Factor zahlen. Wird die Abtretung nicht offen gelegt, so ist eine schuldbefreiende Zahlung nur an den Factoringkunden möglich. Allgemein wird dann vom stillen oder nicht notifizierten Factoringverfahren gesprochen.[53] In Deutschland wird größtenteils das offene Verfahren angewendet.[54] Für die Offenlegung spricht einerseits die Entlastung des Factoringkunden bei seiner Buchhaltung, da er die sonst bei ihm eingehenden Zahlungen an den Factor weiterleiten müsste. Andererseits bedeutet die Abtretungsanzeige für den Factor ein höheres Maß an Sicherheit, da der Schuldner direkt an ihn zahlt und dadurch das Risiko entfällt, dass der Factoringkunde bei ihm eingehende Zahlungen nicht oder nicht unverzüglich weiterleitet. Ebenfalls wird die Gefahr des Ankaufs fingierter Rechnungen gemindert, da sich die Rechtmäßigkeit der Forderung spätestens nach der ersten Mahnung herausstellt.[55] Aufgrund der Risiken bietet der Factor das stille Verfahren nur Kunden erster Bonität an.[56] Eine Unterart des stillen Factoring ist das halboffene Verfahren. Es entspricht grundsätzlich dem stillen Verfahren. Allerdings erfolgt die Zahlung des Debitors entweder auf ein Konto des Factors, welches nach außen unter dem Namen des Kunden geführt wird. Es ist aber auch möglich, dass die Zahlung auf das Konto des Kunden erfolgt, dessen Guthaben aber zu Gunsten des Factors verpfändet ist.[57]

---

[51] Vgl. o.V. (Factoring, 1997), S. 15.
[52] Vgl. o.V. (Factoring, 1997), S. 16.
[53] Vgl. Perridon, L./Steiner, M. (Finanzierung, 2002), S. 446.
[54] Vgl. Deutscher Factoring-Verband e.V. (Factoring), Formen.
[55] Vgl. Bette, K. (Factoring, 2001), S .63.
[56] Vgl. Schwarz, W. (Factoring, 2002), S. 41.
[57] Vgl. Brink, U. (Factoringvertrag, 1997), S. 204.

## 2.2.3 Internationales Factoring

Factoring kann nicht nur für Forderungen angewendet werden, die aus Inlandsgeschäften entstehen, sondern auch für solche, die aus Auslandsgeschäften resultieren. Internationales Factoring liegt vor, wenn der Abnehmer (Importeur) und sein Lieferant (Exporteur) ihren Sitz nicht im gleichen Land haben und der Lieferant die aus dieser Lieferbeziehung entstehenden Forderungen im Rahmen eines Factoringvertrages an einen Factor veräußert.[58] Grundsätzlich werden die Exportforderungen des Anschlusskunden vom Factoringvertrag erfasst, sofern nicht abweichende Regelungen getroffen wurden.[59] Die Abwicklung des internationalen Factorings kann durch das direkte Exportfactoring, durch das Two-Factor-System oder das direkte Importfactoring erfolgen. Der Unterschied zwischen dem direkten Exportfactoring und dem Two-Factor-System besteht darin, dass das Factoringinstitut des Exporteurs bei der ersten Variante die Forderung selbst beim Importeur einzieht und bei der zweiten einen weiteren, im Land des Importeurs ansässigen Factor zum Einzug der Forderung einschaltet.[60] Mit Ausnahme des direkten Importfactoring ist es für den Factoringkunden grundsätzlich unwichtig, welches Verfahren sein Factor einsetzt, da die Forderungen gegenüber dem ausländischen Schuldner für ihn zu Inlandsforderungen gegenüber seinem Factor werden. Für den Factorkunden ergeben sich im Vergleich zum Inlandsfactoring abgesehen von höheren Factoringgebühren grundsätzlich keine Unterschiede.[61] Der Factoringkunde kann hinsichtlich der Debitorenbonität ohne Risiko ins Ausland liefern, seinen Kunden branchen- und landesübliche Zahlungsziele einräumen und wird vom administrativen Ballast sowie von sprachlichen Barrieren befreit.[62] Weiterhin kann er auf die Stellung von Akkreditiven und auf besondere Zahlungsbedingungen wie Dokumente gegen Kasse verzichten. Die üblichen Risiken des Auslandsgeschäftes in Gestalt von Wechselkursschwankungen oder politischen Risiken werden durch das grenzüberschreitende Factoring jedoch nicht ausgeschlossen. In Einzelfällen kann der Factor aber Auslandsforderungen in der jeweiligen Fremdwährung finanzieren.[63]

Bedient sich ein Exporteur im Rahmen eines Factoringvertrages der Leistungen eines im Land des Schuldners ansässigen Factors, um die Forderungen gegen seinen ausländischen Abnehmer einzuziehen, wird dieses Verfahren als direktes Import-Factoring bezeichnet.[64] Diese Variante ist zwar denkbar aber eher ein Spezialfall, da der Exporteur in diesem Fall mit verschiedenen ausländischen Factoringinstituten eine Vertragsbeziehung eingehen müsste. In der Literatur wird diese Variante daher nur selten erwähnt und auch hier nicht weiter erläutert.

Schließlich sei noch erwähnt, dass nicht alle Factoringinstitute Auslandsforderungen ankaufen. Selbst diejenigen, die internationales Factoring anbieten, begrenzen diese Dienstleistungen meist auf ausgewählte Länder. Unternehmen, die Exportumsätze erwirtschaften und die daraus

---

[58] Vgl. Schwarz, W. (Factoring, 2002), S. 140.
[59] Vgl. Bette, K. (Factoring, 2001), S. 122.
[60] Vgl. Sommer, H.J. (Factoring, 1997), S. 289.
[61] Vgl. Bette, K. (Factoring, 2001), S. 123; o.V. (Export-Factoring, 2000), S. 36 f.
[62] Vgl. o.V. (Export-Factoring, 2000), S. 36 f.
[63] Vgl. Schwarz, W. (Factoring, 2002), S. 140, 145.
[64] Vgl. Deutscher Factoring-Verband e.V. (Factoring), Formen.

resultierenden Forderungen an einen Factor veräußern wollen, sollten daher vor dem Vertragsabschluss prüfen, ob das Factoringinstitut seine Leistungen auch für die infragekommenden Länder anbietet.

## 2.3 Auswirkungen des Factorings

Durch die Factoringanwendung wird nicht nur die Liquidität des Anschlusskunden beeinflusst. Aus dem Forderungsverkauf ergeben sich weitere Effekte, die ebenfalls im Folgenden aus der Sicht des Factoringkunden dargestellt werden und auf der Anwendung des Standardverfahrens beruhen, soweit nicht explizit Auswirkungen anderer Verfahren angesprochen werden. Dabei werden die Auswirkungen dieses Finanzierungsinstrumentes allgemein beschrieben. Eine Betrachtung des möglichen Beitrages zur Lösung der individuellen Finanzierungsprobleme des Mittelstandes erfolgt an anderer Stelle.[65]

### 2.3.1 Auswirkung der Finanzierungsfunktion

Da sich der Forderungsverkauf für den Factoringkunden im Wege des echten Factorings als Verkauf von Unternehmensvermögen darstellt, erhält er finanzielle Mittel ohne externes Eigen- oder Fremdkapital aufzunehmen.[66] Dadurch steigert er seine Unabhängigkeit gegenüber externen Geldgebern und erhöht seine Flexibilität.[67] Die erhöhte Flexibilität zeigt sich insbesondere in der Unabhängigkeit des Factoringkunden von den mit seinen Abnehmern vereinbarten Zahlungszielen bzw. deren tatsächlichen Zahlungsverhalten. Durch den Forderungsverkauf erhält er sofort den Gegenwert der Forderungen abzüglich des Sicherheitseinbehalts und verbessert dadurch außerdem seine Liquidität, da ihm ein Teil des Rechnungsgegenwertes vorzeitig zufließt. Dieser Finanzierungseffekt steht, abgesehen vom Sicherheitseinbehalt, einer sofortigen Zahlung seiner Debitoren gleich und erleichtert so auch die Finanzdisposition des Factoringkunden, da ihm die Höhe und Ausnutzung des jeweiligen Limits bekannt ist und er daraus den sonst ungewissen Zahlungszeitpunkt regelmäßig planen kann.[68]

In Hochzinsphasen und bei schwacher konjunktureller Entwicklung gewinnt die weitgehende Unabhängigkeit vom Zahlungsverhalten der Debitoren besonders an Bedeutung, da der Lieferantenkredit von den Abnehmern dann eher in Anspruch genommen wird.[69] Die gewonnene Liquidität versetzt den Kunden in die Lage, seine aus der Leistungserbringung entstandenen kurzfristigen Verbindlichkeiten zu tilgen. Insbesondere kann er seine Lieferantenverbindlichkeiten innerhalb der ersten Kondition begleichen, sofern ihm die aus dem Forderungsverkauf stammenden Geldmittel innerhalb der Skontofrist zufließen. Die Realisierung des maximalen Skontoabzugs ist eine wesentliche Voraussetzung für den in der Literatur beschriebenen Facto-

---

[65] Siehe zur Lösbarkeit der aktuellen Finanzierungsprobleme Kapitel 2.1.
[66] Vgl. Bigus, J. (Finanzierung, 2000), S. 466.
[67] Vgl. Schulte, R. (Asset Backed Securities, 1995), S. 153.
[68] Vgl. Bette, K. (Factoring, 2001), S. 71, 80; Schwarz, W. (Factoring, 2002), S. 27.
[69] Vgl. Mayer, H.V. (Factoring, 1997), S. 108.

ringeffekt. Dieser tritt auf, wenn der Nutzen des Factorings für den Anschlusskunden höher ist als die verursachten Kosten. Die Anwendung des Factorings führt dann nicht nur zu einer Verstärkung der Liquidität, sondern auch zu einer Verbesserung der Rentabilität.[70] Da der Factoringkunde als Bar- bzw. Skontozahler auftreten kann, ist auch ein besseres Image und eine stärkere Verhandlungsposition gegenüber den eigenen Lieferanten denkbar. So führt eine dauerhafte Zahlung innerhalb der Skontofrist nicht selten zu verbesserten Einkaufskonditionen in Form von Rabatten oder Preisnachlässen sowie zu einer bevorzugten Behandlung bei Lieferengpässen.[71] In Bezug auf seine Konkurrenten erlangt der Factoringkunde durch die Finanzierungsfunktion einen Wettbewerbsvorteil, da er seinen Abnehmern längere Zahlungsziele einräumen kann, ohne dadurch, abgesehen von den für die Vorfinanzierung zu zahlenden Zinsen und dem Sicherheitseinbehalt, zusätzliches Eigen- oder Fremdkapital zu blockieren.[72] Allerdings wird der Factor bei einer deutlichen Ausweitung der Zahlungsziele möglicherweise das Factoringentgelt erhöhen, da der verlängerte Zahlungszeitraum für ihn ein höheres Ausfallrisiko bedeutet.

Im direkten Vergleich zu kurzfristigen Bankkrediten, insbesondere zum Betriebsmittelkredit gegen Abtretung der Außenstände, ist die Art und der Umfang des Liquiditätszuflusses vorteilhafter. Die Liquiditätszufuhr beim Factoring ist nicht von einem vereinbarten Kreditrahmen abhängig, sondern von der Entstehung und dem Umfang der veräußerbaren Forderungen. Die Finanzierung durch Factoring ist, sofern alle Forderungen aus Lieferungen und Leistungen an den Factor verkauft werden können, dauerhaft umsatzkongruent. Es entsteht also gerade bei stärkerem Umsatzwachstum keine Liquiditätslücke wie bei einem begrenzten Bankkredit, da sich die Factoringfinanzierung der Umsatzausweitung quasi automatisch anpasst.[73] Sofern durch den Liquiditätszufluss zusätzliche Umsätze und damit zusätzliche Gewinne generiert werden können, wird die Ertragslage des Factoringkunden positiv beeinflusst.

Nachteilig wirkt sich die umsatzkongruente Finanzierung bei rückläufigen Umsätzen aus, da sich dann auch der Liquiditätszufluss verringert. Jedoch ist die Höhe der Beleihung der Forderungen aus Lieferung und Leistung bei Banken auf ca. 70 % des Forderungsgegenwertes beschränkt.[74] In Folge von Risikoabschlägen beträgt der empirische Beleihungssatz tatsächlich nur 41,1 % bis 64,5 %.[75] Beim Factoring werden die Forderungen zwar ebenfalls nicht sofort vollständig ausgezahlt, da aber der Sicherheitseinbehalt regelmäßig nicht mehr als 20 % beträgt, ist der Finanzierungsgegenwert der Forderungen für den Factoringkunden höher als der durch die Beleihungsquote der Banken begrenzte Wert. Bette nennt diesbezüglich eine Finanzierungswirkung von 100 % der Rechnungssumme, da der fällige Sicherheitseinbehalt vorhergehender Rechnungen die Funktion eines Sockelbetrages erfüllt. Dieser müsste dann nur bei Umsatzsteigerungen erhöht werden.[76] Ein solcher Effekt tritt in der genannten Höhe aber nur

---

[70] Vgl. Schwarz, W. (Factoring, 2002), S. 32.
[71] Vgl. Mayer, H.V. (Factoring, 1997), S. 115.
[72] Vgl. Schwarz, W. (Factoring, 2002), S. 27.
[73] Vgl. Bette, K. (Factoring, 2001), S. 71 f.; Mayer, H.V. (Factoring, 1997), S. 107.
[74] Vgl. Schwarz, W. (Factoring, 2002), S. 37.
[75] Vgl. Drukarczyk, J./Duttle, J./Rieger, R. (Mobiliarsicherheiten, 1985), S. 142.
[76] Vgl. Bette, K. (Factoring, 2001), S. 62, 71.

unter besonderen Umständen ein. So setzt Bette voraus, dass die Umsätze gleichbleibend und der Fluss der neu eingereichten Rechnungen sowie die Bezahlung der angekauften Forderungen annähernd im Gleichgewicht sein müssen.[77] Da diese Konstellation nicht bei jedem Unternehmen eintritt, ist der hundertprozentige Finanzierungseffekt auch nicht zu verallgemeinern. Dennoch müsste der durchschnittliche Finanzierungseffekt bei laufender Rechnungseinreichung aber höher sein als der sofort ausgezahlte prozentuale Kaufpreisanteil.

### 2.3.2 Auswirkungen der Dienstleistungsfunktion

Durch den Ankauf wird der Factor zum neuen Eigentümer der Forderungen. Daher führt er schon im eigenen Interesse für diese Forderungen die Debitorenbuchhaltung sowie das Mahnwesen und übernimmt die außergerichtliche und gerichtliche Beitreibung. Die Wirkung auf den Anschlusskunden entspricht diesbezüglich der einer Dienstleistung und wird deswegen auch als solche bezeichnet. Eine tatsächliche Dienstleistung erbringt der Factor aber nur bei den nicht angekauften aber zum Inkasso übernommenen Forderungen, um dem Kunden die erforderliche Buchhaltung für diese Forderungen zu ersparen.[78]

Teilweise wird das Vorgehen des Factors gegen den Debitor im Rahmen des Forderungseinzuges als negativ eingestuft.[79] Trotz der Übernahme des Debitorenmanagements durch den Factor besteht aber für den Factoringkunden die Möglichkeit, eine individuelle Handhabung des Mahnwesens zu vereinbaren, sodass er das Vorgehen des Factors gegen den Debitor mitgestalten kann.[80] Es ist aber auch zu beachten, dass gerade die Wahrnehmung des Mahn- und Inkassowesens durch den Factor teilweise als Vorteil betrachtet wird, da das Verhältnis zwischen dem Factoringkunden und seinen Abnehmern nicht direkt durch die negativen Aspekte des Forderungseinzugs belastet wird.[81]

Gelegentlich wird von den potenziellen Factoringkunden auch befürchtet, dass deren Abnehmer die Offenlegung der Forderungsabtretung als negativ empfinden könnten.[82] Diese Befürchtung ist nicht ganz unbegründet. Wurde doch in den Anfangszeiten des Factoringgeschäfts in Deutschland die Forderung nur still abgetreten. Der Factor zeigte den Abnehmern die Abtretung nur dann an, wenn deren Lieferant notleidend wurde. Aus diesem Zusammenhang entstand der Eindruck, dass Factoring nur von insolvenzgefährdeten Unternehmen genutzt wurde. Das stille Verfahren spielt indes nur noch eine sehr untergeordnete Rolle. Ebenso ist das Finanzierungsinstrument Factoring mittlerweile so bekannt, dass sich dessen Image positiv entwickelt hat.[83]

---

[77] Vgl. Bette, K. (Factoring, 1999), S. 32.
[78] Vgl. Schwarz, W. (Factoring, 2002), S. 28 f.; Seraphim, K. (Debitorenmanagement, 1997), S. 122 f.
[79] Vgl. Creditreform (Finanzierung, Frühjahr 2002), S. 29 f.
[80] Vgl. Schwarz, W. (Factoring, 2002), S. 72.
[81] Vgl. Mayer, H.V. (Debitorenmanagement, 1998), S. 405; Müller, R. (Kreditfalle, 2001), S. 152.
[82] Vgl. Bette, K. (Factoring, 2001), S .63; Brink, U. (Factoringvertrag, 1997), S. 204.
[83] Vgl. Bette, K. (Factoring, 2001), S. 63; Mayer, H.V. (Factoring, 1997), S. 107.

Nutzt der Anschlusskunde einen Online-Zugang seines Faktors, so hat er ohne Zeitverzögerung Zugriff auf die für ihn relevanten und beim Factor gespeicherten Daten. Besteht keine Online-Verbindung, erhält er zumindest durch Übersendung von Unterlagen Einblick in die vom Factor geführten Debitorenkonten und sein Abrechnungskonto, sodass er über die Ausnutzung der Limite, über das Zahlungsverhalten der Debitoren, über vorhandenes Guthaben und gegenüber dem Factor bestehende Verbindlichkeiten, beispielsweise wegen Einreden des Abnehmers, im Bilde ist.[84] Der Factoringkunde wird durch die unmittelbare Informationsmöglichkeit beim Online-Verfahren so gestellt, als würde er das Debitorenmanagement selbst führen, ohne den dafür entsprechend nötigen Aufwand zu betreiben.[85] Damit entspricht der Kontrollverlust beim Debitorenmanagement, den rund 33 % der von Creditreform befragten Unternehmer als negativen Aspekt von Factoring äußerten, überwiegend nicht der Realität.[86]

Der Factor entlastet den Anschlusskunden ebenfalls bei der Prüfung und Überwachung der Debitorenbonität. Dies ermöglicht dem Factoringkunden eine relativ risikolose Erschließung neuer Märkte ohne spezifisches Know-how in der Kreditwürdigkeitsprüfung. Resultierend aus der ständigen Bonitätsprüfung der Debitoren und dem sich daraus ergebenen Limit kann es zu einer Bereinigung des Forderungsportfolios des Anschlusskunden kommen, sofern Abnehmer beliefert werden, für die der Factor kein Limit gezeichnet hat. In diesem Fall sollte der Lieferant die Nichtvergabe eines Limits durchaus als Warnsignal aufnehmen und die Fortsetzung der Geschäftsverbindung zu diesem Abnehmer auf deren Bedeutung und Sicherheit hin überprüfen.[87] Ein weiterer Effekt ist die Verkürzung der Forderungslaufzeit, die sich aus der konsequenten, regelmäßigen aber dennoch individuellen Mahnweise und der professionellen Forderungseintreibung des Factors ergeben kann.[88] Die sich verkürzende tatsächliche Forderungslaufzeit führt in ihrer Folge zu einer geringeren Zinsbelastung des Anschlusskunden, da sich der Finanzierungszeitraum ebenfalls verkürzt. Neben diesem Effekt kann auch die mögliche Kostenersparnis aus der Auslagerung des Debitorenmanagements die Liquidität und Rentabilität des Factoringkunden verbessern. Der Factor berechnet dem Anschlusskunden für seine Tätigkeit im Rahmen der Dienstleistungsfunktion eine Dienstleistungsgebühr, die meist Bestandteil einer Gesamtprovision ist. Diese Provision wird prozentual von der Forderungshöhe berechnet, sodass sich der absolute Provisionsbetrag proportional zur Höhe der verkauften Forderungen verhält. Sinkt der Umsatz des Anschlusskunden und dadurch das Volumen der verkauften Forderungen, verringert sich auch die absolute Provisionsforderung des Factors. Steigt das Volumen der verkauften Forderungen, so erhöht sich die zu zahlende Provision. Abgesehen von zusätzlichen Bonitätsprüfungsgebühren verursacht die Dienstleistung des Factors also variable Kosten. Im Gegensatz dazu bestehen die Kosten eines eigenen Debitorenmanagements

---

[84] Vgl. Seraphim, K. (Debitorenmanagement, 1997), S. 124.
[85] Vgl. Bette, K. (Factoring, 2001), S. 62 f.; Seraphim, K. (Debitorenmanagement, 1997), S. 127.
[86] Vgl. Creditreform (Finanzierung, Frühjahr 2002), S. 30.
[87] Vgl. Bette, K. (Factoring, 2001), S. 60; Mayer, H.V. (Debitorenmanagement, 1998), S. 404.
[88] Vgl. Bette, K. (Factoring, 2001), S. 60 f.; Mayer, H.V. (Debitorenmanagement, 1998), S. 405; Schwarz, W. (Factoring, 2002), S. 28 f.

überwiegend aus fixen Kosten, die gerade bei sinkenden Umsätzen zwar nicht absolut aber relativ zum Umsatz ansteigen und somit den Gewinn reduzieren.[89]

### 2.3.3 Auswirkungen der Delkrederefunktion

Im Rahmen der Delkrederefunktion übernimmt der Factor das Ausfallrisiko aus der Zahlungsunfähigkeit der Debitoren. Diese Wirkung ist vergleichbar mit der Absicherung durch eine Warenkreditversicherung, wobei der Versicherer im Gegensatz zum Factor aber kein eigenes, sondern ein fremdes Risiko übernimmt. Die Anwendung des Factorings bietet gegenüber der Versicherung bedeutende Vorteile. So entfällt im Delkrederefall auf den Forderungskäufer keine Selbstbeteiligung wie es bei Versicherungen üblich ist. Der Ausfallschutz des Factors beträgt also für jede einzelne sowie insgesamt für alle angekauften Forderungen grundsätzlich 100 %. Die gesamte Höhe der Ausfallsicherung ist nicht auf ein Vielfaches einer Versicherungsprämie begrenzt, sondern entspricht immer der Gesamtsumme der Forderungen und der Eintritt des Delkrederefalls muss vom Factoringkunden nicht nachgewiesen werden. Denn dieser wird nach Ablauf einer vereinbarten Frist vermutet.[90] Die Verzinsung der in Anspruch genommenen Finanzierung endet für den Factoringkunden mit dem Eintritt des Delkrederefalls. Für die ausgefallenen Forderungen trägt der Factor die Kosten der Rechtsverfolgung.[91]

Nachteilig wirkt sich die Delkrederefunktion auf die Ausnutzung der Finanzierungswirkung der Wertberichtigungen aus, da diese für die verkauften Forderungen nicht mehr gebildet werden müssen. Bette vertritt jedoch die Meinung, dass mittelständische Unternehmen oft keine ausreichenden Wertberichtigungen bilden.[92] Im diesem Fall würde der nachteilige Effekt kaum bemerkbar sein. Weiterhin besteht für den Factoringkunden die Gefahr, dass die noch bei Produktionsbeginn bestehende Deckungszusage des Factors bei Auslieferung der Ware oder nach Erbringung der Dienstleistung durch Kürzung oder Streichung des Limits vermindert oder entfallen sein könnte. Das Produktionsrisiko verbleibt also beim Anschlusskunden.[93]

### 2.3.4 Kosten des Factorings

Durch die Nutzung des Factorings entstehen Kosten, welche die Rentabilität des factoringnutzenden Unternehmens beeinflussen können. Dies ist dann der Fall, wenn die Kosten der Factoringanwendung den entsprechenden Nutzen übersteigen. Der Factor berechnet für die Finanzierung der Forderungen Zinsen sowie ein Factoringentgelt für die sonstigen erbrachten Leistungen. Im Factoringentgelt ist neben einem Dienstleistungsanteil für die Übernahme des Debitorenmanagements auch ein Delkredereanteil für die Übernahme des Ausfallrisikos enthalten.[94]

---

[89] Vgl. Mayer, H.V. (Debitorenmanagement, 1998), S. 404; Schwarz, W. (Factoring, 2002), S. 29.
[90] Vgl. Bette, K. (Factoring, 2001), S. 72 f.
[91] Vgl. Schwarz, W. (Factoring, 2002), S. 30.
[92] Vgl. Bette, K. (Factoring, 2001), S. 65.
[93] Vgl. Schwarz, W. (Factoring, 2002), S. 30 f.
[94] Vgl. Schwarz, W. (Factoring, 2002), S. 71-75.

Die Gestaltung der Konditionen basiert in der Praxis meist auf einer der zwei nachfolgend erläuterten Methoden. Üblich ist entweder eine separate Berechnung von Finanzierungszinsen, einem Factoringentgelt und Gebühren für die Prüfung und Überwachung der Debitorenbonität oder die Belastung einer All-in-Gebühr.[95] Die Berechnung der Kosten im Rahmen einer All-in-Gebühr, deren Höhe in etwa zwischen 1,9 % und 7,5 % liegt, wird auch als Diskontmethode bezeichnet.[96] In dieser Gebühr sind bereits alle Kosten enthalten.

Die vom Factor bei der separaten Kostenangabe berechneten Zinsen entsprechen regelmäßig der Höhe banküblicher Kontokorrentkreditzinsen.[97] Die Form der Berechnung ist jedoch nicht einheitlich. Zu erwarten wäre eine Zinsberechnung auf der Basis der tatsächlichen Forderungslaufzeit und des ausgezahlten Forderungskaufpreises inklusive der anteiligen Umsatzsteuer. Verschiedentlich werden die Zinsen aber auch auf die gesamte Bruttoforderungshöhe berechnet, wobei dann der Sicherheitseinbehalt als Einlage verzinst wird. Allerdings ist der Guthabenzinssatz meist geringer als der Sollzinssatz.[98]

Eine weitere Variante der Zinsberechnung ist die pauschalisierte Form im Rahmen der All-in-Gebühr, welche von den führenden deutschen Factoringinstituten aber zur Zeit nicht angeboten wird.[99] Die All-in-Gebühr enthält, wie bereits dargestellt wurde, sowohl das Factoringentgelt als auch die Zinsen und wird als einheitlicher Prozentsatz von der Bruttorechnungshöhe der angekauften Forderungen berechnet. Der in der All-in-Gebühr enthaltene Sollzins ist grundsätzlich von den vereinbarten Zahlungszielen und der tatsächlichen Forderungslaufzeit abhängig. Diese pauschale Berechnung der Sollzinsen kann sich für den Factoringkunden nachteilig auswirken. Wird vorausgesetzt, dass sich die durchschnittliche Forderungslaufzeit während der Zusammenarbeit mit dem Factor verkürzt oder das Zinsniveau für bankübliche Kontokorrentkreditzinsen sinkt, würde die daraus resultierende Zinsersparnis nicht zu einer Entlastung des Factoringkunden führen, da dieser weiterhin die vereinbarte All-in-Gebühr zu zahlen hat. Positiv wirkt sich die pauschale Berechnung der Zinsen bei einer gegensätzlichen Entwicklung aus. Fraglich dürfte aber sein, ob der Factor diese Tatsache nicht bereits durch einen Zinsaufschlag in seiner Kalkulation berücksichtigt hat.[100]

Das vom Factor berechnete Factoringentgelt wird, wenn es nicht Bestandteil einer All-in-Gebühr ist, üblicherweise in Form eines einheitlichen Prozentsatzes angegeben und prozentual von der Bruttorechnungshöhe der angekauften Forderungen berechnet. Übernimmt der Factor nicht angekaufte Forderungen zum Inkasso, wird er den dafür entstehenden Aufwand in der Regel im Factoringentgelt berücksichtigen. Die in der Literatur angegebene Höhe des Entgelts

---

[95] Vgl. Bette, K. (Factoring, 1999), S. 119; Brink, U. (Factoringvertrag, 1998), S. 59 f.; Schwarz, W. (Factoring, 2002), S. 75.
[96] Vgl. Schwarz, W. (Factoring, 2002), S. 73.
[97] Vgl. Bette, K. (Factoring, 2001), S. 64 f.; Brink, U. (Factoringvertrag, 1997), S. 198; Perridon, L./Steiner, M. (Finanzierung, 2002), S. 446; Schwarz, W. (Factoring, 2002), S. 74.
[98] Vgl. Schwarz, W. (Factoring, 2002), S. 74 f.
[99] Vgl. Schwarz, W. (Factoring, 2002), S. 73.
[100] Vgl. Schwarz, W. (Factoring, 2002), S. 73.

schwankt zwischen 0,25 % bis 4,2 %.[101] In der Praxis werden aber auch bis zu 5,5 % berechnet. Dennoch können die genannten Höhen nur Anhaltspunkte sein, da die Gebühren individuell zwischen Factor und Anschlusskunde vereinbart werden.[102]

Wesentlichen Einfluss auf die Höhe des Factoringentgelts haben der dem Factor entstehende Aufwand und das zu übernehmende Forderungsausfallrisiko. Der Aufwand wird unter anderem determiniert durch die Anzahl der Debitoren, die Anzahl der Rechnungen, die Höhe des über den Factor abgewickelten Jahresumsatzes, die durchschnittliche Rechnungshöhe, die Anzahl der Reklamationen der Abnehmer und die Individualität des Mahnwesens.[103] Das Forderungsausfallrisiko wird durch die Bonität der Debitoren und insbesondere durch deren Zahlungsverhalten beeinflusst. Die Höhe des Ausfallrisikos lässt sich unter anderem aus der Branchenzugehörigkeit, aus der bisherigen durchschnittlichen Forderungslaufzeit, aus den erlittenen Forderungsverlusten und aus der Struktur des Forderungsbestandes des Anschlusskunden sowie aus der allgemeinen konjunkturellen Entwicklung ableiten.[104] Einige Determinanten beeinflussen das Factoringentgelt aus zweierlei Sicht. Beispielsweise ist einerseits das durchschnittliche Ausfallrisiko des Factors bei einer breiteren Streuung der Debitoren geringer. Andererseits ist dann aber auch der Aufwand aus der Prüfung und Überwachung der Abnehmerbonität höher. Die Gewichtung des Aufwands scheint jedoch bei der Kalkulation des Factoringentgelts größer als die der Risikostreuung zu sein, da in diesem Zusammenhang der entstehende Aufwand stärker betont wird.[105]

Letztlich wird das Factoringentgelt hoch sein, wenn

- der über den Factor abgewickelte Jahresumsatz niedrig ist,
- die durchschnittliche Rechnungshöhe gering ist,
- die Abnehmer überwiegend Einmalkäufer sind,
- häufige Reklamationen der Abnehmer auftreten,
- ein individuelles Mahnwesen zu einem höheren Aufwand des Factors führt,
- die Dauer der Zahlungsziele für den Factor ein besonders hohes Risiko bedeutet,
- die Bonität und die Zahlungsmoral der Abnehmer überwiegend schlecht ist.[106]

Da Forderungen gegenüber ausländischen Abnehmern für den Factor oft ein höheres Risiko und einen erhöhten Aufwand beim Einzug der Forderungen bedeuten, fällt bei diesen das Factoringentgelt im Vergleich zu Inlandsforderungen generell höher aus.[107]

---

[101] Vgl. Bette, K. (Factoring, 1999), S. 23, 32; Larek, E./Steins, U. (Factoring, 1999), S. 89, 91; Perridon, L./Steiner, M. (Finanzierung, 2002), S. 446; Schwarz, W. (Factoring, 2002), S. 71 f.
[102] Vgl. Bette, K. (Factoring, 2001), S. 65 f.; Brink, U. (Factoringvertrag, 1997), S. 198.
[103] Vgl. Schwarz, W. (Factoring, 2002), S. 71-73.
[104] Vgl. Bette, K. (Factoring, 2001), S. 65 f.; Schwarz, W. (Factoring, 2002), S. 71-73
[105] Vgl. Bette, K. (Factoring, 2001), S. 127; Schwarz, W. (Factoring, 2002), S. 71.
[106] Vgl. Schwarz, W. (Factoring, 2002), S. 61, 71-73.
[107] Vgl. Bette, K. (Factoring, 2001), S. 32.

## 2.3.5 Bilanzielle Auswirkungen

Bei der Bilanzierung ist einerseits zwischen handelsrechtlicher und steuerrechtlicher und gleichzeitig zwischen echtem und unechtem Factoring zu unterscheiden.[108] Im Rahmen der handelsrechtlichen Bilanzierung scheiden beim echten Factoring die verkauften Forderungen aus der Bilanz des bisherigen Eigentümers aus. Sie sind in der Bilanz des Factors zu aktivieren.[109] Der Anschlusskunde hat durch den Verkauf den Gegenwert der Forderungen abzüglich des Sicherheitseinbehalts in Form von Geld erhalten. In seiner Bilanz erhöht sich also die Position *Kassenbestand* oder *Guthaben bei Kreditinstituten*. Der Sicherheitseinbehalt, der erst mit der Debitorenzahlung oder dem Eintritt des Delkrederefalls fällig wird, stellt für den Anschlusskunden eine Forderung gegenüber dem Factor dar und ist als *sonstiger Vermögensgegenstand* oder als *Guthaben bei Kreditinstituten* zu bilanzieren. In der Gewinn- und Verlustrechnung sind das Factoringentgelt als *sonstige betriebliche Aufwendungen*, die Sollzinsen als Aufwand in der Position *Zinsen und ähnliche Leistungen* und die Habenzinsen als Ertrag in der Position *Zinsen und ähnliche Leistungen* zu erfassen.[110]

Gemäß § 266 HGB sind die Forderungen aus Lieferungen und Leistungen ebenso wie Bargeld oder Bankguthaben und Forderungen gegenüber dem Factor Bestandteil des Umlaufvermögens auf der Aktivseite der Bilanz. Es findet also durch den Forderungsverkauf ein Aktivtausch statt, der nicht unmittelbar zu einer Bilanzverkürzung führt.[111] Erst die Verwendung der zugeflossenen Mittel zur Tilgung von Verbindlichkeiten führt primär zu einer Verkürzung der Bilanzsumme. Sekundär verändert sich die Relation zwischen dem Eigenkapital und der Bilanzsumme, sodass die Eigenkapitalquote steigt.[112]

Die handelsrechtliche Bilanzierung der im Wege des unechten Factorings verkauften Forderungen ist nicht abschließend geregelt. Der Anschlusskunde hat hier ein Wahlrecht.[113] Einerseits kann er das unechte Factoringgeschäft als Kreditgewährung mit Sicherheitsabtretung verbuchen. In diesem Fall verbleiben die veräußerten Forderungen in seiner Bilanz. Zusätzlich muss der erhaltene Kaufpreisvorschuss als Verbindlichkeit gegenüber dem Factor passiviert werden. Andererseits kann er das unechte ebenso wie das echte Factoringgeschäft bilanzieren. Allerdings ist das bei ihm verbleibende Ausfallrisiko gemäß §§ 251 und 268 Abs. 7 HGB unter der Bilanz oder im Anhang zu vermerken. Der bilanzverkürzende Effekt tritt nur bei der Bilanzierungsvariante des echten Factoringgeschäfts ein. Entscheidet sich ein Unternehmer für die Bilanzierung in Form einer Kreditgewährung, entsteht sogar ein bilanzverlängernder Effekt, der sich nachteilig auf die Kapitalstruktur auswirkt.[114]

---

[108] Vgl. Batzer, D./Lickteig, T. (Factoring, 2000), S. 140.
[109] Vgl. Borgel, G. (Factoring, 1997), S. 150.
[110] Vgl. Batzer, D./Lickteig, T. (Factoring, 2000), S. 140.
[111] Anderer Auffassung ist Brink, U. (Factoringvertrag, 1997), S. 6. Er ist der Meinung, dass sich die Bilanzsumme bereits durch den Forderungsverkauf verkürzt.
[112] Vgl. Bette, K. (Factoring, 2001), S. 67.
[113] Vgl. Batzer, D./Lickteig, T. (Factoring, 2000), S. 140.
[114] Vgl. Batzer, D./Lickteig, T. (Factoring, 2000), S. 140; Hinz, M. (Jahresabschluß, 1994), S. 1749; Häuselmann, H. (Forderungsverkauf, 1998), S. 826.

Für die steuerrechtliche Bilanzierung ist der Übergang des wirtschaftlichen Eigentums an den Forderungen gemäß § 39 AO entscheidend.[115] Danach ist wirtschaftlicher Eigentümer der Forderung, wer in eigener Verantwortung und ohne weisungsgebunden zu sein, über sie verfügen kann. Beim echten Factoring ist dies grundsätzlich der Factor, beim unechten der Factoringkunde. Aus den steuerrechtlichen Bilanzierungsregeln ergeben sich nur für das unechte Factoring Abweichungen gegenüber der Bilanzierung nach dem Handelsrecht. Die Abweichung besteht darin, dass dem Factoringkunden kein Wahlrecht zusteht und die Bilanzierung in der bereits geschilderten Form als Kreditgewährung mit Sicherheitsabtretung zu erfolgen hat.[116]

### 2.3.6 Steuerliche Auswirkungen

Durch die Anwendung von Factoring können sich für den Kunden steuerliche Auswirkungen bei der Berechnung der Gewerbesteuer ergeben. Daneben stellt sich die Frage, ob die Leistungen des Factors der Umsatzsteuerpflicht unterliegen und wie die Umsatzsteuerrückerstattung des Finanzamts an den Factoringkunden bei dem Ausfall einer Forderung behandelt wird.[117]

#### 2.3.6.1 Gewerbesteuer

Bei der Aufzählung der Vorteile aus der Nutzung des Factorings wird häufig auf eine mögliche Einsparung der Gewerbesteuer durch die Reduzierung von Dauerschulden hingewiesen.[118] Die dem Anschlusskunden aus dem Forderungsverkauf im Wege des echten Factorings zufließenden Factoringerlöse haben im Sinne des Gewerbesteuergesetzes keinen Dauerschuldcharakter.[119] An den Factor zu zahlende Zinsen müssen somit dem Gewerbeertrag nicht anteilig hinzugerechnet werden. Da auch Lieferantenverbindlichkeiten keinen Dauerschuldcharakter haben, kann durch deren Reduzierung keine Gewerbesteuerersparnis erzielt werden.[120] Finanziert ein Unternehmen seine Wareneinkäufe durch einen Kontokorrentkredit, kann dessen Reduzierung mittels der Factoringerlöse grundsätzlich eine Gewerbesteuerersparnis zur Folge haben. Voraussetzung dafür ist aber, dass die zu tilgende Kontokorrentschuld mehr als ein Jahr besteht und daher im Sinne des § 8 Nr.1 GewStG eine Dauerschuld darstellt.[121]

---

[115] Vgl. Batzer, D./Lickteig, T. (Factoring, 2000), S. 140 f.; Häuselmann, H. (Forderungsverkauf, 1998), S. 826.
[116] Vgl. Batzer, D./Lickteig, T. (Factoring, 2000), S. 140 f.
[117] Vgl. Borgel, G. (Factoring, 1997), S. 158-164.
[118] Vgl. Borgel, G. (Factoring, 1997), S. 162 f.; Perridon, L./Steiner, M. (Factoring, 2002), S.446; Schwarz, W. (Factoring, 2002), S. 27.
[119] Vgl. Schwarz, W. (Factoring, 2002), S. 128.
[120] BFH-Urteil IV R 34/72 vom 12.06.1975, abgedruckt in: BStBl. II, 1975, S. 784-786. Vgl. Güroff, G. (Dauerschulden, 2002), § 8 Nr. 1 Rn. 99. Anderer Auffassung ist Mayer, H.V. (Factoring, 1997), S. 109-111. Eine von ihm durchgeführte Kosten-Nutzen-Analyse beinhaltet eine Gewerbesteuerersparnis, obwohl nur Lieferantenverbindlichkeiten getilgt wurden. Diesen Widerspruch bemerkte bereits Schwarz, W. (Factoring, 2002), S. 27, Fn. 12.
[121] BFH-Urteil I R 91/74 vom 28.07.1976, abgedruckt in: BStBl. II, 1976, S. 789-792. Vgl. Güroff, G. (Dauerschulden, 2002), § 8 Nr. 1 Rn. 67.

Im Gegensatz zum echten Factoring sind die sofort ausgezahlten Kaufpreisanteile, welche dem Anschlusskunden durch den Verkauf der Forderungen im Wege des unechten Factorings zufließen, regelmäßig Dauerschulden im Sinne des Gewerbesteuergesetzes, wenn die Laufzeit des Factoringvertrages mehr als zwölf Monate beträgt.[122] Wie bereits dargestellt wurde, überschreitet die Laufzeit des Factoringvertrages gewöhnlich diese Frist. Die an den Factor zu zahlenden Zinsen für die Finanzierung sind daher dem Gewinn aus Gewerbebetrieb gemäß § 8 Nr.1 GewStG hälftig hinzuzurechnen.

### 2.3.6.2 Umsatzsteuer

Bei der umsatzsteuerlichen Behandlung der Leistungen des Factors ist ebenfalls zwischen echtem und unechtem Factoring zu unterscheiden. Da der Factor beim echten Factoring die Forderungen im eigenen Interesse einzieht, unterliegt das dem Kunden berechnete Factoringentgelt nicht der Umsatzsteuerpflicht. Gegenteiliges ergibt sich beim unechten Factoring.[123] Die Finanzierungszinsen sind unabhängig vom verwendeten Verfahren gemäß § 4 Nr. 8a UStG generell steuerfrei.

Hinsichtlich der Umsatzsteuerpflicht ergibt sich bei Forderungsverlusten ein Sonderfall.[124] Wie schon beim Ablauf des Factoringverfahrens geschildert wurde, erhält der Anschlusskunde beim Ankauf der Forderungen durch den Factor den Kaufpreis für die Forderung, allerdings vorerst abzüglich des Sicherheitseinbehalts. Bestandteil des Kaufpreises ist auch die gesetzliche Umsatzsteuer, die der Anschlusskunde als Leistungserbringer an das Finanzamt abführt. Tritt bei einer im Wege des echten Factorings angekauften Forderung der Delkrederefall ein, hat nicht der Factor, sondern der Factoringkunde als Steuerpflichtiger gemäß § 17 Abs. 2 Nr. 1 UStG einen Umsatzsteuererstattungsanspruch in Höhe des gezahlten Betrages. Die Erstattung erfolgt also zusätzlich zu der vom Factor bereits ausgezahlten Umsatzsteuer, ohne dass der Factor ein Erstattungsanspruch gegen seinen Kunden hat.[125] Aus diesem Grund enthält der Factoringvertrag entweder eine Aufrechnungsmöglichkeit für den Factor oder eine Abtretungserklärung über die zukünftigen Umsatzsteuererstattungsansprüche des Anschlusskunden zu Gunsten des Factoringinstitutes.[126]

---

[122] Vgl. Batzer, D./Lickteig, T. (Factoring, 2000), S. 141 f.
[123] BFH-Urteil V R 75/96 vom 10.12.1981, abgedruckt in: BStBl. II, 1982, S. 200-205. Vgl. dazu auch Batzer, D./Lickteig, T. (Factoring, 2000), S. 142f.
[124] Vgl. Schwarz, W. (Factoring, 2002), S. 130 f.
[125] BGH-Urteil VIII ZR 128/96 vom 26.2.1997, abgedruckt in: DB, 1997, S. 973 f.
[126] Vgl. Schwarz, W. (Factoring, 2002), S. 130 f.

## 3 Beteilung der Finanzierungsalternative Factoring aus der Sicht der kleinen und mittleren Unternehmen

### 3.1 Lösbarkeit der aktuellen Finanzierungsprobleme

Im Rahmen der betriebswirtschaftlichen Funktionen des Factorings können die *konjunkturbedingten Liquiditätsprobleme* teilweise gelöst werden. Durch den Verkauf der Forderungen an den Factor verschafft sich der Factoringkunde sofortige Liquidität in Höhe des sofort ausgezahlten Kaufpreisanteils der Forderung. Der Zeitpunkt der Auszahlung ist dabei unabhängig von der Zahlung des Abnehmers. Lediglich die Auszahlung des Sicherheitseinbehalts richtet sich grundsätzlich nach der tatsächlichen Forderungslaufzeit. Abgesehen von höheren Zinsbelastungen durch eine längere Forderungslaufzeit wirkt sich eine schlechtere Zahlungsmoral auf den factoringnutzenden Unternehmer nur begrenzt aus. Allerdings darf nicht übersehen werden, dass der Factor bei einer gravierenden oder dauerhaften Verschlechterung der Zahlungsmoral einiger Debitoren möglicherweise das vergebene Ankaufslimit zurückziehen oder zumindest die in der Factoringgebühr enthaltene Risikoprämie erhöhen könnte. Im Rahmen der Delkrederefunktion übernimmt der Factor das Ausfallrisiko für die angekauften Forderungen. Fällt eine an den Factor veräußerte Forderung zukünftig teilweise oder ganz aus, wird dadurch nicht die Liquidität des Anschlusskunden belastet, sondern die des Factors. Werden nicht alle Forderungen vom Factor angekauft, weil für einige Debitoren kein Limit vergeben wurde, verbleibt ein Teil des Ausfallrisikos beim Anschlusskunden, sofern er diese weiter beliefert. Daher können möglicherweise nicht alle Forderungsausfälle vermieden werden. Letztlich kann Factoring aber nicht alle geschilderten konjunkturbedingten Liquiditätsprobleme lösen, da die zukünftige Gewinnsituation eines Unternehmens durch Factoring nur bedingt beeinflusst werden kann. Die Anwendung von Factoring könnte zwar zu einer Verbesserung der Kostensituation eines Unternehmens beitragen und eine Umsatzausweitung ermöglichen. Wenn aber die Leistungen eines Unternehmens aufgrund einer konjunkturellen Schwächephase nicht oder nicht zu gewinnbringenden Preisen am Markt absetzbar sind, ändert an dieser Situation auch die Anwendung von Factoring nichts.

Durch die Anwendung von Factoring fließt dem Unternehmen aus dem Verkauf kurzfristiger Forderungen Kapital zu. *Factoring kann also durchaus als Kreditersatz* dienen. Im Vergleich zu einem Kredit bietet Factoring einige Vorteile, die bereits bei den Auswirkungen der Factoringanwendung beschrieben wurden. Von entscheidender Bedeutung ist, dass die Anwendung von Factoring für mittelständische Unternehmen nicht in dem Maße von ihrer Bonität abhängig ist, wie dies bei einem Bankkredit der Fall ist. Das liegt daran, dass die wirtschaftlichen Kreditnehmer des Factors beim echten Factoring die Abnehmer des Anschlusskunden sind.[127] Zwar wird das für den Factor vom seinem Kunden ausgehende Risiko eine größere Bedeutung als die breit gestreuten Debitorenrisiken haben.[128] Die Bonitätsgewichtung des Factoringkunden ist letztlich aber geringer als bei einer Kreditwürdigkeitsprüfung durch eine Bank, da das gesamte Kreditausfallrisiko des Factors auf mehrere Kreditnehmer verteilt ist. Inwieweit da-

---

[127] Vgl. Bette, K. (Factoring, 2001), S. 55; o.V. (Factoring), S. 3.
[128] Vgl. Schwarz, W. (Factoring, 2002), S. 64.

durch Unternehmen Factoring nutzen können, denen ein Bankkredit aufgrund ihrer eigenen Bonität versagt wurde, lässt sich nur schwer feststellen. Tatsache ist aber, dass eine geringe Eigenkapitalquote, die von mittelständischen Unternehmen häufig neben fehlenden Sicherheiten als Kreditablehnungsgrund genannt wurde, für Factoringinstitute kein zwingendes Ausschlusskriterium für eine Zusammenarbeit mit ihren Kunden ist.[129] Da beim Factoring grundsätzlich durch das anwendende Unternehmen keine Sicherheiten gestellt werden müssen, ist dieses Finanzierungsinstrument, ausreichende Bonität und Factoringeignung vorausgesetzt, auch für solche Unternehmen nutzbar, denen eine Kreditfinanzierung wegen mangelnder Ausstattung mit belastbaren Kreditsicherheiten versagt ist.

Ob sich die *Anwendung von Factoring* generell positiv *auf die Kreditkonditionen* eines Factoringkunden auswirkt, lässt sich nur an Hand von empirischen Untersuchungen feststellen. Sicher ist jedoch, dass die Kreditkosten unter anderem abhängig vom Ausfallrisiko des Kreditnehmers sind und die Höhe des Ausfallrisikos bereits durch ein Rating weitestgehend objektiv festgestellt wird. Wendet ein Unternehmen Factoring an, kann es mit den Geldmitteln, die aus dem Forderungsverkauf bereits vor Rechnungsfälligkeit zufließen, Lieferantenverbindlichkeiten und sonstige kurzfristige Verbindlichkeiten tilgen. Durch den Forderungsverkauf und die Tilgung der Verbindlichkeiten werden einige Bilanzkennzahlen des Unternehmens verbessert. Zu diesen Bilanzkennzahlen zählt die Eigenkapitalquote, die Debitoren- und die Kreditorenlaufzeit. Die Verbesserung dieser Kennzahlen kann zu einem positiveren Ratingergebnis führen. Factoring kann sich insoweit positiv auf die Kreditkostengestaltung auswirken. Für eine bessere Bonitätseinschätzung spricht auch, dass das Ausfallrisiko eines Unternehmens durch weitere Aspekte vermindert wird. Einerseits reduziert der Factoringkunde durch die Verlagerung des Ausfallrisikos seiner Abnehmer auf den Factor sein eigenes Insolvenzrisiko, da er vor Forderungsverlusten grundsätzlich geschützt ist. Andererseits erkauft sich das factoringnutzende Unternehmen ein qualitativ hochwertiges Forderungsmanagement. Vorausgesetzt, dass die Anwendung von Factoring zu einem besseren Ratingergebnis führt, ist es letztlich aber fraglich, ob der Umfang der Verbesserung ausreicht, um eine Verringerung der Kreditkosten zu erreichen. Außerdem muss noch geprüft werden, ob die durch Factoring entstehenden Kosten durch den entsprechenden Nutzen kompensiert werden oder die Anwendung dieses Instrumentes selbst zu einer Verteuerung der Finanzierungskosten beiträgt. Zunächst ist aber die Factoringfähigkeit des Unternehmens festzustellen.

### 3.2 Factoringfähigkeit kleiner und mittlerer Unternehmen

Ob ein Unternehmen das Finanzierungsinstrument Factoring anwenden kann, hängt einerseits von den Merkmalen der Forderung aus Lieferungen und Leistungen ab. Andererseits ist die Nutzung davon abhängig, ob die Anforderungskriterien eines Factoringinstitutes erfüllt werden können. Diese Kriterien sind sowohl aus der Literatur als auch aus den allgemeinen Informationen der Factoringbranche nur schwer erkennbar.[130] Schwierig gestaltet sich die Feststellung der Factoringeignung auch deshalb, weil die Anforderungskriterien verschiedener Factoring-

---

[129] Vgl. Bette, K. (Factoring, 2001), S. 125; Olbort, S. (Factoring, 1997), S. 79.
[130] Vgl. Olbort, S. (Factoring, 1997), S. 78.

anbieter nicht homogen sind. Letztlich wird nur die individuelle Überprüfung des anfragenden Unternehmens durch den Factor eine sichere Antwort auf die Frage geben, ob das Instrument Factoring genutzt werden kann oder nicht. Trotz dieser Gegebenheiten sollen die wesentlichen Voraussetzungen und die bekannten Anforderungskriterien dargestellt werden, um eine grundlegende Orientierung für mittelständische Unternehmen zu bieten.

### 3.2.1 Anforderungen an die Forderungen

Zu den wichtigsten Voraussetzungen für die Anwendbarkeit von Factoring zählt die Ausgestaltung der Zahlungsbedingungen eines Unternehmens. Der Factor kauft grundsätzlich kurzfristige Forderungen mit Zahlungszielen von bis zu 90 Tagen im Inland und 180 Tagen im Ausland an. Daher können Unternehmen, solange sie generell längere Zahlungsziele gewähren oder überwiegend gegen Stellung von Akkreditiven und zu Bedingungen wie Dokumente gegen Kasse liefern, Factoring nicht nutzen. Ebenfalls ist die Anwendung von Factoring für Unternehmen ausgeschlossen, deren Forderungen sofort nach Entstehung bar bezahlt werden.[131] Da Forderungen im Einzelhandelsbereich sowie im Dienstleistungs- und Gastgewerbe zumindest gegenüber privaten Endabnehmern selten mit offenen Zahlungszielen ausgestattet sind, sondern überwiegend sofort bar bezahlt werden, ist Factoring für einen großen Anteil mittelständischer Unternehmen aus diesen Branchen nicht anwendbar. Eine weitere Voraussetzung ist diejenige, dass den Forderungen vollständig erbrachte Leistungen zu Grunde liegen müssen. Daher sind Unternehmen der Baubranche und des Maschinen- und Anlagebaus grundsätzlich nicht für Factoring geeignet, soweit sie, wie es auch bei Projektfinanzierungen üblich ist, mit Abschlagszahlungen arbeiten.[132] Speziell wird die schwierige Nachprüfbarkeit der bis dahin erbrachten Teilleistung von Factoringinstituten bei dieser Leistungsabrechnung bemängelt. Es muss aber auch erwähnt werden, dass einige Factoringinstitute zumindest bei Unternehmen des Baugewerbes auch Abschlagsrechnungen ankaufen. Für den Ankauf dieser Forderungen wird teilweise vorausgesetzt, dass der Schuldner die Erbringung und Fehlerfreiheit der Leistung bestätigt hat. Weiterhin sind Forderungen aus Lieferungen und Leistungen grundsätzlich nicht factoringgeignet, deren Wert durch Einreden, Einwendungen und Gegenforderungen gefährdet ist.[133] Häufig werden Einreden und Gegenforderungen besonders im Baugewerbe und in der Speditionsbranche geltend gemacht. Daher schließen viele Factoringinstitute Unternehmen aus diesen Branchen ganz oder teilweise in Abhängigkeit vom Umfang der Einreden bzw. der Aufrechnungen aus. Werden den Abnehmern Rückgaberechte eingeräumt, wie es beispielsweise Hersteller von Fahrzeugbereifungen praktizieren, Waren auf Probe verkauft oder weitgehende Verrechnungsmöglichkeiten eingeräumt, sind die den Geschäften zugrunde liegenden Forderungen aus Lieferungen und Leistungen nicht factoringfähig.[134] Ebenfalls sind Unternehmen, die längerfristige Rahmenverträge mit ihren Abnehmern vereinbaren, nicht für Factoring

---

[131] Vgl. Schwarz, W. (Factoring, 2002), S. 59.
[132] Vgl. Bette, K. (Factoring, 2001), S. 126; Olbort, S. (Factoring, 1997), S. 79; Schwarz, W. (Factoring, 2002), S. 61.
[133] Vgl. Schwarz, W. (Factoring, 2002), S. 61.
[134] Vgl. Bette, K. (Factoring, 2001), S. 97 f.; Schwarz, W. (Factoring, 2002), S. 61; Seraphim, K. (Debitorenmanagement, 1997), S. 124.

geeignet, da der Schuldner im Falle der Insolvenz des Factoringkunden gegenüber dem Factoringinstitut Schadensersatzforderungen wegen Nichterfüllung des Rahmenvertrages geltend machen kann. Schwarz nennt in diesem Zusammenhang Bewachungsinstitute, die längerfristige Verträge mit ihren Auftraggebern abschließen und deshalb nicht factoringfähig sind.[135] Letztlich werden auch Forderungen, mit denen eine besonders lange Gewährleistungsfrist verbunden ist und der Factor deshalb das Aufrechnungsrisiko nur schwer einschätzen kann, meist vom Factoringverfahren ausgeschlossen. Beispielhaft muss hier wieder die Baubranche genannt werden, in der eine gesetzliche Gewährleistungsfrist von fünf Jahren gilt.

### 3.2.2 Abtretbarkeit der Forderungen

Eine nicht minder wichtige Voraussetzung für die Anwendbarkeit von Factoring ist die rechtlich wirksame Abtretbarkeit der Forderungen aus Lieferungen und Leistungen eines Unternehmens. Forderungen, die bereits als Sicherheit zu Gunsten eines Kreditgebers abgetreten wurden, können nicht an den Factor veräußert werden. Solange die Außenstände eines Unternehmens als Kreditsicherheit genutzt werden, ist also ein Forderungsverkauf nicht möglich.

Schwierigkeiten können sich auch bei Auslandsforderungen und bei Forderungen ergeben, die einem Abtretungsverbot unterliegen. Hier kann die Wirksamkeit der Abtretung rechtlich beeinträchtigt sein. Bei Forderungen aus Exportgeschäften richtet sich die Wirksamkeit der Abtretung nach dem jeweils geltenden nationalen Recht, dem auch die Forderung unterliegt. Dieses Recht kann frei vereinbart werden. Sofern dann eine ausländische Rechtsordnung gilt, kann diese andere Bedingungen für die Wirksamkeit der Forderungsabtretung vorsehen als das deutsche Recht. Bisher hat diese Problematik aber nur eine geringe Rolle gespielt, da einerseits regelmäßig für Auslandsforderungen das deutsche Recht zu Grunde gelegt wird und andererseits die Art und Weise der Forderungsabtretung im Factoringgeschäft oft den Regelungen anderer Rechtsordnungen entspricht. Zusätzlich wurden die Regeln für die Forderungsabtretung im internationalen Factoringgeschäft durch die Ottawa-Konvention vereinheitlicht, welche bereits durch mehrere Länder ratifiziert wurde.[136]

Eine größere Bedeutung erlangt aber ein im Inlandsgeschäft vereinbartes Abtretungsverbot. Eine Forderung, die mit einem Abtretungsverbot belastet ist, kann zwar gemäß § 354a HGB wirksam abgetreten werden. Voraussetzung ist dafür aber, dass jenes Rechtsgeschäft, aus dem die Forderung resultiert, für beide Vertragsparteien ein Handelsgeschäft ist oder der Schuldner eine juristische Person des öffentlichen Rechts oder ein öffentlich-rechtliches Sondervermögen ist. Mit einem Abtretungsverbot belastete Forderungen gegenüber Freiberuflern, gegenüber privaten Abnehmern oder gegenüber Unternehmen der Urproduktion sind somit nicht factoringfähig. Probleme aus dem Abtretungsverbot können sich insbesondere auch für Personalleasingunternehmen ergeben, da das Ausleihgeschäft auf Seiten des Personalleasingnehmers wohl kein Handelsgeschäft ist.[137]

---

[135] Vgl. Schwarz, W. (Factoring, 2002), S. 61, 63 f.
[136] Vgl. Bette, K. (Factoring, 2001), S. 124.
[137] Vgl. Bette, K. (Factoring, 2001), S. 126.

### 3.2.3 Anforderungen an das Produkt

Vertreter der Factoringinstitute waren früher der Meinung, dass die Produkte der Factoringkunden relativ unkompliziert und am Markt leicht verwertbar sein müssen, sodass sie in der Insolvenz des Abnehmers, gesichert durch einen Eigentumsvorbehalt, aus dem Verkauf der Waren ihre Verluste begrenzen können.[138] Deshalb waren und sind Hersteller, die in Branchen konsumnaher Bereiche tätig sind sowie Unternehmen aus dem Großhandelsbereich überwiegend für Factoring geeignet.[139]

Aus mehreren Gründen hielten die Factoringinstitute Dienstleistungen lange nicht für factoringfähig. Dies lag u.a. an der nicht vorhandenen Sicherungsmöglichkeit durch einen Eigentumsvorbehalt, an der fehlenden Verwertungsmöglichkeit der erbrachten Dienstleistung in der Insolvenz des Leistungsempfängers und an der Individualität der jeweiligen Dienstleistung, die dazu führt, dass die Substanz von Einreden des Leistungsempfängers kaum überprüfbar ist.[140] Mittlerweile hat sich diese Meinung geändert. So betrug der Anteil des Factoringumsatzes der Mitglieder des Deutschen Factoring-Verbandes, welcher mit Factoringkunden aus der Dienstleistungsbranche erwirtschaftet wurde, im Jahr 2000 rund 18 % des Gesamtumsatzes.[141] Factoring wird insbesondere bei Unternehmen aus den Dienstleistungsbereichen der Standardsoftwareentwicklung, des Personalleasings, der Spedition, des Gebäudemanagements, des Mobilienleasings, des Marketings und der Werbung eingesetzt.[142] Zwar existieren die genannten Gründe, aus denen Dienstleistungsunternehmen als nicht factoringfähig eingestuft wurden, noch immer. Inzwischen scheint Factoring auch bei solchen Produkten grundsätzlich anwendbar zu sein, bei denen die erbrachte Leistung messbar ist und Dritte mittels objektiven Kriterien die Erbringung der Leistungen nachvollziehen können.[143] Deshalb lässt sich der Factor beispielsweise bei Personalleasingunternehmen zuzüglich zur Rechnungskopie den vom Leasingnehmer unterschriebenen Stunden- bzw. Montagezettel einreichen, um über einen objektiv nachvollziehbaren Leistungsnachweis zu verfügen.[144] Dementsprechend sind individuelle Dienstleistungen und Produkte dann factoringfähig, wenn die Mängelfreiheit der erbrachten Leistung durch den Abnehmer zeitnah bestätigt werden kann. Gerade bei der Erstellung individueller Software wird eine zeitnahe Bestätigung aber selten möglich sein, sodass Factoring in diesem Fall nicht genutzt werden kann.[145]

Dass die Anforderungskriterien nicht bei allen Factoringinstituten gleich sind, lässt sich am Beispiel der Personalleasingunternehmen beweisen. Diese Unternehmen hält Schwarz nicht für factoringfähig, da nicht nur der Personalverleiher sondern auch der Entleiher für die Abführung der Sozialversicherungsbeiträge der entliehenen Arbeitnehmer haftet. So könnte der Entleiher

---

[138] Vgl. Schwarz, W. (Factoring, 2002), S. 63.
[139] Vgl. Olbort, S. (Factoring, 1997), S. 79.
[140] Vgl. Ost, J. (Personalleasing, 1997), S. 245; Schwarz, W. (Factoring, 2002), S. 63.
[141] Vgl. Wassermann, H. (Factoring, 2001), S. 159.
[142] Vgl. Bette, K. (Factoring, 2001), S. 126; Wassermann, H. (Factoring, 2001), S. 159 f.
[143] Vgl. Olbort, S. (Factoring, 1997), S. 80.
[144] Vgl. Ost, J. (Personalleasing, 1997), S. 246.
[145] Vgl. Olbort, S. (Factoring, 1997), S. 80.

den offenen Mietforderungen des Factors im Falle der Insolvenz des Factoringkunden einen Aufrechnungsanspruch aus nicht bezahlten Sozialversicherungsbeiträgen entgegenhalten und so den Wert dieser Forderungen mindern.[146] Dennoch erwirtschaften Factoringinstitute innerhalb der Dienstleistungsbranche mit Personalleasingunternehmen einen nicht unbedeutenden Umsatzanteil und stellen damit unter Beweis, dass der mit diesen Unternehmen verbundene zusätzliche Prüfungs- und Überwachungsaufwand einer Factoringanwendung nicht im Wege steht.[147]

### 3.2.4 Anforderungen an das Unternehmen

#### 3.2.4.1 Kreditfähigkeit und Kreditwürdigkeit

Ähnlich wie ein Kreditinstitut prüft auch ein Factoringinstitut die Kreditwürdigkeit und die Kreditfähigkeit des Factoringinteressenten.[148] Mit welcher Intensität dies geschieht und welche einzelnen Aspekte dabei eine Rolle spielen, ist nur schwer nachvollziehbar. Unter der Kreditfähigkeit versteht man allgemein die Fähigkeit des Kreditnehmers, Kreditverträge rechtsgültig zu schließen.[149] Übertragen auf das Factoringgeschäft bedeutet dies, dass der Factor prüft, ob der Vertreter des Unternehmens den Factoringvertrag rechtsgültig unterzeichnen kann. Hieraus sind keine Schwierigkeiten zu erwarten.

Unter der Kreditwürdigkeit sind die persönliche und sachliche Kreditwürdigkeit zu subsumieren. Die persönliche Kreditwürdigkeit beinhaltet Eigenschaften wie Ehrlichkeit, Zuverlässigkeit, Glaubwürdigkeit und Vertrauenswürdigkeit des Kreditnehmers.[150] Genau diese persönlichen Eigenschaften der Unternehmensleitung bedingen wesentlich das Risiko, welches für den Factor vom Anschlusskunden ausgeht. Daher achtet der Factor beispielsweise auf die charakterliche Integrität des Managements oder die bisherige Zahlungsmoral des Factoringkunden.[151] Nicht selten werden potenzielle Factoringinteressenten auch aufgrund von Unstimmigkeiten in der Bilanz abgewiesen, da diese häufig als Vertrauensbruch gewertet werden.

Unter der sachlichen Kreditwürdigkeit werden allgemein personenbezogene Eigenschaften sowie die wirtschaftlichen Verhältnisse des Kreditnehmers verstanden. Diese personenbezogenen Eigenschaften sind aber andere, als die oben erwähnten. Es handelt sich dabei vielmehr um Eigenschaften, die aus der Qualifikation des Kreditnehmers resultieren.[152] So verwundert es nicht, dass der Factor großen Wert auf die unternehmerische Qualität des Managements legt. Von besonderer Bedeutung ist für den Factor auch die administrative Qualität des Unternehmens. Unternehmen, deren Buchhaltung nicht einwandfrei funktioniert, die beispielsweise Re-

---

[146] Vgl. Schwarz, W. (Factoring, 2002), S. 63.
[147] Vgl. Wassermann, H. (Factoring, 2001), S. 159; Wassermann, Heinrich (Factoring, 2002), S. 140.
[148] Vgl. Olbort, S. (Factoring, 1997), S. 78.
[149] Vgl. Rösler, P./Pohl, R./Mackenthun, T. (Kreditgeschäft, 2002), S. 427.
[150] Vgl. Rösler, P./Pohl, R./Mackenthun, T. (Kreditgeschäft, 2002), S. 428.
[151] Vgl. Schwarz, W. (Factoring, 2002), S. 64, 86.
[152] Vgl. Rösler, P./Pohl, R./Mackenthun, T. (Kreditgeschäft, 2002), S. 428.

klamationen der Abnehmer nicht unverzüglich bearbeiten, werden vom Factor abgelehnt.[153] Hinsichtlich der Beteilung der wirtschaftlichen Lage eines Unternehmens sind konkrete Aussagen kaum möglich. Weder aus den Informationen der Anbieter noch aus der Literatur sind konkrete Mindestanforderungen ableitbar. Es wird immer wieder darauf verwiesen, dass Factoring sich nur für wirtschaftlich gesunde Unternehmen mit positiven Zukunftsaussichten eignet.[154] Eine geringe Eigenkapitalquote verbunden mit hohen Außenständen ist aber kein Ausschlusskriterium. Viel wichtiger sind eine ausreichende Rentabilität des Unternehmens,[155] sowie aus der Perspektive des Factors betrachtet, insgesamt „... zufrieden stellende wirtschaftliche Verhältnisse ..." des Kunden.[156]

### 3.2.4.2 Mindestumsatz

Aus Gründen der Rentabilität der Geschäftsbeziehung zwischen Factor und Kunde arbeiten die Factoringanbieter regelmäßig nur mit Unternehmen zusammen, die einen gewissen Bruttojahresumsatz erreichen.[157] Diese Untergrenze ist nicht einheitlich, sondern individuell von der Geschäftspolitik des Anbieters abhängig. Das Ergebnis einer eigenen Recherche zeigt auf, dass die Untergrenze je nach Institut in einer Spanne von 100.000 € bis 5 Millionen € Bruttojahresumsatz liegt. Abgesehen von anderen Gründen, die dazu führen können, dass ein Unternehmen nicht factoringfähig ist, stellt sich die Frage, inwieweit mittelständische Unternehmen aufgrund ihres Jahresumsatzes Factoring anwenden können. Ausgehend von der Unternehmensgrößenstatistik des IfM Bonn, in der die Unternehmen entsprechend ihrer Nettoinlandsumsätze nach Umsatzgrößenklassen strukturiert sind, erreichen rund 46 % der hier untersuchten mittelständischen Unternehmen einen Umsatz von bis zu 100.000 € und insgesamt 69 % des Mittelstandes einen Umsatz von bis zu 250.000 €.[158] Einerseits enthalten die Umsätze zwar keine Umsatzsteuer sowie keine Exportumsätze und fallen daher tatsächlich höher aus. Andererseits ist aber auch die Anzahl der Factoringinstitute, welche ihre Leistungen bereits ab einem Bruttojahresumsatz von 100.000 € anbieten, sehr gering. Selbst die elf Factoringinstitute der Unternehmensgruppe Creditreform, die ihre Leistungen auch jungen und kleinen Unternehmen anbieten, setzten einen Bruttojahresumsatz von 250.000 € voraus.[159] Dahingehend lässt sich bereits auf der Basis der Umsatzuntergrenze feststellen, dass Factoring für einen großen Teil des Mittelstandes nicht nutzbar ist.

---

[153] Vgl. Schwarz, W. (Factoring, 2002), S. 64 f.
[154] Vgl. Kohl, B. (Factoring, 2001), S. 93; Mayer, H.V. (Factoring, 1997a), S. 825.
[155] Vgl. Bette, K. (Factoring, 2001), S. 125; Olbort, S. (Factoring, 1997), S. 79; Schwarz, W. (Factoring, 2002), S. 64.
[156] Schwarz, W. (Factoring, 2002), S. 64.
[157] Vgl. Deutscher Factoring-Verband e.V. (Factoring), Fragen.
[158] Die Anteile resultieren aus eigenen Berechnungen, basieren aber auf den Daten der Umsatzgrößenstatistik von Günterberg, B./Wolter, H.-J. (Unternehmensgrößenstatistik, 2002), S. 55-62.
[159] Vgl. Crefo-Factoring (Factoring), Presseartikel.

### 3.2.4.3 Struktur und Bonität der Debitoren

Factoringinstitute setzen regelmäßig voraus, dass der Factoringkunde „... einen im Kern gleich bleibenden Kreis gewerblicher Abnehmer ..." beliefert.[160] Dennoch gibt es Factoringinstitute, die regelmäßig auch Forderungen ankaufen, welche gegenüber privaten Abnehmern entstehen. Diese Institute stellen aber eine Ausnahme in der Factoringbranche dar. Dass der Kreis der Abnehmer überwiegend gleichbleibend sein sollte, resultiert aus dem Aufwand, welcher dem Factor durch die Aufnahme neuer Debitoren entsteht. Beispielsweise muss eine Erstprüfung der Debitorenbonität erfolgen, die grundsätzlich aufwendiger ist als deren Überwachung an Hand des Zahlungsverhaltens. Außerdem muss im Rahmen der Buchhaltung ein neues Debitorenkonto eingerichtet werden. Dem Factor entstehen bei der Aufnahme neuer Debitoren also überwiegend Fixkosten, die in Relation zum angekauften Forderungsvolumen nur dann vertretbar sind, wenn das Forderungsvolumen entsprechend hoch ist. Wird diese Höhe nicht bereits durch den Ankauf einer einzelnen Forderung erreicht, die gegenüber dem neuen Debitor besteht, wird sich die Investition des Factors nur durch weitere Forderungsankäufe rentieren. Weiterhin ist die Anwendung des Finanzierungsinstruments Factoring von der Bonität der Debitoren abhängig. In erster Linie muss sie feststellbar sein.[161] Die Überprüfung der Bonität gestaltet sich zumindest bei Abnehmern, die Privatpersonen sind, sehr schwierig. Einerseits gibt es nur wenige Institutionen, die Auskünfte über Privatpersonen erteilen. Hierzu zählen insbesondere Kreditinstitute sowie die Schutzgemeinschaft für allgemeine Kreditsicherung. Andererseits ist die Auskunftserteilung durch diese Institutionen bei Privatpersonen nur möglich, sofern diese der Erteilung ausdrücklich zustimmen. Solche Probleme bestehen bei gewerblichen Abnehmern nicht. Zum einem gibt es eine größere Anzahl an Institutionen wie Banken, Sparkassen und Wirtschaftsauskunfteien, die Bonitätsauskünfte erteilen können. Zum anderen ist eine Zustimmung des Debitors zur Auskunftserteilung grundsätzlich nicht notwendig. Eine Ausnahme bildet hier jedoch die Bankauskunft. Sofern es sich beim Debitor nicht um eine juristische Person handelt oder um ein Unternehmen, das nicht im Handelsregister eingetragen ist, kann die Hausbank nur mit Zustimmung ihres Kunden eine Auskunft erteilen. Führt die Überprüfung der Debitorenbonität im Ergebnis dazu, dass für den überwiegenden Teil der Debitoren kein Limit eingeräumt werden kann, ist eine Factoringanwendung nicht möglich. Da die Bonität eines Debitors im besonderen Maße von dessen Zahlungsverhalten abhängt, lehnen einige Factoringinstitute regelmäßig die Zusammenarbeit mit Factoringinteressenten ab, die in Branchen tätig sind, in denen das Zahlungsverhalten generell schlecht ist. Hierunter wird insbesondere das Baugewerbe gezählt, da in dieser Branche im großen Umfang Forderungen durch den Abnehmer bestritten bzw. Einreden geltend gemacht werden, obgleich die Leistung vertragsgemäß erbracht wurde.

Ist die Struktur der Debitoren durch wenige Großabnehmer geprägt, die Existenz des Factoringinteressenten also im Wesentlichen von der Geschäftsbeziehung zu diesen Debitoren abhängig, liegt es im Ermessen des Factors, ob er dieses Risiko übernimmt. Ist der Anteil des

---

[160] Schwarz, W. (Factoring, 2002), S. 60.
[161] Vgl. Schwarz, W. (Factoring, 2002), S. 60, 65.

Jahresumsatzes, der auf einen Abnehmer entfällt, zu hoch, wird der Factor die Geschäftsbeziehung gewöhnlich ablehnen.

### 3.3 Analyse der Vorteilhaftigkeit von Factoring

Wenn ein Unternehmen im Sinne der dargestellten Anforderungen factoringfähig ist, muss geprüft werden, ob die Anwendung von Factoring ökonomisch sinnvoll ist. Entsprechend einer Umfrage von Creditreform lehnen rund drei Viertel der mittelständischen Unternehmer die Finanzierungsalternative Factoring ab, da sie zu teuer sei.[162] Diese Meinung wird auch in der Literatur teilweise vertreten. Sie resultiert zumeist aus dem Vergleich mit anderen Finanzierungsinstrumenten.[163] Da Factoring neben der Finanzierung auch die Absicherung gegen Forderungsausfälle und die Übernahme des Debitorenmanagements beinhaltet, ist ein Kostenvergleich mit anderen Finanzierungsinstrumenten nicht sinnvoll, wenn diese nicht den gleichen Nutzen bieten.[164] Wann aber ist Factoring zu teuer bzw. wann lohnt sich der Einsatz von Factoring? Um eine Antwort auf diese Frage zu geben, müssen in einer individuellen Analyse die anfallenden Kosten dem entsprechenden Nutzen gegenübergestellt werden.[165]

#### 3.3.1 Aufbau einer allgemeingültigen Kosten-Nutzen-Analyse

Der Vergleich von Kosten und Nutzen muss grundsätzlich über den gesamten Zeitraum der Factoringanwendung erfolgen. Die Laufzeit der Factoringverträge beträgt in der Regel zwei Jahre, mindestens aber 1 Jahr.[166] Deshalb muss die Analyse die Betrachtung eines einjährigen Zeitraums ermöglichen. Sofern die Vertragslaufzeit länger ist, kann das hier dargestellte allgemeingültige Schema zur Ermittlung des jährlichen Nutzensaldos verwendet werden. Der sich aus der gesamten Vertragslaufzeit ergebende Nutzensaldo entspricht dann der Summe der jährlichen Salden.

##### 3.3.1.1 Allgemeingültige Ermittlung der Kosten

Die jährlich durch die Anwendung von Factoring entstehenden Kosten setzen sich aus dem Factoringentgelt, den Zinsen und den eventuell anfallenden Gebühren für die Prüfung und Überwachung der Debitorenbonität zusammen. Einfach gestaltet sich die Ermittlung der Gesamtkosten im Rahmen einer All-in-Gebühr, da diese alle anfallenden Kosten beinhaltet.

---

[162] Vgl. Creditreform (Finanzierung, Frühjahr 2002), S. 29.
[163] Vgl. Gottsleben, H. (Factoring, 1991), S. 81; Thelen, H.-E. (Factoring, 1991), S. 79.
[164] Vgl. Klindworth, T. (Factoring, 1995), S. 136.
[165] Vgl. Thelen, H.-E. (Factoring, 1991), S. 79.
[166] Vgl. Bette, K. (Factoring, 2001), S. 60, 76; Brink, U. (Factoringvertrag, 1998), S. 50.

Formel 1: Ermittlung der jährlichen Gesamtkosten des Factorings im Rahmen einer All-in-Gebühr

$$GK = \frac{AIG}{100} \times \sum_{j=1}^{n} BRH_j$$

Symbole:
Gesamtkosten der Factoringanwendung eines Jahres in € = GK
All-in-Gebühr in % = AIG
Bezeichnung jeder angekauften Forderung eines Jahres = j (j = 1,2,3...,i)
Anzahl der angekauften Forderungen eines Jahres = n
Bruttorechnungshöhe der angekauften Forderung in € = BRHj

Dazu muss die All-in-Gebühr mit der Summe der Bruttorechnungshöhe aller angekauften Forderungen multipliziert werden. Auslandsforderungen beinhalten regelmäßig keine Umsatzsteuer und sind deshalb in Höhe des Nettorechnungsbetrages einzubeziehen. Sofern der Factor für Auslandsforderungen eine abweichende All-in-Gebühr berechnet, sind die Gesamtkosten für die In- und Auslandsforderungen getrennt zu ermitteln und anschließend zusammenzufassen.

Stellt der Factor die Kosten allerdings separat nach Factoringentgelt, Zinsen und Gebühren für die Prüfung und Überwachung der Debitorenbonität in Rechnung, müssen die einzelnen Kostenbestandteile auch getrennt berechnet werden. In einem ersten Schritt ist das Factoringentgelt zu berechnen. Dabei ist wieder darauf zu achten, ob der Factor für In- und Auslandsforderungen einen einheitlichen oder unterschiedliche Gebührensätze angibt. Grundlage für die Berechnung des Factoringentgelts sind bei Inlandsforderungen die Summe der Bruttorechnungsbeträge und bei Auslandsforderungen die Summe der Nettorechnungsbeträge aller angekauften Forderungen.

Formel 2: Ermittlung des jährlichen Factoringentgelts

$$GFEG = \frac{FEG}{100} \times \sum_{j=1}^{n} BRH_j$$

Symbole:
Gesamtes Factoringentgelt eines Jahres in € = GFEG
Factoringentgelt in % = FEG
Bruttorechnungshöhe der angekauften Forderung in € = BRH j

Für die Ermittlung der Zinsbelastung muss zwischen zwei Methoden unterschieden werden. Der Factor berechnet entweder Sollzinsen auf die gesamte Bruttorechnungshöhe und Habenzinsen auf den Sicherheitseinbehalt oder generell nur Sollzinsen auf den sofort ausgezahlten Kaufpreisanteil. Unabhängig von der Methode müssen in die Zinsberechnung die tatsächliche Laufzeit und die Bruttorechnungshöhe jeder einzelnen angekauften Forderung einfließen. Die gesamte Zinsbelastung eines Jahres entspricht dann der Summe der einzelnen Sollzinsbeträge je angekaufter Forderung, die ggf. um mögliche Zinserträge aus der Verzinsung des Sicherheitseinbehalts zu kürzen sind. Bei Forderungsausfällen ist anstatt der tatsächlichen Forderungslaufzeit der Zeitraum vom fiktiven Rechnungsankauf bis zur Feststellung des Delkrederefalls einzusetzen.

Formel 3: Ermittlung der jährlichen Zinsbelastung bei der Berechnung von Sollzinsen auf die Bruttorechnungshöhe und Habenzinsen auf den Sicherheitseinbehalt

$$GSZB = \frac{SZS}{100} \times \frac{\sum_{j=1}^{n}(BRH_j \times TFLZ_j)}{360}$$

$$GHZB = \frac{HZS}{100} \times \frac{\sum_{j=1}^{n}(BRH_j \times TFLZ_j)}{360} \times \frac{SE}{100}$$

$$GZB = GSZB - GHZB$$

Symbole:
| | |
|---|---|
| Gesamter Sollzinsbetrag eines Jahres in € | = GSZB |
| Sollzinssatz in % p.a. | = SZS |
| Bruttorechnungshöhe der angekauften Forderung in € | = BRH j |
| Tatsächliche Laufzeit der angekauften Forderung in Tagen | = TFLZ j |
| Gesamter Habenzinsbetrag eines Jahres in € | = GHZB |
| Habenzinssatz in % p.a. | = HZS |
| Sicherheitseinbehalt in % der Bruttorechnungshöhe | = SE |
| Gesamte Zinsbelastung eines Jahres in € | = GZB |

In einem weiteren Schritt sind die Gebühren für die Prüfung und Überwachung der Debitorenbonität zu ermitteln. Diese werden üblicherweise in Form einer Jahresgebühr je bestehendem Limit berechnet. Sofern der Factor unterschiedliche Gebühren für Limite von in- und ausländischen Debitoren angibt, ist auch hier wieder eine getrennte Berechnung nötig.

Formel 4: Ermittlung der Gebühren für die Prüfung und Überwachung der Debitorenbonität

$$GG = GB\ddot{U} - AZD$$

Symbole:
| | |
|---|---|
| Gesamte Gebührenbelastung eines Jahres in € | = GG |
| Gebühr für Überwachung der Bonität in € je Debitor und Jahr | = GBÜ |
| Anzahl der Debitoren | = AZD |

Wurden die einzelnen Kostenbestandteile ermittelt, müssen diese, um die Gesamtkosten eines Jahres festzustellen, zu einer Summe zusammengefasst werden.

Es gilt: $GK = GFEG + GZB + GG$

### 3.3.1.2 Allgemeingültige Ermittlung des Nutzens

Aufgrund der Vielfältigkeit der einzelnen Bestandteile des Nutzens gestaltet sich deren Berechnung im Vergleich zur Ermittlung der Kosten des Factoringverfahrens relativ schwierig. Eine wertmäßige Erfassung jedes Nutzenbestandteils ist nicht immer möglich. So kann beispielsweise eine mögliche Verringerung der Kreditkosten aufgrund eines verbesserten Ratingergebnisses nicht als Nutzen erfasst werden, sofern die betragsmäßige Zinsreduzierung nicht bekannt ist. Folgt man bei der Ermittlung des Gesamtnutzens der Einteilung des Factorings in die Finanzierungs-, die Delkredere- und die Dienstleistungsfunktion, ist der Nutzen jeder einzelnen Funktion zu ermitteln und anschließend zusammenzufassen. Im Rahmen der *Finanzierungsfunktion* ist die Höhe des Nutzens abhängig von der Verwendung der aus dem Forderungsverkauf zugeflossenen liquiden Mittel. Daraus folgt, dass der erzielbare Ertrag oder die Kosteneinsparung aus der Verwendung dieser Mittel als Nutzen zu erfassen ist. Hierbei ist allerdings nur der Mittelzufluss zu betrachten, der sich aus der Summe der sofort ausgezahlten Kaufpreisanteile zusammensetzt. Diese Mittel fließen dem Unternehmen durch die Anwendung von Factoring bereits vor der tatsächlichen Debitorenzahlung zu. Der restliche Kaufpreisanteil wird erst dann vom Factor ausgezahlt, wenn die Zahlung durch den Debitor erfolgt oder der Delkrederefall eingetreten ist. Mit Ausnahme des Forderungsausfalles würde dem Unternehmer der Rechnungsgegenwert auch ohne die Anwendung des Factorings zum Zeitpunkt der Debitorenzahlung zufließen, sodass sich sein Vorteil nur aus der Verwendung des früher ausgezahlten Kaufpreisanteils ergeben kann.

Um den größtmöglichen Nutzen zu erzielen, muss der sofort ausgezahlte Kaufpreisanteil in jene Verwendung gelenkt werden, welche die höchsten Kosteneinspar- bzw. Ertragspotenziale erwarten lässt. Beim Abbau von Verbindlichkeiten besteht das Einsparpotenzial aus den unmittelbar mit der Nutzung zusammenhängenden Kosten wie Zins-, Gebühren- und Gewerbesteueraufwendungen. Andererseits gehören dazu aber auch Erträge bzw. Kostenersparnisse, die bisher nicht erzielt werden konnten. Beispielhaft seien dafür Einkaufsrabatte genannt, die sich für Skontozahler ergeben können. Der Nutzen einer Geldanlage besteht in der Rendite der Anlage. Nicht in jedem Fall ist aber eine freie Verwendung der zugeflossenen Mittel möglich. Wenn die Vorlieferanten die gelieferte Ware bzw. das Material beispielsweise durch einen verlängerten oder erweiterten Eigentumsvorbehalt sichern, ist der Erlös aus dem Forderungsverkauf zur Tilgung der Lieferantenverbindlichkeiten einzusetzen. Nur der darüber hinaus vorhandene Erlös kann dann zur Tilgung anderer kurzfristiger Verbindlichkeiten frei verwendet werden. Letztlich zählt der Lieferantenkredit mit den üblichen Standardkonditionen zu den teuersten kurzfristigen Verbindlichkeiten und ermöglicht daher in der Regel die Erzielung des größten Nutzens.[167]

Wurden die bisher genutzten kurzfristigen Finanzierungsquellen entsprechend ihres erzielbaren Kosteneinsparpotenzials und die alternativen Anlagemöglichkeiten hinsichtlich ihres Ertragspotenzials in eine Rangfolge überführt, sind die vorzeitig zufließenden Mittel der Rangordnung folgend einzusetzen.

---

[167] Vgl. Bette, K. (Factoring, 2001), S. 66.

Formel 5: Ermittlung der jährlichen Ersparnis aus der Tilgung eines Kredites und der Erträge aus einer Geldanlage

$$ETK = \frac{ZS}{100} \times \frac{\sum_{j=1}^{n}(BRH_j \times TFLZ_j)}{360} \times \frac{SAK}{100} + IE$$

| Symbole: | |
|---|---|
| Jährliche Ersparnis aus der Tilgung eines Kredites in € | = ETK |
| Sollzinssatz des Kredites in % p.a. | = ZS |
| Bruttorechnungshöhe der angekauften Forderung in € | = BRH j |
| Tatsächliche Laufzeit der angekauften Forderung in Tagen | = TFLZ j |
| Sofort ausgezahlter Kaufpreis in % der Bruttorechnungshöhe | = SAK |
| Individuelle jährliche Einsparungen aus der Kredittilgung in € | = IE |

Der durch die Tilgung eines Kredites erzielbare Nutzen besteht in erster Linie aus den ersparten Sollzinsen. Hinzu kommen individuelle jährliche Ersparnisse, wenn beispielsweise durch die Tilgung des Kredites Gewerbesteueraufwendungen oder Gebühren bzw. Provisionen eingespart werden können. Letztlich kann mit diesem Berechnungsschema grundsätzlich auch der Erfolg aus einer Geldanlage berechnet werden. Dazu ist anstatt des Sollzinses der jährliche Zinssatz einer Geldanlage einzusetzen. Es muss aber auch bemerkt werden, dass in diesem Berechnungsschema ein möglicher Zinseszinseffekt sowohl bei einem Kredit als auch bei der Anlage nicht berücksichtigt wird und dadurch die Zinsersparnis bzw. der Anlageertrag zu gering ausfallen kann.

Da das Einsparpotenzial aus der Tilgung eines Lieferantenkredites nicht mit dem obigen Schema ermittelt werden kann, der Lieferantenkredit aber eine häufig genutzte Finanzierungsform ist, wird eine spezielle Berechnungsmöglichkeit zur Verfügung gestellt.

Formel 6: Ermittlung der jährlichen Ersparnis aus der Tilgung eines Lieferantenkredites

| $ETL = \frac{SKS}{100} \times \sum_{j=1}^{k} NRH_j + EV$ | Bedingung: Nur bei Tilgung innerhalb der Skontofrist! |
|---|---|
| Symbole: | |
| Jährliche Ersparnis aus der Tilgung eines Lieferantenkredites in € | = ETL |
| Skontosatz in % | = SKS |
| Bezeichnung jeder einzelnen skontierfähigen Lieferantenrechnung | = i (i = 1,2,3...,i) |
| Anzahl der skontierfähigen Lieferantenrechnungen eines Jahres | = k |
| Nettorechnungshöhe jeder einzelnen Lieferantenrechnung in € | = NRH j |
| Jährlicher Einkaufsvorteil in € | = EV |

Der erzielbare Nutzen aus der Tilgung der Lieferantenkredite setzt sich aus den Skontoerträgen und den Einkaufsvorteilen zusammen, die sich durch die permanente Bezahlung der Lieferantenverbindlichkeiten innerhalb der Skontofrist mit den aus dem Forderungsverkauf vorzeitig zufließenden Mitteln ergeben können. Ist die Tilgung innerhalb der Skontofrist nicht möglich, sind auch keine Skontoerträge und Einkaufsvorteile realisierbar. In diesem Fall ist der Liquiditätszufluss anderweitig, der Rangordnung der Verwendungsmöglichkeiten entsprechend, einzusetzen, wenn dem nicht Sicherungsrechte von Vorlieferanten oder anderweitige Vertragsvereinbarungen entgegenstehen. Kann ein Unternehmen zusätzliche Umsätze generieren, die aufgrund begrenzter Finanzierungsmöglichkeiten vor der Anwendung von Factoring nicht realisierbar waren, muss der daraus erzielbare Gewinn ebenfalls als Nutzenbestandteil der Finanzierungsfunktion erfasst werden. Sofern im Einzelfall konkrete Absatzmöglichkeiten identifizierbar sind, ist der daraus resultierende Gewinn möglicherweise noch abschätzbar. Bestehen diese konkreten Absatzmöglichkeiten aber nicht, ist der Nutzen aus der Realisierung zusätzlicher Gewinne nur bedingt oder nicht in dieser Analyse erfassbar.

Im Rahmen der *Delkrederefunktion* übernimmt der Factor regelmäßig das vollständige Ausfallrisiko für die angekauften Forderungen. Der daraus resultierende Nutzen entspricht also grundsätzlich der Summe der anfallenden Forderungsverluste eines Jahres. Sofern der Factoringinteressent seine Forderungen aus Lieferungen und Leistungen bereits durch eine Warenkreditversicherung abgesichert hat, eine Versicherungsgesellschaft also die anfallenden Forderungsverluste abzüglich eines Selbstbehaltes trägt, sind bei der Erfassung des Nutzens aus der Delkrederefunktion die Forderungsausfälle um die Entschädigungsleistung der Versicherung zu kürzen und um die Kosten der Warenkreditversicherung zu erhöhen. Der aus der Delkrederefunktion resultierende Nutzen wird in diesem Fall nur durch die selbst zu tragenden Forderungsverluste und die Einsparung der Versicherungsprämie determiniert.

Formel 7: Ermittlung des durch die Delkrederefunktion vermeidbaren Forderungsausfalls und weiterer Ersparnisse

$$VFA = \sum_{j=1}^{n} FA_j - ELV + VP$$

| Symbole: | |
|---|---|
| Vermeidbare jährliche Kosten aus Forderungsausfällen in € | = VFA |
| Forderungsausfall einer Forderung in € | = FAj |
| Entschädigungsleistung der Versicherung pro Jahr in € | = ELV |
| Einsparfähige Versicherungsprämie pro Jahr in € | = VP |

Der aus der *Dienstleistungsfunktion* resultierende Nutzen hängt von den Einsparungen ab, welche durch die Auslagerung des Debitorenmanagements auf den Factor erzielt werden können. Dazu gehören grundsätzlich Personal- und Sachkosten. Die einsparfähigen Personalkosten werden sowohl durch den Zeitaufwand beeinflusst, der aus der Führung des Debitorenmanagements resultiert, als auch durch den Personalaufwand derjenigen Arbeitskräfte, die zur Führung des Debitorenmanagements eingesetzt werden. Wird das entlastete Personal allerdings in anderen Bereichen des Unternehmens eingesetzt, sind die daraus erzielbaren zusätzlichen Erträge anstatt der Personalkosten als Nutzen zu erfassen. Die einsparfähigen Sachkosten sind dabei alle Kosten, die nicht Personalkosten sind, aber dennoch durch das Debitorenmanagement verursacht werden. Dazu zählen beispielsweise Mahnkosten, Aufwendungen für die Bonitätsprüfung der Debitoren, Kosten der Rechtsberatung und Rechtsverfolgung sowie Raumkosten und Aufwendungen für die elektronische Datenverarbeitung. Diese einzelnen Positionen müssen individuell ermittelt und als Nutzen erfasst werden.

Formel 8: Ermittlung der einsparfähigen Personal- und Sachkosten eines Jahres inkl. Nutzen einer anderweitigen Personalverwendung

| $ESPK = JASD \times JPA + ESK + NAP$ | |
|---|---|
| Symbole: | |
| Einsparfähige Sach- und Personalkosten eines Jahres in € | = ESPK |
| Anzahl der für das Debitorenmanagement jährlich aufgewandten Arbeitsstunden | = JASD |
| Personalaufwand der mit dem Debitorenmanagement beauftragten Arbeitskräfte in € je Arbeitsstunde | = JPA |
| Einsparfähige Sachkosten eines Jahres in € | = ESK |
| Nutzen einer anderweitigen Personalverwendung in € je Jahr | = NAP |

Schließlich müssen die einzelnen Nutzenbestandteile, die sich aus den jeweiligen Funktionen des Factorings ergeben, zusammengefasst werden.

Es gilt: $N = ETL + ETK + VFA + ESPK$

### 3.3.1.3 Vergleich von Kosten und Nutzen

Zur Feststellung der Vorteilhaftigkeit der Factoringanwendung muss der ermittelte jährliche Nutzen den jährlichen Kosten, die durch die Anwendung entstehen, gegenübergestellt werden. Der Einsatz von Factoring ist nur dann ökonomisch sinnvoll, wenn der entstandene Nutzen größer ist als die aufzuwendenden Kosten. Wenn der sich aus der Differenz von Nutzen und Kosten ergebene Nutzensaldo positiv ist, wird die Rentabilität des Unternehmens verbessert und der Gewinn in Höhe des Nutzensaldos gesteigert. Bei einer ausschließlichen Betrachtung der Besteuerung auf der Unternehmensebene kann zwar in diesem Fall eine zusätzliche Gewerbesteuerbelastung entstehen, da der Nutzensaldo den Gewerbeertrag erhöht. Diese zusätzliche Steuerbelastung, welche mit der nachfolgenden Formel ermittelt werden kann, reduziert den Nutzensaldo aber nur begrenzt.

Formel 9: Ermittlung der Gewerbesteuerbelastung

$$GSB = \frac{\frac{m \times h}{100 \times 100}}{1 + \frac{m \times h}{100 \times 100}} \times VGE$$

| Symbole: | |
|---|---|
| Gewerbesteuerbelastung in € | = GSB |
| Steuermeßzahl in % | = m |
| Hebesatz der Gemeinde in % | = h |
| Vorläufiger Gewerbeertrag in € | = VGE |

Quelle: Vgl. Küpper, P. (Gewerbesteuer, 2002), S. 563-565.

Vorausgesetzt, dass der gemäß § 11 Abs. 1 Nr. 1 GewStG für natürliche Personen sowie für Personengesellschaften geltende Freibetrag bereits ausgeschöpft ist, würde bei einem Hebesatz von 500 % und der höchsten Steuermesszahl von 5 % der Nutzensaldo, der hier als vorläufiger Gewerbeertrag zu erfassen ist, um rund 20 % reduziert werden. Dadurch wird der Nutzensaldo zwar beeinflusst. Letztlich führt dies aber nicht zu einer Veränderung der Entscheidung, ob Factoring angewendet werden soll oder nicht.

### 3.3.2 Praktische Anwendung der allgemeingültigen Kosten-Nutzen-Analyse

#### 3.3.2.1 Vorüberlegungen

Wie bereits bei den Ausführungen zur allgemeingültigen Kosten-Nutzen-Analyse erkennbar war, werden eine Reihe individueller Daten benötigt, deren Aufbereitung in Abhängigkeit vom Geschäftsumfang sehr zeitaufwendig sein kann. Allein zur exakten Berechnung der Kosten ist es beispielsweise nötig, die Rechnungsbeträge sowie die tatsächliche Forderungslaufzeit jeder vom Factor anzukaufenden Forderung festzustellen. Für die Berechnung möglicher Skontoerträge müssen die Daten der eigenen Lieferantenrechnungen mit den fiktiven Terminen der Forderungsverkäufe verglichen werden, um festzustellen, ob und in welcher Höhe mit den sofort ausgezahlten Kaufpreisanteilen Skontoerträge erzielbar sind. Es liegt auf der Hand, dass der Zeit- und Kostenaufwand, welcher aus der Aufbereitung der benötigten Daten resultiert, nicht immer wirtschaftlich vertretbar sein wird. Gerade in mittelständischen Unternehmen sind zeitaufwendige Analysen in der Regel nicht möglich, da diese Betriebe selten über eine separate Finanzabteilung verfügen und dem geschäftsführenden und oft auch mitarbeitenden Inhaber meist nur ein begrenztes Zeitkontingent für die Entscheidungsvorbereitung zur Verfügung steht. In diesen Fällen erscheint es sinnvoll, die Analyse auf Näherungswerte zu stützen. Im Folgenden werden einige Näherungslösungen vorgestellt, die in der nachfolgenden Analyse Verwendung finden.

| Verwendung für die Berechnung von/der: | Allgemeingültige Form | Näherungslösung |
|---|---|---|
| Factoringentgelt und Zinsen | $\sum_{j=1}^{n} BRH_j$ | $BJU \times \dfrac{AQ}{100}$ |
| Zinsen | $\dfrac{\sum_{j=1}^{n}(BRH_j \times TFLZ_j)}{360}$ | $DFB \times \dfrac{AQ}{100}$ |
| Skontoerträge | $\sum_{j=1}^{n} NRH_j$ | $WE \times \dfrac{SQ}{100}$ |
| Forderungsausfälle | $\sum_{j=1}^{n} FA_j$ | $NJU \times \dfrac{AQ}{100} \times \dfrac{FAQ}{100}$ |
| Personal- und Sachkosten | $JASD \times JPA + ESK$ | $(JASD \times JPA + ESK) \times \dfrac{AQ}{100}$ |

| Symbole: | |
|---|---|
| Bruttorechnungshöhe der einzelnen Forderung in € | = BRHj |
| Bruttojahresumsatz in € | = BJU |
| Ankaufsquote in % | = AQ |
| Tatsächliche Laufzeit der angekauften Forderung in Tagen | = TFLZj |
| Durchschnittlicher Forderungsbestand in € | = DFB |
| Nettorechnungshöhe jeder einzelnen Lieferantenrechnung in € | = NRHj |
| Jährlicher Wareneinkauf -netto- in € | = WE |
| Durchschnittlicher Anteil skontierfähiger Lieferantenrechnungen in % | = SQ |
| Forderungsausfall einer Forderung in € | = FAj |
| Nettojahresumsatz in € | = NJU |
| Anzahl der für das Debitorenmanagement jährlich aufgewandten Arbeitsstunden | = JASD |
| Personalaufwand der mit dem Debitorenmanagement beauftragten Arbeitskräfte in € je Arbeitsstunde | = JPA |
| Einsparfähige Sachkosten eines Jahres in € | = ESK |
| Durchschnittliche Forderungsausfallquote in % | = FAQ |

Tab. 1: Verwendete Näherungslösungen bei der praktischen Anwendung der allgemeingültigen Kosten-Nutzen-Analyse
Quelle: Vgl. Mayer, H.V. (Factoring, 1997), S. 110f.; Schwarz, W. (Factoring, 2002), S. 33-35.

Anstelle der Summe der einzelnen vom Factor anzukaufenden Forderungen wird bei der gesamten Analyse der Bruttojahresumsatz eines Unternehmens verwendet. Da aus verschiedenen Gründen meist nicht alle Forderungen an den Factor veräußerbar sind, ist eine Ankaufsquote zu beachten, die den durchschnittlichen Anteil der ankaufsfähigen Forderungen am Gesamtbestand aller Forderungen verkörpert. Für die Berechnung der Zinsbelastung bzw. der Zinserträge kann der durchschnittliche Forderungsbestand unter Beachtung der Ankaufsquote zu Grunde gelegt werden. Sofern der bilanzielle Bestand an Forderungen aus Lieferungen und Leistungen dem durchschnittlichen Bestand entspricht, kann dieser aus der Bilanz entnommen werden. Bei der Berechnung der erzielbaren Skontoerträge kann anstatt der Summe der einzelnen Nettorechnungsbeträge der Gegenwert des jährlichen Wareneinkaufs exklusive der Umsatzsteuer verwendet werden. Sofern nicht bei allen Lieferantenrechnungen die Möglichkeit besteht, Skontoerträge zu erzielen, sind diese vom jährlichen Wert aller Wareneinkaufe abzuziehen. Alternativ kann auch eine geschätzte Quote berücksichtigt werden, die den durchschnittlichen Anteil aller skontierfähigen Rechnungen an den gesamten Lieferantenrechnungen verkörpert. Die Summe der einzelnen Forderungsausfälle kann durch eine historisch ermittelte Ausfallquote berechnet werden, die den relativen Anteil der Forderungsausfälle am Nettojahresumsatz darstellt. Da die Forderungsausfälle aber nur bei solchen Forderungen vermieden werden können, die an den Factor verkauft werden, muss hier ebenso wie bei den einsparfähigen Personal- und Sachkosten die Ankaufsquote berücksichtigt werden. Sollte der Factor aus Bonitätsgründen nicht für alle Debitoren ein Limit zeichnen, ist die Forderungsausfallquote kritisch zu überdenken. Im Zweifelsfall ist von der historisch ermittelten Quote ein Abschlag vorzunehmen, da zu befürchten ist, dass bei den nicht veräußerbaren Forderungen das Ausfallrisiko tendenziell höher ist.

### 3.3.2.2 Analyse

Die Analyse wird hier an Hand der Daten eines westdeutschen Unternehmens des verarbeitenden Gewerbes durchgeführt.[168] Es werden also Vergangenheitsdaten zu Grunde gelegt. Für die Analyse sollen folgende Ausgangsdaten gelten:

| Basisdaten: | Symbole | Werte |
|---|---|---|
| Jahresumsatz -brutto- * | BJU | 3.016,0 T€ |
| Jahresumsatz -netto- * | NJU | 2.600,0 T€ |
| Jährlicher Wareneinsatz -netto- * | WE | 1.240,8 T€ |
| Anzahl der Debitoren | AZD | 300 |
| Anzahl der Rechnungen | | 1500 |
| Anzahl der Gutschriften | | 150 |
| durchschnittlicher Forderungsbestand aus Lieferungen und Leistungen -brutto- * | DFB | 322,2 T€ |
| durchschnittlicher Bestand an Verbindlichkeiten aus Lieferungen und Leistungen -brutto- * | DVB | 264,5 T€ |

| Sonstige Daten: | Symbole | Werte |
|---|---|---|
| Ankaufsquote | AQ | 90% |
| durchschnittliche Kreditorenlaufzeit * | | 68 Tage |
| durchschnittliche Debitorenlaufzeit * | | 39 Tage |
| durchschnittliche Forderungsausfallquote | FAQ | 1,00% |
| Versicherungsprämie pro Jahr bei 30 % Selbstbehalt | VP | 5,8 T€ |
| Lieferantenziel und Skontofrist | | 30 und 12 Tage |
| Skontosatz | | 2 % |
| Kontokorrentzinssatz p.a. | | 9 % |
| Durchschnittliche Inanspruchnahme des Kontokorrentkredites | | 225,0 T€ |

---

[168] Die mit * gekennzeichneten Ausgangsdaten wurden aus den Verhältniszahlen der Jahresabschlüsse westdeutscher Unternehmen des Jahres 1998 abgeleitet. Vgl. Deutsche Bundesbank (Jahresabschlüsse, 2001), S. 18.

| Factoringkonditionen im Standardverfahren: | Symbole | Werte |
|---|---|---|
| Vertragslaufzeit | | 1 Jahr |
| Factoringentgelt | FEG | 1,20% |
| Sollzinsen p.a. | SZS | 9,00% |
| Gebühr je Limit und Jahr | GBÜ | 30 € |
| Sicherheitseinbehalt | SE | 20% |

Es wird angenommen, dass das Unternehmen zukünftige Umsatzveränderungen vorerst nicht erwartet, sodass die Analyse an Hand von Vergangenheitsdaten vorgenommen werden kann. Weiter wird vorausgesetzt, dass sämtliche Umsätze im Inland erwirtschaftet werden, der in der Gewinn- und Verlustrechnung als Aufwand erfasste Materialeinsatz dem jährlichen Wareneinkauf entspricht und die genannten Skontobedingungen für alle Lieferantenrechnungen gelten. Es wird ferner angenommen, dass die bilanziellen Bestände an Forderungen und Verbindlichkeiten aus Lieferungen und Leistungen den durchschnittlichen Beständen entsprechen und die genutzten Lieferantenkredite neben einem Kontokorrentkredit und vereinnahmten Kundenanzahlungen, welche grundsätzlich keine Kosten verursachen, die einzigen genutzten, kurzfristigen Finanzierungsquellen sind. Die Kosten des Kontokorrentkredits liegen weit unter den Kosten des Lieferantenkredites, dessen effektiver Jahreszins 41 % p.a. beträgt. Des Weiteren wird unterstellt, dass die Rendite der besten Anlagealternative unter den Kosten des Kontokorrentkredits liegt. Bei Überprüfung der Forderungen der letzten 3 Monate konnte festgestellt werden, dass rund 10 % der Forderungen nicht factoringfähig sind, da sie teilweise bar oder in Abschlägen bezahlt wurden. Aus dem Verhältnis der erlittenen Forderungsausfälle der letzten 2 Jahre zum Nettojahresumsatz konnte eine durchschnittliche Ausfallquote ermittelt werden. Die Factoringkonditionen beinhalten die Übernahme des Debitorenmanagements nur für die anzukaufenden Forderungen.

Berechnung der Kosten:

| | |
|---|---|
| $GFEG = \dfrac{FEG}{100} \times BJU \times \dfrac{AQ}{100}$ | = 32,6 T€ |
| $GFEG = \dfrac{SZS}{100} \times \dfrac{SAK}{100} \times DFB \times \dfrac{AQ}{100}$ | = 20,9 T€ |
| $GG = GB\ddot{U} \times AZD$ | = 9,0 T€ |
| $GK = GFEG + GZB + GG$ | = 62,5 T€ |
| Symbole: | |
| Gesamtes Factoringentgelt eines Jahres in € = GFEG | |
| Factoringentgelt in % = FEG | |
| Bruttojahresumsatz in € = BJU | |
| Ankaufsquote in % = AQ | |
| Gesamte Zinsbelastung des Jahres in € = GZB | |
| Sollzinssatz in % p.a. = SZS | |
| Sofort ausgezahlter Kaufpreis in % der Bruttorechnungshöhe = SAK | |
| Durchschnittlicher Forderungsbestand in € = DFB | |
| Gesamte Gebührenbelastung eines Jahres in € = GG | |
| Gebühr für Überwachung der Bonität in € je Debitor und Jahr = GBÜ | |
| Anzahl der Debitoren = AZD | |
| Gesamtkosten der Factoringanwendung eines Jahres in € = GK | |

Die jährlichen Kosten der Factoringanwendung in Höhe von 62.500 € könnten letztlich bei einer dauerhaften Nutzung des Factorings insgesamt sinken, wenn sich die tatsächliche Forderungslaufzeit durch das stringente Forderungsmanagement des Factors verkürzt. In diesem Fall würde sich sowohl der durchschnittliche Forderungsbestand als auch die Sollzinsbelastung verringern. Bevor der Nutzen ermittelt werden kann, muss der durchschnittliche Mittelzufluss, welcher aus dem Forderungsverkauf an den Factor resultiert, festgestellt werden. Er wird durch die Höhe des durchschnittlichen Forderungsbestandes, durch die Ankaufsquote und die Höhe des Sicherheitseinbehalts determiniert.[169]

Formel 10: Berechnung des durchschnittlichen Mittelzuflusses aus dem Forderungsverkauf

| |
|---|
| $GMZ = DFB \times \dfrac{AQ}{100} \times \dfrac{SAK}{100}$ |
| Symbole: |
| Durchschnittlicher Mittelzufluss durch den Forderungsverkauf in € = DMZ |
| Durchschnittlicher Forderungsbestand in € = DFB |
| Ankaufsquote in % = AQ |
| Sofort ausgezahlter Kaufpreis in % der Bruttorechnungshöhe = SAK |

Quelle: Vgl. Schwarz, W. (Factoring, 2002), S. 33.

---

[169] Vgl. Schwarz, W. (Factoring, 2002), S. 33.

Der durchschnittliche Mittelzufluss in Höhe von 232.000 € wird hier zur Tilgung der Lieferantenverbindlichkeiten verwendet, da sie das höchste Einsparpotential beinhalten. Vor der Anwendung von Factoring betrugen diese Verbindlichkeiten durchschnittlich 264.500 €. Durch den Forderungsverkauf kann der Bestand auf 32.500 € vermindert werden. Die durchschnittliche Kreditorenlaufzeit verkürzt sich damit von 68 auf 10 Tage. Die Lieferantenkredite können daher innerhalb der Skontofrist getilgt werden. Weil die durchschnittlichen Lieferantenverbindlichkeiten höher sind als der durchschnittliche Mittelzufluss, können keine weiteren Verbindlichkeiten getilgt werden. Es wird angenommen, dass einige Lieferanten bei Zahlung innerhalb der Skontofrist Rabatte gewähren, deren Höhe beispielsweise durch eine Befragung festgestellt werden kann. Daraus können sich durchschnittliche Einsparungen in Höhe von 0,4 % des jährlichen Wareneinkaufs ergeben, die bei der Berechnung des Nutzens als Einkaufsvorteile zu erfassen sind. Annahmegemäß entstehen durch das Debitorenmanagement folgende Kosten, die beispielsweise durch eine Messung und eine Tätigkeitsanalyse über einen Zeitraum von einem Monat weitestgehend festgestellt und daraus die Jahresaufwendungen abgeleitet werden können. Mit der Führung des Debitorenmanagements sind zwei Arbeitskräfte beauftragt, die rund 50 % ihrer monatlichen Arbeitszeit von je 160 Stunden für die Debitorenbuchhaltung und das Mahnwesen aufwenden. Der Personalaufwand dieser Arbeitskräfte beträgt jährlich insgesamt rund 49.000 €. Durch das Mahnwesen entstehen monatlich außerdem Telefon- und Portokosten in Höhe von rund 50 €. Weiterhin wird angenommen, dass durch die gerichtliche Geltendmachung überfälliger Forderungen Rechtsanwaltskosten von durchschnittlich 4.900 € pro Jahr entstehen und weitere Sachkosteneinsparungen nicht erzielt werden können, weil die genutzten Büroräume und die EDV-Anlage auch für die übrige Buchhaltung benötigt werden und die Prüfung der Debitorenbonität nur an Hand eigener Erfahrungen im Zahlungsverhalten der Debitoren sowie an Hand der Befragung von Geschäftspartnern erfolgte.

Berechnung des Nutzens:

| | |
|---|---|
| $ETL = \dfrac{SKS}{100} \times WE + EV$ | = 29,8 T€ |
| $VFA = NJU \times \dfrac{AQ}{100} \times \dfrac{FAQ}{100} - ELV + VP$ | = 12,8 T€ |
| $ESPK = (JASD \times JPA + ESK) \times \dfrac{AQ}{100} + NAP$ | = 27,0 T€ |
| $N = ETL + VFA + ESPK$ | = 69,6 T€ |
| Symbole: | |
| Jährliche Ersparnis aus der Tilgung eines Lieferantenkredites in € | = ETL |
| Skontosatz in % | = SKS |
| Jährlicher Wareneinkauf -netto- in € | = WE |
| Jährlicher Einkaufsvorteil in € | = EV |
| Vermeidbare jährliche Kosten aus Forderungsausfällen in € | = VFA |
| Nettojahresumsatz in € | = NJU |
| Ankaufsquote in % | = AQ |
| Durchschnittliche Forderungsausfallquote in % | = FAQ |
| Entschädigungsleistung der Versicherung pro Jahr in € | = ELV |
| Einsparfähige Versicherungsprämie pro Jahr in € | = VP |
| Einsparfähige Sach- und Personalkosten eines Jahres in € | = ESPK |
| Anzahl der für das Debitorenmanagement jährlich aufgewandten Arbeitsstunden | = JASD |
| Personalaufwand der mit dem Debitorenmanagement beauftragten Arbeitskräfte in € je Arbeitsstunde | = JPA |
| Einsparfähige Sachkosten eines Jahres in € | = ESK |
| Nutzen einer anderweitigen Personalverwendung in € je Jahr | = NAP |
| Jährlicher Nutzen der Factoringanwendung in € | = N |

Für das Erreichen des Nutzens in Höhe von 69.600 € muss allerdings vorausgesetzt werden, dass die einsparfähigen Personalkosten tatsächlich durch Kündigung oder Teilzeitarbeit erreicht werden können. Sollte das entlastete Personal in anderen Unternehmensbereichen eingesetzt werden, müssen alternativ die daraus erzielbaren Erträge anstatt der einsparfähigen Personalkosten als Nutzen erfasst werden. Aus der Gegenüberstellung von Nutzen und Kosten resultiert ein Nutzensaldo in Höhe von 7.100 €. Daraus folgt, dass die Anwendung von Factoring zu den gegebenen Konditionen des Factors für dieses Unternehmen ökonomisch sinnvoll ist, da der Nutzensaldo positiv ist. In diesem Fall wird die Rentabilität des Unternehmens verbessert und der Gewinn erhöht. Selbst bei der Beachtung einer möglichen Gewerbesteuerbelastung, wodurch der Nutzensaldo beispielsweise bei einer Steuermesszahl von 5 % und einem Hebesatz von 500 % um rund 1.420 € reduziert wird, verändert sich die Entscheidung für die Anwendung von Factoring nicht.

Letztlich muss aber beachtet werden, dass der Nutzen aus der Dienstleistungsfunktion erfahrungsgemäß nicht sofort ab Vertragsschluss vollständig eintritt. Das liegt zum einen daran, dass der Factor grundsätzlich nur zukünftig entstehende Forderungen ankauft, sodass für die bis zum Vertragsschluss entstandenen Forderungen das Debitorenmanagement beim Factoringkunden verbleibt. Zum anderen erfolgen die Debitorenzahlungen erfahrungsgemäß erst nach einer gewissen Gewöhnungsphase der Abnehmer auf das Konto des Factors.[170] Ingesamt würde also bei einer mehrjährigen Kosten-Nutzen-Analyse der Nutzen des ersten Jahres geringer ausfallen.

## 4 Abschließende Wertung

Factoring stellt sich für mittelständische Unternehmen nicht nur als Finanzierungsinstrument dar, sondern vielmehr als ein Bündel verschiedener Leistungsbestandteile. Aufgrund der einzigartigen Kombination der drei Grundfunktionen ist ein mittelständisches Unternehmen durch die Nutzung von Factoring in der Lage, sich auf seine Kernkompetenzen zu konzentrieren und durch die weitestgehend umsatzkongruente Finanzierung ein mögliches Wachstum zu finanzieren, ohne dabei auf die üblichen Finanzierungsschwierigkeiten zu stoßen. Diese resultieren zumeist aus einer begrenzten Ausstattung mit Eigenmitteln und werthaltigen Kreditsicherheiten.

Factoring kann dazu beitragen, die Liquidität eines Unternehmens zu verbessern. Im Gegensatz zu anderen Finanzierungsformen ist eine Stellung von Sicherheiten grundsätzlich nicht nötig. Der Forderungsverkauf, der zu einem höheren Liquiditätszufluss führt als die Beleihung der Forderungen im Rahmen eines Bankkredites, macht den factoringnutzenden Unternehmer weitgehend von dem Zahlungsverhalten seiner Debitoren unabhängig, sodass besonders lange Zahlungsziele, verspätete Zahlungen oder gar Forderungsausfälle nicht zu einer Belastung der Finanzierungssituation beitragen.

Zusätzlich entstehen durch die Anwendung von Factoring positive Nebeneffekte, die möglicherweise den Nutzen erhöhen können. Einerseits werden aus den fixen Kosten des Debitorenmanagements durch die Auslagerung auf den Factor und der grundsätzlichen Verknüpfung der Factoringkosten mit dem Volumen der angekauften Forderungen eines Unternehmens weistestgehend variable Kosten. Andererseits können durch die Verwendung der zugeflossenen Mittel zur Tilgung von Verbindlichkeiten einige Bilanzkennzahlen verbessert werden. Insbesondere könnte aus der Erhöhung der bilanziellen Eigenkapitalquote eine bessere Bonitätseinschätzung bzw. ein besseres Ratingergebnis resultieren. Ob allein durch Factoring die Kreditkonditionen beeinflusst werden können, ist jedoch fraglich.

Durch die Anwendung von Factoring können die aktuellen Finanzierungsprobleme des Mittelstandes teilweise gelöst werden. So führt eine konjunkturelle Verschlechterung der Zahlungsmoral der Abnehmer nicht mehr zu einer Belastung der Liquidität des Factoringkunden. Andererseits kann durch die Freisetzung des in den Außenständen gebundenen Kapitals die Abhängigkeit von Bankkrediten teilweise vermindert werden. Es können zwar keine langfristigen Kredite ersetzt werden, aber kurzfristige Kredite, die zur Finanzierung der Außenstände genutzt wurden, müssen zukünftig nur noch zu einem geringeren Teil in Anspruch genommen

---

[170] Vgl. Bette, K. (Factoring, 2001), S. 60.

Berechnung des Nutzens:

| | |
|---|---|
| $ETL = \dfrac{SKS}{100} \times WE + EV$ | $= 29{,}8$ T€ |
| $VFA = NJU \times \dfrac{AQ}{100} \times \dfrac{FAQ}{100} - ELV + VP$ | $= 12{,}8$ T€ |
| $ESPK = (JASD \times JPA + ESK) \times \dfrac{AQ}{100} + NAP$ | $= 27{,}0$ T€ |
| $N = ETL + VFA + ESPK$ | $= 69{,}6$ T€ |
| Symbole: | |
| Jährliche Ersparnis aus der Tilgung eines Lieferantenkredites in € | = ETL |
| Skontosatz in % | = SKS |
| Jährlicher Wareneinkauf -netto- in € | = WE |
| Jährlicher Einkaufsvorteil in € | = EV |
| Vermeidbare jährliche Kosten aus Forderungsausfällen in € | = VFA |
| Nettojahresumsatz in € | = NJU |
| Ankaufsquote in % | = AQ |
| Durchschnittliche Forderungsausfallquote in % | = FAQ |
| Entschädigungsleistung der Versicherung pro Jahr in € | = ELV |
| Einsparfähige Versicherungsprämie pro Jahr in € | = VP |
| Einsparfähige Sach- und Personalkosten eines Jahres in € | = ESPK |
| Anzahl der für das Debitorenmanagement jährlich aufgewandten Arbeitsstunden | = JASD |
| Personalaufwand der mit dem Debitorenmanagement beauftragten Arbeitskräfte in € je Arbeitsstunde | = JPA |
| Einsparfähige Sachkosten eines Jahres in € | = ESK |
| Nutzen einer anderweitigen Personalverwendung in € je Jahr | = NAP |
| Jährlicher Nutzen der Factoringanwendung in € | = N |

Für das Erreichen des Nutzens in Höhe von 69.600 € muss allerdings vorausgesetzt werden, dass die einsparfähigen Personalkosten tatsächlich durch Kündigung oder Teilzeitarbeit erreicht werden können. Sollte das entlastete Personal in anderen Unternehmensbereichen eingesetzt werden, müssen alternativ die daraus erzielbaren Erträge anstatt der einsparfähigen Personalkosten als Nutzen erfasst werden. Aus der Gegenüberstellung von Nutzen und Kosten resultiert ein Nutzensaldo in Höhe von 7.100 €. Daraus folgt, dass die Anwendung von Factoring zu den gegebenen Konditionen des Factors für dieses Unternehmen ökonomisch sinnvoll ist, da der Nutzensaldo positiv ist. In diesem Fall wird die Rentabilität des Unternehmens verbessert und der Gewinn erhöht. Selbst bei der Beachtung einer möglichen Gewerbesteuerbelastung, wodurch der Nutzensaldo beispielsweise bei einer Steuermesszahl von 5 % und einem Hebesatz von 500 % um rund 1.420 € reduziert wird, verändert sich die Entscheidung für die Anwendung von Factoring nicht.

Letztlich muss aber beachtet werden, dass der Nutzen aus der Dienstleistungsfunktion erfahrungsgemäß nicht sofort ab Vertragsschluss vollständig eintritt. Das liegt zum einen daran, dass der Factor grundsätzlich nur zukünftig entstehende Forderungen ankauft, sodass für die bis zum Vertragsschluss entstandenen Forderungen das Debitorenmanagement beim Factoringkunden verbleibt. Zum anderen erfolgen die Debitorenzahlungen erfahrungsgemäß erst nach einer gewissen Gewöhnungsphase der Abnehmer auf das Konto des Factors.[170] Insgesamt würde also bei einer mehrjährigen Kosten-Nutzen-Analyse der Nutzen des ersten Jahres geringer ausfallen.

## 4 Abschließende Wertung

Factoring stellt sich für mittelständische Unternehmen nicht nur als Finanzierungsinstrument dar, sondern vielmehr als ein Bündel verschiedener Leistungsbestandteile. Aufgrund der einzigartigen Kombination der drei Grundfunktionen ist ein mittelständisches Unternehmen durch die Nutzung von Factoring in der Lage, sich auf seine Kernkompetenzen zu konzentrieren und durch die weitestgehend umsatzkongruente Finanzierung ein mögliches Wachstum zu finanzieren, ohne dabei auf die üblichen Finanzierungsschwierigkeiten zu stoßen. Diese resultieren zumeist aus einer begrenzten Ausstattung mit Eigenmitteln und werthaltigen Kreditsicherheiten.

Factoring kann dazu beitragen, die Liquidität eines Unternehmens zu verbessern. Im Gegensatz zu anderen Finanzierungsformen ist eine Stellung von Sicherheiten grundsätzlich nicht nötig. Der Forderungsverkauf, der zu einem höheren Liquiditätszufluss führt als die Beleihung der Forderungen im Rahmen eines Bankkredites, macht den factoringnutzenden Unternehmer weitgehend von dem Zahlungsverhalten seiner Debitoren unabhängig, sodass besonders lange Zahlungsziele, verspätete Zahlungen oder gar Forderungsausfälle nicht zu einer Belastung der Finanzierungssituation beitragen.

Zusätzlich entstehen durch die Anwendung von Factoring positive Nebeneffekte, die möglicherweise den Nutzen erhöhen können. Einerseits werden aus den fixen Kosten des Debitorenmanagements durch die Auslagerung auf den Factor und der grundsätzlichen Verknüpfung der Factoringkosten mit dem Volumen der angekauften Forderungen eines Unternehmens weistestgehend variable Kosten. Andererseits können durch die Verwendung der zugeflossenen Mittel zur Tilgung von Verbindlichkeiten einige Bilanzkennzahlen verbessert werden. Insbesondere könnte aus der Erhöhung der bilanziellen Eigenkapitalquote eine bessere Bonitätseinschätzung bzw. ein besseres Ratingergebnis resultieren. Ob allein durch Factoring die Kreditkonditionen beeinflusst werden können, ist jedoch fraglich.

Durch die Anwendung von Factoring können die aktuellen Finanzierungsprobleme des Mittelstandes teilweise gelöst werden. So führt eine konjunkturelle Verschlechterung der Zahlungsmoral der Abnehmer nicht mehr zu einer Belastung der Liquidität des Factoringkunden. Andererseits kann durch die Freisetzung des in den Außenständen gebundenen Kapitals die Abhängigkeit von Bankkrediten teilweise vermindert werden. Es können zwar keine langfristigen Kredite ersetzt werden, aber kurzfristige Kredite, die zur Finanzierung der Außenstände genutzt wurden, müssen zukünftig nur noch zu einem geringeren Teil in Anspruch genommen

---

[170] Vgl. Bette, K. (Factoring, 2001), S. 60.

werden, weil durch den Forderungsverkauf ca. 80 % bis 90 % des Bruttorechnungsbetrages sofort verfügbar werden.

Zur abschließenden Beantwortung der Frage, ob Factoring eine Finanzierungsalternative für kleine und mittlere Unternehmen ist, müssen aber auch die Kriterien der Factoringeignung eines Unternehmens und die durch Factoring entstehenden Kosten beachtet werden. Factoring ist nicht wie ein Bankkredit oder wie ein Leasinggeschäft für jeden Unternehmer nutzbar, der die Bonitätsanforderungen der Gläubiger erfüllt. Zusätzlich zu den Bonitätsanforderungen ist die Erfüllung einer Reihe weiterer Voraussetzungen nötig. So sind die wichtigsten Anforderungen in der Gestaltung der Zahlungsbedingungen und in der Struktur der Abnehmer zu suchen. Unternehmen, die ihren Abnehmern keine offenen Zahlungsziele gewähren, deren Lieferungen und Leistungen also überwiegend bar bezahlt werden, sind nicht factoringfähig. Ebenso sind Unternehmen, die ihre Leistungen überwiegend gegenüber privaten Endverbrauchern erbringen, bisher nicht für Factoring geeignet, da zum einen die Bonitätsprüfung bei diesen Klientel sehr schwierig und aufwendig ist und zum anderen Privatkunden selten Dauerabnehmer sind. Dadurch sind insbesondere Einzelhändler und Betriebe des Gastgewerbes sowie viele Dienstleister nicht factoringfähig. Da die meisten Factoringinstitute nur Forderungen ankaufen, denen vollständig erbrachte Leistungen zu Grunde liegen, können zusätzlich auch viele Unternehmen des Baugewerbes Factoring nicht nutzen.

Unter den weiteren Voraussetzungen stellt insbesondere noch die Anforderung an den Unternehmensumsatz eine bedeutende Barriere dar. So ist für die Nutzung von Factoring ein Mindestumsatz erforderlich, dessen Höhe von der individuellen Geschäftspolitik der Factoringinstitute abhängig ist. Zwar ist diese Umsatzschwelle in der Vergangenheit durch den Markteintritt zusätzlicher Factoringinstitute gesunken, aber dennoch sollten mindestens 250.000 € Bruttojahresumsatz erreicht werden, damit nicht nur vereinzelte Factoringanbieter als Vertragspartner zur Verfügung stehen. Sind selbst die weiteren Voraussetzungen hinsichtlich der Abtretbarkeit der Forderungen, der ausreichenden Kreditwürdigkeit der Abnehmer und der Anforderungen an das Produkt erfüllt, ist die ökonomisch sinnvolle Anwendung durch eine Überprüfung des Kosten-Nutzen-Verhältnisses festzustellen.

Durch einen individuellen Kosten-Nutzen-Vergleich kann die Vorteilhaftigkeit des Finanzierungsinstrumentes Factoring analysiert werden. Regelmäßig wird dieser Vergleich nur an Hand von Näherungswerten möglich sein, die auf der Basis von Vergangenheitsdaten unter Beachtung zukünftiger Veränderungen gebildet werden müssen. Zwar wird dadurch das Ergebnis der Analyse nicht genau dem tatsächlichen Nutzensaldo entsprechen. Dennoch ermöglicht dieser Wert eine Entscheidung für oder gegen die zukünftige Anwendung von Factoring. Dabei muss sich der Unternehmer dessen bewusst sein, dass diese Entscheidung wie jede andere, deren Wirkung in die Zukunft gerichtet ist, immer einen gewissen Unsicherheitsgrad beinhalten wird. Aus einer Betrachtung der wesentlichen den Nutzen beeinflussenden Faktoren lässt sich ableiten, dass Factoring insbesondere in solchen Fällen sinnvoll eingesetzt werden kann, in denen durch die Tilgung von Lieferantenverbindlichkeiten hohe Skontoerlöse erzielt werden können oder durch die Erschließung weiterer Umsatzpotenziale die Kosten des Factoringverfahrens durch zusätzlich erwirtschaftete Gewinne weitestgehend kompensiert werden können. Da die Höhe erzielbarer Skontoerlöse grundsätzlich von der Materialeinsatzquote abhängig ist, werden Handelsunternehmen aus der Factoringanwendung in der Regel einen höheren Nutzen erwirtschaften als produzierende Unternehmen. Bei Dienstleistungsunternehmen, die tendenziell den geringsten Materialeinsatz aufweisen, wird das Nutzenpotenzial aus Skontoerlösen am geringsten sein. Eines ist jedoch bei allen Unternehmen gleich: Würden sie aufgrund ausreichender finanzieller Mittel auch ohne den Forderungsverkauf die Skontoerträge oder die sich ihnen bietende Umsatzausweitung realisieren können, würden sie durch den Einsatz von Factoring zwar über zusätzliche Liquidität verfügen. Sie könnten aber die durch Factoring entstehenden Kosten regelmäßig nicht vollständig kompensieren, wenn sie keine adäquaten Verwendungsmöglichkeiten aufweisen. Daraus folgt, dass meist nur solche Unternehmen Factoring anwenden werden, deren finanzielle Situation durch Liquiditätsengpässe geprägt und gleichzeitig durch hohe Außenstände belastet ist. So werden insbesondere stark wachsende Unternehmen oder solche, denen keine ausreichenden Mittel zur Tilgung teuer Lieferantenverbindlichkeiten zur Verfügung stehen, Factoring ökonomisch sinnvoll anwenden können.

Trotz der aus den Anforderungen resultierenden eingeschränkten Nutzbarkeit und der nicht für jedes geeignete Unternehmen bestehenden Möglichkeit, die durch Factoring entstehenden Kosten vollständig zu kompensieren, ist die Anzahl derjenigen, die dieses Instrument bereits nutzen, mit rund 3000 Unternehmen sehr gering. Im Zuge einer Restrukturierung des Kreditgeschäfts von Banken könnten die Auswirkungen einer erschwerten Kreditfinanzierung durch die Anwendung von Factoring begrenzt werden, da zumindest die Abhängigkeit von kurzfristigen Bankkrediten gemindert werden kann. Letztlich stellt sich Factoring durchaus als eine Finanzierungsalternative für den Mittelstand dar. Da sie aber nicht für alle kleinen und mittleren Unternehmen nutzbar und auch sinnvoll ist, wird diese Finanzierungsmethode ihren so genannten „Exklusivcharakter" auch weiterhin behalten.[171]

---

[171] Kohl, B. (Factoring, 2001a), S.122.

## Literatur

Batzer, Daniela/Lickteig, Thomas (Factoring, 2000): Steuerliche Behandlung des Factoring. In: StBp, (o.Jg.) 5/2000, S. 137-146.

Bette, Klaus (Factoring, 1999): Das Factoring-Geschäft in Deutschland: Recht und Praxis. Stuttgart 1999.

Bette, Klaus (Factoring, 2001): Factoring: Finanzdienstleistung für mittelständische Unternehmen. Köln 2001.

BFH-Urteil IV R 34/72 vom 12.06.1975. In: BStBl. II, 1975, S. 784-786.

BFH-Urteil I R 91/74 vom 28.07.1976. In: BStBl. II, 1976, S. 789-792.

BFH-Urteil V R 75/96 vom 10.12.1981. In: BStBl. II, 1982, S. 200-205.

BGH-Urteil VIII ZR 128/96 vom 26.2.1997. In: DB, 1997, S. 973-974.

Bigus, Jochen (Finanzierung, 2000): Finanzierung über Factoring und Finanzierung über Asset-Backed-Securities im Vergleich. In: WiSt, 29.Jg. 8/2000, S. 465-467.

Borgel, Günter (Factoring, 1997): Factoring in Buchführung, Bilanz und Steuerrecht. In: Handbuch des nationalen und internationalen Factoring. Hrsg. von Brink, Ulrich/Hagenmüller, Karl Friedrich/Sommer, Heinrich Johannes. 3.Aufl. Frankfurt am Main 1997, S. 147-164.

Brauckmann, Christian (Basel II, 2002): Wie Sie Potentiale heben. In: Creditreform-Magazin, Sonderausgabe September 2002, S. 13-16.

Brink, Ulrich (Factoringvertrag, 1997): Rechtsbeziehungen des Factors mit seinem Kunden - Der Factoringvertrag. In: Handbuch des nationalen und internationalen Factoring. Hrsg. von Brink, Ulrich/Hagenmüller, Karl Friedrich/Sommer, Heinrich Johannes. 3.Aufl. Frankfurt am Main 1997, S. 175-211.

Brink, Ulrich (Factoringvertrag, 1998): Factoringvertrag. Köln 1998.

Bundesverband Factoring für den Mittelstand (Factoring): Grafik. Online im Internet: URL: <http://www.bundesverband-factoring.de> (Über Factoring) Abfrage 20.12.2002.

Creditreform (Finanzierung, Frühjahr 2002): Wirtschaftslage und Finanzierung im Mittelstand. Neuss 2002.

Creditreform (Finanzierung, Herbst 2002): Wirtschaftslage und Finanzierung im Mittelstand. Neuss 2002.

Creditreform (Insolvenzen, 2002): Insolvenzen, Neugründungen, Löschungen 1. Halbjahr 2002. Neuss 2002.

Crefo-Factoring (Factoring): Liquidität endlich auch für junge Unternehmen. Online im Internet: URL:<http://www.crefo-factoring.de/presse/new.html> (Presseartikel) Abfrage vom 10.02.2003.

Deutsche Bundesbank (Jahresabschlüsse, 2001): Verhältniszahlen aus Jahresabschlüssen west- und ostdeutscher Unternehmen für 1998. Online im Internet: URL: <http://www.bundesbank. de/stat/download/stat_sonder/statso6.pdf> (S. 14-96) Abfrage 10.11.2002.

Deutsche Bundesbank (Finanzierungsverhältnisse, 2002): Monatsbericht April 2002. Ertragslage und Finanzierungsverhältnisse deutscher Unternehmen im Jahr 2002. Online im Internet: URL: <http://www.bundesbank.de/vo/download/mba/2002/04/200204mba_ertragslage.pdf> (S. 33-57) Abfrage 10.11.2002.

Deutsche Bundesbank (Kreditentwicklung, 2002): Monatsbericht Oktober 2002. Zur Entwicklung der Bankkredite an den privaten Sektor. Online im Internet: URL: <http://www. bundesbank.de/vo/download/mba/2002/10/200210mba_bankkredite.pdf> (S.31-47) Abfrage 03.12.2002.

Deutscher Factoring-Verband e.V. (Factoring): Das ist Factoring. Online im Internet: URL: <http://www.factoring.de/fact/fact.htm>(Verfahren, Formen, Entwicklung, A-Z, Fragen) Abfrage 08.12.2002.

Deutscher Sparkassen- und Giroverband (Mittelstand): Diagnose Mittelstand. Online Im Internet: URL: http://www.dsgv.org/DSGV/Presseex.nsf/9f06c9b6989b3c0cc12569290036762b/ 96dc31c8d575a7f4c1256c15004f3b36/$FILE/Diagnose+Mittelstand.pdf (S. 1-24) Abfrage 05.02.2003.

Drukarczyk, Jochen/Duttle, Josef/Rieger, Reinhard (Mobiliarsicherheiten, 1985): Mobiliarsicherheiten: Arten, Verbreitung, Wirksamkeit. Köln 1985.

Eilenberger, Guido (Finanzwirtschaft, 1997): Betriebliche Finanzwirtschaft: Einführung in Investition und Finanzierung, Finanzpolitik und Finanzmanagement von Unternehmungen. 6.Aufl. München/Wien/Oldenburg 1997.

Everling, Oliver (Ratings, 2002): Schlechte Ratings programmiert? In: Creditreform-Magazin, Sonderausgabe September 2002, S. 10-12.

Geiseler, Christoph (Finanzierungsverhalten, 1999): Das Finanzierungsverhalten kleiner und mittlerer Unternehmen. Wiesbaden 1999.

Gottsleben, Hans (Factoring, 1991): Factoring neu definiert. In: FLF, 38. Jg. 2/1991, S. 81-82.

Gruhler, Wolfram (Mittelstand, 1994): Wirtschaftsfaktor Mittelstand. Wesenselement der Marktwirtschaft in West und Ost. 2. Aufl. Köln 1994.

Günterberg, Brigitte/Wolter, Hans-Jürgen (Unternehmensgrößenstatistik, 2002): Unternehmensgrößenstatistik 2001/2002-Daten und Fakten-. Online im Internet: Kapitel 2: URL: <http: //www.ifm-bonn.org/dienste/kap-2.pdf> (S. 23-72) Abfrage 23.10.2002.

Güroff, Georg (Dauerschulden, 2002): ABC der Dauerschulden. In: Gewerbesteuergesetz. Kommentar. Hrsg. von Glanegger, Peter/Güroff, Georg. 5. Aufl. München 2002, §§ 8-12.

Häuselmann, Holger (Forderungsverkauf, 1998): Der Forderungsverkauf im Rahmen des Asset Backed-Financing in der Steuerbilanz. In: DStR, 36. Jg. 22/1998, S. 826-832.

Hardt, Dieter W. (Factoring, 2002): Der Factor in Krisenzeiten. In: FLF, 49. Jg. 4/2002, S. 137.

Heinrichs, Helmut (Forderungsübertragung, 2003): Forderungsübertragung. In: Bürgerliches Gesetzbuch. Kommentar. Hrsg. von Palandt, Otto. 62. Aufl. München 2003, §§ 1- 432.

Hinz, Michael (Jahresabschluß, 1994): Jahresabschlußpolitische Implikationen des Factoring und der Forfaitierung. In: DStR, 32. Jg. 47/1994, S. 1749-1752.

Kaufmann, Friedrich/Middermann, Frank (Finanzierungsprobleme, 1997): Besonderheiten der Finanzierung. In: Unternehmen Mittelstand: Chancen im globalen Strukturwandel. Hrsg. von Hicks, Annette. München 1997, S. 67-81.

Keiner, Thomas (Rating, 2001): Rating für den Mittelstand. Frankfurt am Main/New York 2001.

Kern, Jürgen (Finanzierung, 2002): Finanzierung und Investition II: Finanzierungsmanagement. 15.Aufl. Berlin 2002.

Klindworth, Thorsten (Factoring, 1995): Lohnt sich Factoring für den Anwender. In: FLF, 42. Jg. 4/1995, S. 135-139.

Knüppel, Reinhard/Bergmann, Sebastian (Firmenrating): Unveröffentlichtes Vortragsskript. Gehalten: von Reinhard Knüppel an der FHTW Berlin am 14.11.2002.

Kohl, Barbara (Factoring, 2001): Factoring – ein Produkt mit Markenqualität. In: FLF, 48. Jg. 3/2001, S. 93.

Kohl, Barbara (Factoring, 2001a): Mitgliederversammlung des Deutschen Factoring-Verbandes e.V. . In: FLF, 48. Jg. 3/2001, S. 122.

Kohl, Barbara (Factoring, 2002): Factoring im Fadenkreuz von Internet und E-Commerce. In: FLF, 49. Jg. 6/2002, S. 256-264.

Kreditanstalt für Wiederaufbau (Unternehmensfinanzierung): Die Finanzierungsperspektiven deutscher Unternehmen im Zeichen von Finanzmarktwandel und Basel II. In: Unternehmensfinanzierung im Umbruch. Online im Internet: URL: <http://www.kfw.de/DE/Research/Sonderthem68/Unternehmensfinanzierung.pdf> (S. 3-50) Abfrage 18.11.2002.

Küpper, Peter (Gewerbesteuer, 2002): Gewerbesteuer. In: Ertragsteuern: Einkommensteuer, Bilanzsteuerrecht, Körperschaftsteuer, Gewerbesteuer. Band 1. Endriss, Horst Walter/Baßendowski, Wolfram/Küpper, Peter. 9. Aufl. Herne/Berlin 2002, S. 529-565.

Larek, Emil/Steins, Ulrich (Factoring, 1999): Leasing, Factoring und Forfaitierung als Finanzierungssurrogate. Köln 1999.

Mayer, Hans Volker (Factoring, 1997): Factoring als Finanzierungsinstrument. In: Handbuch des nationalen und internationalen Factoring. Hrsg. von Brink, Ulrich/Hagenmüller, Karl Friedrich/Sommer, Heinrich Johannes. 3. Aufl. Frankfurt am Main 1997, S. 103-116.

Mayer, Hans Volker (Factoring, 1997a): Factoring bringt enorme Liquiditätsvorteile. In: ABG, 49. Jg. 23/1997, S. 825.

Mayer, Hans Volker (Debitorenmanagement, 1998): Debitorenmanagement mit Factoring. In: ABG, 50. Jg. 12/1998, S. 404-405.

Meister, Edgar (Basel II): Auswirkungen von Basel II auf die Finanzierungsmöglichkeiten des Mittelstandes. Redemanusskript. Gehalten: Gesprächsrunde zum Thema Basel II und Mittelstandsfinanzierung in München am 21. Oktober 2002. Online im Internet: URL: <http://www.bundesbank.de/presse/download/reden/2002/10/20021021meister.pdf> (S. 2-14) Abfrage 03.12.2002.

Müller, Reinhold (Kreditfalle, 2001): Raus aus der Kreditfalle. In: Impulse, 6/2001, S. 152.

Müller, Reinhold (Factoring, 2001): Balsam für die Firmenkasse. In: Impulse, 8/2001, S. 58-59.

Mugler, Josef (Finanzierung, 1999): Betriebswirtschaftslehre der Klein- und Mittelbetriebe. 3. Aufl., Band 2, Wien/New York 1999.

Olbort, Siegfried (Factoring, 1997): Allgemeine Bedingungen der Factoringfinanzierung. In: Handbuch des nationalen und internationalen Factoring. Hrsg. von Brink, Ulrich/Hagenmüller, Karl Friedrich/Sommer, Heinrich Johannes. 3. Aufl. Frankfurt am Main 1997, S. 77-83.

Ost, Joachim (Personalleasing, 1997): Das Factoring von Dienstleistungen, insbesondere Zeitarbeit ("Personalleasing") in Deutschland. In: Handbuch des nationalen und internationalen Factoring. Hrsg. von Brink, Ulrich/Hagenmüller, Karl Friedrich/Sommer, Heinrich Johannes. 3. Aufl. Frankfurt am Main 1997, S. 239-259.

O.V. (Factoring): Klein und liquide. In: Pressespiegel des BFM. Artikel aus Financial Times, Beilage "vis-Avis" v. 17.10.2001. Online im Internet : URL : <http://www.bundesverband-factoring.de/text_pressespiegel.htm> (S. 2-3) Abfrage 27.01.2003.

O.V. (Factoring, 1997): Begriffsbestimmungen. In: Handbuch des nationalen und internationalen Factoring. Hrsg. von Brink, Ulrich/Hagenmüller, Karl Friedrich/Sommer, Heinrich Johannes. 3. Aufl. Frankfurt am Main 1997, S. 15-18.

O.V. (Export-Factoring, 2000): Export-Factoring. Gute Chancen für den Mittelstand. In: ABG, 52. Jg. 9/2000, S. 36-37.

O.V. (Factoring, 2001): Factoring im Geschäftsjahr 2000: Erneut lebhafter Zuwachs. In: FLF, 48. Jg. 3/2001, S. 123-125.

Perridon, Louis/Steiner, Manfred (Finanzierung, 2002): Finanzwirtschaft der Unternehmung. 11. Aufl., München 2002.

Rösler, Peter/Pohl, Rudolf/Mackenthun, Thomas (Kreditgeschäft, 2002): Handbuch Kreditgeschäft. 6. Aufl. Wiesbaden 2002.

Schulte, Reinhard (Asset Backed Securities, 1995): Asset Backed Securities. In: WiSt, 24. Jg.Ausgabe, S. 152-154.

Schwarz, Werner (Factoring, 2002): Factoring. 4. Aufl., Stuttgart 2002.

Seraphim, Kay (Debitorenmanagement, 1997): Die Übernahme des Debitorenmanagements. In: Handbuch des nationalen und internationalen Factoring. Hrsg. von Brink, Ulrich/Hagenmüller, Karl Friedrich/Sommer, Heinrich Johannes. 3. Aufl. Frankfurt am Main 1997, S. 117-128.

Sommer, Heinrich Johannes (Factoring, 1997): Grenzüberschreitendes Factoring im Zwei-Factor-Verfahren. In: Handbuch des nationalen und internationalen Factoring. Hrsg. von Brink, Ulrich/Hagenmüller, Karl Friedrich/Sommer, Heinrich Johannes. 3. Aufl. Frankfurt am Main 1997, S. 287-296.

Thelen, Hans-Erich (Factoring, 1991): Was kostet Factoring wirklich? In: FLF, 38. Jg. 2/1991, S. 79-80.

Wassermann, Heinrich (Factoring, 2001): Factoring in Deutschland 2000. In: FLF, 48. Jg. 4/2001, S. 158-170.

Wassermann, Heinrich (Factoring, 2002): Factoring in Deutschland 2001. In: FLF, 49. Jg. 4/2002, S. 138-156.

Wossidlo, Peter Rütger (Finanzierung, 1997): Finanzierung. In: Betriebswirtschaftslehre der Mittel- und Kleinbetriebe: größenspezifische Probleme und Möglichkeiten zu ihrer Lösung. Hrsg. von Pfohl, Hans-Christian. 3. Aufl. Berlin 1997, S. 287-333.

# Unterjährige Finanzplanung

Wilhelm Schmeisser, Stephan Heyne

Der Finanzplan eines Unternehmens umfasst alle erwarteten und geplanten zahlungswirksamen Vorgänge eines zukünftigen Zeitraumes. Je nach Zielsetzungen und Anforderungen kann dieser Planungszeitraum kürzer- oder längerfristig sein. Im Folgenden wird auf einen unterjährigen Planungszeitraum eingegangen, der mindestens 1 Monat und höchstens 12 Monate umfasst. Die unterjährige Finanzplanung steht damit hinsichtlich des Planungszeitraumes zwischen der Planung der täglichen Finanz-/Gelddisposition und der Planung der mittel- und langfristigen Finanzstruktur.

## 1 Ziele der unterjährigen Finanzplanung

Die unterjährige Finanzplanung bildet das Fundament für die finanziellen Dispositionen und damit für die Gewährleistung ständiger Liquidität, die kostengünstige Beschaffung der benötigten Mittel und die möglichst rentable Verwendung der finanziellen Ressourcen.

Man unterscheidet bei den Zielen (siehe Abbildung 1) zwischen

- Generellen Zielen und
- Speziellen Zielen aus Sicht der Muttergesellschaft

| Generelle Ziele für alle Unternehmen | Spezielle Ziele aus Sicht der Muttergesellschaft |
|---|---|
| • Finanzdispositionsziel<br>• Außenfinanzierungsziel<br>• Integrationsziel<br>• Budgetziel | • Instrumentalziel<br>• Inputziel<br>• Steuerungsziel |

Abb. 1: Aufstellung der Ziele der unterjährigen Finanzplanung

### 1.1 Generelle Ziele

#### 1.1.1 Finanzdispositionsziel

Im Rahmen der unterjährigen Finanzplanung erfolgt die Erfassung der Zahlungsströme mit dem Ziel, Unterdeckungen und Überschüsse zu erkennen und wenn nötig auszugleichen, sodass das Unternehmen zu jedem Zeitpunkt über genauso viel Zahlungsmittel verfügt, wie zur

Erfüllung der fälligen Zahlungsverpflichtungen notwendig sind. Gleichzeitig werden dabei die Ziele größtmöglicher Rentabilität und Sicherheit als Nebenbedingungen der Finanzplanung mit verfolgt. Dabei wird keine maximale Sicherheit angestrebt, sondern die von der Finanzleitung für erforderlich erachtete Sicherheit. Diese hängt in entscheidender Form von der Risikofreudigkeit der Entscheidungsträger ab und kann insofern nur subjektiv bestimmt werden.

### 1.1.2 Außenfinanzierungsziel

Durch die unterjährige Finanzplanung wird ein extern zu deckender Kapitalbedarf rechtzeitig sichtbar gemacht. Folglich wird damit auch eine rechtzeitige Kontaktaufnahme mit Kapitalgebern erst ermöglicht und ausgelöst. Kapitalgeber können sowohl fremde Dritte (Banken, Lieferanten) als auch Gesellschaften der Firmengruppe sein (Gruppenfinanzierung durch die Muttergesellschaft und andere verbundene Unternehmen). Gegebenenfalls kann der Finanzplan auch als eine Kreditantragsunterlage verwendet werden.

### 1.1.3 Integrationsziel

Da die von den einzelnen Bereichen des Unternehmens geplanten Zahlungen zentral in einem Plan erfasst und ihr Einfluss auf die Liquiditätssituation zusammenfassend dargestellt werden, bildet die unterjährige Finanzplanung eine geeignete Entscheidungsgrundlage für möglicherweise erforderliche Anpassungsmaßnahmen im nichtfinanziellen Bereich (z.B. Einkauf, Verkauf, der Vorratspolitik usw.). Dieser integrative Effekt beruht auf der engen Verflechtung von Güter- und Zahlungsströmen und auf dem Zwang zur Kompatibilität von leistungs- und finanzwirtschaftlicher Planung. Es ist zu beachten, dass die Summe von Optimallösungen in Teilbereichen des Unternehmens nicht das Optimum für das Gesamtunternehmen ergeben muss.

### 1.1.4 Budgetziel

Die unterjährige Finanzplanung ermöglicht es, den im Jahresplan vorgesehen Finanzierungsrahmen zu überprüfen und zu gestalten. Dieser Aspekt gewinnt dann besondere Bedeutung, wenn bestimmte Finanzierungsmaßnahmen auf Basis der Jahresplanung genehmigt wurden, z.B. Kapitalerhöhungen, Gruppendarlehen, Bankschulden und somit für das Unternehmen selbst und/oder seine verbundenen Unternehmen Budgetcharakter haben. Für die Finanzleitung der Gruppe ermöglicht eine solche Vorschau Erkenntnisse über die Wahrscheinlichkeit, mit der die geplanten Maßnahmen eingehalten werden können, und bietet damit die Möglichkeit einer rechtzeitigen Korrektur.

## 1.2 Spezielle Ziele aus Sicht der Muttergesellschaft

### 1.2.1 Instrumentalziel

Wenn man die angesprochen generellen Ziele als verbindlich ansieht, müssen alle verbundenen Unternehmen bereits aus ihrem eigenen Interesse heraus eine unterjährige Finanzplanung erstellen. Wegen der Gesamtverantwortung für die Unternehmensgruppe liegt jedoch die Anwendung dieses Instruments bei den verbundenen Unternehmen ebenso im Interesse der Muttergesellschaft. So kann das einzelne verbundene Unternehmen durch eine Verpflichtung, Finanzplanungsdaten an die Muttergesellschaft zu übermitteln und aufgrund der Kontrolle durch die Muttergesellschaft dazu angehalten werden, die erwarteten Einnahmen und Ausgaben systematisch zu planen. Hierdurch kann das verbundene Unternehmen die eigene finanzielle Entwicklung erkennen und die Möglichkeit für Anpassungsmaßnahmen geschaffen werden.

Die Erstellung der Finanzplanung und ihre Kontrolle sind dabei nicht nur für verbundene Unternehmen mit regelmäßigen Finanzunterdeckungen, sondern auch für solche mit regelmäßigen Finanzüberdeckungen wichtig, da mit Hilfe einer unterjährigen Finanzplanung Umfang, Struktur und Fristigkeit von Geldanlagen optimal gesteuert werden können und die unterjährige Finanzplanung/-kontrolle eine „Sicherheitsvorrichtung" darstellt, deren Einsatz im Falle von plötzlich auftretenden Liquiditätsproblemen schon geübt ist.

### 1.2.2 Input-Ziel

Diese Zielsetzung umfasst die Lieferung von Daten (z.B. hinsichtlich Lizenz- und Dividendenzahlungen aus dem Warenverkehr, Darlehen) für die unterjährige Finanzplanung der Muttergesellschaft, damit diese ihre Ziele der unterjährigen Finanzplanung verwirklichen kann. Dem Input-Ziel kommt besondere Bedeutung zu, wenn zwischen den verbundenen Unternehmen und der Muttergesellschaft ein enger Finanz- und/oder Warenverbund besteht. Ist dagegen keine enger Finanz- und/oder Warenverbund zwischen den verbundenen Unternehmen und der Muttergesellschaft vorherrschend oder können die relevanten Daten bei der Muttergesellschaft aus anderen Quellen zuverlässig ermittelt werden, so kommt dem Input-Ziel eine eher geringe Bedeutung zu.

### 1.2.3 Steuerungsziel

Unter Steuerungsziel ist die Information über die finanzielle Lage des verbundenen Unternehmens gemeint, steuernd, vermittelnd und beratend bei der Abstimmung von Finanzbedarf und Finanzdeckung des verbundenen Unternehmens eingreifen zu können und eine Koordination und Abstimmung des Finanzflusses innerhalb der Unternehmensgruppe vornehmen zu können, insbesondere in Bezug auf Höhe und Zeitpunkt von Kapitalerhöhungen, Einsatz von überschüssigen liquiden Mitteln eines verbundenen Unternehmens, für Darlehen an andere verbundene Unternehmen und die zeitliche Beschleunigung bzw. Verschiebung von Zahlungen bei erwarteten Veränderungen der Währungskurse.

Dieses Ziel tritt insbesondere bei kleineren Unternehmen ohne eigenes Finanzmanagement, Unternehmen mit ständigen Finanzproblemen, Unternehmen, mit denen aufgrund der räumlichen Entfernung geringe informelle Kontakte bestehen und Unternehmen, die aufgrund ihrer guten Liquiditätssituation Gruppendarlehen gewähren bzw. extern umfangreiche Geldanlagen vernehmen können, in den Vordergrund.

## 2  Zeitliche Einordnung der unterjährigen Finanzplanung

Eine zeitliche Einordnung der unterjährigen Finanzplanung erhält man, wenn man die schematische Einordnung der unterjährigen Finanzplanung mit ihren Zielen verknüpft (siehe Abbildung 2).

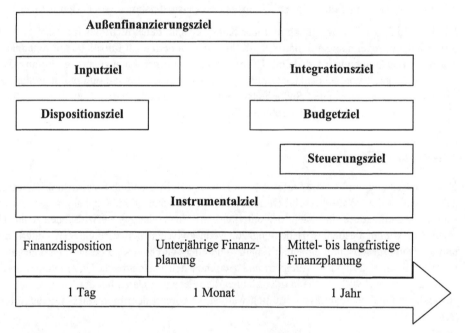

Abb. 2: Zeitliche Einordnung der unterjährigen Finanzplanung

## 3  Methoden der Finanzplanung

In der Finanzplanung sind zwei Methoden vorherrschend
- die Bewegungsbilanzplanung und
- die Einnahmen-/Ausgabenplanung.

Beide stellen den Finanzbedarf und die Finanzdeckung auf und haben als Aufgabe, die Harmonisierung von Finanzbedarf und Finanzdeckung herzustellen. Im Folgenden werden beide Methoden näher beschrieben.

## 3.1 Bewegungsbilanzplanung

### 3.1.1 Überblick

Die Bewegungsbilanzplanung dient zur Erreichung und Erhaltung einer angestrebten Finanzstruktur (Steuerung der strukturellen Liquidität). Sie wird vor allem in Hinblick auf eine ausgewogene, langfristig orientierte Unternehmensfinanzierung als unverzichtbar angesehen. Die zeitpunkt- und betragsgenaue Erfassung ist bei der mehrjährigen Planung von untergeordneter Bedeutung, vielmehr liegt der Fokus bei der mehrjährigen Planung auf einer ausgewogenen Unternehmensfinanzierung. Da sich aus Bilanzplanungen leicht Erkenntnisse, z.B. hinsichtlich der Vermögens- und Kapitalstruktur zu bestimmten Stichtagen, gewinnen lassen, bedienen sich Finanzplanungen, die über einen Zeitraum von einem Jahr hinausgehen, fast ausschließlich der Bewegungsbilanzplanung. Eine Planung bis zu 5 Jahren ist üblich.

Zum Zwecke der unterjährigen Finanzplanung ist diese Methode eher unzweckmäßig, da die Zufälligkeiten, die bei Stichtagszahlen auftreten können, sich im Hinblick auf die Vorbereitung kurzfristiger Finanzdispositionen negativ auswirken. Auch ist die genaue zeitliche Platzierung größerer Zahlungen zwischen den Stichtagen nicht genau zu erkennen. Für die kurzfristigen Gelddispositionen ist die Bewegungsbilanz daher nur ein sehr beschränkt verwendbares Hilfsmittel.

### 3.1.2 Erstellung

In der Bewegungsbilanzplanung wird ausgehend von der Eröffnungsbilanz (im Ist oder Plan) über eine Planung der Veränderung der verschiedenen Bilanzpositionen in der betrachteten Periode die geplante Schlussbilanz ermittelt. Die Erhöhung von Aktivposten bzw. die Minderung von Passivposten wird dabei unter dem Begriff der Mittelverwendung, die Minderung von Aktivposten bzw. die Erhöhung von Passivposten unter dem Begriff der Mittelherkunft subsumiert (siehe Abbildung 3).

| Mittelverwendung | Mittelherkunft |
|---|---|
| **Erhöhung von Aktivposten** | **Erhöhung von Passivposten** |
| Anlagevermögen | Eigenkapital |
|    Sachvermögen | Rückstellungen |
|    Finanzanlagen | Wertberichtigungen |
| Umlaufvermögen | Verbindlichkeiten |
|    Vorräte | |
|    Forderungen | **Minderung von Aktivposten** |
|    Flüssige Mittel | Anlagevermögen |
| |    Sachvermögen |
| **Minderung von Passivposten** |    Finanzanlagen |
| Eigenkapital | Umlaufvermögen |
| Rückstellungen |    Vorräte |
| Wertberichtigungen |    Forderungen |
| Verbindlichkeiten |    Flüssige Mittel |

Abb. 3: Analyse der Mittelverwendung/-herkunft im Zuge der Bewegungsbilanzplanung

Die (Netto-)Veränderungen (Salden) zwischen Anfangsbestand und Endbestand bilden die Finanzplangrößen der Planperiode. Von einer „Kapitalflussrechnung" wird gesprochen, wenn man die Veränderungen brutto darstellt. So ist es z.B. in praxi üblich, statt der Nettoinvestitionen die Bruttoinvestitionen als Finanzbedarf und die Abschreibungen, Abgänge und Wertberichtigungen als Finanzdeckung auszuweisen.

Die Plangrößen Jahresüberschuss, Abschreibungen, Wertberichtigungen und Rückstellungen sind zahlungsunwirksam und haben nur „rechnungstechnischen Charakter". Innerhalb der Finanzdeckung können diese Posten als Bestandteil der Innenfinanzierung geführt werden.

Somit kann die Finanzplanung folgende Finanzbedarfs- und Finanzdeckungsposten aufweisen:

| **I. Finanzbedarf** | **II. Finanzdeckung** |
|---|---|
| Bruttoinvestitionen in Sachanlagen | Abschreibungen und Abgänge |
| Bruttoinvestitionen in Finanzanlagen | Wertberichtigungen |
| Investitionen im Anlagevermögen | Jahresüberschuss |
| | Erhöhung Sonderposten mit Rücklageanteil |
| Erhöhung Vorräte | Erhöhung langfristige Rückstellungen |
| Erhöhung Forderungen brutto | Innenfinanzierung |
| Investitionen im Umlaufvermögen | |
| = | Kapitalerhöhung |
| **Finanzbedarf** | Erhöhung Finanzverbindlichkeiten |
| | Erhöhung Liefer- und Leistungsverbindlichkeiten |
| | Erhöhung sonstige Verbindlichkeiten |
| | Außenfinanzierung |
| | = |
| | **Finanzdeckung** |

## III. Veränderung flüssiger Mittel

    Finanzbedarf
./. Finanzdeckung

= **Veränderung liquider Mittel**
+ Anfangsbestand liquider Mittel

= **Endbestand liquider Mittel**

Die Aussagen einer Bewegungsbilanz zwischen zwei Stichtagen (z.B. Anfang und Ende eines Jahres) lassen sich verfeinern, indem dazwischen liegende Planbilanzen (z.B. zum Ende des 1., 2. oder 3. Quartals) einbezogen werden.

### 3.2 Einnahmen-/Ausgabenplanung

#### 3.2.1 Überblick

Die Einnahmen-/Ausgabenplanung wird auch als Geldbewegungsrechnung, Liquiditätsplanung (im engeren Sinne) oder Finanzprognose bezeichnet. In sie werden alle Vorgänge, die Einnahmen oder Ausgaben verursachen, aufgenommen.

Bei dieser Methode der Finanzplanung werden die Einnahmen und Ausgaben für den Planungszeitraum unmittelbar, d.h. nicht über die Veränderung von Bilanzpositionen, geplant. Sie können dabei unterschiedlich stark detailliert werden, sowohl in zeitlicher als auch sachlicher Hinsicht.

Im Gegensatz zur Bewegungsbilanz zeigt die Einnahmen-/Ausgabenplanung grundsätzlich nur reine Zahlungsvorgänge auf. Der Vorteil dieser Methode liegt darin begründet, dass die zukünftigen Einnahmen und Ausgaben mit präzisen Angaben über die Zahlungszeiträume versehen sind. Deshalb bildet sie die Basis der kurzfristig orientierten Finanzplanung. Das Verfahren erlaubt des Weiteren die Verwendung statistisch ermittelter Werte bzw. Schätzungen außerhalb des geschlossenen Systems der Buchhaltung. Somit setzt die Einnahmen-/Ausgabenplanung nicht zwingend eine Unternehmensgesamtplanung mit Planungsergebnisrechnung und Planbilanzen voraus. Auf wichtigen Teilplänen, wie z.B. dem Umsatzplan und dem Beschaffungsplan, sollte sie aber trotz alledem basieren können.

Zahlungsunwirksame Vorgänge wie die Vornahme von Abschreibungen oder die Bildung bzw. Auflösung von Wertberichtigungen werden in ihr im Gegensatz zur Bewegungsbilanzplanung nicht erfasst. Durch diesen Vorteil ist diese Methode unterjährig viel einfacher zu handhaben und leichter aktuell zu halten. Da die Beziehung zur Vermögens-, Kapital- und Ergebnisentwicklung fehlt, sind strukturelle, längerfristig orientierte Finanzierungsmaßnahmen aus der Einnahmen-/Ausgabenplanung nicht ableitbar.

Für die Einnahmen-/Ausgabenplanung ist es notwendig, die Zahlungsströme nach Höhe und Zeitpunkt zu planen. Dabei ist die Planung der Einnahmen schwieriger (aufgrund der nicht exakt festlegbaren Zahlungszeitpunkte) als die der Ausgaben (das Unternehmen bestimmt sein Zahlungsverhalten weitgehend selbst).

Notwendig zur Durchführung der Einnahmen-/Ausgabenplanung ist, dass

- der Finanzplaner alle für die Planung relevanten Daten zeitpunktgerecht erhält und auswerten kann,
- der Finanzplaner zur Beteilung der Informationen über die Zusammenhänge im Finanzbereich des Unternehmens hinreichend genau informiert ist bzw. wird,
- der Finanzplaner aus den Erfahrungen der Vergangenheit die Erwartungen für die Zukunft realistisch einschätzen kann.

### 3.2.2 Erstellung

Bei der Erstellung der Einnahmen-/Ausgabenplanung stößt man auf eines der Grundprobleme dieser Planung – die Festlegung des Planungszeitraumes.

Die Frage nach der zeitlichen Struktur der unterjährigen Finanzplanung führt an dieser Stelle zurück zu den anfangs erwähnten Zielen der Finanzplanung, die mögliche Antworten bereithalten. Das Finanzdispositionsziel erfordert eine möglichst aktuelle und zeitlich detaillierte Planung, da es wichtig ist, dass die Zahlungsverpflichtungen zu jedem Zeitpunkt erfüllt werden können. Somit lässt sich aus dem Finanzdispositionsziel und auch teilweise aus dem Außenfinanzierungsziel eine kurze Planperiode ableiten. Hingegen genügt für das Integrations- und Budgetziel eine längerfristige Planung. Auch dem Steuerungsziel wird meistens eine eher längerfristige und dadurch zeitlich weniger detaillierte Finanzplanung gerecht. Kaum Aussagen über die zeitliche Struktur lassen sich aus dem Instrumentalziel ableiten. Dafür ähneln die Anforderungen, die sich aus dem Input-Ziel ergeben, dem Finanzdispositionsziel.

Aufgrund dieser unterschiedlichen Anforderungen an die zeitliche Struktur der unterjährigen Finanzplanung ergibt sich eine gewisse Gegensätzlichkeit zwischen dem Bestreben nach längeren Planperioden und dem Bestreben nach hoher Genauigkeit und Aktualität der Planung.

Für die Einnahmen-/Ausgabenplanung, die den Monat als kleinste Zeiteinheit vorsieht, werden verschiedene Verfahren angewandt. Auf die zwei dominierenden soll hier näher eingegangen werden.

Das erste Verfahren der Planung der Einnahmen und Ausgaben basiert zunächst einmal auf dem Zeitraum von 1 Jahr. Des Weiteren basiert es vor allem

- auf der Gesamtplanung,
- auf den verfügbaren Einzelplänen (z.B. über Umsätze, Rohstoffbezüge, Investitionen oder
- auf einer Ableitung aller Einnahmen bzw. Ausgaben aus der jeweils aktuellen Bilanz- und Ergebnisplanung. Hierzu muss allerdings eine Ergebnisplanung nach dem Gesamtkostenverfahren erstellt werden oder die Ergebnisplanung nach dem Umsatzkostenverfahren auf das Gesamtkostenverfahren transformiert werden.

# Unterjährige Finanzplanung

Die pro Jahr ermittelten Daten werden anschließend in Quartals- bzw. Monatswerte aufgeteilt. Da sich die Zahlungen nur höchst selten gleichmäßig auf die Quartale oder die Monate verteilen, werden die Einnahmen-/Ausgabenpläne monatlich bzw. quartalsmäßig aktualisiert.

Abbildung 4 verdeutlicht das beschriebene Verfahren.

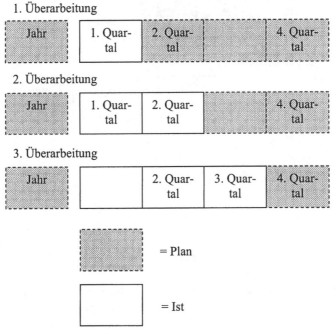

Abb. 4: Verfahren 1 der Einnahmen-/Ausgabenplanung

Das zweite Verfahren basiert auf einem Planungszeitraum von 3 bis 6 Monaten und wird in überlappenden Intervallen (rollierende Planung) jeden Monat aktualisiert. Die folgenden Daten werden zur Erstellung generell herangezogen:

- die Istwerte für die entsprechenden Planmonate des vorangegangenen Jahres,
- die kumulierten Istwerte des vergangenen Jahres bis zum Planmonat,
- die Istwerte für die Vormonate des laufenden Jahres,
- die kumulierten Istwerte des laufenden Jahres bis zum Planmonat.

Abbildung 5 verdeutlicht das beschriebene Verfahren nochmals:

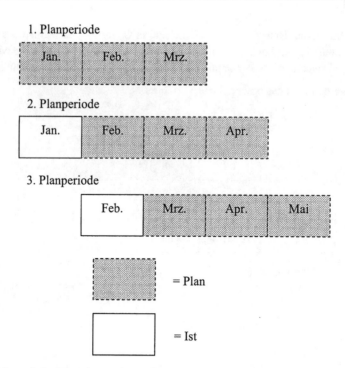

Abb. 5: Verfahren 2 der Einnahmen-/Ausgabenplanung

Durch die monatliche Überarbeitung bietet dieses Verfahren den Vorzug, eine dem letzten Erkenntnistand entsprechende Vorschau über die erwarteten Einnahmen und Ausgaben zu liefern. Je nach Laufzeit des Planes kann es aber erforderlich werden, Kreditlinien und sonstige Reserven zu halten, um in der Folgezeit einem bei der Planerstellung noch nicht erkennbaren finanziellen Engpass vorzubeugen.

## 4 Die Einnahmen-/Ausgabenplanung im Detail

### 4.1 Probleme der Erfassung und Gliederung der Einnahmen und Ausgaben

Bei der Planung der Einnahmen und Ausgaben des laufenden Geschäfts stellt sich die Frage nach den Kriterien und dem Grad der Untergliederung der Planungspositionen. Des Weiteren ist zu unterscheiden, in welcher Form (brutto oder netto) die Zahlungsströme ausgewiesen werden sollen.

#### 4.1.1 Kriterien der Untergliederung

Eine Möglichkeit der detaillierten Gliederung bietet der jeweilige betriebliche Kontenplan. In Anlehnung hieran kann z.B. für jede Ertrags- und Aufwandsart eine entsprechende

Einnahmen-/Ausgabenart gebildet werden. Die zahlungsunwirksamen Posten bleiben natürlich unberücksichtigt.

Da es unwirtschaftlich wäre, jede Einnahmen-/Ausgabenart einzeln zu planen, ist es sinnvoll, die Arten in Gruppen zusammenzufassen. Bei der Bildung dieser Gruppen sollten möglichst homogene Einnahmen-/Ausgabenarten zu jeweils einer Gruppe zusammengefasst werden.

Homogenität sollte dabei hinsichtlich folgender Punkte gegeben sein:

- des sachlichen Inhalts der zusammenzufassenden Einnahmen-/Ausgabenarten (im Kontenplan bereits vorgenommene Verdichtung der Ertrags- und Aufwandsarten zu Gruppen wird für die Einnahmen-/Ausgabenplanung nachvollzogen),
- der Informationsquellen (Einnahmen-/Ausgabenarten werden zusammengefasst, für die die Planzahlen von jeweils einer Unternehmensstelle geliefert werden können),
- des Verursachungsbereiches bzw. des Verantwortungsbereiches (Zusammenfassung der Einnahmen-/Ausgabenarten, die bezüglich ihrer Verursachung einer bestimmten Unternehmensstelle zugeordnet werden können).

Eine enge Verknüpfung bei der Bildung von Gruppen besteht nach den Kriterien „Informationsquellen" und „Verursachungs-/Verantwortungsbereich". Daher ist es sinnvoll, das erstgenannte Kriterium dem zweiten unterzuordnen, womit die beiden Kriterien „Kontenplan" und „Verantwortungsbereich" übrig bleiben.

### 4.1.2 Detaillierungsgrad

Der Detaillierungsgrad der Einnahmen bzw. Ausgaben ist abhängig von:

- der Möglichkeit der Ist-Daten-Erfassung (Ist-Daten den Planwerten gegenüberstellen),
- der organisatorischen Durchführung der Planung,
- der Organisationsstruktur und Produktpalette sowie der Größe des Unternehmens.

Zwar erleichtert ein hoher Detaillierungsgrad eine exakte Analyse der monatlichen Planabweichungen, jedoch erhöht er somit den Planungsaufwand. Daher sollte die Detaillierung auf wichtige Positionen beschränkt bleiben.

### 4.1.3 Brutto-/Nettoausweis

Die Einnahmen bzw. Ausgaben können sowohl brutto als auch netto ausgewiesen werden. Beim Bruttoausweis stehen sich Einnahmen und Ausgaben unsaldiert gegenüber. Beim Nettoausweis werden nur die effektiven Zahlungsbeträge dargestellt.

## 4.2 Einnahmenplanung

### 4.2.1 Gliederung der Einnahmen

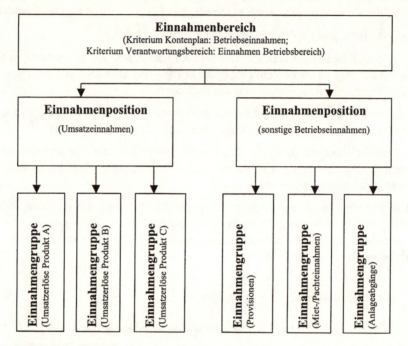

Abb. 6: Gliederung der Einnahmen

Um die Einnahmenplanung übersichtlich zu gestalten, wird in der Praxis überwiegend mit diversen gleichartigen Einnahmengruppen gearbeitet, die wiederum zu übergeordneten Einnahmenpositionen zusammengefasst werden. Darüber hinaus werden die Einnahmenpositionen zu Einnahmenbereichen zusammengefasst (siehe Abbildung 6).

Mögliche Einnahmenpositionen und Einnahmengruppen liefert die folgende Tabelle (kein Anspruch auf Vollständigkeit):

| Einnahmenpositionen | Einnahmengruppen |
|---|---|
| Umsatzeinnahmen | Einnahmen aus Umsatzerlösen, unterteilt nach Sparten und/oder Produkten und/oder Inland/Ausland und/oder fremde/verbundene Unternehmen |
| Sonstige Betriebseinnahmen | Einnahmen aus Provisionen, Mieten und Pachten, Anlagenabgängen, Versicherungsentschädigungen, Wohnungsmieten, Wirtschaftsbetrieben |
| Sonstige neutrale Einnahmen | Einnahmen aus betriebsfremden und sonstigen Erträgen wie z.B. Gewinne aus Kurssicherungsgeschäften, Kursgewinne |
| Umsatzsteuereinnahmen | Einnahmen aus der den Kunden belasteten Umsatzsteuer, Erstattungen durch das Finanzamt |
| Einnahmen aus Verkauf von Sachanlagen | Einnahmen aus dem Verkauf von Grundstücken, Gebäuden, Maschinen, Betriebseinrichtungen etc., sofern die Einnahmen nicht unter den sonstigen Betriebseinnahmen aufgeführt sind |

Je nach Aufbau des Planungssystems können die *Einnahmenbereiche* wie folgt aussehen:

| Kriterium: Kontenplan | Kriterium: Verantwortungsbereich |
|---|---|
| Betriebseinnahmen<br>    Umsatzeinnahmen, Einnahmen aus durchlaufenden Posten, Lizenzeinnahmen, sonstige Betriebseinnahmen, Umsatzsteuereinnahmen | Einnahmen Betriebsbereich<br>    Umsatzeinnahmen, Einnahmen aus durchlaufenden Posten, Lizenzeinnahmen, sonstige Betriebseinnahmen, Umsatzsteuereinnahmen, Einnahmen aus Steuerrückvergütungen |
| Neutrale Einnahmen<br>    Einnahmen aus Steuerrückvergütungen, Gewinnausschüttungen von Beteiligungsgesellschaften, Zinseinnahmen, sonstige neutrale Einnahmen | Einnahmen Finanzbereich<br>    Gewinnausschüttungen von Beteiligungsgesellschaften, Zinseinnahmen, Einnahmen aus dem Verkauf von Sachanlagen, Einnahmen aus dem Verkauf/der Liquidation von Beteiligungen, Einnahmen aus der Freisetzung übriger Finanzanlagen, Einnahmen aus Rückzahlung kurzfristiger Darlehen, Einnahmen aus dem Verkauf von Wertpapieren |
| Einnahmen aus Investitionsfreisetzung<br>    Einnahmen aus dem Verkauf von Sachanlagen, Einnahmen aus dem Verkauf/der Liquidation von Beteiligungen, Einnahmen aus der Freisetzung übriger Finanzanlagen, Einnahmen aus Rückzahlung kurzfristiger Darlehen, Einnahmen aus dem Verkauf von Wertpapieren<br>Einnahmen aus Förderungsmaßnahmen<br>    Sonstige Einnahmen (Investitionszuschüsse) | Einnahmen sonstige Bereiche<br>    Sonstige Einnahmen (Investitionszuschüsse) |

### 4.2.2 Informationsquellen für die Einnahmenplanung

Zu den wichtigen Informationsquellen für die Einnahmenplanung zählen Umsatzpläne, Ist-Umsätze, Debitorenentwicklung und sonstige Informationsquellen auf die nun näher eingegangen werden soll.

**Umsatzpläne**

Als Grundlage der Planung der Einnahmen aus Umsätzen dienen die Umsatzpläne. Diese werden aus den Mengenwerten des Absatzplanes unter Einbeziehung der geplanten Preise ermittelt. Die Detaillierung ist dem Informationsbedarf anzupassen. Ebenso wichtig für die Unterteilung ist, dass den Plangrößen die Ist-Werte gegenübergestellt werden können.

Entsprechend dem Planungssystem eines Unternehmens können die Umsatzpläne unabhängig von der Gesamtplanung erstellt werden und dienen dann vorwiegend dem Zweck der Einnahmenplanung. Dieses Verfahren ist vor allem bei Unternehmen mit rollierenden 3- bis 6-Monats-Einnahmen-/Ausgabenplanungen üblich. Sie können aber auch im Zusammenhang mit der Gesamtplanung erstellt werden. Bei diesem Verfahren ist ein Zeitraum von einem Jahr mit entsprechender Aufteilung üblich.

**Ist-Umsätze**

Für die Planung der Umsatzeinnahmen bilden die Ist-Umsätze des laufenden Jahres pro Monat und kumuliert bis zur Planperiode eine wichtige Informationsquelle. Insbesondere bei einer Planung bis zu 3 Monaten können aus den Ist-Umsätzen der letzten Monate weitgehende Anhaltspunkte für den Zahlungseingang für die Planperiode gewonnen werden.

Die Abbildung der Ist-Umsätze vergangener Jahre, z.B. in grafischer Form oder Form von Indexzahlen, kann bei der Planung ebenso verwendet werden.

**Debitorenentwicklung**

Die Entwicklung der Debitoren ist der zweite entscheidende Faktor bei der Planung der Umsatzeinnahmen. Die Kenntnis über die Entwicklung der Debitoren in abgelaufenen Perioden und die Annahmen über ihre Entwicklung in der Planperiode ermöglichen die Bildung von Kennzahlen (z.B. Kreditdauer in Tagen), die zur Ermittlung der Einnahmen notwendig sind.

**Sonstige Informationsquellen**

Weitere Informationsquellen sind die im Unternehmen geführten Statistiken, z.B. über Umsätze nach Groß- und Kleinkunden, über Umsätze mit fremden und verbundenen Unternehmen und über nicht einbringbare Forderungen.

Neben den internen Daten gibt es eine Reihe von externen Daten für die Planung der Einnahmen zu beachten. Zu nennen sind dabei u.a.:

- die allgemeine Konjunkturlage,
- die Geld- bzw. Zinspolitik,
- die bonitätsmäßige Entwicklung von Großkunden und
- Wechselkursschwankungen.

### 4.2.3 Betragsmäßiger Ansatz bei der Einnahmenplanung

Die Planung der verschiedenen Einnahmenpositionen basiert auf der unterschiedlichen Verfügbarkeit von exakten Daten. Daher lassen sich folgende betragsmäßige Ansätze für die Einnahmenplanung aufzeigen:

- konkret bekannter Wert (z.B. bei Zinseinnahmen),
- statistischer Prognosewert (Trendextrapolation, etc.) auf Basis von Vergangenheitswerten,
- Schätzung von Experten auf Basis von Unterlagen der einzelnen Fachabteilungen,

- Pauschalbetrag (meist bei unbedeutenden Einnahmebereichen, wie z.B. sonstigen neutralen Einnahmen).

## 4.3 Ausgabenplanung

### 4.3.1 Gliederung der Ausgaben

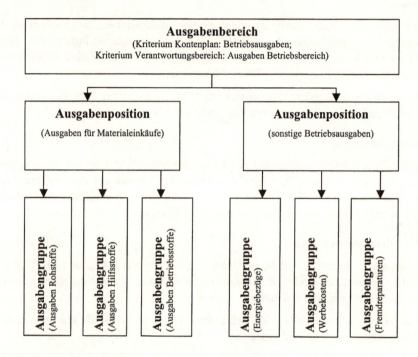

Abb. 7: Gliederung der Ausgaben

Analog zur Einnahmenplanung wird auch in der Ausgabenplanung mit Ausgabengruppen übergeordneten Ausgabenpositionen und Ausgabenbereichen gearbeitet (siehe Abbildung 7).

Mögliche Ausgabenpositionen und Ausgabengruppen liefert die folgende Tabelle (kein Anspruch auf Vollständigkeit):

| Ausgabenpositionen | Ausgabengruppen |
|---|---|
| Ausgaben für Materialeinkäufe | Ausgaben für Rohstoffe, Handelswaren, Verpackung, Hilfsstoffe, Betriebsstoffe, Brennstoffe, etc. |
| Personalausgaben | Löhne, Gehälter, Gratifikationen, Sozialabgaben und Steuern, Pensionen und Unterstützungsleistungen |
| Lizenzausgaben | Lizenzzahlungen, Erfindervergütungen an Fremde, Erfolgsbeteilung Fremder |
| Ausgaben für Steuern | Körperschaftssteuer, Gewerbesteuer |
| Zinsen und zinsähnliche Ausgaben | Zinsausgaben an Banken, verbundene Unternehmen und sonstige Kreditgeber, Bereitstellungsprovision |

Je nach Aufbau des Planungssystems können die *Ausgabenbereiche* wie folgt aussehen:

| Kriterium: Kontenplan | Kriterium: Verantwortungsbereich |
|---|---|
| Betriebsausgaben<br>    Ausgaben für Materialeinkäufe, Personalausgaben, Lizenzausgaben, sonstige Betriebsausgaben, Vorsteuer | Ausgaben Betriebsbereich<br>    Ausgaben für Materialeinkäufe, Personalausgaben, Lizenzausgaben, sonstige Betriebsausgaben, Vorsteuer, Ausgaben für Investitionen in Sachanlagen |
| Neutrale Ausgaben<br>    Dividende, Zinsausgaben, sonstige neutrale Ausgaben | Ausgaben Finanzbereich<br>    Dividende, Zinsausgaben, Ausgaben für Investitionen in Beteiligungen und übrige Finanzanlagen, Ausgaben zur Gewährung kurzfristiger Darlehen, Ausgaben zum Erwerb von Wertpapieren |
| Investitionsausgaben<br>    Ausgaben für Investitionen in Sachanlagen, Beteiligungen und übrige Finanzanlagen, Ausgaben zur Gewährung kurzfristiger Darlehen, Ausgaben zum Erwerb von Wertpapieren | Ausgaben sonstige Bereiche<br>    Sonstige Ausgaben |

### 4.3.2 Erläuterung ausgewählter Ausgabenpositionen

**Ausgaben für Materialeinkäufe**

Wie bereits im Punkt „Gliederung der Ausgaben" erwähnt, enthalten die Ausgaben für Materialeinkäufe Ausgaben für Roh-, Hilfs- und Betriebsstoffe sowie Brennstoffe, Handelswaren und Verpackung. Diese Ausgaben sind in der Regel die größte Ausgabenposition innerhalb der unterjährigen Finanzplanung. Wichtig ist die rechtzeitige Kenntnis über Trendveränderungen aufgrund von Preis- und/oder Mengenveränderungen. Prognosen über die Preisentwicklung der wichtigen Einsatzstoffe und Informationen über die Entwicklung der Bestellverpflichtungen sind hierbei unentbehrliche „Frühindikatoren".

Zur Informationsgewinnung werden in der Regel

- Einkaufspläne,
- Preisprognosen,
- Bestellverpflichtungen,
- Rechnungszugänge,
- Wechselkurse und/oder
- die Entwicklung der Vorräte

herangezogen.

Die *Einkaufspläne* der Verantwortungsbereiche bzw. die Pläne des Einkaufs bilden die Grundlage der Planung der Ausgaben für Materialeinkäufe. Diese Pläne werden meistens als Jahresrahmenpläne aufgestellt und sind aus den Umsatz- bzw. Produktionsplänen abgeleitet. Die monatliche Unterteilung (entweder keine oder eine monatliche Unterteilung) entscheidet darüber, ob die Einkaufspläne vom Finanzplaner unmittelbar für die Ausgabenplanung verwendet werden können.

Die unter der Prämisse bestimmter Preisentwicklungen (*Preisprognosen*) erstellten Einkaufspläne müssen vom Finanzplaner hinsichtlich der Preisschwankungen kritisch hinterfragt werden. Insbesondere, ob es sich bei den Schwankungen um Trendveränderungen oder nur um kurzfristige Abweichungen handelt.

Eine weitere interessante, aber in der Regel nur Tendenzen liefernde Größe sind die *Bestellverpflichtungen* pro Produktgruppe.

Aus der Summe der *Rechnungszugänge* pro Monat und den für die verschiedenen Produktgruppen ermittelten durchschnittlichen Zahlungszielen können die Ausgaben für den kommenden Monat und bei entsprechend längeren Zahlungszielen für die folgenden Monate ermittelt werden.

*Wechselkurse* sind dann zu berücksichtigen, wenn das in Fremdwährung fakturierte oder quotierte Importvolumen einen größeren Umfang erreicht hat.

Die *Entwicklung der Vorräte* dient dem Finanzplaner als Hilfsgröße. Durch Beobachtung und Vergleiche mit den Planwerten, kann festgestellt werden, ob die Vorräte überdurchschnittlich hoch bzw. niedrig sind. Wenn ja, muss der Finanzplaner die entsprechende Sparte über einen Lagerabbau bzw. eine Lageraufstockung unterrichten.

**Personalausgaben**

Bei den Personalausgaben handelt es sich um eine Ausgabenposition, die mit einer gewissen betragsmäßigen Stetigkeit monatlich anfällt. Neben den ordinären Ausgaben wie Löhne und Gehälter oder laufende Pensions- und Unterstützungszahlungen sind auch die Beträge zu berücksichtigen, die einmal jährlich anfallen. Dazu zählen z.B. das 13. Monatsgehalt, Sondervergütungen, Urlaubsgeld, Beiträge zur Berufsgenossenschaft und zum Pensionssicherungsverein.

Ein Hauptproblem bei der Planung der Personalausgaben besteht in der Erfassung zukünftiger Änderungen im inner- und außerbetrieblichen Bereich. Hierbei sind mengenmäßige Veränderungen (z.B. Arbeitsstundenzahl) und wertmäßige Veränderungen (z.B. Löhne und Gehälter) zu unterscheiden. Die Ursachen liegen bei erstgenanntem u.a. in der Veränderung des Personalbestandes sowie der Durchführung von Überstunden und Kurzarbeit begründet. Bei letztgenanntem liegen die Ursachen in Tariferhöhungen und in Veränderungen von Betriebsvereinbarungen begründet. Bei der Kalkulation von Tariferhöhungen sind insbesondere Prognosen über den Zeitpunkt (aufgrund der Laufzeit meist exakt feststellbar), die Art, das Ausmaß (Schätzung u.a. mittels Tarifabschlüsse anderer Branchen und Bereiche, Änderung der Lebenshaltungskosten, reales Wachstum und Produktivität) und den Ort der Erhöhungen zu erstellen.

**Sonstige Betriebsausgaben**

Zur Planung eines großen Teils der sonstigen Betriebsausgaben können die jeweils in Frage kommenden Abteilungen angesprochen werden. Jedoch gibt es oft Überschneidungen zwischen den Ausgabengruppen und dem Verantwortungsbereich, sodass der Finanzplaner manchmal selbst Schätzungen über die Höhe der Ausgaben vornehmen muss.

Für regelmäßige Lieferungen und Leistungen (z.B. Energie- und Wasserbezüge, Werbung, Versicherungen, etc.) sind feste Zahlungsvereinbarungen üblich. Für Ausgabenarten, wie z.B. Reisekosten, Gebühren, Beiträge, etc., gibt es jeweils mehrere Verantwortungsbereiche, sodass der Finanzplaner diese in inhaltlich ähnliche Ausgabengruppen zusammenfassen sollte. Lieferantenskonti können, sofern nach der Bruttomethode vorgegangen wird, ebenfalls unter den sonstigen Betriebsausgaben (als Minusbetrag) ausgewiesen werden. Bei Anwendung der Nettomethode mindern sie die jeweiligen Ausgabengruppen bzw. Ausgabenpositionen.

## 4.4 Gegenüberstellung von Einnahmen und Ausgaben

Durch Gegenüberstellung der Einnahmen aus dem laufenden Geschäft ergibt sich pro Periode (Monat, Quartal, Jahr) als Saldo entweder eine Überdeckung oder eine Unterdeckung. Überdeckungen führen, sofern sie nicht zur Kredittilgung benutzt werden, zu einer Geldbestandserhöhung. Unterdeckungen ergeben, sofern sie nicht durch Kredit-/Darlehensaufnahmen bei Banken oder verbundenen Unternehmen gedeckt werden, eine Geldbestandsverringerung.

## Literatur

Eilenberger, G.: Finanzierungsentscheidungen multinationaler Unternehmen, 2. Aufl., Heidelberg 1987.

Hauschildt, J./Sachs, G./Witte, E.: Finanzplanung und Finanzkontrolle, München 1981.

Jetter, T.: Cash-Management-Systeme, Frankfurt am Main 1987.

Matschke, M./Hering, T./Klingelhöfer, H.: Finanzanalyse und Finanzplanung, München u.a. 2002.

Peridon, L./Steiner, M.: Finanzwirtschaft der Unternehmung, München 2002.

Witte, E./unter Mitwirkung von Klein, U.: Finanzplanung der Unternehmung, Prognose und Disposition, Hamburg 1974.

# Stichwortverzeichnis

ABCP-Programm 323
Aktiengesellschaft (AG) 183
Asset Securitisation 311
Asset-Backed-Securities (ABS) 120, 174, 312
Ausgabenplanung 404
Auswertung
- betriebswirtschaftliche 5

Basel II 108
Beteiligungsfinanzierung 176
Bewegungsbilanzplanung 393
Bilanzansatz 290
Bilanzbewertung 293
Bonitätsindex 304
Börsengang 114
Branchenbericht 17
Buchsanierung 133

Darlehen 172
Delkredere 345

Eigenkapital
- Anpassung 133
Eigenkapitalinstrumente 114
Einkommensteuer
- Vorauszahlung 227
Einnahmenplanung 402
Eröffnungsbilanz 289, 295
Exitstrategie 89

Factoring 119, 173, 337
- Inhouse- 346
- internationales 347
- Kosten 352, 366
- Verfahren 344
- Vertrag 341
Finanzplan 13
Finanzplanung
- Methoden 392
Finanzplanung
- unterjährige 389
Firmenkundegeschäft 3
Förderung
- staatliche 23
Forderungsankauf 342
Forderungsübertragung 343
Fremdfinanzierungsinstrument 118
Frühwarnindikator 304
Fusion 62

Genossenschaft (eG) 182, 261
- Vermögensordnung 262
Genossenschaftsinsolvenz 259
- Prüfungspflicht 275

Gesellschaft mit beschränkter Haftung (GmbH) 182
Gesetz über Unternehmensbeteiligungsgesellschaften (UBGG) 186
Gläubigerverzeichnis 286
- Prüfungspflicht 275
Gesellschaft mit beschränkter Haftung (GmbH) 182
Gesetz über Unternehmensbeteiligungsgesellschaften (UBGG) 186
Gläubigerverzeichnis 286
GmbH & Co.KG 181

Hausbank 141
- als Sanierungspartner 150
Herlitz 249, 254

Insolvenz
- Einkommensteuer 222
- Kapitalgesellschaft 241
- Ursachen 143
Insolvenzforderung 215
Insolvenzordnung 281, 285, 308
Insolvenzplan 202
- Herlitz 254
Insolvenzplanverfahren
- Genossenschaft 277
Insolvenzrecht 195
Insolvenzschuldner 220
Insolvenzverfahren 195, 219, 249
- Eröffnung 200
- Sanierung 234
Insolvenzverwalter 221
IPO 114

Jahresabschlussanalyse 5

Kapitalanlagegesellschaft (KAGG) 189
Kapitalerhöhung 114
Kapitalflussrechnung 9
Kapitalschnitt 137
Kapitalstrukturplanung 110
Kommanditgesellschaft (KG) 181
Kommanditgesellschaft auf Aktien (KGaA) 184
Kontodaten
- Analyse 15
Kreditkostenkalkulation 339
Kreditmanagement 304
Kreditüberwachung 305
Kreditwürdigkeitsprüfung 305
Krisenbewältigung 3
Krisenfrüherkennung 3
Krisensignal 146
Krisenverlauf 145
Kundengespräch 17
KWG 19, 45

Leasing 172
Liquiditätsmaßnahme 155

MaK 47
Massegegenstände 285
Masseunzulänglichkeit 309
Masseverbindlichkeiten 215
Mezzanine-Finanzierung 117
Mittelstandspolitik 29
Multi-Seller-Conduit 320

Nachschusspflicht
- Genossenschaft 269

Offene Handelsgesellschaft (OHG) 180
Offenlegungspflicht 18

Private-Equitiy 116
Prognoserechnung 13
Projektfinanzierung 122

Rating 20
- internes 43
Realteilung 101
Rechnungslegung
- externe 284
- interne 283
Reserven
- stille 226
Risikofrüherkennung 3
Risikoprämie 113

Sanierung
- durch Insolvenz 250
- finanzwirtschaftliche 132
- im Insolvenzverfahren 234
- reine 134
Sanierungsbeitrag
- der Banken 164
Sanierungsgewinn 309
Sanierungsinstrument 252
Sanierungskonzept 157
Sanierungsleitsätze
- der Banken 168
Sanierungsmanagement 129
- Hausbank 141
Sanierungsmaßnahmen
- finanzwirtschaftliche 282
Sanierungsplan 129
Sanierungsprivileg 81
Schlussbilanz 289
Schlussrechnung 288
Schuldscheindarlehen 124
Sicherheitenpoolvertrag 161
Single-Seller-Conduit 320
Spaltung 101
Stille Gesellschaft 179

Stille Reserve 226
Stillhaltervertrag 162

True Sale Initiative 330

Überschuldung 133, 202
UBGG 186
Umsetzungscontrolling 167
Umwandlung 57, 71
Umwandlung
- Arten 73
- Beispiele 60, 90
- grenzüberschreitende 84
- Personengesellschaften 98
- Recht 87
- rechtsformbestimmte 88
- Steuerrecht 74, 87
Unternehmenskrise 129
Unternehmensnachfolge 89

Venture-Capital 115
Verbriefung 313, 322
Verbriefung
- Vorteile 326
Verlustabzug 79, 83
Verlustvortrag
- steuerlicher 78
Vermögensaufstellung 207
Vermögensübersicht 287
Verschmelzung 57
- Personengesellschaft 98
Verschuldungspotenzial 111

Wirtschaftsauskunft 16, 301

Zahlungsunfähigkeit 132
Zahlungsunfähigkeit 200
- drohende 201
Zahlungsziel 171
Zuzahlungssanierung 134
Zwischenbilanz 296
Zwischenrechnungslegung 287